Florian Brückner

In der Literatur unbesiegt

Zeit und Text

Neuere deutsche Literatur, Medien, Kultur

Herausgegeben von

Ernst Ribbat

Lothar Köhn

Andreas Blödorn
(Universität Münster)

Thomas Düllo
(Universität der Künste Berlin)

Band 23

LIT

Florian Brückner

In der Literatur unbesiegt

Werner Beumelburg (1899-1963) – Kriegsdichter
in der Weimarer Republik und im Nationalsozialismus

LIT

Gefördert durch die Deutsche Forschungsgemeinschaft (DFG) –
PY 7/10-1

D 93

Bibliografische Information der Deutschen Nationalbibliothek
Die Deutsche Nationalbibliothek verzeichnet diese Publikation in der
Deutschen Nationalbibliografie; detaillierte bibliografische Daten sind
im Internet über http://dnb.d-nb.de abrufbar.

ISBN 978-3-643-13546-9
Zugl.: Stuttgart, Univ., Diss., 2016

© LIT VERLAG Dr. W. Hopf Berlin 2017
Verlagskontakt:
Fresnostr. 2   D-48159 Münster
Tel. +49 (0) 2 51-62 03 20
E-Mail: lit@lit-verlag.de   http://www.lit-verlag.de

Auslieferung:
Deutschland: LIT Verlag Fresnostr. 2, D-48159 Münster
Tel. +49 (0) 2 51-620 32 22, E-Mail: vertrieb@lit-verlag.de
E-Books sind erhältlich unter www.litwebshop.de

Danksagung

Ohne die tatkräftige Unterstützung eines familiären und kollegialen Umfeldes ist die Herkulesaufgabe einer Dissertation kaum zu meistern. Daher sei an dieser Stelle bewunderten und geliebten Menschen, Wegbegleitern und Förderern, Mentoren und konstruktiven Kritikern gedankt.

Die erste Respektsbekundung gilt dabei meinem Doktorvater, Prof. Dr. Wolfram Pyta, der mir im kulturgeschichtlich fundierten, überaus literaturaffinen Habitat der Stuttgarter Alma Mater die Chance zur Promotion eröffnete, der Arbeit unermüdlich inspirierende Impulse verlieh, mich mit stets vorantreibender Motivation ausstattete, rastlos akademischen Nachwuchs fördert und aufbaut, Intellektualität lebt und weitergibt; meiner Zweitgutachterin, Prof. Dr. Andrea Albrecht, für ihre literaturwissenschaftliche Expertise, die half, die vorliegende, an den Berührungspunkten von Literatur und Geschichte anzutreffende Abhandlung vor interdisziplinärem Dilettantismus bewahren zu helfen, terminologisch zu festigen und theoretisch zu stützen; schließlich der Deutschen Forschungsgemeinschaft für die finanzielle Förderung der vorliegenden Studie.

Die zweite Respektsbekundung gilt meinen Eltern, Lutz Brückner, insbesondere meiner Mutter, Sabine Brückner, ohne deren unermüdliche Unterstützung ich nicht dort wäre, wo ich es heute bin. Unendlicher Dank gilt meinem Großvater, Dr. Rolf Osterwald, für intellektuelle Fingerzeige, für stets von großer Weisheit geprägte Ratschläge und unbezahlbare Handreichungen. Tiefe Dankbarkeit gilt schließlich Yevgeniya Kats und Kathrin Böhm für ihre stete Unterstützung in allen Lebenslagen.

Stuttgart im Sommer, den 17. Juli 2016

Inhaltsverzeichnis

I. Einführung: Kriegsdichter im Zeichen zweier Weltkriege

Dem Leser der vorliegenden Studie wird der Name Werner Beumelburgs kaum mehr geläufig sein. Dennoch zählte dieser Autor während des ‚zweiten Dreißigjährigen Krieges' 1914 bis 1945 zu den einflussreichsten Produzenten historischer Kriegsromane. Als zentrale Vertreter dieses im Zeichen zweier Weltkriege so signifikanten Textgenres sind heute nur noch die Namen Ernst Jüngers und vor allem Erich Maria Remarques einem bildungsbürgerlichen Publikum in Erinnerung geblieben. Hinsichtlich dieser beiden – von der Geschichtsschreibung oft als Antipoden beschriebenen – Autoren, zählte Beumelburg zu den um Jünger gruppierten Anhängern einer soldatisch-nationalistischen Deutung des Ersten Weltkrieges.[1] Gegen die von Remarque in seinem berühmten Kriegsroman *Im Westen nichts Neues* (1929) vorgetragene Parole von einer im Krieg zerstörten Generation, führten Schriftsteller wie Jünger (*In Stahlgewittern*, 1920) oder Beumelburg (*Gruppe Bosemüller*, 1930) die kulturelle Leitidee zu Felde, das ‚Stahlbad' des Krieges habe den Soldaten gestärkt und die Nation zusammengeschweißt. Aus dieser bellizistischen, d. h. die Kreativkräfte des Krieges in den Dienst der Nation stellenden Deutung, leiteten sie die politische Ordnungsvorstellung ab, die Strukturen der ‚Frontgemeinschaft' des Ersten Weltkrieges, die militärische Hierarchie von ‚Führer' und Gruppe, von Befehl und Gehorsam auf die gesellschaftliche Variante einer soldatisch überformten ‚Volksgemeinschaft' zu übertragen, als dessen politisch privilegierten ‚Führer' solche Autoren den im Krieg angeblich zum Entscheider gereiften deutschen Frontsoldaten literarisch lobpreisen.

Mag Beumelburg heute in Vergessenheit geraten sein, war er Jünger und Remarque hinsichtlich Auflagenzahlen und rezeptionsästhetischer Wirkung durchaus ebenbürtig. Er zählte mit einem publizistischen und literarischen Œvre von über 20 historischen Romanen mit einer Gesamtauflage von über 2 Millionen verkauften Exemplaren zu den wichtigsten Deutungsproduzenten der Weimarer Republik und des Nationalsozialismus. Als Journalist und Autor, aber auch als

---

[1] Armin Mohler/Karlheinz Weissmann: Die Konservative Revolution in Deutschland 1918-1932. Ein Handbuch, Graz 2005[6], 497-499.

öffentlich im Rundfunk auftretender Intellektueller verkehrte er mit der ersten literarischen, militärischen und politischen Garnitur des Landes. Spätestens mit dem Erscheinen seines Kriegsromans *Gruppe Bosemüller* im Herbst 1930 erlangte der gerade einmal 31-Jährige den Status eines Starautors, den über die Grenzen der Republik hinweg auch österreichische und französische Leser rezipierten – und das – mit Blick nach Frankreich – zum Teil noch heute. Beumelburgs in diesem Roman gelieferte Darstellung einer kleinen Frontsoldatengruppe avancierte in der Alltagssprache der Deutschen zu einem geflügelten Wort und zu einem *pars pro toto* für den frontsoldatischen Gruppenroman überhaupt. Seine bereits ein Jahr zuvor erschienene Gesamtdarstellung des Krieges *Sperrfeuer um Deutschland* blieb mit über 350 000 verkauften Exemplaren bis 1945 im Reich die meistgelesene Darstellung des Ersten Weltkrieges. Zu seinen Lesern gehörten Nationalsozialisten wie Joseph Goebbels oder Hermann Göring, Konservative wie Paul von Hindenburg, Franz von Papen oder Ernst Jünger, aber auch dem Krieg eher distanziert gegenüberstehende Liberale wie Reichsinnenminister Erich Koch-Weser, Demokraten wie Carl von Ossietzky, Kommunisten wie Johannes R. Becher, jugendliche Sozialdemokraten und nicht zu letzt Millionen von Primanern und Sekundanern beiderlei Geschlechts und aller Schultypen, die sich ab 1930 zur Lektüre seiner Texte im Deutsch- und Geschichtsunterricht verpflichtet sahen.

Damit trugen seine Werke und sein Agieren wesentlich dazu bei, dass im Deutschland der 1920er Jahre ein protofaschistischer Nährboden entstand, auf der sich die ‚Machtergreifung' der Nationalsozialisten 1933 als legitime Übergabe der politischen Herrschaft an die zur Regierung berufene Frontgeneration deuten ließ. Im selben Jahr krönten diesen literarischen Breitbandeffekt Beumelburgs Einzug in die Dichtersektion der renommierten Preußischen Akademie der Künste und weitere staatliche Literarisierungsaufträge während des Spanischen Bürgerkrieges sowie des Zweiten Weltkrieges. Im Zuge dieser Zuliefererdienste erfolgte nach 1945 jedoch gleichfalls jener Abstieg in die literarische Obsoleszenz, durch den uns dieser Name heute so fremd anmutet.

Mit der hier angedeuteten soziopolitischen Bandbreite an Lesern und Wirkungsfeldern ist das Potential des Kriegsromans und eine der damit verbundenen zentralen Fragestellungen der vorliegenden kultur- und intellektuellengeschichtlich gearbeiteten Studie benannt: In welchem Maße evozierten die von Beumelburg zum Ersten Weltkrieg zahlreich vorgelegten literarischen Kriegstexte vergemeinschaftende Ordnungsvorstellungen, einer nach dem Vorbild der ‚Frontgemeinschaft' des Ersten Weltkrieges aufzubauenden ‚Volksgemeinschaft'? In diesem Kontext werden solche autoritären, protofaschistischen Ordnungsvorstellungen und Leitfiguren sowie die sich daran anknüpfenden herrschaftspolitischen Verschiebungen innerhalb der Republik erörtert, die 1930 die Zerstörung des Parlamentarismus in Deutschland mit einleiten halfen.

Ein solches Vorhaben über die Methoden einer neuen Kulturgeschichte in Angriff zu nehmen, d. h. Politikmächtigkeit aus dem Bereich von Kultur und Ästhetik abzuleiten, erscheint hinsichtlich des Kriegsromans der 20er Jahre heuristisch besonders vielversprechend. Der Kriegsroman bildete einen der wichtigsten medialen Orte, an dem die deutsche Nachkriegsgesellschaft die Kriegsniederlage von 1918 verarbeitete.[2] Ein solcher Bewältigungsprozess fand, wie zu zeigen ist, keineswegs in verfestigten Milieukulturen statt. Vielmehr vollzog er sich als politischer Diskussionsgegenstand in allen politischen Lagern mit milieuübergreifender Relevanz.

Dabei gelang es dem Kriegsroman vergemeinschaftende, d. h. nationalisierend wirkende Sinnofferten wie jene der ‚Frontgemeinschaft' zu stiften, da er Kriegserlebnisse in intersubjektiv kommunizierbare Kriegserfahrung zu transformieren verstand, welche die existierenden Milieugrenzen überwand und verschiedenste politische Strömungen auf ein nationalistisches Projekt einschwor.[3] Denn Kriegsliteratur zeichnet sich im Vergleich etwa zu Liebes- oder Kriminalromanen durch ein hohes Maß an ethischem, politischem, psychologischem Gehalt und existenzieller Unmittelbarkeit aus. Ihre Thematik wirft fundamentale Fragen nach Wert, Nützlichkeit und Idealisierbarkeit von Tod und Opfer auf, rührt an fundamentalexistenzielle Ängste wie jene des Sterbens und bedient Urtriebe wie jenen des Tötens. Die literarische Deutung des Krieges löste in

---

[2] Vgl. im Allgemeinen Thomas Schneider: Die Autoren und Bücher der deutschsprachigen Literatur zum Ersten Weltkrieg 1914 - 1939. Ein bio-bibliographisches Handbuch, Göttingen 2008.

[3] Zum Status von Erfahrung und Erinnerung in Kriegsliteratur vgl. auch Jörg Vollmer: Imaginäre Schlachtfelder. Kriegsliteratur in der Weimarer Republik. Eine literatursoziologische Studie, Bonn 2003, 52-58.

dieser emotionalen und psychologischen Logik der 20er Jahre dezidierte Gefühle und Meinungen aus, ein diskursiver Pakt, der, mit Blick auf ‚1933', in fatales politisches Handeln umschlagen sollte.

Dies gelang Kriegsliteratur vor allem deswegen so erfolgreich, weil sie ihre Darstellung einerseits – wie etwa militärwissenschaftliche Abhandlungen – in einen faktischen Erzählrahmen einbettete. Der historische Kriegsroman hatte sich in seiner Erzählung weitestgehend an die historischen Begebenheiten zu halten, wollte er nicht nur als *historical fiction* und damit als bloße Unerhaltungsliteratur rezipiert werden. Durch diese Referentialisierung der Kriegswirklichkeit machte Kriegsliteratur den Leser mithilfe verschiedenster Authentifizierungsstrategien – der Einbettung historisch verbürgter Dokumente, Daten und Persönlichkeiten etc. – oft genug glauben, der im fiktiven Orplid der Front imaginierte Waffenlauf sei wirklichkeitsgetreu dargestellt worden.[4] Eine solche Verweisdichte half durch ihre Äquivalenzbeziehung zwischen literarischer und realer Welt nicht nur, die Glaubwürdigkeit des Geschilderten, sondern, in einer weiteren Referentialisierung, die Bereitschaft des Lesers zu erhöhen, diese ästhetische Übersetzung des Kriegserlebnisses für gegenwärtige Handlungsentwürfe zu übernehmen.

Gegenüber eben jenen militärwissenschaftlichen oder offen propagandistischen Abhandlungen des Krieges verfügte Kriegsliteratur jedoch andererseits über den strukturellen Vorteil, das Erzählte mithilfe Emotionen auslösender rhetorischer Figuren, durch Identifikationsangebote unterbreitende Protagonisten und symbolisch verdichtete wie gleichermaßen den propagandistischen Gehalt verschleiernde Stilisierung tendenziös in ideologisch-indoktrinierende Bahnen zu lenken. Über diesen Firnis der Dramatisierung war der Leser – durch die berühmte Blume des Dichters plastisch vermittelt – unbemerkt und im Vergleich zu anderen Textsorten eleganter mit politischen Botschaften zu infiltrieren.[5]

---

[4] Wolfram Pyta: Die expressive Kraft von Literatur. Der Beitrag der Weltkriegsliteratur zur Imagination politisch-kultureller Leitvorstellungen in der Weimarer Republik, in: Angermion. Jahrbuch für britisch-deutsche Kulturbeziehungen 2 (2009), 57-76.
[5] Zu den ambivalenten Räumen von Interpretation und rezeptionsästhetischer Wirkung vgl. meinen Aufsatz: Florian Brückner: Politische Sinnvermittlungsprozesse in der Literatur. Zur rezeptionsästhetischen Bedeutung des literarischen Kriegsrealismus der 1920er Jahre. In: Wolfram Pyta/Jörg Lehmann (Hg.): Krieg erzählen – Raconter la

Denn wo sich der Autor historischer Romane zwar an die Eckdaten berühmter Schlachten zu halten hatte, ermöglichte gerade deren Ästhetisierung eine beliebige Ausdeutung.[6] In der literarischen Verbilderung von Handlungshorizonten blieb es der künstlerischen Verfügungsgewalt des Kriegsdichters überlassen, ob er etwa die verlustreiche Schlacht von Verdun 1916 als menschenverschleißende ‚Blutmühle' oder als ‚Geburt' eines in dieser Materialschlacht ‚neugeborenen soldatischen Menschen' zu schildern gedachte.

Mit dieser hybriden Verstrebung[7] einer fiktiven Diegese mit einem historisch-faktisch verbürgten Rahmen[8] war das sich authentisch gerierende Werk in der Lage, in der Leserschaft Sinnstiftungsprozesse kollektiver Identität zu erzeugen. Diese für den laienhaften, aber auch für den professionellen Leser nur schwer zu fassende Grenzverschiebung eines scheinbar austauschbaren „Geschichtsanteil[s]"[9] im historischen Roman war mit besonderer Effizienz im Stande, im

---

guerre. Darstellungsverfahren in Literatur und Historiographie nach den Kriegen von 1870/71 und 1914/18, Berlin 2014, 153-166.

[6] Vgl. hierzu die grundlegenden Arbeiten zur Ästhetik und Funktionalität des historischen Romans von Ansgar Nünning: Von historischer Fiktion zu historiographischer Metafiktion, Trier 1995; ders.: Von der fiktionalisierten Historie zur metahistoriographischen Fiktion. Bausteine für eine narratologische und funktionsgeschichtliche Theorie, Typologie und Geschichte des postmodernen historischen Romans, in: Daniel Fulda/Silvia S. Tschopp (Hg.): Literatur und Geschichte. Ein Kompendium zu ihrem Verhältnis von der Aufklärung bis zur Gegenwart, Berlin 2002, 541-569. Vgl. auch Barbara Potthast: Die Ganzheit der Geschichte. Historische Romane im 19. Jahrhundert, Göttingen 2007.

[7] Dazu auch: Nicolas Beaupré: Schreiben im Krieg: Die „Frontliteratur" – eine hybride literarische Gattung?, in: Pyta/Lehmann: Krieg erzählen, 129-142.

[8] Dazu Christoph Brecht: „Jamais l'histoire ne sera fixée". Zur Topik historischen Erzählens im Historismus (Flaubert), in: Fulda/Tschopp: Literatur, 411-436. Vgl. auch Tamsin Spargo (Hg.): Reading the Past: Literature and History, Basingstoke u. a. 2000; Eberhard Lämmert: Zum Wandel der Geschichtserfahrung im Reflex der Romantheorie, in: Reinhart Koselleck/Wolf-Dieter Stempel (Hg.): Geschichte – Ereignis und Erzählung, München 1973, 503-515: Ann P. Linder: Princes of the Trenches. Narrating the German Experience of the First World War, Columbia 1996, 74-85, 118f.; Astrid Erll: Gedächtnisromane: Literatur über den Ersten Weltkrieg als Medium englischer und deutscher Erinnerungskulturen in den 1920er Jahren, Trier 2003, 57-59, 82-84, 92, 102, 130-135, 155-178.

[9] Paul Michael Lützeler: Klio oder Kalliope? Literatur und Geschichte. Sondierung, Analyse, Interpretation, Berlin 1997, 170-178.

Rekurs auf historisch-faktisch Verbürgtes dem Leser eine bloße mimetische Funktion zu suggerieren, das Gelesene für wahr zu erachten und sich entsprechend einer so evozierten Interpretation politisch zu verhalten.

Um freilich derartige, in die Erfahrungswirklichkeit der Leser eindringende Effekte zu zeitigen, musste der Kriegsroman in seiner doppelten Referentialisierung empirische Strukturierungselemente bedienen, mithilfe derer es gelang, das in der Literatur als das Erlebnis einzelner Protagonisten exemplarisch, symbolisch und subjektiv Dargestellte als einen allgemein objektivierbaren Erfahrungsschatz sozial ganz unterschiedlicher Leser geltend zu machen.[10] Das in der metaphernreichen Bilderwelt der Literatur erschaffene „kulturelle Imaginäre"[11] war im Stande beim Leser der 20er Jahre – Leserinnen stets inbegriffen – dann in politische Willensentscheidungen umzuschlagen, wenn es dem in der Literatur zum Tragen kommenden Erlebnisgehalt[12] gelang, sich als „Kriegserfahrung"[13] beim Leser zu verfestigen, nach deren Handlungsdirektiven es sich zu richten galt. Damit fanden selbst solche Leser diskursiven Anschluss an ein kulturell kalibriertes Kriegserlebnis, die, wie Frauen oder Jugendliche, nicht am Krieg teilgenommen hatten. Ein solcher Übergang individueller, literarisch nachträglich überarbeiteter Erlebnisse in ein objektiv erscheinendes, gesellschaftlich breitenwirksames Deutungsangebot ist verstärkt in den Fokus einer von Alfred Schütz und Thomas Luckmann angestoßenen Wissenssoziolo-

---

[10] Karl Ludwig Pfeiffer: Das Mediale und das Imaginäre. Dimensionen kulturanthropologischer Medientheorie, Frankfurt a. M. 1999.
[11] Winfried Fluck: Das kulturelle Imaginäre. Eine Funktionsgeschichte des amerikanischen Romans 1790-1900, Frankfurt a. M. 1997.
[12] Markus Fauser: Einführung in die Kulturwissenschaft, Darmstadt 2003, 58.
[13] In diesem Kontext wird ausdrücklich auf die Studien des Tübinger Sonderforschungsbereichs 437 *Kriegserfahrungen – Krieg und Gesellschaft in der Neuzeit* hingewiesen. Dazu auch: Nikolaus Buschmann/Horst Carl (Hg.): Die Erfahrung des Krieges. Erfahrungsgeschichtliche Perspektiven von der Französischen Revolution bis zum Zweiten Weltkrieg, Paderborn 2001.

gie gerückt,[14] um Literatur als Ort kultureller Kommunikationsprozesse sichtbar zu machen.[15]

Um solche Transformationsverläufe in ihrer Dynamik nachzuzeichnen, ist eine politische Lager übergreifende Analyse der Distributions- und Rezeptionsmechanismen der in der Literatur transportierten Kriegserfahrung notwendig. Bisher haben nur wenige Spezialstudien zu spezifischen Milieukulturen eine solche Empirisierung von Textbedeutung verfolgt.[16] Als größte Schwierigkeit hat sich dabei die Durchdringungstiefe erwiesen, in der unter die Oberfläche des offiziellen Deutungsmanagements von Parteien, Zeitschriften, Zeitungen und öffentlichen Intellektuellen in die sozialen Niederungen des einzelnen Lesers vorgestoßen worden ist. Gerade auf dieser, oft nur über eine diffizile Akquise von Ego-Dokumenten zu rekonstruierenden Tiefebene der Rezeption des ‚kleinen Mannes' vollzogen sich oft nationalisierend wirkende Deutungsakte, die außerhalb des offiziellen, auf Ideologisierung und tagespolitische Postulate ausgerichteten Milieumanagements lagen. Solche Interpretationen privater Leser ignorierten oft die Vorgaben der vordersten politischen Richtungsweiser, weil sie sich aus Gefühlen speisten, die mit offiziellen Parteivorgaben wenig gemein hatten, sondern sich vielmehr aus fundamentalen menschlichen Bedürfnissen

---

[14] Vgl. die klassisch gewordenen Studien Alfred Schütz' und Thomas Luckmanns: Strukturen der Lebenswelt, 2 Bde., Frankfurt a. M. 1979/84.

[15] Grundlegend hierzu: Wolfgang Iser: Akte des Fingierens, in: Dieter Heinrich/Wolfgang Iser (Hg.): Funktionen des Fiktiven, München 1983, 121-151; siehe auch Fluck: Das kulturell Imaginäre, bes. 12-21.

[16] Vgl. die wichtige Studie Benjamin Ziemanns: Das „Fronterlebnis" des Ersten Weltkrieges – eine sozialhistorische Zäsur?, in: Hans Mommsen (Hg.): Der Erste Weltkrieg und die europäische Nachkriegsordnung. Sozialer Wandel und Formveränderung der Politik, Köln/Wien 2000, 65, die jedoch im Ergebnis die ideologiekonforme Deutung des Krieges hervorhebt; ders.: Die Erinnerung an den Ersten Weltkrieg in den Milieukulturen der Weimarer Republik, in: Thomas Schneider (Hg.): Kriegserlebnis und Legendenbildung. Das Bild des „modernen" Krieges in Literatur, Theater, Photographie und Film, Bd. 1, Osnabrück 1999, 249-270; ders./Bernd Ulrich: Das soldatische Kriegserlebnis, in: Wolfgang Kruse/Christoph Cornelißen (Hg.): Eine Welt von Feinden. Der Große Krieg 1914-1918, Frankfurt a. M. 2000², 127-159; Thomas Kühne: Kameradschaft. Die Soldaten des nationalsozialistischen Krieges und das 20. Jahrhundert, Göttingen 2006, bes. 19, 65-67. Die Studie konzentriert sich jedoch weniger auf Rezeptionsforschung, sondern stärker auf die Rekonstruktion dieses Topos als diskursives gesellschaftliches Konzept und politisches Ideologem.

ergaben. So waren selbst kriegskritische Leser dazu verleitet, das Positive der
Kriegszeit – z. B. die emotionalen Bindekräften der Kameradschaft – in 'guter
Erinnerung' zu behalten, um die Zeit von 1914 bis 1918 nicht allein als ver-
schwendeten Lebensabschnitt *ad acta* legen zu müssen. Mit diesen menschlichen Grundbedürfnissen sah sich ein jedes politisches Programm der 20er Jahre
konfrontiert. Auf diese milieuübergreifenden Hoffnungen und Wünsche der
Wähler – hier vor allem das allgemeine Verlangen, die persönliche Kriegsleis-
tung öffentlich anerkannt zu sehen – galt es zu reagieren und durch einen positiven Bezug zum vergangenen Krieg in das politische Kalkül mit einzubeziehen.

Ein solch positiver Bezug ließ sich vor allem durch zwei politische Ordnungsvorstellungen herstellen, die in den 20er Jahren milieuübergreifend verbreitet
waren:

Hierzu zählte zum einen die Sozialutopie einer 'Volksgemeinschaft', die in den
1920er Jahren noch keineswegs eine allein von Nationalsozialisten beschworene
politische Ordnungsvorstellung darstellte, sondern die rechte wie linke Parteien,
die NSDAP wie die KPD gleichermaßen, als gesellschaftspolitische Zielvorstellung freilich unterschiedlicher politischer Verfasstheit für die nationale Zukunft
ausgaben.[17] Von rechtskonservativer Warte war 'Volksgemeinschaft' als
„leading concept in the critique of modernity"[18] seit dem *Fin de siècle* von der
Hoffnung getragen, die von individualistischer Aufklärung und 'egoistischem'
Liberalismus begrabene gemeinschaftliche Ordnung wiederherzustellen. Mit
dem Ausbruch des Ersten Weltkrieges 1914 erfuhren solche Zielvorstellungen
durch das im Bildungsbürgertum[19] beschworene 'Augusterlebnis' neue Impul-

---

[17] Hans Ulrich Thamer hebt hervor, dass Volksgemeinschaft in Deutschland schon vor
1933 zu einer „beherrschenden politischen Deutungsformel" wurde, in: Ders.: Volksgemeinschaft. Mensch und Masse, in: Richard von Dülmen (Hg.): Erfindung des Menschen. Schöpfungsträume und Körperbilder 1500-2000, Wien 1998, 367-388, hier 367;
zur Begriffsgeschichte der 'Volksgemeinschaft' vergleiche die Ausführungen von Norbert Götz: Ungleiche Geschwister. Die Konstruktion von nationalsozialistischer Volksgemeinschaft und schwedischem Volksheim, Baden-Baden 2001, 63-83, hier 68.
[18] Ulrich Herbert: Echoes of the Volksgemeinschaft, in: Martina Steber/Bernhard Gotto
(Hg.): Visions of Community in Nazi Germany, Oxford 2014, 60-69, hier 60.
[19] Hans Ulrich Wehler: Deutsche Gesellschaftsgeschichte, Bd. 4: Vom Beginn des Ersten Weltkriegs bis zur Gründung der beiden deutschen Staaten 1914-1949, München
2003, 16.

se. Angesichts einer von feindlichen Mächten ‚eingekreisten' Nation seien die Deutschen in einem milieu- und klassenübergreifendem Schulterschluss zusammengerückt, ein Gefühl, das etwa in der Ansprache Wilhelms II. im August 1914 zum Ausdruck kam, in der der Kaiser von nun an keine Parteien mehr, sondern nur noch Deutsche kannte.[20]

Inwiefern eine solche nationale Aufbruchsstimmung tatsächlich alle Bevölkerungsteile des Reiches erfasst hat, ist ein weiterhin heiß diskutierter Gegenstand geschichtlicher Forschung.[21] Unbestritten dagegen dürfte sein, dass solche Synergien vor allem in Publizistik und Belletristik, also von den Höhenkämmen des Deutungsmanagements, ihren Ausgang nahmen. Im Kontext der hier untersuchten Kriegsliteratur verklärten etwa rechtskonservative Autoren wie Beumelburg in den 20er Jahren den Krieg zum Ursprung einer klassenlosen ‚Frontgemeinschaft', die die aus Abstammung, Herkunft, Bildung und Beruf hervorgegangenen sozialen Unterschiede im Schützengraben nivelliert habe. Dichter wie Franz Schauwecker (*Aufbruch der Nation*, 1929), Josef Magnus Wehner (*Sieben vor Verdun*, 1930), Alfred Hein (*Eine Kompanie Soldaten in der Hölle von Verdun*, 1930), Hans Zöberlein (*Der Glaube an Deutschland*, 1931) oder eben Beumelburg stilisierten diese Gemeinschaft zum Prototyp einer in der Nachkriegszeit zu verwirklichenden ‚Volksgemeinschaft', in der dem Frontsoldaten als politischem ‚Führer' eine entscheidende Funktion bei der Wiedergeburt der Nation zukam.[22] Denn in dieser Deutung hatte der ‚Große Krieg' die Vorstellung von Nation insofern verändert, als nunmehr in erster Linie all jene zu ihrer Gestaltung beauftragt waren, die im Krieg ihr Leben für sie eingesetzt hatten oder es – wie männliche Jugendliche – für den abermaligen Wiederaufstieg der Nation in Zukunft erneut aufs Spiel zu setzen hatten. Wer

---

[20] Verhandlungen des Reichstags, Dreizehnte Legislaturperiode. Zweite Session 1914, Eröffnungssitzung am 4.8.1914, in: Reichtagsprotokolle, 1914/18, 1, in: http://www.reichstagsprotokolle.de/Blatt_k13_bsb00003402_00012.html, letzter Zugriff 18.5.2015.
[21] Mit dem Phänomen des ‚Augusterlebnisses' hat sich zuletzt die 2014 in Jena zusammengetroffene Tagung *‚Provinz' und ‚Heimatfront'. Kleine und mittlere Kommunen im Ersten Weltkrieg* auseinandergesetzt, in: http:// www.hsozkult.de/event/id/termine-24273, letzter Zugriff 17.5.2015.
[22] Mohler: Revolution, 497-499.

sich auf den Grund einer solchen Deutung stellte, dem eröffneten sich Möglichkeiten politischer Teilhabe,[23] bevorzugte dieser Diskurs um das Recht auf politische Herrschaft schließlich all jene Veteranen, die sich angeblich durch ihren
Kriegsdienst an vorderster Front Tugenden wie Führertum, Entscheidungsfreudigkeit und Nervenstärke angeeignet hätten. Solche Fertigkeiten und Eigenschaften waren in dieser Deutung in den Raum des Politischen übertragbar, da
sie zum Aufbau einer nach den Mustern der ‚Frontgemeinschaft' gestrickten
‚Volksgemeinschaft' als Befähigungsnachweis unabdingbar seien.

Allerdings – und dies hofft die vorliegende Arbeit in Ansätzen zu zeigen – bedienten sich auch demokratische Parteien wie DDP, Zentrum oder Sozialdemokratie dieser Formel, und zwar vornehmlich als politischer Solidarisierungs-
und pazifistischer Ordnungsvorstellung, um rechten Zerstörungsversuchen der
Republik vorzubeugen und um erneute Aufrufe zu einem zukünftigen, die nationale Erneuerung in die Wege leitenden Krieg abzuwehren. Auch sie waren
gewillt „mit diesem Schlagwort das durch Weltbürgerkrieg, Inflation und
Weltwirtschaftskrise zerrissene deutsche Volk auf der Grundlage der Verfassung [zu] einigen (…)."[24]

---

[23] Vgl. Steffen Bründel: Volksgemeinschaft oder Volksstaat. Die „Ideen von 1914" und
die Neuordnung Deutschlands im Ersten Weltkrieg, Berlin 2003; Sven Oliver Müller:
Die umkämpfte Nation. Legitimationsprobleme im kriegführenden Kaiserreich, in: Jörg
Echternkamp/Sven Oliver Müller (Hg.): Die Politik der Nation. Deutscher Nationalismus in Krieg und Krisen 1760-1960, München 2002, 149-172; Moritz Föllmer/Andrea
Meissner: Ideen als Weichensteller? Polyvalenz, Aneignung und Homogenitätsstreben
im deutschen Nationalismus 1890-1933, in: Lutz Raphael/Heinz-Elmar Tenorth (Hg.):
Ideen als gesellschaftliche Gestaltungskraft im Europa der Neuzeit, München 2006,
313-335; Grundlegend hierzu Linder: Princes, insb. 74-85; Kühne: Kameradschaft, 54;
vgl. auch Stephan Malinowski: Vom König zum Führer, Berlin 2003; Klaus Schreiner:
„Wann kommt der Retter Deutschlands?". Formen und Funktionen von politischem
Messianismus in der Weimarer Republik, in: Saeculum 48 (1997), 107-160; Carsten
Kretschmann: Generation und politische Kultur in der Weimarer Republik, in: Hans-
Peter Becht/Carsten Kretschmann/Wolfram Pyta (Hg.): Kultur, Kommunikation und
Öffentlichkeit in der Weimarer Republik, Heidelberg u. a. 2009, 11-30.
[24] Michael Wildt: ‚Volksgemeinschaft'. Eine Zwischenbilanz, in: Dietmar von
Reeken/Malte Thießen: „Volksgemeinschaft" als soziale Praxis. Neue Forschungen zur
NS-Gesellschaft vor Ort, Paderborn 2013, 355-370, hier 359.

Die Geschichtswissenschaft hat in den vergangenen Jahren *unisono* auf die Signifikanz der ‚Volksgemeinschaft' als lagerübergreifende politische Ordnungsvorstellung hingewiesen[25], diese seltene Einmütigkeit gleichwohl noch kaum mit der für die 20er Jahre so signifikanten Kriegsdeutung im Fermentationsplatz von Literatur und Politik verbunden.[26] Neben zahlreichen Publikationen zur parteipolitisch bereits amalgamierten NS-‚Volksgemeinschaft'[27], ist hinsichtlich der politische Lager übergreifenden Strahlkraft dieses Topos in den 20er Jahren Thomas Mergels Diktum nach wie vor gültig, wonach die Forschung für diesen Zeitraum noch immer „keine gründliche Untersuchung"[28] vorgelegt hat. Zwar haben zahlreiche milieu- und parteispezifische Einzelstudien die Gemeinschaftsvorstellungen der facettenreichen Weimarer Parteien- und Ideologienlandschaft detailliert erforscht; Forschungssynthesen – insbesondere zu ‚Volksgemeinschafts'-Projekten im deutschen Kommunismus[29] – sind den-

---

[25] Beispielhaft hierfür Peter Fritzsche: Wie aus Deutschen Nazis wurden, Zürich 1999, 46-48, 72-77, 90-92; Michael Geyer: Aggressiver Individualismus und Gemeinschaftsideologie, in: Zeithistorische Forschungen 1 (2004), 87-91; Thomas Mergel: Führer, Volksgemeinschaft und Maschine. Politische Erwartungsstrukturen in der Weimarer Republik und dem Nationalsozialismus 1918-1936, in: Wolfgang Hardtwig (Hg.): Politische Kulturgeschichte der Zwischenkriegszeit 1918-1939, Göttingen 2005, 91-127, bes. 96-101.

[26] So etwa bei Patrick Krassnitzer: Die Geburt des Nationalsozialismus im Schützengraben. Formen der Brutalisierung in den Autobiographien von nationalsozialistischen Frontsoldaten, in: Jost Dülffer (Hg.): Der verlorene Frieden. Politik und Kriegskultur nach 1918, Essen 2002, 119-148.

[27] Vgl. exemplarisch die letzten Sammelbände zum Thema: Reeken/ Thießen: ‚Volksgemeinschaft'; Frank Bajohr/Michael Wildt (Hg.): Volksgemeinschaft. Neue Forschungen zur Gesellschaft des Nationalsozialismus, Frankfurt a. M. 2009; Detlef Schmiechen-Ackermann (Hg.): ‚Volksgemeinschaft'. Mythos, wirkungsmächtige soziale Verheißung oder soziale Realität im ‚Dritten Reich'?, Paderborn 2012.

[28] Mergel: Führer, 98. Vgl. auch Michael Wildt: Die Ungleichheit des Volkes. ‚Volksgemeinschaft' in der politischen Kommunikation der Weimarer Republik, in: Bajohr/Wildt: ‚Volksgemeinschaft', 24-40.

[29] Ziemann: „Fronterlebnis", 50f. Ziemann: „Fronterlebnis", 50f; zu sozialistischen Kriegsromanen vgl. Vollmer: Schlachtfelder, 190-207; Thorsten Bartz: ‚Allgegenwärtige Fronten' – Sozialistische und linke Kriegsromane in der Weimarer Republik 1918-1933. Motive, Funktionen und Positionen im Vergleich mit nationalistischen Romanen und Aufzeichnungen im Kontext einer kriegsliterarischen Debatte, Frankfurt a. M. 1997.

noch rar gesät.[30] Auch die vorliegende Arbeit vermag ein solches Desiderat nicht zu schließen und muss sich auf eine Skizzierung der zahlreich kursierenden diskursiven Konzepte von ‚Volksgemeinschaft' in Nationalsozialismus, Konservatismus, Liberalismus, Sozialdemokratie, Katholizismus und Kommunismus beschränken, um potentielle Nahtstellen zu einer soldatischnationalistischen Kriegsdeutung auszuloten.

Eine weitere sowohl von linken als auch von rechten Kriegsromanen dynamisierte Leitidee stellte jene dar, dass die im Krieg geübte Kameradschaft ein solidarisches Gut gewesen sei, das es in die Nachkriegszeit hinüberzuretten lohne. Kameradschaft – dies hat Thomas Kühne in seiner einschlägigen Studie zum Zeitraum 1918 bis 1945 gezeigt[31] – zählte links wie rechts zu den wichtigsten Bindekräften, die die ersehnte ‚Volksgemeinschaft' sozial festigen sollten. Rechten Autoren wie Beumelburg galt sie dabei als jener Kitt, der die Soldaten im Schützengraben unabhängig von Beruf und sozialem Stand miteinander verbunden habe. Aber auch irrationalen Sinngebungsakten kriegskritischer Leser eröffneten die in Kriegsliteratur zahlreich anzutreffenden Kameradschaftsvorstellungen den Zugang zu einer affirmativen Deutung des Krieges, wenn selbst sie Kameradschaft als einziges, positives Ideal des Krieges verinnerlichten. Hier vermochte eine in Sozialdemokratie, Liberalismus und Kommunismus beschworene ‚internationale Frontkameraderie' als Vision einer europäischen Friedensordnung politisch wirksam zu werden, die alle Opfer des Krieges in ihre Deutung einschloss.[32]

In diesem Kontext zeigt die vorliegende Arbeit, dass es vor allem Beumelburg mit seinen Kriegsbüchern gelang, die zwischen den Milieus existierenden Hiatus zu überwinden und dass das Stereotyp vom soziopolitisch determinierten Leser eine milieukonforme Deutung des Krieges vortäuscht, die einem Blick hinter die Kulissen des offiziellen Milieumanagements oft nicht standhält. Da sich beispielsweise auch Arbeiterjugendliche ohne Kriegseinsatz für nationalis-

---

[30] Einer der wenigen guten Überblicke befindet sich bei Wildt: Zwischenbilanz, 355-370, zum Zeitraum vor 1933 vgl. 356-359.
[31] Kühne: Kameradschaft.
[32] Ebd.: 58-67.

tische Sinnstiftungen[33] zu öffnen begannen, zieht die vorliegende Studie eine weitere in den 20er Jahren zur Erzeugung synergetischer Effekte verwendete soziokulturelle Strukturierungs- und Hierarchisierungskomponente heran, die in der neueren Kulturgeschichte zunehmend Anklang gefunden hat: jene der Generation.[34]

Nicht nur gedachten soldatische Nationalisten, Kameradschaft als Treue auf die nach frontgemeinschaftlichen Strukturen aufzubauende Nachkriegsgesellschaft zu übertragen. Kameradschaft koppelte sich darüber hinaus an einen Generationenbegriff, der als politische Kampfparole die Unterordnung der nachfolgenden Alterskohorte unter jene der Kriegsveteranen einforderte. Um die hier vor allem anvisierte Kriegsjugendgeneration[35] der ab 1904 geborenen Jahrgänge zur politischen Unterordnung zu bewegen, war es notwendig, das Kriegserlebnis derart zu ideologisieren, dass es Jugendliche motivierte, am nationalen Wiederaufstieg, notwendig mithilfe eines als sicher erwarteten zukünftigen Krieges teilzuhaben. Dies gelang soldatischen Nationalisten mithilfe genereationeller Aufrufe wie jenem, die nachfolgende Alterskohorte hätte in den 20er Jahren jene politische Kampfbereitschaft an den Tag zu legen, die ihre ‚vorbildhaften Vorfahren' im Weltkrieg bewiesen hätten; in einer solchen Deutung – und dies war der herrschaftspolitisch Kern des rechten Generationenbegriffs als politischer Kampfparole der 20er Jahre – hatte sich die jüngere Generation dem politischen Herrschaftsanspruch der erfahreneren Veteranen pflichtschuldig zu fügen. Somit verliehen soldatische Nationalisten ihrem politischen Programm den An-

---

[33] Vgl. Ziemann: „Fronterlebnis", 65.

[34] Jürgen Reulecke (Hg.): Generationalität und Lebensgeschichte im 20. Jahrhundert, München 2003; Sigrid Weigel (Hg.): Generation. Zur Genealogie des Konzepts – Konzepte von Genealogie, München 2005; Ulrike Jureit: Generationenforschung, Göttingen 2006; Andreas Schulz/Gundula Grebner (Hg.): Generationswechsel und historischer Wandel, München 2003; Ohad Parnes/Ulrike Vedder/Stefan Willer: Das Konzept der Generation. Eine Wissenschafts- und Kulturgeschichte, Frankfurt a. M. 2008; Bernd Weisbrod (Hg.): Historische Beiträge zur Generationsforschung, Göttingen 2009; Gerhard Lauer (Hg.): Literaturwissenschaftliche Beiträge zur Generationsforschung, Göttingen 2010.

[35] Zum Begriff: Bernhard Giesen: Generation und Trauma, in: Reulecke: Generationalität, 59-72, hier 68; Ulrich Herbert: Drei politische Generationen im 20. Jahrhundert, in: Reulecke: Generationalität, 95-114, hier 97.

schein eines generationell allgemein gültigen Vertretungsanspruchs, der mit hoher appellativer Wirkung die Postulate einer nach den Prinzipien der ‚Frontgemeinschaft' zu formenden ‚Volksgemeinschaft' ausgab.

Darüber hinaus inhärierte dem Generationenbegriff ein Zusammengehörigkeitsgefühl, das Karl Mannheim in seinem klassischen Aufsatz *Das Problem der Generationen* von 1928 nicht aus biologisch-chronologischen, sondern aus einer ideengeschichtlichen, erlebnishaften und soziopolitischen „Gefühlserbschaft" (Ulrike Jureit)[36] entspringen sah. Generationen entstünden demgemäß durch die Bejahung aber auch – und ebenso wichtig – durch die Verneinung generationenspezifischer Ideen, die ihren Ursprung einem Bejahern und Verneinern gemeinsamen grundstürzenden Erlebnis, hier: jenem des Ersten Weltkrieges verdanken. Dieses Erlebnis legte in den 20er Jahren eine generationelle, etwa durch die Kriegsliteratur geschlossene Klammer der Erfahrung um die – im Rekurs auf das Frontsoldatentum – meist männlichen Jahrgänge, die aufgrund dieser gefühlten Schicksalsverbundenheit mit ähnlicher Perspektive auf vergangene wie zukünftige Ereignisse blickten und entsprechend handelten. Und ein solcher, unentrinnbarer „Generationenzusammenhang"[37] (Mannheim) – so wird gezeigt – ermöglichte es selbst solchen Intellektuellen, sich über konträre politische Ordnungsvorstellungen auszutauschen, die sich in unerbittlich verfeindeten politischen Lagern gegenüberstanden.

Wie lassen sich solche in der Literatur evozierten, nationalisierend wirkenden Gemeinschaftseffekte historisch rekonstruieren? Der Ort, an dem die in der bellizistischen Kriegsliteratur aufgeworfenen Hypothesen verbindende Wirkung zeitigten, war jener der Rezeption, sei es im politisch-publizistischen Raum oder im privaten Bereich heimischer Lektüre. Um sich den Deutungsakten unterschiedlicher Milieurepräsentanten anzunähern, erscheint es sinnvoll, die Autorintention des Schriftstellers als Ausgangsmeridian für alle weiteren im Raum der Rezeption vom Leser autonom vorgenommenen Interpretationen zu wählen. Am Anfang dieses rezeptionsästhetischen Verarbeitungsprozesses steht so der

---

[36] Jureit: Generationenforschung, 16.
[37] Karl Mannheim, Das Problem der Generationen, in: Kölner Vierteljahreshefte für Soziologie 7 (1928), Nr. 2, 157-185, 309-330, zitiert nach: http://www.1000dokumente.de/pdf/dok_0100_gen_de.pdf, letzter Zugriff 6.4.2015, 14.

Autor, der an die Genese seiner Texte mit einer spezifischen Sinngebungsstrategie herangeht. Politisch ambitionierte Kriegsdichter wie Beumelburg wollten den Leser keineswegs nur unterhalten, bloßes *l'art pour l'art* betreiben, sondern handfeste politische Botschaften vermitteln. Die biografische Methode gibt hierzu die idealen Mittel an die Hand, um jene individuellen wie strukturellen Entstehungsbedingungen offen zu legen, die eine objektive Rekonstruktion der ursprünglich anvisierten Autorintention ermöglichen. Hierzu ist es notwendig, auch jene verlagstechnischen Werbe- und Distributionsstrategien in den Blick zu nehmen, mit denen die Werke in den öffentlichen Diskurs eingespeist wurden, und innerhalb dessen sich in einem zweiten Schritt die davon abweichenden bzw. mit ihr kongruierenden Interpretationsmuster der Leser abgleichen lassen.

Im Zuge des Prozesses, in dem sich die textimmanenten politischen Botschaften in der öffentlichen Wahrnehmung entfalteten, verselbstständigten sich diese in der Rezeption verschiedener Milieus und politischer Lager sodann auf überaus erklärungsbedürftige Art und Weise. Dies taten sie nämlich faszinierenderweise derart, dass nationalistische Milieumanager pazifistisch intendierte Kriegsliteratur auch bellizistisch, wie umgekehrt linkspolitische Meinungen fertigende Distributoren bellizistische Kriegsliteratur auch pazifistisch auslegen konnten. Diese ambivalente Deutungsmöglichkeit des Kriegsromans erscheint für die zu untersuchende Vergemeinschaftung zentral, da sie ab 1928 eine nationalisierend wirkende Deutung tendenziell begünstigte. Denn in diesem Zeitraum gewann ein Leseverhalten an Dominanz, das pazifistische Romane tendenziell ebenfalls in eine nationale Deutung des Ersten Weltkrieges einbettete, und dies nicht nur von bellizistischen, sondern ebenso von links stehenden Akteuren. Umgekehrt waren zwar auch nationalistisch gearbeitete Werke pazifistisch deutbar; im Akt der Rezeption und in der Zielvorstellung einer europäischen Friedensordnung verwiesen Rezensenten jedoch ebenfalls affirmativ auf soldatische Tugenden wie Pflicht, Leistungsbereitschaft, Heldentum, Kameradschaft und Gemeinschaft, sodass sich zwischen rechts und links zahlreiche ordnungspolitische und ideologische Schnittmengen ergeben konnten. Die Gründe für diesen zu beobachtenden Effekt sind zahlreich, wobei die wesentlichen Faktoren hier propädeutisch für die in der Arbeit zu vertiefende Argumentation genannt werden sollen:

1. war der Effekt einer konträr zur Autorintention stehenden Deutung deswegen möglich, weil sich sowohl pazifistische als auch bellizistische Kriegsdichter ab 1928 in sprachlichem Duktus, Metaphorik, Handlungsaufbau und Charakterzeichnung einander derart anglichen, dass sich in der Rezeption ihrer Werke ambivalente Räume der Interpretation auftaten. Die Ambivalenz von Kriegsliteratur ist in der kriegsliterarischen Forschung bereits erkannt, jedoch noch nicht hinreichend erklärt worden.[38] Einen zentralen Erklärungsgrund hierfür liefert die sich in Film, Literatur, Architektur und Fotografie ab 1918 ankündigende geistige Strömung der Neuen Sachlichkeit, die den um innerweltliche Ausdrucksweisen und überbordende Ornamentik bemühten Expressionismus abzulösen begann.[39] So schlossen sich zahlreiche, linke wie rechte Kriegsdichter nach 1918 mit den Postulaten der Neuen Sachlichkeit einer Strömung an, die sich, wie vor ihr wohl nur Realismus und Naturalismus, vor die künstlerische Bewältigung immenser sozialer Probleme gestellt sah.[40] Denn ähnlich wie Realismus und Naturalismus 1850 bis 1900 aus der Herausforderung entstanden waren, die sozialen und mentalen Ausläufer von Aufklärung und Industrieller Revolution, von Liberalismus und Kapitalismus literarisch zu verarbeiten, ist

[38] Jörg Vollmers These, die auch in pazifistischer Literatur anzutreffende Ästhetisierung der Kriegsgrauen (8f.) eröffne dem Leser die Möglichkeit – ähnlich etwa einem Horrorfilm – ,Lustangst' zu empfinden greift jedoch zu kurz (156f.) Die Studie verzichtet zugunsten der Auswertung eines immensen kriegsliterarischen Quellenkorpus – Vollmer untersucht 168 Werke und 136 Autoren – explizit auf Archivarbeit (62) sowie die damit verbundene Rezeptionsforschung. (85) Die Arbeit bedient sich vornehmlich des geschichtsfreien Modells des impliziten Lesers, das jegliche Aussage über den realen Leser im Untersuchungszeitraum zur bloßen Spekulation, bestenfalls zu einer Annäherung macht (156), in: Vollmer: Schlachtfelder.
[39] Guter Überblick bei Karl Prümm: Die Literatur des soldatischen Nationalismus der 20er Jahre. Gruppenideologie und Epochenproblematik, Bd. 2, Kronberg 1976, 250-265.
[40] Neben Jüngers *Stahlgewittern* gilt etwa auch Ernst von Salomons *Die Geächteten* von 1930 als neu-sachliche Elemente bedienender Roman eines soldatischen Nationalisten. Vgl. auch Martin Lindner: Leben in der Krise. Zeitromane der Neuen Sachlichkeit und die intellektuelle Mentalität der klassischen Moderne. Mit einer exemplarischen Analyse des Romanwerks von Arnolt Bronnen, Ernst Glaeser, Ernst von Salomon und Ernst Erich Noth, Stuttgart 1994.

die Entstehung der Neuen Sachlichkeit kaum ohne die grundstürzenden Folgen des Ersten Weltkrieges zu verstehen. Eine literaturgeschichtliche Kontinuitätslinie dieser Strömungen bildete dabei der mimetische Anspruch, die Realität wirklichkeitsgetreu abzubilden, um sie besser zu verstehen und so neu zu gestalten. Gerade der Erste Weltkrieg hatte Normen, Begriffe und liebgewonnene Wahrheiten einer bürgerlich geprägten Welt zerstört. Die Neue Sachlichkeit war in dieser Hinsicht von der Hoffnung getragen, eben diese untergegangene Ordnung durch eine desillusionierte, objektivere, realistisch-präzise, ja sogar wissenschaftliche Darstellung neu aufzubauen. In dieser Verarbeitungsstrategie der vergangenen Kriegsgrauen scheuten überraschenderweise auch bellizistische Autoren nicht vor einer wirklichkeitsgetreuen Darstellung des Krieges zurück, in der sie die Schattenseiten des Krieges – Todeserfahrung, Panikattacken, soziale Missstände der Front etc. – ebenso eloquent ausleuchteten wie pazifistische Schriftsteller, wenngleich solche Objektivitätsbestrebungen freilich auf ganz unterschiedlichen Autorintentionen aufbauten.

2. war die paratextuelle, produktionsästhetische, werbe- und distributionstechnische Verfertigung bzw. Verbreitung dieser Werke von Verlag und Autor oftmals darauf ausgelegt, den so generierten Büchern im Raum der Rezeption ein möglichst weiträumiges Echo zu bescheren, das auch in an sich Verlag und Autor fern stehende politische und soziale Räume ausstrahlte.

3. trugen sowohl in linken als auch in rechten Kriegsromanen evozierte politische Ideologeme wie jene der ‚Volksgemeinschaft' oder das diskursive Konzept der Kameradschaft zum Ende der 20er Jahre dazu bei, dass eine über Milieugrenzen hinaus stattfindende Kommunikation zu an sich konträren politischen Ordnungsvorstellungen einzusetzen begann. Solche vor allem publizistisch und in Intellektuellenzirkeln geführten Kommunikationsprozesse mussten aus der Sicht der Leser eine Typologisierbarkeit von Autor und Werk erschweren, war es selbst in der öffentlichen Wahrnehmung von Zeitschriften, Zeitungen und Intellektuellen untereinander oft selbst nicht klar, welcher Kriegsdichter welchem politischen Lager angehörte.

4. spannten linke Akteure, rechte Autoren bzw. deren Texte für die eigenen politischen Zwecke ein und umgekehrt. Dies sorgte für weitere Verwirrung hinsichtlich der politischen Gebundenheit dieser Werke bzw. der jeweiligen

Autoren, konnte sich der zeitgenössische Leser keineswegs auf jene Kategorisierung dieser Werke und Schriftsteller stützen, wie sie Geschichts- und Literaturwissenschaft   nach   1945   in   einer   jahrzehntelangen Typologisierungsanstrengung geleistet haben.

5. und letztens warfen solche Irritationen und interpretatorische Ambivalenzen den zeitgenössischen Leser weitgehend auf die eigene Interpretation zurück. In der historischen Rekonstruktion dieser Lektüreakte gilt es daher die Frage zu beantworten, welche strukturellen – politischen, historischen, gesellschaftlichen, wirtschaftlichen – wie individuellen – hier die lebensweltlich-habituellen, religiösen, soziologischen, durch kulturelle Kapitalien bedingten – Dispositionen für eine pazifistische bzw. bellizistische Interpretation ausschlaggebend waren. Welcher Herkunft war das hermeneutische Rüstzeug des Lesers, das in ein pazifistisches bzw. bellizistisches Geschmacksurteil einmündete? Welche Möglichkeiten existierten darüber hinaus, sich über das Werk oder den Autor weitere, die Interpretation beeinflussende Informationen zu beschaffen? Inwiefern waren, wie bereits angedeutet, Kriegsdichter in der Öffentlichkeit dabei eindeutig einem politischen Lager zuzuweisen, das für den Verständnishorizont der Werke interpretatorisch erweiternde Strahlkraft hätte haben können?

Die vorliegende Arbeit stützt sich dabei auf die Annahme, dass sich die Rezeption von Kriegsliteratur wesentlich an den Habitus der Rezipienten koppelte, Lesererwartungen, ähnlich wie Schreibkonventionen, also stark an den zeitlichen Entstehungsrahmen gebunden sind. In dieser Herangehensweise macht sie sich jene Hypothesen zu eigen, mit denen Pierre Bourdieu in seinen klassischen Werken *Die feinen Unterschiede* (1979) sowie *Die Regeln der Kunst* (1992) die Konstituierung von Geschmacksurteilen mithilfe des Habitus-Konzepts erklärt.[41] In dieser Theorie sind Geschmacksurteile, hier: bellizistische und pazifistische Textdeutungen als Resultate einer soziologischen Zuordnung des (Lese-)Subjekts zu milieuinternen Klassifikationen, Kategorien und Merkmalen (Distinguos) zu sehen, die jene – politische, kulturelle – Kapitalakkumulierung,

---

[41] Pierre Bourdieu: Die feinen Unterschiede. Kritik der gesellschaftlichen Urteilskraft, Frankfurt a. M. 1987 (1979);
ders.: Die Regeln der Kunst. Genese und Struktur des literarischen Feldes, Frankfurt a. M. 1999, 409, 468, 499-501.

Wissensgrundlage und hermeneutische Auffassungsgabe indizieren, auf deren Grundlage Kunstwerke interpretiert werden und konkrete Willensentscheidungen entstehen.

Ein solch hermeneutisch ausgerichtetes Habitus-Konzept verknüpft die vorliegende Arbeit mit jenem ‚generationellen Stil', den Ulrich Herbert in seiner biografischen Studie über den Personalchef der Gestapo, Werner Best (1903-1989), als exemplarischen Vertreter der Kriegsjugendgeneration herausgearbeitet hat.[42] Denn die Frage nach der Genese eines protofaschistischen Nährbodens erscheint nicht nur auf der Grundlage in der Kriegsliteratur der 20er Jahre ventilierter, autoritärer ‚Volksgemeinschafts'- und ‚Führer'-Vorstellungen heuristisch lohnenswert; zahlreiche Produzenten und Konsumenten von Kriegsliteratur zählten zu jenen zwei Alterskohorten, die im NS zu den geistigen wie politischen Entscheidungsträgern avancierten: Zum einen die ‚junge Frontgeneration', d. h. jene um 1890 geborenen Jahrgänge, die, wie Hitler oder Beumelburg, den Krieg nach Kindheit, Schul- oder Berufsausbildung als dritte Prägephase erlebten. Zum anderen die ‚Kriegsjugendgeneration', welche die Angehörigen der um 1900 geborenen Jahrgänge umfasst und die, wie ihre Angehörigen Martin Bormann oder Heinrich Himmler[43], zu jung gewesen waren, um am Krieg teilzunehmen. Während der Weltkrieg Vertreter der jungen Frontgeneration im adoleszenten Alter brutalisierte, mental durch die Kriegsniederlage enttäuschte und politisch durch die Revolution 1918/19 radikalisierte, versuchten Angehörige der Kriegsjugendgeneration ihren verpassten Kriegseinsatz durch jene Freikorpsaktivitäten zu kompensieren, die sich im inner- und grenzlanddeutschen Nachkrieg der frühen 20er Jahre an die militärische Auseinandersetzung anschlossen.[44] Sie trachteten vor allen Dingen, die Ausprägung jenes harten, emotionslosen, radikalen Habitus nachzuholen, den die Frontsoldaten des Ersten Weltkrieges angeblich vorgelebt hatten. In dieser Hinsicht liefern die in Kriegsliteratur enthaltenen, zu Tötungs- und Opferbereitschaft für die Nation

---

[42] Ulrich Herbert: Best. Biographische Studien über Radikalismus, Weltanschauung und Vernunft. 1903-1989, Bonn 1996.
[43] Vgl. das Vier-Generationen-Modell Detlev Peukerts: Die Weimarer Republik. Krisenjahre der Klassischen Moderne, Frankfurt a. M. 1987, S. 26ff.
[44] Herbert: Generationen.

motiverenden Appelle wichtige Erklärungsgründe für die abermalige Kriegsbereitschaft zahlreicher junger Deutscher auch im Zweiten Weltkrieg.

Kehren wir von diesen strukturell geprägten Vorüberlegungen zum Schriftsteller Werner Beumelburg zurück, scheint eine hinreichende theoretische Grundlage geschaffen, die vorgelegte Studie als umfangreiche Intellektuellenbiographie zu präsentieren. Denn wie schaffte es Beumelburg zu einem der einflussreichsten Deutungsproduzenten literarisch vermittelter Geschichtspolitik während des ‚zweiten dreißigjährigen Krieges' aufzusteigen? Hier genügt nicht einfach der Verweis auf die Massentauglichkeit eines nicht überbordend intellektuellen Schreibstils oder auf die schiere Menge an über 20 geschriebenen historischen Romanen. Vielmehr stand Beumelburg mit seiner eigenen Vita bis 1933 für zahlreiche der hier aufgeworfenen Dispositionen ein, die die Bejahung, ja das Bekenntnis eines Großteils der deutschen Bevölkerung zu den Lehren einer literarisch vermittelten Kriegsdeutung erklären und verstehen helfen. Als Angehöriger der jungen Frontgeneration und Repräsentant des in den 20er Jahren hegemonial werdenden Autortypus des Kriegsdichters sog er bis 1918 vieles von jenen Ideologemen auf, die die Programmatik des soldatischen Nationalismus nachvollziehbar machen.

Dabei ist unter anderem zu zeigen, dass eine Besonderheit der Autorschaft Beumelburgs darin bestand, dass er wie kaum ein anderer Schriftsteller zwischen den Feldern der Kultur, der Politik und des Militärs changierte und im Stande war, Kontakte zu den relevanten Entscheidungsträgern zu knüpfen. Vermöge dieser Feldverschiebungskompetenz sowie seines charismatisch-sympathischen Auftretens scheute sich der Schriftsteller entgegen radikaler Projektemacher kleiner, puristisch um die Wahrung ihrer Ideen wachender Intellektuellen-Kreise mitnichten, seine Ordnungsvorstellungen im Verbund mit den politischen Machthabern in die Tat umzusetzen.

Im Falle Beumelburgs bietet sich die Biographik als methodische Möglichkeit auch deswegen an, weil sie geeignet ist, die Wechselverhältnisse und Interferenzen von persönlichen Entwicklungsmöglichkeiten und strukturellen Zwängen miteinander in Beziehung zu setzen. Kaum eine anderer theoretischer Ansatz ist daher zu deren, der Wechselverhältnisse, Kenntlichmachung so geeignet wie Bourdieus Feldtheorie. Den Begriff des „Feldes"[45], dem es gelingt, die Dynamik zwischen Kultur und der politischen Ummünzung ihrer Ideen im Macht-Feld zu erklären, versteht Bourdieu als jenes Terrain, auf dem soziale Kämpfe um Prestige, Deutungshoheit sowie um symbolische und politische Kapitalien ausgetragen werden. Bourdieu theoretisiert diese Felder – das soziale, jenes der Macht oder der Literatur – als miteinander verbundene Orte, an denen Intellektuelle und politische Entscheidungsträger unterschiedliche Positionen besetzen, verteidigen, räumen müssen oder es ihnen sogar gelingt, ihre Position in andere Felder auszudehnen. Auf diese Weise lässt sich die strukturelle Interdependenz der Werke von der so erworbenen Position des Schriftstellers sozial, politisch und kulturell vermessen, sodass sich die einer Veröffentlichung anschließenden Strategien wie Distribution, Vermarktung, Rezeption, finanzieller Erfolg sowie die Akkumulierung symbolischen Kapitals sichtbar machen lassen. Dieser Zugriff wird den politischen und sozialen Effekten sowie dem diskursiven Status von Literatur im Allgemeinen gerecht, ohne ihr ästhetisches Eigenleben in Gänze aufzulösen. Er hilft, eine rein texthermetische Perspektive zu vermeiden, die droht, den geschichtlichen Entstehungskontext und Rezeptionsprozess dieser Werke auszublenden, an die sich konkrete Praktiken anschlossen. Daher ist es unabdingbar, jene feldinternen Dispositionen Beumelburgs zu rekonstruieren, die ihm ein solches Changieren ermöglichten und seine Disposition erklären helfen, als literarisierender Legitimationslieferant an den entscheidenden staatlichen Umwälzungsprozessen zu partizipieren.

In diesem Kontext typologisiert die vorliegende Arbeit, Beumelburg als prekären Intellektuellen, ein synthetisches Begriffspaar, mithilfe dessen das Verhalten des Autors in politischen Umbruchphasen wie jenen von 1918/19, 1930/33 und 1943/45 nachvollziehbar wird. In den vergangenen Jahren hat sich besonders der DFG-Sonderforschungsbereich 485 Norm und Symbol intensiv mit diesem wirkungsmächtigen Akteur auseinandergesetzt. Prekäre Figuren – „visionäre Politiker, öffentliche Intellektuelle, Publizisten, reformwillige Verwaltungsbeamte, Berater der Macht, Schriftsteller, politische Sektierer, Demagogen, Popu-

---

[45] Bourdieu: Regeln, 328f.; vgl. dazu auch Joseph Jurt: Das literarische Feld. Das Konzept Pierre Bourdieus in Theorie und Praxis, Darmstadt 1995.

listen, politische Prediger und Heilsfiguren"[46] – zeigen sich unzufrieden mit dem jeweils vorherrschenden politischen und gesellschaftlichen System, reagieren mit Fundamentalopposition und stellen hinsichtlich des noch immer geltenden Forschungsparadigmas, wonach der Untergang der Weimarer Republik weiterhin als untersuchungs- und erklärungsbedürftiges Phänomen erscheint, die idealen Probanden dar, um politische Prozesse des Umbruchs sichtbar zu machen.

Zugleich bedient sich dieses Begriffspaar des Typus des Intellektuellen, den Pierre Bourdieu als ambivalentes „bi-dimensionales Wesen"[47] versteht, der sich in einer „labile[n] Synthese" zwischen Kultur und Politik bewegt. Insbesondere Beumelburgs nationalsozialistische Kollaboration nach 1933 – seine ns-affine Publizistik, seine Werke zur Reichsidee sowie seine Zuwahl in die Preußische Akademie der Künste – hilft die in der Feldtheorie Bourdieus aufgeworfene bi-dimensionale Verstrebung des Intellektuellen in zwei Feldern zu verstehen.[48] Einmal mehr zerlegt Bourdieu auch diese besondere Doppelstellung des Intellektuellen in ihrer Ambivalenz, in der der Intellektuelle das Macht-Feld zum einen qua ideeller Proliferation kulturell bestellen hilft, sich also kulturell dominant verhält; zum anderen werden Intellektuelle durch eben jene Entscheidungsträger des Macht-Feldes gleichfalls dominiert, da die politisch Verantwortlichen die letzten Endes zur Realisierung dieser Ideen notwendigen Infrastrukturen beherrschen.[49] Diese nach 1933 vom Macht-Feld forcierte Heteronomisierung literarischer Konsekrationsinstanzen, verpflichtete die Kohorte der Schriftsteller immer stärker auf die politisch-ideologischen Vorgaben des NS-Regimes, ein Vorgang, der für die Geschichte der Preußischen Akademie der Künste nach 1933 paradigmatisch war.

---

[46] Albrecht Koschorke: Liminalität und Prekariat. Vortrag auf der Abschlusstagung „Prekäre Figuren – Politische Umbrüche" des Kulturwissenschaftliches Forschungskolleg/SFB 485 „Norm und Symbol" am 26.11.2009 in Konstanz, online abrufbar unter http:// www.uni-konstanz.de/kulturtheorie/Texte/AK-Liminalitaet_und_Prekariat.pdf, letzter Zugriff am 3.5.2015.
[47] Pierre Bourdieu: Die Intellektuellen und die Macht, Hamburg 1991, 42, 45.
[48] Bourdieu: Regeln, 341.
[49] Zum Wechselverhältnis von Autonomie und Heteronomie zwischen den Feldern von Macht und Literatur vgl. ebd.: 344.

In diesen Kontext ist ferner die im Übergang von der Republik zum Nationalsozialismus entstehende zweite große Werkslinie des Schriftstellers einzubetten:
die Bücher zur Reichsidee. Diese von Beumelburg ab 1931 zu Friedrich dem
Großen, Bismarck und weiteren Herrscherpersönlichkeiten verfassten historischen Romane politisierten die Geschichte der Reichswerdung, indem sie im
Auflösungsprozess der Demokratie die Sehnsucht nach der Rückkehr zum autoritären Regierungsstil eines starken ‚Führers' befeuerten. Auch dieses Kriegsliteratur ab ca. 1930 als dominierende Textsorte ablösende Genre[50] bietet als
Quelle einen vorzüglichen Anknüpfungspunkt an den zeitgenössischen Topos
der Krise, den die Historiographie nach 1945 paradigmatisch zur Beschreibung
des Niedergangs der ersten deutschen Demokratie verwendet hat. Die zu Beginn
der 1930er Jahre von rechtskonservativen wie nationalsozialistischen Literaten
immer wieder vorgetragene Krisenwahrnehmung suggerierte dem Leser in einer
ordnungspolitisch nicht verfestigten Zeit zu leben, die ein hohes politisches
Gestaltungspotential in sich barg.[51] Hauptsächlich rechte Kreise verwendeten in
diesem Zeitraum literarische Imaginationen der Reichswerdung, um eine ver-
meintliche Krise zu beschwören, wie sie mit Blick auf die seit 1930 einsetzenden Präsidialkabinette und die Selbstausschaltung des Parlaments seit dem Niedergang der Großen Koalition 1930 durchaus bestand. Im Rekurs auf die Vergangenheit riefen sie einen politischen Handlungsnotstand aus, der den Zwang
zur Entscheidung forcierte. Mit der literarischen Proklamierung eines ‚Frontsoldatenstaates' hatten soldatische Nationalisten wie Beumelburg bereits in den
1920er Jahren eine Lösung für die von rechts beschworene Staatskrise offeriert.
Die ‚kollektive Handlungsgemeinschaft' der in die ‚Volksgemeinschaft' ein-
mündenden ‚Frontgemeinschaft' beschwor vor dem Hintergrund des ab 1930
initiierten parlamentarischen Auflösungsprozesses ein aktionistisches Verständnis von Politik, in dem politisches Handeln nur als Teil einer ‚Tatgemeinschaft',
eine europäische Hegemonie der Nation nur als Teil einer ‚Kampfgemeinschaft'
möglich war. Die Bücher zur Reichsidee halfen diesen Anspruch geschichtste-

---

[50] Helmut Vallery: Führer, Volk und Charisma. Der nationalsozialistische historische
Roman, Köln 1980.
[51] Lucian Hölscher: Die Entdeckung der Zukunft, Frankfurt a. M. 1999, 211f.

leologisch zu unterfüttern, da Beumelburg hier den Weg der Nationswerdung systematisch bis zum ‚Großen Krieg' nachzeichnete.

In den Kapiteln II bis IV stehen biographische Fragestellungen zur Sozialisation und Habitualisierung Beumelburgs im Mittelpunkt, die für seine militäraffine Haltung und künstlerische Produktion wegweisend waren. Das besondere Augenmerk liegt auf ersten schriftstellerischen Versuchen, der Wahrnehmung des Krieges an der Traben-Trarbacher ‚Heimatfront' sowie der Entschluss zur freiwilligen Kriegsteilnahme 1916 an der Westfront. Hier widmet sich die Arbeit jenem Kriegserlebnis des erst 16-jährigen Infanteristen, das sich zu seinem dominierenden Schreibsujet verdichtete. Prägende Faktoren wie Gemeinschaft, Treue, nationales Bewusstsein und Kameradschaft aber auch traumatisierende Grenzerfahrungen wie Todesbedrohung, Verlust von Kameraden sowie die erfahrungsgeschichtliche Zäsur der Kriegsniederlage und des politischen Umwälzungsprozesses von 1918/19 werden in den Blick gerückt. Der biographische Fokus liegt mit Blick auf die nationalistischen, neu-sachlich angehauchten Kriegsschriften der 1920er Jahre auf der Genese eines rechtskonservativen, militäraffinen Habitus sowie der Ausprägung einer neu-sachliche Stilmittel bedienenden Faktur im Rahmen erster Ästhetisierungsversuche des Krieges.

Kapitel V widmet sich der literarischen, militärischen und vor allem journalistischen Agitation Beumelburgs in drei großen Tageszeitungen in den Weimarer Jahren 1919 bis 1925. Es wirft die Frage auf, inwiefern sein journalistisches Engagement Beumelburg den Zugang zu ranghohen Entscheidungsträgern in Militär und Politik eröffnete und untersucht die aus diesem Betätigungsfeld entstandene Publizistik auf ihren ideologischen, auch in den Kriegsschriften zum Tragen kommenden Gehalt.

Kapitel VI untersucht jene Gedankengänge, die im Reichsarchiv zirkulierten, um dem Wiederaufstieg des Deutschen Reiches mithilfe eines nationalisierend wirkenden, literarisch vermittelten Kriegsnarrativs den Weg zu bereiten. Kapitel VII untersucht die aus diesen Erwägungen hervorgehenden Werke Beumelburgs *Douaumont* (1923), *Ypern 1914* (1925), *Loretto* (1927) und *Flandern 1917* (1928) der Reihe *Schlachten des Weltkrieges*. Es wirft insbesondere die Frage auf, inwiefern diese Schriften auch pazifistisch deutbar waren. Das anschließende Kapitel VIII vermisst den Impetus dieser Schriften im Raum der Rezeption.

Kapitel IX und X nähern sich im rezeptionsästhetischen Zugriff auf Beumelburgs erfolgreichste Kriegstexte – *Sperrfeuer um Deutschland* und *Gruppe Bosemüller* – sowie im komparativen Zugriff auf weitere, im Zeitraum 1928 bis 1932 entstehende Kriegsschriften der Frage nach der sozialintegrativen Wirkung des literarisch evozierten Kriegserlebnisses in verschiedenen Milieus und politischen Lagern an. Anschlusskapitel XI vertieft die Frage, inwiefern die auf der Ebene der Rezeption wirksam werdenden Deutungsakte im Raum der Politik in politisches Kapital umschlugen. In diesem Kontext gilt es der Frage nachzugehen, inwiefern eine soldatisch-nationalistische Kriegsdeutung Politiker wie Hitler, Brüning oder Hindenburg in ihrem herrschaftspolitischen Anspruch bevor- bzw. benachteiligte.

Im Mittelpunkt von Kapitel XII steht die Rekrutierung Beumelburgs durch das Macht-Feld, das 1932 in Form der Regierung Franz von Papen an den Schriftsteller herantrat, um ihn für die öffentlichkeitswirksame Propagierung eines autoritären ‚neuen Staates' zu gewinnen. Kapitel XIII widmet sich den ersten zur Reichsidee verfassten Büchern, die es im Kontext des parlamentarischen Auflösungsprozesses zu untersuchen gilt.

Kapitel XIV untersucht die nationalsozialistische Kollaboration Beumelburgs mit Fokus auf seine regimekonforme Publizistik sowie seine Herausgabe der programmatischen Reihe *Schriften an die Nation*. In dieser setzten sich zudem seine Werke zur Reichsidee mit zunehmender nationalsozialistischer Tendenz fort.

Eng mit dieser Kollaboration verbunden war Beumelburgs Kooptation in die Dichtersektion der Preußischen Akademie der Künste 1933, die den Gegenstand des XV. Kapitels darstellt.

Kapitel XVI widmet sich anhand des Fortsetzungsromans zu *Gruppe Bosemüller – Das eherne Gesetz* von 1934 – sowie seiner Propagandaschrift zum Spanischen Bürgerkrieg *Kampf um Spanien. Die Geschichte der Legion Condor* von 1939 der Frage, inwiefern Beumelburg seine Kriegstexte nach der ‚Machtergreifung' ideologisch konformer gestaltete. Teil dieser Erörterung ist vornehmlich seine Reaktivierung durch das Luftfahrtministerium 1937, um den von der Fliegerstaffel Legion Condor im Spanischen Bürgerkrieg geführten Luftkrieg zu literarisieren.

Ein solches Mandat erteilten die Akteure des Macht-Feldes ebenfalls für die Zeit des Zweiten Weltkrieges, den Beumelburg abermals im Auftrag der Militärbürokratie literarisch veredelte. Im Mittelpunkt dieses XVII. Kapitels stehen Reden für ranghohe Militärs wie Erhard Milch sowie weitere Legitimation spendende Geschichtsklitterungen im Sinne der Hitlerschen Kriegführung wie für das SS-‚Ahnenerbe' Heinrich Himmlers. Anschlusskapitel XVIII. untersucht jedoch auch solche Aspekte, die, wie Beumelburgs kritische Perspektive auf den Russlandfeldzug 1941, Dissens hervorriefen und im Zuge derer sich der Schriftsteller von den militärischen Entscheidungen des Regimes zu distanzieren begann. Hier werden Kontakte zu ranghohen Luftwaffengeneralen wie dem Generalstabschef der Luftwaffe Werner Kreipe ausgeleuchtet, mit dem sich Beumelburg intensiv über das prekäre Verhältnis zwischen Heeres- und Luftwaffenführung austauschte.

Kapitel XIX behandelt Beumelburgs Zeit in der Bundesrepublik und widmet sich in Epilogform dem Ende im Vergessen dieses 1920 bis 1945 so bedeutenden Schriftstellers. Im Mittelpunkt der Zeit nach 1945 steht dabei die Frage, warum der durch die Allianz mit dem Nationalsozialismus kontaminierte Schriftsteller nicht mehr an den Kultur- und Politikbetrieb der bundesrepublikanischen Nachkriegszeit anschlussfähig war.

II. Dichtung und Wahrheit: Eine Kindheit im Pfarrhaus 1899-1914

Gottfried Benn sah sich im Verbund mit den Schriftstellern Gustav Frenssen, Peter Dörfler und Werner Beumelburg am Totensonntag 1933 vom *Berliner Lokal-Anzeiger* dazu aufgefordert, Erinnerungen an ihre verstorbenen Mütter zu verfassen. Benns Antwort[1] gründete sich auf eine Gemeinsamkeit dieser Autoren. Sie alle waren auf ihre Weise dem deutschen Pfarrhaus verbunden: Dörfler und Frenssen als katholische bzw. protestantische Pfarrer, Benn und Beumelburg als Söhne evangelischer Superintendenten. Den weiteren ins Jahr der nationalsozialistischen ‚Machtergreifung' fallenden Ausführungen Benns, denenzufolge das deutsche Pfarrhaus den „rassebiologischen Hort" deutscher Innerlichkeit gebildet habe, soll an dieser Stelle nicht weiter nachgegangen werden. Und doch beginnt die Geschichte vom Leben und Schreiben Werner Beumelburgs in dem für konservative Revolutionäre so typischen Habitat der kleinbürgerlichen Provinz, das in der Tat, wenn nicht das ‚rassische', so doch ein kulturelles Reservoir für antiurbane, antiindustrielle und damit antiliberale Modernekritik bereitstellte, in der rechtsstehende Intellektuelle der 20er Jahre mithilfe heimatlich-naturverbundener Ordnungsvorstellungen, historisch ge-wachsener Strukturen und unausgesetzt beschworener nationaler Eigenheiten auf die angeblich vom Kriegsgegner künstlich oktroyierte Republik einhoben.[2]

Im Mai 1935 verfasste Beumelburg, längst zu literarischem Ruhm gekommen, einen als *Vergangenheit* betitelten Aufsatz für die dominierende NS-Kulturzeitschrift *Die Neue Literatur*.[3] Hier setzte er sich in der ihm eigenen Mischung aus historischen Fakten und fiktiven Einschüben mit seiner Herkunft aus einem preußisch-protestantischen Pfarrhaus in der Mosel-Kleinstadt Tra-ben-Trarbach auseinander. Nach einer Kneipentour, so der fiktive Beginn dieses Rückblicks, sei Beumelburg vom Schlaf übermannt, vom Zwitschern der Vögel vor der Ruine der Boyneburg erwacht, dem ersten Namensbeleg seiner Vorfah-

---

[1] Gottfried Benn: Das deutsche Pfarrhaus. Eine „erbbiologische" Studie (1934), in: Gerhard Schuster/Holger Hof (Hg.): Gottfried Benn. Sämtliche Werke, Bd. 4, Prosa 2, 1933 bis 1945, Stuttgart 1989,113-116, hier 113.
[2] Stefan Breuer: Anatomie der konservativen Revolution, Darmstadt 2005[2].
[3] Werner Beumelburg: Vergangenheit, in: Die Neue Literatur 5 (1935), 249-252.

ren. Diesem autortypischen, weil die Grenze zum Literarischen bewusst verwi-
schenden Entree folgte in einer ebenso typischen Stilisierung der eigenen Vita,
die Aufzählung preußischer Attribute, die ihn als schreibenden Frontkämpfer
auszeichneten als der er im Nationalsozialismus angekommen war: Fleiß,
Pflicht, Anständigkeit und Religionsbezug, ein Aufsatz, der das preußisch-
protestantische Erbe seiner Vorfahren in den Dienst der Authentifizierung der
eigenen soldatisch wie religiös überformten Autorschaft stellte. So hatten
Boemelburgs und Boyneburgks im Windischen Bauernkrieg 1515 militärisches
Geschick bewiesen und sich eine ganze Reihe von Vorfahren, wie Johann
Georg von Beumelburg im 16. Jahrhundert als Prediger am Hof zu Gotha, geis-
tig verdient gemacht. Weitere Beumelburgs hatten in Arnstadt gepredigt, eine
Berufswahl, die der Vater des Schriftstellers, Eduard Beumelburg (1863-1927),
im 19. Jahrhundert ebenfalls einschlug. Männliche Pflichterfüllung sei dem als
Superintendenten wirkenden Vater zueigen gewesen, Ehrgefühl, Ernsthaftigkeit,
durch Armut bedingte Bescheidenheit, wenig gelacht habe er und sei 64-jährig
nach dreißigjährigem Pfarrerdasein an den sich selbst auferlegten „übergroßen
Anforderungen"[4] preußischer Pflichterfüllung verstorben.

Entsprangen zahlreiche Attribute biographischer Kurzbeschreibungen nationalistischer Kriegsdichter dem propagandistischem Bedürfnis, den Autor in der
Zeit des Nationalsozialismus als geistigen ‚Führer' und völkische Vorbildfigur
wiederzubeleben, ist das preußisch-protestantische Vermächtnis in der Lebensgeschichte Beumelburgs doch unverkennbar. Eduard Beumelburgs Aufnahme
des Theologie-Studiums 1890 begann nach langer Zeit der Armut den gesellschaftlichen Wiederaufstieg der Familie in Koblenz in die Wege zu leiten. In
Neuwied ehelichte er die Bürgermeistertochter Marie Waldeyer (1867-1942)
und gewann 1913 im konservativen Konsortium des rheinländischen Traben-
Trarbach die Wahl zum Superintendenten knapp mit 13 zu 18. In die pittoreske
Kleinstadtidylle der an der Mosel in Halbinsellage gelegenen Doppelstadt gebar

---

[4] Hellmuth Langenbucher: Leben und Werk. Selbstzeugnisse deutscher Dichter der
Gegenwart, Berlin 1935, 2.

das Pfarrerspaar ab 1894 fünf Kinder: Walther (1894-1944), Elisabeth (1896-1979), Gertrud (1898-1983), Werner (1899-1963) und Otto (1904-1925).[5]

Werner Beumelburg verlebte eine Jugend deutscher Innerlichkeit und humanistisch-klassischer, preußisch-protestantischer Erziehungsinhalte. Kirchenmusik, dieses zentrale Gefühlsorgan der Religion, studierte der Vater im Konfirmationsunterricht mit den Psalmen ebenjener Komponisten – Paul Gerhardt, Martin Behm und Joachim Neander – ein, mit deren Trost und Zuversicht spendenden Liederzitaten der Sohn seinen Kriegsschriften der 20er Jahre einen erlösenden Grundton verleihen sollte.[6] Zu den im Hause gelesenen Schriftstellern zählten die Klassiker griechischer und römischer Literatur, auf die der Unterrichtsschwerpunkt des Königlichen Gymnasiums – einer der renommiertesten Lateinschulen des Landes, die mit 91 Stunden Altgriechisch und Latein (Deutsch: 49) die meisten Unterrichtseinheiten einräumte[7] – abzielte. Zudem gaben Eduard und Sohn Werner Primanern Nachhilfeunterricht in alten Sprachen, um das karge Pfarrsalair aufzubessern. Die Auseinandersetzung mit den antiken Heldenmythen, die mit Achilles Heroen kannte, die trotz oder gerade aufgrund ihres Scheiterns, nur umso mehr den Ruhm der Nachwelt auf sich zogen, war stilbildend für Beumelburgs spätere Kriegsschriften, die es verstehen sollten, die deutsche Kriegsniederlage in einen Sieg umzudeuten. Ferner sollten sie sprachlich durch die Verwendung lateinizistischer, oft auf Hilfsverben verzichtender Partizipialkonstruktionen kennzeichnet sein, was seinen Schriften einen episch-pathetischen Duktus verleihen half.

Der Vater verfolgte rege die Entwicklung der vier „Beumelbürger"[8], die, mit Ausnahme des volkstümlichen Otto, ein jeder Primus ihrer Klasse waren. Allesamt waren sie talentiert, Gertrud las 14-jährig Kant und Werner übersprang im

---

[5] Familieninterne Informationen verdankt der Autor einem am 28.11.2008 geführten, vierstündigem Interview mit der Nichte Werner Beumelburgs, Dr. Kläre Schlarb (Meisenheim).

[6] Vgl. Werner Beumelburg: Douaumont, Oldenburg 1923, 59, 61, 66, dort Zitate aus *Nun danket alle Gott* von Martin Rinckart (1586-1649), in: Arbeitsgemeinschaft für ökumenisches Liedgut (Hg.): Gemeinsame Kirchenlieder. Gesänge der deutschsprachige Christenheit, Berlin u. a. 1973, EG 321.

[7] Königliches Gymnasium zu Trarbach (Hg.): Jahresbericht über das Königliche Gymnasium zu Trarbach Trarbach 1893/94-1903/04.

[8] Privatnachlass Kläre Schlarb: Eduard Beumelburg an Marie Beumelburg, 4.7.1907.

Alter von acht Jahren die zweite Volksschulklasse des Königlichen Gymnasiums. Der Vater unterrichtete neben den alten Sprachen auch Deutsch und Literatur, und hier übten die im Hause Beumelburg vielgelesenen Vertreter des bürgerlichen Realismus wie Gottfried Keller, Theodor Storm und Fontane sowie die Naturalisten Gerhart Hauptmann und Arno Holz Einfluss auf Beumelburgs Literaturverständnis aus.[9] Das beide Strömungen verbindende Gestaltungspostulat einer objektiv mit den Mitteln der Literatur beschreibbaren Wirklichkeit, vermittelte Beumelburg als künftigem Vertreter der mit diesen Epochen eine literaturgeschichtliche Traditionslinie bildenden Neuen Sachlichkeit das mimetische, welterzeugende und damit weltgestaltende Potential von Literatur.

Die innerhäusliche Gemeinschaft einer bürgerlichen Großfamilie war allgegenwärtig, lebten neben den sieben Familienmitgliedern, eine Tante, eine Haushaltshilfe sowie zwei weitere Schüler der Lateinschule zur Miete, um Eduards Pfarrgehalt weiter aufzubessern. Demut und preußisches Arbeitsethos übten die Kinder beim Putzen der 150-stufigen, das Pfarrhaus in der Kirchgasse umgrenzenden Freitreppe ein. Das vom Vater auf eine umfassende religiöse Bindung ausgerichtete Glaubensbekenntnis fand sich bei den Kindern unterschiedlich ausgeprägt. Während Gertrud nahezu „areligiös"[10] eingerichtet war, hatte der Vater seinem Sohn Werner beständig Glaubensfragen zu beantworten. Der so geschaffene sinndurchwirkte, schicksalsgeprägte Blick auf eine physiktheologisch nach Gottes Weisheit eingerichtete Welt, in der jedes Phänomen, wie ebenjenes des Krieges, seinen legitimen Platz einnahm, würde zeitlebens zu den Grundbestandteilen seiner Trost, Zuversicht, Sinn und vor allem Schicksalsgläubigkeit vermittelnden Kriegsschriften gehören. Mit dem Ausbruch des Ersten Weltkrieges ging 1914 zu Ende, was man als glückliche Kindheit bezeichnen muss.

---

[9] Interview Schlarb.
[10] Ebd.

III. Krieg an der Traben-Trarbacher ‚Heimatfront' 1914-1916

Das Initialerlebnis, das diese noch rudimentär verwurzelten Vorstellungen, Dispositionen und Begabungen in ihrer Intensität handlungsleitend abrief, stellte der Ausbruch des Ersten Weltkrieges 1914 und sein Impetus auf den Traben-Trarbacher Alltag dar. Mit welchen Orientierungswerten und Sichtweisen begegnete der zu Kriegsbeginn 15-jährige Beumelburg diesem europäischen Bedrohungsszenario, das in die Idylle der nur 140 Kilometer von der französischen Grenze entfernten Moselstadt hereinzubrechen begann (vgl. Abb. 1 und 2)?

Ausschlaggebend für die Kriegswahrnehmung der Bewohner Traben-Trarbachs im Allgemeinen waren folgende Faktoren:

1. Politisch die geistige Nähe zum preußisch-protestantischen Haus der Hohenzollern: Traben-Trarbach ist eine im heutigen Rheinland-Pfalz gelegene Doppelstadt, die eine protestantische Enklave im katholisch dominierten Westen des Rheinlandes bildet. In Halbinsellage am rechten Moselufer gelegen, umfasste sie im Untersuchungszeitraum etwa 5000 Einwohner. Die Nachbarschaft Frankreichs spielte politisch, wirtschaftlich und kulturell schon seit Ende des 17. Jahrhunderts eine Schlüsselrolle. Traben und Trarbach zählten neben Bordeaux zu den wichtigsten Weinhandelszentren Europas. 1687 bis 1698 hatte Ludwig XIV. vor Traben-Trarbach eine Zwingburg auf dem Traben-Trarbacher Mont Royal errichten lassen. Sie war Bestandteil seines *enceinte de fer*, des eisernen Gürtels, der die französischen Außengrenzen am Rhein sichern half. Der von über 8000 Fronarbeitern über 12 Jahre bewältigte Bau mit einer Besatzung von 8450 Soldaten grub sich tief in das lokale Gedächtnis ein. Die Hohenzollern hatten Traben-Trarbach von der Franzosenherrschaft Napoleons befreit und sich das Rheinland 1815 auf dem Wiener Kongress territorial einverleibt. Wilhelm II. hatte den 1898 zur Doppelstadt zusammengeschlossenen Gemeinden eine Kirche sowie das Königliche Gymnasium geschenkt.[1]

Nahezu ein Jahrhundert preußischer Einzugsbereich führten in der Sommerkrise 1914 zu einer kaisertreuen Position. Wilhelm II. galt etwa im *Trarbach-*

---

[1] Johann Hönl: Die Geschichte von Traben-Trarbach, Traben-Trarbach 1980; Dietmar Flach/Günter Böse: Traben-Trarbach. Geschichte einer Doppelstadt, Traben-Trabach 1984.

Trabener Anzeiger (sic!) als einzig darum Bemühter, den Weltfrieden zu wahren. Die Vereinigung Russlands, Frankreichs und Englands zur *Triple Entente* 1907 hätte jedoch die kaiserlichen Bemühungen zunichte gemacht, Deutschland sei systematisch eingekreist worden. In dieser Deutung erschien es daher nur legitim, in einen ‚gerechten Krieg' um die nationale Existenz einzutreten: „Mit reinem Gewissen aber können wir ins Feld ziehen, wir haben den Krieg nicht gewollt, man hat ihn uns frivol aufgezwungen, und dieses Gefühl stählt den Geist der Unseren, die das Bewusstsein in sich tragen, zu kämpfen für eine gerechte Sache."[2], schwor der Chefredakteur die Gemeinde auf die einsetzenden Kriegsvorbereitungen ein. Damit schloss sich die Traben-Trarbacher Presse der offiziellen Kriegsdeutung der Reichsregierung an, die weniger mit dem Schreckgespenst einer französischen Hegemonie als dem eines russischen Panslawismus Kriegsbereitschaft zu erzeugen vermochte. Dic Lobby der Petersburger Nationalisten habe es angeblich verstanden, den Zaren für ihre imperialistischen Pläne gefügig zu machen. Die russische Generalmobilmachung vom 29. Juli galt als Verrat an Reich und Kaiser, die es zu verteidigen galt.[3]

2. litt das wirtschaftlich vom Weinhandel abhängige Traben-Trarbach 1914 unter Handelsproblemen und finanziellen Engpässen. Die Winzer kämpften gegen Heu- und Sauerwürmer, die die Weinstöcke einmal mehr in diesem Jahr befallen hatten. Neuartige Pestizide hatten ihren Dienst nur ungenügend getan, weshalb eine erträgliche Herbsternte 1914 im Ungewissen lag. Der Kriegsausbruch ließ bei den Winzern, die die Stadt im preußischen Dreiklassenwahlrecht politisch dominierten, daher wenig Patriotismus aufkommen. Die in dieser Zeit erstmals angeordneten Selbsthilfeaktionen beanspruchten das Organisationstalent der Stadt sowie das freiwillige Engagement ihrer Einwohner: Schüler hatten die Ernte einzubringen, ein städtischer Wachdienst Feldhüter und Flurschützen zu rekrutieren.[4]

3. und letztens führte die Angst der Bewohner vor einem Zweifrontenkrieg gegen Frankreich und Russland sowie einer den Weinhandel gefährdenden engli-

---

[2] Unbekannt: Ein erster Waffengang, Trarbach-Trabener Zeitung 48 (1914), Nr. 93, 5.8.1914.
[3] Ebd.
[4] Flach/Böse: Traben-Trarbach, 49-51.

schen Seeblockade *ad hoc* zu vergemeinschaftenden Effekten.[5] Die lokale Presse zitierte die am 4. August im Reichstag gesprochenen Worte Wilhelms II., der keine Parteien, sondern nur noch Deutsche kannte, die nun allerdings einer „Welt von Feinden" gegenüberstünden.[6] Der *Trarbach-Trabener Anzeiger* berichtete, es sei „in den Lokalen und auf den Straßen verschiedentlich zu Kundgebungen"[7] gekommen. Besonders hoch hätten die Wogen der patriotischen Begeisterung im Stadtteil Traben geschlagen, wo im Hotel zur Post die Nationalhymne intoniert und vaterländische Ansprachen gehalten worden seien. In Trarbach erklang die *Wacht am Rhein* und ältere Bewohner fühlten sich an die Kriegsbegeisterung von 1870 erinnert.

Im ebenfalls eingemeindeten, indes katholisch geprägten Stadtteil Wolf gab am Nachmittag des 31. Juli der Ortsvorsteher mit der Ortsschelle die Verhängung des Kriegszustandes bekannt. Am Abend des 1. August, versammelte sich die Gemeinde bei Anbruch der Dämmerung an der Kirchentreppe. „Beim Schein zweier Kerzen", wie es in der Kriegschronik des katholischen Pfarrers heißt[8], verlas der Ortsvorstehende den Mobilmachungsbefehl, den die Bewohner „in lautloser Stille" anhörten. Auch in Wolf diente Musik als Emotionen kalmisierendes Narkotikum. Kinder intonierten *Heil dir im Siegerkranz* und *Deutschland, Deutschland über alles*. Vordergründig überspielten die Einwohner Traben-Trarbachs mit ihrem Patriotismus die großen wirtschaftlichen und familiären Sorgen, die sie hinsichtlich der Weinernte, der zukünftigen Lebensmittelversorgung sowie einrückender Familienmitglieder bedrückten und wie sie zum Teil auch in der Presse, insbesondere jedoch in seelsorgerischen Einzelgesprächen und in öffentlichen Verabschiedungszeremonien Verwandter an die Front am Bahnhof zum Ausdruck kamen. Von einem hurra-patriotischen ‚Augusterlebnis' der Traben-Trarbacher ‚Heimatfront' kann *in summa* nicht die Rede sein.

---

[5] Unbekannt: Englische Kriegserklärung, in: Trarbach-Trabener Zeitung 48 (1914), Nr. 94, 7.8.1914.
[6] Unbekannt: Waffengang.
[7] Unbekannt: Heimatliches und Provinzielles, in: Trarbach-Trabener Zeitung 48 (1914), Nr. 90, 29.7.1914.
[8] Archiv der Evangelischen Kirche Boppard (AEKR), Bestand 4KG 059B, Kriegschronik für die Kirchengemeinde Wolf/Mosel, Nr. A 14, 1.

Beumelburgs 1916 erfolgende Freiwilligenmeldung zum Kriegseinsatz an der Westfront bestimmten in dieser Hinsicht wiederum drei Perspektiven:

1. sorgte Vater Eduard, wie zahlreiche evangelische Geistliche im Reich[9], mithilfe kriegsverherrlichender Reden dafür, dass der OHL die Rekruten nicht ausgingen. Der 15-jährige Beumelburg erlebte die Deutung des Krieges auf diese Weise unter den protestantischen Vorzeichen der Predigten seines Vaters, an denen er als Ministrant aktiv teilnahm. Diese anlässlich von Kaisergeburtstagen, Gefallenenbeerdigungen und Sonntagsansprachen gehaltenen Predigten, boten dem jungen Werner in der Bewältigung der ersten zwei Kriegsjahre einen weltanschaulichen Nährboden, da sich zahlreiche in Eduards Gottesdiensten mit theologischer Sakralisierungstendenz verbrämte Botschaften zu literarischen Motiven seiner späteren Kriegstexte wandelten.

In semantischen Wendungen, die für die nationalen Wiederaufstiegspostulate des Sohnes der 1920er Jahre kennzeichnend werden sollten, beschwor der Superintendent das auf dem Kontinent an den vordersten Linien einsetzende Töten als gerechten Verteidigungskrieg: „In einen rechten, gerechten und guten Kampf hat Gott uns seit Monaten hereingeführt. Sie alle, weder die Russen, noch die Franzosen, noch gar die Engländer, sie alle haben nicht das gute Gewissen und die reinen Hände, die wir Deutschen in diesem großen, blutigen Völkerringen haben."[10], predigte Eduard in der ersten Phase des Kriegsverlaufs.

Enttäuscht konstatierte er den Kriegseintritt Englands sowie des zu Beginn neutralen Italiens. Den deutschen Einmarsch in Belgien legitimierte der Superintendent mit dort angeblich wütenden heimtückischen, kriegslüsternen Priestern. In österreichischer ‚Nibelungentreue' vereint werde „der Ring von Feinden um uns"[11] dennoch gesprengt werden.

Eine weitere, oft bediente Argumentationslinie Eduards sollte sich ebenfalls zu einer Blaupaus für die Kriegstexte des Sohnes entwickeln. Die Deutschen träten der alliierten Überlegenheit an Mensch und Material mit ‚Geist' und Sittlichkeit

---

[9] Wilhelm Pressel: Die Kriegspredigt 1914-1918 in der evangelischen Kirche Deutschlands, Göttingen 1967.
[10] Predigten Eduard in Beumelburgs in: AEKR Boppard, Bestand 7NL 122B, Nr. 920.
[11] Ebd.: Nr. 592.

entgegen, und Eduard überhöhte soldatische Tugenden wie Pflicht, Gehorsam und Opferbereitschaft, die im Krieg als Aktionsraum individueller Bewährung unerlässliche Eigenschaften bildeten, derer sich die deutsche unter den kämpfenden Nationen als erster bediente. Allein amerikanische Waffenlieferungen verhinderten in diesem Kontext noch einen auf deutscher Art, Gesittung, Redlichkeit, Gemütsinnigkeit, Gewissensernst, Fleiß, Arbeit, Heldengeist und Opfermut gegründeten Sieg. Zitiert fanden sich in Eduards Predigten ferner die im 19. Jahrhundert auf deutsche Einheit drängenden, im historischen Rezeptionsverlauf gleichwohl imperialistisch umgedeuteten Worte Emanuel Geibels (*Deutschlands Beruf*, 1861) am „deutschen Wesen soll[e] die Welt genesen."[12] Dem Deutschen sei vor allen anderen Völkern die „deutsche Gemütsinnigkeit" gegeben, „der Sinn für Hohes, Ideales und Unvergängliches, der tapfere Mut und das treue Herz, ein Kapital von Frömmigkeit, von Schlichtheit und Ernst und gutem Willen."[13] In der Schlacht von Verdun 1916 – dem „Sedan von heute"[14] – entströme der „deutsch-germanische[n] Geist in die Welt."

Wie der Sohn den Krieg literarisch als charakterformenden Prozess und nicht zu hinterfragendes, vom Soldaten klaglos anzunehmendes ‚Schicksal' deuten würde, galt schon dem Vater der europäische Flächenbrand als göttlicher Ausleseprozess, der heilte „was krank und schwach und gebeugt"[15] sei. Der Krieg sei unerlässlicher Reinigungsprozess einer im Verfall befindlichen Welt, den aufzuhalten sich allein die ‚moralisch integere' deutsche Nation anschicke. Dies- und Jenseits verschmelzend, die Kriegszeit in jene der Passion Christi rückend, das Kreuz symbolisch für Kampf und Sieg rekrutierend, galt ihm der Ruf zu den Fahnen als unwiderrufbare Pflicht in den „Fußstapfen Jesu"[16] kämpfender, deutscher Christen. Sinnhaften Halt in diesem Bedeutungsgewebe gewährte ein *deus absconditus* – ein verborgener Gott – dessen Weisheit unermesslich sei, sodass die im europäischen Blutbad begangenen Grausamkeiten nicht hinterfragt werden durften. (Ebd.) Sorge galt dem Superintendenten als Zweifel an

---

[12] Ebd.: Nr. 643.
[13] Ebd.: Nr. 910.
[14] Ebd.: Nr. 592.
[15] Ebd.: Nr. 920.
[16] Ebd.: Nr. 643.

Gottes großem Plan, der auch juvenile Gefallene in die „Welt der ewigen Jugend" (ebd.), d. h. in den Tod heimholte. Der Sieg gegen die „russischen Wüstlinge"[17] in der Schlacht von Tannenberg 1914 habe etwa Gottes Treue offenbart, „[m]it Mann und Ross und Wagen" habe „sie der Herr geschlagen."[18] Die englische Hungerblockade euphemisierte der Superintendent zur passionsgleichen Fastenzeit, und Ostern 1915 beging er „als Fest der Auferstehung, des Lebens und des Sieges."[19] Wie für Jesus mit Karfreitag die Auferstehung gefolgt sei, werde für die Deutschen mit dem Sieg der Friede folgen.

Gleichzeitig spendete er Trost und Hoffnung im Diesseits, werde „[a]us dem blutigen Krieg, den wir kämpfen, aus den Wunden, die unserem Volke geschlagen werden"[20] Deutschland „neues Heil" erwachsen. Auch dem Sohn sollte es in seinen Büchern der 20er und 30er Jahre gelingen, das ‚Fronterbe' als nationales Versprechen auf eine bessere Zukunft auszugeben.

Auch Eduard kannte die ungeahnten Kräfte des ‚Führers', hier Wilhelms II., der „mit starkem Arm"[21] beschütze, und „Soldaten und Führer", die mit „tapferem Mut und christlicher Mannhaftigkeit" kämpften. Auf des Kaisers Schultern als von Gott „auserlesene[m]" Herrscher lastete in dieser Deutung die größte Verantwortung; er herrsche mit „sittliche[m] Ernst", seine Untertanen schuldeten ihm „Verehrung" und „Liebe", da er das Reich in neue herrschaftspolitische Sphären führe.[22]

Auf diese Weise verficht Eduard ausnahmslos positive Kriegsprognosen, befeuerte seiner Gemeinde Siegesgewissheit, lieferte Rechtfertigungsgründe, beschwor die ‚Bosheit der Feinde', in einer Weise, die die Welt bar jeglicher Differenzierung der Kriegsursachen in ein dualistisches Gut und Böse schied. Seine Kriegspanegyriken standen exemplarisch für die Selbstaufgabe christlicher Werte und Handlungsmaxime wie Nächstenliebe, Schutz des Schwächeren und Leidensethos, die, wie wir heute wissen, sowohl evangelische als auch ka-

---

[17] Ebd.: Nr. 920.
[18] Ebd.: Nr. 608.
[19] Ebd.: Nr. 620.
[20] Ebd.: Nr. 920.
[21] Ebd.
[22] Ebd.: Nr. 910.

tholische Geistliche in Hirtenbriefen, öffentlichen Reden und Publikationen während des ‚Großen Krieges' zugunsten von Patriotismus und Nationalismus praktizierten.[23] Eduards Reden reihten sich damit in eine bereits ins 19. Jahrhundert reichende Entwicklungslinie ein, im Zuge derer sich „eine Ethik der Stärke in Ablehnung der christlichen Leidensethik"[24] sowie ein „gesundes völkisches Selbstbewusstsein im Gegensatz zur christlichen Kultur des Selbstzweifels" (ebd.) im „traditionellen Modell der Predigt – frommer Herrscher, treuer Diener, gehorsame Untertanen"[25] entwickelt hatte.

Den vom Vater in seinen Predigten heldenhaft verklärten Gefallenentod würde der Sohn nicht nur in seinen Kriegstexten, sondern auch in seinen ab 1932 erscheinenden Büchern zur Reichsidee, etwa in *Mont Royal. Ein Buch vom himmlischen und vom irdischen Reich* (1936), zum Heroentod für eine wieder empor zu führende Nation verklären. Die Predigten erklären, warum Beumelburg die literarische Figur des ‚tapferen Frontsoldaten' zutiefst als Träger preußisch-protestantischer Werte und Fertigkeiten zeichnen sollte, die Beumelburg selbst – so sah er es jedenfalls[26] – dank seiner Erziehung im Traben-Trarbacher Pfarrhaus sowie der Durchlebung des Ersten Weltkrieges erlangt hatte. Dazu zählten: Ergebenheit und Pflichtbereitschaft gegenüber der Nation; altruistische Aufopferung des Einzelnen für das Wohl der Gemeinschaft und damit einhergehend der Verzicht auf individuelle Rechte und Freiheiten; Leistungsbereitschaft und schließlich die im christlichen Glauben verwurzelte physikotheologische Überzeugung einer von Gott nach sinnerfüllten Prinzipien geordneten Welt. Beumelburg sollte so zum idealen Sprecher eines durch preußische und protestantische Tugenden bestimmten Nationalismus-Diskurses der 1920er Jahre werden, da er, wie zahlreiche Angehörige des Protestantismus in der zweiten Hälfte des 19. Jahrhunderts zu einer staatsloyalen Haltung gefunden hatte, innerhalb derer der Begriff der Nation jenen Gottes als wichtigsten transzendenten Richt-

---

[23] Martin Lätzel: Die Katholische Kirche im Ersten Weltkrieg. Zwischen Nationalismus und Friedenswillen, Regensburg 2014, hier 41-52.
[24] Hölscher: Entdeckung, 211f.
[25] Zur nationalen Wendung des Protestantismus 1860-1918 vgl. Thomas Nipperdey: Deutsche Geschichte 1866-1918, Bd. 1. Arbeitswelt und Bürgergeist, München 1998, 486-495, hier 494.
[26] Beumelburg: Vergangenheit.

wert abgelöst hatte.[27] Eine solche Begriffsverschiebung muss in Rechnung gestellt werden, bildeten die Epochen der Weimarer Republik sowie des Nationalsozialismus sicherlich jene, in denen rechte Intellektuelle die hypertrophe Beschwörung von Vaterlandsliebe und Nation unausgesetzt mit quasireligiösen
Legitimationsstrategien inszenierten, zu deren Exponenten Beumelburg avancieren sollte.

Die zweite Perspektive, die eine Kriegsfreiwilligenmeldung begünstigte, bildete
jene der Schule: Das von Mäzenen geförderte Gymnasium stellte neben den im
Elternhaus vermittelten Werten jene „preußische Anstalt"[28] dar, die mit ihren
Gedächtnisfeiern für die verstorbenen Regenten sowie für den amtierenden
Herrscher einen monarchistischen, militaristischen Habitus der Schüler formte.
Die für 14- bis 16-Jährige verpflichtende Teilnahme an einer kaiserlichen Ju-
gendwehrkompanie bereitete die Schüler in der konfliktträchtigen Vorkriegszeit
durch Übungen, Drill und Exerzieren auf den militärischen Ernstfall vor. Das
Gymnasium regulierte den Tagesablauf der Schüler bis hin zum Kneipengang
der Primaner und erstrebte, symbolisch verdichtet in ihrem Leitspruch *Virtuti et
Patriae*, „die Erweckung nationaler Gesinnung".[29] Der Tag der deutschen Mobilmachung am 1. August verschaffte den Schülern schulfrei, freilich nicht für
Spaß und Spiel, sondern um sich auf den eigenen Kriegseinsatz vorzubereiten.
Der Feldbedarf lehrte nach und nach den Lehrkörper und patriotische Gefühle
durchwaberten die Schulaula, den zentralen schulischen Erinnerungsort, an dem
Siege gefeiert, gefallene Schüler und Lehrer betrauert sowie Spenden und Op-
fergaben für Soldaten gesammelt wurden. Aus zahlreichen Untersuchungen[30]
des Schulalltages im Reich wissen wir heute, welch enormem Druck Schüler
der damaligen Zeit ausgesetzt waren: Direktoren und Lehrer hielten sie beständig dazu an, sich freiwillig zu melden; Schulunterricht und Hausaufgaben orien-
tierten sich thematisch am Kriegsgeschehen. Im Deutschunterricht konfrontierten Lehrer ihre Schüler mit der Lektüre der zu Beginn des Krieges sintflutartig

---

[27] Nipperdey: Arbeitswelt, 487.
[28] Flach/Böse: Traben-Trarbach, 268.
[29] Ebd.: 269.
[30] Hannes Stekl/Christa Hämmerle/Ernst Bruckmüller (Hg.): Kindheit und Schule im
Ersten Weltkrieg, Wien 2015.

erscheinenden Kriegslyrik und hielten sie dazu an, selbst bellizistische Poesie zu verfassen. Im Fach Erdkunde gingen die Schüler auf theoretische Geländeerkundung an die Westfront und im Fach Mathematik hatten sie Textaufgaben mit Kriegsbezug zu lösen, etwa die Frage des stündlichen Munitionsverbrauchs eines Maschinengewehrs.

Wie so viele Schüler im Reich schlug auch Werner Beumelburg seine erste „Schlacht im Schulheft"[31]. Kaum ein Thema des Notabiturs kam ohne Kriegsbezug aus. Prüfungsthemen wie *Wann dürfen wir von einem heiligen Krieg sprechen?* oder *Goethe als Kriegsberichterstatter* waren auch in Traben-Trarbach an der Tagesordnung.

Das am 22. Juni abgefasste Notabitur Beumelburgs offenbart mit einem Aufsatz im Prüfungsfach Deutsch[32] kulturelle Motive des in vier Wochen in Koblenz zur Grundausbildung einrückenden 17-Jährigen. Die Aufgabenstellung forderte den Primaner in textgebundener Erörterungsform dazu auf, sich mit einem sowohl persönlich als auch national zu interpretierenden Wahlspruch der *Ilias* auseinanderzusetzen, nämlich „Immer der Erste zu sein und sich unter den anderen hervorzutun." Beumelburg erörterte entsprechend zweiteilig, „[a]uf persönlichem Gebiet" und „[im] Leben der Völker". (19) So ziele die Schaffenskraft des Einzelnen auf ein Glück versprechendes Ideal, das jedoch in jenem Moment erlösche, da besagter Zustand der Zufriedenheit erreicht sei. Auch für Völker als überindividuelle Entitäten gälte dieser Kreislauf, wobei das hier zu erreichende Ideal der „ewige Frieden" sei. (20) Beumelburg schlussfolgerte in bellizisitsch angelegter Fortschrittsdialektik, dass, sei der Frieden einmal erreicht, die Völker in ihrer Schaffenskraft ermüdeten. Ein Zustand allerdings, der die aus „erbitterte[m] Kampf" (22) entspringenden Kräfte der Völker hemme, sei nicht erstrebenswert. Der „Drang" (ebd.) stets der erste zu sein, sei jedem Menschen triebhaft eingepflanzt, führe zu „Reibungen", denn „nur einer [könne] an der Spitze stehen." (Ebd.) Beumelburg sah das Leben der Völker vom

---

[31] Unbekannt: Die Schlacht im Schulheft,in: Die Zeit 68 (2014), Nr. 17, online abrufbar: http:// www.zeit.de/2014/17/aufsaetze-abitur-erster-weltkrieg, letzter Zugriff 16.5.2015.
[32] Gerd Elgo Lampel: Zum Abituraufsatz von Werner Beumelburg. Ein erläuterndes Vorwort, in: Arbeitskreis für Heimatkunde. Mittelmosel und moselnahe Hunsrück- und Eifelgebiete. Jahresschrift 11 (1993), 18-23; hier auch der vollständige Abituraufsatz.

beständigen Kampf um Machterhalt geprägt: „Völker tauchen auf, gelangen zur höchsten Höhe, sinken nieder und zerbrechen vor dem Ansturm junger Völker. Ein ewiges Kommen und Gehen. Aber allein durch den Wechsel, allein dadurch, daß das Alte, Morsche abfällt und dem Jungen Platz macht, kann unsere Kultur frisch und unverbraucht bleiben. Jedes Volk mußte um das Recht seines Bestehens kämpfen, es gilt wie im Menschenleben der Satz: Kein Sieg ohne Kampf." (23)

Ferner argumentierte Beumelburg, das Streben nach Höherem nicht allein der Befriedigung persönlichen Ehrgeizes, sondern stets dem Gemeinwohl zu dienen habe: „Im kleinen Kreis kann jeder Gutes tun, mehr vermag er das im großen Kreis." (22) Die Metapher des Kreises würde Beumelburg 14 Jahre später in seinem erfolgreichsten Kriegsroman, der *Gruppe Bosemüller* (1930), wiederaufnehmen.[33]

Ein solch gemeinschaftliches Verhalten setzte jedoch die Bereitschaft voraus, sich charakterformenden Gefahren auszusetzen, denn der „Weg zur Höhe geht nur durch die Gefahr (…)". (22) Auch wenn das Wort vom Schlachtfeld hier nicht fiel, war es wohl dieser Ort existenzieller Bedrohung, der als Aktionsraum individueller Bewährung am geistigen Auge des Verfassers vorbeigezogen sein dürfte. Im Ergebnis stand hier der Befund, dass der Krieg es dem Menschen ermögliche, sich durch seinen altruistischen Kampf für die Nation tugendhaft und charakterlich weiterzuentwickeln.

Diese Absätze waren geprägt von der allgegenwärtigen Kriegsbedrohung aber auch von einer bereits seit zwei Jahrzehnten währenden Schulpädagogik. Denn mit der Thronbesteigung Wilhelms II. 1888 hatte das Reichsunterrichtsministerium den Schulbetrieb 1890 gemäß des Kaisers neuen Zielen – einem imperialen Ausgreifen nach einem „Platz an der Sonne"[34] – auf nationalistische Erziehungswerte umgestellt.[35] Diese hatten den „Tod für Kaiser und Reich, für Kö-

---

[33] Werner Beumelburg: Die Gruppe Bosemüller, Oldenburg 1930, 261.
[34] Bernhard von Bülow im Kontext der deutschen Kolonialpolitik in einer Reichstagsrede am 6. 12.1897, in: Wilhelm von Massow: Fürst Bülows Reden, Bd. 1: 1897-1901, Leipzig 1917, 6.
[35] Verhandlungen über Fragen des höheren Unterrichts. Berlin, 4.-17.12.1890. Im Auftrage des Ministers der geistlichen Unterrichts- und Medizinal-Angelegenheiten, in:

nig und Vaterland" als höchstes Bildungsgut apostrophiert. Ferner enthielt der
Aufsatz zahlreiche ideologische Versatzstücke, die für das konservative Denken
der 20er Jahre kennzeichnend werden sollten. Die in Beumelburgs Aufsatz zum
Tragen kommende Dialektik vom Aufstieg und Niedergang der Völker gelang
in den 20er Jahren mit Oswald Spenglers zweibändiger Kulturmorphologie *Der
Untergang des Abendlandes* (1918/22) sowie Arthur Moeller van den Brucks
Das Recht der jungen Völker (1919) zu höchster Blüte konservativer Ge-
schichtsphilosophie. Die Vorstellung einer wellenförmig oder zyklisch verlau-
fenden Menschheitsgeschichte hatte bereits seit Hegel Konjunktur, in dessen
imperialistischer Rezeption der herrschaftspolitische Zenit der Kolonialmächte
England und Frankreich als überschritten galt und es den jüngeren Völkern
Russlands und Deutschlands gebühre, ihre Nachfolge anzutreten.[36] Den Ersten
Weltkrieg betrachteten zahlreiche Zeitgenossen als Kulminations- und Wende-
punkt dieser zyklisch verlaufenden Geschichtswelle, auf der sich die nächste
Zukunft der Völker entscheiden werde. Das Gefühl, einer Zeit des Umbruchs
und historischer Dichte anzuhaften, verstärkte die Bedeutung des persönlichen
Einsatzes, ein Zeitgeist, der auch von Beumelburg Besitz ergriff: „Wir stehen in
der Gegenwart. Handeln gilt es, das Erwägen ist geschehen (…) Die Zeit ist
nicht zum Fühlen, sondern sie ist von Eisen und verlangt nach Taten. Erkauft
werden muß das Recht, sich Deutscher zu nennen. Alles muß eingesetzt werden." (23) Mit diesen Worten hatte Beumelburg seinen Aufsatz geschlossen.

Die dritte Perspektive bildete schließlich jene der beruflichen Entscheidungsfindung, rückte mit der Vollendung des 17. Lebensjahres 1916 der Entschluss näher, sich freiwillig zu melden. Einem solchen Vorhaben war er durchaus zugeneigt, gedachte er sich durchaus die berufliche Option einer Offizierslaufbahn
offen zu halten: „Wenn ich Offizier werde, so ist mein Ziel der Generalstab (…)
Oben im Gehirn unseres Heeres, wo gearbeitet, erfunden, gedacht, organisiert
wird, da wäre mein Feld, da würde und könnte ich meine Fähigkeiten zu meiner
eigenen Befriedigung voll und ganz ausnutzen"[37], ließ er besorgte Eltern im

---

Heinz Stübig: Bildung, Militär und Gesellschaft in Deutschland. Studien zur Entwicklung im 19. Jahrhundert, Köln 1994, 139f.
[36] Hölscher: Zukunft, 149f.
[37] Privatnachlass Kläre Schlarb, Beumelburg an die Eltern, 5.5.1916.

Mai 1916 wissen. Die Teilnahme an der Jugendwehrkompanie hatte ihm große Freude bereitet und mit Bruder Walther – er hatte sich im August 1914 „[v]on der Fahrt nach Frankreich" mit „Hurra" verabschiedet[38] – trug sich Werners großes Vorbild ebenso mit dem Gedanken, im Generalstab Karriere zu machen: „Walther hat das gleiche Ziel, glaubt aber, daß er es nicht erreicht. Und ob dann ich es dahin bringen könnte, scheint mir dann sehr zweifelhaft."[39] Die Aufnahmeprüfung für die Kriegsakademie in Berlin setzte strenge Auswahlkriterien, und Walther war geistig wohl der Begabtere der zwei Brüder. Dieser von Werner Beumelburg „schon seit Jahren und mit Freude" verfolgte, für Kriegsdichter der 20er paradigmatisch werdende Berufswunsch, machte eine freiwillige Kriegsmeldung indes unumgänglich, wollte er sich nicht das Stigma des ‚Drückebergers' anheften lassen, wenn er die reguläre Einzugspflicht ins Heer abwartete. Doch die Zeit verdichtete sich zunehmend in jenem Mai 1916, es drängte die Entscheidung für oder wider die Ablegung des Notabiturs, das bis zum 1. Juni zu absolvieren war, wollte eine rechtzeitige Meldung erwirkt sein.

Diese Überlegungen trafen allerdings auf die Bedenken des Vaters, der Mutter und des älteren Bruders, die ihm rieten, ein weiteres Jahr bis zum pflichtgemäßen Kriegseintritt zu warten. Walther warnte, er halte den Kriegseinsatz des jüngeren „für verfrüht", da Werner wohl kaum die schwere Verantwortung auf sich nehmen könne, „einen Zug, d. h. 80 Pion[iere]. im wahnsinnigen Feuer zu führen (…). Ich zweifle nicht, dass W[erner]. sowohl Intelligenz wie Schneid zum Offizier hat, aber er kann eben noch nicht reif genug sein, um all dieses Furchtbare und Schwere ohne Schädigung seines Wesens und seiner Nerven auszuhalten."[40]

Angesichts der kriegstreiberischen Reden Eduards erscheinen solche Einwände verblüffend; der Superintendent selbst war jedoch keineswegs Angehöriger jenes Menschenschlags, der Wasser predigte und Wein trank; Schwester Elisabeth und Mutter Marie arbeiteten als Krankenschwestern in Koblenz; die Familie zeichnete Kriegsanleihen, vermied Hamsterkäufe, eine altruistische Haltung,

---

[38] Ebd.: Marie Beumelburg an Elisabeth Beumelburg, 10.8.1914; darin die Erwähnung der Karte Walther Beumelburgs.
[39] Privatnachlass Kläre Schlarb, Beumelburg an die Eltern, 5.5.1916.
[40] MA-BA Freiburg: MSG2/12358, Walther an Maria Beumelburg 25.5.1916.

die das jüngste Familienmitglied Otto mit einer kriegsbedingten, bis 1925 verschleppten Hungertuberkulose mit dem Leben bezahlen sollte.[41]

Hier artikulierten sich dennoch jene familieninternen Ängste, die sich hinter der Fassade patriotischer ‚Augustmomente' 1914 in deutschen Privathaushalten auftaten. Denn im Sommer 1916 war die Situation der Familie durchaus prekär, war es um die Gesundheit der männlichen Beumelburgs zu dieser Zeit schlecht bestellt: An der Westfront hatte ein Schrapnell Walthers linke Hand zerfetzt, die er auf Porträtfotos fortan hinter dem Rücken verbarg. (Abb. 3) Vater Eduard lag zur selben Zeit mit Herzbeschwerden – der Beumelburgschen Nemesis, der Eduard, Walther und Werner allesamt erliegen sollten – im Krankenhaus und damit die finanzielle Zukunft der Familie im Dunkeln. Hinzu kam, dass sich Traben-Trarbach seit Herbst 1914, da das Handwerkererholungsheim und das Wildbad zum Reservelazarett des VIII. Armeekorps umfunktioniert worden waren, zu einem von Tausenden von Invaliden überfluteten Lazarettort entwickelt hatte, an dem die Schrecken des Krieges offen zur Schau kamen (vgl. Abb. 4).

Werner gab sich gegenüber seinen Eltern jedoch unbeeindruckt: „Meint ihr, das fühlte ich nicht?"[42] fragte der 17-Jährige die Eltern. „Glaubt ihr, ich sähe das jetzt nicht genug an den Tausenden Beispielen? Aber soll ich meine Wahl davon abhängig machen? Daß ich ein Krüppel werden kann, ja, daß ich falle – das ist ein Fall, der eben alles andere umwirft, mit dem ich jetzt aber keineswegs rechnen darf." Alternativen wurden diskutiert, Jura, Nationalökonomie, eine staatswissenschaftliche Promotion, Journalismus oder altphilologisches Lehramt – Betätigungen, die Beumelburg allesamt einmal ausüben sollte und die allesamt durch die Räume des Staates verliefen, dessen Funktionsabläufe ihn früh zu faszinieren begannen.

Die guten Ratschläge verfingen allerdings nicht. Ende Juni erfolgte die Freiwilligenmeldung, und mit dem geistigen Rüstzeug seines Vaters, dem militärischen seiner Heimat und den Gedanken des Abituraufsatzes im Tornister, folgte Beumelburg im Sommer 1916 über die Grundausbildung in Koblenz mit an-

---

[41] Schlarb: Interview.
[42] Privatnachlass Kläre Schlarb, Beumelburg an Eltern, 5.5.1916.

schließendem Fronteinsatz vor Verdun dem schon vom Bruder eingeschlagenen Kriegspfad. Was Walther im August 1914 den Eltern auf dem Weg nach Frankreich als Abschiedszeilen hatte zukommen lassen, sollte umso mehr für den jüngeren gelten: „Jetzt beginnt unser Leben."[43]

---

[43] Ebd.: Marie Beumelburg an Elisabeth Beumelburg, 10.8.1914;; darin die Erwähnung der Karte Walther Beumelburgs.

IV. Im Sperrfeuer der Westfront: Der ‚Kampf als inneres Erlebnis', Habitus und Ästhetisierung von Gewalt 1916-1918

„Mit Werner ging es ja im Hurratempo!"[1], freute sich der ältere Bruder dann doch über die erfolgte Meldung des jüngeren zum selben Pionierregiment der am Deutschen Eck in Koblenz zur Kaserne umfunktionierten Festung Ehrenbreitstein. Der Eintritt in die militärische Welt stellte für Beumelburgs Autorschaft entscheidende Weichen, verfestigte sich hier lebensweltlich jener militäraffine Habitus, der ihn zu einem begeisterten Anhänger militärischer Prinzipien und Umgangsformen werden ließ. Lust am Drill, die Offerte eines klaren Verhaltenskodex sowie eines den Alltag strukturierenden Ablaufs offenbarten dem jungen Beumelburg einen tieferen Lebenssinn – Grundlagen, die er in den 20er Jahren bestrebt sein sollte, auf die gesamte Gesellschaft zu übertragen.

Mit seiner Ankunft in der Kaserne am 1. Juli 1916 begann die Metamorphose des Abiturienten zum begeisterten Soldaten: „Dann schickte man mich zum Kammerunteroffizier. Ich kroch in die Dachkammer, wo ein langes Suchen und Wurschteln in den riesigen aufgespeicherten Vorräten losging. Nach einer Stunde und etwas mehr hatte ich alles, einen funkelnagelneuen Sonntagsrock, ebenso Hose, Dienstzug, Drillichzeug, Koppel, Helm, Schanzzeug, Tornister, Stutzen und was sonst noch drum und dran hängt. Ich kroch in unsere Bude und fing an, den alten Rock langsam und bedächtig auszuziehen und noch bedächtiger und langsamer den neuen grauen Roch anzuziehen, dann stülpte ich mir den Helm auf und beguckte mich (der Affe!) etwas im Spiegel."[2] (Abb. 5)

Dem strikten Kasernenleben gewann Beumelburg viel Positives ab: „[Um 4 Uhr morgens] rappelt der Wecker, nichts wie raus aus den Federn – nicht Federn, sondern Leinensack mit Hobelspänen gefüllt. Das juckt in den Knochen, die nur ein wonnig weiches Federbett und Matratzen gewohnt sind. Dann gründliche Säuberung, Kaffee ohne Kaffee mit trockenem Kommißbrot und einer Käserinde – das schmeckt ausgezeichnet, ich sage es Euch! Schon heißt's auspacken, den Affen (seinen Tornister, d. A.) umgehängt, Koppel mit Brotbeutel, Flasche,

---

[1] MA-BA Freiburg: MSG2/12358, Walther Beumelburg an Maria Beumelburg, 25.5.1916.
[2] Ebd.: MSG2/12359, Werner Beumelburg vermutlich an die Eltern, 1.7.1916.

Schlaufe, Seitengewehr um den Leib gezogen, Helm aufgestülpt und dann trapp-trapp in Kompaniefront angetreten."[3]

In Ehrenbreitstein erfuhr Beumelburg ein Erweckungserlebnis aus lange selbstempfundener Untätigkeit: „Stillstehn, Marschieren, Griffe, Wendungen, Hinlegen, zum Schuss fertig – alle diese schönen Dinge werden Stunde um Stunde geübt. Ganz ohne es zu fühlen, lerne ich hier kennen, was Arbeit, richtige Arbeit, ist. (…) Es war Zeit, daß das Pennälerleben aufhörte. Und es war das Beste, daß ich Soldat wurde. (…) Morgen geht's wieder raus zum spannenden Dienst."[4]

Kameradschaftsgefühle, Drill und Exerzieren – der berüchtigte preußische Kommiss – gehörten zu den alltäglichen Dingen, auf die es sich zu freuen lohnte: „Die erste Dienstwoche ist rum. Und herrlich ist sie rumgegangen. Ich habe schon manches gelernt und mir die Anerkennung sämtlicher Unteroff[i]z[iere] erworben, die mir alle sagen: ‚Sie werden ein strammer Soldat.' (…) Das Kasernenleben macht mir sehr Spaß. Neben gemeinen und rohen Pionieren gibt es mehr solche, die sich mit ihrer Erfahrung väterlich unsrer annehmen in allen Dingen."[5]

Zwar ergriff auch Beumelburg die typische Langeweile der Kaserne – stundenlanges Stubenhocken, Reinigung von Ausbildungsgegenständen, pures Nichtstun und insbesondere Vorschriftenkleben – man „klebt, klebt, zieht sich um, tut Dienst, läuft, klebt, klebt, klebt"[6] – ließen die Tage lang und länger werden; dennoch verlebte Beumelburg mit Romanlektüre und Kasinobesuchen einen „fidele(n) Dienst."[7]

Nachhause schrieb er Dialekt durchsetzte Anekdoten, die bereits jenen Soldatenhumor andeuteten, der auch seine späteren Kriegsschriften durchziehen sollte: „Gestern war großer Krach in der U[ntero]ff[i]zu[iers]-Stube. Auf einmal höre ich von Amelies (seines Zugführers, d. A.) Bass: – ‚Beumelburg!' – Ich laufe hin, stehe stramm. Von Amelies nimmt mich am Arm: – ‚Sä mal, der da

---

[3] Ebd.: Werner Beumelburg vermutlich an die Eltern, 3.7.1916.
[4] Ebd.: Werner Beumelburg an die Eltern, 9.7.1916.
[5] Ebd.: Werner Beumelburg an die Eltern, 8.7.1916.
[6] Ebd.: Werner Beumelburg an die Eltern, 13.7.1916.
[7] Ebd.: Werner Beumelburg an die Eltern, 4.7.1916.

sagt, unser Kaiser….na, sagen Sä mal, wie heißt unser Kaiser mit Nachnamen –
ich mäne, so wie ich von Amelies heiße?' – ‚…ein Hohenzollern, Herr Unteroffizier!' Er wendet sich triumphierend zu einem anderen U[n]t[er]off[i]z[ie]r. –
‚Siehste da, Fritz, so heißt er, der Beumelburg muss es ja wissen, der hat neu-
lich doch studiert. – Dann erklärt er mir: – ‚Wir haben uns nämlich gestritten,
wie er heißt.' – Der dicke Unteroff[i]z[ier]. schüttelt den Kopf: – ‚Nä, nä – ich
hab es mal gelesen, er heißt anders', er heißt I…' – ‚Herr Unteroff[i]z[ier].,
meinen Sie vielleicht imperator rex?' – ‚Ho, ho, das ist es, so heißt er, der Kaiser.' – Da fällt von Amelies wieder ein: – ‚Das will ich Dir nun sagen, das ist
was ganz annersch, imperator heißt auf deutsch – es ist nämlich französisch –
König von Preußen, und rex bedeutet soviel wie: er hat zu kommandieren.' –
Damit war der Streit über des Kaisers Namen erledigt.“[8]

Den Neuankömmling und späteren Verdichter der Kameradschaft quälten jedoch auch Anpassungsprobleme mit rangniederen Soldaten. In der Lebenswelt
der Kaserne erlitt Beumelburg im Zusammenstoß mit Angehörigen niederer
Bildungsklassen einen ersten bildungsbürgerlichen Kulturschock: „Von meinen
Kameraden bin ich bis jetzt nicht sonderlich erbaut, sie sind alle ein gut Teil
älter und scheinbar dümmer.“[9]

Die Zuteilung zum Offiziersstand im Juli löste indes auch dieses Problem.
Beumelburg teilte seine Stube fortan mit drei Fahnenjunkern, und hier tat sich
erstmals Beumelburgs besondere, charismatische Qualität hervor, engen persönlichen Kontakt zu jenen Menschen aufzubauen, die, sei es in der Politik oder im
Militär, ranghöher als er selbst standen: „[Auf Holzschemeln vor den Spinden
sitzend] geht [es] los. Hübsch die Finger gerade auf den Knien, Hacken zusammen, Kreuz hohl, Augen geradeaus. So sitzen wir vier Salzsäulen und hören auf
den Gestrengen (Unteroffizier Hundert, d. A.), der etwas von den direkten Vorgesetzten und vom Sanitätskorps herbetet. Im Übrigen ein durchaus feiner und
freundlicher Mann; aber alter Soldat: ‚Woher wissen Sie denn das schon alles?',
fragt er bald. Ich fahre auf: ‚Ich war zwei Jahre in der Jugendwehrkompanie

---

[8] Ebd.: Werner Beumelburg an Elisabeth Beumelburg, ohne Datum, „Junkerstube“.
[9] Ebd.: Werner Beumelburg an Maria Beumelburg, 29.6.1916.

Trarbach, Herr Unteroff[i]z[ier].!' Von da an redet er fast nur noch zu mir, und holt sich Rat bei bedenklichen Fällen."[10]

Bruder Walther wirkte hierbei erstmals und nicht das letzte Mal als Türöffner im Leben des jüngeren: „Dann fragte er (Unteroffizier Hundert, d. A.) mich, ob ich ein Bruder von Leutnant B[eumelburg]. sei. Als er das hörte, war er wie umgewandelt. Er diente nämlich mit Walther schon vor dem Kriege hier und war während des Krieges mit ihm lange im Feld. Da meinte er, mein Bruder habe mir allerlei beigebracht (…)."[11]

Ende Juli sah sich Beumelburg nach zweimonatiger Ausbildung an die West-front versetzt. Hier kam er über das linke Maasufer über Longwy an den Front-bogen Verduns, wo im Hochsommer 1916 jenes Kriegserlebnis begann, das sich zum bestimmenden Schreibsujet des Schriftstellers verdichtete. Welche Auswirkungen hatten Gewalterfahrung und Todesbedrohung auf den jungen Rekruten? Mit welchen Hoffnungen ging er in diesen Krieg und wie reagierte er auf die letztendliche militärische Niederlage? Und vor allem: Wie schlugen diese biographischen Prägungen als künstlerische Inspirationen auf seine späte-ren Kriegsschriften durch?

Der sich der Marneschlacht 1914 anschließende Stellungskrieg, der die alliierte Überlegenheit an Mensch und Material begünstigte, drohte der zweiten, Erich von Falkenhayn unterstehenden OHL 1916 die strategischen Optionen aus der Hand zu nehmen. Falkenhayn hoffte mithilfe eines Großangriffs auf den Fes-tungsgürtel von Verdun, Frankreich zu zermürben und friedenswillig zu ma-chen.[12] Die von Februar bis Dezember 1916 ohne militärische Fortune ausge-fochtene Schlacht stand am Anfang einer weiteren Abfolge gigantischer Materi-alschlachten, die den Ersten Weltkrieg als industriellen, gesamtnational, ja total organisierten Hochtechnologiekrieg kennzeichneten. Im deutschen Erinne-rungshaushalt der 20er Jahre sollte die heute hegemonial gewordene pazifisti-sche Deutung der über 700 000 Menschenleben kostenden Schlacht als Hort sinnlosen Verheiztwerdens mit jener bellizistischen, von Beumelburg

[10] Ebd.: Werner Beumelburg an die Eltern, 3. 7. 1916.
[11] Ebd.: Werner Beumelburg an Elisabeth, ohne Datum, „Junkerstube".
[12] Holger Afflerbach: Falkenhayn. Politisches Denken und Handeln im Kaiserreich, München 1994, 357.

mitkultivierten Lesart ringen, die Verdun als Erinnerungsort eines ‚neuen soldatischen Menschen' lobpreisen würde.[13]

Als Angehörigem der jungen Frontgeneration folgte für Beumelburg damit die
sich an Elternhaus und Schule anschließende dritte Prägephase des Krieges, die
durch Gewalt- und Verlusterfahrungen aber auch durch die Übertragung immenser Verantwortungen und Pflichten die Adoleszenz des Fahnenjunkers be-
schleunigte. Die Kriegswirklichkeit von Verdun bestimmte von Beginn an die
Fronteinsätze des 17-jährigen Kriegsfreiwilligen: Beumelburg fand in Offensi-
ven an der berühmt-berüchtigten ‚Höhe 304' Verwendung und sah seinen im
Mikrokosmos der Kaserne ausgebildeten, militäraffinen Habitus einer ersten
Feuertaufe ausgesetzt. Schwester Gertrud schilderte er am 28. Juli die ersten
Eindrücke: „Nun kenne ich wenigstens die berühmte Höhe an unserer Front und
weiß, was auf ihr los ist. Dreck, fürchterlicher Dreck und schwerstes Feuer.(…)."[14] Am westlichen Maasufer erlebte Beumelburg im Avocourtgehölz
seine ersten Stellungsgefechte, die „nicht ohne" gewesen seien: „Die blutigen
Verluste der Franzosen sind sehr schwer, die gewonnenen Trichterfelder sind
mit Leichen besät, neben denen wir jetzt rumlungern, am Tag regungslos, hun-
gernd, durstend, nachts frierend. Ein verdammtes Dasein in diesen elenden
Trichtern, die Schießerei ist beachtlich, zeigen wir uns in den Trichtern, dann
schießen uns MGs ab."[15]

Beumelburg rang zunächst mit seiner Haltung zum Krieg: „Mein Patriotismus
wird kleiner", ließ er den daheim gebliebenen, 15-jährigen Schulfreund Ernst
Spies wissen, „der Krieg soll aufhören! Ich habe bald genug Elend gesehen."[16]
Szenarien grauenhafter Gewalt drückten sich einer Wachsplatte gleich auf das
Seelenleben des 17-Jährigen durch, was sich in der Syntax seiner in die Heimat
gesandten Briefe in Unterdrückungsmechanismen des Schweigens, in oberfläch-
lich scheinenden Phrasen uneigentlichen Sprechens – „Was ich alles gesehen

---

[13] Matti Münch: Verdun. Mythos und Alltag einer Schlacht, München 2006, 366-369.
[14] MA-BA Freiburg: MSG2/12359, Werner Beumelburg an Gertrud Beumelburg,
28.7.1916.
[15], Werner Beumelburg an Ernst Spies, 25.8.16, in: Privatnachlass Fr. Erdmute Stolte
(Traben-Trarbach).
[16] Ebd.

habe, kann ich Euch nicht so schreiben (…)"[17] – artikulierte. Der Konsum von Zigaretten und Alkohol, mit denen die OHL wohlweislich die Lebensmitteltruhen ihres an vorderster Front kämpfenden Offizierskorps' ausstattete, wurden zum täglichen, die Stimmung aufhellenden Ritual. So musste beim „Bewusstsein großer Gefahr", beim „Gefühl des Ekels" und „schauderhaften Bildern", beim „Gefühl wehrloser Ohnmacht, hilfloser Wut, daß man sich zusammenschießen lassen muss", aber auch gegen die klirrende Kälte, ein „großer Schnaps helfen."[18]

Und dennoch fand Beumelburg Schritt für Schritt und Schuss für Schuss in diesen Krieg. Der ‚böse Geist' des Defätismus würde Beumelburg punktuell erst wieder 1917 sowie zum Ende des Krieges 1918 heimsuchen. Im August 1916 ging es über Longwy, Montmedy in die Commune Romagne sous les Côtes, wo er zehn Kilometer vor Verdun erste Eindrücke von Fort Douaumont gewann. Dieser Festungsgürtel sollte für nationalistisch gesinnte Veteranen der 20er Jahre ein zentraler Erinnerungsort werden, den sie in Kriegstexten, Filmen und auf Veteranentreffen als symbolische Geburtsstunde von Kameradschaft sowie eines in den Schützengräben gestählten ‚Führers' inszenieren sollten.[19]

Den Eltern schilderte Beumelburg seine Ankunft in kräftigen Farben: „Den ersten Eindruck, den ich vom Krieg bekam, waren im Mondschein auftauchende zerschossene Dörfer vor Montmedy. (…) Schützengräben, Granattrichter, marschierende und fahrende Kolonnen, aus dem Graben heimkehrende Infanterie, Wagen mit Verwundeten und Toten. (…) Was ich bis jetzt vom Krieg gesehen habe? Ganz am Horizont liegt der Douaumontberg, ständig rauchend. In Abständen von fünf bis zehn Sekunden steigt eine schwere Qualmwolke dort massig auf und später folgt ein dumpfes Dröhnen – der Franzmann beschießt das Fort ständig. (…) In einsamer Höhe steht ein Fesselballon vom Franzmann, um ihn hagelt's. Mehr in der Nähe hört man die lagenweisen Abschüsse der eigenen

---

[17] MA-BA Freiburg: MSG2/12359, Werner Beumelburg an Gertrud Beumelburg, 8.11.1916.
[18] Privatnachlass Fr. Erdmute Stolte: Werner Beumelburg an Ernst Spies, 4.9.1916.
[19] Vgl. exemplarisch Unbekannt: Der Douaumont-Film, in: Völkischer Beobachter/Reichsausgabe 6 (1931), Nr. 248 und 249 vom 6.9. und 7.9.

Artillerie, bald näher, bald weiter. Ständig hört man das gleichmäßige Rollen der Geschütze."[20]

In Reims schilderte Beumelburg Ernst Spies am 4. September jenes Kameradschaftsgefühl, das den Menschen angesichts der im Krieg erfahrenen Schrecken aus seiner Sicht in neue sittliche Höhen führte und das sich zum literarischen Leitmotiv seiner späteren Kriegsschriften entwickelte: „Übrigens muss ich lächeln über Deine Worte: ‚Kämpfe, deren Furchtbarkeit ich mir nur in verschwommenen Umrissen ausmalen kann.' Es ist eine Tatsache, daß alle, die noch nicht ‚das Glück hatten', ein Schlamassel mitzumachen, in solchen Wendungen sprechen. Meinst Du nicht auch, daß alles menschlich zugeht und alles von schwachen Geistern zu ertragen ist, denn es sind doch zumeist solche unter uns wilden Kriegern? Es ist wahr, daß in einem solchen Falle Hunderte vorher abhauen. Du findest von einer 150 Mann starken Kompanie im Ernstfalle noch 60 Mann vorn – abgesehen von den Verlusten durch feindliches Feuer. Du kriegst Beispiele von menschlicher Angst zu sehen, die Dir eines Menschen unwürdig scheinen – und das sind sie auch. Und Du bemerkst auf der anderen Seite, daß die wenigen Tüchtigen, die bei Dir ausharren, allein die schweren Verluste haben, denn ein Feigling findet immer die Ecke, wo's nicht schießt. Aber trotzdem geht alles menschlich zu, das Bewußtsein des Furchtbaren kam mir noch nie. (…) Und wenn Du das alles mal mitgemacht hast, dann sagst Du: ‚Ist das alles?' Denn man empfindet in (H. i. O.) dem Salat selbst anders, als wenn man den vorgekaut bekommt."[21]

Das Gefühl, in einer Ersatzfamilie vertrauten Rückhalt zu finden, verstärkte sich im Oktober, als sich Werner auf Betreiben Walthers in die sechste Kompanie der Pioniere verlegt sah, von dessen kommandierendem Oberleutnant sich der ältere Bruder positive Effekte auf den jüngeren versprach. Dieses Kalkül ging vollends auf, es sei „alles frei, kameradschaftlich, ehrlich, kein Strammstehen, kein Aufflitzen, es ist eben eine Familie von einem Oberl[eutnan]t., zwei Leutnants, zwei Offiziersstellvertretern und mir."[22]

---

[20] MA-BA Freiburg: MSG2/12359, Werner Beumelburg an die Eltern, [ohne Datum] vermutlich im August 1916.
[21] Privatnachlass Stolte: Werner Beumelburg an Ernst Spies, 4.9.1916.
[22] Ebd.: Werner Beumelburg an Ernst Spies, 21.10.1916.

Gleichwohl ging es Beumelburg keineswegs um ein oblomowierendes Offi-
ziersdasein. In Fort Douaumont einquartiert, galt sein erstes Bestreben, es dem
Bruder gleich zu tun, der im November 1915 „für allerlei Sachen, bei denen die
Kugeln, die um mich herum div[erse]. Leute niederrissen, so liebenswürdig
waren, mir auszuweichen"[23] das Eiserne Kreuz erster Klasse erhalten hatte. Der
Bewährungsdrang des jüngeren Bruders, der in seinen späteren Büchern das für
Offiziere so typische Streben nach Orden und Titeln als niedere Beweggründe
der in seinen Augen geltungsgierigen Etappe diffamieren sollte, blieb bis Oktober 1916 dennoch unbefriedigt. Gertrud vermochte er noch immer nicht „von
Heldentaten [zu] berichten."[24] Bald aber gehe „es hoffentlich nach vorn", er sei
„in großer Ungeduld." (Ebd.) Im 22 Kilometer von Verdun entfernten Cap de
Bonne Espérance sah sich Beumelburg im selben Monat als Stoßtruppführer an
der Maas eingesetzt, womöglich „um wieder in einem Schlamassel"[25] eingesetzt zu werden. Mit dem Euphemismus pflegten Soldaten die härtesten Kriegs-
erscheinungen zu kaschieren. Sturmtruppen bildeten eine Nahkampfelite, denen
die Aufgabe oblag, die nach stundenlangem Beschuss eingeebneten Kampfgebiete nach verbliebenen feindlichen Gefechtsständen zu durchsuchen, einzunehmen und für weitere Kämpfe wiederherzurichten. Feindberührung mit Bajo-
nettnahkämpfen bildeten eher die Regel als die Ausnahme, weshalb Sturmtruppen auch an feindlichen Waffen ausgebildet wurden, um diese nach Feindtötung
zu übernehmen.[26] Den Daheimgebliebenen schilderte Beumelburg jene Kampf-
tage im Dezember in aller Eindringlichkeit: „Gestern Morgen bin ich von den
sechs bisher furchtbarsten Tagen zurückgekommen. Sechs Tage im Schlamm,
ungewaschen, nicht aus den Kleidern und Stiefeln, auf Erde und Brettern ge-
schlafen, ohne Feuer. Aber das wäre alles noch nichts, wenn der Feind nicht da
wäre. An einem Kreuzungspunkt dreier Schluchten in ständigem schweren Feuer mehrerer Batterien, dazu Maschinengewehre, auch auf einem zerwühlten, mit

---

[23] MA-BA Freiburg: MSG2/12360, Walther Beumelburg an Gertrud Beumelburg, ohne
Datum, vermutlich 1915.
[24] Ebd.: MSG2/12359, Werner Beumelburg an Gertrud Beumelburg, 31.10.1916.
[25] Ebd.: Werner Beumelburg an Gertrud Beumelburg, 26.10.1916.
[26] Vgl. hierzu Ralf Raths: Vom Massensturm zur Stoßtrupptaktik. Die deutsche
Landkriegtaktik im Spiegel von Dienstvorschriften und Publizistik 1906-1918, Freiburg
u. a. 2009.

Gerippen und losen Schädeln bedeckten Feld haben wir gearbeitet, Drahthin-
dernis gebaut. Der 5. Dez[ember]. war der schrecklichste Tag. Im Laufgraben
lagen schon beim Hinweg Tote in Massen vollkommen zerschossen. Beim
Rückweg spritzt es auf einmal vor mir schwarz auf, Schwefel dringt mir in die
Lunge, ich bin über und über mit Dreck bedeckt. Die Pioniere geraten in Panik,
alles rennt im Graben umher. Ein Volltreffer zerreißt direkt vor meinen Augen
zwei Infanteristen, ich stapfe durch Blut und rohe Fleischklöße. Im nächsten
Moment ein Unterstand mit zehn Mann verschüttet. So ging's weiter."[27]

Diesen Todeskommandos folgte im Dezember 1916 die lang ersehnte Verleihung des Eisernen Kreuzes erster Klasse: „Die Orden häufen sich ja in unserer
Familie und Euer ehrgeiziger Schwesternwunsch nach meinem EK ist schneller
in Erfüllung gegangen, als ihr dachtet. Ich wusste es schon seit dem 16.
Dez[ember]., bin auch sofort nach der Patrouille eingereicht worden. Offen
gestanden – die Eltern dürfen das nicht wissen – ging ich zu der Patr[ouille]. mit
dem festen Willen, eines zu haben, und wäre nicht eher umgekehrt, bis ich eine
wichtige Meldung hatte."[28]

In denselben Zeilen zeigte sich, wie sehr der junge Beumelburg die ‚Blutmühle
von Verdun' als zu erlebendes Abenteuer begriff und wie froh er war, es, dem
Vorbild seines Bruders folgend, dorthin geschafft zu haben: „Ich bin schon eine
Berühmtheit des Bataillons geworden. Na, wenn ich mal vom Kursus (einem
Lehrgang im Hinterland, d. A.) zurück ins Feld komme, dann soll Euer Schwes-
ternehrgeiz weiter befriedigt werden, ich will schon was riskieren. In der Kompagnie gibt's Leute, die mich den ‚tollen Junker' nennen (…). Heute Abend war
in Romagne große Feuersbrunst, ein zwei Häuser sind in der Dunkelheit recht
malerisch in Flammen aufgegangen. Ich bin mit dem Gewehr oben drauf rum
geturnt, bis mich L[eutnan]t. Bergmann runter gejagt hat. Aber ich muss doch
etwas tun, denn man schickt mich nicht in die Stellung, da jede Stunde der Befehl zum Kursus kommen kann. Darum muss ich aus Ärger meine Kraft woan-
ders betätigen. Es ist auch zu schade, gerade heute soll vorn von uns ein
feind[liches]. Maschinengewehr genommen werden, das unbequem ist. Gerade
heute soll der Sturm sein – und ich soll nicht dabei sein. Man tröstet mich, ich

---

[27] Ebd.: Werner Beumelburg vermutlich an Gertrud Beumelburg, 7. 12.1916.
[28] Ebd.: Werner Beumelburg an Gertrud Beumelburg, 29.12.1916.

sollte doch die Nase endlich voll haben – aber das stimmt noch nicht ganz. Na – nach (H. i. O.) dem Kursus!"

Als der persönliche Ehrgeiz befriedigt war, fand Beumelburg, der nun als bewährter Stoßtruppführer Verantwortung für seine Gruppe übernahm, gegenüber seiner Umgebung zu einer kontemplativeren Haltung. Er begann an jugendliche Schreibversuche anzuknüpfen und sein Erleben in viszeralen Schlachtenszenen literarisch einzufangen. Von der ostfranzösischen Ebene mit Blick auf Longwy hatte Beumelburg Schwester Gertrud bereits im November 1916 in vorausweisender Erzählfreude von einem Kampfeinsatz berichtet[29], den er in naturhafte Farben getaucht hatte. Am „massive[n] Bergrücken" des Douaumont, hatte er metaphorisierend vom „Feuerschein der aufflammenden Geschützmäuler" geschwärmt, „Krach und Splittergeprassel" von Granateneinschlägen – „Sssssst, bautz!!" – lautmalerisch eingefangen, das „blödsinnige Artilleriefeuer" personifiziert und „heulen[de]" Granaten mit „schwere[n] Bohnen" und Leichen verglichen, die „zerrissen wie Mehlsäcke". Die Kraterlandschaft des Douaumont, auf dem im Mittel alle sechs Sekunden eine Granate einschlug, hatte er der Schwester als „Mondlandschaft" beschrieben, ein Bild, das in aller Plastizität in seiner 1927 erscheinenden Kriegsschrift *Loretto* wiederkehren würde.[30] Dabei schilderte er all diese Destruktionen nicht etwa, um Gertrud vom Krieg abzuschrecken, sondern um jenes individuelle Heldentum zu veranschaulichen, das sich in der Bewältigung dieser ästhetisierten Hölle durch den jungen Rekruten artikulierte.

Denn der angehende Dichter ging trotz all dieser Negativerfahrungen weiterhin in Gänze auf im militärischen Einsatz, alles Tun sah sich eingelassen in das übergeordnete Bedeutungsgeflecht seiner Handlungen: „Hast Du jetzt genug vom Krieg oder soll ich Dir noch ein paar solche Geschichten erzählen, von Skeletten, die ihre Uniform noch tragen, von verwundeten Pferden, denen die Därme aus dem Leib hängen, und die entsetzlich stinken? Oder langt das?"[31]

---

[29] Ebd.: 17. 11.1916.
[30] Werner Beumelburg: Loretto, Oldenburg 1927, 30.
[31] MA-BA Freiburg: MSG2/12359, Werner Beumelburg an Gertrud Beumelburg, 17. 11.1916.

fragte er die schockierte Schwester, die eigenen Traumata mit Koketterie überspielend.

Nachdem im Dezember 1916 die Verdun-Offensive endgültig gescheitert war, begann für Beumelburg das Kriegsjahr 1917 mit einer Militärparade Wilhelms II. und des im August zum Generalstabschef der dritten OHL ernannten Paul von Hindenburgs in Laon, dem Sitz der deutschen Militärkommandantur nahe St. Quentin.[32] Bruder Walther, dem ein ebenfalls begeisterndes und von ähnlichen schriftlichen Ästhetisierungsversuchen durchwirktes Kriegserlebnis widerfuhr, zeigte sich erstaunt über die soldatische Entwicklung des jüngeren Bruders: „Daß Werner so ein prächtiger Kerl geworden ist, macht mir eine Mordsfreude. Hoffentlich kommt er heil aus der Schweinerei heraus u[nd]. kann die Passion, die er ja doch anscheinend in hohem Maße besitzt, bald im Friedensdrill austoben.“[33] Opernbesuche, die er während des Fronturlaubs im Januar 1917 absolvierte, empfand Werner als qualvolles Nichtstun; er sehnte sich, wie die Protagonisten seines späteren Kriegsromans *Gruppe Bosemüller,* zurück an die Front, komme seine Kompanie, „jetzt zu einem neuen, bald interessant werdenden Teil der Westfront“[34], nämlich nach Lüttich an der Champagagne.

Noch im Februar 1917 glaubte Beumelburg, der Krieg werde in den nächsten Monaten vorbei sein. Doch quälend zog er sich hin, und im April fand sich Beumelburg im Einzugsbereich der deutsch-französischen Schlacht an der Aisne wieder: „Abgesehen davon, daß uns der Franz jede Nacht Bomben in die Quartiere schmeißt und am Tage ab und zu uns mit einer dicken Bohne beehrt ist's ganz vorzüglich hier auszuhalten. Wir warten stündlich darauf, vorn eingesetzt zu werden, dann können sich ja meine Verduner Erlebnisse wiederholen.“[35]

Beumelburg ging es, so zeigt der Kommentar, „je länger je besser.“[36] Im Mai 1917 stürmten die Deutschen das östlich des Fort de la Malmaison gelegene St.

---

[32] Privatnachlass Stolte: Werner Beumelburg an Ernst Spies, 12.1.1917.
[33] MA-BA Freiburg: MSG2/12360, Walther Beumelburg an Gertrud Beumelburg, 1.1.1917.
[34] Privatnachlass Stolte: Werner Beumelburg an Ernst Spies, 30.1.1917.
[35] Ebd.: 29.4.1917.
[36] Ebd.: 1.5.1917.

Berthe-Ferme, um die Versorgung über St. Quentin nach Arras zu sichern. „[T]oll und sehr blutig [sei es] hergegangen – und doch [sei] Verdun für beide Teile schlimmer" [37] gewesen. Tötungsbereitschaft fasste Beumelburg im Modus jener humoristischen Lausbubenerzählung und des sich bei ihm ausprägenden Frontsoldatenjargons in Worte, der seine späteren Kriegsbücher, insbesondere die *Gruppe Bosemüller* charakterisieren sollte: „Gestern am Pfingstsonntag stand ich in einer vorgeschobenen Sappe bis an die Hüfte frei einem Franzosen in 20 m Entfernung gegenüber. ‚Aujourd'hui nix schießen, camarade prussien – Franzmann cavalier!' ‚Non', sagte ich, ‚pas tirer aujourd'hui – Prussien aussi cavalier.' Aber einen Moment später pingte doch so ein Schweinehund von einer anderen Ecke, ich verschwand und pingte dann auf jeden Schwanz, den ich sah." [38]

Im Juli wurde Beumelburg in den Nordvogesen eingesetzt. Die Strapazen machten sich bei den Soldaten immer wieder bemerkbar, versprochener Urlaub endete oft an der Front. Im August folgten Beumelburgs Beförderung zum Offizier und weitere Einsätze an der Somme, in Noyon und in der Picardie. Von November 1917 bis Februar 1918 nahm Beumelburg mit der dritten Flandernschlacht an der größten Materialschlacht des Ersten Weltkrieges teil, die Beumelburg mit *Flandern 1917* ebenfalls literarisch veredeln sollte.

Im Februar 1918 begannen die Vorbereitungen für den deutschen Frühjahreinsatz, dem letzten großen Angriffsplan der OHL im Westen. Beumelburg wartete voll Ungeduld „auf die große Offensive, deren Vorbereitungen man an jedem Schritt" [39] erkannte. Sie müsse „großartig werden", und großartig wurde sie, wenn man Beumelburgs mit Verve geschilderten Gewalterfahrungen folgt, die er im April zum Ende der deutschen Operation Michael mit 300 000 Verlusten nachhause sandte: „Es war eine Freude, wie meine Kerls mit blankem Messer draufgingen und der Tommi (Engländer, d. A.) ängstlich klein beigab." [40] Die

---

[37] MA-BA Freiburg: MSG2/12359, Werner Beumelburg an Gertrud Beumelburg, 25.5.1917.
[38] Privatnachlass Stolte: Werner Beumelburg an Ernst Spies, 28.5.1917.
[39] Ebd.: 24. 2.1918.
[40] Ebd.: 9.4.1918.

Gefechte hatten seine Kompanie nach ‚gewonnenem' Kampf von 200 auf 30 Mann dezimiert.

Wie sehr Beumelburg dabei Teile seiner postalischen Gefechtsschilderungen für spätere Literarisierungen fruchtbar machen sollte, zeigen wortwörtliche Übernahmen in spätere Kurzgeschichten. Im April 1918 schilderte er Ernst Spies etwa eine Somme-Querung „bei Béthencourt"[41], infolge derer seine Sturmtruppe nur 40 Meter vor einem englischen Maschinengewehrnest „Schnellbrücken über den sumpfigen Uferstreifen und den Fluss" legen musste. Dieses Erlebnis würde er 1921 in die Kurzgeschichte *Treue*[42] einfließen lassen, in der ein Authentizität verbürgender Ich-Erzähler eine Kompagnie bei Morgengrauen am Rande der Somme zum Vorwärtsstürmen auf die englische Artillerie befehligte. Diese mit Pontons unter schweren Verlusten bewerkstelligte Somme-Querung sollte in ein emotionales Kameradschaftserlebnis einmünden, das Beumelburg so, zumindest in der Schilderung Spieß gegenüber, nicht erlebte.

Mitte Juli zeichnete sich endgültig das Scheitern der deutschen Frühjahrsoffensive ab. Erstmals nach 1916 machte sich bei Beumelburg erneut jene Kriegsmüdigkeit bemerkbar, die er in seinen späteren Schriften vehement verurteilen sollte: „Wir sind hier im Felde, seit Ludendorff das Zepter führt, kein Fisch und kein Fleisch. Wir gebären dauernd Neues, das uns dann von der Infanterie abgenommen wird oder zu einer Spezialwaffe wird."[43] Zwei Wochen vor dem Waffenstillstand in Compiègne standen mit Heerführung und Politik für Beumelburg die Schuldigen des Krieges fest: „Es sind in der Politik und auf militärischem Gebiet so viele Fehler gemacht worden, daß man jetzt das heulende Elend kriegen kann, wenn man dies alles mit ansehen muss."[44] Bereits während der Frühjahrsoffensive hatte er die OHL für ihren Verschleiß der Pioniere kritisiert und auch die bereits am 11. Juli erfolgte Verleihung des Eisernen Kreuzes zweiter Klasse vermochte keinerlei Stimmungsumschwung mehr zu erzeugen. Im Oktober war Beumelburg von der Notwendigkeit eines Friedensschlusses überzeugt: „Seit drei Monaten bin ich weiter nichts mehr als Infante-

---

[41] Ebd.: 14. 4.1918.
[42] Werner Beumelburg: Treue, in: Deutsche Soldatenzeitung 3 (1921), Nr. 36, 2.8.
[43] Privatnachlass Stolte: Werner Beumelburg an Ernst Spies, 10.7.1918.
[44] Ebd.: 26.10.18.

rist und habe mich überzeugt, daß mit unseren Leuten kein Blumentopf mehr zu gewinnen ist. Fast sage ich: <u>Lieber ein Ende mit Schrecken, als Schrecken ohne Ende</u> (H.i.O.)." (Ebd.) In seinen späteren Schriften würde er freilich behaupten, die Front wäre zu halten gewesen, so nicht kampfunerfahrene und defätistische Truppen die deutschen Linien bröckeln gemacht hätten.

Ferner kritisierte er mit der Etappe gegenüber dem im Juli ebenfalls eingezogenen, allerdings zu keinem Einsatz mehr kommenden Ernst Spies wie auch in seinen späteren Büchern jenen ca. anderthalb bis fünf Kilometer hinter den vordersten Linien gelegenen Ort, an dem der Generalstab schaltete und waltete, Logistik und Nachschub plante und Befehle ausarbeitete: „Lass Dich im Casino nicht all zu sehr anöden, ich weiß, wie das dort ist. Es sind alles – bis auf wenige – alte Etappensoldaten, die Helden markieren wollen. Denke immer, daß später im Feld ein anderer Geist weht als bei diesen mehr oder weniger Drückebergern."[45]

Abschließend kann ungeachtet des zum Jahresende 1918 abgewickelten Ersten Weltkrieges und der damit einhergehenden Untergangsstimmung für Beumelburgs Vita konstatiert werden, dass die Erlebnisse 1916 bis 1918 ihn 1. in der positiven Auffassung alles Militärischen bestärkten und es dieser Lebenswelt in besonderer Weise gelungen war, Beumelburg in ihren Bann zu ziehen. Traumatisierung und Verlusterfahrungen, die Übertragung immenser Verantwortungen und Pflichten, einsetzender, zeitlebens stark betriebener Konsum von Alkohol und Zigaretten wie auch die positiven Effekte von Anerkennung und Belohnung beschleunigten die Adoleszenz des zu Kriegsende 19-jährigen Leutnants. Schließlich hatte er in diesem Kontext nicht nur für die imperialistischen Ziele des Kaiserreiches, sondern, in der Akkumulierung von Titeln und Orden, auch für den erfolgreichen Fortgang einer potentiellen Karriere im Generalstab gefochten. Der Krieg selbst bestätigte so bereits in der Jugend entwickelte Sichten und Wertvorstellungen; es würde jedoch die mit der Niederlage und mit der Novemberrevolution 1918/19 verbundene Enttäuschung sein, die Beumelburg zu Beginn der 20er Jahre von der neuen Staatsform abrücken lassen sollte.

---

[45] Ebd.: 10.7.1918.

Mit der im Oktober 1918 einsetzenden Enttäuschung deutete sich 2. ein oppor-
tunistischer Charakterzug Beumelburgs an, begann der junge Offizier in jenem
Augenblick von Militär und Politik abzurücken, da die Kriegsniederlage absehbar wurde. Hier kündigte sich jenes prekäre Verhalten Beumelburgs an, das sein
Agieren in der Weimarer Republik und während des Zweiten Weltkrieges wesentlich bestimmen sollte.

Darüber hinaus finden sich in seiner Feldpost 3. zahlreiche den Krieg ästhetisierende Elemente und Konzepte, die seine Autorschaft als Kriegsdichter bereits
vorwegnahmen. Beumelburg war trotz des erlebten Grauens bereit, alles individuelle Tun und Handeln im Heroischen zu verorten. Er bediente sich stilbilden-
der naturmetaphorischer und neu-sachlich anmutender Elemente, die sich zur
Ästhetisierung des singulären Zerstörungspotentials dieses Hochtechnologie-
krieges geradezu aufdrängten. Er begann eine realistisch-gewaltverherrlichende
Erzählweise zu entwickeln, die in den 20er Jahren, etwa mit Blick auf Jüngers
Stahlgewitter, paradigmatisch für linke wie rechte Kriegsromane werden sollte.
Mitnichten kaschierte er die Grauen des Kriegsalltags, sondern verwandte sie
dazu, die heldenhafte Bewährung der Protagonisten angesichts der Widrigkeiten
der Umstände in umso glänzenderem Lichte darzustellen. Der junge Infanterist
nahm dabei die Ego-Perspektive eines begeisterten, um literarische Inszenie-
rung seines Tuns bemühten Stoßtruppführers, nämlich des im Maschinen- und
Materialkrieg immer noch bedeutsamen heroischen Individualisten ein, wie
Jünger es in den *Stahlgewittern* stilbildend für zahlreiche Kriegsdarstellungen
vorgeben würde. Vor dem Hintergrund einer in den Briefen mit literarischen
Mitteln evozierten Ekpyrosis führte Beumelburg seinen Korrespondenten den
Horror des Kriegsgeschehens nicht etwa um willen ihrer Friedenserziehung,
sondern ob der Veranschaulichung jenes Heldentums vor Augen, der sich in der
Bewältigung dieser ästhetisierten Hölle durch das soldatische Ich als Charakter-
schule männlicher Tugendhaftigkeit ausdrückte. Reflexionen zu politischen
Ursachen und gesellschaftlichen Konsequenzen des Krieges sparte Beumelburg
in diesen Erzählungen nahezu vollständig aus, war der 17-Jährige vornehmlich
damit beschäftigt, die eigene Leistung im Schützengraben zu vermessen. Im
Rahmen dieser Schilderungen nahm Beumelburg, wie Jünger in den *Stahlgewittern*, die Perspektive eines Stoßtruppführers ein, der das Erlebte vorwiegend

deskriptiv wiedergab und sich der Kommentierung politischer und gesellschaftlicher Hintergründe und Ursachen des Krieges enthielt. Beumelburg ‚dokumen-
tierte' den Krieg auf diese Weise in einem Modus, der durch Jünger maßgeblich
für die literarische Ästhetisierung des Krieges werden sollte – die Verarbeitung
des Krieges als ‚innerem Erlebnis'. Diese exklusiv auf den Erfahrungshorizont
des Stoßtruppführers und seine Gruppe gerichtete Erzählperspektive, die Jünger
1920 in den *Stahlgewittern* literarisch inszenieren und 1922 in seinem gleichnamigen Großessay *Der Kampf als inneres Erlebnis* (1922) methodisch beschreiben würde, erlaubte eine Entzeitlichungslogik, die politische und gesellschaftliche Ursachen des Krieges ausklammerte und allein die affirmativen
Leistungen des Soldaten im Bewährungsraum des Krieges glorifizierte. Wichtiger noch sollte die Auslassung politisierender Anklagen und normativer
Schuldzuweisungen zahlreiche Kriegsdarstellungen politisch tendenzlos erscheinen lassen. Dies würde in den 20er Jahren eine sowohl bellizistische als
auch pazifistische Lesart von Kriegstexten begünstigen – ein entscheidendes
literarisches Kriterium, das dazu führen sollte, dass sich Kriegsromane das Lob
verschiedener politischer Lager zu sichern verstanden. Obgleich Beumelburg in
seinen Werken der 1920er Jahre nicht einfach die elitäre Erzählperspektive Jüngers kopieren, sondern mit einem vermeintlich kollektiven inneren Erlebnis
ganzer Kompanien, Divisionen, ja dem induktiven Argument einer gemeinsam
geteilten Erinnerung des von ihm beschworenen ‚Frontsoldatentums' aller an
vorderster Linie Kämpfenden aufwarten würde, enthielt bereits seine Feldpost
zahlreiche Motive, die an den heroischen Individualismus Jüngers Anschluss
finden sollten: so neben Furchtlosigkeit, Entschlusskraft, Taten- und Bewährungsdrang vor allem die distanzlos eingesetzte Ästhetisierung von Tod, Gewalt
und Zerstörung, um diese Tugenden im Schatten der Destruktion umso stärker
leuchten zu lassen.

Seine Feldkorrespondenzen bildeten daher unverkennbare Vorläufer, zum Teil
sogar Avant-Texte, seiner späteren Kriegsliteratur, nicht zuletzt 4. in jener pädagogischen Erzählhaltung, die der ältere Beumelburg gegenüber dem jüngeren
Ernst Spies einnahm. Beumelburg schilderte diesem Nichtkriegsteilnehmer,
zuweilen durchaus schulmeisterlich, seine an der Front gemachten Erfahrungen
und gab damit jenen Generationendialog vor, der die Kommunikation des

Kriegserlebnisses rechtskonservativer Intellektueller an jugendliche kriegsinte-
ressierte Nichtkombattanden der Nachkriegszeit bestimmen würde. Auf deren
Heranwachsen und militärische Erziehung sollte in den 20er und 30er Jahren
sein – wie anderer Kriegsdichter – besonderes Augenmerk liegen, da diese als
zukünftige Kämpfer die von ihnen geforderte ‚nationale Erneuerung' herbeizuführen hätten. Seine Autorschaft sollte er in dieser Hinsicht einmal als „große
Verlockung"[46] bezeichnen, nämlich den Leser „für eine Sache" zu gewinnen,
womit er sich über eine rein künstlerische Gestaltungsfunktion von Literatur für
deren pädagogischen Impetus aussprach. Beumelburg gebar sich so schon früh
als Erzieher der Jugend, und der familienlose zukünftige Schriftsteller –
Beumelburg war homosexuell – sollte zeitlebens den Kontakt zu Jugendlichen
als einer Ersatzfamilie pflegen. Diese Disposition würde es Beumelburg als
Angehörigem der jungen Frontgeneration in den 20er Jahren ermöglichen, die
politischen Botschaften des literarisch inszenierten Kriegserlebnisses nicht nur
mit dem Siegel autobiographisch verbürgter Authentizität, sondern auch mit
Verve an die Nachkriegsgeneration weiterzugeben, die ihn aufgrund seiner
Alterskohortenzugehörigkeit als Sprachrohr der ihren akzeptieren sollte. Bereits
in der Korrespondenz trat dieser Generationen-Diskurs – Beumelburg als gelehr-
rig-erfahrener Erzieher, Ernst Spies als bereitwillig Belehrter – offen zu tage,
eine vertikale, bellizistische Pädagogik, die Beumelburg als zukünftiger ‚Ju-
gendautor' mithilfe juveniler Identifikationsangebote in den Büchern der 20er
Jahren forcieren würde.

---

[46] Diese Selbstreflexion findet sich in einem autobiographischen Erlebnisbericht, der
vermutlich zum Ende der 50er Jahre entstanden ist, von dem jedoch die ersten 95 Seiten
fehlen: Werner Beumelburg: Autobiographisches Fragment, in: Rheinische Landesbibliothek Koblenz, H Beu 16/2, 95-145, hier 104.

V. Heimkehr, Revolutionserfahrung und Journalist im Macht-Feld 1918-1925

Mit dem Ende des Ersten Weltkrieges und den einsetzenden politischen Um-
wälzungen 1918/19 verabschiedete sich Beumelburg von einer staatsbejahenden
Haltung, die er als gut funktionierendes Rädchen des wilhelminischen Militär-
apparats eingenommen hatte. Er entwickelte sich zu einem prekären Intellektuellen, der dem neu entstehenden Staat enttäuscht den Rücken zukehrte und ihm
ab 1921 den offenen Kampf ansagte.

An die Mosel zurückgekehrt sahen die Gebrüder Beumelburg auch Traben-
Trarbach von der Novemberrevolution erfasst. Die von den Alliierten als Vorbedingung eines Waffenstillstandes geforderte Umwandlung der konstitutionel-
len Monarchie in eine parlamentarische Demokratie vollzog sich im Reich als
gewaltdurchtränkter Grenzgang zwischen Rätemodellen russischen Vorbilds
und langersehnten Demokratisierungsbestrebungen. Wie so vielen heimkehrenden Veteranen rissen auch den Gebürdern Beumelburg kommunistische Revolu-
tionsanhänger die Offiziersschulterklappen als Symbole des untergegangenen
Kaiserreiches von den Uniformen.[1]

Nach nur wenigen Wochen Erholung und unmittelbaren revolutionären An-
schauungsunterrichts betraute die OHL den erst 20-Jährigen Werner
Beumelburg im Frühjahr 1919 zur Niederschlagung des Spartakus-Bundes –
dem kommunistischen Kern der Revolution um Rosa Luxemburg und Karl
Liebknecht – mit der Leitung der militärischen Nachrichtenabteilung in Hannover. Im März berichtete er, der Spartakus-Bund habe „unser Bataillon derart
besetzt, daß ein umfassender Angriff anderer Korpstruppen notwendig wurde.
Am 12. wurde die Schlacht geschlagen, in der wir gegen unser eigenes Bataillon
die Waffen trugen. Sie endete gegen Mittag mit unserem ‚Sieg'."[2]

Erstmals interagierte Beumelburg als Abteilungsleiter einer städtischen Militärkommandantur mit entscheidenden Akteuren des Macht-Feldes, hatten sich
Reichspräsident Friedrich Ebert, Reichwehrminister Gustav Noske (beide SPD)

---

[1] Schlarb: Interview.
[2] Privatnachlass Stolte: Werner Beumelburg an Ernst Spies, 17.3.1919.

und der Chef der OHL, Wilhelm Groener, in einem Zweckbündnis zusammengefunden, um die reichsweit einsetzenden kommunistischen Aufstände nieder-
zuschlagen. Diese Beschäftigung brachte erstmals Beumelburgs dezidierten
politischen Gestaltungswillen zum Ausdruck: „So im Mittelpunkt eines ziemlich umfangreichen Apparates zu stehen, zwischen Spartakus und Ebert
herumманövrieren, von morgens bis abends in die Schreibmaschine diktieren,
Berichte fassen, Vorschläge machen, verhandeln, disputieren, regierungstreue
Reden halten, gut essen und ausreiten, das ist so mein Fach, halb Epikureer,
halb das Gegenteil. Und gerade jetzt mithelfen, aus den Trümmern des Alten ein
Neues konstruieren, ohne die Fehler des Alten und die Übertreibungen der Gegenwart – das reizt mächtig." (Ebd.)

Welche politischen Vorstellungen Beumelburg zu diesem Zeitpunkt verfolgte
ist unklar, doch kündigte sich bereits im selben Schreiben die durch Versailles
vorprogrammierte Enttäuschung an: Prophetisch schrieb Beumelburg 20 Jahre
vor Ausbruch des Zweiten Weltkrieges an seinen Schulfreund Spies: „Trotzdem
aber würde ich entschlossen kehrt machen, wenn ich nicht wirklich die Überzeugung hätte, es wird manchmal was, es muss manchmal was werden. Ich
huste auf den Völkerbund, in 20 Jahren haben wir schon wieder eine Konstellation der Großmächte, die uns die Waffen erneut in die Hände drückt." (Ebd.)

Der in Weimar einsetzende Demokratisierungsprozess, die Unterzeichnung des
Versailles Vertrages im Juni 1919 und die darin festgesetzte Auflösung des
Generalstabes ließen einen völlig desillusionierten Beumelburg einen Strich
unter seine militärische Laufbahn ziehen: „Wie sauer mir der Entschluss geworden ist, kannst Du (Spies, d. A.) kaum ermessen, ich musste aber, denn ich kann
meine Arbeits- und Schaffenskraft keinesfalls an eine verlorene Sache hängen.
Alles, was mich hätte bestimmen können, weiterhin Offizier zu bleiben, ist nicht
mehr."[3] Sein im Dezember 1919 endgültig erfolgter Rücktritt verdeutlichte
diese Abkehr vom neuen Staat: „Mein eigenes Abschiedsgesuch ist das 35ste,
das ich zum Personalamt des Herrn Noske in Marsch setze. Ich habe darin –
mehr einem Instinkttrieb als der Klugheit folgend – den Herren noch einmal

---

[3] Ebd.: 8. 8.1919.

mein ganzes Herz ausgeschüttet und kein Blatt vor den Mund genommen."[4] Das Scheitern solcher Berufswünsche kennzeichnete zahlreiche Kriegsdichter der 20er Jahre, die sie oft nur deswegen wurden, da ihnen eine Generalstabskarriere verwehrt worden war.

Das im Wintersemester 1919 begonnene Studium der Staats- und Geschichtswissenschaft in Köln war mehr ein Ausweg, als die Erfüllung eines lang gehegten Traumes. Zur Immatrikulation war Beumelburg – auch hier als Ausdruck zahlreicher Studiengangsabbrecher seiner Zeit – bereits mit dem Gedanken angetreten, seine akademische Ausbildung in jenem Augenblick in den Wind zu schlagen, da sich ihm eine praktischere, Politik nähere Möglichkeit offerierte. Mit einem Engagement für die Reichswehr nahe *Deutsche Soldatenzeitung* erfüllte sich diese Hoffnung bereits 1921. Damit folgte für Beumelburg bis 1925 die berufliche Prägephase hinter den Schreibtischen dreier großer Tageszeitungen. Hier zeichnete Beumelburg mit zahlreichen Leitartikeln, Reportagen und Kolumnen für den Politikteil verantwortlich. Diese Publizistik wies ihn als jungkonservativen, soldatischen Nationalisten aus, der auf nahezu allen Ebenen – Innen-, Außen- und Sozialpolitik, Sport, Wirtschaft und Technik – gegen den demokratischen Umwälzungsprozess und die Bestimmungen des Versailler Vertrags anschrieb. Als Journalist verkehrte er fortan mit der politischen, militärischen und wirtschaftlichen Elite des Landes und ließ keine Gelegenheit ungenutzt, ertragreiche Seilschaften zu knüpfen.

Die in Berlin um die Wiedereingliederung der heimkehrenden Veteranen bemühte *Soldatenzeitung* bildete das zentrale Presseorgane des sich um Hans von Seeckt gruppierenden Reichswehrministeriums. Dieses zeichnete wiederum für die Personalakquise des Reichsarchivs verantwortlich, das Beumelburgs erste Kriegsschriften publizierte. Abermals rückte Beumelburg hier im Juni 1921 in eine Macht-Feld nahe Position: „Im Ministerium eine einwandfreie Stellung, wie sie eigentlich der Anzahl meiner Jahre gar nicht entspricht. In der Zeitung volle Selbständigkeit und freieste Zeitbestimmung." [5]

---

[4] Ebd.: 28.12.1919.
[5] Ebd.: 4.6.1921.

Beumelburg konzentrierte sich in seinen Artikeln darauf, die geschlagenen Soldaten mental wieder aufzurichten und ihnen ihren Platz im neuen politischen System zuzuweisen. Seine Argumentation zielte auf eine politische Einkapselung der Armee als einer von den Wirren der Politik unbehelligten überstaatlichen Entität, wie sie von Seeckt als Richtschnur ausgegeben hatte. Beumelburg beschwor das Militär als überparteilichen, den Staat transzendierenden ‚Hüter' von Gemeinschaft und nationaler Ordnung und etablierte den Soldaten als außerhalb der Verfassung stehende ‚Führerfigur': „Kein Fremdling im Volkskörper, kein Streitobjekt der Parteien – nein, höchstes Ausdrucksmittel der Volksgemeinschaft, rein bewahrter Hort des uns allen trotz Parteihader gemeinsam bleibenden Vaterlandgedankens (sic!) – das sollen wir sein, das wollen wir sein."[6]

Der Wiederaufbau der Armee bildete für ihn eine unabdingbare Voraussetzung, um Deutschland erneut zu einer europäischen Großmacht zu formen. Es sei entscheidend, dass die deutsche Nation den Versailler Signatarmächten genauso entschlossen entgegen trete wie im Weltkrieg.[7] Daher gälte es an den Prinzipien und Befehlsstrukturen der ‚Frontgemeinschaft' festzuhalten. So goss Beumelburg das Konzept einer angebich klassenübergreifend während des Krieges geübten Kameradschaft in der angesprochenen Kurzgeschichte *Treue* erstmals in literarische Form[8] und begann, die deutsche Gesellschaft für den politischen Herrschaftsanspruch des Frontsoldaten empfänglich zu machen.

Eine solche Gemeinschaft verwehrte jedoch die von Beumelburg behauptete Zerrissenheit des Weimarer Staates: „Die entgegenstehenden Interessen und Ansichten werden mit solcher Heftigkeit verfochten, daß darüber der letzte Rest des Gemeinschaftssinnes, der gemeinschaftlichen Arbeit am Volkswohl zu verschwinden"[9] drohe. Schuld sei die Parteiendemokratie, denn was sei „dem Parteimann von heute der Staat? In den überwiegenden Fällen das Mittel zur Erreichung eigener Zwecke, die meist nicht den Zwecken der Gemeinschaft glei-

---

[6] Werner Beumelburg: Was wir brauchen, in: Deutsche Soldatenzeitung 3 (1921), Nr. 8, 23.4.
[7] Ders.: Was wir sind, in: Ebd., Nr. 6, 16.4.
[8] Ders.: Treue, in: Ebd., Nr. 36, 2.8.
[9] Ders.: Staat und Einzelpersönlichkeit, in: Ebd., Nr. 54, 8.10.

chen." (Ebd.) Der Parlamentarismus müsse überwunden, die nationale Gemeinschaft durch autoritären Zusammenhalt gestärkt werden. Beumelburg geißelte die Reparationslast, die der Versailler ‚Kriegsschuldparagraph' 231 Deutschland als vertraglich festgelegtem Alleinschuldigen des Weltkrieges aufgebürdet hatte. All jene, die diesen Forderungen nachkamen, bezeichnete er im Duktus nationalkonservativen Zeitgeistes als „Erfüllungspolitiker".[10] Im Anschluss an das 1922 erschienene, in militärischen Kreisen viel beachtete Werk *Der Feldherr Psychologos* des Militärschriftstellers Kurt Hesse, begann Beumelburg in der Überwindung dieser von ihm als verräterisch gescholtenen Politik nach dem im Schützengraben gestählten ‚Führer' zu rufen. Ein solcher könne nur Frontsoldat sein, unter seinem Banner galt es sich zu vereinen: „(…) [D]ieser (Führer, d. A.) kann nur Einer (sic!) sein, der durch unseres Volkes Schicksalskrieg aufrecht gegangen ist und sehend geworden durch Not, und seine Stärke nehmend aus seiner Heimat unglücklichster Stunde, Mensch geblieben, Mensch geworden ist!"[11], zitierte Beumelburg Hesse voller Zustimmung.

Beumelburgs journalistisches Agieren verlief dabei nicht allein im Diskursraum der Redaktion. Er knüpfte enge Kontakte zum parallel zwischen Reichswehr- und innenministerium entstehenden Reichsarchiv und als ministerieller Schriftleiter und beständiger Gasthörer der Reichstagsdebatten standen ihm die Türen zum hohen Berliner Politikbetrieb offen: „Man sah und sprach die Minister und Kanzler, die auf der politischen Bühne handelten. Man sass (sic!) mit heissem Kopf im Reichstag und genoss manche brillante Rede unmittelbar, deren Darstellung im Druck nur unvollkommen sein konnte. Man erlebte, wie sich im Parlament eine Ansicht formte, wie die Opposition zum Kampf antrat, wie die Reihen der Mehrheit schwankten, sich festigten oder sich auflösten."[12]

Dass Beumelburg dabei im Stande war, als politischer Akteur[13] aufzutreten, verdankte er abermals seiner engen Zusammenarbeit mit dem Bruder. Nach der

---

[10] Ders.: Wohin? Finanznot – Kredithilfe – Versailles, in: Ebd., Nr. 63, 12.11.
[11] Ders.: Kriegsvermächtnis, in: Ebd. 4 (1922), Nr. 19, 1.7.
[12] Beumelburg: Fragment, 97.
[13] Vgl. dazu den interessanten Zugriff von Dominik Geppert und Frank Bösch: Journalists as Political Actors. Transfers and Interactions between Britain and Germany since the late 19th Century, Augsburg 2008.

Niederschlagung des Spartakusaufstandes im März 1919 hatte Noske im April die Aushebung sogenannter Einwohnerwehren angeordnet, um die innenpolitische Lage zu stabilisieren. In Bayern gründeten General Franz von Epp, Hauptmann Ernst Röhm und Forstmann Georg Escherich (BVP) die Organisation Escherich, kurz Orgesch, um die dort von Kurt Eisner ausgerufene Räterepublik zu beseitigen. Als Obmann des Münchner Sprengels verwaltete Walther Beumelburg zunächst Waffen und Logistik. Nach der erfolgreichen Niederschlagung zeichnete er in Berlin für die Reorganisation der nach dem Kapp-Putsch im März 1920 zusammengebrochenen Einwohnerwehren, für die propagandistische Versorgung der preußischen Teilverbindungen und der norddeutschen Zweigstellen des sich formierenden, konservativen Stahlhelmbundes verantwortlich.[14] Walther verkehrte ebenfalls im Reichstag und sein Charlottenburger Domizil frequentierten hochkarätige Gäste wie Noske und Groener sowie die Reichsaußenminister Hermann Müller, Adolf Köster (beide SPD) und Walter Simons (parteilos).[15] Da ihm in der Orgesch die „Auswertung der wichtigsten Auslandspresse"[16] sowie die Organisation eines „eigenen Abwehr- und Fahndungsdienst gegen Linksradikale" (ebd.) oblag, verfügte er über ausgezeichnete Kontakte zu Industrie und Finanz sowie zur rechtskonservativen Presselandschaft, hier insbesondere zum Imperium des Zeitungsmagnaten Hugo Stinnes', als dessen Privatsekretär er ab 1924 agieren sollte.[17]

In dieser Insiderfunktion stellte er für den Journalisten-Bruder eine unersetzliche Quelle an Informationen und Kontakten dar, und wie eng die Zusammenarbeit zwischen den Geschwistern verlief, zeigt exemplarisch ihr gemeinsames Agieren im Aufbau der schlesischen Selbstschutzbewegung 1921. Die Orgesch entsandte Werner Beumelburg im Mai als Berichterstatter nach Oberschlesien,

[14] Heinrich Rubner: Hundert bedeutende Forstleute Bayerns (1875-1970), München 1994, 94f, 114f. Georg Escherich: Der alte Jäger. Erinnerungen aus meinem Leben, Berlin 1934, 114-126, 133-150; Unbekannt: Organisation Escherich, Orgesch, in: http://www.polunbi.de/inst/orgesch.html, letzter Zugriff am 3.4.2015.
[15] Privatnachlass Schlarb: Walther Beumelburg an Elisabeth Beumelburg, 8.8.1920.
[16] MA-BA Freiburg: MSG2/12360, Walther Beumelburg an Maria Beumelburg, 6.3.1920.
[17] Quellenhinweise sind rar gesät: Olaf Simons: Walther Beumelburg, in: www.polunbi.de/pers/beumelburg-02.html, letzter Zugriff am 8.4.2015.

wo sich im März in einer Volksabstimmung 60 Prozent der deutsch-polnischen Bevölkerung für einen Anschluss ans Reich ausgesprochen hatten. Polen reagierte daraufhin im dritten oberschlesischen Aufstand mit der Besetzung jener Gebietsteile, die sich gegen einen solchen Anschluss ausgesprochen hatten. Beumelburgs Auftrag, öffentlichkeitswirksam die Stärkung der deutschen Einwohnerwehren in Oberschlesien zu propagieren, führte ihn in die Schaltkreise der Macht: „Ich bin bei allen führenden Leuten herumgekommen, weil Ausweis vom Staatskommissar für Ordnung. Auch Herrn [Wojciech] Korfanty (polnischer Ministerpräsident, d. A.) und [den französischen Leiter der Interalliierten Regierungs- und Plebiszitskommission (IK) für Oberschlesien Henri] Le Rond habe ich zu sehen bekommen. Eine große Zahl meiner täglichen Informationen ist in die tägliche Presse übergegangen. Nach Rückkehr war ich zum Vortrag bei [Gustav] Stresemann (DVP, d. A.), [Karl] Helfferich (DNVP, d. A.), von Seeckt und allen möglichen anderen Leuten, die sich sehr für meine Unterstützung bedankten. Meine Berichterstattung ist nicht ohne Einfluss auf die Anfänge der deutschschlesischen Selbstschutzbewegung gewesen."[18] Diese in die Regierung Fehrenbach reichenden Kontakten dürften ihn ebenso mit Reichsinnenminister Erich Koch-Weser (DDP) in Verbindung gebracht haben, der ihm 1928 bei der politisch korrekten Redaktion seiner Weltkriegsmonographie *Sperrfeuer um Deutschland* behilflich sein sollte.

Walther revanchierte sich, indem er sein umfangreiches Netzwerk zur Popularisierung der ab 1921 erstmals erscheinenden Schriften des jüngeren Bruders aktivierte. In jenem Jahr verarbeitete Werner Beumelburg seine politische Enttäuschung in einem expressionistische Züge tragenden, utopisch-nationalistischen Roman mit Science-Fiction-Elementen. Der im Militaria Verlag Offene Worte unter dem Pseudonym McGorgo erscheinende Erstling *Die gestohlene Lüge* schickte sich im Untertitel an, „[e]in abenteuerliches Zukunftsbild" zu zeichnen und stellte eine unverhüllte Abrechnung mit dem ‚Kriegsschuldparagraphen' 231 des Versailler Vertragswerkes dar. Für die daraus fließende Legitimation von Reparationszahlungen, so suggerierte der Roman, gäbe es keinerlei Belege: „Heimlich gehegt und gehütet lagen in den verborgensten Winkeln ihrer (der Franzosen, d. A.) Archive die Papiere, auf denen die Wahr-

---

[18] Privatnachlass Stolte: Werner Beumelburg an Ernst Spies, 4. Juni 1921.

heit stand." (19) Der Roman spielte – durchaus prophetisch und wie von
Beumelburg in jener Zeit Spies gegenüber bereits angedeutet – im Jahre 1938,
in dem ein wirtschaftlich ausgebeutetes Deutschland aufgrund der Versailler
Bestimmungen am Rande eines neuen Krieges gegen Frankreich stand. Den
Sieg in einem solchen ‚gerechten Krieg' drohte indes die innere Zerrissenheit
Deutschlands zu vereiteln, das kommunistische Aufstände heimsuchten. (33)
Das Buch rief nach dem ‚Führer' – „Wo war der, der dies leuchtende Panier
entrollte?" (42) –, der die innere Gemeinschaft wiederherstellte. Mithilfe eines
technisch überlegenen Spionageflugzeugs, der *Vincenti Veritati*, der Eroberin
der Wahrheit, gelang es jedoch, Frankreich in Form besagter Dokumente jene
‚gestohlene Lüge' zu entwenden, die die Unschuld Deutschlands am Kriegsausbruch belegte und Frankreich zum Ende des Romans vor aller Welt moralisch in
die Knie zwang.

Seinen Erfolg – mit 2000 Exemplaren für einen Erstling durchaus beachtlich –
verdankte das Buch mit Blick auf sein literarisch durchaus steigerungsfähiges
Potential nicht zuletzt jenem Netzwerk, dass sich Werner und Walther mittlerweile geschaffen hatten: „Inzwischen arbeitet die Kritik munter darauf los. Etwa
20 größere Zeitungen der Provinz (leider nicht eine Berliner, aber die kommen
auch noch mit Hilfe persönlicher Bearbeitung der maßgebenden Leute!) lieferten bisher Besprechungen. Die ‚Reaktionäre' sprechen von pflaumenweicher
Tendenz, die Pazifisten und Demokraten toben, die Roten zucken verächtlich
die Achseln. Eine rheinische fr[an]z[ösischen]. Zeitung schreibt: einige Phanta-
sie, keine Kunst, keine Logik — das ganze ein Symptom der Zeit! Weitere Be-
merkungen verraten, daß der Kritiker höchstens acht Seiten gelesen hat. Viele
sprechen noch vom ‚Hauch B[ernhard] Kellermanns und Jules Vernes', von
hinreißender Sprache und herzangreifender Seelenplastik. Im Allgemeinen
durchaus günstige Aufnahme, unerwartet. Das Reichswehrministerium setzt
sich selbst stark dafür ein (allerdings ohne den Reichswehrminister!). Auch
Walthers Organisation mit ihren vielen Verzweigungen wird angestellt. So
scheint ein ausreichender Absatz gesichert. Zwei große Filmgesellschaften geben in dieser Woche noch ihr Urteil über die Verfilmung ab. Sagt eine ja, so
besorgen wir uns direkte Empfehlung des Reichswehrminist[ers]. und des Frei-
herrn [Kurt von] von Lersner (einem der Chefdiplomaten der Friedensverhand-

lungen, DVP, d. A.). Materiell bin ich ziemlich übers Ohr gehauen worden. Aber ich muß als Anfänger bescheiden sein und darf den Vorteil dieser ersten Gelegenheit nicht unterschätzen. (…) Aus vielen kleinen Kanälen muß die große Wirkung sich zusammensetzen."[19]

Im September 1922 wechselte Werner auf Betreiben des Bruders in die 1920 vom Stinnes Verlag übernommene, ebenfalls in Berlin herausgegebene konservative *Deutsche Allgemeine Zeitung*, die neben *Berliner Tageblatt*, *Frankfurter* und *Vossischer Zeitung* reichsweit zu den renommiertesten und auflagenstärksten Nachrichtenblättern zählte. Bis Winter 1923/24 kommentierte er hier als politischer Schriftleiter die Reichsaußenpolitik und setzte die Themen einer auf Kameradschaft beruhenden ‚Volksgemeinschaft'[20], nicht zuletzt mit weiteren Kurzgeschichten zum Kriegserlebnis fort.[21] Beumelburgs Duktus geriet hier deutlich polemischer, ja in seinen Kolumnen und Leitartikeln ergoss sich geradezu demagogischer, zu Gewalt aufrufender Franzosenhass. Merklich setzte eine den kommerziellen Zielvorgaben des Stinnes Verlages folgende politische Radikalisierung in der Publizistik Beumelburgs ein. Hauptfeind war Frankreich, dessen Sicherheitspolitik darauf ausgerichtet war, Deutschland durch die Versailler Restriktionen vom erneuten nationalen Aufstieg abzuhalten. Der größte Frevel artikulierte sich für den Rheinländer freilich in der französischen Ruhrbesetzung 1923. In Hass- und Mordfantasien getränkten Kurzgeschichten ließ er literarisch imaginierte Ruhrkämpfer zu den Waffen gegen die Besatzer greifen.[22]

Über die journalistischen Bewegungen im Zentrum des Macht-Feldes hinaus partizipierte Beumelburg ferner am intellektuellen Treiben der Hauptstadt. Als ambitionierter Jungkonservativer zählte Beumelburg hier zu den Mitgliedern des einflussreichen Juniklubs[23], den Arthur Moeller van den Bruck im Dezember 1920 im Kampf gegen Republik und Versailler Vertrag gegründet hatte und

---

[19] Privatnachlass Schlarb: Werner Beumelburg an Elisabeth Beumelburg, 25.8.1921.
[20] Werner Beumelburg: Volksgemeinschaft, in: Deutsche Allgemeine Zeitung 63 (1924), 27.4.
[21] Ders.: Douaumont, in: Ebd. 63 (1924), 29.2.
[22] Ders.: Aus einer kleinen Stadt, in: Ebd. 62 (1923), 1.5.
[23] Volker Weiß: Moderne Antimoderne. Arthur Moeller van den Bruck und der Wandel des Konservatismus, Paderborn u. a. 2012, 435, Fn. 30.

der sich zu den bedeutendsten rechtskonservativen Denkfabriken im ersten Jahrfünft der 20er Jahre entwickelte. Seinen Namen verdankte dieser Zirkel dem im Juni 1919 unterzeichneten Friedensvertrag, in dessen Ablehnung sich seine Mitglieder einig wussten. Als Nestor dieses Kreises vertrat van Bruck hier seine gegen Liberalismus, Kommunismus und Demokratie gerichteten Hypothesen eines nationalistisch wie sozialistisch, konservativ wie revolutionär zu synthetisierenden ‚Dritten Reiches' mit autoritärer Führungsstruktur.[24] Der Klub begrüßte milieuübergreifend Mitglieder, die sich zu den Begriffen von „Kriegserlebnis und Gemeinschaft"[25] bekannten und diese Ordnungsvorstellungen auf einem antirepublikanischen, autoritären Weg zu realisieren gedachten: „Es sind Menschen, die von rechts kommen, und es sind Menschen, die von links kommen und die sich in den Gemeinschaften einer dritten Anschauung begegnen, die wir für die zukünftige Halten" (ebd.), hieß es im Gründungsmanifest 1920. Hier   kündigte   sich   bereits   jenes   innerintellektuelle Vergemeinschaftungspotential rechter und linker Denker an, wie es für Genese und Rezeption der 1928 ausbrechenden Kriegsliteraturflut signifikant werden sollte.

Die vom soldatischen Nationalisten und Juniklubmitglied Werner Wirths herausgegebene Zeitschrift *Das Gewissen* verzeichnet allerdings keinerlei Artikel Beumelburgs. Der junge Autor nahm sich in diesen Kreisen radikaler Projektemacher publizistisch eher zurück, ein Verhalten, dass für zahlreiche weitere Zirkel, an denen er lose partizipieren sollte, zu beobachten sein wird. Beumelburg vermied es, sich zu eng an intellektuell und ideologisch oftmals in fantastischen Sphären schwebende Gruppierungen anzulehnen, da er, entgegen oft puristisch und elitär an ihren Ideen festhaltenden Visionären, eine aktive Zusammenarbeit mit den wirklichen Machthabern bevorzugte. In dieser Hinsicht war Beumelburg Opportunist und Pragmatiker, eine Haltung, die er auch Ernst Spies empfahl, der im März 1919 ein Studium der Politik- und Geschichtswissenschaften aufgenommen hatte: „Eins aber beherzige: Mache nie andere Politik als die Strömung Deiner Zeit, denn sonst geht's Dir wie Luden-

---

[24] Arthur Moelle van den Bruck: Das dritte Reich, Berlin 1923.
[25] Zitat aus dem Gründungsmanifest, in: André Schlüter: Arthur Moeller van den Bruck. Leben und Werk, Köln u. a. 2010, 296.

dorff und Karl Liebknecht. Eigene Überzeugung ist Nebensache, man kann als Redner jeder Partei auftreten, denn man redet ja nicht mit dem Gefühl, sondern trotz aller Gegenbehauptungen idealer Menschen immer noch mit dem Munde. Darum sei vorsichtig und lege Dich nie durch irgendwelche Äußerungen auf ein Programm irgendeiner Partei fest. Du bist sonst in Zukunft, wenn eine andere Partei oben ist unmöglich und wirst gehenkt. Ergo: Du verdienst keinen Groschen. Wenn Du mit den Augen konservativ rollen, mit den Finger spartakistisch knallen, mit dem Fuß liberal aufstampfen, mit dem Mund demokratisch reden und gleichzeitig einen Artikel für ein Zentrumsblatt schreiben kannst, dann werde Politiker, dann gehört Dir die Zukunft. Sonst aber höre auf, ehe Du anfängst!"[26]

Gerade eine solche Annäherung an das Macht-Feld ermöglichte der Juniklub politisch ambitionierten Mitgliedern wie Beumelburg, tauschten sich anlässlich der Dienstagabendvorträge in der Motzstraße kontaktfreudige Intellektuelle mit ranghohen Vertretern aus Politik, Militär, Wirtschaft, Finanz und Industrie über die politische Lage aus.[27] Die Phase relativer wirtschaftlicher und politischer Stabilisierung, in welche die Republik 1925 eintrat, nahm den politischen Parolen des Klubs allerdings den Wind aus den Segeln. Seine endgültige Auflösung markierte 1924 der Freitod Arthur Moeller van den Brucks, woraufhin Heinrich von Gleichen-Rußwurm den 1924 ca. 1000 Mitglieder umfassenden Juni- in den Deutschen Herrenclub umwandelte. Beumelburgs 1923 erfolgter Wechsel von der *DAZ* zu den *Düsseldorfer Nachrichten* dürfte den Journalisten ohnehin vom Wirken seiner Mitglieder abgeschnitten haben. Gerade aber der Deutsche Herrenklub, zu dem etwa Franz von Papen wie auch Bruder Walther Beumelburg zählten, sollte dem Schriftsteller ab 1932 wichtige Netzwerkverbindung für sein politisches Wirken eröffnen.

Im Sommer 1923 ermöglichte ein Engagement für die *Düsseldorfer Nachrichten* die Rückkehr in heimatlichere Gefilde. Beumelburg war des Berliner Hauptstadttrubels und der Arbeitsbedingungen bei der *DAZ* überdrüssig geworden. Das „kapitalistische Tempo (wenn es auch in einer Zeitung ist)" sei ihm „zu

---

[26] Privatnachlass Scholte: Werner Beumelburg an Ernst Spies, 17. 3.1919.
[27] Weiß: Moderne Antimoderne, 228.

tölpelhaft laut, zu rüpelhaft breit und aufregend"[28] In diesem zwar provinzieller
gepulsten, für die Region an Rhein und Ruhr freilich bedeutendem Nachrichtenblatt, verengte sich sein vormals reichsweiter Fokus auf eine regionale Perspektive, für die die Nähe zu Frankreich und dessen Annexionsbestrebungen an
Rhein und Ruhr entscheidend war: „Hatten wir in der Wilhelmstraße in Berlin
in einem alten Gebäude in winzigen Zimmern bei trübem Licht dicht aufeinan-
der gedrängt große Politik in weltoffener Manier betrieben, so hieß es jetzt, in
den schönsten Räumen der Königsallee das Augenmerk in verstärktem Maße
auf die Erfordernisse provinzialer Politik zu richten und die Weltpolitik aus der
Ferne zu behandeln."[29]

Setzten sich die journalistischen Themen Beumelburgs mit dergleichen antiparlamentarischen und gegen Versailles gerichteten Stoßrichtung fort, konzentrierte er sich hier auf jenen Demokratisierungsprozess, den die seit 1921 amtierende
sozialdemokratische Landesregierung Otto Brauns in Preußen vorangetrieben
hatte. Dies erscheint insofern hervorhebenswert, als sich die Frage nach dem
vergemeinschaftenden Potential des Kriegserlebnisses, wie es der Autor in seinen parallel entstehenden Büchern zu stiften begann, nur dann gesellschaftlich
breitenwirksam zu entfalten vermochte, wenn es gelang, auch die signifikante
Gruppe der Arbeiter auf die konservativ-autoritär gedeuteten Weltkriegsjahre
und das daraus resultierende politische Programm zu vereidigen. Den 1914 bis
1918 geschlossenen ‚Burgfrieden' – das Zurücknehmen sozialdemokratischer
Parteiinteressen zugunsten des vermeintlichen Verteidigungskrieges im August
1914 – hatte die spätestens im Winter 1918/19 von der OHL um Hindenburg
und Ludendorff in Umlauf gebrachte Dolchstoßlegende jedoch aufgekündigt.
Sie hatten die Schuld an der militärischen Niederlage der ‚Heimat', hier vornehmlich sozialdemokratischen und kommunistischen Fraktionen zugeschoben,
die die angeblich kurz vor dem Sieg stehende Front mit den Streiks und Postulaten der Novemberrevolution rücklings ‚erdolcht' hätten.[30] In den wirtschaftlich
prekären 20er Jahren setzte sich jener zwischen Konservativen und Sozialde-

---

[28] Privatnachlass Scholte: Werner Beumelburg an Ernst Spies, 14. 6. 1923.
[29] Beumelburg: Fragment, 95f.
[30] Vgl. hierzu den Rainer Sammet: „Dolchstoss". Deutschland und die Auseinandersetzung mit der Niederlage im Ersten Weltkrieg (1918-1933), Berlin 2003.

mokraten geführte Kampf um das Wählerreservoir der Arbeiter fort, das alle politischen Lager mithilfe unterschiedlicher Ordnungskonzepte und Versprechen an das jeweilige Parteiprogramm zu binden versuchten und den auch Beumelburg spätestens ab 1932 im Wissen um die Unverzichtbarkeit des Arbeiters hinsichtlich staatlicher Neuordnungsversuche mitführen sollte. Dabei zirkulieren verschiedentlich Mutmaßungen, Beumelburg habe etwa in seiner 1929 erscheinenden Weltkriegsmonographie *Sperrfeuer um Deutschland* auf die Kolportage der Dolchstoßlegende verzichtet, um sozialdemokratische Leser politisch nicht vor den Kopf zu stoßen.[31] Stefan Busch behauptet sogar, Beumelburg sei bereit gewesen, ein unter sozialdemokratischem Banner geführtes Deutschland zu akzeptieren, wenn es denn der Revision des Versailler Vertrags dienlich gewesen wäre.[32]

Solchen Vermutungen ist allerdings auf der Grundlage seiner antisozialdemokratischen Publizistik kaum Folge zu leisten: Beumelburg lehnte die SPD und ihre demokratischen Ordnungskonzepte entschieden ab. Exemplarisch zeigt dies seine Bewertung der zweiten Legislaturperiode Otto Brauns 1925, die der preußische Ministerpräsident nicht zuletzt vier DVP-Abgeordneten verdankte, die seine Wiederwahl durch ihr Fernbleiben ermöglichten hatten. Beumelburg warnte dabei prinzipiell vor jeglichem Zusammengehen mit der SPD, denn „jede bürgerliche Partei, die allzu engen Anschluß an die Sozialdemokratie"[33] suche, werde nur sich selbst schaden. Eine gemeinsame Politik zwischen bürgerlichen Parteien und der SPD sei „praktisch unmöglich", ein sozialdemokratisches „Kabinett der Volksgemeinschaft" mit konservativer Beteiligung nichts anderes „als ein Trugbild, eine Zusammenfassung von Energien, von denen eine die andere brachlegt." (Ebd.)

---

[31] Vgl. hier den an der Oberfläche bleibenden Aufsatz Gerd Krumeichs: Zwischen soldatischem Nationalismus und NS-Ideologie. Werner Beumelburg und die Erzählung des Ersten Weltkriegs, in: Wolfram Pyta/Carsten Kretschmann (Hg.): Burgfrieden und Union sacrée. Literarische Kriegsdeutungen und politische Ordnungsvorstellungen in Deutschland und Frankreich 1914-1933, München 2010, 293-312, hier 297.

[32] Stefan Busch: „Und gestern, da hörte uns Deutschland". NS-Autoren in der Bundesrepublik. Kontinuität und Diskontinuität bei Friedrich Griese, Werner Beumelburg, Eberhard Wolfgang Möller und Kurt Ziesel, Würzburg 1998, 96-98f.

[33] Werner Beumelburg: Tagesspiegel, in: Düsseldorfer Nachrichten 50 (1925), Nr. 220 (Abendausgabe), 9.5.25.

Dennoch ließ er durchaus erkennen, dass er die Arbeiterschaft nicht als unverrückbar links stehenden Bevölkerungsteil betrachtete, sondern willens war, diese aufseiten eines konservativ gefassten ‚Volksgemeinschafts'-Projekts zu ziehen. Anlässlich des Todes Friedrich Eberts 1925 lancierte Beumelburg beispielsweise einen durchaus positiven Leitartikel, in dem er versuchte, den Sozialdemokraten „als ein Symbol jener Volksgemeinschaft [zu] betrachten, die freilich heute nur ein Traum ist."[34] Dieser scheitere indes „an der dogmatischen und fanatischen Gebundenheit der Parteien." In der sich anschließenden Reichspräsidentenwahl stimmte Beumelburg für den von ihm weiterhin bewunderten, ehemaligen Heerführer Paul von Hindenburg.[35]

Zusammenfassend ist festzustellen, dass Publizistik und intellektuelles Engagement Beumelburg als gegen Versailles gerichteten, für Nationalismus, Remilitarisierung, Reannexion verlorener Gebiete und deutsches Großmachtstreben eintretenden Deutschnationalen auswiesen. Die Mittel zur Erreichung dieser Ziele erblickte er in autoritären, antidemokratischen und soldatischen Ordnungsvorstellungen, die nach dem ‚Führer'- und Gefolgschaftsprinzip in ein nationalkonservativ geführtes ‚Volksgemeinschafts'-Modell einzufließen hatten, mit dem Ziel, die Versailler Ordnung zu sprengen. Der Journalismus händigte ihm über diesen politischen Selbstfindungsprozess hinaus das Entree-Billet für das Macht-Feld aus, dessen erfolgreicher Verbindung mit dem Feld des Literarischen er seinen Aufstieg bis 1945 verdankte. Aus diesen Beschäftigungsverhältnissen formierte sich, insbesondere im Verbund mit Bruder Walther, *peu à peu* jenes aus der politischen und militärischen Elite des Landes bestehende Netzwerk, das Beumelburg bis zum Ende des Zweiten Weltkrieges über 20 Jahre lang nicht nur auf literarischer und publizistischer Ebene, sondern auch als öffentlichen, etwa im Rundfunk auftretenden Intellektuellen zu einem der geschichtspolitisch einflussreichsten Schriftsteller werden ließ.

---

[34] Ders.: Reichspräsident Ebert gestorben, in: Ebd., Nr. 59 (Abendausgabe), 28.2.
[35] Privatnachlass Schlarb: Tippy Beumelburg an Elisabeth Beumelburg, 26.4.1925.

VI. „Experto credite!": Das Reichsarchiv und die literarische Politisierung des Kriegserlebnisses 1919-1923

Geschichte wiederholt sich zwar nicht, weist aber immer wieder interessante Analogien auf.[1] Als Frankreich 1871 den Krieg gegen Deutschland verloren hatte, begannen links des Rheins Historiker, Politiker und Pädagogen über die Ursachen dieser Niederlage zu reflektieren. Einen Grund für das militärische Scheitern glaubte man in der Dritten Französischen Republik in der vernachlässigten Pflege des Nationalbewusstseins durch Schule und Geschichtsschreibung zu erkennen. Mit großem Interesse blickten französische Pädagogen und Historiker auf das neu entstandene deutsche Kaiserreich, auf preußische Schulen und Universitäten, wo sie eine nationalisierende Geschichtsschreibung als Hort der Genese deutschen Vaterlandsgefühls wie der kollektiven Identitätsspende ausmachten. Waren französische Gelehrte bereits vor dem Krieg auf die Rückständigkeit der französischen Geschichtswissenschaft aufmerksam geworden, trachteten sie nach 1870 den moralischen Wiederaufbau der Nation nun umso dringlicher mithilfe einer neuen professionalisierten Geschichtsschreibung mit politisierenden Effekten wett zu machen. Eine solche nicht nur in militärischen, sondern auch in pädagogischen Einrichtungen verwendete Form des Nationennarrativs bot sich vorzüglich an, um der nachfolgenden Generation vaterländische Gefühle sowie militarisierende Wehrbereitschaft zu vermitteln.[2]

Ein analoger Reflexionsprozess setzte 1918 im Deutschland der Weltkriegsniederlage ein. Das Reich, so schien es, lag am Boden, besiegt und gebeugt, so empfanden Zeitgenossen, unter die Bestimmungen des Versailler Vertrages, und es verdichtete sich der seit dem *Fin de siècle* mit den Händen zu greifende Kulturpessimismus in der apokalyptisch anmutenden Frage nach dem Untergang des Abendlandes, wie der Vordenker der ‚Konservativen Revolution' Oswald

---

[1] Vgl. auch meinen Aufsatz: Florian Brückner: Cultural turn und Erster Weltkrieg – Das Reichsarchiv und die literarische Politisierung des Kriegserlebnisses, in: Sabina Becker (Hg.): Jahrbuch zur Kultur und Literatur der Weimarer Republik, München 2013, 95-114.

[2] Vgl hierzu Band 7 der auf 11 Bände ausgelegten Deutsch-Französischen Geschichte: Elise Julien/Mareike König (Hg.): Rivalität, Revanche und die Selbstzerstörung des Alten Europa 1870 bis 1918, Darmstadt 2015 (in Vorbereitung).

Spengler die herrschende Stimmung im 1918 erscheinenden Erstling seiner
monumentalen Kulturmorphologie deutungskulturell verdichtete.[3]

Wider alle Untergangsszenarien setzte dennoch in Form des 1919 entstehenden
Reichsarchivs, des Nachfolgers der Kriegsgeschichtlichen Abteilung des durch
Paragraph 162 des Versailler Vertrags aufgelösten Generalstabes (Abb. 6), die
Frage ein, wie das Reich langfristig wieder zu einer europäischen Großmacht
würde emporsteigen können. Dabei erschöpfte sich die berufsbedingte Beant-
wortung dieser Frage durch die entscheidenden Akteure – dem ab 1920 als
Reichswehrchef agierenden Hans von Seeckt, dem ersten bis 1931 als Archiv-
präsident amtierenden Oberst Hermann Ritter Mertz von Quirnheim, dem zukünftigen Leiter der Abteilung für Volkstümliche Geschichtsschreibung, Major
George Soldan sowie dem Archivgutleiter Hans Müsebeck – auf den Krieg als
der Fortsetzung der Politik mit anderen Mitteln. Waren die in der Regel aus
antiparlamentarischem, preußisch-monarchistischem Hause stammenden Angehörigen des Heeres, seit Jahrzehnten stolz auf ihren un-, ja antipolitischen Status, quasi mit habitusbedingter Skepsis gegenüber dem neuen, vor allem vom
kaiserlichen Erzfeind der Sozialdemokratie geführten demokratischen System
ausgestattet, sahen sie allein in der Ausfechtung eines zukünftigen Krieges die
Restriktionen des Versailler Vertrages fallen.[4]

Die mentale Vorbereitung des deutschen Volkes auf einen solchen erneut mit
Waffengewalt ausgetragenen Wiederaufstieg des Landes war vorwiegend durch
die Erinnerung an die im Ersten Weltkrieg vollbrachten Taten in die Wege zu
leiten. Zu diesem Zwecke galt es zunächst, die im dunkelroten Ziegelbau an der
Berliner Moltke-Brücke lagernden Aktenbestände zu heben, um die, wie
Quirnheim es zunächst favorisierte, „operativen, taktischen und organisatorischen Erfahrungen"[5] des Krieges zu sichern. Für den Abtransport des militär-
theoretische Erkenntnisse versprechenden Papierguts gen Potsdam spielte in den

---

[3] Oswald Spengler: Der Untergang des Abendlandes. Gestalt und Wirklichkeit, 2 Bde.,
Wien/München (1918/1922).
[4] Vgl. unter einer Vielzahl von Titeln exemplarisch George Soldan: Der Mensch und die
Schlacht der Zukunft, Oldenburg 1925.
[5] BArch N 2190/15 fol. 2, Oberquartiermeister für Kriegsgeschichte Mertz von
Quirnheim, 18.5.1919.

Gedanken der Ausführenden die „historische Würdigung der Kriegsereignisse selbst (…) für den Ausbau der Wehrmacht" (ebd.) zunächst keine Schlüsselrolle. Den Wert eines eigens für das militärische Archivgut zu etablierenden Reichsarchivs erblickten seine Schöpfer neben den erhofften strategischen Erkenntnissen zunächst und vorzugsweise in einer Leuchtturmstellung des Instituts, die ein interpretatorisches Bollwerk gegen die alliierte Zuweisung der im Versailler Vertragswerk festgelegten deutschen Alleinschuld am Kriegsausbruch befestigen helfen sollte.

Dass aber die schon im Weltkrieg verlorene Propagandaschlacht gegen äußere ‚Reichsfeinde' nur dann zu gewinnen war, wenn seine Initiatoren es verstanden, auch im Inneren die nationale Kriegsdeutung auf Linie zu bringen, erkannte ein Mann, der schon bald im Zentrum staatlich und halbstaatlich gelenkter Publikationen zum Kriegserlebnis stehen sollte: der Soldat im Rang eines Majors und baldige Leiter des Referats für Volkstümliche Geschichtsschreibung des Reichsarchivs: George Soldan. Denn waren die Jahre des Krieges wirklich eine Zeit der Verluste und der Niederlagen gewesen? Oder hatte man nicht zuvörderst vier Jahre lang einer an Mensch und Material überlegenen Feindmacht an nahezu allen Fronten des europäischen Festlandes erbitterten Widerstand geleistet? Hatte der Krieg als Raum der Bewährung den Menschen nicht in einer positiven Art und Weise geformt, den hehren deutschen Frontsoldaten, der angesichts der alliierten Übermacht zu einer besonderen Tugendhaftigkeit, Sittlichkeit, Kampfkraft sowie solidarischer Integrität in Form von Kameradschaft hatte auflaufen müssen, um den Krieg zu bestehen? Barg das Phänomen des Krieges *in summa* nicht mehr positive als negative Sinnofferten, um seine Philosophie, aller Dinge Vater zu sein[6], für die nationale Erneuerung fruchtbar zu machen? Und verfügte das trotz der Niederlage aus Sicht der Militärs moralisch und sittlich integer gebliebene deutsche Volk nicht weiterhin das naturgegebene Recht auf europäische Herrschaft, wie es etwa van den Bruck in seinem 1919 erschie-

---

[6] Nach der deutschen Übersetzung Heraklits: „Krieg ist aller Dinge Vater, aller Dinge König. Die einen macht er zu Göttern, die anderen zu Menschen, die einen zu Sklaven, die anderen zu Freien.", in: Hermann Diels/Walther Kranz (Hg.): Die Fragmente der Vorsokratiker. Griechisch und deutsch, Berlin 1951, 22 B 53.

nenen, im Reichsarchiv eifrig rezipierten[7] Werk *Das Recht der jungen Völker*
kulturimperialistisch einforderte. So sah es zumindest Soldan, und er tat diese
seine Ansichten in einer Denkschrift kund, die im Reichsarchiv auf große Zustimmung treffen und die für zahlreiche literarische Gestaltungsverfahren und
narrative Richtlinien der den Krieg in den 20er Jahren künstlerisch verarbeitenden Medien von Literatur, Film und Theater das Handbuch liefern sollte.

In dieser 1919 als *Die deutsche Geschichtsschreibung des Weltkrieges. Eine
nationale Aufgabe*[8] betitelten Denkschrift bilanzierte Soldan, mit den Be-
freiungskriegen gegen Napoleon beginnend, die deutsche Kriegsgeschichtsschreibung der vergangenen 200 Jahre, um zu den politischen Notwendigkeiten
einer gegenwärtigen vorzudringen. Während etwa der preußische Heeresrefor-
mer Carl von Clausewitz mit seinen Abhandlungen zu Napoleon und Friedrich
dem Großen noch ein wissenschaftlich rudimentär vorgebildetes Publikum bedient hätte, habe der Generalstab bereits in der Verarbeitung der Befreiungskriege die historischen Hintergründe in seine Darstellungen miteinbezogen. (13)
Ein solches „sachliche[s], nüchterne[s], schwunglose[s] Denken und Schildern"
(25) habe das Volk jedoch nicht erreicht. Daher hielt Soldan diesen Modus
fachwissenschaftlicher Militärschriftstellerei insofern für ergänzungsbedürftig
als ein solcher neben „den militärhistorischen Notwendigkeiten (…) den zu
schildernden Vorgängen Leben einzuflößen" (14) habe. Elementen der Spannung, der Verlebendigung und der Emotionalisierung war in der Darstellung
gegenüber wissenschaftlicher Präzision, Objektivität und sprachlicher Begrifflichkeit der Vorzug zu geben, womit sich der Major für eine dezidiert literarische Fabulierkunst aussprach. Da der Generalstab in einer derartigen Geschichtsschreibung bisher wenig Übung besessen habe, bezweifelte Soldan kon-
sequenterweise die Umsetzungsfähigkeit des militärgeschichtlich ausgewiese-
nen Personalbestandes der bisherigen Heerführung. Die Publikationen der Preußischen Kriegsgeschichtlichen Abteilung zu den Schlesischen Kriegen, mit dem
Ziel „dem großen König (Friedrich II., d. A.) ein Denkmal zu setzen" (15), sei-
en etwa aufgrund ihres „nüchternen historischen Charakters nur in einen sehr
eng zu begrenzenden Teil des gebildeten deutschen Volkes" eingedrungen. Im

---

[7] BArch N 2190/15, fol. 13-54, hier fol. 24.
[8] Zu finden in ebd.: fol. 13-54.

Vergleich aber zum Ersten Weltkrieg seien die Schlesischen Kriege lediglich ein „Kriegstheater" gewesen. (Ebd.)

Angesichts der von Soldan konstatierten singulären Dimensionen des letzten Krieges, der in erster Linie ein Vielvölkerkrieg, ja ein Welt-Krieg gewesen war, zog er den Schluss, dass die Schlachten einer ganzen Nation nicht mehr allein Teil der Geschichte des Offizierskorps' oder der Kabinette sein könnten, sondern dass das Kriegsgeschehen im Sinne jenes Volkes verarbeitet werden musste, das ihn ausgetragen hatte – und, so der Glaube, in Zukunft abermals ausfechten würde.[9] Daher hatte eine auf den unteren Befehlsebenen angesiedelte Kriegsgeschichte die literarische Perspektive sozusagen von den Feldherrenhügeln des Generalstabs in die Lehmwände der Frontsoldaten zu verlagern. Eine Leistungsgeschichte der rangniederen Befehlsebene und Mannschaftsgrade war gefragt, die zudem den Vorteil bot, den Krieg unabhängig von Sieg oder Niederlage punktuell literarisch lobpreisbar zu machen. Leistung artikulierte sich so nicht allein in waffenstarrenden Schlachtensiegen – auf lange Sicht wäre eine solche Argumentation aufgrund der Kriegsniederlage ohnehin ins Leere gelaufen – sondern in der Betonung individueller Aktionsfelder, innerhalb derer der Soldat tugendhafte und sittliche Fähigkeiten wie Kameradschaft, Führertum, Entscheidungsfreudigkeit, Nervenstärke errungen und die ihn dazu befähigt hätten, vier Jahre lang einer an Menschen und Material überlegenen Feindmacht zu widerstehen, ja den Krieg überhaupt überlebt zu haben. Denn aus dieser Bewährung, so Soldan, „mag der Krieg gewonnen oder verloren sein, leitet das Volk seine Kraft, seine Hoffnungen und seine Ansprüche auf Ansehen ab." (18) In dieser Erzähllogik werde aus dem literarisch imaginierten Schützengraben „ein neues Geschlecht" emporsteigen, das „deutschen Namen und deutsche Art wieder zur Geltung" (ebd.) bringen werde.

Offen betonte Soldan dabei die interpretativen und stilistischen Freiräume einer literarischen Geschichtsschreibung, die sich, mit Verweis auf jene der französischen, manipulativer und indoktrinierender Geschichtsklitterung und Tendenziösität nicht scheute (24). So stellte das in Frankreich einsetzende Kriegsnarrativ – und hier schließt sich die eingangs erwähnte Analogie – dem

---

[9] Soldan: Zukunft.

Glanz der Feldherrn nicht nur jenen des rangniederen *poilu* gleichberechtigt an die Seite (21), sondern hielt sich um willen der zu erringenden Deutungshoheit auch nicht mit wissenschaftlichen Objektivitätspostulaten auf. Stattdessen nutzten, so Soldan, französische Kriegsdichter die interpretatorischen Freiräume des historischen Romans vorzüglich aus, um den französischen Wehrgedanken gegen ein zukünftig wiedererstarkendes Deutschland sowie die Versailler Bestimmungen aufrechtzuerhalten: „Um dieses Ziel zu erreichen, wird der Verlauf der Verhandlungen geschickt ausgelegt. Aus dem glänzenden Siegeszug der deutschen Waffen 1914 wird ein kluges Manöver Joffres, aus der Schlacht an der Maas und Sambre ein Rückzugsgefecht, das unter günstigen Bedingungen an der Marne wieder aufgenommen wird (…)." (21) Soldan machte aus den interpretatorischen und subjektiven Freiräumen von Literatur keinen Hehl: „Neben der Tätigkeit der Presse ist es die Geschichte gewesen, deren Auslegung von der Schulfibel angefangen, bis zum rein historischen Werk hinauf stets den nationalen Gedanken huldigte und selbst vor tendenzieller Entstellung der Geschichte nicht zurückschreckte, wenn es galt, dieser als vaterländisch anerkannten Notwendigkeit zu dienen." (24) Der Krieg war folglich im Sinne nationaler Interessen diskursiv umzuformen, um nicht Gefahr zu laufen, ihn in der nachträglichen Aufarbeitung ein zweites Mal zu verlieren.

Rezeptionsästhetisch stratifizierte Soldan drei anzuvisierende Lesergruppen: 1. ein nach wissenschaftlicher Darstellung verlangendes Bildungsbürgertum. 2. eine gleichermaßen nach Wissenschaftlichkeit wie Unterhaltung verlangende „mittlere Bildungsschicht" (27) und schließlich die für Beumelburgs Schlachtendarstellungen so relevante dritte Kerngruppe einer „untere[n] Bildungsschicht" aus Jugendlichen und Kleinbürgern, die Soldan durch das Bedürfnis „nach dramatischer Spannung in Verbindung mit leicht fasslicher, unterhaltender Schreibart" (ebd.) gekennzeichnet sah. Auf diese Weise war der von Soldan geforderte Sinnstiftungsprozess nicht allein innerhalb der Veteranengeneration zu initiieren. Im Verwertungsdiskurs eines politisch instrumentalisierbaren Kriegserlebnisses gewann mit der Kriegsjugendgeneration jene um 1904[10] ge-

---

[10] Der Bestand BArch R 72/1002, Titel: Kriegsfreiwillige 1914, Laufzeit: Juli 1934 - Apr. 1935, enthält zahlreiche, sicherlich propagandistisch überformte Presseausschnitte zu Kriegsfreiwilligen, die es mithilfe von Dokumentenfälschungen noch mit 15 Jahren

borene Alterskohorte an Bedeutung, die zwar nicht mehr aktiv am Weltkrieg teilgenommen hatte, die jedoch das militärische Reservoir bildete, aus dem sich kommende Tornisterträger zu rekrutieren hatten. In der Antizipation eines zukünftigen Krieges fiel ihr daher eine rezeptionsästhetische Schlüsselrolle zu. Diese Lesergruppe, so Soldan, sei bereits durch die äußere Gestaltung der zu produzierenden Werke anzusprechen, die mithilfe von Tiefdruckillustrationen, Bleistiftschraffierungen, Foto- und Kartenmaterial charakteristischer Schlachtfelder, Kasematten und Lazarette authentische wie unterhaltende Schauwerte zu bieten hatte. (34) Zudem war zu vermeiden, den Leser in alter Manier durch die überspannte Schilderung langanhaltender, geographisch verworrener und weitläufiger Materialschlachten militärstrategisch zu überfordern. Stattdessen hatte sich eine kleinteilige Darstellung auf leichter überschaubare Einzelkonflikte zu konzentrieren, in der sich der Leser besser zurechtfand. Derartig parzellierte Schlachtendarstellungen boten, so Soldan, ferner den Vorteil, dem Leser leistungstechnisch die Legion an Kämpfen vor Augen zu führen, in denen sich der deutsche Frontsoldat in der weltweiten Ausweitung der Kampfzone bis Palästina und Afrika bewiesen hatte. (35)

Soldan gehörte damit zu den Ersten, die die pädagogischen und sozialintegrativen Möglichkeiten erfassten, die mit einer literarisch vermittelten Kriegsdeutung zu erreichen waren. Den Ausfall der nationalen Identifikationsfigur des Kaisers trachtete Soldan durch die Überhöhung des ‚Augusterlebnisses' zu kompensieren, wobei ihm als literarisches Leitmotiv die Vision eines wiederaufzubauenden Großdeutschlands vor Augen schwebte. (25) In Soldans Syntax zeichnete sich bereits die narrative Integration der Dolchstoßlegende ab, wenn er die deutsche Kriegsniederlage dem Wirken kafkaesker Mächte zuschrieb, „denen ein winziger Augenblick im Zeitablauf der Geschichte durch Hass und Nebenbuhlerschaft zusammengeschmiedete Macht" (23 f.) gegeben hätte.

Abschließend fasste Soldan die seiner Ansicht nach drei wichtigsten Aufgaben einer zukünftigen Geschichtsschreibung wie folgend zusammen: „[1.] ein zusammengebrochenes Volk aufzurichten, ihm den Glauben an sich selbst wieder-

---

zu einem Fronteinsatz geschafft haben sollen, sodass die junge Frontgeneration auch den noch 1903 geborenen Jahrgang umfasst.

zugeben, [2.] aus gemeinsam ertragenem Glück und Unglück deutschnationales
Empfinden erwachsen zu lassen, das, die dunkelste Gegenwart durchstrahlend,
den Weg zu neuem Aufstieg weist; [und 3. und letztens] den großen erzieheri-
schen Wert der Geschichte ausnutzen (sic!), um ein unpolitisch denkendes und
empfindendes Volk zur Reife" (26) zu führen.

Nicht nur Archivspräsident Ritter Mertz von Quirnheim, stimmte den mit
„warmen, von Liebe zum Vaterlande durchdrungene[n]"[11] Ausführungen
Soldans zu und ernannte den Major zum Leiter des auf diesen propädeutischen
Überlegungen gegründeten Referats für Volkstümliche Geschichtsschreibung,
das im September 1920 seine Arbeit aufnahm. Auch der im selben Jahr zum
Chef der Reichswehr ernannte Hans von Seeckt zählte zu den Initiatoren einer
politische Früchte tragenden soldatisch-nationalistischen Erinnerungskultur, die
der politisierende General ebenfalls durch populäre Darstellungen zum Weltkrieg zu fördern gedachte. Seeckt hatte sich bereits im Juli 1919 dafür ausgesprochen, die Bibliothek der ehemaligen Kriegswissenschaftlichen Abteilung
im Sinne einer militärisch zu erziehenden Öffentlichkeit zu erhalten und Quellensammlungen nach den Kriterien einer volkstümlichen Kriegsgeschichtsschreibung anzulegen.[12] Denn, so Seeckt, „(…) für den Aufbau Deutschlands
muss dem seelisch, geistig und physisch niedergebrochenen Volke vor allem
der Glaube an sich selbst und seine Zukunft wiedergegeben werden. Kein Mittel
ist aber dazu so geeignet als die Wiederbelebung der Erinnerung an die Taten
während des Weltkrieges." (74)

Wie Soldan erkannte auch Seeckt, dass die singulären Dimensionen des Ersten
Weltkrieges neuer populärwissenschaftlicher Darstellungsverfahren bedurften:
„Im Verlaufe der bisherigen Arbeit der Abteilung bildete sich immer mehr die
Überzeugung, daß die alten Wege nach der völligen politischen Umwälzung
nicht mehr gangbar waren. Schnell wuchs die Erkenntnis, daß die Gegenwart an
die Geschichtsschreibung in geringem Maße militärische Anforderungen stellt.
Von selber drängt die offizielle Geschichtsschreibung in neue Bahnen (H. i. O.).
Das deutsche Volk braucht in diesen Zeiten größten nationalen Tiefstandes eine

---

[11] BArch N 2190/15, fol.7.
[12] Ebd.: fol. 67-79, hier 67, Denkschrift Hans von Seeckts „Über die Zukunft der Archive und kriegsgeschichtlichen Abteilung des großen Generalstabs", 12.7.1919.

zielweisende Stelle, der die besondere Aufgabe erwächst, <u>der Gesamtheit die geistige und sittliche Stärkung zu geben,</u> deren wir alle in den schweren Jahren des Wiederaufbaus bedürfen. Vorbedingung dafür ist, daß die sittlichen Schäden, die der lange Krieg und die Revolution im Gefolge gehabt haben, siegreich überwunden werden. Gerade für diese innere Gesundung ist die Belebung der Erinnerung an das Erleben des Volkes während des Krieges und die hierbei geoffenbarten [sic!] in der Volksseele ruhenden sittlichen Werte, die in der Jetztzeit nur zu schnell verblassen, von großer Bedeutung." (75)

Auch Seeckt betonte, das Kriegserlebnis müsse daher auf den Tiefebenen der militärischen Befehlsebene verortet werden, um „bei den Kriegsteilnehmern den Anteil des Mannes in der Front [sic!] an den Kämpfen des Weltkrieges festzuhalten. Der Offizier, der Unteroffizier und der Soldat aus der Front müssen zu Worte kommen (…)."[13]

Der für historische Kontinuitäten überaus sensible General beließ es keineswegs bei diesen institutsinternen Ausführungen. In der Veteranenlandschaft stellte Seeckt jede Kompanie der neu enstehenden Reichswehr in die Überlieferung eines Regiments der zusammengebrochenen Monarchie, gab Publikationen über die alten Regimenter in Auftrag und trug dafür Sorge, zwischen Veteranen und neu entstanden Kompanien traditionspflegenden Kontakt herzustellen.[14] Auf den Grundlagen dieser Erinnerungskultur transferierte Seeckt die auf das Kaiserreich verweisenden Werte eines autoritätstreuen, angeblich metapolitischen Soldatentums in die Republik, wodurch sich die Reichswehr als jener, angeblich apolitischer ‚Staat im Staate' einkapselte, die sie in den 20er Jahren tatsächlich zum Werkzeug antidemokratischer Kräfte werden ließ.

Seeckt stellte ferner eine entscheidende Weiche auf dem Weg zum bellizistischen Kriegsnarrativ, wenn er vorschlug, dass sich das für die neuenstehenden Forschungs- und Archivabteilungen benötigte Personal aus den Überresten des Offizierskorps zu rekrutieren habe. Seeckt forderte, „nach Mög-

[13] Ebd.: 15, fol. 136-141, hier 139, Hans von Seeckt: Etats-Begründung für die Sichtungsabteilung des Reichsarchivs vom Oktober/November 1919.
[14] Reinhard Brühl: Militärgeschichte und Kriegspolitik. Zur Militärgeschichtsschreibung des preußisch-deutschen Generalstabes 1816-1945, Ostberlin 1973, 280.

lichkeit durch Auflösung des Generalstabes freiwerdende Persönlichkeiten"[15] zu berücksichtigen, um das Reichsarchiv als Auffangbecken des arbeitslos gewordenen Militärpersonals zu nutzen. Obgleich die Ernennung neuer Archivkräfte in den Zuständigkeitsbereich des seit 1919 demokratisch regierten Reichsinnenministeriums fiel, verstand es Seeckt, sich ein personales Vorschlagsrecht zu sichern. Die Forderung des neben Hans von Haeften und Ernst Müsebeck als drittem Direktor des Reichsarchivs amtierenden Theodor Jochim, die Topik des Kriegsnarrativs habe „unbedingt in den Händen der Militärschriftsteller"[16] zu verbleiben, entwickelte sich zum zentralen Movens der Personalakquise. Den anzuwerbenden Mitarbeitern war anstatt finanzieller Anreize ein langfristiges Engagement in der Armee in Aussicht zu stellen.[17]

Hinsichtlich einer sich entwickelnden Autorschaft des Kriegsdichters forderte eine interne Etatbegründung vom Oktober 1919 als Bewerbungskriterien nicht nur Persönlichkeiten, „die im Kriege an leitenden Stellen oder in der Front an hervorragender Stelle, tätig gewesen sind und die mannigfache Geschehnisse und Einwirkungen des Krieges aus eigener Erfahrung kennen gelernt"[18] hatten; sie verlangte ferner mit „schriftstellerische[n] Fähigkeiten" gesegnete Autoren, Handwerker der nationalen Erinnerung, die sich im Idealfall „bereits durch selbstständige Leistungen" bewährt hatten.[19] Der Personalbedarf galt also einem hybriden Erzähltalent, nämlich einem im Militär-Jargon des Taktischen und Operativen ebenso bewanderten Berichterstatter, wie einem die staubtrockene Akribie militärwissenschaftlicher Analyse vermeidenden, das Erlebte psychologisch ausdeutenden wie poetisch ästhetisierenden Dichter. Diese Autorenkreuzung hatte „den zu schildernden Vorgängen Leben einzuflößen und in die Psychologie des kriegerischen Geschehens einzudringen"; davon, so auch Soldan in seiner Denkschrift, hinge „alles"[20] ab: „Wer volkstümlich schreiben will", formulierte Soldan, selbst lyrischer Worte offenkundig nicht abgeneigt, „muß nicht

---

[15] BArch N 2190/15, fol. 63, Denkschrift Hans von Seeckts an das Reichsarchiv, 12.7.1919.
[16] Ebd.: fol. 10.
[17] Ebd.: fol. 4f.
[18] Ebd.: fol. 141.
[19] Etatbegründung für das Reichsarchiv, ca. Oktober 1919, in ebd.: fol. 124.
[20] Soldan: Denkschrift, in ebd.: fol. 47.

zuletzt Dichter sein. Eine besondere Muse muß den Geist befruchtet haben, der unter Festhalten der Tatsachen historisch schreibend gleichzeitig seinen Stoff dramatisch schildert und auf warmen Worten gleitend den Weg zum Herzen des einfachen Mannes finden will. Die Saiten einer Volkseele müssen zum erklingen gebracht werden, dann erst öffnet sich das Innere und wird dem Einfluß zugänglich, der nun fest sich eintragen" (34) kann. Diese militäraffine Einzäunung des Autorenprofils setzte eines der wichtigsten Postulate wissenschaftlichen Arbeitens, die objektive Wesensschau, *ad hoc* außer Kraft, was Soldans Denkschrift ja auch nicht als Ziel einer solchen Schrifttumsproduktion ausgegeben hatte. Eine sich authentisch gerierende Autorschaft wurde bevorzugt, was in der Flut an publizierten Kriegsromanen der 20er Jahre einen Autortypus hegemonial werden ließ, der sich, wie der Kriegsroman, durch die Kombination faktualer und fiktionaler Komponenten auszeichnete: jenen des Kriegsdichters.[21] Es wäre zwar unsinnig zu behaupten, es habe in der Literaturgeschichte bis zum Ersten Weltkrieg keine Kriegsdichter gegeben, die Tod und Zerstörung, Opfer und Heldentum literarisch veredelt hätten; doch Dichte und Intensität, mit der sich Autoren wie Ernst Jünger, Franz Schauwecker, Werner Beumelburg oder Intellektuellenzirkel wie der *Standarte*-Kreis immer wieder desselben Schreibsujets annahmen; die große Zeitspanne ihres Lebens, die diese Autoren allein mit der literarischen Verarbeitung dieses Phänomens zubrachten, bevor sie thematisch anders gelagerte Werkslinien einschlugen und in denen sie den Krieg oft genug – wie in den sich ab 1930 anschließenden Büchern zur Reichsidee[22] – einfach in neuer Form erzählten, ist literaturgeschichtlich wohl singulär.

---

[21] Vgl. auch Florian Brückner: Dichtung und Wahrheit – Authentifizierungsstrategien, Verschleierung von Fiktionalität und politisierender Wahrheitsanspruch im Kriegsroman der Weimarer Republik, in: Rolf Düsterberg/Claudia Glunz/Thomas F. Schneider/Tilman Westphalen (Hg.): Krieg und Literatur/War and Literature 21 (2015). (In Vorbereitung), 10 Seiten.

[22] Kurt Sontheimer. Die Idee des Reiches im politischen Denken der Weimarer Republik, in: Geschichte in Wissenschaft und Unterricht 13 (1962), 205-221; Vanessa Conze: Das Europa der Deutschen. Ideen von Europa in Deutschland zwischen Reichstradition und Westorientierung (1920-1970), München 2005; Hans-Georg Meier-Stein: Die Reichsidee 1918-1945. Das mittelalterliche Reich als Idee nationaler Erneuerung, Aschau 1998.

Mit diesem Autortypus drängte sich dem Leser eine weitere Beleginstanz für die Wahrheit des Textes auf. Denn zum produktionsästhetischen Qualitätsstandard der 20er Jahre gehörte es, dass nur demjenigen über den Waffenlauf zu schreiben erlaubt war, der ihn selbst miterlebt hatte. Der Vorwurf, nicht am Krieg teilgenommen oder sich im sichereren Etappenbereich hinter der Front aufgehalten zu haben, wie er etwa Remarque treffen sollte, galt unter ambitionierten Kriegsdichtern als Rufmord.[23] Dabei standen die Autoren oftmals mit ihrer eigenen Veteranenvita für das literarisch Erfundene ein. Sie wurden, wie man sie in Frankreich nannte, *écrivaint combattant*, kämpfende Schriftsteller, und waren durch die Mittel der Authentizität – etwa durch den in Buchbesprechungen beständig geführten Verweis auf die militärische Vita der Verfasser[24] – als Schöpfer in ihren Werken selbst irgendwie präsent.

Dem im Reichsarchiv angestoßenen politischen Diskurs um die Fruchtbarmachung des Kriegserlebnisses setzten vornehmlich reichswehrnahe Militärzeitschriften konkretere Ziele. 1922 plädierte etwa Curt Rabe im *Wissen vom Kriege* für die Generierung einer Kriegsliteratur, in der „das deutsche Volk in seiner Sehnsucht nach einem Manne, zu dem es aufblicken könnte"[25], personellen Halt finden konnte. Der in derselben Ausgabe publizierende Generalleutnant von Moser sah in einer solchen Kriegsgeschichtsschreibung ebenfalls ein ideales Medium, den Typus des ‚Führers' als volkspädagogisches Ideal zu ventilieren: „In solchem Verzweiflungkampfe (dem Kampf gegen Versailles, d. A.), dessen Zeitpunkt, Umfang und Ausdehnung kein Sterblicher voraussehen kann, muß aber das deutsche Volk wiederum geistig geschulte Führer vorfinden oder aus sich heraus hervorbringen; solche Schulung kann sich aber nur auf das ernste und kritische Studium des letzten großen, also des Weltkrieges gründen.[26]

---

[23] Vgl. exemplarisch die nationalsozialistischen Diffamierungsstrategien in: Unbekannt: Erich Maria Remarque, in: Völkischer Beobachter/Bayernausgabe 4 (1929), 16.3., Nr. 3.

[24] Vgl. exemplarisch Unbekannt: Werner Beumelburg. Schaffensweg, in: Deutsche Bücherzeitung 2 (1934), Nr. 2.

[25] Curt Rabe: Kriegsliteratur, in: Staat und Wehrmacht 1 (1922), Nr. 3, 13.

[26] Generalleutnant von Moser: Über die Kriegsgeschichtsschreibung der Gegenwart, in: Ebd., 1.

Diese Plädoyers für Literatur als nationalisierend wirkendes Lehrmittel entsprangen, wie Soldan bereits angedeutet hatte, ihrem strukturellen Vorteil durch poetisch-emotionalisierende Sprache, durch symbolisch verdichtete wie gleichermaßen den propagandistischen Gehalt verschleiernde Stilisierung in das Gemüt ihrer Leser einzudringen und gesellschaftlich breitenwirksame Effekte zu erzielen. Dies erkannte auch Moser, der in seinen Ausführungen für eine literarische Kriegsgeschichtsschreibung eine klare und einfache Erzählweise forderte, um den Leser nicht mit „dickleibigen und langatmigen Abhandlungen"[27] zu verschrecken, sondern mit ihrer Hilfe auch möglichst weite „Laienkreise" zu erreichen, denn, so Moser: „[A]uch aus diesen Kreisen müssen Zukunftsführer hervorgehen können."

Der Anspruch, die Verwüstungsschneisen des Krieges in eindringliche Farben zu tauchen, machte es unabdingbar, einen dezidiert ego-dokumentarisch ausgerichteten Quellenbestand aufzubauen. Selbstzeugnisse wie Feldpostbriefe oder Kriegstagebücher ermöglichten jenen lebensweltlichen Zugriff, der eine volkstümliche Gestaltung des Felderlebens aus der Perspektive eines nationalkonservativen Infanteristen erst gestattete. So genügten, wie der baldige Leiter des Archivs, Ernst Müsebeck, im Mai 1922 gegenüber dem zuständigen Reichsinnenminister Rudolf Oeser (DDP) geltend machte, „zur allseitigen Erfassung dieses größten Weltereignisses der letzten Jahrhunderte"[28] nicht mehr allein die militärischen Akten des Generalstabes. Es bedürfe einer auch die psychologischen und soziologischen Aspekte umfassenden „Kulturgeschichte (…) dieses ungeheuren Erlebnisses" (5), weshalb es dem Institut obliege, „dem Reiche und Volk zu Liebe das quellengeschichtliche Material für dieses Erlebnis zu sammeln." (Ebd.) Daher sei Müsebeck bemüht „ohne jede Parteieinstellung von der äußersten Linken bis zur äußersten Rechten einschlägiges Material" in den Besitz des Reichsarchivs zu überführen, seien solche Akten „für die Geschichte unseres Staats- und Nationalbewusstseins von unendlicher Bedeutung." (6)

---

[27] Ebd.
[28] BArch N 2357/1, fol. 5-9, hier 5, Nachlass Ernst Müsebeck, Denkschrift Ernst Müsebecks vom 31.5.1922.

In öffentlichen Vorträgen[29] sowie in den Vorworten bereits egodokumentarisch unterfütterter Kriegsbücher wie Beumelburgs 1923 erscheinendem *Douaumont* appellierten Angehörige des Reichsarchivs offensiv, die Leser mögen dem Institut noch in privaten Beständen lagerndes Quellenmaterial zugänglich machen. Diesen Aufforderungen kamen Veteranen massenhaft nach[30], was drei signifikante deutungskulturelle Konsequenzen nach sich zog:

1. war der pseudoauthentische Charakter zahlreicher Kriegstexte in historiographischer Hinsicht so stark, dass selbst professionelle Leser der Historikerzunft sich über Jahrzehnte hinweg[31] der Gattung der Kriegsliteratur als vermeintlich authentischem Erlebnisbericht und damit als klassischer Quelle der Geschichtswissenschaft annäherten. Im erfolgreich erzeugten Glauben, dass die literarisch reproduzierte Wirklichkeit mit der Realität selbst identisch sei, glaubten Historiker lange, diese Bücher versetzten sie in den Stand, Lebenswelt und Erfahrungshorizont der Schützengrabenkämpfer zu rekonstruieren, wobei hier vor allem die *Stahlgewitter* Ernst Jüngers von 1920 als *pars pro toto* gelten dürfen.[32]

2. bildete der Verweis der Schriften, auf Quellengut des ,kleinen Mannes' aufzubauen eine wichtige Authentifizierungsstrategie als volkstümliche Darstellung quasi ein angeblich überparteilich und neutral geschildertes Kriegserlebnis zu liefern, was hinsichtlich der Zusammensetzung des Autorenensembles aus ehemaligen Generalstabsangehörigen sowie der nationalistischen und militaris-

---

[29] Vgl. die Ausführungen Ernst Müsebecks vom April 1926, in: Bernd Ulrich/Benjamin Ziemann (Hg.): Krieg im Frieden. Die umkämpfte Erinnerung an den Ersten Weltkrieg. Quellen und Dokumente, Frankfurt a.M. 1997,72, Dokument 9a.

[30] Vgl. die Kriegsbriefsammlungen des Reichsarchivs, in: Ebd.: 73-76, Dokumente 9b und 9c.

[31] Zum Umgang mit Kriegsliteratur als authentischem Erlebnisbericht durch Historiker vgl. die Thomas Schneiders Einleitung, in: Ders./Hans Wagener (Hg.): Von Richthofen bis Remarque. Deutschsprachige Prosa zum Ersten Weltkrieg, Amsterdam 2003, 1-13, hier 12.

[32] Vgl. Bernd Weisbrod: Ernst Jünger. In Stahlgewittern, in: Wilfried Barner (Hg.): Querlektüren. Weltliteratur zwischen den Disziplinen, Göttingen 1997, 168-186. Mit der quellenunkritischen Auseinandersetzung verschiedener Historiker anhand der *Stahlgewitter* beschäftigt sich Volker Mergenthaler: „Versuch, ein Dekameron des Unterstandes zu schreiben." Zum Problem narrativer Kriegsbegegnung in den frühen Texten Ernst Jüngers, Heidelberg 2001, hier 42ff.

tischen Intentionen des Reichsarchivs mitnichten gewährt war. Authentizitätsverweise bildeten allerdings, wie noch näher zu erläutern ist, eine der wichtigsten Grundlagen für den ökonomischen Erfolg dieser Kulturerzeugnisse. Die daraus im Feld der Literatur erfolgende Akkumulierung symbolischen Kapitals in Form von Prestige und Renommee verstanden politisch ambitionierte Schriftsteller, wie etwa Beumelburg ab 1932, im Macht-Feld in politisches Kapital umzumünzen, in dem ihnen die Zusammenarbeit mit politischen Entscheidungsträgern die Umsetzung ihrer soldatisch-nationalistischen Ideen ermöglichte.

3. und letztens bildete, um auf die Positionierung des Reichsarchivs im ersten Jahrfünft der Republik zurückzukommen, die so angehäufte Datenmenge an Egodokumenten einen wichtigen Wegstein, das deutungskulturelle Monopol über das Kriegserlebnis zu erlangen. Keineswegs wollte man die geschichtspolitische Ausbeutung des Kriegserlebnisses dem ‚kleinen Mann' oder Privatschriftstellern überlassen, gerade in einem Augenblick, in dem eine gemeinsame Position gegen die Kriegsdeutung der Versailler Signatarmächte notwendig war, die Deutschland die alleinige Schuld am Ausbruch des Weltkrieges zuschoben. In der Öffentlichkeit gerierte sich das Reichsarchiv zwar nur als Bereitsteller von Quellenmaterial; es ist jedoch eindeutig belegt, wie sehr das Potsdamer ‚Literatursyndikat' als textkontrollierende Lenkinstanz den Zugang zu den Quellen von den eigenen Richtlinien sowie der Kontrolle der daraus hervorgehenden Kulturerzeugnisse abhängig machte. Verfasser von Truppengeschichten sahen sich beispielsweise zu folgenden Auflagen des Archivs verpflichtet: „A) das druckfertige Manuskript mit Anlagen (…) vor der Drucklegung dem Reichsarchiv zur Prüfung vorzulegen; B) die vom Reichsarchiv bei der Prüfung gegebenenfalls vorgenommene Änderung anzunehmen; C) die Drucklegung erst zu veranlassen, wenn das Reichsarchiv die Genehmigung hierzu erteilt hat; D) nach Erteilung der Druckgenehmigung keine Zusätze oder Änderung an dem Manuskript vorzunehmen."[33] Wer diesem verstaatlichten Weltkriegsgedenken nicht zu folgen gewillt war, dem verschlossen sich die Tore zu den archivarischen Schatzkammern.

---

[33] Brühl: Militärgeschichte, 278f.

VII. Die Genese des Frontsoldaten aus dem Geiste der Literatur: Beumelburgs Werke in der Reihe *Schlachten des Weltkrieges* 1923-1928

Aus den Bemühungen des Reichsarchivs ergoss sich eine ganze Flut kriegslite-rarischer Texte auf den Buchmarkt. Zentrale literarische Plattformen, auf denen rechtskonservative Schriftsteller das Kriegserlebnis literarisch gestalteten, bilde-ten das wissenschaftlichen Kriterien noch am nächsten kommende amtliche Werk zum Weltkrieg *Forschungen und Darstellungen aus dem Reichsarchiv* sowie die über 1200 Erzeugnisse zählenden *Erinnerungsblätter deutscher Re-gimenter*, die vor allem in Truppenteilen Verbreitung fanden. Den volkstümli-chen Vorstellungen des Reichsarchivs näherte sich jedoch am stärksten die in Zusammenarbeit mit dem Militaria-Verlag Heinrich Stallings in Oldenburg entstehende Reihe *Schlachten des Weltkrieges* an. In den von 1921 bis 1936 mit einer durchschnittlichen Auflage von 40 000 Exemplaren[1] erschienenen 34 Bänden verdichtete sich besonders exemplarisch die Zusammenarbeit von Mili-tär und Privatverlagen.

Verlagseigentümer Heinrich Stalling hatte bereits 1917 mit der OHL Vertrags-vereinbarungen hinsichtlich der Herausgabe einer als *Der Krieg in Einzeldar-stellungen* betitelten Reihe getroffen. Schon bei dieser Buchproduktion hatte ein volkstümlicher Erzählmodus eine zentrale Richtlinie gebildet. Am 7. November 1917 hatte sich Ludendorff mit der Bitte an die Truppenteile des Heeres ge-wandt, nach solchen literarischen Talenten Ausschau zu halten, die ein lebendi-ges Bild des Krieges zu zeichnen verstanden: „Die Oberste Heeresleitung beab-sichtigt, im Verlage von Stalling (Oldenburg), eine Reihe von Einzelschriften erscheinen zu lassen, die die wichtigsten Schlachten und Ereignisse des bisheri-gen Krieges zur Darstellung bringen sollen. (…) Zweck der Schriften ist nicht, Kriegsgeschichte zu liefern. Das bleibt späterer Zeit vorbehalten. Sie sollen vielmehr für das Volk, vornehmlich für die reifere Jugend, bestimmt sein (…)."[2]

---

[1] Markus Pöhlmann: „Das große Erlebnis da draußen". Die Reihe Schlachten des Welt-krieges (1921-1930), in: Schneider/Wagener: Richthofen bis Remarque, 113-132, hier 120.
[2] Hauptstaatsarchiv Stuttgart M34 Bü 12, Erich von Ludendorff an die Heeresgruppen, 7.11.1917.

Ludendorff legte „der Art, wie unserer Jugend der Krieg dargestellt werden soll, besonderen wert (sic!) bei. Entsprechend wichtig sei ihm „die Auswahl der Verfasser" und bat „um Feststellung, ob im dortigen Befehlsbereich Persönlichkeiten vorhanden sind, die geeignet und bereit wären, sich dieser Aufgabe zu widmen (…)." (Ebd.)

Da bis Kriegsende von 40 anvisierten Bänden lediglich 14 erschienen waren, pochte Stalling 1918 in Berlin auf Vertragserfüllung.[3] Mit dem Reichsarchiv wandte sich Stalling an den Rechtsnachfolger des Generalstabes und dort mit George Soldan an einen überaus verhandlungsbereiten Ansprechpartner, der sich, wie Stalling formulierte, „nicht von den pazifistischen Strömungen [hatte] niederdrücken lassen." (203) Am 26. Januar 1920 regelten sie die Herausgabe der als Fortsetzung der *Einzeldarstellungen* geplanten *Schlachten des Weltkrieges*. Stalling beteiligte Soldan mit sechs Prozent an jedem verkauften Exemplar einer Reihe, die bis 1934 eine Gesamtauflage von 2,3 Millionen Exemplaren mit einem Reingewinn von 637 000 Reichsmark erzielen würde. (202) Stalling rechtfertigte die Gewinnbeteiligung Soldans mit der zentralen Bedeutung, die ihm bei der Entstehung der Reihe zugekommen sei. Ihm, so Stalling, sei die Herausgabe des Werkes überhaupt zu verdanken, von ihm, so Stalling weiter, sei die Gestaltung des ganzen Werkes abhängig gewesen.

Nachdem in den ersten zwei Jahren lediglich zwei Bände erschienen waren, drängte Stalling auf die Forcierung des Publikationsausstoßes. Diese Ambitionen scheiterten jedoch zunächst am Personalmangel, was zu dem verlagstechnischen Novum führte, dass Stalling dem Reichsarchiv auf eigene Kosten Personal zur Verfügung stellte, um das im Reichsarchiv lagernde Quellenmaterial zu katalogisieren und erste Rohversionen zu erstellen. Dies half, die Publikationszahl beträchtlich zu erhöhen. (219)

So leiteten Soldan und Stalling eine Reihe in die Wege, die es sich, wie es im Vorwort der zweiten Auflage von Beumelburgs erster Kriegsschrift *Douaumont* 1923 hieß, zum Ziel setzte „[in] historisch getreuer Wiedergabe den inneren Zusammenhang der gewaltigen Kämpfe vorzuführen, in denen das deutsche Volk in unvergeßlicher Hingabe Blut und Leben eingesetzt hat. Das Bestreben,

---

[3] BArch R 56-V/104, fol. 202-220, Angelegenheiten einzelner Verlage, hier 220.

die Einzeltaten deutscher Männer vor Vergessenheit bewahren zu helfen und den Helden des Krieges ein Denkmal ihres Ringens und Sterbens zu setzen […].[4]

Zur Literarisierung einer solchen Heldenkultur gewannen sie mit Beumelburg 1923 einen Autor, dessen bisheriger Werdegang idealtypisch in das autortechnische Anforderungsprofil des Reichsarchivs passte. Seine in der Reihe erscheinenden Werke *Douaumont* (1923), *Ypern 1914* (1925), *Loretto* (1927) und *Flandern 1917* (1928) schlossen mit großem Erfolg an diese Art der historisch-volkstümlichen und monumentalisierenden Erzählung an. Ihre textanalytische wie rezeptionsästhetische Untersuchung liefert erste Hinweise auf die vergemeinschaftende Kraft des Kriegsromans. In einem ersten Schritt werden jene Textelemente untersucht, die dem Rhetorikarsenal der Neuen Sachlichkeit zuzurechnen sind. Hinsichtlich der einleitend erörterten Kongruenz vor allem ab 1928 erscheinender Kriegstexte werden anschließend die konträren Deutungsmöglichkeiten dieser Texte aufgezeigt, hier: in einem zweiten Analyseschritt bellizistisch und in einem dritten pazifistisch interpretierbare Passagen. In einem vierten und letzten Schritt werden die politischen Deutungskämpfe im Raum der Rezeption rekonstruiert, die sich an dieses neue Darstellungsverfahren anschlossen.

Die Maximen und Richtlinien einer vom Reichsarchiv in Auftrag gegebenen Kriegsgeschichtsschreibung setzte Beumelburg innovativ um, indem er das geforderte Heldentum in textsortenspezifisch überaus hybride, weil Faktisches mit Fiktivem verschmelzende literarische Schlachtenberichte einkleidete. Ein extradiegetischer Erzähler mit Nullfokalisierung beschrieb militärische Verläufe, benannte historisch verbürgte Bataillone, nannte Datumsangaben und Himmelsrichtungen sowie er das Geschehen zuweilen normativ kommentierte; auch ausgeprägte Register mit Karten und Details zu Schlachtenverläufen sowie die in den 20er Jahren in Mode kommenden Fotobebilderungen von Feldlazaretten und Frontabschnitten erhöhten die Authentizität und Plastizität der geschilderten Kampfhandlungen. Ein vorzüglicher Authentizitätsspender und Brücken-

---

[4] Zitiert nach der 2. Auflage des *Douaumont* von 1924, 5. Alle weiteren Zitate der Schlachtendarstellungen beziehen sich jeweils auf die Erstauflagen, bei *Douaumont* folglich auf jene von 1923.

bauer in die wirkliche Welt bildete in dieser Mimesis die neu-sachliche Textintegrierung historischer Dokumente, die die literarische Fiktion faktizistisch absicherten. Gerade der Zugriff auf historische Dokumente sollte ab 1928 auch pazifistisch intendierte Kriegsromane wie Ludwig Renns *Krieg* oder Remarques *Im Westen nichts Neues* kennzeichnen, verstand es jeder politisierende Autor dank ihrer Hilfe, seiner Darstellung den Anschein des Authentischen zu verleihen.[5]

 Beumelburgs Schlachtendarstellungen verfolgten eine solche Strategie *par excellence*. Die dank der Bestände des Reichsarchivs detailgenau und quellengefütterten Passagen der Werke – die von Soldan verfassten Vorwörter[6] wiesen explizit daraufhin – präsentierten das Geschilderte im Gewand sachlichnüchterner, chronologisch erzählter Militärberichte. Beumelburg trat hier als *autor faber*, als militärwissenschaftlich versierter Fachmann auf. Als solcher lud er den Leser in weitläufigen, ganze Kapitel umfassenden Exkursen dazu ein, über das Wesen von Krieg, Kameradschaft und Panik zu reflektieren.[7] Der dokumentarische Charakter der Werke manifestierte sich besonders stark in *Loretto,* das in der Titelklappe explizit darauf hinwies, Beumelburgs Darstellung beruhe auf einer historischen Studie Wolfgang Försters, der selbst als Leutnant und Kompanieführer im Infanterieregiment nahe Loretto gekämpft hatte. Der von Förster erstellte Anhang beinhaltete von Loretto-Kämpfern verfasste Gedichte, eine Ehrentafel Gefallener sowie ausführliche Ergänzungen zu den von Beumelburg dargestellten Kampftagen, die im Paratext weitere Einzelheiten für den Leser bereit hielten und es Veteranen sogar ermöglichten, sich in angehängten Regimentslisten wiederzufinden.

Dennoch nahm der historisch gefärbte Anteil der jeweils 200 Seiten umfassenden Werke im Verhältnis zum literarischen nur ein Viertel der Textpassagen ein; fiktionale Stilisierung und Fabulierkunst überwogen deutlich, sodass man eigentlich von einer Schlachtenliteratur sprechen müsste, von einem Genregrenzgang zwischen Dokumentationsband und Kriegsnovelle. Waren die

---

[5] Prümm: Literatur, 258.
[6] Vgl. Soldans Vorwort in der zweiten Auflage des *Douaumont* von 1924, 5f.
[7] Vgl. das Kapitel zum Wesen der Panik in: Werner Beumelburg: Ypern 1914, Oldenburg 1925, 139-148.

Schlachtendarstellungen in einen dezidiert faktenorientierten Rahmen eingelassen, machten den Hauptteil dieser Texte naturmetaphorisch sowie neu-sachlich gearbeitete Kapitel aus. In diesen verfolgte wiederum ein namenloser intradiegetischer Ich- oder Wir-Erzähler mit interner Fokalisierung in polyperspektivischen Binnenerzählungen anhand typenhaft gezeichneter Charaktere – dem ‚Frontschwein', dem Kriegsfreiwilligen, dem väterlichen Gruppenführer, dem ‚Drückeberger' – das im Krieg veränderte Seelenleben der Frontsoldaten im anschaulichen historischen Präsens. Hier setzten die Schlachtendarstellungen jenen für das Darstellungsziel der Neuen Sachlichkeit tonangebenden „subjektive[n] Erlebnishorizont als ausreichendem Beweis unbedingter Authentizität"[8], um das Literarische als bloße Mimese bar jeglicher politischer Tendenz erscheinen zu lassen.

Im Zuge einer solchen vermeintlichen Reproduktion der Wirklichkeit waren siegreiche Kämpfe angesichts der letztendlichen Kriegsniederlage nicht als Heldentum stiftende Argumentationsstrategien fruchtbar zu machen. Jede der von Beumelburg dargestellten Schlachten war – wie Verdun im *Douaumont* – entweder verloren worden oder es handelte sich, wie in den restlichen Werken, um eine der für den Ersten Weltkrieg so typischen unentschiedenen Schlachten. Daher verlagerte Beumelburg die affirmative Verarbeitung der Ereignisse in eine Sphäre, in der er den Krieg als Aktionsraum soldatischer Bewährung in punktuell geschilderten Szenen lobpreisen konnte. Hierzu bediente er sich im Wesentlichen zweier Ebenen der Darstellung:

1. einer naturaffinen, bilderreichen Darstellung des Kampfschauplatzes, die die kriegsbedingte Morphologie der Landschaft, den Aktionsradius der Schützengräben und Wälder, die Verhaltensregeln und die zu erbringenden Anpassungsleistungen, kurz um: die Spielregeln des Überlebens für die kämpfende Truppe in einem postapokalyptisch anmutenden Ödland festlegte.

2. einer ebenfalls naturmetaphorischen Personifizierung des Schlachtfeldes, dem die Soldaten als eigenständigem Subjekt gegenüberstanden. Beumelburg schilderte den Krieg so nicht als trivial-brutalen Kampf Mann gegen Mann, sondern als Bewährung der Menschen in einem mit Naturnotwendigkeit wie-

---

[8] Prümm: Literatur, 251.

derkehrenden Phänomen, in das sich die Menschen geworfen sahen, und das nur derjenige bewältigte, der sich seinem ‚Schicksal' stellte – ein Schlüsselbegriff nicht nur in Beumelburgs Kriegsliteratur – d.h. tapfer, pflichtschuldig und opferfreudig kämpfte und starb.

Die kriegsbedingte Verwüstung französischer und belgischer Landstriche, die sich von blühenden Landschaften in zerklüftete Krater- und Sumpfgebiete verwandelten, bildete Beumelburgs regelmäßiges literarisches Entree. Der Frontsoldat, so die Botschaft, betrat mit den zerfurchten Schlachtfeldern des Westens eine neue Welt mit neuen Regeln. Motivisch wiederkehrend beschrieb Beumelburg adjektiv- und partizipienfreudig die Umwälzung der Landschaft in einer die Morphologie des frontsoldatischen ‚Niemandslandes' verstärkenden Klimax: „...mit zäher Langsamkeit nur wandelt sich das Land. Wird kahl, grau, durchlöchert, zerpflügt. Schrumpft ein, klaglos und wehrlos. Stirbt." (D 82) Personifizierungen fanden sich allerorten, die Zerstörung der Natur gebar mit den Schauwerten der Destruktion eine neue Ästhetik wie jene des Waldes: „Auch jetzt hat der Wald noch seine Schönheiten. Aber sie sind anderer Art. So zum Beispiel bei Nacht, wenn tausend Flammen aus seinen verkohlten Baumstümpfen sprühen und wenn ihn der dröhnende Donner der Abschüsse durchrollt. In seinem Gestrüpp versteckt mögen an die 500 Geschützrohre lauern, bei Tage jedem Späherauge verborgen." (F 62) Insbesondere in *Douaumont* schenkte Beumelburg der Akustik des Krieges großen Raum, um vor kakophonischem Hintergrund die Nervenstärke des Frontsoldaten zu apostrophieren. Hier grundierte Beumelburg die Klangfarben des Krieges, indem er Personifizierungen, Klangmetaphern und Vergleiche einsetzte, um mithilfe des Echolots der Kriegsakustik eine auditiv fassbare Schlachtenlandschaft zu entwerfen: „Weit von rückwärts, irgendwo aus einer Schlucht zwischen Beaumont und Ornes, hebt sich ein dumpfes Erdbeben, kaum hörbar, auf. Hoch oben fährt ein gedämpftes Orgeln durch die Luft: Irgend etwas zieht da mit sonor rauschenden Flügelschlägen durch das strahlende Blau jenseits der Bodennebel, wohl mitten zwischen den weiß schillernden Leibern kreiseziehender (sic!) Flieger hindurch. Unaufhaltbar, wundersam entrückt jedem menschlichen Zugriff, nur dem Ohre noch faßbar." (D 22)

In den Maschen dieses Klanggewebes verschwand der Frontsoldat, der Großkonflikt menschlicher Parteiungen löste sich in einen Kampf mit der widrigen
Umgebung auf. Unpersönliche Wendungen, Personifizierungen und Vergleiche
halfen, die kafkaeske Bedrohung des Krieges zu evozieren: „Wie es nun an-
schwillt. Wie es urplötzlich zu heulen beginnt aus lechzender Lunge, wie sich in
das rauschende Orgeln jäh ein heißer, glühender, geisernder [sic!] Ton mischt!
Und es stürzt herab, als ob ein ungeheures Raubtier plötzlich in ingrimmig rasender Wut mit gespreizten Krallen die Luft durchschneide." (D 22) Gewehr-
salven prasselten wie „Hagel" im „Höllenlärm" des Krieges (D 40, 43). „Tau-
sendfache[s] Gedröhn" und „infernalische[s] Krachen" jagte die Frontsoldaten
mit „riesige[m] Geheul" und „schauerliche[m] Lärm". (78)

In diesem Umfeld bestimmte der zum eigenständigen Subjekt personifizierte
Krieg die Regeln der Front. Als stets wiederkehrendes Agens fungierte in allen
vier Schlachtendarstellungen der dingsymbolische Berg[9], dessen Inbesitznahme,
allen voran in *Loretto*, Sieg und Niederlage gleichkam. Die zum eigentlichen
Feind verlebendigte Anhöhe, die Beumelburg selbst im planen Flandern noch
bemühte, eskamotierte mit Engländern und Franzosen die eigentlichen Kriegsgegner: „Der Koloß (der Douaumont, d. A.) schickt sich an, Rache zu nehmen
für die vergangenen acht Monate, während derer die Fremdlinge (die Frontsoldaten, d. A.) in seinem Bauche gebaut und gebastelt, während derer tausend
starrende Gewehre und dräuende Kanonenmäuler über das gestorbene Land
hinweg den Gegner gebändigt." (D 119f.) In *Loretto* erhoben sich „die Umrisse
des Berges aus den dämmerigen Schleiern" (L 66), bei Beumelburg stets ein
sicherer Indikator für einen bevorstehenden Schlachtenausbruch. Der Berg war
„Koloß" (D 119), „Riese" (D 177) und „glühende[s], schreiende[s] Ungeheuer",
(D 79), er, nicht der Kommandostand, gab bei Beumelburg den Befehl zum
tödlichen Angriff. Eine solche Verlebendigung erlaubte die Überhöhung des
Krieges – und damit des Helden-Nimbus der ihn bewältigenden Soldaten – zu
einem episch-mythischen Phänomen, in dem die Infanteristen sich nicht mehr
normalsterblichen, sondern weit mächtigeren Gegnern gegenüber sahen. Im teils

---

[9] Vgl. Beumelburg: Loretto, 125: „Wie jene schmucklose Kapelle dort oben sich wandelt zum Symbol dieses Berges, so wird der Berg Symbol der Schlacht, die Schlacht
aber Symbol des Krieges und unseres Schicksals."

expressionistisch wirkenden *Douaumont* transportierte Beumelburg diese Botschaft mithilfe von Vokabular aus der Wortgruppe des Mystischen und Religiösen: Der Krieg war „Hölle", „Hexensabbat", „titanenhafter Wahnsinn", „[e]in
riesenhaft grotesker Spuck" (D 125) und Ekpyrosis von „Sodom und Gomor-
ha" (D 130). Die Berge tönten wie „Giganten" (D 181), Granaten wüteten wie
„Kobolde" (D 88) und Flieger glichen „Nachtvögel[n] mit eisernen Schwingen"
(D 89). Vom ‚Franzmann' fehlte nahezu jede Spur, unpersönliche Wendungen
und Passivkonstruktionen ließen den menschlichen Feind allerorten verschwinden. Klischeehaft trat der Tod als skelettener Sensenmann in Erscheinung, er,
nicht der Feind, bestimmte das Ableben der Soldaten. (D 13)

Der Erzählmodus der Schlachtendarstellungen war ein kollektiver der Kompanien, Bataillone und Divisionen. Unpersönliche Ausdrücke und Indefinitprono-
men – „der andere", „einige", „man" – beherrschten den kollektiven Nebel fi-
gürlicher Charakteristik, in der einzelne Figuren weitestgehend hinter die Kol-
lektivleistung des Heeres zurücktraten: „Denn, wie man plötzlich zusammen-
schauert, von dem höhnischen Gemecker eines Maschinengewehrs irgendwo in
der Dunkelheit erschreckt…Wie man um sich schaut mit wildem, verwirrtem
Blick und nach irgendetwas greift, was in der Nähe ist…Wie man schließlich
erkennt, daß gar nichts Besonderes los ist, und einen verstohlenen Blick auf das
Leuchtzifferblatt der Taschenuhr wirft." (L 72f.) In subjektlosen Ellipsen –
„Kommen nicht zurück…" (D 101) – starb der ‚unbekannte Frontsoldat' einen
für Jedermann nachvollziehbaren Jedermanntod.

Die Schlachtendarstellungen lieferten aber auch die von Soldan geforderten
Geschichten des ‚kleinen Mannes', dessen Innenwelt – Hoffnungen, Wünsche,
Gedanken und Gefühle – vermittels typenhaft gezeichneter Protagonisten
durchaus eindringlich eingefangen wurde. Wenn etwa vor einem herannahenden
Angriff Todesangst und Beklemmungszustände zum Gegenstand charakterli-
cher Innenweltdarstellung wurden, brach sich die extradiegetische Erzählperspektive in eine intradiegetische einzelner Protagonisten.[10] Bar jeglichem *verbi
credendi* und *dicendi* fand sich der Leser durch unmittelbar einsetzende direkte
Rede in die Gedankenwelt eines solchen ‚unbekannten Frontsoldaten' versetzt.

---

[10] Vgl. exemplarisch L 72f.

Eine zeitgedehnte Erzählweise schilderte sodann über Absätze, zuweilen sogar ganze Kapitel hinweg, dessen konfuse und irrationale Gefühlszustände. Dabei handelte es sich entsprechend der Lesergruppenvorgaben Soldans, in der Regel um einen identifikationsstiftenden Vertreter kleinbürgerlicher Provenienz – „Der Gefreite Huber, wie gesagt, sonst ein einfältiges und schlichtes Gemüt (…)" (L 24) –, der nicht im Stande war, auf jene intellektuellen Höhenkämme zu steigen, von denen aus etwa Ernst Jünger in den *Stahlgewittern* das Erlebte reflektiert hatte.

Seiner positiv konnotierten Landsknechtschlichtheit entsprechend nahm ein solcher Protagonist das ihm aufgezwungene „Schicksal" – ein von religiös sozialisierten Autoren wie Beumelburg oft Gott ersetzendes Sinnstiftungsangebot – der Vaterlandsverteidigung unreflektiert und mit Selbstverständlichkeit an.[11] Dieser Soldat war der in den Predigten des Vaters einst moralisch wie sittlich idealtypisch konfigurierte Träger preußisch-protestantischer Werte und Tugenden. Dem Vorgesetzten ergeben und gehorsam, der Nation gegenüber pflichtbewusst und opferbereit, erduldete dieser Soldat schweigsam sein Schicksal, das er nicht weiter hinterfragte. Die *ex cathedra* vom Vater vorgetragene Kriegsexegese übte starke literarische Prägeeffekte aus. Denn wo die sakrosankte Identifikationsfigur des Kaisers als symbolischer Personifizierung der Nation nach 1920 in der literarischen Kriegsdeutung entfiel, bedienten sich zahlreiche rechtskonservative Kriegstexte zur Sinnanreicherung des verlorenen Krieges christologischer Sakralisierungsstrategien. So parallelisierten selbst dezidierte nationalsozialistische Kriegsdichter wie Hans Zöberlein in *Der Glaube an Deutschland* von 1931 die Leiden der kämpfenden Truppe mit jenen Jesu Christi oder bezeichneten die Schlacht von Verdun als „Golgatha des deutschen Frontsoldaten."[12] Die von Vater Eduard Beumelburg auf den Krieg angewandten Deutungsakte drückten sich dabei wie eine Wachsplatte auf die Kriegstexte des Sohnes durch. Nicht nur verwandte Beumelburg in seinen Kriegstexten Zitate aus den Kirchenliedern Paul Gerhardts, Martin Behms und Martin

---

[11] Vgl. exemplarisch F 101.
[12] Vgl. exemplarisch Hans Zöberlein: Der Glaube an Deutschland, München 1931, Zitat auf 58.

Rinckarts.[13] Er bediente sich ebenfalls quasireligiöser Parallelen, Metaphern und Symbole, die das Leiden der Frontsoldaten erträglich und sinnvoll erscheinen ließen. In *Ypern 1914* führte etwa ein schwer verwundeter, 17-jähriger Kriegsfreiwilliger im Fiebertraum ein Zwiegespräch mit Jesus Christus, den der junge Soldat nach dem Sinn seiner Leiden befragte. Stationiert in einer zu einem Feldlazarett umfunktionierten Kirche bedeutete der Sturz eines über dem jungen Kriegsversehrten hängenden Kreuzes den Tod dieses Soldaten. Er starb – nun jedoch im Wissen um die, von Beumelburg literarisch evozierte Erträglichkeit seiner Verwundung und im Trost um den Wert seines Opfers. (Y 95-103)

Über welche – mit Clausewitz gesprochen – ‚moralischen Größen' musste dieser Frontsoldat nun verfügen, um in diesem Höllenszenario zu überleben? Die allesamt an der Westfront spielenden Darstellungen Beumelburgs waren autorintentional, insbesondere mit Blick auf Verdun, als bellizistische Geburt eines charakterlich, tugendhaft und sittlich durch das Miterlebte gestärkten Frontsoldaten zu lesen. Zu dieser bereits während des Krieges und mit Jüngers *Stahlgewittern* von 1920 einsetzenden Argumentation trug Beumelburg wesentlich bei. Der Autor lobpreiste etwa den oft in kürzester Zeit erfolgenden Adaptionsprozess der Soldaten an das Niemandsland der Front: Leichen dienten als Orientierungspunkte, in den Wäldern kannten sich die Soldaten bald besser aus als das hiesige Wild. (D 58, 120) Die Kakophonie des Krieges verstanden erfahrene ‚Frontpraktiker' in kürzester Zeit richtig zu lesen. Granaten und Schrapnells ließen sie in stoischer Ruhe über sich hinwegfliegen, da sie anhand ihrer Pfeifgeräusche intuitiv erkannten, ob diese in sicherer Entfernung detonierten oder deren Flugbahn potentiell tödlich verlief. (D139) Dabei griffen diese Protagonisten im Überlebenskampf zuweilen auf im Zuge des Zivilisationsprozesses längst verloren geglaubte animalische Instinkte zurück (L 74), eine Argumentation, die in der Entstehung eines hauptsächlich in der dritten Flandernschlacht 1917 sich erhebenden ‚Supersoldaten' ihren anthropologischen Höhepunkt erfuhr. Hier schlug in dieser Deutung im dritten Kriegsjahr die Geburtsstunde

---

[13] Vgl. Werner Beumelburg: Douaumont, Oldenburg 1923, 59, 61, 66, dort Zitate aus *Nun danket alle Gott* von Martin Rinckart (1586-1649), in: Arbeitsgemeinschaft: Kirchenlieder, EG 321.

eines neuen Frontkämpfergeschlechts, das mit dem Hurra-Patriotismus des ,Augusterlebnisses' nichts mehr gemein hatte, sondern das sich nach langjährigem Kampf die notwendigen Tugenden, Denkweisen und Handlungsmaximen, kurz: den frontsoldatischen Habitus des nur noch in militärischen Kategorien denkfähigen Infanteristen angeeignet hatte. Während Beumelburg diesen angeblichen bellizistischen Reifeprozess in den vier Schlachtendarstellungen mit aller Bedächtigkeit entfaltete, verdichtete er dieses Bild eines in Vollkommenheit zum Kriege stehenden Frontsoldaten in einem bezeichnenden Absatz seines erfolgreichsten Werkes *Sperrfeuer um Deutschland* von 1929, der sich wesentlich auf *Flandern 1917* stützte. Der Autor schilderte hier den mit allen Wassern der Front gewaschenen, nur noch in Superlativen fassbaren „Spezialist[en] des allermodernsten Schlachtfeldes, dem alle Erscheinungen, die menschlichen und die technischen, vertraut sind wie das kleine Einmaleins dem Abcschützen." (316) Dieser Soldat kannte die gesamte Phänomenologie der Front, antizipierte Fluglinien von Granaten, unterschied einem Chemiker gleich Granatpulver-, Leichen- und Chlorgerüche, führte souverän Artilleristen und Infanteristen, war technisch versiert in allen Waffengattungen und Gerätetypen, bewährt im Sappen-, Stollen- und Stoßtruppkampf, Tanks fürchteten ihn wie auch der Tod, „[d]enn er ist der Oberste auf dem Schlachtfelde. Er regiert." (Ebd.)

Darüber hinaus wurden Beumelburgs Soldaten nicht obligatorisch gezogen, sondern gingen freiwillig in den Krieg. Damit grenzten sie sich als intrinsisch für den Vaterlandskampf motivierte Idealisten vom passiven Opfer- und Untertanen-Soldaten der linken Kriegsdeutung ab, die diese in einem von kapitalistischen Mächten entfachten Waffenlauf als Kanonenfutter verheizt sah: „Was jeder tat, das tat er aus sich heraus, und daß alle diese Einzelanschauungen in der Gemeinsamkeit des Blutens für die Heimat mündeten, ist die hehrste Offenbarung des Begriffes vom Vaterland." (Y 145) Die beständig vorgetragene Freiwilligkeit der Kriegsteilnehmer geriet in den 20er Jahren zum Topos eines rechts des politischen Spektrums idealisierten Typus', der die Verteidigung der Nation angeblich furchtlos, begierig und opferbereit als Selbstverständlichkeit und intrinsische Pflicht begriff.[14]

---

[14] Adolf Hitler beschwor diesen Mythos beispielsweise in einer seiner wenigen den Ersten Weltkrieg reflektierenden Reden vom 9. November 1928 im Münchner Bürgerb-

Über die Tugendhaftigkeit des Soldaten hinaus kopierte Beumelburg in seinen Werken gleichwohl in erster Linie nicht jene Argumentation eines heroischen Individualismus, mit dem Jünger in den *Stahlgewittern* die Signifikanz des einzelnen Stoßtruppführers in einem von Technik und Massenheeren bestimmten Waffengang zu retten versucht hatte. Beumelburg stellte diesem elitären, gesellschaftlich wenig breitenwirksamen, weil auf Stoßtruppführer im Offiziersrang beschränkten Konzept die gesellschaftlich anschlussfähigere Variante eines ‚humanitären Kollektivismus' gegenüber. Denn wichtigste Überlebensstrategie bildete bei Beumelburg die Kameradschaft, die deutsche Frontsoldaten zu üben hatten, um der an Mensch und Material überlegenen alliierten Übermacht standzuhalten. Diese materielle Disparität machte es auf deutscher Seite umso dringlicher, dass die Soldaten zusammenhielten, einander halfen, sich in brenzligen Situationen wortlos verstanden, bedingungslos vertrauten und die Regeln der Front – Befehl und Gehorsam, Unterordnung und Einfügung – verinnerlicht hatten. Ein Textbeispiel aus *Douaumont*: „Die Pioniere arbeiten. Keiner denkt an das Feuer, das in jedem Augenblick wieder einsetzten kann. Es ist vergessen. Die Verwundeten werden im Graben verbunden, auf Bahren gelegt und quer durch das Gelände fortgetragen. Keiner entsinnt sich, daß sonst der Weg querfeldein fast dem Tode gleichgilt. Mit der gleichen Selbstverständlichkeit, mit der sie vorhin um ihr Leben liefen, achten sie jetzt auf nichts als auf die Rettung der Unglücklichen…Das ist es, das Rätsel dieser Selbstverständlichkeit in der Furcht und im Heldentum, das zu ergründen so schwer ist, obwohl wir es an uns selbst erlebt haben…" (D 131)

Die in der Kameradschaft zum Tragen kommende Gemeinschaft löste nicht erst 1929 den heroischen Individualismus Ernst Jüngers als dominierende Sinnofferte des Krieges ab. Konzepte einer klassen- und milieuübergreifenden ‚Volks-

---

räukeller mithilfe von überzogenen Zahlenangaben von weit über 2 Millionen Kriegsfreiwilligen: „Es war eine Zeit, in der neben dem alten Greis der Junge stand mit kaum 16 Jahren, den man wieder zurückschickte, weil er nicht das notwendige Alter hatte, in der viele niederstürzten und unter Tränen baten, nehmt mich, in der einzelne das Geburtsdatum fälschten, um kämpfen zu können für Deutschland.", in: Gerhard Hirschfeld: Der Führer spricht vom Krieg. Der Erste Weltkrieg in den Reden Adolf Hitlers, in: Anke Hoffstadt/Arndt Weinrich (Hg.): Nationalsozialismus und Erster Weltkrieg, Essen 2010, 35-51, hier 39f.

gemeinschaft' zirkulierten bereits seit der Jahrhundertwende. Ferdinand Tönnies hatte diesem Diskurs, der sich gegen das von Liberalismus und Kapitalismus eingeleitete Zeitalter der individualistischen Moderne richtete, 1878 in seiner soziologischen Schrift *Gemeinschaft und Gesellschaft* den Weg bereitet. Im aufkommenden Begriff der ‚Volksgemeinschaft' bündelten sich rechtskonservative Aussichten, die durch Französische und Industrielle Revolution angestoßene Individualisierung, aufgeklärte Rationalisierung, Demokratisierung und Liberalisierung aufzuhalten, um zu den gemeinschaftlichen, mystischen, romantischen und etatistischen Idealen einer in dieser Deutung historisch gewachsenen oder theologisch geordneten Welt zurückzukehren. „Diese Ambivalenz, sowohl wiederherzustellen, was als verloren galt, wie auch in der Zukunft herbeizuführen, was als soziale Ordnung erstrebenswert sei, war dem Begriff der ‚Gemeinschaft' von Anfang an inhärent."[15], urteilt etwa Historiker Michael Wildt.

Im ‚Großen Krieg' hatten solche auf Gemeinschaft beruhenden autoritären und antidemokratischen Ordnungsvorstellungen weiteren Auftrieb erfahren, wenn das deutsche Bildungsbürgertum den ‚Ideen von 1789' jene von 1914 entgegengestellt hatte.[16] Kameradschaft, die für den Aufbau einer soldatisch-nationalistischen Prinzipien folgenden ‚Volksgemeinschaft' den idealen sozialen Kitt lieferte, bildete im Anschluss an die militärische Niederlage diejenige Sinnofferte, die, wie wir im Verlauf der Kriegsliteraturflut sehen werden, sämtliche Kriegsromane Ende der 20er Jahren verbreiten würden. Werner Wirths etwa hob 1922 die Bedeutung der ‚Frontgemeinschaft' als politischer Ordnungsvorstellung der ‚Volksgemeinschaft' hervor, mithilfe derer der „Betrug" von Weimar zu überwinden war. „Wir wollen zum Erlebnis zurück. Wir suchen aus dem Geschehen, das hinter uns liegt, den Sinn, den es nicht mehr zu geben scheint. Wir suchen ihn in der Zukunft. Wir stellen die Frage an das Schicksal und wollen die Antwort. Wir brauchen uns ihrer nicht zu schämen; denn: was geschehen, war gut (…) Aber der Betrug wird erst enden, wenn wir zu dem

---

[15] Wildt: Zwischenbilanz, 358.
[16] Zu den ‚Ideen von 1914' vgl. allgemein Bründel: Volksgemeinschaft.

großen Erlebnis der mit Blut bezahlten Schicksalsgemeinschaft zurückfinden, als die wir den Krieg begannen."[17]

Auf diese Weise geriet Gemeinschaft zum Leitbegriff einer Pluralismus und Demokratie überwindenden Ordnungsvorstellung, dies es zukünftig zu realisieren galt.[18] Dabei forcierte eine solche „Politik der Verheißung"[19] ein dezisionistisches Politikverständnis, in der Rechtskonservative dem ‚Gerede' des Parlamentarismus und seiner langwierigen, auf Kompromissen beruhenden Entscheidungsfindung die viel beschworene Tat entgegenstellten. In einer seiner wenigen autorintentionalen Selbstauskünfte sollte Beumelburg 1933 rückblickend in diesem Kontext einmal schreiben, er habe seine Schriften „zur Verteidigung unserer im Felde gefundenen neuen Lebenshaltung gegen die mit allen Mitteln uns bedrängenden Kräfte eines versiegenden Zeitalters"[20] verfasst. Er habe damit den „Kampf für die innere Bescheidenheit des einzelnen gegenüber dem Schicksal der Nation, die selbstlose Einordnung des Individuums in die Gesetze der Gemeinschaft (…)" und die Bekämpfung von Liberalismus und Demokratie verfolgt. Kameradschaft habe für ihn jenen „Sauerteig [gebildet], der unmerklich alle Bezirke unseres Lebens durchdringen (…)" müsse.

Auslösendes Moment dieses Zusammenhalts war das vor allem in *Ypern 1914* glorifizierte ‚Augusterlebnis', das Beumelburg pathetisch als klassen-, milieu- und generationsübergreifenden Schulterschluss der Nation evozierte: „Bärtige Männer mit dem kühlen Blick der Lebenserfahrung marschierten neben Knaben mit Gesichtern aus Milch und Blut, die mühsam das schwere Gepäck schleppten. (…) Hier schritt der Lehrer mit dem Schüler, der Meister mit dem Lehrling, der Mann mit dem Jüngling, der Reiche mit dem Armen, der Ehemann mit dem Junggesellen, der Student mit dem Arbeiter, alle im gleichen Rock, alle im gleichen Schritt, alle mit dem gleichen Gedanken: Vorwärts! (…) Und wenn die Blicke unter dem Helm sich begegneten, dann lächelten sie ermunternd. Und es

---

[17] Zitiert nach Werner Wirths 1922 in der Zeitschrift *Die neue Front* publiziertem Aufsatz *Das Erlebnis des Krieges,* Ulrich: Krieg, 164, Dokument 22 b.
[18] Wildt: Zwischenbilanz, 358.
[19] Mergel: Volksgemeinschaft, 96.
[20] Beumelburg: Schaffensweg.

hieß nicht mehr ‚Herr Oberlehrer' und ‚Jungens', sondern Kamerad und Du." (Y 32f.)

In dieser Darstellung bildete der sinnvolle Opfertod einen integralen Bestandteil, in *Ypern 1914* vornehmlich im Rekurs auf den besonders begründungspflichtigen Mythos von Langemarck, waren in dieser Schlacht zahlreiche Jugendliche gefallen. Am 10. November 1914 war bei Gefechten nahe des belgischen Langemarcks ein 2000 Mann starkes, sich hauptsächlich aus jungen Freiwilligen und Reservisten rekrutierendes Reservekorps in den Tod gegangen. Die OHL hatte das Massensterben in einem medial inszenierten Heeresbericht zum nationalen Opfertod überhöht, seien die Rekruten mit dem Deutschlandlied auf den Lippen freiwillig und sehenden Auges ins feindliche Feuer gelaufen.[21] Dieser Mythos von Langemarck entwickelte sich in den 20er Jahren in der konservativ geprägten Jugend zum Movens eines eigenen zukünftigen Kriegseinsatzes. In der von ihr getragenen Repräsentationskultur inszenierte sie den Heroenkult um die gefallenen Soldaten, was in der Einweihung eines Langemarck-Denkmals durch die Berliner Studentenschaft 1932 einen symbolischen Höhepunkt erfuhr.[22]

Auch Beumelburg kolportierte die Legende von der sakrosankten Unantastbarkeit dieser Kinder-Soldaten, die es dem Leser verbat, das von den Soldaten gebrachte Opfer zu hinterfragen: „Niemals ist das starre Gesicht des Todes heiliger gewesen denn damals, als die flandrischen Kanäle sich rot färbten vom Blut und als sich hinter den Hecken die Leichen der Erschlagenen auftürmten zu Hügeln. Wer die ewige Verklärung dieses verschwenderischen Opfers nicht zu fassen vermöchte, der müsste verzweifeln angesichts solchen Grauens..." (Y 107)

Die aus Kameradschaft und Opfergeist fließende sittliche Überlegenheit gegenüber der alliierten Übermacht mündete in dieser Darstellung ferner in die taktische Überlegenheit deutscher Infanteristen. In dieser für konservative Revolutionäre typischen Dichotomie deutschen Geistes und alliierten (Menschen-

---

[21] Bernd Hüppauf: Schlachtenmythen und die Konstruktion des „Neuen Menschen", Essen 1993, 45.
[22] Curt Badinski: Aus großer Zeit. Erinnerungsblätter des Jäger-Feld-Bataillons Nr. 9. Weltkrieg 1914-1918, Bd. 1, Ratzeburg 1932.

)Materials sah Beumelburg hinsichtlich eines zukünftigen Krieges den Vorteil auf deutscher Seite. Das Reich habe den Krieg zwar verloren, im Gegensatz zur alliierten Heeresführung jedoch die für den Gewinn eines zukünftigen Krieges notwendigen taktischen Lehren gezogen. Zollten zahlreiche Passagen *Douaumonts* und *Yperns* dem Gegner Respekt, schlugen *Loretto* und *Flandern* einen deutlich herablassenderen Ton an. Hier diffamierte Beumelburg die Taktik des englischen Oberbefehlshabers Sir Douglas Haig während der dritten Flandernschlacht 1917 als plump, weil er auf primitive Weise versucht habe, mithilfe tausender Granaten, tausender Geschütze und tagelangem Trommelfeuer systematisch Planquadrat für Planquadrat, in denen er deutsche Soldaten vermutete, dem Erdboden gleichzumachen. Diese Taktik sei allerdings, so Beumelburg, an der genialen Art elastischer Verteidigung der deutschen Frontsoldaten gescheitert. Denn allein ein einziges Maschinengewehr, so der Autor weiter, mähte in der Hand einer Gruppe, die Haigs Ansturm überlebt hatte, ganze Bataillone nieder und machte die materiellen Bemühungen so zunichte. (F 26-28) Darin sah Beumelburg die, „letzte Lösung eines kaum begreifbaren Rätsels, wie es möglich war, bei so geringer Geländeeinbuße vier Monate lang einem Angriff zu widerstehen, dessen materielle Unterstützung weit jenseits alles bisher Dagewesenen" (F 28) gestanden hätte. Dieserart verstand es Beumelburg auf lange Sicht verlorene Verteidigungsschlachten im Nachhinein nicht nur in einen Sieg umzudeuten, sondern dem Leser ebenfalls das Selbstbewusstsein zu vermitteln, es in einem zukünftigen Krieg erneut mit einer ‚Welt von Feinden' aufzunehmen.

Ein weiterer in die Schriften Beumelburgs projizierter politisch wirkmächtiger Mythos bildete jener der ‚Wiederkehr der Gefallenen'. Einer christologischen Sakralisierung der Wiederauferstehung Jesu' gleich, seien auch die Soldaten im Westen nicht endgültig gestorben, sondern wachten im Jenseits über das Handeln der nachfolgenden Generation, die ihnen nachzueifern hätte: „Dann stehen jene Reservisten auf der Totenwiese wieder auf...Knochengerippe, und treten zum Abmarsch an. (…) Alle werden voller Unruhe sein, als erwarteten sie ein Signal, das von Notre Dame (der Kapelle Lorettos, d. A.) ausgehen soll, wo das Gedränge am dichtesten ist. Wann erklingt das Signal? Ist die Zeit noch nicht erfüllt? Sind sie zu früh aufgestanden aus den Trichtern? (...) Aber einmal wird doch das Signal erklingen, und es wird wieder Morgen werden auf Notre Dame de Lorette. Einmal wird aus der Saat Frucht empor wachsen, und Ruhe wird denen werden, die es getroffen (...)." (L 168) Eine solche Wiederauferstehung mit Appellstruktur wollte es, dass die „Saat" der nachfolgenden Generation – eine von Rechtskonservativen in den 20er Jahren toposartig beschworene Metapher[23] – jenen Gefallenen Treue schuldete, und zwar Treue gegenüber dem politischen Programm einer wiederaufzurichtenden Nation. Dass diese uns heute so fremd anmutenden Geister mit ihrer literarisch imaginierten Gemahnung dezidierte politische Appelle evozierten, zeigt exemplarisch eine Rundfunkansprache Beumelburgs im August 1934, in der er diesen Mythos anlässlich der Volksabstimmung über die Zusammenlegung von Reichskanzler- und Reichspräsidentenamt in den Händen des ‚Frontsoldaten' Adolf Hitler instrumentalisieren würde. Beumelburg sollte hier suggerieren, die Gefallenen schauten den Wählern in der Wahlkabine über die Schultern, denn „[m]it euch gehen werden die Schatten aller derer, die ihr einst in den Trichterfeldern neben euch sterben saht"[24] – und die, so Beumelburgs Tenor, mit Ja gestimmt hätten.

Vor dieser Legion sinnstiftender Deutungsakte vollzog sich – idealtypisch in *Loretto* – peu à peu eine Hierarchisierung der deutschen Kriegsgesellschaft, der der Frontsoldat in dieser Darstellung als oberster Leistungsträger vorstand. Eine solche artikulierte sich in einer leistungsgeschichtlichen Dreiteilung, einer literarisch evozierten Machtarchitektur von ‚Heimat', Etappe und Front.

Die Heimat bildete dabei den Ort des Friedens und des Wohlstandes, jene Welt, in der die alten Regeln, die bürgerliche Ordnung und ihre Sicherheiten noch galten: „Auf Loretto tanzen jetzt die Leuchtkugeln. (…) Daheim in Deutschland ziehen sie sich jetzt die Bettdecken über die Ohren, drehen sich an die Wand, wohlig die Füße ausgestreckt unter die Federn, und denken mit freundlichen Gefühlen an das Frühstück." (L 80) Auf Fronturlaub weilende Verdunkämpfer trafen in Heimkehrerszenen auf eine Welt, die sie nicht mehr verstanden und

---

[23] Wolfgang Mommsen: Die Urkatastrophe Deutschlands. Der Erste Weltkrieg 1914-1918, Stuttgart 2004[10], 21.
[24] Werner Beumelburg: Rundfunkansprache zur Volksabstimmung am 19.8.1934, in: Rundfunkarchiv Frankfurt, Bestandssignatur K000735248 (B004891804), Dauer 2'57, 11.8.1934.

lebensweltlich hinter sich gelassen hatten. Sie hatten an der Front ein neues Leben und mit den Kameraden eine Ersatzfamilie gefunden. Daheimgebliebene Veteranen des deutsch-französischen Krieges 1870/71 konfrontierten diesen Fronturlauber aus einer anderen Welt in solchen Szenen mit naiven Altmänner-fantastereien vom Krieg als romantischem Abenteuer. Verwandte wie Töchter, Schwestern und Mütter begegneten auf Fronturlaub weilenden Vätern, Brüdern oder Söhnen entweder mit Stolz oder Sorge ob des vollzogenen Kriegseinsatzes.[25] Diese Gefühle lösten beim Frontsoldatenprotagonisten Befremden aus, da sich das im Schützengraben Erlebte der ‚Heimatfront' nur schwer kommunizieren ließ. Die ‚Heimat' sah sich in dieser Diegese vom Diskurs um die politische Privilegierung des Frontsoldaten ausgeschlossen, da es ihr auf diese Weise überhaupt nicht möglich war, über den Fronteinsatz zu sprechen. Hierzu gehörten nicht nur Frauen und Jugendliche; auch die Veteranengeneration von 1870/71 und damit die Reichsgründungsgeneration[26] sah sich in solchen Szenen lächerlicher Naivität ausgesetzt. Ihre Angehörigen waren im Kaiserreich aufgewachsen und zählten wie etwa Friedrich Ebert in der Weimarer Republik zu jenen Entscheidungsträgern, die der jungen Frontgeneration eines Jünger oder Beumelburg auf ihrem Weg an die politischen Schalthebel im Wege stand. In solchen Darstellungen sahen sie sich als Ewiggestrige einer untergegangenen Welt gekennzeichnet. Die Leistungen der Heimat wie die Zeichnung von Kriegsanleihen, Spenden, der lebensnotwendige Erhalt des Wirtschafts- und Arbeitslebens u.v.a.m. blieben in den Schlachtendarstellungen unberücksichtigt.

Kritik traf auch mit der Etappe ausgerechnet jenen ca. zwei bis fünf Kilometer hinter den vordersten Linien gelegenen Ort, an dem der Generalstab schaltete und waltete, Logistik und Nachschub plante, Befehle ausarbeitete. Die der Front nachgelagerten Befehlszentren der OHL sahen sich zum Ort ehrpusseliger Geltungssucht des nach Orden und Titeln schielenden ‚hochnäsigen' Offiziersstandes stilisiert – Beweggründe, daran sei hier erinnert, denen auch Beumelburg während seines Fronteinsatzes erlegen war. Die theoretisch-dezisionistische Etappe bildete dabei den Kontrapunkt zur praktisch-aktionistischen Front. Die akademische Generalstabsausbildung begann in einer Literatur pejorativ besetzt

---

[25] (exemplarisch D 134f.)
[26] Peukert: Republik, 26.

zu werden, die ein Kriegserlebnis evozierte, das alle bürgerlichen Erkenntnisse, gesellschaftlichen Wahrheiten und akkumuliertes Schulwissen im Aktionsraum des Schützengrabens für null und nichtig erklärte. Die Frontsoldaten waren dem Tod, damit aber auch der Wertschätzung des Lebens näher, als der in der Etappe angesiedelte Generalstab, der seine Entscheidungen allein aufgrund von Tabellen, geometrischen Flugbahnberechnungen und Handbuchrichtlinien scheinbar fernab der Realitäten der vordersten Front zu fällen gewohnt war. Frontsoldatenliteratur kritisierte diese Entscheidungen oftmals als falsch, ja unnötig und tödlich, womit sie der Etappe nicht zuletzt auch einen Teil der Schuld an der letztendlichen Kriegsniederlage zuschob. Zwar neigte Beumelburg zu Exkulpationsstrategien des Offiziersstandes, wenn er sich mit dem Totschlagargument begnügte, rückblickend wüsste man vieles besser, der Kommandostab habe im Augenblick der Entscheidung nach bestem Wissen und Gewissen gehandelt. (D 174) Doch überwogen, insbesondere in *Loretto*, etappendiffamierende Invektiven.

Etappenprotagonisten galten hier typenhaft als allein auf soziale Vorteile bedachte, bei Rauchzeichen der Front sich zurückziehende, durch Cognac und überreich gefüllte Lebensmittelkästen verfettete ‚Etappenhengste' und ‚Drückeberger'. Der unreflektierten Anständigkeit des ‚einfachen Frontsoldaten' stellte Beumelburg den alltäglichen Bordell- und Kneipenbesuch Rangabzeichen übersäter Offiziere der Etappe gegenüber: „Sie (eine Kompanie Frontsoldaten, d. A.) stehen da fast verlegen und betrachten, ohne groß nachzudenken, die geschäftig vorbeieilenden Divisionsschreiber, die wichtig dreinschauenden Mitglieder der Ortskommandantur, geschniegelt und gestriegelt, hohe Kragen und blank gewienertes Koppelschloß, beim Strammstehen vor dem Bataillonskommandeur ein gewisses Distanzbedürfnis mit dem erforderlichen Respekt durch eine leichte Mine herablassender Vertraulichkeit paarend." (L 77f.) Und weiter: „Sie (die Frontsoldaten, d. A.) sitzen immer noch, und so etwas wie abendliches Großstadtleben macht sich um sie her bemerkbar. In den Kantinen und Soldatenheimen wird Licht gemacht. Dort trinken die Etappenleute jetzt ihr Glas Bier und rauchen eine Zigarre. Ein Frontvarieté hat sich aufgetan und erfreut sich, wie man sehen kann, eines regen Zuspruchs. Der Ortsgewaltige schreitet gemessen zum Abendbrot im Casino, an dessen erleuchteten Fenstern man die Ordonnanzen geschäftig hin und her eilen sehen kann. Ein hoher Stab kommt in drei feldgrauen Automobilen an, hält vor der Kommandantur und wird hineinkomplimentiert, indessen man den Ortsgewaltigen, halb verdrossen, halb dienstbeflissen, sein Souper grausam unterbrechen sieht. Eine höchst unwillkommene Störung!" (L 78)

Die Angehörigen einer so dargestellten Etappe registrierten mit dem Instinkt eines Angsttieres jegliche Anzeichen für einen nahenden, ihre bürgerliche Ruhe bedrohenden Fronteinsatz, denn „jede Veränderung an der Front [könnte sie] in die peinliche Notwendigkeit versetzen, große Kriegsbemalung anzulegen und mit der Waffe in der Hand ihre Behaglichkeit zu verteidigen, deren Erhaltung normalerweise eine Aufgabe der Frontkrieger ist." (L 84) Der ,Führer'-Diskurs begann hier die Offizierssklappen abzunehmen und der im ersten Jahrfünft der 20er Jahre dominanten, exkulpierenden Memoirenliteratur ranghoher, militärischer Entscheidungsträger Konkurrenz zu machen.[27] Wälder, Berge und Täler, nicht Kartentische, wechselnde Befehlszentren und Militärparaden bildeten in dieser Literatur die zentralen Erinnerungsorte der Nation. Die Offizierskaste sah sich durch den Vorwurf der ,Drückebergerei' bzw. durch die Verlagerung des nationalen Leistungsnachweises vom Generalstab an die Front geschichtspolitisch zunehmend entmachtet.

Mit der für ein Werk des offiziersbeladenen Reichsarchivs durchaus überraschend wirkenden Diffamierung der Etappe leiten wir zu jenen Passagen über, die, so der Leser etwa aufgrund einer kriegskritischen Sozialisierung im linkspolitischen Milieu sowie der Ignorierung des produktionsästhetischen Kontextes dieser Schriften dafür anfällig war, durchaus pazifistisch gelesen und durch die sich interpretatorisch ambivalente Räume nach links öffnen konnten. Denn die oben aus 800 Seiten extrahierten Passagen geben nur eine Sichtweise dieser Werke wieder.

Bedienten die Schlachtendarstellungen vor allem ein naturmetaphorisches Darstellungsverfahren, lehnten sie sich doch in paratextuellen und stilistischen Gestaltungselementen ebenso an die Postulate der Mitte der 20er Jahre dominant werdenden Neuen Sachlichkeit an. Bildeten zwar vor allem Angehörige der

---

[27] Schneider: Handbuch, 8f.

politischen Linken wie Bertolt Brecht, Egon Erwin Kisch, Alfred Döblin u.a.
die literarische Avantgarde dieser nach 1918 neu entstehenden Strömung, ent-
deckten mit Ernst Jünger in den *Stahlgewittern* und Beumelburg in seinen
Schlachtendarstellungen auch rechtskonservative Schriftsteller die Stilmittel der
Neuen Sachlichkeit als ideale Möglichkeit, Krieg zu erzählen.[28] Denn zum einen machte sich, wer mit hurra-patriotischen Waffenliedern alter wilhelmini-
scher Schule literarische Gesänge auf die Weltkriegsjahre anstimmte, wie sie
noch für die Flut der im August 1914 erschienenen Verherrlichungsdichtung
paradigmatisch gewesen war[29] nach den schrecklichen Erfahrungen des Weltkrieges schlichtweg unglaubwürdig und gefährdete den Erfolg seiner Werke.
Das singuläre Zerstörungspotenzial des Ersten Weltkrieges begrub in der deutschen Zwischenkriegszeit schlichtweg die Möglichkeit, den Krieg als romantisches Abenteuerphänomen zu glorifizieren. Zum anderen bedienten sich auch
rechtskonservative Autoren zunehmend eines realistischen Darstellungsverfahrens, weil sie überzeugt waren, dass eine wirklichkeitsgetreue, d. h. auch Gewalterfahrungen, Traumatisierungen, Fehler der Führung und soziale Missstände der Front benennende Darstellung, die Leistungen des diese Widrigkeiten
durchstehenden Frontsoldaten-Helden nur umso eindrücklicher erscheinen lasse. Die in den Texten Jüngers und Beumelburgs vollzogene, schonungslose
Reproduktion der Kriegswirklichkeit entwickelte sich zum paradigmatischen
Gestaltungsverfahren sowohl bellizistisch als auch pazifistisch intendierter
Kriegsschriften – mit signifikanten rezeptionsästhetischen und politischen Konsequenzen. Denn wo sich kriegskritische Autoren qua realistischer Darstellung
die gesellschaftlich abschreckende Entlarvung des Krieges als eines Gewaltphä-
nomens erhofften, bedienten sich auch rechts des politischen Spektrums stehende Kriegsdichter dieses Gestaltungsverfahrens, um vor ekpyrotischer Kulisse
das Leistungspotenzial der über vier Jahre einer überlegenen Feindmacht stand-
haltenden Frontsoldaten zu apostrophieren. Solche Kongruenzen ermöglichten
eine pazifistische Lesart bellizistischer Werke, da sie mit dem literarischen Gesetz, wonach die Form der Funktion zu folgen habe, ein Stück weit brachen.

---

[28] Prümm: Literatur, 258.
[29] Vgl. Nicolas Detering (Hg.): Populäre Kriegslyrik im Ersten Weltkrieg, Münster
2013.

Die Neue Sachlichkeit bediente sich eines exakten, klaren, ja wissenschaftlich präzisen Sprachgebrauchs, der das literarisch Evozierte schnörkellos, d. h. frei von Virtuosentum, Ornamentik und Pathos wiedergab, wenngleich die Übergänge zwischen Expressionismus und Neuer Sachlichkeit fließend blieben.[30] In diesen Bereich fielen bei Beumelburg zum einen die sachlich-nüchtern gehaltenen, parataktischen Passagen, in denen ein extradiegetischer militärischer ‚Kriegsberichterstatters' die Schlachtenverläufe sachlich nüchtern wiedergab. Zum anderen durchzog dieser Duktus jedoch auch jene Szenen, in denen es den einfachen Frontsoldaten als Tatmenschen weniger Worte sowie als duld- und schweigsamen Erleidenden der ihm vom Vaterland auferlegten Opfer zu schildern galt. Da solche Absätze des uneigentlichen Sprechens dem Leser die politischen Botschaften nicht explizit offenbarten, ergaben sich pazifistische Deutungsangebote, wenn der Leser diese semantischen Füllstellen mit eigenen, von der ursprünglichen Autorintention oft abweichenden Interpretationen belegte.

So unterließ Beumelburg im Großteil seiner Werke den vom Leser leicht durchschaubaren, künstlerisch dilettantischen Versuch, seine literarischen Protagonisten explizit und beständig über den Sinn des Krieges reflektieren zu lassen. Szenen uneigentlichen Sprechens, d.h. solchen Szenen, in denen sich Protagonisten unfähig zeigten, das erlebte Grauen in Worte zu fassen, durchzogen nahezu jede Gewalt ästhetisierende Passage. Das Sterben der Kameraden verlor sich in parataktischen, oft elliptischen Sätzen und vor allem in inflationär gebrauchten, die Sprachlosigkeit der Protagonisten zum Ausdruck bringenden Auslassungszeichen. Die allmorgendliche Registratur der Gefallenen beim Morgenappell schilderte Beumelburg beispielsweise sprachminimalistisch, ohne viel moralischen und emotionalen Aufhebens: „,Tot…'", antwortet einer, ‚Granatsplitter in der Stirn.'" (L 81f.) Wo Trauer und Leid über die Opfer in Worte gefasst zu werden drohten, kamen semantische Verdrängungsmechanismen zum Einsatz: „Einen Augenblick lang herrscht ein Schweigen, das sogar den Etatmäßigen befangen macht." (Ebd.) „Aber die Munitionsfahrer sind selten zum Reden aufgelegt. Sie laden ihren Bestand ab und sorgen, daß sie davonkommen. Es ist kein Wald zum Geschichtenerzählen. Was sollen sie auch berichten? Fliegerangriffe, schweres Flakfeuer, explodierte Munitionsdepots (…) Lohnt

---

[30] Prümm: Literatur, 254.

denn das eine Unterhaltung?" (F 67) Viele Charaktere erschienen in solchen Szenen sprachlos, in denen der Autor einer kommunikativen und psychologischen Bewältigung aus dem Weg ging. In *Flandern* zeigte sich ein Helfer beim Bergen von Leichen aus einem Bunker „ganz verstört und sagt kein Wort." (F 85) Tatsächlich vorhandene, indes auch im literarischen Orplid der Front unartikulierte Ängste lagerte der Autor oftmals in fieberhafte Traumszenen aus, die den Protagonisten eine kurzweilige Flucht aus dem Kriegsgrauen boten[31], nicht zuletzt, um schwerste Verletzungen nicht im literarischen Hier und Jetzt ertragen zu müssen.

Dieses ostentative Auslassen eines nicht über die Schrecken des Krieges lamentierenden Soldaten hatte im Wesentlichen zwei Konsequenzen. Literarisch enthob es den bellizistisch intendierten Autor 1. von der Verantwortung, die moralischen Dilemmata des Krieges erörtern zu müssen. 2. hatte potentielle Larmoyanz unartikuliert zu bleiben, um das so konstituierte ‚stille Heldentum' nicht mit vielstimmigem Wehklagen zu entwerten. Dies ermöglichte es Beumelburg, sich durch den Kontrast zwischen einem tabulos geschilderten Hintergrund und dem Heldentum eine Art affektpoetisches *argumentum ad misericordiam* zu Nutze zu machen, um den diese Strapazen bestehenden Frontsoldaten als sakrosankte Opferfigur zu etablieren. Je entschlossener der Autor die Gewalt und Traumatisierungen des Krieges ästhetisierte, umso stärker wirkte die Leistung seiner Protagonisten, sittlich und moralisch integer geblieben und imstande gewesen zu sein, den Krieg zu überleben.

Andererseits ermöglichten solche Auslassungen im Sinne der beschriebenen Ambivalenz gleichwohl eine pazifistische Interpretation dieser semantischen Füllstellen, da sich der Leser in scheinbarer Ermangelung eines explizit eindeutigen Deutungsangebots auf die eigene Interpretation zurückgeworfen sah. Er musste dieses Schweigen mit eigenen Gedanken und Interpretationen ausfüllen und selbst entscheiden, ob der Soldat einen pflichtschuldigen Helden oder eine an den Verwerfungen der Front zerbrochene Figur darstellte.

Ein treffliches Beispiel liefert jener bereits erwähnte, von Beumelburg in Fronturlauberszenen beschriebene Entfremdungsprozess der Soldaten von der Hei-

---

[31] Vgl. exemplarisch D 57, 83, F 108.

mat. Dieser Soldat sah sich, wie dargetan, außer Stande, den Daheimgebliebenen die Schrecken der Front in Worte zu fassen. Das eigene Erleben des
Kriegsgrauens kontrastierten auf solchen Heimaturlauben entweder, wie im
folgenden Beispiel, romantisch-abenteuerlich verklärte Kriegsgeschichten anderer Weltkriegsveteranen oder die für obsolet erklärte Fronterfahrung von
1870/71, um die singulären Schreckensdimensionen des Felderlebnisses an der
Westfront herauszustreichen. Gedanklichen Austausch fanden solche Erfahrungen in der Regel beim gemeinsamen Umtrunk in der Dorfkneipe: „Da sitzen sie
untereinander am Biertisch. Die Alten lauschen und halten die Pfeife in der
Hand, machen halb erschrockene, halb bewundernde Gesichter. Einer erzählt
aus Rumänien. Von den Kämpfen bei Hermannstadt. Wie sie den roten
Turmpaß stürmten. Hei, wie ging es im Sturmschritt durch die Berge und Pässe,
und wie lachte der sonnige Krieg als sie hinabstiegen in die Walachei und auf
Bukarest Richtung nahmen! Mitten unter den andern sitzt einer, lauscht still.
Wie ein Märchen aus anderer Welt dünkt ihn, was der da aus Rumänien erzählt.
Ein anderer Krieg. Einer wendet sich zu ihm, lachend, klopft ihm auf die Schul-
ter: ‚Und jetzt mußt du etwas erzählen. Vom Douaumont…' Wer sprach
da…Was wollen sie denn? Alle schauen ihn an. Fast hilflos sieht er umher.
Was…was soll er denn erzählen? Es ist ja von dort nichts zu berichten. Wo soll
er denn anfangen? Was soll er beschreiben? Es sind ja nur Trichter da und
Schluchten und Berggipfel. Und es wird viel geschossen, Tag und Nacht. Aber
wie soll man das erzählen? Es ist ja doch alles so einfach und ohne Worte…'
Plötzlich überläuft es ihn heiß. Siehst du es, das schmerzliche Todeslächeln des
Getroffenen im Stollen am Bahndamm…in der vorletzten Nacht? Verdun ist in
der Bierstube. Die Alten räuspern sich verlegen. Aber sie finden den Mut nicht,
die Pfeifen wieder anzuzünden. Sie wissen selbst nicht, was los ist. Aber es ist
irgend etwas Besonderes mit dem da, der von Verdun kommt. Wie sollen sie
selbst es wissen, wenn er es nicht sagt? Irgendetwas ist da, was sich dumpf über
sie zieht, ohne daß sie es kennen oder verstehen. Sie wissen nicht, sollen sie
ärgerlich sein oder betrübt…" (D 134f.)

Wie war, im historischen Kontext, eine solche Szene zu deuten? Als eine von
Formen des uneigentlichen Sprechens geprägte Traumatisierung eines an den
Verwerfungen der Front gescheiterten Veteranen? Oder als das Schweigen einer

sakrosankten Heldenfigur, die sich mit dem Geleisteten nicht brüstete, sondern für die die erlittenen wie gleichermaßen freiwillig erbrachten Entbehrungen als altruistische Selbstverständlichkeit eines für die nationale Gemeinschaft darzubringenden Opfers galten? In solchen Passagen blieb vieles dem Leser überlassen.

Eine offene Lesart begünstigte ferner, dass Beumelburg auf die überbordende Verwendung von Hochwertwörtern und Ideologiesprache verzichtete. Die politischen Botschaften ließ Beumelburg in der Weise des Dichters weitestgehend hinter literarisch ambivalent deutbare Szenen zurücktreten, ein verdeckter Prozess, innerhalb dessen sich der strukturelle Vorteil von Literatur als effizientem Transportmittel politischer Botschaften vollzog. Den Hauptteil dieser Werke bildeten literarische Szenarios, die sich dem seelisch wie körperlich überaus schwierigen Anpassungsprozess des Frontsoldaten an die Regeln der Front widmeten. Dabei lasen sich Szenen wie die folgende aus *Douaumont* entgegen aller militaristischen Erwartungen des Reichsarchivs, auf den ersten Blick keineswegs kriegsverherrlichend: „Dieses Sterben zieht sich wie eine ungeheure Kälte über die Erde und kriecht in die Herzen, klemmt sich zwischen die Schläge, nimmt den Atem. Wie lange ist es doch her, daß wir zum letzten Male lachten? Ab und zu nur, mochte ein Brief von daheim wie aus einer fremden Welt dich aufreißen, mochte ein Kameradenmund, eben noch frisch und beredt, blutleer und krampfig dich anschauen…ab und zu nur kam ein jähes heißes Aufbäumen in dich und du fühltest einen unendlichen Zwang, abzuschütteln dies alles und wieder frei zu sein. Und auch das verlor sich. Die nassen Erdschollen der zerwühlten Felder klebten sich an dein Herz. Und das grau vor dem Morgenrot gezeichnete Profil des Douaumont schautest du wie…ja, wie daheim den Konfirmationsspruch über deinem Bett. Ein Stück Heimat ist dir das tote Land geworden…" (D 82)

Im Stil des ‚neuen Realismus', wie die Neue Sachlichkeit auch genannt wurde, schilderte Beumelburg ferner die zahlreichen seelischen Abgründe, in die ein überaus menschlicher Frontsoldat abzugleiten drohte. In *Ypern* widmete er dem Phänomen der Panik sogar ein komplettes Kapitel, in dem er die negativen Facetten der so hoch gepriesenen Kameradschaft erörterte. Hier warf er die Frage auf, wie von Kameradschaft gesprochen werden könne, wenn Kameraden of-

fensichtlich auf dem Schlachtfeld zurückgelassen wurden. (Y 139f.)
Beumelburg erklärte sich dies mit dem Wesen der Panik, die die Soldaten auf
dem Schlachtfeld fliehen und Kameraden im Stich lassen machte, was sie allerdings noch Jahre später, in Form traumatisierender Gewissensbisse ob der un-
terlassenen Hilfeleistung psychologisch verfolgen würde. Ferner galt Kameradschaft hier nicht *per se* als militärische Kardinaltugend: „Wenn man nun erst
erkannt hat, daß der Begriff der Kameradschaft nicht ohne weiteres mit dem
einer großen und schönen Tat verknüpft zu sein braucht, sonder daß er etwas
gänzlich von äußeren Geschehnissen Abstrahiertes ist, so wird man sich auch
davon überzeugen, daß die Kameradschaft unter Umständen für irgendeine
Wendung des Gefechts nachteilig wirken kann." (Y 141) So folgten etwa einem
aus Angst zurückweichenden Soldaten andere aus purer Kameradschaft, was die
Phalanx wanken und das deutsche Heer ganze Schlachten verlieren ließ.

Ferner räumte Beumelburg bei allem Glauben an Schicksal und ‚Stahlbad' auch
dem Zufall seine über Leben und Tod entscheidende Funktion ein: „Ein ohn-
mächtiges Ausgeliefertsein an den blöden Zufall, ein Kartenspiel mit dem Teufel, ohne daß man einen Trumpf in der Hand hat.", hieß es etwa im *Douaumont*.
(40) Hier egalisierte „ein irres Chaos trunkener Vernichtungskräfte" (D 120) die
Auswahl der Gefallenen, und „daß dies alles kein System hatte, das war das
Unheimliche." (D 91)

In unpersönlichen Wendungen schildert Beumelburg ferner Beklemmungszustände und Traumatisierungen der Schützengrabenkämpfer: „Da bemerkt
man…Zum Teufel, warum empfindet man so eine Beklemmung dabei und so
einen unangenehmen bitteren Geschmack hinten im Halse!…da bemerkt man,
daß abermals eine halbe Stunde vergangen, und daß es demnach…nicht zu bezweifeln...daß es demnach genau noch eine Stunde bis zum Aufsteigen der grünen Leuchtkugel ist (dem Angriffssignal, d. A.) (...) Fünf Minuten noch. Warum
es verheimlichen? Nicht wenigen zittern die Hände. Zwei Minuten... eine Minu-
te. Atemlos…atemlos. Da gibt es einen leichten Knall und die grüne Leuchtkugel flattert zierlich in die Höhe..." (L 72f.)

In *Loretto* arbeitete sich Beumelburg mit Wiederholungen und Klimaxen durch
die Leiden des Krieges: „Ein ungeheures Leichenfeld. So viele Namen, so viele
Tausende von Toten. So viele Tausende von Toten, so viel Hunderttausende

von Granaten. So viele Granaten, so viel Krachen und Splittern. So viele Monate, so viele aufgeriebene Brigaden. So viele Nächte, so viele Grauen. So viele
Tage, so viel Hoffnungslosigkeit…Und unter all diesem Grauen und Leichenge-
ruch…irgendwo auf diesem kahlen, zerfetzten Rücken…niemandem mehr dem
Orte nach bekannt, aber allen dem Namen nach…von Zehntausenden verflucht,
von Tausenden sterbend gestammelt als letztes Gebet…irgendwo, irgendwo
unter aufeinandergetürmten Leichen von Freund und Feind…stumm, kalt, vernichtet: Notre Dame de Lorette…" (L 163f.)

Beumelburgs Soldaten drohten seelisch zu zerbrechen, wenn sie sich im Kampf
um ephemere Geländegewinne in der grotesken Lächerlichkeit ihrer schutzlosen
Existenz als ‚Kanonenfutter' verloren: „Eine Wiederherstellung (der schützen-
den Stellungen, d. A.) unmöglich. Wie dumpf und trostlos dieser Fatalismus,
mit dem man stündlich alles zerbrechen sieht, was Schutz und Halt gewähren
soll im Augenblick der Entscheidung. (…) Und dann stehen wir nackt da, die
Maschinengewehre zerschlagen in unsern Händen, die Schäfte der zerschmet-
terten Gewehre dem Feind entgegenhaltend wie Kinderpistolen…… Patronen
und Handgranaten verschüttet, die Brotmesser als einzige brauchbare Waffe
noch in den vor Entbehrung zitternden Händen." (L 128f.)

Abstumpfung führte zu Apathie (F 81), die der Autor in der beschriebenen
Akustik einfing: „Die Nerven tun's nicht mehr. Apathie kriecht langsam über
uns. Wir hören den Lärm, aber er ruft keinen Eindruck mehr auf uns hervor.
Wir sind ja schon tot, denke ich unwillkürlich und erschrecke nicht im geringsten bei dem Gedanken…." (D 92) Ein intradiegetischer Erzähler bemitleidete
hier seine Soldaten, die ihren Lebensmut verloren: „Eigentlich sind wir ja schon
keine Lebenden mehr. Wir unterscheiden uns durch nichts mehr von den Leichen unserer Kameraden, und der Tod, der in jedem Augenblick kommen muß,
wird nicht das geringste Erstaunen in uns wecken. (…) Jeder Gedanke wird zu
einer Spinne, die scheußlich durch die Ganglienzellen des Gehirns kriecht. Das
Dröhnen im Kopf…Das furchtbare Dröhnen…Man hat uns wohl allen einen
eisernen Ring um die Schläfen gelegt…Einen eisernen Ring, der nun mit einem
Schraubenschlüssel immer enger gezogen wird… Immer en-
ger…Mutter…Herrgott im Himmel…" (L 134)

Beumelburg ging sogar soweit, die deutschen Soldaten mit Ratten zu vergleichen, eine für Bellizisten unwürdig erscheinende Darstellung, die ähnlichen
Schilderungen Remarques in *Im Westen nichts Neues* von rechter Seite als Be-
sudelung der Frontsoldatenehre zum Vorwurf gemacht werden sollte[32]: „Die
Menschen, die diesen Wald bewohnen, haben manches mit den Ratten gemein,
die heuer eine gute und üppige Zeit genießen. Sie hausen am Tage in ihren Lö-
chern und werden bei Nacht lebendig. Wenn sie schon einmal gezwungen sind,
bei Tage sich zu zeigen, so huschen sie schnell von Loch zu Loch, um sich sofort wieder zu verbergen. Sie sind grau und unstet. Oft gehen sie auf Nahrung
aus, wenn sie der Hunger treibt. Sie untersuchen die Brotbeutel der Gefallenen
und fahnden auf (sic!) Konservenbüchsen." (F 64)

Hinsichtlich der 1927 erschienenen Schlachtendarstellung *Loretto*, muss von
einem echtem Extremfall des Kriegsrealismus gesprochen werden, bildete
Loretto das mit Abstand melancholischste und psychologisch eindrucksvollste
der vier Kriegsbücher. Auf ca. 170 Seiten schilderte Beumelburg Absatz für
Absatz das Grauen des Krieges, wie etwa die folgenden verheerenden Auswirkungen eines Granateneinschlags auf einen Unterstand: „Herr Gott im Himmel…Guter Herrgott, wo sind die Unterstände! Verstörte Gesichter starren einander an… Allmählich breitet sich das Erkennen langsam in gequälten Gehirnen aus, die sich noch sträuben. Etwa 25 bis 30 Mann sind verschüttet…lebendig begraben, tot gequetscht vielleicht zur Hälfte…schreiend und to-
bend vielleicht die andern…Hier gerade, dort unter uns, und da…ein paar Meter
unter dem Boden…zum Verrücktwerden! Stille jetzt. Stille…um Gottes Willen,
Stille! Deutlich, ganz weit entfernt…deutlich kann man es jetzt schreien hören…Hier, hier, gerade hier hinter diesen Aufschüttungen…Schreien, daß es
durch Mark und Bein geht... ‚zu Hilfe…zu Hilfe'…" (L 113)

Trotz der durchaus überdurchschnittlich einzuschätzenden literarischen Qualität
sowie des tiefenpsychologischen Gehalts war *Loretto* bezeichnenderweise der
geringste Auflagenerfolg beschieden. Erlebten alle anderen Schlachtendarstellungen 1929 und vor allem nach 1933 einen erneuten Auflagenfrühling – *Ypern
1914* und *Flandern 1917* folgten zwei Neuauflagen, *Douaumont* erreichte bis

---

[32] Unbekannt: Remarque.

1941 sogar 145 000 verkaufte Exemplare – legte Stalling *Loretto* kein weiteres
Mal auf. Überforderten solche Szenen das bis zur Kriegsliteraturflut 1928 vor
allem auf Jugendliche und Militärangehörige ausgerichtete Lesepublikum? Eine
solche Spekulation liegt nahe, machte es Beumelburg in *Loretto* selbst dem
wehr- und zu rezeptiven Lustgewinn bereitesten Leser nahezu unmöglich, den
Kriegssinn zu erfassen, wenn der Autor, neben den, wie oben dargetan, jedoch
nur spärlich vorhandenen Exkulpationen des Oberkommandos, zu einer Funda-
mentalkritik an der menschenverschleißenden Taktik der OHL anhob, die jegliche heroisierende Sinnstiftung zunichte zu machen schien: „Wer überhaupt…Wer fühlt sich berufen und verpflichtet, darüber nachzudenken, ob dieser irrsinnige Verschleiß von Menschenleben, dies verbissene Festklammern an
den Höhenzug, der so viele Menschen und so viel Nerven frißt…ob dies alles
überhaupt einen Sinn hat? Wessen taktische Überlegungen gehen auch nur einen einzigen Schritt über die Erkenntnis hinaus, daß man, wenn man nicht zu
rasender Verschwendung in stündlichen Gegenaktionen gesonnen, auch gleich
den ganzen Höhenzug aufgeben müsse, den ganzen blutdurchtränkten Winkel
von Loretto, Ablain, Carency, Souchez und Givenchy? (…) Es ist, als ob der
Sinn für das ganze, der Blick auf die Erfordernisse der gesamten Kriegführung,
verloren gehe im taktischen Zwang der täglichen Verstrickung (…). (L 118)

Auch die in *Flandern 1917* gegen eine alllierte Übermacht geschilderte Vertei-
digungsschlacht prägte eine Ästhetik der Gewalt. Angesichts klassischer
Kriegsnarrative, etwa jenem des antiken Griechenlands oder des modernen Hol-
lywood, könnte man erwarten, dass Beumelburg den überlegenen Kampf kleiner Frontsoldatengruppen gegen die „verhundertfachte Macht der Maschine" (Y
10) sieghaft schilderte. Dennoch entwarf Beumelburg in *Flandern* beständig
literarische Szenarios (vgl. F 45-49), in denen Frontsoldaten der materiellen
Überlegenheit in der Regel zum Opfer fielen; Soldatengruppen gerieten muniti-
onslos in Bedrängnis, wurden eingekesselt; Rettung verheißende Lichtstreifen
am Horizont in Form Hilfe bringender Flieger verdunkelte Beumelburg in jenen
Momenten, da der Leser die Gruppe bereits in Sicherheit wähnte. Beumelburgs
Botschaft lautete zwar, dass sich Heldentum nicht im erfolgreichen Durchbruch
der eingekesselten deutschen Gruppe durch die feindlichen Linien, sondern in
bis zuletzt durchgehaltener gegenseitiger Unterstützung, verbissener Verteidi-

gung sowie klagloser Annahme des Opfertodes manifestiert hätte; doch bedurfte
es eines zählebigen Willens zur Bejahung des Krieges durch den Leser, um ein
solches überaus implizites Sinndeutungsangebot überhaupt zur Kenntnis zu
nehmen.

Ein solch ambivalenter Effekt war nicht zuletzt einem Darstellungsverfahren
geschuldet, das den Krieg trotz des von Beumelburg in den militärischen Passagen gezogenen historischen Bezugsrahmens rein militärhistorisch aufarbeitete.
Von den politischen Ursachen des Konflikts und seinen gesellschaftspolitischen
Konsequenzen war in keinem der vier Werke die Rede. Ferner halfen die zahlreich angewandten Schicksals-Deutungen, Mystifizierungsstrategien sowie die
anekdotenhaften Ego-Perspektiven der einfach gestrickten Protagonisten den
Krieg in die Sphäre lebensphilosophischer Innerweltlichkeit, also auf jene Ebene der vielzitierten Darstellung des *Kampfes als inneres Erlebnis* zu verlegen,
wie sie Ernst Jünger, wir sagten es, 1920 in den *Stahlgewittern* literarisch vollzogen und 1922 in einem gleichnamigen Großessay methodisch reflektiert hatte.
Auch die *Stahlgewitter* waren ambivalent lesbar, da sie der jenseits des
Stoßtruppführerhorizonts gelegenen politischen und gesellschaftlichen Welt
keinerlei Augenmerk geschenkt und sich politischer und moralischer Werturteile weitestgehend enthalten hatten.[33] Eine solche Perspektive hatte nicht zuletzt
die Feldpost Beumelburgs gekennzeichnet, die er nun konsequent auf seine
Schlachtendarstellungen übertrug.

Mit der Verlegung des Kriegsgeschehens in diese normativ luftleere, an heroi-
schem Sinnstiftungspotential allerdings reiche Sphäre innerer Erlebniswerte
ging eine den Schlachtendarstellungen scheinbar inhärente politische Tendenzlosigkeit einher. Die erlebnishafte Deutung des Krieges, die Sinnanreicherung
seines Zerstörungspotentials vollzog sich in vielen Romanen in nur wenigen
poeto-philosophischen Passagen, in denen Autoren wie Beumelburg die affirmative Verarbeitung des Krieges zu den Augen eines Lesers durchschimmern
ließen, der die konsumierte Lektüre schon genauer lesen musste, um dem vom
Autor intendierten Sinn auf die Schliche zu kommen. Eine so generierte Pseu-
do-Tendenzlosigkeit, wie sie etwa idealtypisch der noch zu erörternde Roman

---

[33] Helmuth Kiesel: Ernst Jünger und der Erste Weltkrieg, in: http://
www.literaturkritik.de/public/rezension.php?rez_id=18872, letzter Zugriff am 4.4.2015.

Krieg (1928) des Kommunisten und Pazifisten Ludwig Renn erzeugen sollte, öffnete pazifistischen wie bellizistischen Interpretationsstrategien Tür und Tor. Nach der Lektüre eines Kriegsromans blieb als rezeptionsästhetische Essenz beim Leser der 1920er Jahre oft das Gefühl zurück, es mit einem ‚ehrlichen‘, und d. h. unpolitischen, überparteilichen Buch zu tun gehabt zu haben, da es verzichtet hatte, politische und gesellschaftliche Hintergründe zu kommentieren.

Daher sah sich der Leser in seinem Urteil, ob eine solche, mithilfe neusachlicher Stilmittel fingierte Überparteilichkeit, pazifistisch bzw. bellizistisch zu deuten war, auf sich selbst gestellt. Interpretatorische Hilfestellungen durch den Autor waren nur schwer zu finden, gab Beumelburg etwa im *Douaumont* in einem einzigen pathetischen Absatz Auskunft über die heroisierende Autorintention des Buches: „Sie (die Kriegsteilnehmer, d. A.) klagten nicht, als sie sterben mußten. Und die dies Buch lesen, sollen es nicht tun, um zu klagen. Leiden und sterben ist männerlos; leiden und sterben für eine große Idee ist ehrenvoll; leiden und sterben fürs Vaterland ist heilig…“ (D 8)

An diese dreizeilige Deutungsvorgabe schlossen sich sodann 200 Seiten an, die reichlich vom Leiden und Sterben des Frontsoldaten erzählten. In *Loretto* verwies der Autor in einem einzigen Absatz erst am Ende des Buches auf die positive Dialektik von frontsoldatischem Leiden und Vaterlandsliebe: „Es gibt kein Leid, aus dem nicht Hoffnung wächst, und es gibt keinen Tod, der nicht Leben verheißt. Und es gibt nur eine Sünde: Die heißt Vergessen...“ (L 169) Der in *Ypern* geschilderte Langemarck-Mythos ist, trotz der zitierten pathetischen Einsprengsel, weitestgehend im Stil eines militärisch-nüchternen, sachlich-präzisen Berichts gefasst (Y 198-217) und weit entfernt von jener nekrophilen Pathetisierung, die das Niedermähen junger Soldaten in anderen nationalistischen Schriften erfuhr.[34] In dieser ambivalenten Haltung eröffnete der Kriegsroman der 20er Jahre jedweden Zugang zur Deutung des Vergangenen.

---

[34] Vgl. exemplarisch Karl August Walther: Das Langemarckbuch der deutschen Studentenschaft, Leipzig 1933.

VIII. Kriegsliteratur als ‚Rohrschachtest': Politische Interpretation im Raum der Rezeption

Bevor diese ambivalenten Interpretationsmöglichkeiten im Folgenden im Raum der Rezeption ausgeleuchtet werden, gilt es einen Blick auf jene Werbe- und Distributionsstrategien zu werfen, mit denen Stalling mithilfe eines vermeintlich eindeutig bellizistischen, gegen die Republik gerichteten Interpretationsangebots versuchte, den national ausgerichteten Leser zum Kauf dieser Werke zu animieren. *Douaumont* etwa sah sich in einem Werbeprospekt als heroisch-individualistische Darstellung beworben, in der sich der Soldat „über die Wucht der Ereignisse" stelle, und der „in Wahrheit der Held dieses gigantischen Krieges"[1] gewesen sei. *Flandern 1917*, so die Broschüre, richte sich gegen „Materialismus und Liberalismus" und trete für „die Grundsätze der Selbstzucht, der Unterwerfung unter den Pflichtbegriff, des Opfers für die Gemeinschaft und der heroischen Hingabe an das Vaterland" ein." (Ebd.) Reichsarchiv, Stalling und Autor gaben also eine klare Interpretation dieser Werke vor. Darüber hinaus griff Beumelburg auf jenes Distributionsgeflecht zurück, das er sich dank seiner journalistischen Betätigung sowie des nach Auflösung der Orgesch 1921 zum Stinnes Verlag gewechselten Bruders erarbeitet hatte: Buchauszüge fanden sich in der *Deutschen Soldatenzeitung,* der *DAZ* und weiteren zu Stinnes Zeitungsimperium gehörenden Nachrichtenblättern, für die Walther als Privatsekretär ab 1924 verantwortlich zeichnete.[2] Auf diese Weise verbreiteten sich die Werke bis 1928 primär im rechtspolitischen Raum: Soldans Referat belieferte militärnahe, rechtskonservative Zeitschriften und Zeitungen „aller Richtungen".[3] Nur in wenigen Fällen, so Soldan, hätten Presseorgane eine Veröffentlichung abgelehnt.

Gleichwohl nahm die öffentliche Wahrnehmung die von Stalling vorgegebenen Interpretationsangebote keineswegs so auf, wie gewünscht. Hier schlug die

[1] Stalling Werbeprospekt, in: Literaturarchiv Marbach Z: Beumelburg, ca. 1933.
[2] Werner Beumelburg: Douaumont 1916, in: Deutsche Soldatenzeitung 5 (1923), Nr. 20, 12.11; ders.: Douaumont, in: Deutsche Allgemeine Zeitung 63 (1924), 29.2.
[3] Dokumente in Reinhard Brühl: Militärgeschichte und Kriegsgeschichtsschreibung. Der Erste Weltkrieg. Die amtliche deutsche Militärgeschichtsschreibung 1914-1956, Paderborn u. a. 2002, 275.

Ambivalenz eines an die Kriterien der Neuen Sachlichkeit angelehnten, Gewalt ästhetisierenden Gestaltungsverfahrens einerseits und bellizistisch zu vermittelnder Botschaften andererseits auf die Rezeption dieser Schriften vollends durch. Der scheinbare Widerspruch, kriegsaffirmative Ideologeme mithilfe einer überaus abschreckenden Kriegsdarstellung zu vermitteln, bildete das Novum der Kriegsliteratur der 1920er Jahre, in das sich Literatur verarbeitende Deutungsmanager erst hineinfinden mussten.

So tat sich das nationalistischen Sinnofferten und leistungsorientierter Vergangenheitsbewältigung ohnehin zugängliche bürgerliche Lager zunächst schwer mit der Ästhetisierung von Gewalt als Mittel nationalen Durchhaltewillen zu glorifizieren. Die Historische Gesellschaft zu Berlin monierte 1923 beispielsweise den „wesensfremden Naturalismus (d. h. den Einsatz von Naturmetaphern)"[4] Beumelburgs, der „nur Wasser auf die Mühlen der Völkerverführer, der Pazifisten und Friedensfurien" werfen werde – eine Kritik, die dem Autor gleichwohl literarisches Talent attestierte!

Soldan verteidigte Beumelburgs Darstellungen jedoch gegen eine frühzeitig im bürgerlichen Lager drohende Verkennung. Der Kritik der Historischen Gesellschaft hielt er 1925 entgegen, die Jugend müsse vorbehaltlos auf den zukünftigen Krieg und seinen modernen Charakter vorbereitet werden, um jene ‚moralische Größe' zu entwickeln, die zu seinem Bestehen notwendig seien. Bücher, die den Krieg lebensecht darstellten, seien „bei aller Realität nicht weniger ein Heldenlied, auch wenn sie vom Versagen und von Panik erzählen, denn das zeitweise Unterliegen des Menschen in der modernen Schlacht wird zum natürlichen Vorgang für jeden, der den Krieg kennt. (…) Es wird zu einem Unterliegen, das trotzdem ein hohes Heldenlied bleibt."[5]

Mit öffentlichkeitswirksamer Unterstützung für das neue Darstellungsverfahren hielt sich bis 1928 jedoch zunächst ausgerechnet jener gegen Versailles und Republik gerichtete, mit 500 000 Anhängern nach dem demokratischen Reichsbanner Schwarz-Rot-Gold mitgliederstärkste Verband zurück, mit dem die Ansprüche des Frontsoldaten auf politische Herrschaft aufs engste verknüpft wa-

---

[4] Zitat in Soldan: Zukunft, 19.
[5] Ebd.

ren. Der von Franz Seldte und Theodor Düsterberg im Dezember 1918 gegründete, DNVP-nahe Veteranenverband Stahlhelmbund der Frontsoldaten ficht an sich für die Umsetzung jener soldatisch-nationalistischen Ordnungsvorstellungen, wie sie die Literatur eines Beumelburg evozierte. In seinem Presseorgan, der *Stahlhelm-Bundeszeitung* (Auflage ca. 150 000), beschworen Angehörige wie Kurt Hesse das Familiengefühl der Kompanie und die angebliche nationale Geschlossenheit der Reihen während des Krieges.[6] Franz Schauwecker, selbst erfolgreicher Kriegsdichter (*Der feurige Weg,* 1926) untersuchte hier den Kausalnexus von *Kriegserlebnis-Volk-Nation*[7], der die Deutschen vom Kasernenhof, über die Mannschaftsstuben, seien sie „Arbeiter, Rechtsanwalt, Student, Lehrer [oder], Kaufmann gewesen", zu einer Einheit verbunden habe. In Artikeln wie *Von der Frontgemeinschaft zur Volksgemeinschaft*[8] beschrieben Autoren wie Wilhelm Kleinau den in der Kriegsliteratur vorgezeichneten Weg des Frontsoldaten zur politischen Führung. Anlässlich des sechsten Stahlhelm-Frontsoldatentages 1925 in Magdeburg, an dem Hunderttausende Veteranen zum Protest gegen Republik und Versailles in Feldgrau aufmarschierten, erklärte Kleinau beispielsweise: „Unser politisches Ziel ist klar: ein nach innen und außen freies, im Rate der Völker gleichberechtigtes, kraftvolles und geachtetes Deutschland. Vorbedingung dazu: Schaffung einer Volksgemeinschaft aller national denkenden Deutschen, gleichviel welcher Partei und Konfession. Und der Weg zu diesem Ziele: Verstärkung des Einflusses der deutschen Frontsoldaten auf die politischen Geschäfte Deutschlands." (Ebd.) Die im Militärischen erlernten *hard* und *soft skills* sahen sich in solchen Beiträgen ins Politische gewendet, habe der Frontsoldat „im Verlauf der Kriegsjahre klares und kühles Denken gelernt" und sei daher „dazu berufen, bahnbrechend auf dem Wege zur Klassenverständigung zu arbeiten (…)." Kleinau proklamierte im Brustton der Überzeugung das frontsoldatische „Recht auf den Staat"[9]: Die Aufgabe bestünde „fort an darin, diesen Staat, den wir im Felde verteidigt und dessen Fortbestand wir in den letzten sechs Jahren ermöglicht haben, mit unserem Geiste, mit

---

[6] Kurt Hesse: Das Kriegserlebnis, in: Der Stahlhelm 6 (1924), Nr. 5, 28.2.
[7] Franz Schauwecker: Kriegserlebnis – Volk – Nation, in: Ebd. 9 (1927), Nr. 18, 1.5.
[8] Unbekannt: Von der Frontgemeinschaft zur Volksgemeinschaft, in: Ebd. 7 (1925), Nr. 3, 18.1.
[9] Wilhelm Kleinau: Unser Recht auf den Staat, in: Ebd., Nr. 32, 9.8.

dem Geiste der Staatsittlichkeit, mit dem Geist der Front zu erfüllen." Der ‚freundliche Geist' dieser Kriegswelt, der den Aufbau eines neuen Staates sich „organisch aus dem großen Erlebnis entwickeln [sah], das Millionen deutscher Männer draußen im Schützengraben"[10] erfahren hätten, hatte in ein „Drittes Reich"[11] zu münden, womit sich der Stahlhelm an die von van den Bruck in seinem Hauptwerk *Das dritte Reich* von 1923 aufgestellten Postulate anlehnte. Ein solcher Staatsumbau war *qua* antidemokratischer Revolution durchzuführen, im Zuge derer eine Interimsdiktatur mithilfe des Notverordnungsparagraphen 48 den liminalen Übergangsprozess zum erhofften ‚Frontsoldaten-Staat' bewerkstelligen sollte. Als zur politischen Partizipation berechtigter Staatsbürger einer solchen ‚Stahlhelm-Meritokratie' galt allein, wer am Krieg teilgenommen hatte: „Wir Frontsoldaten, die wir unser Leben für den Staat eingesetzt und damit das höchste geleistet haben, sind in erster Linie Staatsbürger im Stahlhelmsinne." (Ebd.) Eine weitere Partizipationsmöglichkeit erblickten Stahlhelmer darin, einen obligatorisch einzuführenden staatlichen Arbeitsdienst abzuleisten. Ein solches Vorhaben vollzog sich im Rahmen des vom Stahlhelm unternommenen Versuchs, Arbeiter ins deutschnationale Lager zu ziehen. Die politische Konzeption eines die wirtschaftliche Dauerkrise des Reiches bewältigenden Arbeitsdienstes gerierte sich dabei als etatistischer, autoritärer, gewerkschaftsfreier Gegenentwurf gegen das Gewerkschafts- und staatlich regulierte Sozialversicherungsmodell der bis 1925 sozialdemokratisch geführten Republik, das Rechtskonservative gern als ‚Almosenwirtschaft' diffamierten.[12] Auch Beumelburg sollte sich, wie noch zu erörtern ist, ab 1932 unter soldatisch-nationalistischen Vorzeichen für dieses Projekt engagieren. Schließlich geißelten Beitragslieferanten der *Bundeszeitung* die parlamentarische Demokratie als gekünsteltes und von den Feindmächten oktroyiertes Gepräge, dem ein ‚organisch' und historisch aus der ‚Frontgemeinschaft' erwachsender ‚neuer Staat' entgegenzustellen sei. Lokale Ortsgruppen hatten in diesem Modell ‚Führer' zu ernennen, die über Bezirke, Gaue, Landesverbände bis hin zur Bundesführung

---

[10] Unbekannt: Der Weg zur Volksgemeinschaft, in Ebd., Nr. 33, 16.8.
[11] Unbekannt: Das Dritte Reich, in: Ebd. 8 (1926), Nr. 13, 28.3.
[12] Unbekannt: Das Dritte Reich, in: Ebd. 8 (1926), Nr. 13, 28.3.

gestaffelt, pyramidengleich der „Führerauslese" – d. h. dem Bundesvorstand – zuarbeiteten. (Ebd.)

Zur Umsetzung solcher Ideen waren entsprechende Kameradschaftsvorstellungen zu evozieren und militärische als politische Tugenden zu lobpreisen. Die *Bundeszeitung* bediente diese Topoi zwar in kolportageartigen Kurzgeschichten, hier etwa auch dem einzigen, erst 1926 im *Stahlhelm-Jahrbuch* enthaltenen Abdruck einer Kurzgeschichte Beumelburgs.[13] Dennoch ließ sie die gewöhnungsbedürftige literarische Kriegsdarstellung im ersten Jahrfünft ihres Entstehens überraschenderweise rezeptionsästhetisch weitestgehend unbeachtet.

Vielmehr überließ sie deren Verbreitung zunächst den Radikalsten unter ihren Anhängern. Im Sommer 1925 unterbreitete sie den um Ernst Jünger gruppierten soldatischen Nationalisten die Offerte, ihrer Idee eines sich vom Kaiserreich abgrenzenden ‚neuen Nationalismus' mithilfe einer Beilage zur *Bundeszeitung* größere Resonanz zu verschaffen. Die so entstehende *Standarte* setzte die in der *Bundeszeitung* publizistisch anklingenden Ideen einer soldatisch überformten ‚Volksgemeinschaft' mit politischer Radikalität fort, und zwar mit derartiger Heftigkeit, dass es bereits im März ob der revolutionären Verve manches Beitragslieferanten, allen voran ihrer Herausgeber Ernst Jünger und Helmut Franke, zum Bruch mit der Stahlhelmführung kam. Letztere begann sich mit dem Beginn einer scheinbaren Stabilisierungsphase der Republik im zweiten Jahrfünft der Demokratie in eine janusgesichtige Mittelstellung einzuigeln, in der sie einerseits in bequemer, weil passiv abwartender Fundamentalopposition verharrte, sich andererseits 1926 erstmals aktiv an der ersten Reichsregierung Hans Luthers beteiligte.[14]

So war es vornehmlich der ab November 1926 nun in *Arminius* (*Kampfschrift für deutsche Nationalisten*) umbenannte *Standarte*-Nachfolger, der Beumelburgs und anderer soldatischer Nationalisten Perspektivierung des Fronterlebens anpries, die, wie in *Loretto*, auch vor Kritik an der verantwortlichen Heeresführung nicht zurückschreckte: „Alles ist erlebt und erlitten. Man

---

[13] Werner Beumelburg: Kampftag vor Verdun, in: Wilhelm Kleinau (Hg.): Stahlhelm-Jahrbuch 3 (1926), 107-115, hier 111.
[14] Volker R. Berghahn: Der Stahlhelm. Bund der Frontsoldaten 1918-1935, Düsseldorf 1966, 100f.

fühlt es in der Schilderung der Ruhetage der abgekämpften Truppe ebenso stark
wie in dem qualvollen Aufschrei, der mitten in dem Kampfbericht ertönt, ob
denn die höhere Führung tatsächlich dieses Massenopfer für eine taktische Stellung noch verantworten könne."[15]

Beumelburg beteiligte sich im Übrigen ebenfalls an einigen Ausgaben dieses
Hauptdiskussionsforums soldatischer Nationalisten, *in summa* jedoch nur in
Form dreier, vergleichsweise harmloser Beiträge, die an politischer Sprengkraft
nicht annähernd an die von Jünger und anderen dort verfassten Philippikken auf
die Republik heranreichten. 1925 steuerte er die Kurzgeschichte *Am Tore*[16] bei,
das ein 'heroisches Kameradschaftserlebnis evozierte. Im Mai 1926 erschien im
Abstand von fast einem Jahr die satirische Kurzgeschichte *Gespräch im Dunkeln*[17], in der Beumelburg den Rheinländischen Pfalzgrafen Jan Wellem (1658-
1717) in die Zeit der Weimarer Republik ‚teleportierte' und dieser sich angesichts der als desolat beschriebenen politischen und gesellschaftlichen Zustände
zu sarkastischen Seitenhieben veranlasst sah, die zu wiederholen hier kaum
heuristischen Ertrag verspricht. Im September 1926 publizierte er mit dem Fa-
bel-Gedicht *Zwischen Garmisch-Patenkirchen und Mittenwald*[18] einen letzten
Beitrag, in dem zwei Raben gegen die Finanzpolitik der Republik sowie gegen
die angeblich von Seiten der Demokraten dem Militär entgegengebrachte Verachtung polemisierten. Stärkeren partizipatorischen Avancen Jüngers verwehrte
sich Beumelburg allerdings, waren beide Kriegsdichter höchst unterschiedlicher
Auffassung, wie das Projekt einer soldatisch überformten ‚Volksgemeinschaft'
zu realisieren sei: Jünger suchte auch auf linker, hier vor allem kommunistischer
Seite, Allianzen für sein Projekt einer ‚totalen Mobilmachung'.[19] Gleichzeitig

---

[15] Unbekannt: Von Deutschlands Größe und Schmach, In: Arminius 8 (1927), Nr. 14,
14f.
[16] Werner Beumelburg: Am Tore, in: Der Stahlhelm/Standarte (Beilage) 6 (1925), Nr. 8,
25.10.
[17] Ders.: Gespräch im Dunkeln, in: Arminius 7 (1926), 23.5.
[18] Ders: Zwischen Garmisch-Patenkirchen und Mittenwald, in: Arminius 8 (1927), Nr.
8, 11.
[19] Vgl. die Aussage Hielschers an E. Jünger am 7.4.1927: „Die Fühlung mit den Salon-
Kommunisten halte auch ich für ratsam, schon um etwas Stimmung in die öffentliche
Aussprache zu bringen.", in: Ina Schmidt/Stefan Breuer (Hg.): Ernst Jünger-Friedrich
Hielscher. Briefe 1927-1985, Stuttgart 2005.

scheute er die Zusammenarbeit mit anderen Gruppen und politischen Entschei-
dern, da er eine Verwässerung seiner Ideen befürchtete.[20] In seiner Vision eines
‚neuen Nationalismus', den Jünger in akribischer Begriffs- und Theoriebildung
zur Konstituierung eines politisch wirkmächtigen ‚Frontsoldatenstaates' artikulierte, igelte sich der soldatisch-nationalistische Ziehvater daher lieber unter
seinen Anhängern ein, anstatt im Verbund mit der einflussreichen Stahlhelm-
Führung Politik auf weiter Flur zu betreiben. Zudem war Beumelburg, der einer
Zusammenarbeit mit dem Macht-Feld sehr viel offener gegenüber stand, war
doch bis 1933 keineswegs bereit, sich allein an eine politische Partei oder
Gruppierung zu binden. Anlässlich einer Stahlhelm Versammlung in Düsseldorf
1925 versuchte Seldte beispielsweise, den ortsansässigen Journalisten als Mitglied zu werben.[21] Der 26-Jährige lehnte indes ab, da er um seine künstlerische
Freiheit fürchtete: „Ein Schriftsteller, zumal aber ein solcher, der erst im Anfang (sic!) seiner Wirksamkeit steht und noch nicht jenes Profil besitzt, das man
später erlangt, sollte sich davor hüten, in irgendeiner weltanschaulichen, politischen oder gar wirtschaftlichen Organisation tätig zu sein, weil sich sein Amt,
wenn er es ernst nimmt, mit einer solchen Teilnahme unter keinen Umständen
verträgt." (103)

Kehren wir zur Rezeption der Schriften Beumelburgs im rechtspolitischen
Spektrum zurück, stellt sich die Frage, wie es in diesem Kontext um die diskur-
sive Verarbeitung des Kriegserlebnisses innerhalb der von Soldan anvisierten
dritten Kerngruppe bestellt war: jener der Jugendlichen. Bereits der für das
Reichsarchiv tätige Curt Rabe hatte im Juli 1922 im *Wissen vom Kriege* auf die
Notwendigkeit verwiesen, die Erinnerung an den Krieg „als heilige[n] Hort
auch der kommenden Generation" weiterzugeben, wofür er kein geeigneteres
Mittel sah als „unsere bleibende Überlieferung: Kriegsliteratur."[22] Die Reihe
Schlachten des Weltkrieges kam sogar frühzeitig für Schulbibliotheken ins Ge-
spräch, ein Vorhaben, das die Inflation 1923 jedoch zunächst zunichte machte.[23]

---

[20] Literaturarchiv Marbach A: Ernst Jünger, Ernst Jünger an Ludwig Alwens, 30.5. und
4.6.1929.
[21] Beumelburg: Fragment, 102.
[22] Rabe: Kriegsliteratur.
[23] Vgl. George Soldans Vorwort zur 2. Auflage des *Douaumont* 1924, 5.

Ypern 1914 hatte Beumelburg in einer Widmung explizit jener Jugend zugeeignet, „die heranwächst in der bittersten Schmach ihres Vaterlandes, deren Tage
angefüllt sind von der frühen Sorge um die Zukunft." (Y 10) Seine 1929 entstehende Weltkriegsmonographie *Sperrfeuer um Deutschland* sollte im Vorwort
ebenfalls jene Jugendlichen anvisieren, die sich ein Bild vom Krieg machen
wollten.[24] Sein 1930 erscheinender Frontroman *Gruppe Bosemüller* sollte das
Schicksal eines 17-jährigen Kriegsfreiwilligen verfolgen und mithilfe dieses
Protagonisten zahlreiche Identifikationsangebote an Jugendliche machen.
Beumelburg, wir sagten es, pflegte zeitlebens, sei es auf größeren Veranstaltungen, in der bündischen Studentenbewegung oder während Schulbesuchen, den
Kontakt zur Jugend. Auf sie richtete er sein besonderes Augenmerk, da sie als
zukünftige Kämpfer für die wiederaufzurichtende Nation galten. Daher sollte es
kein Zufall sein, dass ausgerechnet dieser Autor verstärkte Rezeption in der
Jugendbewegung fand und 1929 in den Schulkanon aufgenommen werden sollte. So wäre es sicherlich nicht übertrieben, Beumelburg als den ‚Erzieher der
Jugend unter den Kriegsdichtern' zu bezeichnen, war dieser bei der Edition der
Schlachtenreihe gerade einmal 25 Jahre alte Angehörige der jungen Frontgeneration geradezu prädestiniert, als Sprachrohr einer für den Weltkrieg zu spät
gekommenen Generation zu fungieren.

Auf welche deutungskulturellen Dispositionen stützten sich jugendbewegte
Jugendliche, die eine bellizistische Aufnahme von Kriegsliteratur in den 20er
Jahren begünstigten? Konzentrieren wir uns an dieser Stelle vorerst auf eine
bürgerlich geprägte Jugend, galt insbesondere der Wandervogel als für
bellizistische Ideologeme besonders affiner Nukleus national orientierter Jugendvereine. Gegen Industrialisierung und Urbanisierung gerichtet, verfocht
dieser erste um die Jahrhundertwende in Berlin entstandene und bald größte
konservative Jugendbund eine lebensphilosophisch von Nietzsche – dem Ju-
gendhelden der Zeit – inspirierte, sich in antimoderner Verve gegen Kapitalismus und individualistischen Liberalismus gebärende Rückkehr zur Natur sowie
zum Leben im ‚Kreise der Gemeinschaft'. Volkslieder, Trachten, Tanz und
Lagerfeuerstimmung bestellten den volkstümlichen Symbol- und Gefühlshaus-
halt dieser jungen Menschen. Sogenannte Kriegsspiele übten die Hierarchie von

---

[24] Werner Beumelburg: Sperrfeuer um Deutschland, Oldenburg 1929, Vorwort.

,Führer' und Gefolgschaft ein, die Kinder und Jugendliche als romantisches Abenteuer begeistern und auf kommende Schlachten für die Nation einschworen. Viele von ihnen hatten mitansehen müssen, wie Angehörige ihrer Generation es mit einer Freiwilligenmeldung noch in den Krieg schafften. Von etwa 15 000 jugendbewegten Weltkriegsteilnehmern fiel jeder Vierte.[25]

Die Kriegserfahrung der Daheimgebliebenen speiste sich wesentlich aus ihrem Erleben der ‚Heimatfront' und dem Gefühl, das zentrale Generationserlebnis der Zeit verpasst zu haben.[26] Der in den Werken Beumelburgs, etwa im Langemarck-Mythos beschworene Opferkult gereichte den in den 20er Jahren zahlreich entstehenden Jugendbünden – Deutsche Freischar, Freideutscher Kreis, Jungnationaler Bund, Pfadfinder, die konfessionell und akademisch geprägte Jugend – zum Vorbild, um einen verpassten Kriegseinsatz in Zukunft nachzuholen. Ihre Gründungsmythen leiteten bündische Jugendvereine dabei aus dem angeblichen, vor allem in der Literatur nachträglich inszenierten Gruppenerlebnis der Soldaten im Ersten Weltkrieg ab, deren Strukturen und Verhaltensweisen sie übernahmen, nachahmten oder die, wie im Wandervogel, schon vor 1914 eingeübt worden waren. Die im sogenannten ‚Nachkrieg' 1918 bis 1923 gegen Kommunisten und an deutschen Grenzlanden gegen Polen kämpfenden Freikorps rekrutierten sich oftmals aus Anhängern der Kriegsjugendgeneration, die auf diese Weise erhofften, das verpasste Kriegserlebnis ein Stück weit nachzuholen. Frauen, Angehörige der Reichsgründungsgeneration und Jugendliche sahen sich, wir sagten es, in zahlreichen Heimkehrerszenen zwar auf das politische Abstellgleis geschoben; dennoch befähigte Kriegsliteratur Jugendliche, emotional in eben jene Welt des ‚heroischen Frontkämpfers' einzudringen. Der 1902 geborene, 1922 am Attentat auf Reichsaußenminister Walther Rathenau beteiligte Ernst von Salomon nahm beispielsweise 1921 an der Niederschlagung

---

[25] Golo Mann: Deutsche Geschichte des 19. und 20. Jahrhunderts, Frankfurt [12]1958, 552; Otto Neuloh/Wilhelm Zilius: Die Wandervögel, Göttingen 1982, 154-158; vgl. auch die differenzierte Einschätzung Ulrich Herrmanns: Wandervogel und Jugendbewegung im geistes- und kulturgeschichtlichen Kontext vor dem Ersten Weltkrieg, in: Ders. (Hg.): „Mit uns zieht die neue Zeit…". Der Wandervogel in der deutschen Jugendbewegung, München 2006, 30-80.
[26] Bernd Rusinek: Krieg als Sehnsucht. Militärischer Stil und „junge Generation" in der Weimarer Republik, in: Reulecke: Generationalität, 127-144, hier 127.

des Spartakusaufstandes in Berlin sowie 1921 an der deutsch-polnischen Schlacht um den St. Annaberg in Oberschlesien teil. Diese Kampfzeit setzte er in eine Linie mit jenem angeblichen Erleben der Frontsoldaten des Weltkrieges: „Die Studenten, mit denen ich mich in jener Kompanie zusammenfand, waren alle bei Langemarck dabei gewesen, wenn nicht tatsächlich, so doch sicherlich sozusagen symbolisch."[27] Salomon wusste sich aufgehoben in der Generationen verbindenden Kontinuität der Weltkriegskämpfer, denen er sich geistig verbunden, ja verpflichtet fühlte.

Das Lebensgefühl dieser vornehmlich männlichen Jahrgänge prägte sowohl die pädagogische Desorientierung der Kriegszeit als auch die politisch, wirtschaftlich und gesellschaftlich prekären Nachkriegsjahre. In den 20er Jahren machten Jugendliche mit politischen Fememorden und bürgerkriegsähnlichen Straßenkämpfen zwischen rechts und links weitere Gewalterfahrungen. Als schwach galt, wer in der von Revanchismus, Rassismus, Militarismus und Nationalismus geprägten Hasskultur der 20er Jahre Kompromissbereitschaft und Friedensliebe zeigte, weshalb sich das rechtspolitische Spektrum an Pazifismus, ‚Erfüllungspolitik' und ‚Vaterlandslosigkeit' der demokratischen Linken abarbeitete. Jugendliche hatten oftmals ihre Väter und Lehrer im Krieg verloren und die Überlebenden, allen voran die allerorten die Stadtbilder verändernden Invaliden, lieferten mit ihren Kriegsgeschichten und öffentlich vor Augen geführten Amputationen Beweise nationaler Opferbereitschaft. Diese unentrinnbare Spirale der Gewalt, aber auch der große Erlebnishunger, der Jugendliche wie Salomon dazu antrieb, es den großen Vorbildern des Krieges gleich zu tun, imprägnierte diese Jahrgänge mit einer militaristischen, zur gewalttätigen Aktion bereiten Haltung.[28] Peter Suhrkamp beschrieb sie in seinem Essay *Söhne ohne Väter und Lehrer* von 1932 wie folgend: „Das Bezeichnendste an ihnen ist ihr Mangel an Humanität, ihre Achtlosigkeit gegen das Menschliche. Sie haben zwischen zwanzig und dreißig viel hinter sich gebracht, so viel wie die meisten Menschen sonst in ihrem ganzen Leben nicht erwischen; die Nachkriegszeit bot alle Mög-

---

[27] Erst Salomon: Der Fragebogen, Hamburg 1951, 187.
[28] Reinhard Barth: Jugend in Bewegung. Die Revolte von Jung gegen Alt in Deutschland im 20. Jahrhundert, Berlin 2006, 59f.; Walter Laqueur: Die deutsche Jugendbewegung, Köln 1978, 113.

lichkeiten dazu (…) Im übrigen waren die Väter zum größten Teil im Kriege. Die Kinder dieser Eltern gerieten, da sie sich selber überlassen oder auch davongelaufen waren, nach dem Krieg in alle Krisenhysterien und Krisenlaster, ohne dabei großen Schaden zu nehmen. Sie reagierten auf die Zeit, gaben ihr nach, nutzten sie aus; jederzeit gerissen, fix und tüchtig. Die Dreißigjährigen sind sicher die begabteste Generation unter den jungen (…) und mit ihrer bekannten Fixheit und Tüchtigkeit und mit einer überraschenden Selbstdisziplin stabilisieren sie heute in allen Lagern und Positionen für sich eine fixe Lebensform und fixe Lebensgewohnheiten. Sie sind die schärfsten Gegner des Liberalismus (…) Ihre Intellektualität ist skeptisch und nicht selten sogar destruktiv (…). Der Höhepunkt des intellektuellen Daseins ist eine Philosophie der Destruktion, welche die endgültige Vernichtung der bürgerlichen Welt herbei führen soll."[29]

In seiner 1932 erscheinenden soziologisch angelegten Monographie *Die Sendung der jungen Generation*[30] fasste mit Ernst Günther Gründel, Jahrgang 1903, ein Vertreter dieser Alterskohorte diese, von Suhrkamp im selben Jahr umrissene Ästhetisierung von Lebensgefühlen wie folgend zusammen: „Wahrheitsliebe" (82), „äußere Kühle" (82) und damit verbunden die Ablehnung, Gefühle nach außen zu zeigen (82). Darüber hinaus „Ernst (…), wortkarge Verschlossenheit und Zurückhaltung, ja manchmal schroffe Kälte" (83); das Primat der Tat über jenem des verachteten Wortes, des „Verbalaltruismus, Verbalmoralismus [und] Verbalpatriotismus"(82), um die bürgerliche Ordnung von Etikette und Konvention zu überwinden. Diese von kühlen und spröden Sitten gekennzeichnete Jugend sei auf „Sachlichkeit" (81/83) bedacht, in der die Sache über das Persönliche gestellt werde.

Im Deutschland der Zwischenkriegszeit erschien dieser Jugend im Anschluss an die soldatisch-nationalistischen Menschheitserneuerer um Jünger und Beumelburg die gesicherte Welt des Bürgertums derart zertrümmert, dass sie den Versuch, zu ihr zurückzukehren, verachtete. In diesem äußerst gefährlichen,

---

[29] Peter Suhrkampf: Söhne ohne Väter und Lehrer. Die Situation der bürgerlichen Jugend, in: Neue Rundschau 43 (1932), 681-696; vgl. auch Herbert: Generationen, 99f.
[30] Ernst Günther Gründel: Die Sendung der jungen Generation. Versuch einer umfassenden revolutionären Sinndeutung der Krise, München 1932, 81-83.

weil emotional offensichtlich beschädigten Habitus spiegelte sich jener Frontsoldat als ‚Tatmensch' weniger Worte wieder, wie ihn bellizistische Kriegsliteratur bis 1930 in literarische Form zu gießen begann. Die Figur des Frontsoldaten schaffte auf diese Weise äußerst prekäre charakterliche Orientierungswerte,
um „[d]en Vorsprung, den die Älteren durch ihre Kriegsteilnahme und ‚Fronterfahrung' hatten, durch die Übernahme des Frontkämpferideals für den Kampf
im Innern, durch die Stilisierung des kalten, entschlossenen Kämpfers und
durch das Trachten nach ‚reinem', von Kompromissen freiem und radikalem,
dabei aber organisiertem, unspontanem, langfristig angelegtem Handeln zu
kompensieren."[31] Die Signifikanz dieser verheerenden Verführung dieser jüngeren Jahrgänge durch literarisierende Sozialingenieure bestand darin, dass
gerade Angehörige dieser Generation wie Martin Bormann oder Werner Best in
den 30er Jahren zu wichtigen Entscheidungsträgern des NS aufstiegen.[32] Der
Konsum von Kriegsliteratur liefert daher einen wichtigen Erklärungsgrund,
warum vornehmlich diese Generation im Zweiten Weltkrieg erneut begeistert
zu den Fahnen eilen sollte.

Schon in positiven Besprechungen bildeten Lektüreempfehlungen der Schriften
Beumelburgs an die Jugend einen nahezu obligatorischen Passus. Oberstleutnant Albert Benary hob 1925 im *Deutschen Offiziersblatt* ihren militärpädago-
gischen Erziehungswert für die Jugend hervor: „Millionen junger Deutscher, die
nicht mehr hindurch gehen durch die Schule des Heeres, gilt es zu erziehen im
Geist der Väter, im Glauben an die Zukunft ihres Volkes."[33] Kaum ein anderes
Werk sah er hierfür geeigneter als *Douaumont*, das „mit seiner erschütternden
Wucht, mit seinem fortreißenden Schwung gewaltig an den Herzen aller vaterländisch Empfindenden" rühre. Benary machte auch auf den Realismus aufmerksam, der den Leser vielleicht verschrecke; gerade aber solche Darstellungen erzögen die nachfolgende Generation zum zukünftigen Krieg, damit sie
„gefeit ist gegen das Furchtbare, das ihrer wartet."

Ein repräsentativer Lektüreeindruck, in dem der leidens- und leistungsbereite
Frontsoldat als Jugendvorbildfigur fungierte, liefert mit Felix Wankel, Jahrgang

---

[31] Herbert: Generationen, 98.
[32] Peukert: Republik, 26ff.
[33] Albert Benary: „Ypern", in: Deutsches Offiziersblatt 6 (1925), Nr. 29, 199.

1902, ein in den 1920er Jahren u.a. in der NSDAP aktiver Jugendbündischer, der im Dezember 1923 zu Beumelburgs *Douaumont* bewundernd festhielt: „Ich muß die Kunst dieses Erzählers bewundern, wie er einen Wirbel von Grauen, Heldenmut, Totenfeier dargestellt hat, den die Menschen noch nie in solchen Ausmaßen losgelassen hatten. Die bluttrinkenden Nibelungen in ihrem brennenden Saal verblassen, gleich tapferen Feuerwehrmännern, gegenüber den feldgrauen Kämpfern dieser Hölle. Der Mann, der dieses Buch schrieb, hat damit die Grundmauern eines neuen Nibelungenliedes gebaut, dessen Wucht, Not und Schönheit den alten Heldensang überragen wird."[34] Besser hätte Wankel den Unterschied zwischen alter und neuer Kriegserzählung kaum in Worte fassen können. Gerade das Zerstörungspotential des durch Material und Masse charakterisierten Krieges erhöhten die Leistung – und damit das Heldentum – all jener, die ihn bewältigten.

Wie war es mit der von Wankel unterstützten frühen NSDAP um jene Partei bestellt, in deren Ideologie der Krieg als Naturzustand, als ewig währender, sozialdarwinistischer Kampf rivalisierender Völker um Dasein und ‚Lebensraum' galt und die dementsprechend die Schaffung einer nationalistischen, völkisch-rassistischen und aggressiv-militaristischen ‚Volksgemeinschaft' mit ‚Führer-Prinzip' verfolgte?

Auch für die NSDAP spielte das Kriegserlebnis als Gründungsmythos eine geschichtliche Legitimation, Identifikation und Sendungsbewusstsein spendende Schlüsselrolle. Der Mythos eines im Schützengraben entstandenen *homo novus* mit nationalsozialistischer Weltanschauung und ‚Herrenmenschen'-Fähigkeiten half hier, die eigentliche Entstehung dieser Bewegung als Zusammentreffen unzufriedener Männer in Münchner Bierkellern zu überlagern. Dementsprechend gehörte die NSDAP neben dem Stahlhelm, insbesondere nach ihrer Neugründung 1925, zu jenen politischen Fraktionen, die sich am lautesten zu den politischen Sachwaltern eines soldatisch-nationalistisch gedeuteten Kriegserlebnisses aufschwangen. In der Diffamierung der Weimarer Gegenwart und

---

[34] Felix-Wankel-Stiftung, Heidelberg und Technoseum Landesmuseum für Technik und Arbeit Mannheim: Sig. 01536, 1927 HD fol. 320f., 16.12.1923, zu finden in: Sascha Becker: Spiel, Technik und Krieg. Das „Maschinenspielkind" Felix Wankel und der Nationalsozialismus 1918-1950, Mannheim 2012, 68.

dem „Willen zur Veränderung, wie er [sich] im Begriff der ‚Volksgemeinschaft'"[35] artikulierte, konstatiert Historiker Martin Broszat, entfaltete sich eine
mächtige „soziale Schubkraft, die der NSDAP zugute kam." Das zentrale Pres-
seorgan der NSDAP, der *Völkische Beobachter*, gab zahlreiche Beiblätter wie
Der deutsche Frontsoldat oder *Die neue Front* heraus, in denen die Profilierung
der NSDAP als vorderste Speerspitze der Frontkämpfergeneration vorzügliche
Angriffsmöglichkeiten auf den Weimarer Staat feil bot. Als etwa die bayerische
Landesregierung Hitler im März 1925 Redeverbot erteilte, titelte der *Völkische
Beobachter* plakativ, alle „Frontkämpfer" seien „gegen Hitlers Redeverbot".[36]
Schützengrabensoldaten und Patrioten parlamentarischer Regierungen galten
hier in ironisierender Distanzierung nur als ‚Schützengrabensoldaten' und ‚Patrioten', deren Politik – wie beispielsweise die lange ungewisse Bewilligung der
Finanzierung des Panzerkreuzers A 1928 – konsequent als ‚Verrat' an den
Frontkämpfern gegeißelt wurde.[37] Der *Völkische Beobachter* zeichnete sich
darüber hinaus durch eine pseudomilitärische Sprache aus, in der es vor ‚Fronten' nur so wimmelte. Da gab es die „alljüdische Einheitsfront", allerlei „Rot-
fronten" und natürlich die „betrügerischen Frontwechsel" demokratischer Regierungen. Auch der Stahlhelm galt als „frontlos", d. h. als politisch orientie-
rungs- und konzeptionslos, wobei dieser sprachliche Duktus im militaristischen
Zeitgeist der 20er Jahre keineswegs ein Alleinstellungsmerkmal der Nationalsozialisten bildete.

Auch hier setzte, wie im Stahlhelm, eine signifikante Rezeption soldatisch-
nationalistischer Schriften neuen Typs jedoch erst 1927 ein. Dies lag wohl nicht
nur daran, dass Presseorgan und Partei infolge des Hitler-Putsches vom 9. November 1923 bis zur Neugründung 1925 verboten waren und es der NSDAP
zudem an eigenen Schriftstellertalenten mangelte. Mit Kriegsdichtern wie Richard Euringer oder Hans Zöberlein sollten zwei bekennende Nationalsozialis-

---

[35] Martin Broszat: Soziale Motivation und Führer-Bindung des Nationalsozialismus, in:
VfZ 18 (1970), Nr. 4, 392-409, hier 396.
[36] Unbekannt: Die Frontkämpfer gegen Hitlers Redeverbot, in: Völkischer Beobach-
ter/Bayernausgabe 1 (1925), Nr. 159, 6.10.1925.
[37] Vgl. exemplarisch Unbekannt: Der Protest des Frontsoldaten gegen verantwortungslose „Patrioten"politik, in: Völkischer Beobachter/Bayernausgabe 3 (1927), Nr. 105,
15.4.

ten ihre Kriegsromane *Fliegerschule 4. Buch der Mannschaft* (1929) bzw. *Der Glaube an Deutschland* (1931) erst infolge der Kriegsliteraturflut publizieren. Da das mit Unterstützung des Reichsarchivs seit 1920 konstruierte Kriegsnarrativ zuvörderst DNVP und Stahlhelm und damit dem politischen Gegner nahestehende Autoren wie Jünger, Schauwecker oder Beumelburg generierten, erschien eine Lobpreisung zunächst wohl illegitim. Die DNVP gehörte im Buhlen um das rechtskonservative Wählerreservoir zu den größten Konkurrentinnen der NSDAP, weshalb sich die Nationalsozialisten gegenüber den Deutschnationalen bis 1930 – jenem Jahre, in dem ihnen im Zuge der Reichstagswahlen im September der Ausbruch aus ihrem politischen Sektendasein gelingen sollte – als elitäre, antibürgerliche Bewegung neuberufener ‚Führer' zu etablieren versuchte. Als solche gaben sie vor, mit dem alten System der Monarchie, zu der zahlreiche Deutschnationale zurückzukehren begehrten, nichts mehr gemein zu haben.[38] Zu dieser Abgrenzungsstrategie gehörte es, dass Nationalsozialisten bis 1930 einem antibürgerlichen, exklusiv nationalsozialistischem Konzept von Kameradschaft verhaftet blieben, das sich erst anlässlich der Kriegsliteraturflut und vor allem nach 1933 auf die breitenwirksamere, vergemeinschaftendere Variante des soldatischen Nationalismus einzustellen begann. In dieser Hinsicht galt Kameradschaft zunächst allein als Bindekraft zwischen Angehörigen des nationalsozialistischen Kampfes wie Jugendbewegten, Parteimitgliedern und Angehörigen der SA, dahingegen nicht als jene der gesamten Gesellschaft.[39] So erschienen Besprechungen wie die *Werbe-Schrift des Vereins für Deutsche Schäferhunde* bis 1925 zunächst wichtiger als die Rezeption bellizistischer Schriften.

Erst ab diesem Jahr fand das in Berlin, Potsdam und Oldenburg seit 1920 generierte Narrativ erstmals in einem kleinparzellierten, allgemein gehaltenen Arti-

---

[38] Vgl exemplarisch Unbekannt: Der Stahlhelmtag in Berlin, in: Ebd., Nr. 128, 8.5.
[39] Kühne: Kameradschaft, 108-110; Wolfram Pyta: Die Privilegien des Frontkämpfers gegenüber dem Feldmarschall. Zur Politikmächtigkeit literarischer Imagination des Ersten Weltkrieges in Deutschland, in: Wolfram Pyta/Ute Daniel/Inge Marszolek/Thomas Welskopp (Hg.): Politische Kultur und Medienwirklichkeiten in den 1920er Jahren, München 2010, 147-180, hier 165, 176.

kel über die Schlachtendarstellungen das Lob einer „würdig[en]“[40] Darstellung
des Krieges. Dennoch dauerte es weitere zwei Jahre, bis der erste, 1926 in
Deutschland uraufgeführte Tonfilm, die Inszenierung des Krieges auch visuell
und auditiv attraktiver machte und der Nationalsozialist Werner Kate 1927 angesichts zahlreich erscheinender Kriegsfilme im *Völkischen Beobachter* die
Verfilmung von Beumelburgs *Douaumont*[41] einforderte. Im selben Jahr lobte
ein Beitragslieferant das vor Leiden strotzende *Loretto* als „tief schürfende objektive Arbeit“.[42]

In dieses Jahr datierte ferner eine erste tiefergehende Auseinandersetzung mit
dem neu-sachlichen Darstellungsverfahren des vergangenen Krieges. Ein Beitragslieferant des *Münchner Beobachter* setzte sich in einem als *Weltkrieg und
Dichtung*[43] betitelten Artikel mit dem vollzogenen Wandel der wilhelminischen
Kriegseloge zum scheinbar realistischen ‚Weltkriegsbericht‘ auseinander:
„Lange genug hat der eigentliche Träger des Krieges, der Frontsoldat, dem sen-
timental-unwahren Kitsch der noch während des Weltbrandes hervorgezauber-
ten Sintflut biertisch-patriotischer Machwerke hilflos und kopfschüttelnd ge-
genüberstehen müssen.“ Der Autor griff einen unter demselben Titel – *Weltkrieg und Dichtung* – gehaltenen Rundfunkvortrag des Schriftstellers Paul
Alverdes auf. Dieser „bürgerlich gebundene Kritiker“ habe der neuartigen
Kriegsliteratur Jüngers und Schauweckers „die dichterische Qualität mehr oder
minder deutlich“ abgesprochen und schien „Werner Beumelburg, der an Wucht
der Darstellung vielleicht unübertroffen ist, überhaupt nicht zu kennen“. Er warf
Alverdes vor, er könne die „furchtbare, schmetternde, unerbittliche Wahrheit
der im Feuerkampf notwendig mehr zu Philosophen als Poeten gewordenen
Frontgeistigen einfach nicht ertragen“, da er „alle diese Bücher mit einer großen
Trostlosigkeit wieder weglege.“ Einmal mehr lässt diese indirekt vorgetragene
Polemik erkennen, wie sehr bürgerliche Vertreter mit dem neuen Erzählmodus

---

[40] Unbekannt: Schlachten des Weltkrieges, in: Völkischer Beobachter/Bayernausgabe 1
(1925), Nr. 201, 22.11.1925.
[41] Unbekannt: Wer ist Frontsoldat?, in: Ebd/Der deutsche Frontsoldat (Beilage) 2
(1927), Nr. 13, 17.9.
[42] Unbekannt: Der Mensch in der modernen Materialschlacht, in: Ebd., Nr. 9, 11.6.
[43] Unbekannt: Weltkrieg und Dichtung, in: Völkischer Beobachter/Bayernausgabe 3
(1927), Nr. 184, 4.6.

fremdelten. Alverdes wiederum würde sich 1929 allerdings bekehrt zeigen, wenn er seinen Kriegsroman *Die Pfeiferstube* ebenfalls im neuen, realistischen Narrationsmodus verfassen würde.

Viel wichtiger aber erkannten die Nationalsozialisten in den zwischen Stahlhelm-Bundesführung und *Standarte*-Anhängern 1925/26 entstandenen Querelen eine Möglichkeit, dem politischen Gegner die Vertreter einer Literatur abspenstig zu machen, die in ihren Werken die heile Welt des Bürgertums oft genug hatte untergehen lassen. Ernst Jünger etwa hegte anfänglich Sympathien für das Programm einer NS-Revolution und sandte „[d]em nationalen Führer Adolf Hitler"[44] am 29. Januar 1926 sein Buch *Feuer und Blut* (1925) zu, wofür sich der Parteiführer persönlich bedankte. Ferner schenkte der *Völkische Beobachter* Ernst Jüngers Hypothesen eines ‚neuen Nationalismus' breiten Raum[45], in denen der nationalsozialistische „Frontkämpfergeist" dem demokratischen „Literatenpazifismus"[46] den Krieg erkläre. Neben zahlreichen, letztlich jedoch allesamt gescheiterten Anwerbungsversuchen des zu Goebbels und Otto Strasser in regem Kontakt stehenden Jünger, diente die NSDAP dem *spiritus rector* der neuen Kriegserzählung 1927 ebenfalls ein Reichstagsmandat an, was der Solitär Jünger gleichwohl ebenfalls ablehnte.[47] Auf diese Weise war die Rezeption im rechtspolitischen Raum gegenüber den neuen Kriegsliteraten zunächst von Verwirrung, interessierter Fühlungnahme und insgesamt abwartender Distanzierung geprägt.

Wenden wir uns den linksstehenden Milieukulturen zu, wollen wir hier zunächst fragen, wie es um liberal gesinnte Konsumenten von Kriegsliteratur bestellt war. Eine Annäherung an jene deutungskulturellen Positionen liberaler Vertreter zum vergangenen Waffenlauf erlaubt ein flüchtiger Blick auf das poli-

---

[44] Othmar Plöckinger: Geschichte eines Buches. Adolf Hitlers „Mein Kampf". 1922-1945, München 2006, 160.

[45] Unbekannt: Der neue Nationalismus, in: Völkischer Beobachter/Bayernausgabe 3 (1927), Nr. 25, 25.1.

[46] Unbekannt: Frontkämpfergeist gegen Literatenpazifismus, in: Ebd. 4 (1928), Nr. 135, 13.6.

[47] Heimo Schwilk: Ernst Jünger. Ein Jahrhundertleben. München 2014, 321.

tische Verhalten der Nationalliberalen Partei (NLP)[48] als Sammelbecken bür-
gerlicher Liberaler sowie der Fortschrittlichen Volkspartei (FVP)[49] als jenem
Linksliberaler um Friedrich Naumann. In ihnen fluktuierten deutungsökonomi-
sche Positionen des Krieges als Hindernis ungestörten internationalen Handels
einerseits; andererseits ermöglichte ein imperiales Ausgreifen, die Absatzmärkte
zu erweitern.

Für eine ökonomisch motivierte Expansion war etwa die NLP während des
Krieges eingetreten. Der linke Flügel der NLP beteiligte sich dagegen 1917 an
der von SPD, Zentrum und der linksliberalen FVP beschlossenen Friedensresolution, in der diese Verständigung mit den Alliierten suchten. Nach der Novemberrevolution 1918 zerfiel die NLP. Ihr linker Flügel schloss sich der im ersten
Jahrfünft der 20er Jahre staatstragenden, an den Weimarer Koalitionen beteiligten Deutschen Demokratischen Partei (DDP) an, der Nachfolgerin der FVP.
Wenige Vertreter der NLP verschanzten sich in einem Rechtsschwenk hinter
der DNVP, hier hinter der schmerzhaften Sehnsucht nach dem untergegangenen
Kaiserreich. Die Mehrheit der Mitglieder der NLP aber gründete unter der Führung Gustav Stresemanns die nationalliberale Deutsche Volkspartei (DVP)[50],
die sich in der Weimarer Republik an nahezu allen Reichsregierungen beteiligte. Sie war gekennzeichnet von einer vernunftrepublikanischen Position, auf der
ihre Vertreter für das neue System emotional nicht wirklich entflammten, es
jedoch als *modus vivendi* zu akzeptieren begannen. Nach Kapp-Putsch 1920,
Ruhrkampf und Hyperinflation 1923 stellten sich ihre Mitglieder angesichts der
politischen, wirtschaftlichen und damit gesamtgesellschaftlichen Prekarität im
Reich weitestgehend hinter die Republik und drängten 1923 unter der Reichskanzlerschaft Stresemanns im Wesentlichen auf Reformbestrebungen innerhalb
des bestehenden Systems. An einer Torpedierung der Republik mochte Liberalen folglich kaum gelegen sein.

Die Haltung der linksliberalen FVP zum Krieg gestaltete sich ähnlich ambivalent. Exponenten wie Friedrich Naumann sprachen sich für einen Siegfrieden

---

[48] Hans Fenske: Deutsche Parteiengeschichte. Von den Anfängen bis zur Gegenwart,
Paderborn 1994, 112-128.
[49] Dieter Langewiesche: Liberalismus in Deutschland, Frankfurt a. M. 1988, 227-229.
[50] Ludwig Richter: Die Deutsche Volkspartei 1918-1933, Düsseldorf 2002, 31-46.

aus, der eine mitteleuropäische Hegemonialstellung des Reichs befestigen sollte.[51] Naumanns Forderungen rangen gleichwohl mit der parteiinternen Hoffnung auf einen Verständigungsfrieden.[52] Die Reichstagsangehörigen der FVP gehörten daher zu den zentralen Initiatoren der Friedensresolution von 1917, die sie im Verbund mit Zentrum und SPD auf den Weg brachten. Ferner forderten sie frühzeitig eine Demokratisierung Deutschlands ein, weshalb sie die im Oktober auf Druck der Alliierten eingeleitete Parlamentarisierung wesentlich mittrugen. Im Verlauf der Novemberrevolution brach auch sie zusammen und mündete im Verbund mit linken Anhängern der NLP in die DDP[53] ein. Diese stellte sich dezidiert auf die Grundlagen der neu entstehenden Demokratie sowie einer internationalen Versöhnungspolitik aller am Weltkrieg beteiligter Länder im Völkerbund. Ihre Exponenten wie Hugo Preuß, Max Weber und Friedrich Naumann waren federführend in der Gestaltung der Weimarer Verfassung, die die enttäuschten Hoffnungen von 1848/49 endlich revidierte.

Dementsprechend kritisierten liberale Vertreter wie Heinrich Kanners das in Potsdam entstehende Kriegsnarrativ. Der Mitbegründer der liberalen österreichischen Zeitung *Die Zeit* monierte, das Reichsarchiv habe die Tradition wissenschaftlicher Objektivität früherer Generalstabsabhandlungen verlassen und einer „reaktionäre[n] politische[n] Tendenzschrift im Geiste der Unschuldscampagne" Platz gemacht.[54]

Dem um die DDP gruppierten linksliberalen Flügel war ferner die renommierte *Frankfurter Zeitung* zuzurechnen, die sich 1919 zur Annahme des Versailler Vertrages und zur Unterstützung des demokratischen Staatsaufbaus bekannt hatte.[55] Und ihr unterlief die wohl interessanteste ‚Fehlinterpretation' eines der

---

[51] Friedrich Naumann: Mitteleuropa, Berlin 1915; vgl. auch Gerhard Ritter: Staatskunst und Kriegshandwerk. Das Problem des „Militarismus" in Deutschland, Bd. 3: Die Tragödie der Staatskunst. Bethmann Hollweg als Kriegskanzler (1914-1917), München 1964, 117.

[52] Langenwiesche: Liberalismus, 227-229.

[53] Ebd.

[54] Heinrich Kanner: Das Reichsarchiv und sein Werk, in: Die Weltbühne 22 (1926), Nr. 10, 361.

[55] Kurt Paupié: Die Frankfurter Zeitung, in: Heinz-Dietrich Fischer (Hg.): Deutsche Zeitungen des 17. bis 20. Jahrhunderts, Pullach 1972, 241–256, hier 249.

von Beumelburg vorgelegten Werke, nämlich die angesprochene Möglichkeit, die konsumierte Lektüre pazifistisch zu deuten und die überaus subtil dargestellten, kriegsaffirmativen Passagen schlichtweg zu ignorieren.

1927 veröffentlichte hier ein Beitragslieferant eine pazifistische Interpretation zu *Loretto*, bei dem sich eine solche Lesart geradezu aufdrängte. Der Rezensent deutete *Loretto* durchgehend als Leidensgeschichte des ‚unbekannten Frontsoldaten'. In seiner pazifistischen, insgesamt zu einer positiven Beurteilung des Buches kommenden Interpretation des Werkes machte er es Beumelburg lediglich zum Vorwurf, dieser habe nicht dezidiert genug auf die Menschen verschleißende Taktik der OHL hingewiesen, denn „wenn man sich dieses auf die Dauer sinnlose Hinopfern der Unzahl von Menschen um jenes kleine Stück Westfront in der Darstellung des Buches vors Auge führt, möchte man fast an eine wahnhafte Besessenheit der Führung glauben."[56]

Der poetischen Darstellung gewann der Rezensent zwar nicht viel Gutes ab, entziehe sich die Furchtbarkeit des Kriegsgeschehens „der Wiedergabe durch Worte (…)." Damit setzte der Rezensent in der Lektüre offensichtlich bereits voraus, dass der Krieg *per se* ein ausschließlich negativ deutbares Phänomen von Gewalt und Zerstörung sei und es daher nicht der Poesie bedurfte, um diese nach 1918 vermeintlich so einleuchtende Botschaft dem angeblich zu diesem Befund bereits durchgedrungenen Leser plastisch vor Augen zu führen. Eine solche im Glauben an die Selbstentlarvung des Krieges abgegebene Bewertung verwies die gesellschaftpolitisch wirksame Verurteilung des Krieges indes in den rezeptionsästhetisch wirkungslosen Bereich des uneigentlichen Sprechens; denn der Glaube, die Schilderung des Krieges werde handlungstechnisch der Nie-wieder-Krieg-Parole Vorschub leisten, sollte sich während der Kriegsliteraturflut 1928 als Denkfehler erweisen. Denn gerade in der Ästhetisierung von Tod und Destruktion, wie sie etwa die *Schlachten des Weltkrieges* betrieben, begründete sich das Leistungspotential des deutschen Frontsoldaten. Je höher solche Darstellungen die seelischen und körperlichen Qualen literarisch ins Erlebnishafte zu steigern oder ins Jenseits des Unbenennbaren zu verschieben verstanden – dies hat der Lektüreeindruck Felix Wankels gezeigt –, desto erhöh-

---

[56] Unbekannt: Loretto, in: Frankfurter Zeitung 71 (1927), 9.10.

ter ließen sie das physische und psychische Bewährungsniveau der an den Schrecken Partizipierenden erscheinen – und damit auch den Grad der diesen Protagonisten entgegenzubringenden Bewunderung.

Damit verkannte der Rezensent ferner, dass ein national gedeutetes Kriegserlebnis im Stande war, auch tendenziell kriegskritischen Milieus wie Liberalen eine Brücke in die Gemeinschaftsvorstellungen des soldatischen Nationalismus zu schlagen. Stellt man die Frage nach einem möglichen, aufgrund der individualistischen Grundhaltung dieser Geistesströmung widersprüchlich anmutenden Konnex von ‚Volksgemeinschaft' und Liberalismus, finden sich auch für das liberale Lager zahlreiche Appelle, die Nation über soziale Unterschiede hinweg klassenübergreifend zu einen.[57] Der soziale und wirtschaftliche Druck der krisenhaften 20er Jahre, die in einem Zeitraum von nur sieben Jahren 1923/29 Inflation und Deflation erlebten, erschien selbst Liberalen so hoch, dass sich selbst diese Strömung, die sich etwa mit Adam Smiths *Wealth of Nations* das egoistische Prinzip als Movens wirtschaftlichen Fortschritts sowie staatliche Zurückhaltung auf die Fahnen geschrieben hatte, vergemeinschaftenden Formeln nicht in Gänze erwehren.

So war der Gemeinschaftsgedanke etwa auch auf dem rechten Flügel DDP-naher Jugendverbände verbreitet, wie es vor allem der Jungdeutsche Orden, kurz Jungdo verdeutlicht. Vom Kriegsveteranen Arthur Mahraun 1920 aus dem Nukleus eines von ihm geführten Freikorps gegründet, vertrat der zwischen rechts und links lavierende Jungdo mit 40 000 Mitgliedern genauso pazifistisch-demokratische Ziele wie er sich gleichfalls für solche Gemeinschaftsvorstellungen einsetzte, die ihren Ursprung in der ‚Frontgemeinschaft' erblickten.[58] So richtete sich der Jungdo zwar gegen einen erneuten Krieg mit Frankreich, entwickelte ebenso ein allerdings sehr spezifisches Demokratieverständnis, das in Gegensatz zu den bestehenden Verhältnissen geriet. Im Zuge des Kapp-Putsches 1920 hatte der Jungdo zwar zur legitimen Reichsregierung Gustav Bauers (SPD) gehalten und sich ebenso aktiv an der gewaltsamen Unterdrückung kommunistischer Umsturzversuche beteiligt. Dennoch verfocht er in Mahrauns staatsprogrammatischen *Jungdeutschen Manifest* von 1927 die ord-

---

[57] Wildt: Zwischenbilanz, 357.
[58] Klaus Hornung: Der Jungdeutsche Orden, Düsseldorf 1958, 69-77.

nungspolitische Alternative eines Volksstaates, in dem die Willensbildung des Volkes aus einem basisdemokratischen, stufenförmigen System von Nachbarschaften, Kommunen, Bezirken, Ländern zum Reich erwuchs.[59]

Über den Konnex von Kriegserlebnis und Gemeinschaft wusste 1928 etwa Jungdo-Anhänger Alfred Kuermann anhand Beumelburgs *Douaumont* zu berichten: „In jener Zeit spielte mir der Zufall das aufwühlende Werk des damals erst 29-jähringen Werner Beumelburg ‚Douaumont' in die Hand. Seitdem war ich ein leidenschaftlicher Anhänger der Beumelburgschen Schöpfungen, und bereits nach kurzer Zeit sprach ich Abend für Abend und jeden Tag in einem anderen Orte über den Leitgedanken meines neuen Vortrages: ‚Vom ‚Douaumont' zum ‚Jungdeutschen Manifest'."[60] *Douaumont* habe es verstanden, „die innere Verbindung herzustellen zwischen der Weltanschauung vom deutschen Volks- und Gemeinschaftsstaat, für den ich eintrat, und jenem gewaltigen Erleben des Weltkrieges, aus dessen Urtiefen heraus sich dem Deutschen Menschen (sic!) eine neue Lebensauffassung erschließen sollte: das Bekenntnis zu der in den Schlachten des Weltkrieges erprobten, auf Gedeih und Verderben zusammengeschlossenen und in ihrer Blutsverbundenheit unendlich starken Schicksalsgemeinschaft."

Verfingen derartige Vergemeinschaftungsavancen auch im sozialdemokratischen Milieu? Die deutungskulturelle Position der SPD zum vergangenen Krieg gerierte sich wie jene Liberaler überaus ambivalent. Einerseits stimmte sie am 4. August 1914 den Kriegskrediten zu und schloss im Kampf um Demokratisierung und politische Partizipationsrechte vorerst ‚Burgfrieden'. Auf diese Weise trug die SPD und ab 1917 ihr Mehrheitsflügel der MSPD diesen Krieg wesentlich mit.[61] Der Konflikt ermöglichte es Sozialdemokraten, durch die ‚Verteidigung des Vaterlandes' in den ‚Schoß' der Nation zurückzukehren, dem sie spätestens seit Bismarcks Sozialistengesetz 1878 sowie allgemein durch solche übernationalen Ordnungsvorstellungen entglitten war, die sich bis zum Godesberger Programm von 1959 noch weitestgehend aus marxistischen Revolutions-

---

[59] Artur Mahraun: Das jungdeutsche Manifest, Berlin 1927, 7-10.
[60] Alfred Kuermann. Werner Beumelburg. Mitglied der Preußischen Dichterakademie. Ein Blick in seine Werke, Friedrichstanneck i. Th. 1934, 3-4.
[61] Wehler: Vom Beginn, 44.

und Internationalisierungsbestrebungen speisen sollten. Die weitverbreitete Bereitschaft der Sozialdemokraten – Arbeiter stellten den Großteil des Heeres[62] – freiwillig und vor allem zahlreich zu den Fahnen zu eilen, fasste Arbeiterdichter Karl Bröger 1914 in seinem berühmten Gedicht *Bekenntnis* in die vielzitierten Verse: „Herrlich zeigte es aber deine größte Gefahr,/daß dein ärmster Sohn auch dein getreuester war./Denk es, o' Deutschland."[63] Und in einer weiteren Frontstellung konnten, ja mussten Sozialdemokraten der 20er Jahre die auch von ihnen während des Krieges erbrachten Leistungen gutheißen, um rechten Verleumdungen entgegenzutreten, die sie als ‚Erfüllungsgehilfen' und ‚Dolchstoßattentäter' diffamierten. Sozialdemokraten verwandten daher Brögers oben zitierten Abschlusspaarreim mit Waise nicht zuletzt auch nach 1918 als politische Kampfparole, um der politischen Rechten den Alleinvertretungsanspruch auf die im Weltkrieg erbrachten Leistungen zu entreißen.[64] Mit dem ca. 3 Millionen Mitglieder zählenden demokratischen Reichsbanner Schwarz-Rot-Gold, der sich neben Zentrums- und DDP-Angehörigen überwiegend aus jenen der SPD rekrutierte, stellte die Sozialdemokratie darüber hinaus den größten Veteranenverband. Seine Initiatoren gründeten ihn 1924 mit dem dezidierten Ziel, der sich nationalistisch ausformenden Fronterfahrung eine demokratische gegenüberzustellen, um die Republik gegen kommunistische, nationalsozialistische und monarchistische Umstürze zu verteidigen.[65]

Zudem leistete die liminale Übergangsphase 1918/19 auch in der SPD Appellen der ‚Volksgemeinschaft' Vorschub, da sich Sozialdemokraten nun völlig unerwartet in die politische Verantwortung gedrängt und der Notwendigkeit ausgesetzt sahen, in der Zusammenarbeit mit der bürgerlichen Reichswehr dem kommunistischen Flügel der Revolution gewaltsam Einhalt zu gebieten. In die-

---

[62] Ebd.: 81.

[63] Karl Bröger: Sturz und Erhebung. Gesamtausgabe der Gedichte, Weimar 1943, 15.

[64] Zum Kunstverständnis von Arbeiterliteratur in den 20er Jahre vgl. Christoph Rülcker: Proletarische Dichtung ohne Klassenbewußtsein. Zu Anspruch und Struktur sozialdemokratischer Arbeiterliteratur 1918-1933, in: Wolfgang Rothe (Hg.): Die deutsche Literatur in der Weimarer Republik, Stuttgart 1974, 411-433, hier 415.

[65] Karl Rohe: Das Reichsbanner Schwarz Rot Gold. Ein Beitrag zur Geschichte und Struktur der politischen Kampfverbände zur Zeit der Weimarer Republik, Düsseldorf 1966, 44.

ser bürgerlich-sozialdemokratischen Querfront artikulierte sich die Rolle der SPD in den 20er Jahren als ‚sozialistische Partei zwischen den Stühlen'. Der seit Februar 1919 amtierende Reichspräsident Friedrich Ebert rief 1919 zur Geschlossenheit der „Volksgenossen"[66] auf und beschwor die Idee einer ‚Volksgemeinschaft' im Kampf zwischen rechts und links bis zu seinem Tod 1925. In militärischer wie nationaler Hinsicht artikulierte sich die schwierige Zwischenstellung der SPD nicht zuletzt in der – im Reichstagswahlkampf 1928 eigentlich abgelehnten – Bewilligung des Baus des Panzerkreuzes A im selben Jahr, der sozialdemokratische Kabinettsmitglieder aus Rücksicht auf die Große Koalition der zweiten Regierung Müller (SPD, BVP, DDP, Z, DVP) zustimmen sollten. Die Staatsräson nötigte der SPD daher oft solche bellizistischen Positionen auf, denen sie ideologisch an sich fern stand.

Andererseits profitierte die SPD wie kaum eine andere Partei von der Kriegsniederlage. Der zu Kriegsende einsetzende Demokratisierungsprozess, die Aufhebung des preußischen Drei-Klassen-Wahlrechts sowie die Einführung des allgemeinen Wahlrechts im Reich sprachen der SPD endlich ihre Jahrzehnte lang verwehrte Rolle als stärkste politische Fraktion zu. Mit fünf Regierungsbeteiligungen in den 20er Jahren zog sie den größten politischen Nutzen aus den einsetzenden Kräfteverschiebungen, weshalb ihr eine positive, staatsgefährdende Kriegsdeutung mitnichten gelegen sein konnte. In der Deutung des Krieges verwies sie daher vorrangig auf die sozialen Unterschiede zwischen Etappe und Front, Offizieren und Unteroffizieren sowie auf die Ausbeutung der Arbeiter in der Kriegsindustrie. Auf diese Weise verstand sie es, die bereits im Wilhelminismus existierenden Klassenschranken auch im Krieg anzuprangern, um auf die Verderbtheit des vergangenen Systems sowie die Segnungen des gegenwärtigen hinzuweisen.[67] Ihre ambivalente Haltung zum Krieg artikulierte sich daher nicht zuletzt darin, dass sie nach 1918 zur Speerspitze einer antimilitaristischen und pazifistischen Stoßrichtung avancierte, die sich im 1919 gebildeten Friedensbund der Kriegsteilnehmer bzw. der 1920 ins Leben gerufenen Nie-wieder-Krieg-Bewegung institutionalisierte. Diese sprachen sich für Kriegsdienstver-

---

[66] Friedrich Ebert jun. (Hg.): Friedrich Ebert. Schriften, Aufzeichnungen, Reden, Bd. 2, Dresden 1926, 159.
[67] Ziemann: „Fronterlebnis", 54.

weigerung aus, lehnten die Wiedereinführung der allgemeinen Wehrpflicht ab und befürworteten die Aufnahme Deutschlands in den friedenssichernden Völkerbund.

In diesem Kontext existierte neben jenem der ‚Volksgemeinschaft' gleichwohl auch hier ein diskursives Konzept von Kameradschaft, das die Solidarität der von ihren bürgerlichen Offizieren unterdrückten Mannschaftsgrade hervorhob. In dieser Deutung riefen Sozialdemokraten zu einem internationalen Zusammenschluss aller am Krieg beteiligten Länder auf, um sozusagen eine ‚Internationale der Kameradschaft' herbeizuführen. Eine solche Allianz hatte zukünftige, zu Lasten der Arbeiter ausgetragene, imperialistische Konflikte zu verhindern.[68] Oft genug – dies wird die Kriegsliteraturflut ab 1928 zeigen – ergaben sich daher jedoch auch Schnittstellen zum soldatisch-nationalistisch gedeuteten Kriegserlebnis.

Bis dahin stand gleichwohl die Abgrenzung von der rechten Kriegsdeutung eindeutig im Vordergrund. Die Angehörigen des Reichsarchivs gehörten zu den erklärten Hauptfeinden der SPD[69], weswegen ihre Vertreter nicht an Kritik an dem dort generierten Kriegsnarrativ sparten. Hierzu zählte etwa Karl Mayr, der 1919 als Leiter der militärischen Nachrichtenabteilung Hitler zur Beobachtung der DAP ins Münchner Sterneckerbräu entsandte und sich nach seinem Engagement für die NSDAP bis zum Hitler-Putsch 1923 zur Sozialdemokratie und zum demokratischen Reichsbanner bekannte. Er sprach 1927 in der sozialdemokratischen *Reichsbanner-Zeitung* den Westfront-Darstellungen der *Schlachten*-Reihe, darunter *Douaumont*, die „sachliche Zuverlässigkeit" ab und kritisierte, dass „[n]ationalistische Schriftsteller, die (an sich außerhalb des Reichsarchivs stehend) zu bezahlter Mitarbeit gewonnen wurden (…) überschwänglich stilisiert" hätten. Diese Darstellungen seien „einseitig, irrig und taktlos."[70] An diese Deutungsvorgabe hielten sich sozialdemokratische Leser des *Vorwärts* oder des *Reichsbanners* bis 1930, bis jedoch auch hier, insbesondere in der so-

---

[68] Vgl. Kühne: Kameradschaft, 58-67.

[69] Unbekannt: Giftgaskrieg und Reichsarchiv, in: Das Reichsbanner 6 (1929), Nr. 48, 30.11.

[70] Karl Mayr: Reichsarchiv, in: Ebd. 4 (1927), Nr. 12, 15.6.

zialdemokratischen Jugend, das linke Kameradschaftskonzept vom rechten überlagert werden sollte.[71]

Driften wir im politischen Spektrum weiter nach links, trafen die in Potsdam und Oldenburg gemachten Sinnofferten auch auf kommunistischer Seite auf wenig Annahmebereitschaft. Auch hier kamen in der deutungskulturellen Positionierung zum Krieg lagerinterne ideologische 1914 bis 1918 entwickelte Dispositionen zum Tragen. Die 1917 von Sozialdemokraten gegründete Unabhängige SPD (USPD) hatte die von der MSPD betriebene Burgfriedenspolitik deshalb aufgekündigt, weil sie nicht länger bereit gewesen war, einen in ihren Augen von kapitalistischen Mächten entfachten Großkonflikt mitzutragen.[72] Auf kommunistischer Seite entfaltete sich infolge dieser klassenkämpferischen Deutung ein linker Heroen- und Kameradschaftskult, der sich in der 1918 aus USPD und Spartakus-Bund hervorgegangenen Kommunistischen Partei Deutschlands (KPD) an antikriegsmäßigen Handlungen orientierte: Held war hier, wer dem ‚kriegsprofitgierigen Munitionsfabrikanten' im vielzitierten „Kampf im Betrieb"[73] die Stirn geboten und Kameradschaft mit seinen Betriebsgenossen geübt hatte. Den kommunistischen Gründungsmythos halfen hier vorwiegend die kriegssabotierenden Munitionsstreiks von 1917 sowie die Revolution von 1918/19 mit ihren Märtyrern Rosa Luxemburg und Karl Liebknecht zu bestellen.

So blieb es linksradikalen Deutungsmanagern nicht verborgen, welch tendenziös-nationalistische Geschichtspolitik das Reichsarchiv betrieb. Die KPD-nahe *Berliner Volkszeitung* resümierte 1924 mit demokritischem Unterton: „Ein Teil des Generalstabes, wenn auch ein kleiner, ist in das Reichsarchiv in Potsdam übergesiedelt und schreibt dort Kriegsgeschichte. Die früheren ‚Himbeerlackerls' – wie sie im Soldatenmunde so gemütvoll hießen – heißen jetzt Archivrat und Oberarchivrat. Sie schreiben auch Geschichte, das ist gar nicht zu leugnen – aber frage mich nur nicht, was für welche (…). Tatsache

---

[71] Ziemann: „Fronterlebnis", 61-64.
[72] Hans Mommsen: Einleitung, in: Peter Friedemann (Hg.): Materialien zum politischen Richtungsstreit in der deutschen Sozialdemokratie 1890-1917, Bd. 1, Frankfurt a. M. u. a. 1978, 11-61, hier 50.
[73] Rudolf Haus: Krieg und Proletariat, in: Die Rote Fahne 9 (1926), Nr. 178, 3.8.

bleibt, daß hier die Gegner der Republik mit dem Gelde der Republik gefördert werden und dazu noch einen ganz umfangreichen Apparat unentgeltlich zur Verfügung bekommen, um das Gedächtnis an die große Zeit nicht nur bei sich selber, sondern auch bei Tausenden und Abertausenden von Lesern wach zu erhalten (sic!) und sich vor ihnen, statt eine ehrliche Geschichte ihrer eigenen Niederlage zu schreiben, mit der Dolchstoßlegende herausreden, die doch ihrerseits nichts anderes ist als ein Dolchstoß in den Rücken der Republik."[74]

Kurt Tucholsky, wenn wir ihn, der er sich 1920 bis 1922 auf Annäherungskurs zur KPD befand, für diese Zeit als einen ihrer Exponenten gelten lassen, verfasste 1922 in der *Weltbühne* einen bitterbösen Kommentar[75] auf die kriegsliterarische Schrifttumsproduktion des Reichsarchivs. Tucholsky entlarvte hier mit beißender Ironie den propagandistisch aufgeladenen, fiktiv-stilisierenden Literaturcharakter dieser Schriften, die sich dem Leser mit dem Anschein erlebnishaft verbürgter Authentizität feilboten. Durch „Zufall" (219) habe er „ein Kriegsbüchlein entdeckt" (ebd.), in welchem „der nationalistische Wahn ein Hirn völlig benebelte" habe. Kein Wort jedoch, so Tucholsky, sei wahr – aber auch keines falsch, denn: „Das ist kein Buch – das ist eine Literatur. Ungerechnet die Veränderungen, die die Dinge bei jedem literarischen Laien durchmachen – denn wenn der die Feder in die Hand nimmt, fängt er allemal an zu ‚dichten' –: aber hier hat sich einer vorgenommen, sein Stück Kriegsgeschichte so und nicht anders zu erleben. Und er erlebte es auch. Auch nicht eine Stimmung war so, wie sie dargestellt wird, kein Augenblick hat unter den Mannschaften diese Gesinnung oder eine solche Begeisterung geherrscht – Jagdgeschichten, Jagdgeschichten." (Ebd.) Dem angeblich freiwillig zu den Fahnen geeilten Autor dieses Buches stellte Tucholsky den Automatismus des Heereswesens sowie die ihm innewohnende Kanonenfutter-Mentalität entgegen; wo der Buchautor die Begeisterung intrinsisch motivierter Soldaten fürs Vaterland lobpreiste, sah Tucholsky von der Armee willenlos befehligte, „stumpf gewordene Leute." (223) Tucholsky schloss mit einem Fanal wider Krieg, Militarismus und ‚Kada-

---

[74] Unbekannt: Das Reichsarchiv in Potsdam. Republikanische Dolchstoß-Propaganda, in: Berliner Volks-Zeitung 70 (1922), Nr. 86.

[75] Ignaz Wrobel (Kurt Tucholsky): Wat Grotmudder vertellt, in: Die Weltbühne 18 (1922), Nr. 35, 219-223.

vergehorsam', stehe da „nichts von der Essenszuteilung, nichts von den Unter-
schlagungen und Diebstählen, nichts von der grauenhaften ‚Militär'Justiz"
(sic!), nichts vom Herrenstandpunkt der Offiziere, vom Kasino-Ungeist und von
den Etappendamen, die auch eine militärische Charge hatten, aber keine gerin-
ge. (…) Aber ein Volk weiß es anders. Und ein Fluch steigt auf, wenn sie der
verdammten Jahre gedenken, ein Fluch, so schwer wie die Lebensmittelkiste
eines Stabsoffiziers. Es fluchen, die gedrückt und getreten worden sind, sie, die
geduckt und gehungert haben, sie, die man sterben geschickt hat: die freien
Deutschen Soldaten (sic!)." (Ebd.)

Dennoch spielten auch im deutschen Kommunismus der 20er Jahre
bellizistische Ideologeme eine ideologische Schlüsselrolle, und als durch und
durch pazifistisch wird wohl keine Partei der militarisierten Weimarer Republik[76] bezeichnet werden können. Denn auch Kommunisten wussten sich mit
rechten Parteien zumindest in der Ablehnung des Versailler Vertrages sowie der
daraus hervorgehenden Republik einig. Der Friedensvertrag, allen voran die
darin enthaltenen Reparationsforderungen, galten als von kapitalistischen Mächten der deutschen Arbeiterschaft aufgezwungenes Joch, das in dieser Deutung,
nachdem es das deutsche Bürgertum bereits für den eigens verschuldeten Krieg
ausgebeutet hatte, nun auch noch die Konsequenzen der Niederlage aufgebürdet
bekommen habe. Daher galt es, die Versailler Bestimmungen und darüber hinaus, das ihn tragende ‚kapitalistisch-imperialistische System' mithilfe einer
nach sowjetischem Vorbild aufzubauenden Räterepublik zu überwinden. Kommunistische Milieumanager führten im parteioffiziellen Duktus zwar nur selten
das Wort vom „Krieg" im Munde; Krieg war im Anschluss an Lenins
Imperialismustheorie[77] stark pejorativ besetzt, da er als von der kapitalistischen
‚Bourgeoisie' betriebene Möglichkeit galt, durch einen imperialistischen An-
griffskrieg die europäischen Absatzmärkte zu erweitern. Daher wich man in der
Etablierung einer proletarischen Diktatur stärker auf die Formel der „Revolution" aus und schürte mit der Parole „Krieg dem imperialistischen Kriege" vor

---

[76] Rüdiger Bergien: Die bellizistische Republik, Oldenburg 2012.
[77] Unbekannt: Lenin über den Krieg, in: Die Rote Fahne 9 (1926), Nr. 176, 31.7.

allem Ängste einer militärischen Intervention der Westmächte in der 1922 ge-gründeten Sowjetunion.[78]

Und dennoch griff der Rote Frontkämpferbund (RFB) – der paramilitärische Verband der KPD – in der praktischen Umsetzung der in kommunistischen Revolutionstheorien nur selten unblutig ablaufenden, proletarischen Herr-schaftsergreifung nicht minder auf militärische Strukturen, Prinzipien und Tu-genden zurück, ohne die ein erfolgreiches Ausfechten einer gewalttätigen Revo-lution kaum möglich war. Daher existierte auch hier ein bellizistischer Diskurs, nämlich jener des Kampfes, des Kampfes gegen das kapitalistische System, des Kampfes im Betrieb, des Straßenkampfes gegen Nationalsozialisten, des Kamp-fes gegen die Republik, hier hauptsächlich gegen die ‚verräterische' Sozialde-mokratie, die die Etablierung einer Räterepublik 1918/19 zum Erliegen gebracht hatte.[79]

Und bei aller Abneigung und ideologischer Instrumentalisierung des Kriegsbe-griffes vollzog sich in diesen Abwehrhaltungen, Revolutionsbestrebungen und Ängsten eines gegen die Sowjetunion geführten Krieges letztlich doch auch hier ein affirmativer Diskurs, der, wie im bürgerlichen Lager, um die Vorstellungen eines zukünftigen Krieges kreise und damit auch im deutschen Kommunismus zu den toposartigen Antizipationen der Zeit gehörte. Dies verdeutlicht etwa ein Auszug aus dem Kapitel *Der kommende Krieg* des Sammelbandes *Erlebnisse deutscher Proletarier während der ‚Großen Zeit'* von 1924, der durch Versail-les „dem nächsten imperialistischen Krieg die Türe"[80] geöffnet sah: „Die Vo-raussetzungen und Vorbedingungen für einen neuen imperialistischen Krieg – nämlich die ungestillte Gier des internationalen Kapitals – sind seit 1914 unver-ändert geblieben (…) Mag der nächste Weltkrieg auch vielleicht am Stillen Ozean entbrennen (…), so ist doch nicht daran zu denken, daß irgendein euro-päischer Staat dabei als unbeteiligter und erfreuter Dritter beiseite stehen könn-

---

[78] Vgl. die Artikel von Unbekannt: Das ist der imperialistische Krieg!/Die proletarische Revolution beendete den Weltkrieg, in: Ebd., Nr. 178, 3.8.
[79] Vgl. exemplarische die Argumentation des sozialistischen Kampfes auf der Straße, in Haushalt und Betrieb von Unbekannt: Wir Frauen und der Krieg, in: Die Rote Fahne 9 (1926), Nr. 179, 4.8.
[80] [ohne Vorname] Pfeilschifter: Mit Gott für Kaiser und Vaterland. Erlebnisse deut-scher Proletarier während der „Großen Zeit" 1914-1918, Berlin 1924, 9f.

te. Das entwaffnete bürgerliche Deutschland wird aber mit Bestimmtheit der europäische Kriegsschauplatz, das Nordfrankreich des kommenden großen Weltkrieges sein. Freilich nur ein entwaffnetes, isoliertes, bürgerliches Deutschland. Ein revolutionäres Deutschland, mit dem 120-Millionen-Staat Sowjetrußland im Rücken, wird sich die Imperialisten des Westens ebenso vom Leibe zu halten verstehen, wie die russische rote Armee Leningrad (Petrograd) und Moskau vor dem westlichen Imperialismus geschützt hat. Das ist dann der nationale Krieg des Proletariats; denn erst nach dem Sieg über seinen nationalen Ausbeuter hat die Arbeiterklasse ein Vaterland. Und so heißt unsere Parole am 4. August 1924 (dem Jahrestag des deutschen Angriffs auf Belgien sowie der Bewilligung der Kriegskredite durch die SPD, d. A.) nicht: ,Es lebe der bürgerliche Friede!', (der kein Friede ist), sondern: Es lebe unser Krieg, der Krieg gegen den Imperialismus, gegen das Kapital. Es lebe der revolutionäre Krieg!" (Ebd.) Auf dieser Grundlage würde Kriegsliteratur ab 1928 auch Eingang in die kommunistische Kriegsdeutung finden. Darüber hinaus schwiegen sich sozialistische Presseorgane wie *Die Aktion, Die Fackel, Das Forum*, die jungkommunistische *Junge Garde* oder der Wiener *Kampf* über bellizistische Kriegsliteratur bis zu diesem Zeitpunkt allerdings aus, und Karl Prümm ist hier zuzustimmen, wenn er konstatiert, dass die Rezeption bellizistischer Kriegsliteratur bis 1928 weitestgehend in milieuinternen Räumen verlief.[81]

Zusammenfassend kann mit Bourdieu konstatiert werden, dass, „wenn es eine Wahrheit gibt, so die, daß um die Wahrheit gekämpft wird."[82] Dieses pointierte Urteil, zu dem Bourdieu in seiner klassischen Analyse des Literaturfeldes hinsichtlich der hier ausgefochtenen Deutungskämpfe gelangt, waren dem politischen Diskurs um das Kriegserlebnis der 1920er Jahre immanent zu eigen. Schnell läuft der an Kriegsliteratur interessierte Historiker Gefahr, sich in den Legionen von Wahr-Falsch-Zuweisungen, Objektivitätsillusionen, Modi der Aneignung und realistischen Täuschungssüchten der Autoren und Rezipienten zu verlieren. Geschmacks- und Werturteile gediehen dabei wesentlich auf den Dispositionen und Habituseinstellungen politisierender, Meinungen fertigender Distributoren und kultureller Konsekrationsinstanzen, von denen Lob und Ver-

---

[81] Prümm: Literatur, 57f.
[82] Bourdieu: Regeln, 466f.

riss ihren Ausgang nahmen. Hinsichtlich des in der Genese an die Kriegsliteratur oft herangetragenen Anspruchs der Wirklichkeitsabbildung bzw. der in der Rezeption oft geübten Wahrheitskritik dieser Werke – exemplarisch war dies an den um „historisch getreue[] Wiedergabe" bemühten Schlachtendarstellungen Beumelburgs einerseits sowie an den pazifistisch-apologetischen Falsifizierungsbemühungen Tucholskys andererseits zu beobachten – tritt im Anschluss an Bourdieu[83] der normative, ja postulierende Charakter der im Kultur-Feld getätigten Aussagen von ‚wahr' oder ‚wirklich' besonders eindrücklich hervor. Solche Adjektive verwandten Rezipienten in der Bewertung von Kriegsliteratur geradezu inflationär. Der Wahrheitsanspruch der Werke überlagerte in der Rezeption also ihre formalästhetische Bewertung. Wie die Besprechung *Lorettos* in der *Frankfurter Zeitung* gezeigt hatte, die die Poetisierung zwar abgelehnt, der inhaltlichen Darstellung als pazifistischer Botschaft indes zugestimmt hatte, wohnte bereits den Schlachtendarstellungen aufgrund dieses Wahrheitsanspruches eine überaus ambivalente Interpretationsoffenheit inne. Diese verfügte über vergemeinschaftendes Potential, weil es ihr gelang, sowohl links wie rechts positive Rezensionen hervorzurufen, koppelten sich diese weniger an ästhetische als an politische Bewertungsmaßstäbe. Aber erst den 1929/30 erscheinenden Werken *Sperrfeuer um Deutschland* und *Gruppe Bosemüller* sollte es gelingen, dieses Potential voll auszuschöpfen. Ohne die Schlachtendarstellungen sollten diese Erfolge Beumelburgs, denen wir uns im folgenden Kapitel ausführlicher widmen wollen, freilich nicht möglich sein, gaben sie eine semantische Bandbreite politischer Schlagworte und soldatisch-nationalistischer Argumente vor, die den Erfolg zahlreicher, bellizistischer Kriegsromane vorbereiteten und vorwegnahmen: soldatischer Heroismus und Kameradschaft; die Kriegsopfer als ‚Einsaat' für die ‚Zukunft von Reich und Jugend'; Pflicht und Unterordnung des Einzelnen gegenüber der Gemeinschaft; Treue, Führertum, Tat-Heroismus und Entschlusskraft als ins Politische übertragbare militärische Tugenden; die angebliche sittliche und soldatische Überlegenheit eines Volkes, das vier Jahre einer feindlichen Übermacht standgehalten hatte; die Philosophie vom Krieg als ‚Schicksal' und Bewährungsprobe eines Volkes; und schließlich der Schützengraben als soziale Unterschiede nivellierender Schmelztiegel und

---

[83] Ebd.: 467.

‚Geburtsort' der Nation. Gleichzeitig, und dies sollte sowohl pazifistische als auch bellizistische Kriegsromane prägen, spannte Beumelburg diese Botschaften in ein überaus realistisches, tendenzlos erscheinendes Kriegsbild und nahm damit ebenso zahlreiche literarische Elemente vorweg, die Ende der 1920er Jahre zum stilistischen Haushalt linker wie rechter Kriegsromane gleichermaßen gehören sollten und die laienhafte wie professionelle Leser daher, so die im folgenden Kapitel zu vertiefende Hypothese, kaum mehr zu unterscheiden vermochten.

IX. Eine Meistererzählung des Ersten Weltkrieges: *Sperrfeuer um Deutschland* 1929

Die relative Beruhigung der gesellschaftlichen, wirtschaftlichen und politischen Zustände im zweiten Jahrfünft der Weimarer Republik drohte der antidemokratischen Zugkraft des soldatisch-nationalistischen Frontsoldatengedankens den Wind aus den Segeln zu nehmen. Symptomatisch für das ideologische Abflauen kriegsbefürwortender Ideologeme in den halkyonischen Tagen der Republik stand nicht nur die Trennung des Stahlhelms vom *Standarte*-Kreis und die Partizipation der DNVP am Ersten Kabinett Luther 1926; auch in der Publizistik konstatierten soldatische Nationalisten wie Helmut Franke mit Resignation diese *Tragödie der Frontsoldaten*[1]: „Es ist an der Zeit, eine bittere Erkenntnis auszusprechen. Wir haben gehofft und haben dafür jahrelang gekämpft, daß die heimkehrenden Frontsoldaten, vor allem wie sie im stärksten Frontsoldaten-Bund, dem Stahlhelm, organisiert waren, sich den Staat, den sie vier Jahre unter den schwersten Blutopfern verteidigt hatten, geschlossen erobern und ihn auf ihre Weise gestalten sollten. (…) Aber wir müssen heute, sieben Jahre nach der Heimkrieger- und Etappenrevolution (der Novemberrevolution, d. A.) bekennen, daß den Frontsoldaten die Eroberung des Staats nicht geglückt ist." (3) Franke glaubte, man habe die Fähigkeiten der Massenverbände über- bzw. die Widerstandskräfte des Staates unterschätzt. Zu langsam hätten sie agiert, alle treffe „der Vorwurf: die Organisationsführer, weil ihr Tempo zu langsam war und die fortschreitende Zeit ihre Parolen und Bemühungen stets überholte, die geistigen Führer, weil sie erst viele Jahre nach dem Kriege zu einer prägnanten und die Massen der Frontsoldaten anfeuernden These des Kriegserlebnisses kamen, wie beispielsweise Ernst Jünger, und staatspolitisch bis heute so gut wie nichts formuliert haben." Es gelte nunmehr „den Kurs zu ändern", hin zu einer elitäreren Position, die nur noch die Stoßtrupp- und Sturmführer, nicht aber die Gruppenangehörigen als politisch privilegierte ,Führer' anerkannte, denen der enttäuschte Franke den politischen Herrschaftsanspruch fortan rundweg absprach.

---

[1] Helmut Franke: Die Tragödie der Frontsoldaten, in: Arminius 7 (1926), Nr. 40, 3.

In diese scheinbare Friedhofsruhe platzten 1927/28 drei Romane, die bis heute als Exponenten einer pazifistischen Kriegsdeutung gelesen werden: Der vornehmlich in der Etappe angesiedelte Roman *Der Streit um den Sergeanten Grischa* des jüdischen Sozialisten Arnold Zweig (1927, 120 000 Exemplare bis 1933); der neu-sachliche Roman *Krieg* des Kommunisten Ludwig Renn (1928, 100 000 Exemplare im ersten Erscheinungsjahr) und der mit Abstand größte kriegsliterarische Bucherfolg *Im Westen nichts Neues* des bürgerlich-katholisch geprägten Erich Maria Remarque von 1928/29 mit über einer Million verkauften Exemplaren im ersten Erscheinungsjahr.

Diese Werke schienen den Krieg als Opfer forderndes, Seele und Körper zerstörendes, die sozialen Unterschiede vertiefendes und die Leistungen der Soldaten einebnendes Phänomen seines Sinnes zu berauben. Auf diese Deutungen, die offenbar einen neuralgischen Punkt trafen, reagierte eine starke Welle des Protestes, die mit der Buchverfilmung durch den US-Amerikaner Lewis Milestone 1930 nochmals anschwoll. Eine breite Öffentlichkeit stieß sich an der literarischen Darstellung eines gierig und undiszipliniert seine Lebensmittelrationen verschlingenden, gar mit dem Feind sympathisierenden Frontsoldaten, der sein würdeloses Dasein in Ungeziefer verseuchten Unterständen zu fristen schien und dem auch Feigheit vor dem Feind nicht fremd war.[2] Im Verbund mit anderen Veteranenverbänden protestierte der Deutsche Offiziersclub bei der Regierung erfolgreich gegen den Film, die Nationalsozialisten fluteten unter Goebbels Anleitung gar Berliner Kinosäle mit weißen Mäusen.[3] Am 11. Dezember 1930 ereilte der Film das Aufspielungsverbot, das Buch befeuerte all jene konservativen Befürworter, die sich bereits 1927 für das *Gesetz zur Bewahrung der Jugend vor Schund- und Schmutzschriften* eingesetzt hatten. Ruhm und Ehre des deutschen Frontsoldaten, so die allgemeine Kritik, seien besudelt, und Hunderte von Veteranen rechtspolitischer Provenienz griffen zur Feder, um sein Ansehen wieder herzustellen.

---

[2] BArch R 1501/126080, fol. 97-187, Sammlung von Presseausschnitten zur allgemeinen Protestwelle.
[3] Unbekannt: Weiße Mäuse. Der ewige Skandal, in: Völkischer Beobachter/Berliner Ausgabe 5 (1930), Nr. 295, 12.12.

Infolge dieses Protestes und der Erkenntnis, dass mit Kriegsliteratur wieder Geld zu machen war, überrollte eine Flut von Kriegsromanen das Land. Allerorten erhoben sich Stimmen, die meinten, der Frontsoldat breche nunmehr sein zehnjähriges Schweigen, zu dem ihn Traumatisierungsprozesse gezwungen hätten. Andere führten die Gesetze der Ökonomie zu Felde. Die 1918 herrschende Kriegsmüdigkeit habe Kriegsliteratur für den Buchmarkt unattraktiv gemacht, der zudem im ersten Jahrfünft der 20er Jahre mit exkulpierender Memoirenliteratur des Offizierskorps überschwemmt worden sei.[4]

Tatsächlich jedoch trog hier die Wahrnehmung der Zeitgenossen. Im Zeitraum von 1918 bis 1928 wurden kontinuierlich etwa 130 kriegsliterarische Titel pro Jahr publiziert. Der 1929 einsetzende Boom überlagerte allerdings diese Entwicklung. Zwischen 1929 und 1933 wurden mit 1100 literarisch überformten Kriegstexten im Durchschnitt 250 Werke pro Jahr und damit mehr als doppelt so viele Werke in der Hälfte des Zeitraums veröffentlicht.[5]

Die sich in dieser Publikationswelle entladenden Deutungskämpfe um das Kriegserlebnis hat die Forschung bisher als dichotomen Kampf von Rechtskonservativen und Nationalsozialisten für einen zukünftig vorzubereitenden Krieg und republikanisch und kommunistisch, wider einen abermaligen Waffenlauf gesinnter Akteure erzählt.[6] Eine solche aus dem Forschungsparadigma vom Untergang der Republik entwickelte Deutung verdeckt gleichwohl jene bereits angerissene Ambivalenz, die den Romanen beider Seiten innewohnte. Die ideologisch im Kriegserlebnis vorhandenen, in den Romanen durch sich angleichende Darstellungsverfahren evozierten Ideologeme kamen ab 1928 signifikant zum Tragen, da die Milieugrenzen im Zuge der 1928/29 aufbrechenden politischen und wirtschaftlichen Krise zunehmend aufzuweichen begannen. Daher gilt es an dieser Stelle die Frage zu vertiefen, warum und auf welchen Wegen sich mit Blick auf 1933 eine bellizistische, nationalistische Deutung des Krieges in Deutschland durchzusetzen begann. Beumelburgs 1929 erschienene Weltkriegsmonographie *Sperrfeuer um Deutschland* ermöglicht es, solche Faktoren

---

[4] Schneider: Handbuch, 9.
[5] Ebd.
[6] Ebd.

zu rekonstruieren, die die Milieu und politische Lager übergreifende Rezeption eines national ausgedeuteten Kriegserlebnisses begünstigten.

Im Folgenden werden in nicht immer getrennt voneinander zu haltenden Analyseschritten:

1. jene paratextuellen, produktionsästhetischen, werbe- und distributionstechnischen Faktoren und Kalküle untersucht, durch die bzw. in denen Verfasser und Verleger *Sperrfeuer* systematisch auf eine milieuübergreifend anvisierte Resonanz hin schrieben, bewarben und vertrieben.

2. solche politischen Ideologeme in den Blick genommen, die sowohl in linken als auch in rechten Deutungskohorten des über das Kriegserlebnis ablaufenden Nationalismus-Diskurses verbreitet waren, die zur Auflösung vorhandener Milieugrenzen beitrugen, die politische Typologisierung linker und rechter Kriegsromane weiter erschwerten und es rivalisierenden Intellektuellen ermöglichten, sich über konträre politische Ordnungsvorstellungen auszutauschen.

3. solche feldinternen intellektuellen Instrumentalisierungsversuche ausgeleuchtet, durch die linke Akteure es unternahmen, rechte Autoren bzw. deren Texte für die eigenen politischen Zwecke einzuspannen und umgekehrt. Dies sorgte unter Lesern für weitere Verwirrung hinsichtlich der politischen Gebundenheit dieser Werke bzw. der jeweiligen Autoren, weshalb sie sich in der Deutung der Lektüre, wie hinsichtlich der *Gruppe Bosemüller* noch zu vertiefen sein wird, auf den eigenen Habitus zurückgeworfen sahen.

4. solche im Kultur-Feld der 20er Jahre stattfindenden innerintellektuellen Austauschprozesse erörtert, die nicht allein auf politisch-ideologische Gemeinsamkeiten bzw. Differenzen, sondern auf jenen generationellen Zusammenhang zurückzuführen sind, den Karl Mannheim in seinem klassischen Aufsatz *Das Problem der Generationen* von 1928 skizziert hat. Ausgegangen wird hier von der Annahme, dass sich ideologisch divergierende, indes durch einen Generationenzusammenhang verbundene Intellektuellengruppen auf dasselbe historisch-aktuelle Schicksal beziehen – hier: das Erlebnis des Ersten Weltkrieges und seine Folgen – und bei allen weltanschaulichen Differenzen eine generationelle Gemeinschaft bildeten, die politischen Dissens aufgrund des Bewusstseins eines

gemeinsam geteilten Schicksals – dem soziale Unterschiede nivellierenden Schützengrabenerlebnis – überwinden half.

„Ich bin etabliert"[7] – diese frohe Kunde von der Anerkennung seiner Autorschaft im literarischen Feld verkündete Beumelburg seiner Mutter anlässlich seines 28. Geburtstages 1927. Der Vater erlebte den Erfolg seines Sohnes nur noch bedingt; er starb im selben Jahr an Herzleiden. Über den Erfolg seines ersten Werkes *Douaumont* war Beumelburg allerdings mit der Chefredaktion der *Düsseldorfer Nachrichten* 1924 in Disput geraten, hatte diese in der literarischen Schaffenskraft ihres Angestellten eine illegitime Ablenkung von seinen eigentlichen Aufgaben gesehen bzw. getrachtet, die literarischen Früchte dieser ‚Nebentätigkeit' für eigene Publikationen zu beanspruchen.[8] Den finanziell unabhängig gewordenen Kriegsdichter kümmerte dies wenig. Beumelburg erfüllte sich 1926 nach nur dreijähriger literarischer Schrifttumsproduktion den Traum eines jeden Schriftstellers, nämlich der Betätigung als freischaffender Künstler mit Wohnsitz an der Berliner Brückenallee. Damit verließ Beumelburg das journalistische Feld und kehrte trotz seiner 1924 geäußerten Animositäten ins Zentrum des politischen und kulturellen Geschehens, nicht zuletzt in das Umfeld Bruder Walthers zurück, der sich im zweiten Jahrfünft für die DNVP zu engagieren begann.[9]

Lange hielt es den jungen Erfolgsautor jedoch auch hier nicht. Denn Beumelburg war im Zuge seiner literarischen Erfolge zu Reichtum gekommen und bestimmte den Ort seines Schaffens fortan nach eigenem Belieben. Infolge dieser neu gewonnen Freiheit kaufte sich der Schriftsteller 1927 in das Schriftsteller- und Homosexuellenparadies der italienischen Felseninsel Capri ein, das ihm in den kalten Berliner Wintermonaten eine klimatisch mildere und zudem libertinere Rückzugsmöglichkeit verschaffte. Autoren wie Rainer Maria Rilke, Maxim Gorki oder Theodor Däubler hatten das mediterrane Klima der Insel bereits seit der zweiten Hälfte des 19. Jahrhunderts als kreatives Refugium genutzt, und seit der Entdeckung der Blauen Grotte 1840 hatte sich das Eiland

---

[7] Privatnachlass Schlarb: Werner Beumelburg an Marie Beumelburg, 19.2.1927.
[8] Beumelburg: Fragment, 99, 110.
[9] Quellenhinweise sind rar gesät: Simons: Walther Beumelburg.

zum Sammelpunkt Homosexueller entwickelt.[10] Stahlmagnat Friedrich Alfred Krupp soll etwa nicht nur zu den Mäzenen der Insel, sondern ebenso zu der sich auf Capri zusammenfindenden Gruppe Gleichgeschlechtlichorientierter gezählt haben. Die sozialdemokratische Presse hatte Krupp 1902 den juristisch belangbaren Vorwurf gemacht – homosexuelle Handlungen galten im Reich §175 StGB als Straftatbestand – sich in besagter Grotte homosexueller Kopulation hingegeben zu haben – ein bis heute umstrittener Vorgang.[11] Sicherlich ging auch Beumelburg auf Capri seinen homoerotischen Neigungen nach, was quellentechnisch jedoch nicht mehr rekonstruierbar ist. Jedenfalls lebte er hier das süffisante Dandyleben des talentierten Mr. Ripley, genoss Abende in der Abgeschiedenheit Anacapris, ging in den Kneipen Tiptop und Tiberio ein und aus, feierte, unterstützt von einer Heerschar Diener, mit bis zu 150 Gästen rauschende Feste, etwa mit dem Schriftsteller Waldemar Bonsels oder Angehörigen des ostthüringischen und französischen Adels.[12] Er trank, rauchte, spielte Tennis, entdeckte den Segelflug und schnelle Autos und hatte vermutlich bereits hier *Loretto* sowie *Flandern 1917* verfasst. (vgl. Abb. 7 und 8) Nach Zugvogelmanier pendelte er bis 1933 zwischen den meteorologischen Unwägbarkeiten Deutschlands und der mediterranen Zuverlässigkeit Capris mit einem selbst gesteuerten Flugzeug.

Eine für den Herbst 1927 geplante Mittelmeerreise verhinderte jedoch ein Telegramm Stallings, in dem der Verleger sein auflagenkräftiges Zugpferd dazu aufforderte, eine Art Volksbuch über den Weltkrieg zu schreiben. Im Winter desselben Jahres ging Beumelburg in einem kleinen Hotel auf dem Monte Tiberio mit Blick auf das südliche Mittelmeer daran, das von Stalling in Auftrag Gegebene schriftlich niederzulegen. Es sollte sein erfolgreichster Kriegstext werden, eine literarisch angehauchte, politische, militärische und gesellschaftliche Ebene verschränkende Gesamtdarstellung des ‚Großen Krieges' mit dem Defensiv-Titel *Sperrfeuer um Deutschland*. In manischer Schreibarbeit tippte

---

[10] Werner Helwig: Capri. Magische Insel, Frankfurt a. M. 1979; Humbert Kesel: Capri. Biographie einer Insel, München 1971.
[11] Dieter Richter: Friedrich Alfred Krupp auf Capri. Ein Skandal und seine Geschichte, in: Michael Epkenhans/Ralf Stremmel (Hg.): Ein Unternehmer im Kaiserreich, München 2010, 157-178, hier 169.
[12] Privatnachlass Schlarb: Werner Beumelburg an Elisabeth Beumelburg, 1.3.1931.

Beumelburg unter starkem Einfluss von Cognac und Zigaretten und einmal mehr unter Zuhilfenahme ihm vom Reichsarchiv zugesandten Quellenmaterials in nur viermonatiger Tages- und Nachtarbeit das 500 Seiten starke Manuskript in seine Schreibmaschine, gefolgt von einem Nervenzusammenbruch, der ihn nach solchen literarischen Parforceritten schon fast obligatorisch zu ereilen pflegte.[13]

Dem janusgesichtigen Charakter der literaro-sachlichen Schlachtendarstellungen folgend, setzte es sich Beumelburg im Vorwort dieser im Oktober 1929 bei Stalling erscheinenden Monographie zum Ziel, die „kriegerischen Vorgänge mit den seelischen Vorgängen zu verschmelzen, so daß ein Gemälde entsteht, das, begründet auf den Ergebnissen zuverlässiger Forschung, ein lebendiges Gesicht des Krieges festhält." *Sperrfeuer* bildete dabei textsortentheoretisch die proportional direkt umgekehrte Mischung der Schlachtendarstellungen, überwog hier eindeutig der sachliche Charakter einer Weltkriegsmonographie jenen literarischen der früheren Novellen mit Militärberichtseinschüben. Im neu-sachlich parataktischen, ornamentlosen und dokumentengefütterten Telegrammstil eilte das Werke im historischen Präsens von Schauplatz zu Schauplatz, die Sätze teilweise so kurz, als würden Fotos kommentiert. Die von einem extradiegetischen Erzähler eingenommene Perspektive war nicht mehr jene der frontsoldatischen Nabelschau, sondern die auf Deutschland zentrierte Vogelperspektive mit Fokus auf die großen politischen und militärischen Entscheidungsträger. Diesem Perspektivwechsel fiel weitestgehend der detailreiche Naturalismus der Schlachtendarstellungen zum Opfer, der in dem recht blutarmen Werk nur vereinzelt zur Geltung kam. *In Summa* wiederholte *Sperrfeuer* in diesem Gehäuse gleichwohl die in den Schlachtendarstellungen angeklungenen Botschaften von Kameradschaft, frontsoldatischer Stärke und den Gefallenen als ‚Einsaat' für die Zukunft des Reiches.

Gleichzeitig bediente es sich in tendenziöser Art literarischer Tektonik, um die deutsche Kriegstragödie bereits im Aufbau anzukündigen. In Anlehnung an die von Aristoteles in seiner *Poetik* für die Tragödie entworfene Grundfunktion von *eleos* (Jammer), *phobos* (Furcht) und *katharsis* (Reinigung)[14], legte Beumelburg

[13] Beumelburg: Fragment, 112-114.
[14] Aristoteles: Poetik, Übersetzt von Manfred Fuhrmann, Stuttgart 2012, 1449b.

das Werk als Dreiakter an, das im Ersten Teil *Kampf ums Leben* die Exposition
des Kriegsausbruches lieferte, den Konflikt im Zweiten Teil *In Fesseln geschlagen* zuspitzte und im Dritten Teil *Der Zusammenbruch* mit Katastrophe
und Katharsis beschloss. *Sperrfeuer* wollte mit seinen 500 Seiten Epos und
Volksbuch sein, weshalb es in syntaktisch konsequent verkürzender Manier
lateinizistische Partizipialkonstruktionen bemühte und auf nahezu jegliches
Hilfsverb verzichtete. Zahlreiche Archaismen wie „Albion" für England sollten
sprachlich den Anspruch einlösen, homerisches Volksepos der deutschen Nation zu sein.

Inhaltlich behandelte es in 34 Kapiteln die Jahre 1914 bis 1918, mit den Schüs-
sen auf den österreichischen Thronfolger Franz Ferdinand in Sarajewo beginnend und mit der Unterzeichnung des Versailler Vertrages endend. Es bildete
im Wesentlichen die bis zur Fischer-Kontroverse 1959 anhaltende deutsche
Meistererzählung des Ersten Weltkrieges als jener eines aufgezwungenen Verteidigungskrieges. (11-14) Der europäische Imperialismus manifestierte sich
hier in konsequent durchgehaltenen Gut- und Böse-Zuweisungen deutschland-
feindlicher Entente-Mächte. Den Hauptgegner gab Frankreich, das seit 1871
nach Revanche getrachtet hätte und gegenüber Deutschland zu keinerlei politischen Kompromissen bereit gewesen sei. Deutschland habe dagegen „im Frieden seiner Arbeit und seines Wohlstandes" gelebt und gedroht „durch einen
Krieg nur zu verlieren". (14) In der Julikrise 1914 habe das Reich den diploma-
tischen Friedensmittler gegeben und Österreich in seinen Forderungen gezügelt.
(16-18) Zu den vordersten Kriegstreibern habe Russland gezählt, das die teilweise Annahme des österreichischen Ultimatums durch Serbien allein dazu
verwandt hätte, um Zeit für die Mobilmachung zu gewinnen. (17) Es folgte die
klassische Beschreibung des ‚Augusterlebnisses' sowie die klassische Legitimation des deutschen Einmarsches ins neutrale Belgien, das von England unterstützt worden sei. (23) Schließlich bediente es ebenso die klassische Rechtferti-
gung des deutschen U-Bootkrieges mit der als völkerrechtswidrig gescholtenen
englischen Seeblockade. (115) Den militärischen Operationen des österreichischen Bündnispartners war im gesamten Werk nur wenig Erfolg beschieden.
Die deutschen Divisionen mussten in der Darstellung durchgehend einspringen,
ausbessern, ersetzen und retten. (85, 100, 407) Die Abhandlung der Kampf-

schauplätze folgte konsequent der in den Schlachtendarstellungen angeschlagenen Geburtsstunde der im Krieg gestählten und kameradschaftlich verbundenen Frontsoldaten. (Exemplarisch 132-135) Die letztendliche Kriegsniederlage begründete der Autor mit der durch den amerikanischen Kriegseintritt besiegelten Überlegenheit der Ententemächte an Mensch und Material, (224-226), obgleich sich der Konflikt in der Darstellung bis 1917 durchweg als deutscher Siegeszug las. Die Hoffnungen der deutschen Frühjahrsoffensive von 1918 seien jedoch durch die alliierte Überlegenheit, insbesondere gleichwohl durch den Einsatz unerfahrener Soldaten zunichte gemacht worden, da letztere den ,Wehrwillen' zersetzt hätten. (440) Schuld traf in diesem Kontext allen voran die Parteien, hier die SPD, die aufgrund egoistischen ,Geschachers' um Pfründe und Posten, den zur Abschließung eines Waffenstillstandes im Oktober 1918 notwendigen Parlamentarisierungsprozess verzögert und damit wichtige Zeit hätte verstreichen lassen, um die deutsche Armee geordnet zurückzuführen. (501-503) Sozialdemokratie und Spartakus-Bund hätten die Gunst der Stunde genutzt, die ,bourgeoise' Nation zu schwächen (513), wobei die Matrosenstreiks in Wilhelmshaven einen wesentlichen Teil dieser perfiden Strategie gebildet hätten. (514, 525) Das Werk schloss mit der Unterzeichnung des Versailler Vertrages, den es als ,Wilson-Betrug' und eine das deutsche Volk auf Ewigkeit versklavende Niedertracht geißelte. (539)

Wenden wir uns in einem ersten Analyseschritt erneut der auch *Sperrfeuer* inhärenten Ambivalenz zu, die Stalling zuvörderst durch Vermarktungs- und Werbestrategien zu betreiben verstand. Das Werk unterschied sich im Anschluss an die propädeutischen Vorüberlegungen zur literarischen Kongruenz pazifistischer und bellizistischer Kriegsliteratur zwar in seinem monographischen Charakter wesentlich von den autodiegetischen Frontromanen eines Renn oder Remarque. Doch in der distributions- und werbetechnischen Vorgehensweise hatte sich ab 1928/29 ein jeder Verleger, der etwas auf sich hielt, an das von Hermann Ullstein vorgemachte Glanzstück deutscher Marketingkunst zu halten, aufgrund dessen sich *Im Westen nichts Neues* innerhalb des ersten Erscheinungsjahres über eine Millionen Mal verkauft hatte. Stalling ahmte erfolgreich die auf modernsten Erkenntnissen beruhenden Werbestrategien des Ullstein

Verlags[15] nach, der es keineswegs dabei belassen hatte, die relevantesten Nachrichtenblätter über die Neuerscheinung von *Im Westen nichts Neues* zu informieren; Remarques Erfolg trug eine Kettenreaktion moderner Züge der Buchproduktion, des Marktes und des Konsums, hatte Ullstein sich ebenso an den
Ratschlag Ernst Rowohlts gehalten[16], im werbetechnisch an sich untypischen
Anzeigenteil Werbeannoncen für das Buch zu schalten. Auf diese Weise hatte
Ullstein auch solche Kundengruppen erschlossen, die Literatur an sich eher fern
standen. Sortimenter und Buchhändler hatte er Leseproben zukommen lassen
und Preisnachlässe von bis zu 50 Prozent gewährt. Zudem hatte der Verlagsmann nach der ersten Erfolgswelle, ob positiv, ob negativ, Pressestimmen jeglicher politischer Couleur zum Buche Remarques zusammentragen lassen, die, in
einem Prospekt vereint, jedwede nur erdenkliche Interpretation des Werkes
wiedergaben. Die darin enthaltenden Deutungen, die die ganze Bandbreite an
Kategorisierungen und Zuschreibungen, vom Urteil, *Im Westen nichts Neues* sei
jugendverderbende Schundliteratur bis hin zur bellizistischen Eloge repräsen-
tierten, sollten den Leser werbetechnisch dazu verleiten, sich durch den Erwerb
des Buches einen eigenen Eindruck zu verschaffen.[17] Nur ein Werk, so das auf-
gehende Kalkül Ullsteins, das dem interpretatorisch Uneindeutigen Raum gab,
ließ sich breitenwirksam an den Leser bringen; er hatte den Skandal gesucht und
angeheizt, und zwar mit einem singulären Werbebudget von über einer Million
Reichsmark.

Andere Verleger folgten in kleinerem Maßstab. Der Mindener Verlag, der 1930
Alfred Heins bellizistisches Werk *Eine Kompagnie Soldaten* vertrieb, stellte in
Werbeprospekten nicht nur deutschnationale, sondern auch sozialdemokratische
Kommentare zusammen, womit er die breitenwirksame Werbeparole ausgab,
Heins Buch fände Zuspruch „von rechts bis links".[18] Auch Stalling, für den mit
Blick auf die frühere Zusammenarbeit mit der dritten OHL, Lobbyarbeit und
Werbestrategien 1917 keine böhmischen Dörfer darstellten, kopierte vieles von
dem, was Ullstein mit Erfolg vorgemacht hatte. Auch er bewarb *Sperrfeuer* in

---

[15] Hermann Ullstein: „Wirb und werde!" Ein Lehrbuch der Reklame, Berlin 1935.
[16] Ernst Rohwolt zur Platzierung von Werbeanzeigen für Literatur in großen Tageszeitungen: Der Start, in: Das Tagebuch 10 (1929), Nr. 12, 22.3., 479-480.
[17] Enthalten in Literaturarchiv Marbach Z: Erich Maria Remarque, Mappe 7a.
[18] Literaturarchiv Marbach, Bestand Hein/Cotta Z: Alfred Hein, Hein-Cotta Prospekt.

demokratienahen Presseorganen wie der *Vossischen Zeitung*[19], und nachdem sich Beumelburgs Schrift bereits im ersten Erscheinungsjahr über 100 000 Mal verkauft hatte, ließ er ebenfalls Presseprospekte zusammenstellen, die verschiedenste – pazifistische wie bellizistische – Interpretationen des Werkes wiedergaben.[20] Die den Werken inhärente Ambivalenz ermöglichte die Manipulation der Kunden und heizte den Verkauf der Bücher kräftig an.

Ein noch weiter hinter die entstehungsgeschichtlichen Kulissen reichender Blick, bezeugt ebenfalls den produktionsästhetisch auf milieuübergreifende Wirkung ausgerichteten Effekt, den die Darstellung *Sperrfeuers* zu erzielen beauftragt war. Denn in der Redaktion *Sperrfeuers* hatte sich Beumelburg Rat im Uhle-Kreis gesucht, der sich Ende der 20er Jahre um die zwei liberalen Exponenten der DDP, Erich Koch-Weser und Werner Stephan, zu sammeln begann. Stephan, Chef der Presseabteilung in der von 1928 bis 1930 amtierenden zweiten Regierung Müller, notierte in seinen Memoiren: „Zum Dienstagstisch gehörte damals auch Werner Beumelburg, ursprünglich Feuilletonist des Girardt Verlages (d. h. der *Düsseldorfer Nachrichten,* d. A.), durch sein Kriegsbuch ‚Sperrfeuer um Deutschland' weit über die Grenzen des Reiches hinaus bekannt geworden. Koch-Weser hatte es übernommen, Stellen, die evtl. politisch Anstoß erregen könnten, zu eliminieren und holte bei militärischen Passagen meinen Rat ein. Seitdem stand ich mit Beumelburg, diesem frohen Rheinländer und Menschen, in angenehmer Beziehung."[21] Wie war eine solch hybride Zusammenarbeit zwischen dem konservativen Revolutionär Beumelburg, der Liberalismus und Demokratie den Kampf angesagt hatte, und Koch-Weser, einem der Gründerväter der staatstragenden DDP, deren Parteivorsitz er von 1924 bis 1930 bekleidete und 1928 bis 1929 im zweiten Kabinett Müller das Portefeuille des Reichsjustizminister inne hatte, Zustande gekommen?

Womöglich hatte Beumelburg, wie bereits angedeutet, Koch-Weser schon 1921 während seines journalistischen Engagements für die schlesische Selbstschutz-

---

[19] Vgl. die Werbeanzeige Stallings zu *Sperrfeuer um Deutschland*, in: Vossische Zeitung 11 (1929), Nr. 544, 17.11.
[20] Literaturarchiv Marbach Z: Werner Beumelburg.
[21] Werner Stephan: Acht Jahrzehnte erlebtes Deutschland. Ein Liberaler in vier Epochen, Düsseldorf 1983, 193f.

bewegung kennengelernt, anlässlich dessen er der damaligen Regierung Fehrenbach Bericht erstattet und in der Koch-Weser das Ressort des Reichsinnen-
ministers bekleidet hatte. Eine wahrscheinlichere Erklärung findet sich jedoch
einmal mehr in den Ende der 20er Jahre so typischen politischen Grenzver-
schiebungen, von denen auch der Uhle-Kreis nicht unberührt blieb. Seine Anhänger trafen sich an Dienstagabenden in einer gepflegten Weinhandlung in der
Berliner Friedrichstraße, die dem Kreis seinen Namen gab. Neben Fritz Stein,
dem Berliner Vertreter des konservativen *Hamburger Fremdenblattes,* verkehrte hier ebenfalls der mit Beumelburg bekannte Informationschef der *DAZ*, Hans
Wendt, sowie verschiedene Minister, „um bei einem Schnaps über Pläne und
Entwicklungsmöglichkeiten Auskunft" (176) zu geben. Politisch rekrutierten
sich die Anhänger dieses Kreises aus der bürgerlichen Mitte, wozu in erster
Linie Angehörige der Regierung Müller zählten. Stephan verwies ferner auf den
generationellen Erlebnischarakter der durch das Kriegserlebnis zusammenfindenden Teilnehmer: „Stein machte großes Haus (…) Bei ihm trafen sich Führer
und Journalisten aller mittelparteilichen Richtungen (…) fast alle Kameraden
waren Alters- und Schicksalsgenossen: Teilnehmer des Weltkrieges, dann in
den Strudel der Inflation geraten und zumeist ohne akademischen Abschluß im
Journalismus oder in der Politik zu Erfolg gelangt." (Ebd.)

Eine weitere Öffnung nach rechts hatte der Kreis 1928 erfahren.
Gouvernementale Anhänger der DNVP um Gottfried Treviranus hatten seit der
Übernahme des Parteivorsitzes durch Alfred Hugenberg im Oktober nach neuen
politischen Allianzen gesucht, da Hugenberg die Deutschnationalen auf einen
fundamentaloppositionellen Kurs einzuschwören begann. Als Hugenberg 1929
im Rahmen des gescheiterten Volksbegehrens gegen den Youngplan erwogen
hatte, mit den Nationalsozialisten zusammenzuarbeiten, waren die gemäßigteren
Anhänger um Treviranus ausgetreten. Auf der Suche nach neuen politischen
Verbündeten begannen auch sie an Fritz' Herrenessen teilzunehmen. (Ebd.)
Trotz tiefgreifender politischer Meinungsverschiedenheiten notierte Stephan mit
Begeisterung: „Immerhin, die vorher so starren Parteischranken waren im Win-
ter 1929/30 brüchig geworden!" (177)

Eben diese Durchlässigkeit zeigt ein weiterer in den Gefilden des Uhle-Kreises
vollzogener Schulterschluss republikfeindlicher und demokratisch gesinnter

Intellektueller. 1929 knüpfte Stephan Kontakte zu Hans Zehrer, der seit jenem Jahr die Herausgabe der antidemokratischen, nationalistischen Monatszeitschrift *Die Tat* betrieb, die mit einer Auflage von 30 000 Exemplaren einen einflussreichen *thinktank* rechtskonservativer staatlicher Umsturz- und Neuordnungsversuche darstellte.[22] Stephan führte mit Zehrer laut eigenem Bekunden rege Streitgespräche über Sinn und Unsinn des bestehenden politischen Systems: „In einem langen Gespräch, das wir beim Mittagessen unter den sommerlichen Bäumen von Kroll am Rande des Tiergartens führten, setzte er mir 1929 auseinander, daß die Republik unrettbar verloren sei: ‚Sie beruht allein auf der Autorität von zwei Männern: der eine, Hindenburg, hat die 80 überschritten; der andere, Stresemann, ist schwer krank und wird kaum das Ende dieses Jahres überleben. Wer aber wird die Nachfolge antreten? Niemand ist da! Alles ist so ungewiß wie nur je. Die liberale Demokratie ist jedenfalls nicht unsere bleibende Staatsform'.“[23] Im *Tat*-Kreis war auch Beumelburg präsent, mit dem ihm die von Zehrer ausgegebene Parole verband, die Nachkriegsgeneration unter die politische Führung der Frontgeneration zu bringen und den Staat von Weimar abzulösen.[24] Für dieses „in den Formeln Nationalismus, Sozialismus und Antiliberalismus, Volksgemeinschaft und autoritärer Staat, Antikapitalismus, Autarkie und Planwirtschaft, außenpolitische Abwendung vom Westen und Konzentration auf Osten und Südosten“[25] gekennzeichnete Projekt, suchte Zehrer, wie er in seinem Programm formulierte, „geistige Kräfte aus der jungen Generation (…), der die schwerste Aufgabe noch bevorsteht: das Ringen um die zukünftige Gestaltung der deutschen Volksgemeinschaft.“[26] Hinsichtlich Beumelburgs verzeichnete Zehrers *Tat* allerdings wie schon *Standarte* und *Stahlhelm-Jahrbuch* lediglich einen Auszug aus *Ypern 1914*.[27] Solche innerintellektellen

---

[22] Ebbo Demant: Von Schleicher zu Springer. Hans Zehrer als politischer Publizist, Mainz 1971.

[23] Stephan: Acht Jahrzehnte, 174f.

[24] Hans Mommsen: Generationenkonflikt und politische Entwicklung in der Weimarer Republik, in: Reulecke: Generationalität, 115-126, hier 124.

[25] Demant: Zehrer, 34.

[26] Hans Zehrer: Anzeige, in: Börsenblatt für den Deutschen Buchhandel 96 (1929), Nr. 225, 27.9.

[27] Werner Beumelburg: Die Ypernschlacht, in: Die Tat 21 (1929), Nr. 11, 582.

Fluktuationen mochten jedoch den Kontakt vom *Tat-* zum Uhle-Kreis hergestellt haben.

Welche Redigierungen Koch-Weser an *Sperrfeuer* vornahm, lässt sich im Einzelnen nicht rekonstruieren. Im Allgemeinen lässt sich aber feststellen, dass
Schuldzuweisungen an liberale Vertreter von NLP und FVP – beide Fraktion
hatten die von Beumelburg gescholtene und in pejorativer Deutung zuvörderst
der SPD zugeschobene Friedensresolution von 1917 mitgetragen – in *Sperrfeuer* (346-348) kaum zu finden sind.

Noch aufschlussreicher aber für die politische Uneindeutigkeit von Kriegsliteratur der 20er Jahre bzw. die darin geleisteten politischen Grenzgänge zwischen
rechts und links war ein Verweis des *Völkischen Beobachters*, der Koch-Weser
vorwarf, dieser hätte auch für *Im Westen nichts Neues* redigierende Arbeiten
geleistet und die Werbetrommel gerührt![28] Eine solche Tätigkeit ist in soweit
wahrscheinlich, als die *Vossische Zeitung*, die Remarques Werk ab November
1928 in Fortsetzung abgedruckt hatte, als DDP-nahes Presseorgan galt. Dafür
sah sich „Koch-Löwenstein" (ebd.) wie er in der Beilage des *Völkischen Beobachters* – *Der deutsche Frontsoldat* – in Anspielung auf seine jüdische Mutter in diffamierender Absicht genannt wurde, ähnlich wie Remarque, antisemitischen Beschimpfungen ausgesetzt. Stalling bzw. Beumelburg hatten sich also
offensichtlich wie Ullstein an Koch-Weser gewandt, in dem Kalkül, dem Buch
eine politische Lager übergreifende Wirkung und damit einen höheren Absatz
zu bescheren.

Aber welche Anreize verbanden sich gerade für Koch-Weser über die gemeinsamen Diskussionsrunden im Uhle-Kreis sowie die ökonomischen Verlockun-
gen eines üppigen Lektorenhonorars hinaus – Ullstein soll Koch-Weser für sein
Zutun mit 10 000 Reichsmark entlohnt haben – hinsichtlich einer solchen Zusammenarbeit, die ihn, wie im Übrigen auch Beumelburg, wichtige politische
Glaubwürdigkeit hätte kosten können?

Koch-Wesers eigenes Kriegserleben mochte diesbezüglich kaum ausschlaggebend gewesen sein, da er während der Kriegszeit als Oberbürgermeister Kassels

---

[28] Unbekannt: Im Westen nichts Neues, in: Völkischer Beobachter/Bayernausgabe/Der
deutsche Frontsoldat (Beilage) 4 (1929), Nr. 1, 16.2.

fungiert hatte.[29] Dennoch mochte auch er zum Ende der 20er Jahre auf die anti-demokratischen, sozialen Bindekräfte des bellizistisch gedeuteten Kriegserleb-nisses gesetzt haben, hegte er zeitlebens eine „grundsätzliche Skepsis gegenüber der Funktionalität politischer Parteien." (Ebd.) Den Abfall der DDP in den Reichstagswahlen im Mai 1928 von sechs auf fünf Prozent hatte sich Koch-Weser mit dem Auseinanderdivergieren der gesellschaftlichen Kräfte erklärt; der Wähler, so das parteikritische Argument des Deutschdemokraten, gäbe sei-ne Stimme nur noch im Tausch für die Einlösung materieller Interessen. (160f.) Auf dem Mannheimer Parteitag der DDP im Oktober 1929 war Koch-Weser zu einer „teilweise vernichtenden und perspektivlosen Kritik am Zustand des Weimarer Regierungssystems" (167), insbesondere des Verhältniswahlrechts gelangt, das seiner Meinung nach zur gesellschaftlichen Zersplitterung in Ein-zelinteressen beigetragen hätte. Der Ende des Jahrzehnts anhaltende Sinkflug der DDP könnte Koch-Weser dazu verleitet haben, für sein Vorhaben, die staatsbürgerliche Mitte zu reorganisieren, nach neuen Seilschaften Ausschau zu halten, was ihn womöglich bewog, sich dem konservativen Lager anzunähern.[30]

Auch Beumelburg spielte in dieser Hinsicht ein riskantes Spiel mit seiner hart erarbeiteten Reputation als Sprachrohr rechtskonservativer Geltungsansprüche. Seine Kollaboration mit dem politischen Gegner blieb auch keineswegs unbe-merkt. Die antisemitisch-nationalistische Zeitschrift *Fridericus* machte publik, Stalling habe Koch-Weser für die Redigierung politisch anstößiger Stellen einen Betrag von 10 000 Reichsmark gezahlt. In demagogischen Sentenzen polemi-sierte die Zeitschrift gegen „diese Kollaboration eines nationalen Verlags mit einem Parlamentarier."[31] Stalling sah sich dem Vorwurf der Geldmacherei aus-gesetzt, *Sperrfeuer* sei ein Gemisch aus „nationaler Gesinnung und pazifistisch-demokratischer Silbenstecherei." (Ebd.) In einer der Folgenummern reagierte Beumelburg auf diesen Vorwurf, er habe das Buch auch rechts des politischen Spektrums stehenden Männern zugesandt. Ihm allein habe die Korrektur der Druckfahnen oblegen. Der *Fridericus* ließ diese Gegendarstellung freilich nicht

---

[29] Gerhard Papke: Der liberale Politiker Erich Koch-Weser in der Weimarer Republik, Baden-Baden 1989, 36.
[30] Ebd.: 165-171.
[31] BArch NS-5-VI/17530 fol. 140, Unbekannt: Koch-Löwenstein als Zensor, in: Fridericus 13 (1930), Nr. 42.

unkommentiert und ätzte, es sei „nach wie vor unverständlich, wie (…) der
Verlag Stalling dazu kommen konnte, ausgerechnet Herrn Koch-Weser zu bemühen. Für diese Art des Nationalismus, der auf den Krücken eines halb jüdischen Demokraten ins Volk hinein möchte, haben weder wir, noch das Volk
Verständnis."[32]

Dass Beumelburg nationalkonservative Absichten mit dem Buch verfolgte und
es auch rechts stehenden Männern zukommen ließ steht außer Frage. Der Autor
hatte in der Redigierung *Sperrfeuers* ebenso auf die Hilfe deutschnationaler,
Reichsarchiv naher Militärs wie Bernhard Schwertfeger sowie des Generals a.
D. Hermann von Kuhl zurückgegriffen.[33] Als produktionsästhetischen Genie-
streich Stallings in dieser Richtung muss man allerdings die Akquirierung jenes
Mannes bewerten, der für die 1930 erscheinende Jugendausgabe von *Sperrfeuer
– Die stählernen Jahre* – mit einer persönlichen Widmung weitere Authentizität
und Stalling damit weiteren Absatz bescherte, nämlich jene des ehemaligen
Generalfeldmarschalls und seit 1925 amtierenden Reichspräsidenten: Paul von
Hindenburg.

Der in Oldenburg gelegene Stalling Verlag pflegte Kontakte zu Hindenburg,
seit letzterer 1893 bis 1896 die Kommandantur des in Oldenburg stationierten
91. Infanterie-Regiments[34] inne gehabt hatte. Im Rahmen der Reihe *Der Krieg
in Einzeldarstellungen* hatte es Stalling 1917, wie dargetan, verstanden, diese
Generalstabsverbindung für eine konkrete Verlagsarbeit fruchtbar zu machen.
In den 20er Jahren setzte Stalling diese intensiv betriebene Lobbyarbeit im
Reichspräsidentenpalais fort. Als einziger deutscher Verleger, so brüstete sich
der gewiefte Verlagsmann, sah sich Stalling zu alljährlich im Reichspräsidentenpalais stattfindenden Bierabenden eingeladen, was er mit einer
‚Hindenburgspende' in Höhe von 10 000 Reichsmark goutierte.[35] Diese Zuwen-
dung zahlte sich mit dem Verkauf *Sperrfeuers* mehr als aus.

---

[32] Ebd.: fol. 162, Fridericus, Nr. 44.
[33] BArch N 1015/568, Nachlass Bernhard Schwertfeger, Bernhard Schwertfeger an
Heinrich Stalling, 23.1.1930.
[34] Eugen Roth: Hundertfünfzig Jahre Verlag Gerhard Stalling 1789-1939. Zum Gedenktage des hundertfünfzigjährigen Bestehens am 23. Oktober 1939, Oldenburg 1939, 139.
[35] BArch N 1015/568, Heinrich Stalling an Bernhard Schwertfeger, 7.1.1931.

Stalling und Staatssekretär Otto Meißner führen 1929 einen regen Austausch über Beumelburgs Kapitel zur Schlacht von Tannenberg. Hindenburg hatte in dieser im Verbund mit seinem damaligen strategischen Kopf, Generalmajor Erich Ludendorff, im August 1914 die Verteidigung Ostpreußens bewerkstelligt, das in den ersten Kriegsmonaten gedroht hatte, von zwei russischen Armeen überrannt zu werden. Die ‚Rettung Ostpreußens‘ hatte den ‚Siegern von Tannenberg‘ in der deutschen Bevölkerung derart beträchtliches symbolisches Kapital eingebracht, das es ihnen seit 1916 als scheinbar unentbehrlichen militärischen ‚Genies‘ ermöglicht hatte, Kaiser und Reichsregierung durch die Diktion militärisch notwendig erscheinender Entscheidungen das Heft des politischen Handelns aus der Hand zu nehmen und mit etwaigen Rücktrittsdrohungen ein militärdiktaturähnliches Regime aufzuzwingen. Der einzig und allein durch die Schlacht von Tannenberg zur sakrosankten Vaterfigur der Nation aufgestiegene Paul von Hindenburg hatte es ferner verstanden, den um ihn entstandenen Feldherrenmythos 1925 für seine Wahl zum Reichspräsidenten in politisches Kapital umzumünzen.[36]

Nach der Schlacht war, getreu dem Motto, dass der Sieg viele Väter hat, die Niederlage jedoch ein Waisenkind ist, ein bis weit in die 20er Jahre währender Streit ausgebrochen, wem die Meriten am letztendlichen Sieg gebührten. Diesen Disput um den militärischen Lorbeer trugen mit Ludendorff der strategische Architekt des Sieges einerseits sowie mit Hindenburg der politische Nutznießer dieses Erfolgs andererseits aus. Das ‚Dioskurenpaar‘ hatte sich seit der Absetzung Ludendorffs durch Wilhelm II. 1918 entzweit, da Hindenburg, Ludendorff die Solidarität verweigernd, seinerseits einen solchen Rücktritt verweigert hatte.[37] Zudem hatte Hindenburg in seinen 1920 erschienenen Memoiren *Aus meinem Leben* das Gerücht genährt, den Sanguiniker Ludendorff hätte während der Schlacht ein Nervenzusammenbruch ereilt, der ihn an der Durchführbarkeit des Schlachtplans hätte zweifeln lassen. Hindenburg habe diese Schwäche Ludendorffs indes mit stoischer Ruhe ausgesessen und den Sieg so erst ermög-

---

[36] Wolfram Pyta: Hindenburg. Herrschaft zwischen Hohenzollern und Hitler, München 2007, 57-69.
[37] Walter Rauscher: Hindenburg. Feldmarschall und Reichspräsident. Wien 1997, 38-40, 48-50.

licht.[38] Um den um Hindenburg entsponnenen Mythos zu erhalten, durfte an diese angeblich in Tannenberg geernteten Meriten nicht gerührt werden, und es war Beumelburg, der auf Geheiß des Reichspräsidentenpalais', die Version vom Hindenburgschen ‚Fels in der Brandung' übernommen, wenn er in *Sperrfeuer* die Tannenberg-Lage vom 30. August 1914 wie folgend beschrieben hatte: „Ludendorff und die Mitglieder des Operationsstabes geraten in Zweifel, ob die Schlacht noch durchzuführen ist. Hindenburg aber entscheidet, dass es bei dem alten Plan bleibt."[39]

Ludendorff opponierte freilich zeitlebens gegen eine solche Darstellung der Vorgänge in Ostpreußen, die ihn seines Feldherrnprestiges beraubten. Mit Generalleutnant Friedrich Bronsart von Schellendorff monierte ein Protegé Ludendorffs im April 1930 im Reichspräsidentenpalais, Beumelburg sei ein „geschichtlicher Irrtum"[40] unterlaufen. Auch Reichsarchivpräsident Ritter Mertz von Quirnheim kritisierte, Beumelburg habe die Ereignisse auf einen falschen Tag gelegt, die Memoiren Hindenburgs ließen eine solche Darstellung nicht zu.[41] Meißner aber insistierte, Beumelburgs Schilderung beziehe sich auf eine direkte Änderung Hindenburgs,[42] und diese wohl mündlich formulierte Bekundung, dürfte in quellentechnischer Hinsicht auch den einzigen Gehalt dieser in *Sperrfeuer* enthaltenen, historisch überaus strittigen Deutung gebildet haben. In einer Auflage von 1939 hieß es fünf Jahre nach dem Tod Hindenburgs an selber Stelle jedenfalls wieder neutraler: „Die Lage ist auf das äußerste gespannt und es gehören eiserne Nerven dazu, an dem ursprünglichen Plan der Schlacht festzuhalten." (51)

Die Prachtausgabe der *Stählernen Jahre* fand in zahlreichen Schulen und öffentlichen Institutionen Verbreitung. Beumelburg hatte sie Hindenburg in einer Widmung explizit zugeeignet, dessen Leistungen sich so über die anschließende Lektüre legten: „Die Ereignisse, die dieses Buch darstellt, wurden von einem einzelnen beschrieben. Aber der Geist des Schreibenden gehorchte dem Geist

---

[38] Pyta: Hindenburg, 50-55.
[39] Beumelburg: Sperrfeuer, 51.
[40] BArch R 601/46, Korrespondenz Heinrich Stallings mit Otto Meissner von August 1929 bis April 1930, hier vom 9.4.1930.
[41] Ebd.: Mertz von Quirnheim an Doktor [Otto Meissner], 24.11.1934.
[42] Ebd.: Heinrich Doehle an Mertz von Quirnheim, 27.11.1934.

der Masse, die jene Ereignisse gestaltete. (…). Ein Name aus jenen stählernen Jahren überleuchtet alle anderen. Er war Glaubensbekenntnis, Hoffnung und Zuversicht. Im Geiste der Millionen, der lebenden und der toten, ist dieses Buch als ein Gelöbnis und ein Bekenntnis Hindenburg gewidmet."[43]

Als Dank folgte der Widmung Beumelburgs jene Hindenburgs: „Die Widmung dieses Buches, das die Ereignisse des Weltkrieges in ihrem Zusammenhange darstellt und diese Schilderung mit dem Fühlen des tapferen deutschen Frontkämpfers erfüllt, nehme ich in treuer Erinnerung an meine Kameraden, die lebenden und die toten, dankbar entgegen. Möge der Geist, der in den vier stählernen Jahren des großen Krieges alle Deutschen, die im Felde und die in der Heimat beseelte, der Geist aufopfernder Vaterlandsliebe und zusammengeschlossener Einigkeit, unserem deutschen Volke wiederkehren! von Hindenburg, Generalfeldmarschall, Reichspräsident"[44]

Hindenburg selbst erlangte so einerseits die geschichtspolitische Deutungshoheit über das Weltkriegsnarrativ, die ihm bzw. der Offizierskaste seit 1928 durch die zahlreichen, auf der Unteroffiziersebene des Schützengrabens angesiedelten, die generalstabsmäßige Etappe als Hort von ‚Drückebergern‘ diffamierenden und Fehler der OHL benennenden Frontromane zu entgleiten drohte. Beumelburg andererseits sicherte sich damit die geschichtspolitisch wirksame Authentizität des in weiten Teilen der Republik im Jahre 1930 noch immer beliebtesten Politikers des Landes.

Weiteren Änderungswünschen kam Beumelburg dagegen nicht nach. Die Frau des verstorbenen Generals Max von Hausen[45] etwa drohte Beumelburgs Darstellung des Marne-Dramas genauso mit Klagen zu überziehen wie der bayerische General Ludwig von Gebsattel. (Ebd.) Der Androhung juristischer Konsequenzen hinsichtlich so inkriminierter Passagen begegnete Beumelburg gegenüber Schwester Gertrud jedoch mit stoischer Süffisanz: „Dies nur als einige Kostproben meiner zunehmenden Berühmtheit, es ist kennzeichnend, daß ledig-

---

[43] Werner Beumelburg: Die stählernen Jahre. Das deutsche Buch vom Weltkrieg, Oldenburg 1929, 8.
[44] Ebd.: 10.
[45] Privatnachlass Schlarb: Werner Beumelburg vermutlich an Marie Beumelburg, 4.4.1930.

lich das hehre Geschlecht unserer wackeren Generale, unter denen zu kämpfen
wir die Ehre und das Vergnügen hatten, sich durch den Mangel an gutem Ton
auszeichnet (…).“ (Ebd.)

Blicken wir erneut in den Raum der Rezeption, würde Historiker Kurt Sontheimer *Sperrfeuer* in seinem 1962 erschienenen Werk über *Antidemokratisches
Denken in der Weimarer Republik* als eines jener nationalistischen Weltkriegs-
bücher bezeichnen, „die zum Einseitigsten gehören, was darüber je geschrieben
worden ist.“[46] Und für aus sicherer Distanz urteilende Historiker lässt sich am
fundamental rechtslastigen Charakter dieser Schrift kaum etwas deuten. Aber
sah es der zeitgenössische Leser genauso? Der Eindruck *Sperrfeuers* als einem
Werk mit soldatisch-nationalistischem Manifestcharakter konnte – dies hatten
bereits die interpretationsoffenen Schlachtendarstellungen gezeigt – trügen, und
zwar hauptsächlich, weil Beumelburg es auch in *Sperrfeuer* – selbst in den noch
näher zu untersuchenden Passagen zum ‚Dolchstoß‘ – vermied, in der Schuldzuweisung beständig explizit zu werden. Nach der Lektüre des Werkes hatte
eigentlich nur eine Gruppe dezidierten Grund zur Beschwerde, nämlich jene der
Österreicher, die diese bei dem Autor in Form eines auf zehn Tage befristeten
Ultimatums durch den Österreichischen Offiziersverband auch einreichten.[47]
Zeigte sich Beumelburg gleichwohl auch hier wenig empfänglich für die Modi-
fizierung beanstandeter Schilderungen, unternahm der k.u.k. Generalmajor a. D.
Anton von Pitreich seinerseits mit dem Werk *Der österreichisch-ungarische
Bundesgenosse im Sperrfeuer* von 1930 den Versuch, die bei Beumelburg verlo-
ren gegangene ‚Nibelungentreue‘ wiederherzustellen.

Am 6. Oktober 1929 erhielt Beumelburg auf Capri das erste Exemplar seiner
Weltkriegsdeutung, an dem ihn die „vornehme und hochanständige äußere
Aufmachung“[48] verzückte. Seine Mutter ließ er am selben Tag wissen, „alle
bisher einlaufenden Besprechungen in der Presse“ seien glänzend. Auch zwei
Wochen später[49] seien die Besprechungen „nach wie vor ganz ungewöhnlich

---

[46] Kurt Sontheimer: Antidemokratisches Denken in der Weimarer Republik. Die politischen Ideen des deutschen Nationalismus zwischen 1918 und 1933, München 1962,
136.
[47] Nachlass Schlarb: Werner Beumelburg vermutlich an Marie Beumelburg, 4.4.1930
[48] Ebd.: 6.10.1929.
[49] Ebd.: Werner Beumelburg an Marie Beumelburg, 27.10.1929.

gut, man kann schon von einem Rekord sprechen." Die Zuschriften häuften sich und die Zustimmung sei „einheitlich bei allen Parteirichtungen". (Ebd.) Am „schönsten", so meinte Beumelburg, seien jedoch „die [Zuschriften] von einfachen Soldaten. (…) ‚Es drängt mich' schreibt ein einfacher Mann, dem das Schreiben sichtlich Mühe macht, ‚als Deutscher Ihnen zu danken. Ich bin noch nie so erschüttert gewesen wie durch Ihr Buch. Jeder Soldat denkt so wie ich. Wenn einer so zu uns spricht wie Sie, das packt einen mit aller Macht. So etwas sollte man nicht wieder zu schreiben versuchen, das darf nur einmal geschrieben werden. Ich danke Ihnen als ein stiller Mann aus der Reihe derjenigen, die zufällig mit dem Leben davon kamen und ich grüße Sie in Hochachtung." Am 3. November war „nun alles gut auf dem Weg, der Widerhall in der Öffentlichkeit ist so groß, dass jede Zeitung auf das Buch eingehen muss."[50] Allein Berlin befände sich im Vertriebsrückstand, was Stalling und Bruder Walther mithilfe des Stinnes Verlages indes zu regeln gedächten.[51] Die Nachfrage nach dem Buch sei „rege", allein in der ersten Woche, frohlockte Beumelburg, verkaufte sich *Sperrfeuer* über 10 000 mal: „10 000 in einer Woche ist immerhin etwas ganz außergewöhnliches. Denkt man an die miserable Wirtschaftslage in Deutschland und an die Überschwemmung des Marktes mit Kriegsliteratur. Es ist ja unheimlich, wer alles auf einmal seine innere Berufung zur Interpretation des Kriegserlebnisses entdeckt. Alle wollen damit Geschäfte machen. Für mich und mein Buch sind wichtiger als der Absatz die Kritiken und das Rundsprechen (sic!) von Mund zu Mund. Danach muss es sich entscheiden. Nur nicht eine Augenblicksgeschichte, eine Modesache, dann wäre alles verloren. Denkt an den ‚Douaumont', wie langsam und konsequent das ging."[52] Nur einen Monat später durchbrach *Sperrfeuer* im Dezember die 100 000er Marke: „Allmählich beginne selbst ich zu glauben, daß es ein sehr großer und durchschlagender Erfolg werden wird, obwohl ich immer zu Skeptizismus neige. Wir können wohl als sicher annehmen, daß zu Weihnachten das hundertste Tausend überschritten sein wird, die demnächst erscheinende Ausgabe (*Die stählernen Jahre*, d. A.) gar nicht mitgerechnet. Der erste Monat ist wahrhaft erstaunlich und ich

---

[50] Ebd.: 3.11.1929.
[51] Ebd.: 10.11.1929.
[52] Ebd.: 9.10.1929.

entsinne mich noch gut, daß ich vor einem Jahr hier in Capri jemandem auf seine Frage antwortete, bei einem solchen Buch könne man höchstens im Laufe einiger Jahre mit 20 000 rechnen. Nun, besser so als umgekehrt."[53]

Im Zuge dieses literarischen Erfolges erlebten auch die Schlachtendarstellungen einen erneuten Auflagenfrühling. Die Rechte an *Douaumont* verkaufte Beumelburg für kulante 500 Reichsmark nach Frankreich[54], wo es 1932 genauso in Übersetzung neu aufgelegt wurde wie *Sperrfeuer*.[55] Ansonsten blieb der Erfolg auf den deutschen Sprachraum beschränkt, der gleichwohl immens war: Bis 1945 blieb *Sperrfeuer* mit insgesamt 350 000 verkauften Exemplaren sowie 1930 mit der Aufnahme in den Schulunterricht die meistgelesene Darstellung des Ersten Weltkrieges. Hinsichtlich der Verbreitung des Werkes berichtete eine stolze Mutter Marie Beumelburg Tochter Elisabeth im Februar 1930: „Heute Morgen fragte ich in der größten Buchhandlung nach (…), ob sie ein Buch ‚Sperrfeuer' hätten, worauf er's (der Buchhändler, d. A.) gleich griff und als ich sagte, ich hätte es, wollte nur fragen, ob man's bekäme, sagte er ‚Oh, das lassen wir nicht ausgehen, das ist immer auf Lager!'"[56] In Volks- und Universitätsbibliotheken war das Buch pausenlos vergriffen.[57] Stalling frohlockte über die politische und milieuübergreifende Rezeption des Werkes: „Die gesamte Kritik, wie sie mir bisher vorliegt, ist eine geradezu fabelhaft günstige. Auffallend auch, wie alle Parteirichtungen sich um das Buch gruppieren."[58]

Im konservativen, preußisch-protestantischen Lager lobte die *DAZ* Beumelburg als „bedeutsamsten und bewährten Publizisten"[59], der das „Hohelied des deut-

---

[53] Ebd.: 10.11.1929.

[54] Ebd.: Werner Beumelburg vermutlich an Marie Beumelburg, 4.4.1930.

[55] Werner Beumelburg: La Guerre mondiale racontée par un Allemand, Paris 1933; ders: Douaumont, Paris 1932. Des Weiteren wurden von Beumelburgs Büchern ins Französische übersetzt: Combattants allemands à Verdun, Paris 1934; L'Étalon blanc, Paris 1943; La Passion de Werner Romin, Paris 1944.

[56] Privatnachlass Schlarb: Marie Beumelburg an Elisabeth Beumelburg, 11.2.1930.

[57] Dies kommentiert etwa der Fristzettel eines Sperrfeuerexemplars der Universiätsbibliothek Mainz (Sign. G 1325), das laut Stempel aus der „Städtischen Volksbücherei Pforzheim" 1935 26mal, 1936 14mal, 1937 18mal ausgeliehen war, in: Busch: NS-Autoren, 94.

[58] Privatnachlass Schlarb: Heinrich Stalling an Werner Beumelburg, 31.10.1929.

[59] Ebd.: Werner Beumelburg an Gertrud Beumelburg, 13.10.1929.

schen Soldaten gedichtet" und seine „bewährte Meisterschaft hier zu ihrer er-
schütterndsten Höhe" geführt habe. Das *Hamburger Fremdenblatt* kommentierte: „Wer das neue Buch von ihm in die Hand nimmt, wird so stark gepackt, daß
es ihm schwer wird, sich von ihm loszureißen."[60] Die auch im Reich erscheinenden Wiener *Militärwissenschaftlichen und technischen Mitteilungen* – eine
der wichtigsten militärischen Fachzeitschriften – torpedierte zwar jene Passagen
Sperrfeuers, die die Leistungen des österreichischen Bundesgenossen schmäler-
ten, lobte die Darstellung aber dennoch anerkennend.[61] Die *Dresdner Nachrichten* feierten *Sperrfeuer* als Kontrapunkt zu Remarque: „Es gibt den Schilderungen eines Remarque nichts nach. Aber nicht Hass gegen ein blindes Schicksal
führt hier die Feder, sondern männliches Kämpfertum und Liebe zum Vaterland. (…)."[62] Es vermittle „den Glauben an unsere Zukunft. Deshalb gehört es
in die Hände der Jugend, als ein gerechtes und erschütterndes Zeugnis der seelischen und physischen Kraft unseres Volkes." (Ebd.) Das *Deutsche Adelsblatt*
lobte die Sachlichkeit des Stils, wenngleich *Sperrfeuer* keineswegs als wissenschaftliche Darstellung zu betrachten sei. Es obliege dem Werk allerdings auch
nicht, „Unzulänglichkeiten zur Sprache zu bringen, Gegensätze aufzudecken
oder gar zu vertiefen"; vielmehr habe es der adeligen Jugend Orientierung über
das im Krieg Geleistete an die Hand zu geben.[63] *Sperrfeuer* sei ein „Volksbuch", urteilten auch *Deutsche Zeitung* und *Lübecker Generalanzeiger*.[64] Der
Türmer lobte, *Sperrfeuer* stehe „turmhoch (…) über allen Parteiungen und allem Parteiklüngel. Es könnte, wenn es recht verstanden und aufgefasst wird,
eine Art Plattform bilden, auf die jeder, unbeschadet seiner Parteizugehörigkeit,
treten kann, um zu sagen: hier ist das Band, das uns alle verbindet."[65] Der *Berliner Lokalanzeiger* lobte, *Sperrfeuer* sei „das geistige Ehrenmal des deutschen
Heeres, das länger dauern wird als Erz und Stein. Ihm leuchtet die unbestechli-
che Wahrheit."[66] Die deutschnationale Posener *Schneidemühler Zeitung* würdig-

---

[60] Ebd.
[61] Unbekannt: Sperrfeuer um Deutschland, in: Militärwissenschaftliche und technische
Mitteilungen 61 (1930), 355.
[62] Unbekannt: Sperrfeuer um Deutschland, in: Dresdner Nachrichten 72 (1929), 13.10.
[63] Unbekannt: Sperrfeuer um Deutschland, in: Deutsches Adelsblatt 47 (1929), 730.
[64] Privatnachlass Schlarb: Werner Beumelburg an Gertrud Beumelburg, 13.10.1929.
[65] Unbekannt: Sperrfeuer um Deutschland, in: Der Türmer 9 (1930), Nr. 5, 459.
[66] Privatnachlass Schlarb: Werner Beumelburg an Gertrud Beumelburg, 13.10.191929.

te des Autors literarische Montagetechnik: „Sein Stil ist gemeißelter noch als früher, klar und von hinreißendem Schwung. In atemlosem Tempo zieht Leiden und Kämpfen der Nation an uns vorüber. Ein glänzender, überwältigender Film.“[67] Die *Wirtschaftlichen Nachrichten aus dem Ruhrbezirk*[68] priesen die episch dargestellte Unterdrückung Deutschlands, die die Nation gezwungen habe, ihr Schicksal in die eigene Hand zu nehmen. Gelobt sahen sich ferner die angebliche politische Tendenzlosigkeit sowie der Optimismus, den das Werk versprühe. Mit dem *Militär-Wochenblatt* applaudierte die seit 1916 wichtigste militärische Fachzeitschrift im Reich der vaterländischen Gesinnung des Autors, in welcher er der Kameradschaft ein „Denkmal“ gesetzt habe.[69] Die *Reichswehr-Fachschule* besang *Sperrfeuer* ebenfalls als „Volksbuch“, empfahl es Heeres-, Marine- sowie staatlichen Schulen und lobte die angebliche Neutralität der Darstellung, denn „nirgends kreuz[e] Beumelburg etwa die Klingen zum politischen Streit (…).“[70] In den *Blättern für das deutsche Schrifttum* rezensierte mit Ernst Jünger ein prominenter Vertreter das Buch ebenfalls positiv. Jünger lobte den neuartigen Charakter des Werkes, das im Gegensatz zu den vielen autodiegetischen Frontromanen eine Gesamtschau des deutschen Volkes als „kämpfender Lebensmacht“[71] geleistet habe. Zahlreiche Rezensenten lobpreisten *Sperrfeuer* als das „beste Buch vom Krieg“, ein Superlativ, mit dem konservative Deutungsmanager knapp anderthalb Jahre auch der *Gruppe Bosemüller* huldigen würden. Hochrangige Militärs wie Hans von Seeckt, August von Mackensen, Rüdiger von der Goltz, Hermann von Kuhl und Wilhelm Heye gratulierten Beumelburg auf Capri, die „Fachkritik“, so Beumelburg, stehe „rückhaltlos“ hinter ihm.[72] Reichsarchivspräsident von Quirnheim schrieb: „Sie haben erstklassiges geleistet, ihr meisterhafter Stil zeigt ein Höchstmaß der

---

[67] Ebd.

[68] Unbekannt: Sperrfeuer um Deutschland, in: Wirtschaftliche Nachrichten aus dem Ruhrbezirk 12 (1931), Nr. 32, 692.

[69] Unbekannt: Sperrfeuer um Deutschland, in: Militär-Wochenblatt. Unabhängige Zeitschrift für die deutsche Wehrmacht 114 (1929), Nr. 17, 667.

[70] Unbekannt: Sperrfeuer um Deutschland, in: Die Reichswehr-Fachschule 5 (1929), 309.

[71] Ernst Jünger: Deutsche Bücher. Ja und nein, in: Blätter für deutsches Schrifttum 1 (1929), Nr. 9, 40-43, hier 40.

[72] Privatnachlass Schlarb: Werner Beumelburg an Gertrud Beumelburg, 13.10.1929.

Stoffbeherrschung, was zum Erstaunen zwingt. Ihre Kritik ist vornehm und musterhaft. Besonders ergreifend sind Ihre Schilderungen des Frontsoldaten. Ihr Buch steht turmhoch über allem, was bisher auf diesem Gebiet versucht wurde."[73]

Infolge der Kriegsliteraturflut urteilte erstmals auch die *Stahlhelm-Bundeszeitung* wohlwollend über Beumelburg, dem „in dichterischem Schauen jener objektive Überblick, den der Mitkämpfer als Erinnerungsanhalt braucht, prächtig gelungen"[74] sei. Der Aufschwung, den der nationalistische Frontgedanke durch die Debatte um Remarque erfuhr, kam den politischen Ansprüchen des Stahlhelms zugute, weshalb er nun zunehmend gewillter war, das neuartige Kriegsnarrativ zu fördern. Er sorgte etwa 1930 für die Veröffentlichung von Schauweckers *Aufbruch der Nation* als Fortsetzungsroman, und in einer instruktiven, ganzseitigen Besprechung blickte hier mit George Soldan einer der Pioniere des modernen Kriegsnarrativs nochmals auf die Anfänge dieses ästhetischen Formwandels zurück, den Jüngers *Stahlgewitter* und Beumelburgs Schlachtendarstellungen 1918 eingeleitet hatten: „Über diese Fragen (der Einbeziehung von Tod, Destruktion und Leid in die Darstellung, d. A.) habe ich oft mit Werner Beumelburg, als er noch im Rahmen der von mir damals geleiteten Schriftenfolge von ‚Douaumont', ‚Loretto', ‚Ypern' und ‚Flandern' gearbeitet hatte, gesprochen. Damals eiferten überkluge Kritiker gegen den in Beumelburgs Darstellungen zum Ausdruck kommenden, deutschem Empfinden gewiß wesensfremden Naturalismus, der bisweilen in schaurigster Art zu Worte kam. (…) Wir Kämpfer des Krieges stehen solcher Auffassung verständnislos gegenüber. Uns sind die realistischen Werke eines Beumelburg, eines Schauwecker, eines Jünger gerade wegen ihrer Wirklichkeitsschilderung die zum Herzen sprechenden."[75]

Einen tieferen Lesereindruck, der einen Einblick in die von *Sperrfeuer* bei zeitgenössischen Lesern evozierte Emotionalität gewährt, lieferte ein Rezensent des

---

[73] Ebd.: Werner Beumelburg an Marie Beumelburg, 27.10.1929.
[74] Enthalten in Stalling-Werbeprospekt in: Pressemappe Literaturarchiv Marbach: Z: Beumelburg, Werner.
[75] George Soldan: Sperrfeuer um Deutschland, in: Der Stahlhelm 11 (1929), Nr. 41, 13.10.

Chemnitzer Tageblatts, der in *Sperrfeuer* die gegen „Remarques Schwafelei"[76] gerichtete wahre „Ilias des Weltkrieges" erblickte: „Ich las das Buch in zwei Nächten ohne auf zu blicken, mit einem würgenden Gefühle in der Kehle, mit dem ganzen Schlag meines Herzen (sic!) und an einer Stelle gar (warum sollte ich es leugnen?) mit brennenden Tränen in den Augen. Ich wollte, als ich den Deckel endlich geschlossen, nach einem anderen Buche greifen, ich konnte es nicht: ich nahm Meister Balzacs so stark und spannend geschriebenes Chagrinleder zur Hand, – es ging nicht. Ich griff zum Wandsbeker Boten, zum Cherbinischen Wandersmann und Klaus Groths ‚Quickborn', die bei mir selten versagen, – jetzt versagten sie! Ich griff zum jungen Goethe – was aber konnten mir Lottes und Werthers Leiden sein? Griff zu Mörike, aber sein holdes Lied fand wohl mein Ohr und nicht, wie sonst, mein Herz. Gewiss, so war es, so stark war der Bann." (Ebd.) Beumelburgs in *Sperrfeuer* zum Tragen kommender Affektpoetik war es offenkundig gelungen, dezidierte Gefühlsausschöpfungen, ja grundstürzende Überwältigungseffekte auszulösen, was ihm eine rein sachlich-nüchtern gehaltene Weltkriegsmonographie wohl kaum erlaubt hätte. Solche gefühlsgetränkten Lektürereminiszenzen tauchten in der Kommentierung von Kriegsliteratur immer wieder auf und zwar durchaus unabhängig vom Alter der jeweiligen Konsumenten.

Wie der letzte Kommentar zeigt, wurde Beumelburgs Schrift zudem immer wichtiger in der Abwehrschlacht der Remarqueschen Botschaft von einer ‚verlorenen Generation', die der Krieg zerstört habe, „auch wenn sie seinen Granaten entkam."[77] Wie sehr Rechtskonservative mithilfe Beumelburgs gegen diese Kriegsdeutung Front zu machen verstanden, zeigt das Beispiel Bernard Schwertfegers, der 1918 zum Stab des Reichstagsuntersuchungsausschusses gehört hatte, der sich mit den Ursachen des Weltkriegsausbruchs auseinandergesetzt und die Dolchstoßlegende in die Welt gesetzt hatte. In seiner anschließenden Redakteurstätigkeit für verschiedene Militärzeitschriften ereilten Schwertfeger zahlreiche Rezensionswünsche Kriegsliteratur edierender Verlage, hier etwa Walter Bloems *Held seines Landes* (1929), Franz Wallenborns *1000*

---

[76] Unbekannt: Sperrfeuer um Deutschland, in: Chemnitzer Tageblatt und Anzeiger 82 (1929), Nr. 290, 20.10.
[77] Nach der Widmung von *Im Westen nichts Neues*.

Tage Westfront (1929), Karl Federns *Hauptmann Latour* (1929) und schließlich auch Beumelburgs *Sperrfeuer*.[78] Schwertfeger, der sich im Anschluss an dessen Lektüre über 15 Jahre lang alle Bücher Beumelburgs zusenden ließ, gewann einen „ausgezeichneten Eindruck"[79] des Buches, zeigte sich beeindruckt von der „Kennzeichnung des Soldaten von 1917" und verbreitete laut eigenem Bekunden die politischen Botschaften des Werkes fortan auf Vortragsreisen in Heeres- und Marineschulen, um gegen *Im Westen nichts Neues* zu polemisieren.

Schließlich traf das Werk im rechten Spektrum einmal mehr auf die große Begeisterung jugendbewegter Leser, hatte Beumelburg auch dieses Werk im Vorwort der Jugend zugeeignet, auf dass sie das „Vermächtnis der Gefallenen" – nämlich „Männlichkeit, Kameradschaft, [und] Liebe zum Vaterland" – annehme und erhalte. Dass sich vor allem konservative Jugendliche im Verlauf der Kriegsliteraturflut erneut der von ihnen bewunderten Helden-Figur zuwandten, beobachteten zeitgenössische Beobachter Ende der 20er Jahre aller Orten: Verzückt konstatierte Ernst Jünger 1930, „daß die deutsche Jugend sich der symbolischen Erscheinung des Frontsoldaten als ihrem Vorbild zuzuwenden beginnt."[80] Der Wiener Publizist Jonas Lesser meinte „viel Jugend bejaht den Krieg aus Grundsatz und Weltanschauung, bejaht ihn mit einer romantischen Verzückung, in hohen und höchsten Tönen, als etwas hehres und heiliges, fast der Religionen gleich (…).[81] In der *Weltbühne* wusste ein resignierter Lehrer vom unstillbaren Durst seiner Schüler zu berichten, forderten diese ihren Heroen immer wieder von Neuem dazu auf, persönliche Kriegsanekdoten zum Besten zu geben: „Immer wieder reagierten sie mit vor Spannung zitternder Aufmerksamkeit. Die Augen glänzten, die Knabenkörper hockten in den Bänken wie zum Absprung bereite Raubtiere."[82]

---

[78] BArch N 1015/465, Bernhard Schwertfeger an Heinrich Stalling, Korrespondenzen vom 16.10.1929 und 24.1.1930, hier vom 16.10.1929; vgl. auch jene vom 21.3.1939.
[79] Ebd.
[80] Ernst Jünger: Die totale Mobilmachung, in: Ders (Hg.): Krieg und Krieger, Berlin 1930, 29.
[81] Jonas Lesser: Von deutscher Jugend, Berlin 1932, 143.
[82] Unbekannt: Das Kriegserlebnis im Unterricht, in: Die Weltbühne 25 (1929), Nr. 18, 30.4., 725.

Die jungkonservativen *Kommenden* lobten *Sperrfeuer* als „künstlerisch form-
vollendet"[83], menschlich erschütternd und mitreißend; „jeder bündische, jeder
deutsche Junge" müsse es lesen, es sei „ein wirksames Gegengift gegen den
‚Geschichts'-Unterricht der heutigen Schule, indem man ihn mit törichten Geschichten anödet." Der *Ring* schwärmte, *Sperrfeuer* verstünde es, „das Vermächtnis vierjähriger Frontgemeinschaft, Männlichkeit, Kameradschaft und
Liebe zum Vaterland, an die weiterzugeben, denen schon heute der Krieg nur
mehr ein Spiel der Väter ist (…)."[84] Der *Junge Deutsche* urteilte, *Sperrfeuer*
übertreffe aufgrund seiner Neutralität alle „anderen tendenziösen Kriegsbücher.
Jeder Vaterlandsfreund, vor allem aber die freiheitsliebende deutsche Jugend"[85]
habe es in die Hand zu nehmen. In der einzigen überhaupt an Beumelburg erhal-
tenen ‚Fanpost' offerierte ein 16-jähriger Kaufhausvolontär Einblicke in jenes
Rezeptionsverhalten, auf das der kriegsliterarisch aller Orten anzutreffende
Realismus keineswegs abschreckend wirke. Der junge Beumelburg-Leser ängs-
tigte sich zwar „vor der entsetzlichen Realität Ihrer Werke."[86] Der Autor werde
dadurch jedoch „nicht kleiner, vielmehr wächst er. Man sieht dabei welch groß-
artigen Charakter das Wahre hat, wenn es einer zu sagen wagt (…)." Mit dem
angehenden Journalisten Ludwig Alwens, Jahrgang 1905, berichtete ein weiterer Jugendbewegter ohne Fronterfahrung Ernst Jünger von seinen literarischen
Eindrücken: „Beumelburgs ‚Sperrfeuer' hat mir sehr großen Eindruck gemacht,
obwohl es, rein literarisch genommen, kein sehr gutes Buch ist. Aber der Sachverhalt, den es schildert ist so außerordentlich und mir so neu gewesen, da ich
ihn ja nicht bewusst mit erlebt habe, daß ich das Buch lese, wie die Bibel."[87]

Wie sehr Kriegsliteratur dabei ungeachtet der jeweiligen Autorintention in den
Bücherregalen von Jugendlichen zum briefmarkenartigen Sammelobjekt geriet
und trotz mangelnder Fronterfahrung zu wehrbereitem Handeln anhielt, zeigt

---

[83] Unbekannt: Sperrfeuer um Deutschland, in: Die Kommenden 4 (1929), Nr. 9, 28.
Hornungs (Februar), 107.
[84] Unbekannt: Sperrfeuer um Deutschland, in: Der Ring 2 (1929), Nr. 49, 959.
[85] Privatnachlass Schlarb: Werner Beumelburg an Gertrud Beumelburg, 13.10.1929.
[86] PrAdK 820, fol. 134-138, hier 134, Brief eines nicht näher genannten 21-jährigen
Kaufhausvolontärs an Werner Beumelburg, 7.8.1933.
[87] Literaturarchiv Marbach, A: Ernst Jünger, Ludwig Alwens an Ernst Jünger, 3.1.1929.
Hinsichtlich des hier angegebenen Jahres 1929 muss es sich um einen Maschinentipp-
fehler handeln, da *Sperrfeuer* erst im Oktober 1929 veröffentlicht wurde.

das Beispiel eines jugendlichen Jünger-Lesers. Auf der Suche nach günstig zu erwerbender Kriegsliteratur kam dieser gewiefte Junge namens Haubold auf die naheliegende Idee, mit Ernst Jünger den Urquell aller modernen Kriegsliteratur anzuschreiben: „Werter Kamerad Jünger! Mit stiller Begeisterung habe ich Ihre Kriegsbücher immer und immer wieder durchgelesen. Sie sind ohne Schminke geschrieben, einfach und ernst, aber doch ergreifend und an manchen Stellen das Innere des Menschen aufwühlend. Ich wünschte, ich hätte mit dabei sein können. Nicht aus Übermut, sondern um der Nation und der Kameradschaft willen.“[88] Im Anschluss an diese Respektsbekundung erkundigte er sich bei dem Kriegsdichterfürsten, ob dieser nicht über Verlagsverbindungen verfüge, durch die Haubold zu einem kostengünstigeren Preis an weitere Kriegsbücher herankäme, um seine Kriegstextsammlung weiter zu vervollständigen. Glücklicherweise gab der Bittsteller auch einen dezidierten Einblick in seinen bereits vorhandenen Lektürevorrat. In diesem befanden sich überraschenderweise neben bewunderten bellizistischen Werken Jüngers, Schauweckers (*So war der Krieg*, 1928), Hans Henning von Grotes (*Die Höhle von Beauregard*, 1930), Franz Seldtes (*Dauerfeuer* 1930), Alfred Heins (*Eine Kompanie Soldaten*, 1930) auch jene pazifistisch intendierten Ludwig Renns (*Krieg*) und Fritz von Unruhs (*Opfergang*, 1916). Die in diesen Texten enthaltenen völlig unterschiedlichen Autorintentionen hatten Haubolds kriegsaffirmativen Habitus auf gleiche Weise befeuert.

Im Hinblick auf den emotionalen Höhenrausch, der erwachsene Rezensenten während der Lektüre ereilte, waren jugendliche Leser erst recht für solche Empfindungen empfänglich. Max Kommerell, Jahrgang 1902, Nichtkombattant und Anhänger des George-Kreises berichtete von seinem Leseerlebnis: „‚Sperrfeuer um Deutschland‘ las ich beinah durch. Ein würdiges und kluges Buch, keusch im Unterlassen einzelner Gräuelgemälde und überlegen im Hervorheben der großen Actionen (sic!) und des größeren Fatums. Aber furchtbare Lähmung folgt auf solches Lesen, man ist einfach hilflos. Immerhin: die Ehrfurcht vor den deutschen Soldaten wächst ins Unermessliche, und man fragt sich: hat nicht das Deutschland von 1914-17 immer noch das zehnfache an Manneskraft bis an die

---

[88] Ebd., [ohne Vornamen] Haubold an Ernst Jünger, [ohne Datum] 1931.

Grenze des Tragischen gezeitigt als heute zu erwarten stünde? Ich rede natürlich vom Volk, nicht von den wenigen. Ehrfurcht auch vor Preußen."[89]

Nicht nur die lesetechnisch und selbstreflexiv noch unausgegorene jugendbewegte Alterskohorte näherte sich auf der Suche nach handlungsanleitendem Sinn nationalistischer Kriegsliteratur an. Der nationalliberale Journalist und Schriftsteller Franz von Unruh, der Bruder Fritz von Unruhs, meinte 1932, Kriegsliteratur böte auch der akademischen Jugend „ein Arsenal, wenn nicht greifbaren, so doch psychischen Rüstzeugs; Ideale der Ehre, der Würde und Männlichkeit, des Opfersinnes und Heroismus."[90] Als ein Vertreter eben dieser konservativ geprägten akademischen Jugend kann etwa Ernst Forsthoff, Jahrgang 1902, gelten, der neben Carl Schmitt in den 1930er Jahren zu den staatsrechtswissenschaftlichen Legitimatoren des NS-Regimes aufsteigen würde. Er nannte in seinem Aufsatz *Staatsrechtswissenschaft und Weltkrieg* von 1931/32 neben dem Reigen soldatischer Nationalisten wie Jünger, Beumelburg oder Josef Magnus Wehner auch Remarque und schloss im rezeptiven Erkenntnisgewinn scheinbar undifferenziert: „Das alles zu lesen ist qualvoll, aber notwendig"[91] und zwar im Sinne einer positiven Haltung zum nationalistisch auszurichtenden Staat.

Noch weiter rechts näherten sich nun auch völkisch-nationalsozialistische Kreise dem von bürgerlichen Vertretern generierten Kriegsnarrativ an. Dies erschien insofern legitim, als die NSDAP infolge der Reichstagswahlen im September 1930 mit 18,3 Prozent nach der SPD zur zweitstärksten Fraktion aufstieg. Im Rahmen dieser Entwicklung zur ‚Volkspartei' war es nur konsequent, sich vom vormals exklusiv auf Angehörige des nationalsozialistischen Kampfes beschränkten Kameradschaftskonzept zu verabschieden und sich auf die Grundlagen der breitenwirksameren, vergemeinschaftenderen Variante des soldatischen

[89] Stefan-George-Archiv Stuttgart, Kommerell II/1011, Nachlass Max Kommerell, Max Kommerell an Hans Anton, (ohne Datum).
[90] Friedrich Franz von Unruh: Nationalistische Jugend, in: Neue Rundschau 43 (1932), Nr. 5, 577-592, zitiert nach Ulrich: Krieg, 189, Dokument 26 d.
[91] Ernst Forsthoff: Staatsrechtswissenschaft und Weltkrieg, in: Blätter für deutsche Philosophie 5 (1931/1932), 294.

Nationalismus zu stellen.[92] Der *Völkische Beobachter* lobte, Beumelburg schildere „glänzend die gewaltige technische Überlegenheit, der unsere prächtigen Kämpfer an der Somme begegneten."[93] Seine Redakteure bedauerten, dass *Sperrfeuer* im Gegensatz zu Remarque ‚nur' ein Zehntel der Auflage von *Im Westen nichts Neues* erreiche.[94] In der Phalanx nationalistischer Kriegsromane wollten sie dem kameradschaftlichen Lob konservativer Rezensionsorgane fortan in Nichts mehr nachstehen. Die NSDAP-nahe, schlesisch-völkische Kulturzeitschrift *Blut und Boden* meinte beispielsweise, *Sperrfeuer* hebe das zum politischen Streitobjekt verkommene Kriegserlebnis endlich wieder auf die Höhe einer gesamtgesellschaftlichen Betrachtung. *Sperrfeuer* sei „das Buch, daß Eltern ihren Kindern, das ein Freund dem anderen, das der Kriegsteilnehmer dem Zivilisten, das der Mann seiner Frau in die Hand gibt, wenn er sagen will: ‚Sieh hier – so war es, so hat es sich abgespielt – dies alles ertrugen wir, und so sah es in unserem Innern aus.'" Es sei „Denkmal der Kameradschaft, Denkmal des Glaubens an die ideale Gesinnung, Denkmal der Vaterlandsliebe."[95] Der Barde völkisch-germanischer Heldensagen, Hans Friedrich Blunck, hielt die Prosa *Sperrfeuers* für „bewundernswert".[96] Auch Will Vespers nationalsozialistische *Schöne Literatur* urteilte, *Sperrfeuer* bilde eine „notwendige Ergänzung"[97] zu Remarque und Renn: „Vor dieser unparteiischen Darstellung können alle sich finden und die parteiischen Verzerrungen und Begrenzungen der anderen Kriegsbücher stillschweigend korrigieren."

Wenden wir uns erneut den demokratienäheren Rezensionskohorten zu, gelingt mithilfe *Sperrfeuers* ein Blick in das katholische Milieu, in dem das Werk ebenfalls Lob und Anerkennung fand. Ausgangsposition einer positiven Aufnahme

---

[92] Unbekannt: An der Front gab es keine Klassen, nur Kameraden, in: Völkischen Beobachter/Münchner Beobachter (Beiblatt) 4 (1929), Nr. 87, 16.4.; Kühne: Kameradschaft, 108-110.
[93] Unbekannt: Sperrfeuer um Deutschland, in: Völkischer Beobachter/Bayernausgabe 4 (1929), Nr. 274, 26.11.
[94] Unbekannt: Das Weltbild des Kriegers, in: Völkischer Beobachter/Berliner Ausgabe 5 (1930), Nr. 298, 16.12.
[95] Unbekannt: Sperrfeuer um Deutschland, in: Blut und Boden 2 (1930), Nr. 3, 156.
[96] Schleswig-Holsteinische Landesbibliothek Kiel, Nachlass Hans Friedrich Blunck, Cb 92,64.1.1:15,77, Hans Friedrich Blunck an Werner Beumelburg, 12.4.1934.
[97] Unbekannt: Gruppe Bosemüller, in: Die schöne Literatur 30 (1929), 584.

von Kriegsliteratur im gemeinschaftsaffinen Katholizismus bildete die Chance
vieler Katholiken, durch ihre Kriegsteilnahme jenes Stigma abzulegen, das ihnen als ‚Reichsfeinden' seit Bismarcks Kulturkampf der 1870er Jahre angehaf-
tet hatte. Wie vielen vom Nationen-Diskurs exkludierten Gesellschaftsgruppen
hatte sich Angehörigen katholischen Glaubens im August 1914 ebenfalls die
Chance geboten, als ‚gute deutsche Staatsbürger' in die kollektive Identität des
preußisch-protestantisch dominierten Kaiserreiches zurückzukehren.[98] Die Katholische Kirche in Deutschland hatte sich während der Kriegsjahre genauso
wie die protestantische von ihren ethischen und moralischen Dispositionen wie
Nächstenliebe, Schutz der Schwachen und Gewaltverzicht verabschiedet und
ihren Universalanspruch gegen eine nationale Verteidigungsstellung einge-
tauscht. In nationalistischen Legitimationsspenden hatten katholische Geistliche
ungeachtet der Friedensenzykliken Papst Benedikts XV. mit Predigten, Hirtenbriefen und Büchern ihren protestantischen Pendants während der Kriegsjahre
in nichts nachgestanden.[99]

Der in den 20er Jahren in der Zentrumspartei – freilich auch in der hier stief-
mütterlich übergangenen Bayerischen Volkspartei (BVP) – politisch zusam-
mengefasste Katholizismus war – wie in den Weimarer Koalitionen im Verbund
mit SPD und DDP 1919/20 – nach links und – wie infolge des 1930 durch die
Präsidialkabinette einsetzenden demokratischen Verfalls mit Heinrich Brüning
und Franz von Papen (Z) – rechts koalitionsfähig. Hatte sie sich zu Beginn der
Weimarer Jahre unter Matthias Erzberger und Wilhelm Marx auf den Boden der
Verfassung gestellt, geriet das Zentrum etwa im Zuge der 1928 erfolgenden
Wahl Ludwig Kaas' zum Parteivorsitzenden stärker in nationalkonservativeres
Fahrwasser.[100]

In den 20er Jahren dynamisierte der Gemeinschaftsdiskurs auch Zentrums-
Angehörige, die sich als Nationalstaatskatholiken einer deutschen Reichsidee
mit europäischem Hegemonieanspruch oder als Republikkatholiken einer euro-

---

[98] Lätzel: Katholische Kirche, 41-52.
[99] Ebd.: 41-52, 62, 67.
[100] Karsten Ruppert: Im Dienst am Staat von Weimar. Das Zentrum als regierende Partei
in der Weimarer Demokratie 1923-1930, Düsseldorf 1992, 335ff.

päischen Friedensordnung auf ambivalenter Identitätssuche befanden.[101] Theologische Exponenten des gemeinschaftsgläubigen katholischen Milieus legten – hier insbesondere im Abwehrkampf gegen den atheistischen Kommunismus – zahlreiche Konzepte vor; die Vorstellung von Gemeinschaft als sittlichem Prinzip bei Theodor Steinbüchel etwa, der einen katholischen Sozialismus mit ethischem Gemeinschaftsideal vertrat; die Solidaritäts- und Universalismus-Konzepte Max Schelers (Z) und Othmar Spanns, die mit Otto Weiss' deutschtümelndem ‚Sieg-Katholizismus' oder Franz Zachs Ansätzen konkurrierten, den katholischen Glauben in eine „christlich-germanische[r] Kultur"[102] einzubetten. All diese hier nur schlagwortartig benennbaren Vergemeinschaftungskonzepte sahen sich in die mystische Vorstellung vom Leib Jesu Christi als Urbild der Gemeinschaft eingelassen.[103]

Ebenso unterschiedlich fielen im deutschen Katholizismus daher die deutungskulturellen Positionen zum verlorenen Krieg aus. Neben dem Bestreben, sich nach der katholischen Propaganda des Ersten Weltkrieges wieder stärker an das fünfte Gebot zu halten – zu nennen sind hier etwa die Unternehmungen des Friedensbundes Deutscher Katholiken[104] – existierte doch auch ein dezidierter katholischer Leistungsdiskurs, die im Krieg erbrachten Leistungen der Soldaten, hier vor allem die geschlossene Haltung der Nation, anzuerkennen. Eine solche Position vertrat etwa Martin Spahn, der die Leistung im ‚Großen Krieg' den Infanteristen zuschrieb, nicht aber „der Diplomatie und Staatskunst"[105], den von ihm verachteten Männern „im schwarzen Gehrock." Ferner zirkulierten ‚Volksgemeinschafts'-Konzepte auch in der Zentrumspartei, die sich 1924 als „christliche Volkspartei [verstand], die bewusst zur deutschen Volksgemeinschaft steht und fest entschlossen ist, die Grundsätze des Christentums in Staat und

---

[101] Grundlegend dazu Reinhard Richter: Nationales Denken im Katholizismus der Weimarer Republik, Münster 2000.

[102] Otto Weiß: Kulturkatholizismus. Katholiken auf dem Weg in die deutsche Kultur 1900-1933, Regensburg 2014, 142-148.

[103] Alois Baumgartner: Sehnsucht nach Gemeinschaft. Ideen und Strömungen im Sozialkatholizismus der Weimarer Republik, München 1977.

[104] Richter: Katholizismus, 151.

[105] Martin Spahn: Die deutsche Kriegsliteratur, in: Hochland 18 (Februar 1921), 616-625, hier 616; vgl. auch ders.: Die deutsche Kriegsliteratur, in: Ebd. 18 (April 1921), 101-117.

Gesellschaft, Wirtschaft und Kultur zu verwirklichen"[106] Wilhelm Marx, den das Zentrum 1925 in die Wahl um das Reichspräsidentenamt geschickt hatte, hatte sich seiner Wählerschaft als „Präsident[en] der Volksgemeinschaft" anempfohlen.[107] In diesem Kontext erscheint es sicherlich ein wenig willkürlich, das Zentrum an dieser Stelle dem linkspolitischen Spektrum zuzuschlagen. Trotz des von Zentrumsangehörigen wie Papen oder Brüning ab 1930 zentral mitinitiierten parlamentarischen Auflösungsprozesses ist eine solche Einordnung angesichts ihrer bis 1929 geleisteten demokratischen Grundlagenarbeit jedoch mehr als legitim.

In diesem hier nur skizzenhaft zu umreißenden Kontext fand *Sperrfeuer* ebenfalls eine positive Aufnahme in katholischen Jugendzeitschriften wie etwa den *Stimmen der Jugend*.[108] Waren im Katholischen Jungmännerverband (KJMV) zunächst pazifistische Autoren wie Renn und Remarque dominant gewesen, begannen diese ab 1930 von Autoren wie Beumelburg oder Edwing Erich Dwinger (*Die Armee hinter Stacheldraht*, 1929) verdrängt zu werden.[109] *Sperrfeuer* fand hier im nahezu selben Wortlaut und in Abgrenzung zu Remarques Bestseller den gleichen Anklang als ‚Volksbuch vom Weltkrieg', wie ihn nationalistische Milieumanager anstimmten. Das zentrumsnahe *Zentralblatt der Christlichen Gewerkschaften Deutschlands* lobte etwa einstimmig mit antidemokratischen Rezensionsorganen die von Beumelburg gelieferte, nüchterne Darstellung einer ‚Frontgemeinschaft' und eines Krieges, die die „starken sittlichen Ideen und Kräfte"[110] des Volkes geweckt hätten, die es für den nationalen Wiederaufstieg benötige.

---

[106] Richtlinien der Deutschen Zentrumspartei vom 16.1.1922, in: Herbert Lepper (Hg.): Volk, Kirche, Vaterland. Wahlaufrufe, Aufrufe, Satzungen und Statuten des Zentrums 1870-1933, Düsseldorf 1998, 418.

[107] Wahlaufruf der *Germania* vom 27.3.1925, in: Ebd., 450-453; zur Nutzung der ‚Volksgemeinschaftsparole' als Einigungsangebot zwischen rechts und links 1925 vgl. Ruppert: Im Dienst, 109-130, bes. 119.

[108] F. Riedl: Sperrfeuer um Deutschland, in: Stimmen der Jugend 3 (1931), Nr. 2, 83.

[109] Arndt Weinrich: Der Weltkrieg als Erzieher. Jugend zwischen Weimarer Republik und Nationalsozialismus, Essen 2013, 99.

[110] Unbekannt: Sperrfeuer um Deutschland, in: Zentralblatt der Christlichen Gewerkschaften Deutschlands 29 (1929), Nr. 21, 296.

Von ähnlichen Stimmen wusste Beumelburg dank Koch-Weser ebenfalls aus dem liberalen Lager zu berichten. So habe etwa das „,Berliner Tageblatt' sehr gut geschrieben (…).“[111] Dieses wichtige linksliberale Nachrichtenblatt betonte ebenfalls die geschichtspolitische Notwendigkeit, die vom deutschen Volk während des Krieges erbrachten Leistung einer positiven Erinnerungskultur zuzuführen: „Was das deutsche Volk braucht ist ein volkstümliches Buch über den Krieg. Das hat mit der Frage, wie man zum Krieg steht nichts zu tun. Das Buch (…) erfüllt dieses Bedürfnis in unerwartetem Maße. (…) Man hat in anderen Ländern dem unbekannten Soldaten ein Denkmal gesetzt. Hier ist für Deutschland dem Unbekannten Soldaten (sic!) ein Denkmal entstanden, rühmlicher und dauernder als Erz.“[112] Die linksliberale Universitätszeitschrift des Deutschen Akademischen Austauschdienstes *Hochschule und Ausland* empfahl jedem, der sich noch kein Kriegsbild gemacht hatte, die Lektüre *Sperrfeuers*, wenngleich der Autor in der Abhandlung des Weltkrieges noch „apodiktische Vorurteile“[113] pflege. Die liberale Bremer *Weserzeitung* lobte, *Sperrfeuer* sei eine „Symphonie Beethovenscher Prägung (…) Alle Einseitigkeit, alle Engherzigkeit ist überwunden.“[114] Und in der *Frankfurter Zeitung* sorgte Werner Stephan für eine Besprechung des von ihm mitredigierten Werkes. Beumelburg sei es gelungen „künstlerisch und dramatisch zu gestalten“[115] und den Frontsoldaten als den großen Helden jener Jahre zu inszenieren. *Sperrfeuer* sei neben *Grischa* (Osterlebnis), *Krieg* (Westerlebnis) und *Im Westen nichts Neues* (künstlerische Gestaltung) die maßgebliche Gesamtschau für die nachfolgende Generation, „wenn sie den Krieg sehen will, wie er war.“ Zwar könnten des Schriftstellers politische Urteile nicht immer gebilligt werden; dennoch habe er „wohlabgewogen“ geurteilt und sei „niemals“ verletzend.

---

[111] Privatnachlass Schlarb: Werner Beumelburg an Marie Beumelburg, 27.10.1929.
[112] *Berliner Tageblatt* zitiert nach Werner Mittenzwei: Die Mentalität des ewigen Deutschen. Nationalkonservative Dichter 1918 bis 1947 und der Untergang einer Akademie, Leipzig 2003[2], 206.
[113] Unbekannt: Sperrfeuer um Deutschland, in: Hochschule und Ausland 9 (1930), Nr. 3, 46.
[114] Privatnachlass Schlarb: Werner Beumelburg an Gertrud Beumelburg, 13.10.1929.
[115] Werner Stephan: Ein Kriegsbuch, in: Frankfurter Zeitung 73 (1929), Nr. 580, 13.12.

Auch in Willy Haas' und Ernst Rowohlts bürgerlich-liberalen *Literarischen Welt* hing die Bewertung von Kriegsliteratur stark von den politischen Ansichten der Beitragslieferanten ab. Konnten etwa Zweigs *Grischa* oder Ernst Glaesers *Jahrgang 1902* von 1929 als Belege dafür gelten, dass es unmöglich sei, im Kriege sittlich zu handeln[116], diente Georg von der Vrings *Soldat Suhren* in einer völlig anders gearteten Besprechung als vorzügliches Beispiel, wie eine Kriegsdarstellung auf „mitleidige[n] Pazifismus" verzichtete.[117] Der jüdisch sozialisierte Friedrich Sternthal etwa lobte Beumelburgs „leidenschaftliche[n] Drang zur Wahrheit"[118], die ihn in den Augen des Rezensenten auf die Dolchstoßlegende verzichten und „Irrtümer" von Volk, Militär und Politik benennen ließ. Sternthal fasste *Sperrfeuer* als durchweg deutschlandkritisches Buch auf; es fehle „nichts. Es ist alles da: der Wahnsinn des Hindenburg-Programms, das man aber nicht richtig durchzuführen wagte und dessen Halbherzigkeit erst recht verhängnisvoll wirkte (…). Der Unsinn der Rationierung (…). Die Fehler einer falschen Finanzgesetzgebung", die zur verheerenden Inflation von 1923 geführt hätten. All diese Kritik Beumelburgs, so Sternthal hellsichtig, sei indes „kontrapunktisch" aufzufassen, damit sich der „Heroismus eines ganzen Volkes und der Heroismus des einzelnen Soldaten desto heller abhebe von der Unfähigkeit der deutschen Staatsmänner und der Phantasielosigkeit der Obersten Heeresleitung." Wenngleich Sternthal in einigen Absätzen *Sperrfeuers* noch den „Berufsoffizier" durchschimmern sah, lobte er das Werk als ein „Heldenlied, das die Wahrheit sagt" und empfahl es der Jugend, „die den Krieg nur vom Hörensagen kennt" – wohlweislich zur Abschreckung.

Einmal mehr hatte hier die politische Pseudotendenzlosigkeit gewirkt. Für zeitgenössische Leser wie Sternthal war der in *Sperrfeuer* kolportierte Nationalismus-Diskurs kein allzu großer Stein pazifistischen Anstoßes, gab das Buch lediglich vor, das wiederzugeben, was sich vier Jahre lang ereignet hätte. Im offensichtlichen Fehlen eines allzu explizit geführten, rechtskonservativen Nationen-Diskurses sah etwa der linksliberale, 1931 in die KPD eintretende Publi-

---

[116] Unbekannt: Ernst Glaeser. Jahrgang 1902, in: Die literarische Welt 3 (1927), Nr. 42, 19.10.
[117] Hans Sochaczewer: Drei Bücher um den Krieg, in: Ebd., Nr. 45.
[118] Friedrich Sterntal: Ein neuartiges Kriegsbuch, in: Ebd. 6 (1930), Nr. 3, 5.

zist und Heinrich-Mann-Verleger Alfred Kantorowicz in der *Literarischen Welt* nur wenige Ausgaben nach Sternthals *Sperrfeuer*-Besprechung die interpretatorische Weiträumigkeit dieser Texte begründet. In einer Rezension von Jüngers Sammelband *Krieg und Krieger* (1930) stellte er fest, dass der Appell an die Nation bei soldatischen Nationalisten vornehmlich auf „metaphysischem" Boden stattfände, der die ‚weltlichen' Intentionen der Texte verschleiern helfe.[119] Nie, so Kantorowicz, sei in den Büchern die Rede vom Staat oder seinen Bürgern, sondern immerfort von der abstrakten Idee der Nation und ihres permanenten kriegerischen Bewährungsprozesses. Je schwammiger bzw. massentauglicher das Nationenkonzept augenscheinlich blieb, umso anschlussfähiger war es an das mit den Werten und Handlungsmaximen des Frontsoldaten zu indoktrinierende Lesepublikum.

Ebenso geschah es mit *Sperrfeuer,* dessen ambivalente Darstellung liberaldemokratischen Lesern eine pazifistische Lesart eröffnete. Ein Rezensent der linksliberalen Monatsschrift *Die Literatur* pries das Werk beispielsweise als pazifistisches Manifest: „Ohne Einzelheiten entrollt sich an Zahlen und Daten die Entwicklung des großen Mordens vom ersten Schuß in Sarajewo bis zum letzten und umklammert den Sturz und die Hinrichtung eines Landes, das viele Fehler hatte, aber mit seinen sechzig Millionen eine europäische Potenz war. Beumelburg will an der turbulenten Häufung von Ereignissen an allen Fronten, zu Wasser und zu Lande noch einmal das Gewissen aller aufrütteln und jedes Menschen Herz anschreien mit der Furchtbarkeit der vier Jahre, in denen wir alles hingegeben haben bis zur Erschöpfung."[120] Im Anschluss stellte der Rezensent, der jegliche Kriegsliteratur als Antikriegsliteratur auffasste, verdutzt die Frage, warum die Leute angesichts der zahlreich erscheinenden Kriegsbücher noch derart kriegsbegeistert seien. Und auch die vom Ullstein Verlag herausgegebene, DDP-nahe *Vossische Zeitung* stellte *Sperrfeuer* ebenfalls in einen pazifistischen Traditionsbezug: „Was bei Renn und Remarque als winziger Ausschnitt packt und erschüttert, das formt Beumelburg zu einem Gesamtbilde, das als Ganzes einen Eindruck von stärkster dramatischer Wucht hinterläßt. Fast

---

[119] Alfred Kantorowicz: Krieg und Krieger, in: Ebd., Nr. 9, 5.
[120] Unbekannt: Siebzehn gegen den Krieg, in: Die Literatur. Monatsschrift für Literaturfreunde 32 (1929), 338-339.

raffiniert könnte man die historisch fesselnde Steigerung nennen, die aus den Darstellungen von Verdun, der Sommeschlacht und schließlich des Infernos von Flandern deutlich sichtbar wird, die die Häufung von Material und Technik zur Menschenvernichtung erfährt."[121]

Wie war es um die Rezeption im sozialdemokratischen Raum bestellt? Verlief sie weiterhin in jenen negativen Bahnen, innerhalb derer bereits die Schlachten-darstellungen verurteilt worden waren? Eine solche Vermutung liegt nahe, da Beumelburg in *Sperrfeuer* auch die ‚Dolchstoßlegende' bediente, wenngleich er diese im Vergleich zu anderen, sehr viel expliziteren Schuldzuweisungen ver-gleichsweise zurückhaltend formulierte.

Was aber schrieb Beumelburg in *Sperrfeuer* konkret zum Verhalten der SPD während des Krieges? Hatte er für den Abschluss des ‚Burgfriedens' noch lo-bende Worte gefunden, erfolgten im Verlauf der Darstellung doch klare Schuld-zuweisungen, die die letztendliche Niederlage auf das Fehlverhalten verschie-dener, außerhalb des Frontsoldatenkollektivs stehender, politisch links angesie-delter Gruppen zurückzuführen bestrebt waren. Diese Schuldvorwürfe zielten etwa auf die 1917 einsetzenden Munitionsstreiks ab, die sich an der Front wie „Krebsschäden" (277) ausgewirkt hätten: „Hier starb die Vaterlandsliebe zu-erst", hieß es an selber Stelle. Reichsregierung und Heeresleitung hätten lang-sam aber sicher bemerkt, „daß sich im Inneren Deutschlands Kräfte regen, die den Geist vaterländischer Moral und straffer Kriegsführung" (283) zersetzt hät-ten. Beumelburg formulierte im Hohlraum kafkaesker Mächte zunächst durch-aus implizit, wenn er „[i]n diese[m] trüben Gewässer politischer Zwietracht (…) Fischer an die Arbeit [gehen sah], deren Ziele mit Vaterlandsliebe nichts mehr gemein" (ebd.) gehabt hätten. Die folgenden Zeilen und Absätze ließen jedoch kaum mehr interpretatorischen Spielraum, wenn der Autor meinte, es habe sys-tematisch „die politische Vernetzung durch solche Personen [begonnen], die der Meinung waren, durch Schwächung und Untergrabung der Staatsgewalt ihre eigenen Pläne am besten fördern zu können. Schon keimte unter der Oberfläche der Hochverrat, bildete geheime Zirkel, schlich durch die Fabriken und die Be-triebe, gelangte an die Ersatztruppenteile, auf die Schiffe der Flotte (…), und

---

[121] Zitat einer Stalling-Anzeige zu *Sperrfeuer* mit Verweis auf die *Frankfurter Zeitung*, in: Frankfurter Zeitung 73 (1929), Nr. 544, 17. 11.

fand hier und da seinen Weg in die Front (sic!)." (283f.) Noch expliziter formulierte Diffamierungsstrategien trafen – neben den hier womöglich dank Stephan und Koch-Weser nicht genannten Linksliberalen – Sozialdemokraten und ihre 1917 initiierten Friedensbemühungen (408), im Verlauf derer Beumelburgs Darstellung die SPD als defätistische Partei anprangerte. Darüber hinaus hätten die in Kiel im Oktober 1918 einsetzenden Matrosenstreiks die von SPD und Spartakus-Bund lange vorbereitete Revolution initiieren geholfen: „Seit langem sind die politischen Organisationen (in Deutschland, d. A.), die nach Umsturz und Diktatur des Proletariats in russischem Sinne streben, untereinander fest verbunden. Am 7. Oktober hat in Gotha eine erste Reichskonferenz der Spartakus-Gruppe stattgefunden. Die Lage schien reif, um den Entscheidungskampf gegen die Bourgeoisie und die Sozialdemokratie unmittelbar vorzubereiten. Es wurde beschlossen, die kommunistische Agitation im Feldheere noch stärker als bisher zu betreiben, die Bildung von Arbeiter- und Soldatenräten vorzubereiten, um im Augenblick des Kampfes über eine schlagfähige Organisation zu verfügen. Alle Vorbereitungen wurden im engsten Zusammenarbeiten mit dem sowjetrussischen Gesandten in Berlin in die Wege geleitet. Die unabhängige sozialdemokratische Partei, zwischen Mehrheitssozialisten und Spartakus-Gruppe eingeschoben, bereitet unterdessen den Generalstreik der industriellen Arbeiterschaft vor. Die Mehrheitssozialdemokratie wird von Tag zu Tag radikaler." (513f.)

Auch ein Blick in die Produktionsästhetik verdeutlicht, wie sehr der Schriftsteller, der im November 1918 selbst die desolate militärische Situation beschrieben hatte, in der Entstehung des Manuskripts die Kolportage dieser perfiden Legende vor Augen gehabt hatte. In einem aufschlussreichen Brief freute sich Beumelburg über die Anerkennung militärischer Experten wie Hans von Seeckt oder General von Kuhn, die „rückhaltlos auf meiner Seite steh[en], gerade in der Behandlung der letzten Fragen, wie des Kaiserabgangs, des Dolchstoßes [meine Hervorhebung] usw."[122] Dies sei „ein nicht zu unterschätzender Erfolg." (Ebd.) In rechtskonservativen Kreisen rief *Sperrfeuer* dementsprechende Resonanz hervor, wenn etwa Bernhard Schwertfeger lobte, Beumelburg schildere vorzüglich „die wirklichen Gründe der inneren Zersetzung in der Heimat und

---

[122] Privatnachlass Schlarb: Werner Beumelburg an Marie Beumelburg, 3.11.1929.

zeigt, wie die Vaterlandsliebe infolge der Deklassierung des Soldatendienstes zuerst starb."[123]

Wie reagierten sozialdemokratische Milieumanager auf eine solche Darstellung? Beumelburg selbst hatte im Oktober 1929 notiert, „die Sozialdemokratie"[124] lehne seine Darstellung ab, „natürlich auch weiter links. Wie ich vom Verlag höre, sind die Besprechungen dort alle wirklich dieselben, es scheint also eine einheitliche Richtschnur von der Partei ausgegeben zu sein." Entsprechend der bereits skizzierten ambivalenten Haltung der SPD zwischen staatlich zuweilen als *ultima ratio* zu akzeptierender Kriegsbejahung und der ideologischen Bekämpfung weiterer, die Arbeiterschaft verschleißender imperialistischer Konflikte fiel die Rezeption auf den Höhenkämmen der sozialdemokratischen Milieukultur entsprechend zwiespältig aus.

Der wohl schärfste, weil mit den beißenden Mitteln der Persiflage verfasste Angriff auf die sich etablierende soldatisch-nationalistische Meistererzählung verfasste wohl der össterreichische Schriftsteller Robert Neumann, der als Ziehvater dieser kritisch-humoristischen Textsorte in den 20er Jahren bezeichnet werden kann.[125] Neumann entstammte sozialdemokratischem Hause.[126] Seine auflagenstarke Textsammlung *Unter falscher Flagge* von 1932 persiflierte die erfolgreichen Kriegsschriften Ernst Glaesers (*Jahrgang 1902*), Bloems (*Frontsoldaten*) und Beumelburgs (*Sperrfeuer*). In der Manier eines literarischen Karikaturisten näherte sich Neumann unter der ironisierenden Überschrift *Die große Zeit oder: Wie war nun also eigentlich der Weltkrieg* den spezifischen Stilen eines jeden Autors an. Hinsichtlich Beumelburgs konzentrierte sich Neumann auf die Überzeichnung jenes episch-pathetischen Duktus lateinischer Klassiker, in den Beumelburg *Sperrfeuer* gegossen hatte. In den folgenden zwei Textproben, die demjenigen den sprachlichen Witz Neumanns kaum einzufan-

---

[123] BArch N 1015/568, Korrespondenz Bernhard Schwertfeger und Heinrich Stalling vom 23.1. und 25.1.1930.
[124] Privatnachlass Schlarb: Werner Beumelburg an Marie Beumelburg, 27.10.1929.
[125] Richard Dove: „Fremd ist die Stadt und leer…". Fünf deutsche und österreichische Schriftsteller im Londoner Exil 1933-1945, Berlin 2004, 39.
[126] Vater Samuel Neumann war sozialdemokratischer Politiker, in: Heuer Renate: Samuel Neumann http:// www.deutsche-biographie.de/pnd118587331.html, letzter Zugriff 12.5.2015.

gen vermögen, der die Faktur des Originals nicht kennt, hob Neumann unvermittelt an drei Stellen *Sperrfeuers* an und trieb Beumelburgs epischen Sprachgebrauch mithilfe überbordend verwendeter Partizipialkonstruktionen und Archaismen auf anderthalb Seiten mit stilistischer Brachialität wie folgend auf die Spitze: „Noch zögerte zähneknirschend der Generalstab angesichts der belgischen Neutralität. Pommersche Füsiliere waren's, aus Kyritz an der Knatter, unter Major von Pritzwitz, die mit zusammengepreßten Lippen an der Grenze gegenüber Longwy ausgeharrt, bis der Schlachtengott ihnen die Rolle zuwerfe, unter des Vaterlandes Söhnen die ersten gewesen zu haben (sic!), welche das Heft an sich gerissen und dem Feindbund von Norden her ein Vae victis bereitet (…).“ (85) In einem weiteren Auszug integrierte Neumann die Dolchstoßlegende, die Beumelburg so nicht explizit erwähnt hatte: „Die Sonne des 8. November 1918 versinkt im Norden, jedoch an ihrer Stelle hebt die Panik grinsend ihr Medusenhaupt, und zwar arbeiten noch ein paar wackere Stoßtrupps, letzte Reste der alten Armee, nach alter männlicher Manier in den Straßen Berlins gegen das rote Chaos, aber zu tief haben sich Wilsons gleisnerische Punkte eingefressen, als daß es noch in zwölfter Stunde gelingen können würde, das Cannae des Vae victis Schulter an Schulter mit dem Dolchstoß mitten in die Nibelungentreue der wackeren – .“ (87)

Hier schloss Neumann mit einem Gedankenstrich das in der Persiflage eines Bandwurmsatzes mit Aristokratenwitz auf die Spitze Getriebene. Der Auszug, der sich 1932 in der *Weltbühne*[127] abgedruckt fand, verwendete archaistisches ‚Beumelburg-Vokabular‘ wie „Cannae“ als *pars pro toto* einer großen Vernichtungsschlacht wie jener Tannenbergs oder das auf den Versailler Vertrag anspielende „Vae victis“. Auf diese Weise verwies die Persiflage Neumanns in Form von Allusionen auf den enormen Bekanntheitsgrad, den *Sperrfeuer* 1932 bereits erreicht hatte und das durch den Kakao zu ziehen, Neumann das Gelächter seines Publikums sichern half.

Dennoch existieren Hinweise auf eine positive Aufnahem auch im sozialdemokratischen Milieu. „Ein Wunder ist auch“, notierte Beumelburg im Oktober

---

[127] Robert Neumann: Sperrfeuer um Deutschland nach Werner Beumelburg, in: Die Weltbühne 28 (1932), 661-664. Auszug aus Robert Neumanns Parodien-Sammlung *Unter falscher Flagge* von 1932.

1929 zur Aufnahme *Sperrfeuers*, „wie zum Beispiel Jungdeutscher Orden,
Stahlhelm und Reichsbanner in der Beurteilung vollständig konform gehen.“[128]
Der *Vorwärts* lobte, *Sperrfeuer* sei frei von jeder Tendenz, keine Partei und
politische Richtung könne es für sich beanspruchen.[129] Und die Besprechung
des Werkes in der *Reichsbanner-Zeitung* gibt ein treffendes Beispiel, wie
Stalling versuchte, Beumelburgs Bücher politisch lagerübergreifend zu ver-
markten. Sie applaudierte, der Verlag habe mit *Sperrfeuer* einen „ausgezeichneten Schritt getan.“[130] Schon in den ehemals von Karl Mayr verrissenen Schlachtendarstellungen habe sich „Beumelburg, selbst Mitkämpfer in der Front des
großen Völkerringens (…) als Meister in der volkstümlichen Schilderung der
Kriegswirklichkeit (…) in jenen Höhepunkten der Materialschlachten, bewährt.“ Eine nationale Erinnerungskultur der im Weltkrieg erbrachten Leistungen sei notwendig, „ganz gleich wie er (der Weltkriegskämpfer, d. A.) persönlich zu der Problematik des Krieges eingestellt gewesen sein mag (…).“ Seien
Jünger und Schauwecker „Landsknechtsliteraten“, da sie den Krieg „ins Patheti-
sche“ wendeten, sei der Krieg, wie Beumelburg ihn schildere, eine „Kollektiv-
leistung gewesen, ganz gleich, ob positiv oder negativ.“ Beumelburg sei es
„prächtig gelungen“, das „Bedürfnis der Massen nach objektiver und massen-
psychologischer verständnisvoller Schilderung“ im „Tatsachenmaterial“ *Sperrfeuers* zusammenzufassen.

Wie war es zu einer derart positiven Besprechung gekommen? Nicht nur hielten
Sozialdemokraten an jenen Leistungen fest, die sie in ihren Augen im ‚Defensivkrieg‘ der Vaterlandsverteidigung erbracht hatten. Ungeachtet der in der
Person Mayrs an den Schlachtendarstellungen 1925 geübten Kritik, hob in diesem Kontext auch der Reichsbanner 1929/30 im immer heftiger tobenden politischen Kampf zwischen rechts und links die Bedeutung nationaler Einigkeit
hervor, hier freilich mit der Stoßrichtung einer geschlossenen Verteidigungsstellung der Republik gegen nationalistische Zerstörungsversuche.[131] Schon im
Oktober 1925 hatte die *Illustrierte Reichsbannerzeitung* betont, „über alles

---

[128] Privatnachlass Schlarb: Heinrich Stalling an Werner Beumelburg, 31.10.1929.
[129] Literaturarchiv Marbach Z: Beumelburg, Werbeprospekt Sperrfeuer 1929.
[130] Unbekannt: Sperrfeuer um Deutschland, in: Das Reichsbanner 6 (1929), Nr. 42,
19.10, 348.
[131] Rohe: Reichsbanner, 110-126, vgl. auch 126-147.

trennende der Klasse und parteipolitischen Weltanschauung hinweg ein eisernes Band deutscher Zusammengehörigkeit und Volksgemeinschaft zu schmieden.“[132]

Zudem hatte der gewiefte Verleger Stalling zumindest die *Reichsbanner-Zeitung* mit dieser Besprechung hintergangen. Denn nur wenige Folgeausgaben später revidierte der erwähnte Rezensent des Reichsbanners sein positives Urteil zu *Sperrfeuer*, habe sich seine Lobpreisung allein auf die ersten zwei Teile des Werkes gestützt, da ihm Stalling lediglich die ersten 320 des 500 Seiten starken Werkes hatte zukommen lassen! Die den Dolchstoß bedienenden Passagen hatten gleichwohl einen integralen Bestandteil der letzten Werkskapitel gebildet. Dementsprechend, so der Rezensent, habe sich das Werk in der Lektüre „unverfänglich“[133] geriert, sodass er an der Darstellung nichts auszusetzen gehabt hätte. Der Rezensent gab ferner kund, er habe in der positiven Besprechung des Buches die Möglichkeit erblickt, endlich Frieden zwischen Reichsarchiv und Reichsbanner zu schließen. Im letzten, dem Rezensenten durch empörte Leserzuschriften sozialdemokratischer Anhänger bekannt gewordenen Teil *Sperrfeuers* habe das Reichsarchiv jedoch eine „Oberzensur“ ausgeübt: „(…) [W]ir verdanken es dem Kameraden Walter Hammer unseres Reichsausschusses, daß er uns als bald auf diese zahlreichen, im zweiten Teile (eigentlich im dritten, d. A.) des Beumelburgschen Produkts abgelagerten Pferdeküsse aufmerksam machte.“ Hier wimmelte es im Hinblick auf den „Naturprozeß“ des Novembersturzes 1918 von ‚vaterländischen’ Werturteilen“, das Buch werde zum „Hilfsmittel für die Dolchstoßwissenschaft.“ Im Anschluss an diese Manipulation Stallings war die weitere Besprechung, wie sie Beumelburg im Oktober 1929 geschildert hatte, wohl auf Linie gebracht worden.

Verfingen solche Deutungsmuster auch weiter links der politisch radikalisierten Weimarer Parteienlandschaft oder setzte sich auch im deutschen Kommunismus die renitente Verweigerung gegenüber nationalistischen Avancen fort? Im zweiten Jahrfünft der Republik forcierte die KPD ihren politischen Kampf gegen NSDAP und SPD und organisierte weitere Friedenskundgebungen gegen den

---

[132] *Illustrierte Reichsbannerzeitung* vom Oktober 1925 zitiert nach ebd.: 187.
[133] Unbekannt: Giftgaskrieg und Reichsarchiv, in: Das Reichsbanner 6 (1929), Nr. 48, 30.11.

kommenden ‚imperialistischen Krieg'.[134] Die Angst vor einer Intervention der
Westmächte in der Sowjetunion[135] hatte sich 1928 abermals in der umstrittenen
Bewilligung der Finanzierung des Panzerkreuzers A verdichtet. Obgleich gegen
den Bau, hatten doch, wie dargetan, vier sozialdemokratische Regierungsmitglieder aus Staatsräson und zum Wohle des Kabinettfriedens der Regierung
Müller dessen Finanzierung bewilligt, was ihnen die KPD als Bündnis mit den
‚Faschisten'[136] angekreidet hatte. Ferner existierte jedoch auch weiterhin die
nicht grundpazifistische Bereitschaft einen gegen den sowjetischen ‚Bruder-
staat' im Osten ausgetragenen „neuen Weltkrieg" in einen deutschen „Bürgerkrieg" münden zu lassen.[137] In dieser Bereitschaft verstärkte sich etwa in der
Roten Fahne, dem zentralen Presseorgan der KPD, merklich die Beschwörung
einer blutigen Revolution als Kulminationspunkt eines dezisionistisch zur Tat
drängenden Politikverständnisses, das sich in der Errichtung einer proletarischen Diktatur auf militärische Tugenden wie Disziplin, Kampfbereitschaft und
Pflichtgefühl zu stützen gedachte. Dementsprechend radikalisierte sich auch
hier der martialische semantische Zeitgeist, der „Versammlungsfronten" einbe-
rief, „Arbeits"- und „Einheitsfronten" bildete, „Stoßbrigaden des Sozialismus"
auf die Straße in den Kampf gegen die SA entsandte und eine „Kampfkultur des
Proletariats"[138] ausrief.

Kriegsliteratur galt in der *Roten Fahne* in diesem Kontext zunächst als Forum
den Krieg verherrlichender ‚bourgeoiser' Autoren. Karl August Wittfogel, Jahrgang 1896, Wandervogel und nach dem Krieg in die KPD eingetreten, sah diese
Gattung während der Kriegsjahre von „literarischen Ideologen des Sozialimpe-
rialismus"[139] getragen, zu denen er Sozialdemokraten wie Bröger, Heinrich
Lersch (*Herz! Aufglühe dein Blut!*, 1916) oder Alfons Petzold (*Krieg*, 1914)
rechnete. Dezidierte Kritik erfuhren freilich auch bürgerliche Autoren wie Ru-

---

[134] Unbekannt: Aufmärsche gegen den imperialistischen Krieg, in: Die Rote Fahne 9
(1926), Nr. 179, 4.8.1926.
[135] Unbekannt: Das ist der imperialistische Krieg, in: Ebd., Nr. 178, 3.8.
[136] Vgl. die diesbezügliche Propaganda der *Roten Fahne* im August 1928.
[137] Ernst Schneller: Der neue Weltkrieg, in: Ebd. 10 (1927) Nr. 170, 16.8.
[138] Unbekannt: Kampfkultur des Proletariats, in: Ebd. 12 (1929), Nr. 280, 5.12.
[139] Karl August Wittfogel: Romane über den imperialistischen Krieg, in: Ebd. 13
(1930), Nr. 160, 26.7.

dolph Stratz (*Der Traum des Wehrmanns Scholz*, 1916), Rudolf Herzog (*Kameraden*, 1922), Gustav Frenssen (*Die Brüder*, 1922), Thomas Mann (*Gedanken im Kriege,* 1914) und Walter Flex (*Der Wanderer zwischen beiden Welten*, 1916). Dagegen empfahl Wittfogel Autoren wie Leonhard Frank (*Der Mensch ist gut*, 1917) und Henri Barbusse (*Le feu*, 1917), die „sozialistische Revolutionär[e]" den politisch organisierten Klassenkampf Karl Liebknechts und Lenins in der Literatur fortführten. (Ebd.)

Als größtes Manko bereits verfasster Kriegsromane konstatierte Wittfogel indes die mangelnde Bereitschaft bisheriger Autoren, den während der Weltkriegsjahre tobenden ‚Klassenkampf' in all seiner Dringlichkeit zu schildern. Ernst Glaesers *Jahrgang 1902* sei beispielsweise „[k]ein Buch, das zum Kriege gegen den Krieg begeistert: es ist die Niederschrift eines Resignierenden, der seinen Glauben an die Erwachsenen (…) verloren hat."[140] Joachim Ringelnatz' *Als Mariner im Kriege* von 1929 sei das Buch des ‚fressenden' und trinkenden Offiziers, der sich während der Revolution bei den Matrosen angebiedert, sich nach deren Scheitern gleichwohl auf sein Altenteil zurückgezogen habe. Damit habe Ringelnatz – unfreiwillig – das Schicksal des bürgerlichen, alkoholsüchtigen Marineoffiziers geschildert.[141]

So ereilte ausführliches Lob zunächst einmal solche Romane, die den Krieg ins Negative rückten. Dazu zählte in den 20er Jahren vor allem der humoristisch-satirische und antimilitaristische Roman *Der brave Soldat Schwejk* des Tschechen Jaroslav Hašek von 1921 (Übersetzung 1929), der das Fronterlebnis des österreichischen ‚Drückebergers' Josef Schwejk mit Süffisanz und Humor geschildert und damit den Krieg der Lächerlichkeit preisgegeben hatte.[142] Unterdrückung, Denunziantentum und bürokratische Gängelungen, die Schwejk im Verlauf der Handlung durch bürgerliche Vorgesetzte widerfahren waren, spiegelten in der kommunistischen Rezeption das niedrige Kulturniveau einer kapitalistischen Gesellschaft wider, die „reif [sei], mit Stumpf und Stiel aus dem Erdboden ausgerottet zu werden." (Ebd.) Theodor Plieviers 1929 erschienener Kriegsroman *Des Kaisers Kulis* erfuhr ebenfalls Lobpreisung, da es die Ausbeu-

---

[140] Unbekannt: Glaeser. „Jahrgang 1902", in: Ebd. 11 (1928), Nr. 200, 13.10.
[141] Unbekannt: Ringelnatz. „Als Mariner im Kriege", in: Ebd., Nr. 230, 24.11.
[142] Unbekannt: Auch ein Soldatenroman, in: Ebd. 9 (1926), Nr. 194, 3.9.

tung der Matrosen realistisch widergespiegele und erstmals Tendenzen des Klassenkampfes schildere[143], die anderen Rezensenten wiederum nicht weit genug gingen.[144] Ab März 1930 begann die *Rote Fahne* mit dem Abdruck der *Vaterlandslosen Gesellen*[145] des KPD-Mitglieds Adam Scharrer, das im Untertitel beanspruchte, das „erste Kriegsbuch eines Arbeiters" zu repräsentieren und das etwa Wittfogel als den „reifste[n] revolutionären Roman"[146] zur Arbeiterlektüre ausgab.

Neben Scharrer erhielten dagegen nur drei weitere Romane das Prädikat einer klassenkämpferisch wertvollen Darstellung: Oskar Maria Grafs *Wir sind Gefangene* (1927), der Kriegsroman *Drei Soldaten* des Amerikaners John Dos Passos' (1922) und Ludwig Tureks *Ein Prolet erzählt* von 1930, denen dennoch, so Wittfogel[147], zu sehr das Egoperspektivisch-Indvidualistische anhafte. Dem 1926 erschienenen Antikriegsroman *Levisite oder Der einzig gerechte Krieg* des in der KPD engagierten Schriftstellers Johannes R. Becher komme schließlich das Verdienst zu, mit der Schilderung des Gaskrieges den Charakter des „kommenden imperialistischen Krieges"[148] vorweggenommen zu haben.

Als zentralen Protagonisten des soldatischen Nationalismus erkannten Redakteure der *Roten Fahne* Ernst Jünger. Seinem Sammelband *Krieg und Krieger*, der den Krieg als Schicksal und Naturgesetzt mystifizierte, hielten sie die Parole Lenins entgegen, Krieg sei nicht Geheimnis und Mythos, sondern offen tobender, auf Prinzipien des historischen Materialismus beruhender, rational erklärbarer Klassenkampf.[149] Doch selbst kommunistische Rezensenten sahen sich hin und wieder – zumindest im respektvollen Unterton – außer Stande, sich dem Realismus soldatischer Nationalisten in Gänze zu entziehen. Schauwecker und Soldan hätten beispielsweise in dem von ihnen herausgegebenen, von

---

[143] Wie Fn. 419. (Wittfogel: Romane.)
[144] Unbekannt: Rote Matrosen begrüßen ihren Roman, in: Ebd. 12 (1929), Nr. 233 27.11.
[145] Unbekannt: Unser neuer Roman. „Vaterlandslose Gesellen", in: Ebd. 13 (1930), Nr. 70, 7.3.
[146] Wittfogel: Romane.
[147] Ebd.
[148] Ebd.
[149] Unbekannt: Krieg und Krieger, in: Die Rote Fahne 13 (1930), Nr. 150, 20.7.

Beumelburg mit einem Vorwort versehenen Fotoband *Der Weltkrieg im Bilde* von 1927 den „imperialistischen Krieg" zumindest als „verworrene[s] Knäuel von Eisen, Feuer, Rauch, Lärm, Schrecken, Wildheit und Tod"[150] wirklichkeitsgetreu dargestellt.

An *Sperrfeuer* gingen zwar zahlreiche kommunistische Presseorgane wie die *Rote Fahne,* Renns *Linkskurve* oder *Die Junge Garde* kommentarlos vorüber, doch berichtete Beumelburg selbst von zahlreichen ihn postalisch auf Capri erreichenden kommunistischen Schmähungen und Hasstiraden auf das Buch.[151] Johannes R. Becher etwa attestierte *Sperrfeuer* faschistoiden Charakter, glorifiziere es wie Jüngers *Stahlgewitter* den Krieg als die „Geburt des Frontkämpfergeschlechts, dem, ihrer Meinung nach, die Zukunft gehört."[152] Auf dem Höhenplateau des kommunistischen Milieumanagmelts verfingen derartige Sinnofferten folglich kaum.

Mochte sich die von sozialdemokratischen und kommunistischen Konsekrationsinstanzen gepflegte antimilitaristische Deutung damit „weitgehend in den tradierten Formen und Grenzen des sozialistischen Milieus und damit in einer historischen Kontinuität" fortsetzten[153], stieß nationalistische Kriegsliteratur auf deren Tiefebenen durchaus auf reges Interesse. Angehörige des Arbeitermilieus, so holzschnittartig dieser Begriff hier gefasst werden muss, ergingen sich keineswegs in der typenhaften Lektüre ideologisch einschlägiger, marxistischer Revolutionsliteratur, wie sie sozialistische Zeitschriften einem idealtypisch zu ideologisierendem Leser zur Lektüre empfahlen. Historiker Thomas Nipperdey etwa konstatiert, dass wirklichkeitstreue Belletristik für die seit 1890 einsetzende Lesekultur im Arbeitermilieu eine vorrangige Rolle spielte: „Literatur wurde auch zum Teil der Arbeiterkultur, sie war seit den 90ern weniger eine Gegenkultur zur ‚bürgerlichen', sondern eine Parallelkultur. Die Leser setzen sich

---

[150] Unbekannt: Kriegsausstellung/Antikriegsmuseum, in: Ebd. 10 (1927), Nr. 130, 9.6.

[151] Privatnachlass Schlarb: Werner Beumelburg vermutlich an Marie Beumelburg, 4.4.1930.

[152] Johannes R. Becher: Die Kriegsgefahr und die Aufgaben der revolutionären Schriftsteller, in: Johannes-R.-Becher-Archiv der Akademie der Künste der DDR (Hg.): Johannes R. Becher. Gesammelte Werke, Bd. 15: Publizstik I 1912-1938, Berlin u. a. 1977, 252-291, hier 258.

[153] Ziemann: „Fronterlebnis", 64f.

dabei gegen die sozialistischen Theoretiker durch: Weder ‚kritische' Literatur, Aufklärung und Naturalismus, z. B. Klassiker, noch marxistische Wissenschaft prägten das Lesen. Zwei Drittel der Ausleihe der Arbeiterbibliotheken ging auf Belletristik, vor allem realistischer Art, nur fünf Prozent auf Marxismus. Kurz, eine alternative literarische Literatur ist allenfalls in schwachen Ansätzen vertreten."[154]

Angesichts des seit 1928 neu entflammten Erlebnishungers kann es daher nicht überraschen, dass auch Arbeiter zu den Konsumenten von Kriegsliteratur zählten. Und im Anschluss an die von Nipperdey genannten statistischen Belege zeigen etwa auch die Ausleihzahlen Leipziger Bibliotheken exemplarisch, dass Arbeiter nationalistische Kriegsromane genau so eifrig lasen wie Angehörige des Bürgertums.[155] Historiker Gideon Reuveni zeigt ferner anhand Beumelburgs *Loretto*, wie sich das Leserverhalten von Angehörigen der bürgerlichen Mittelklasse und Arbeitern zum Ende der 1920er Jahre im Verhältnis von fünf zu drei annäherte.[156] Von 10 *Loretto*-Lesern waren also vier dem Arbeitermilieu zuzurechnen, eine beeindruckende wie angesichts der kriegskritischen Distanz, die dem Arbeitermilieu in der Regel attestiert wird, erklärungsbedürftige Zahl.

Einer der wesentlichen Gründe des Ende des Jahrzehnts auch unter Arbeitern ausbrechenden kriegsliterarischen Lesefiebers sowie ihrer offenkundigen Anfälligkeit für die sozialintegrative Kraft des Kriegserlebnisses bestand im zeitlichen Zusammenfallen von Kriegsliteratur-Hausse und Wirtschafts-Baisse 1929/30. Die mit dem ‚Schwarzen Freitag' am 25. Oktober 1929 von der New Yorker Börse aus über die industrialisierte Welt hereinbrechende Weltwirtschaftskrise, zeitigte vor allem im Reich, das besonders von amerikanischen Aufbau- und Investitionskrediten abhängig war, verheerende soziale, politische, wirtschaftliche und finanzielle Folgen. Im Zeitraum 1929 bis 1933 überstieg die Arbeitslosenzahl die Negativrekordmarke von sechs Millionen. Erwerbslos gewordene Menschen traf damit eine tiefgreifende Existenzkrise, die sich nicht selten mit einer Sinnkrise verband. In dieses Vakuum drang die Gattung der

---

[154] Nipperdey: Arbeitswelt, 755.
[155] Gideon Reuveni: Reading Germany. Literature and Consumer Culture in Germany before 1933, New York 2006, 236.
[156] *Reading Germany,* (234)

Leid, Not und Opfer, aber auch den Zusammenhalt der deutschen Frontsoldaten in schwierigen Zeiten literarisierenden Kriegsliteratur deswegen sinnstiftend vor, weil der Frontsoldat als Vorbild fungieren konnte, wie Zeiten der Krise zu überstehen waren. Erich Thier etwa erkannte in seiner Leserstudie *Der Gestaltwandel des Arbeiters im Spiegel seiner Lektüre* von 1932 hellsichtig, „daß es vor allem die durch die Arbeitslosigkeit erzeugte Erlebensleere war, die vorübergehend dem Abenteuerroman (und unter diese Kategorie fiel bei Thier die Gattung der Kriegsromane, d. A.) mehr Geltung verschaffte."[157]

Einen weiter hinter die Kulissen reichenden soziopolitischen Blick auf die Annäherung proletarischer Schichten an nationalistische Kriegsliteratur gewähren ferner indirekte Wehklagen sozialdemokratischer Milieumanager, die mit großer Sorge die Konsequenzen einer solchen Entwicklung registrierten. Die sozialdemokratische Reichstagsabgeordnete Anna Siemens gewahrte 1930 diese auch im Arbeitermilieu vollzogene Flucht in die Kriegserinnerung: „Die grauenvolle Wirklichkeit des Krieges aber, ist in zehn sehr erlebnisreichen Jahren zu einer Erinnerung verblaßt. Sie wachzurufen ist nicht mehr so nervenzerreißend unerträglich wie das der Fall war, als in uns noch das Grauen vor dem Trommelfeuer, die Angst vor dem langsamen Verhungern zitterte. Diese Änderung ist heute Flucht vor der Gegenwart und Nacherleben einer Zeit, die rückschauend als abenteuerlich, von manchen vielleicht gar als heroisch nachempfunden wird."[158] Siemens verwies ebenfalls auf den Konnex von Wirtschaftskrise und den Vorbildcharakter des leidensfigürlichen Frontsoldaten, der Zeiten der Krise und existenzieller Bedrohung klaglos überwand: „(…) Angestellte und Arbeiter, auf der Suche nach einer Stellung oder verloren im Räderwerk des Betriebes, sagen sich bei dieser Lektüre: ‚Na, so dreckig geht's uns nicht einmal heute', aber auch mit einem leisen Kitzel der Befriedigung: ‚Immerhin, ich war dabei, hab's überlebt und kann davon mitsprechen (…)'" (Ebd.)

Dass gerade die Weltwirtschaftskrise eine dem Weltkrieg vergleichbare Krisenwahrnehmung entfaltete und rechten Kameradschaftsvorstellungen im linken Milieu Auftreib verlieh, zeigt eine Rede, die der sozialdemokratische Reichs-

---

[157] Erich Thier: Gestaltwandel des Arbeiters im Spiegel seiner Lektüre, Leipzig 1932, 57.
[158] Anna Siemens: Zur Mode der Kriegsliteratur, in: Reichsbund 13 (1930), Nr. 8, 25.4.

tagsabgeordnete Erich Ollenhauer 1931 auf dem SPD-Parteitag in Leipzig hielt. Hier stellte er den von Frederick Winslow Taylor und Henry Ford entwickelten Prinzipien der Arbeitssteuerung, Prozessoptimierung und idustriellen Waren-produktion, die den Entfremdungsprozess des Arbeiters – mit Marx und äußerst vereinfachend gesprochen – von Kapital und Erzeugnis sowie seine Funktiona-lisierung als Rädchen einer riesenhaften Maschinerie weiter vorantrieben, das solidarische Ethos der Kameradschaft entgegen.[159] Die im Zuge von Kapitalis-mus und Liberalismus im zweiten Jahrfünft der Republik erfolgende Rationali-sierungswelle führte den Arbeiten ihre austauschbare Mechanisierung im Mahl-stein des Industriekapitalismus vor Augen. Die soldatisch-nationalistische Bür-gertums- und Kapitalismuskritik sowie die solidarisierenden Kräften der Kame-radschaft konnten hier vermeintlich orientierenden Halt und Sicherheit bieten.

Insbesondere die sozialdemokratische Jugend zeigte sich bereit, nationalistische Sinnofferten der Kriegsliteratur anzunehmen. Vergemeinschaftend-romantisierende Parolen der ‚Volksgemeinschaft‘ fanden gerade unter Jungso-zialdemokraten großen Anklang. Ein jungsozialer Exponent wie Hermann Hel-ler versuchte sich ebenso wie rechte Intellektuelle an einer Synthese des so wi-dersprüchlich erscheinenden Gegensatzpaares Nation und Sozialismus.[160] Anna Siemens sah das Interesse an Kriegsliteratur unter jungen Sozialdemokraten wie folgend begründet: „Sie sucht eine Erklärung der nur halb bewußt erlebten Ver-gangenheit. Sie erwartet Fingerzeige für die eigene Einstellung zum möglichen kommenden Kriege; und endlich ist das Kriegsbuch wie jedes abenteuerliche Buch befreiend von dem belastend empfundenen Alltag, in dem sie lebt."[161] Auch Ollenhauer konstatierte in seiner Rede, die in den eigenen Reihen grassie-rende juvenile Kriegssehnsucht: „Nie wieder Krieg! Das macht auf die Jugend nur einen geringen Eindruck."[162] Die SPD, resümiert auch Historiker Ziemann,

---

[159] Rusinek: Krieg, 141.
[160] Hermann Heller: Sozialismus und Nation (1925), in: Ders.: Gesammelte Schriften, Bd. 1, Leiden 1971, 437-526, hier 468; vgl. auch Franz Walter: Nationale Romantik und revolutionärer Mythos. Politik und Lebensweisen im frühen Weimarer Jungsozialismus, Berlin 1986, 12-17, 178-194; Stefan Voft: Nationaler Sozialismus und Soziale Demo-kratie. Die sozialdemokratische Junge Recht 1918-1945, Bonn 2006.
[161] Siemens: Mode.
[162] Ebd.: 127

hatte „dem Kriegskult und der Kriegssehnsucht der Jugend"[163] nichts entgegen-
setzen, weil „die zunehmende Verbreitung massenkultureller Medien und Frei-
zeitangebote in Weimar die Überzeugungskraft der sozialdemokratischen Milieukultur dagegen zumindest ansatzweise"[164] minderte, was auch „die spezifi-
sche Form der Kriegserinnerung [betraf], wie sie im Reichsbanner und anderen
Milieuorganisationen betrieben wurde. An ihre Stelle trat bei den Arbeiterju-
gendlichen eine wachsende Akzeptanz für die Deutungsangebote nationalistischer Kriegsromane und -filme." (65)

Wie sehr sich gerade Jugendliche aus Arbeiterfamilien von Abenteuer- und
Heldentum verführen ließen, zeigt eine 1932 vom Soziologen Robert Dinse
erhobene Studie über *Das Freizeitleben der Großstadtjugend*[165], in der über
5000 Jungen und Mädchen zwischen 12 und 18 Jahren Auskunft über ihr Leseverhalten gaben. Ein 16-jähriger Arbeiterjunge berichtete: „Mein letztes Buch
hieß ‚Im Westen nichts Neues'. Besonders gefiel mir die Kameradschaftlichkeit
der genannten Personen." (49) Ein 15-jähriges Arbeitermädchen las in Ludwig
Renns pazifistisch intendierten Roman *Krieg* dezidiert die Begriffe von Durchhaltewillen, Leistungsbereitschaft, Heroismus und Opferbereitschaft hinein und
lobte: „In diesem Buch gefiel mir die Schlacht Verdun, wo unsere deutschen
Soldaten bis zum letzten Ende kämpften." (55) Ein weiteres 15-jähriges Mädchen aus einer Arbeiterfamilie gefiel der Roman *Die letzte Stunde der deutschen
Marinemannschaft des Unterseebootes U9*[166], weil er den Durchhaltewillen und
die Kampfbereitschaft der Mannschaft beschreibe, die „in ihrer letzten Stunde
noch drei englische Panzerkreuzer zum Sinken gebracht hat." (Ebd.)

Schließlich offenbart ein Blick hinter die Kulissen des offiziellen Deutungsmanagements auch unter kommunistischen Lesern jenes ambivalente, Kameradschaftsvorstellungen evozierende Potential, das ausgerechnet bellizistisch ge-
maserter Kriegsliteratur innewohnte. Ein 1930 zu *Sperrfeuer* abgegebener
Kommentar eines 30-jährigen Leipziger Textilarbeiters mit dem Pseudonym H.

---

[163] Ebd.

[164] Ziemann: „Kriegserlebnis", 64.

[165] Robert Dinse: Das Freizeitleben der Großstadtjugend. 5000 Jungen und Mädchen
berichten, Eberswalde-Berlin 1932, Zitate auf 49 und 55.

[166] Der Titel konnte leider nicht aufgefunden werden.

S. dürfte etwa für kommunistisch gesinnte Kriegsliteraturkonsumenten nicht untypisch gewesen sein. H. S. war dezidierter Pazifist und stand gedanklich vermutlich dem Kommunismus nahe.[167] Jegliche Kriegsliteratur, gleich welcher Provenienz, galt ihm als Antikriegsliteratur, wobei ihm verblüffenderweise gerade Beumelburgs *Sperrfeuer* als „eine unglaubliche Anhäufung all jenem, von Anfang bis Ende" galt, was der Krieg in der Menschheit an Grausamkeit hervorgekehrt habe. H. S. fand keinerlei Anreiz, sich an der in *Sperrfeuer* bedienten Dolchstoßlegende zu stoßen; wohl aber ermögliche die die dort geschilderte Kameradschaft, zu einem friedlichen Miteinander zu finden. Kriegsdichter, meinte H. S., seien wahre „Verkünder des ewigen Friedens", jegliche Kriegsliteratur spräche angesichts der Kriegsschrecken „eine allzu deutliche Sprache". Auch er kritisierte, wie ehedem die *Frankfurter Zeitung* in der Rezeption *Lorettos*, die Autoren verdammten den Krieg zwar noch nicht rücksichtslos genug. Dennoch schloss er: „Jeder einzelne sollte diese Werke immer und immer wieder lesen, um zu erkennen, wie tief die Menschheit einst hatte sinken können." Auf diese Weise mochten sich auch im kommunistischen Milieu andersgelagerte Interpretationsstratgien entwickelten, die positiv auf ein soldatisch-nationalistisches Kriegserlebnis reagierten.

Der Breitbanderfolg *Sperrfeuers* ermöglicht es schließlich, den Blick auf eine bisher unbehandelte Gruppe, nämlich jene der Frauen zu lenken: Sah sich diese geschlechtsspezifische Kohorte während des Krieges an die ‚Heimatfront' gefesselt und damit vom Frontsoldaten-Diskurs ausgeschlossen, hatten sich Autorinnen bereits in dieser Zeit aus den weiblich dominierten Perspektiven der Krankenschwester, der Soldatenmutter, der an der ‚Heimatfront' kämpfenden Hausfrau, der zurückgelassenen ‚Schwertjungfrau', d. h. der Ehefrau oder der ‚Frontschwester' am sich entfaltenden Weltkriegsnarrativ beteiligt. Mädchenkriegs- und Krankenschwesterromane von Thea von Harbou oder Suse von Hoerner-Heintze hatten sich 1914/18 zu einem eigenständigen Genre entwickelt, zu dem Autobiographien jugendbewegter Frauen ebenso zählten wie Alice Schaleks Kriegsberichterstattung aus dem k. u. k. Kriegspressequartier.[168]

---

[167] Politische Einschätzung bei Reuveni: Reading, 237.
[168] Unbekannt: Frauen schreiben vom Krieg, in: Völkischer Beobachter/Süddeutsche Ausgabe 11 (1936), Nr. 64, 4.3.; Hans-Otto Binder: Zum Opfern bereit. Kriegsliteratur

Die Frage, inwiefern Frauen über die Rezeption von Kriegsromanen an das männlich dominierte Konzept der ‚Frontgemeinschaft' Anschluss fanden und sich mit der ästhetischen Figuration eines eigenen Kriegserlebnisses aus der Isolation des ‚Heimat'-Begriffs herausschrieben, ist für den Zeitraum der 1920er Jahre weitestgehend ungeklärt.[169] Schließlich gehörte auch die Gruppe der Frauen 1918 zu den politischen Profiteuren der Kriegsniederlage, war sie dank des Parlamentarisierungsprozesses zum allgemeinen Wahlrecht gekommen. Daher, so wäre zumindest anzunehmen, dürfte sie wenig Interesse an einer Rückkehr jener reinen Männerherrschaft gehabt haben, wie sie Frontsoldaten-Dichtern vorschwebte. Der Kriegsroman des ersten Jahrfünfts der 20er Jahre prävalierte denn auch durchweg als männlich dominiertes Textgenre vornehmlich männlich geprägter Lesergruppen, und noch 1936 sollte der *Völkische Beobachte* den Mangel an weiblichen Identifikationsangeboten in Kriegsliteratur konstatieren: „[I]n keinem der Bücher wurde von den Frauen berichtet. Sie waren eingeschlossen in die Wünsche, in den Glauben, in den Begriff ‚Heimat', doch ihr Krieg, der unscheinbarer, kleinlicher, alltäglicher, ohne das große Erlebnis der Kameradschaft war, der stetig und langsam ihre Kräfte zerstörte und an ihren Herzen fraß und dabei doch eine immer während Zuversicht nach außen verlangte, von ihm war nicht die Rede."[170] Erst im NS sollten sich die kriegsliterarischen Erzeugnisse weiblicher Autoren mehren, etwa Suse von Hörner-Heinzes *Mädel im Kriegsdienst* oder Helene Mierischs *Kamerad Schwester*, jeweils 1934.

Entsprechend selten sind Funde rezeptionsästhetischer Verwertungsprozesse weiblicher Lesersubjekte. Die in Dinses Umfrage *Das Freizeitleben der Groß-*

---

von Frauen, in: Gerhard Hirschfeld/Dieter Langewiesche/Hans-Peter Ullmann (Hg.): Kriegserfahrungen. Studien zur Sozial- und Mentalitätsgeschichte des Ersten Weltkrieges, Essen 1997, 107-128.

[169] Zwar widmete sich die 2013 in Freiburg unter dem Thema *Der Krieg und die Frauen. Geschlecht und populäre Literatur im Ersten Weltkrieg* abgehaltene Tagung den figurativen Weiblichkeitsfunktionen an der von Frauen für Frauen während der Kriegsjahre literarisch imaginierten Heimatfront. Diese vornehmlich literaturwissenschaftle Tagung konzentrierte sich jedoch auf texthermetische Untersuchungen und weniger auf Rezeptionsforschung. Überblick zu den Panels: http:// www.zpkm.uni-freiburg.de/akt, letzter Zugriff am 7.4.2015.

[170] Unbekannt: Frauen schreiben vom Krieg.

stadtjugend angeführten Mädchenstimmen aus Arbeiterfamilien ließen bereits darauf schließen, dass heroische Soldatenbilder und Opferbereitschaft bei Mädchen dieselbe Spannung und dieselben Rezeptionsstrategien hervorrufen konnten wie bei männlichen Lesern. Selbiges galt für zahlreiche Lektürewortmeldungen von Frauen, die sich im Wortlaut von denen männlicher Kriegsliteraturkonsumenten kaum unterschieden und welche die von der Nation 1914 bis 1918 erbrachten Leistungen im Wesentlichen bejahten. Clara Viebig etwa, selbst lorbeerbekränzte Kriegsdichterin (*Töchter der Hekuba*, 1917), lobte das bellizistische Werk Thor Gootes (eigentlich Werner von Langsdorff) *Wir fahren den Tod* von 1930[171], in dem dieser in autobiographisch-literarischer Rahmung seinen Werdegang vom Schützengrabensoldaten zum Nationalsozialisten komponiert hatte. Die aus Altwiener Adel stammende Schriftstellerin und spätere Kollegin Beumelburgs in der Dichterakademie, Enrica von Handel-Mazzetti, lobte, *Sperrfeuer* dürfe als Eloge deutschen Heldentums in keiner Bibliothek fehlen.[172] Thea von Harbou (1888-1954), neben Leni Riefenstahl eine der bedeutendsten Filmregisseurinnen, beglückwünschte 1930 Josef Magnus Wehner zu seinem Frontroman *Sieben vor Verdun*, in dem dieser, vergleichbar der noch zu untersuchenden *Gruppe Bosemüller*, das soldatische Gruppen- und Kameradschaftserlebnis vor Verdun glorifiziert hatte. Mit tiefem Respekt vor der Leistung des Frontsoldaten habe von Harbou das Buch gelesen; hinsichtlich der Taten der sakrosankten Figur des Verdunkämpfers Begeisterung zu äußern, erschien ihr wie „Anmaßung, fast Blasphemie."[173] Sie habe das Werk, fuhr sie fort, „in die Hände schon manches Menschen, Mannes, Soldaten gelegt, und immer war Erschütterung und Dankbarkeit für das Erlebnis dieses Buches die Antwort." Ihr Lob war vom Wortlaut nahezu denkungsgleich mit dem männlicher Gratulanten wie General von Kuhl oder Hans von Seeckts, die Wehners Schlachtengemälde ereilten.[174]

---

[171] Schleswig-Holsteinische Landesbibliothek Kiel, CB 21.56:91 3,17, Nachlass Gustav Frenssen, Thor Goote an Gustav Frenssen, 6.10.1930.
[172] PrAdK 1113, fol. 10, Enrica Handel-Mazetti an Werner Beumelburg, 24.10.1933.
[173] Literaturarchiv Marbach, A: Langen-Müller/Wehner, Thea von Harbou-Lang an Josef Magnus Wehner, 3.4.1930.
[174] Ebd. im selben Bestand des Literaturarchivs Marbach.

Wie sehr sich der Kriegsroman infolge der Kriegsliteraturflut von 1928 aus der sozialen Einkapselung männlich dominierter Bünde, Intellektuellenzirkel und Lesergruppen in den gesellschaftlichen Mainstream kämpfte und sich aus lukrativen, verlagstechnischen Gründen auch weiblichen Lesergruppen zuzuwenden begann, zeigt etwa die produktionsästhetische Aussage eines leider nicht mehr zu identifizierenden Kriegsdichters namens Hoppenstedt. Dieser gab etwa gegenüber Bernhard Schwertfeger ungeniert zu Protokoll, er habe Handlungsgerüst und Charakteristik seines Kriegsromans *Die Verteidigung von Metz 1918/19. Ein Helden- und Liebesroman* derart konzipiert, um auch bei weiblichen Lesern zu reüssieren: „Ich leugne es gar nicht, daß ich, wie ich dieses Buch, um den Beifall des Lesepublikums gebuhlt habe, und da nun einmal die Frauenwelt und die reifere Jugend die breite Masse bilden, habe ich meinen Kriegsroman geflissentlich – honny soit qui mal y pense – das Gepräge einer abenteuerlichen romantischen Helden- und Liebesgeschichte gegeben."[175]

Eine letzte indirekte Reminiszenz weiblicher Rezeption findet sich schließlich im Berliner Lyceum-Club, der 1929 zu einem Vortragsabend zu den Büchern Jüngers und Remarques einlud. In dieser 1905 gegründeten, noch heute in Berlin existierenden Vereinigung, die sich der Förderung von Frauen in Kunst und Wissenschaft verschrieben hat und zu deren Mitgliedern Helene Stöcker und Käthe Kollwitz zählten, partizipierten am 19. April 1929 Friedrich Hielscher und mit Edmund Schultz ein weiterer Bekannter Ernst Jüngers an jener in Tumulten endenden Veranstaltung Clubhaus am Lützowplatz. Schultz berichtete Jünger: „Der Abend im Lyceum-Club hat mit Remarque begonnen und mit Ernst Jünger geendet. (…) (Wir verließen auf Hielschers Drängen das Lokal vor dem offiziellen Schluss. Es roch ihm zu stark nach alten Weibern. Im Übrigen ein ganz feudaler Club. Frau G. ist eine nette, stark ergraute Dame.) Das erste Referat hielt eine widerliche Judsche, das zweite ein noch widerlicherer Hebräer von der ‚Voß' (*Vossische Zeitung*, d. A.), den Hielscher später als einen guten Bekannten kameradschaftlich begrüßt hat. Ich hatte schon alle Hoffnung verloren, als plötzlich ein Herr mittleren Alters auf die Bühne stürzte, sich den alten Tanten als ‚altes Frontschwein' vorstellte und darauf mit Donnerstimme Ihren Namen ertönen ließ. Die Opposition erwachte jetzt wie vom elektrischen Schlag

---

[175] BArch N 1015/465, [Unbekannt] Hoppenstedt an Bernhard Schwertfeger, 20.3.1930.

getroffen. Klatschender Beifall. Was dem Vortrag an Tiefe mangelte, wurde ersetzt durch Feuer und Wucht. Und das ist schließlich mehr. Schade, sie hätten ihn sehen müssen, wie er mit seiner Kommandostimme die näselnden Protestrufe alter Weiber überschrie (…).“[176] Dieser Brief, der vermutlich mehr über den im Kreise Jüngers verbreiteten Antisemitismus und Chauvinismus aussagt, verdeutlicht, wie stark auch unter Frauen das Interesse an der kriegsliterarischen Diskussion der Zeit ausgebrochen war.

Ein letzter Schritt, der *Sperrfeuer* weiteres, kanonisches Diffusionspotenzial bescherte und der es nicht nur zu einem Best-, sondern auch zu einem Longseller werden ließ, stellte die sich ab 1930 vollziehende Aufnahme dieser Weltkriegsmonographie in den Geschichts- und Deutschunterricht dar, wo Jünger, Wehner und Beumelburg Autoren wie Renn, Zweig und Remarque zu verdrängen begannen. Schon Schwertfeger hatte hinsichtlich des Geschichtsunterrichts moniert, dieser vermittle den Schülern falsche Kenntnisse über den Weltkrieg; hier habe sich eine „gewisse Literatur“[177] eingenistet – Emil Ludwigs *Juli 14* (1929), Remarque oder Max René Hesses *Partenau* (1929). Im Klassenzimmer, so Schwertfeger, herrsche noch immer ein Generationenkonflikt zwischen Schülern und Lehrern, die sich gegenseitig die Schuld an der Weltkriegsniederlage zuschoben, was sich durch die vergemeinschaftende Kraft *Sperrfeuers* mildern ließe.

Ab 1929 empfahl die Fachzeitschrift *Die höhere Schule im Freistaat Sachsen* die Anschaffung *Sperrfeuers* für den Geschichtsunterricht, da es wissenschaftliche Objektivität mit dramatischer Wucht verbinde: „Das Werk ist vorbehaltlos zu empfehlen, besonders auch für unsere Jungen, die hier ein Gemälde des Krieges dargeboten bekommen, so wie er wirklich war, mit seinem Schrecken, aber auch mit seiner Größe.“[178] Dabei überschnitten sich zunächst auch in der Schuldidaktik pazifistische mit bellizistischen Romanen: „Der Verfasser (Beumelburg, d. A.) beschönigt und bemäntelt nichts; der Krieg tritt uns mit

---

[176] Literaturarchiv Marbach, Nachlass A: Ernst Jünger, Edmund Schultz an Ernst Jünger, 19.4.1929.
[177] BArch N 1015/413, Nachlass Bernhard Schwertfeger, Vortrag „Die Behandlung des Weltkrieges und seiner Vorgeschichte in der Schule“, 26.9.1929.
[178] Unbekannt: Kriegsbücher, in: Die höhere Schule im Freistaat Sachsen 8 (1930), Nr. 6/7, 112.

seinem ganzen Entsetzen entgegen wie etwa bei Remarque."[179] *Sperrfeuer* bahne einer neuen Generation den Weg in die nationale Zukunft: „Unsere Primaner und Sekundaner haben den Krieg selbst nicht mit Bewusstsein erlebt und machen sich von ihm oft eigenartige Vorstellungen. Das begeisterte Darauflosstürmen nach dem Muster der früheren Jugendbücher etwa über die Befreiungskriege spukt wieder in vielen Köpfen. Hier wird das Buch von Beumelburg Wandel schaffen. Gelesen wird es werden, denn es ist spannend geschrieben. Dabei wird es, weil es tendenzlos ist und den Eindruck unabänderlicher Wahrheit macht, der Jugend das wirkliche, ernste Bild des Krieges vermitteln, angesichts dessen ihren Willen zu einem ehrenhaften Frieden stärken und zugleich ihre Ehrfurcht wachrufen und ihren Stolz angesichts der unerhörten Leistung des eigenen Volkes." (Ebd.) Vor allem in der NS-Zeit sollten die Werke Beumelburgs eine breite Verarbeitung in allen Schultypen finden.[180]

Angesichts der oben skizzierten milieuinternen Fluktuationen und politischen Vermengungen von Interpretationen, wollen wir uns in einem zweiten Analyseschritt fragen, welche terminologisch-semantische Grundlage es Arbeitern ermöglichte, sich soldatisch-nationalistischem Gedankengut anzunähern. Einmal mehr müssen wir hier Mannheim bemühen, der generationszusammengehörige Kohorten, die Ideen unterschiedlich deuteten, in einer weiteren Subsumtion auf „Generationseinheiten"[181] herunterbrach. Solche Teilkollektive sah Mannheim durch gemeinsame Ideengehalte der sie konstituierenden Individuen gestiftet, die diese Ideengehalte im Verlauf einer „Formierungstendenz" (ebd.), d. h. eines ideengeschichtlichen Verarbeitungsprozesses, „von der scheinbar isolierten Geste bis zum gestalteten Kunstwerk" (ebd.) ausbauten, sie also wie in Kriegsliteratur sozial aufluden und soziale Bindungen schaffen halfen. Erst mit dieser von rechten wie linken Intellektuellen betriebenen diskursiven Verwertungsbemühung ließen sich Individuen über diese „kollektiv verbindenden Grundintentionen (…) mit den Kollektivwollungen" (ebd.) ein, sprich: empfanden sich als

---

[179] Unbekannt: Sperrfeuer, in: Die höhere Schule im Freistaat Sachsen 7 (1929), Nr. 19/20, 327.

[180] Ulrike Vorwald: Kriegsliteratur im Unterricht zwischen 1929 und 1939 und Werner Beumelburgs Roman „Die Gruppe Bosemüller", Ludwigsfelde 2005, 104.

[181] Mannheim: Generationen, 27.

Teil einer über das Kriegserlebnis verschweißten Nation, im Sinne derer es politisch zu handeln galt.

Diese Formierungstendenz artikulierte sich nicht allein in den literarischen Werken politisch unterschiedlicher Lager, sondern wesentlich in jenem Grad, in dem linke und rechte Terminologie in den 20er Jahren zusammenrückten und einen gemeinsamen Verständigungsprozess über konträre politische Ordnungsvorstellungen überhaupt erst ermöglichten. Das von konservativen Revolutionären entsponnene Ideengeflecht bot mit seiner Kritik an Kapitalismus, Liberalismus und Bürgerlichkeit sowie ihrer Okkupation solidarisch grundierter Kameradschafts- und Gemeinschaftskonzepte des ‚kleinen Mannes' in diesem Kontext genügend ideologische Anknüpfungspunkte, um auch im Arbeitermilieu auf Interesse zu stoßen. Rechtspolitische Sozialingenieure waren dabei in ihrer Abgrenzung zur spießbürgerlich empfundenen Monarchie und ihrem Bestreben, „Dinge zu schaffen, die zu erhalten sich lohnen"[182] (Moeller van den Bruck), oft skrupellos genug, traditionell links stehende Termini wie Volk, Revolution, Freiheit, Sozialismus, die Figur des Arbeiters und sogar jenen des ‚Bourgeois'[183] semantisch zu okkupieren, ihrer traditionell linken Konnotation zu entledigen und systematisch nach rechts umzudeuten. Infolge der im Weltkrieg eingestürzten Gedankengebäude waren die 20er Jahre von zahlreichen, autoritär geprägten Synthetisierungsbestrebungen gekennzeichnet, wie sie etwa rechtskonservative Vordenker wie Oswald Spengler in seinem Werk *Preußentum und Sozialismus* von 1919 oder Ernst Jünger 1932 in seiner sozialvisionären Schrift *Der Arbeiter* in Angriff nahmen. Das wohl bekannteste, auch von Jünger unterstützte Projekt eines konträre Ideengehalte verstrebenden Synkretismus stellten in diesem Kontext wohl jene Konstituierungsversuche eines Nationalbolschewismus dar, wie sie Ernst Niekisch im zweiten Jahrfünft der Republik betrieb. Niekisch unternahm, wie wohl kaum ein anderer Intellektueller der Konservativen Revolution, einen ideologischen Grenzgang und eine Umwertung von Werten, wenn er sich 1917 bis 1922 an kommunistischen Umstürzen – hier insbesondere dem Aufbau einer Münchner Räterepublik 1919 – beteiligte, sich je-

---

[182] Van den Bruck: Das dritte Reich, 202.
[183] Ludwig Alwens: Nationalismus in der Literatur, in: Frankfurter Zeitung 62 (1929), Nr. 23, 9.6.

doch anschließend 1923 mit national ausgerichteten Jungsozialisten im Hofgeismarer Kreis zusammenfand, der sich von den internationalistischen Kampfparolen leninistisch-marxistischer Provenienz verabschiedete und eine sozialistische Grundordnung im Gehäuse eines starken Nationalstaates zu errichten gedachte. Diese nationalbolschewistischen Ordnungsvorstellungen ventilierte er im *Widerstand*, einer, wie dieses von Niekisch ab 1926 herausgegebene Periodikum im Untertitel proklamierte, *Zeitschrift für nationalrevolutionäre Politik*, in der auch die Gebrüder Jünger publizierten und die auch den linken Flügel der NSDAP unter Otto Strasser beeinflusste.[184]

Voll Argwohn konstatierten linksradikale Intellektuelle diese polysemantischen Begriffsentwertungen. Kommunist und Pazifist Franz Leschnitzer sah beispielsweise das linke Ideen- und Begriffsarsenal durch rechtskonservative Metamorphosen terminologisch geplündert, missbraucht und konturlos gemacht. In der kommunistischen Zeitschrift *Unsere Zeit* kritisierte Leschnitzer die „pseudo-sozialen Parolen"[185] der „neuen Nationalisten", die „viel gefährlicher [seien] als der offen faschistische Nationalsozialismus Hitlerscher Prägung." Hellsichtig erkannte er den Zweck des von konservativen Kriegsdichtern bedienten Kriegsrealismus, in welchem der „Grad der kriegerischen Vernichtung der Grad der nachfolgenden Schöpfung" entspräche. Noch bezeichnender seien die reaktionären Begründungen, die soldatische Nationalisten ihren revolutionären Losungen beigäben und dieserart den Verschleiß linkspolitischer Begrifflichkeit betrieben; so habe Friedrich Hielscher, Beitragslieferant des *Arminius* und Intimus Ernst Jüngers, mit einem „Bekenntnis" zum Streik der Berliner Verkehrsarbeiter die reaktionäre Parole verknüpft, hier habe „sich seit 1918 zum erstenmal wieder der ‚deutsche Frontgeist' gezeigt!" Dagegen helfe allein die „proletarisch-revolutionäre Literatur" Bechers, Renns, Bruno Vogels (*Es lebe der Krieg!*, 1924) oder Adam Scharrers.

---

[184] Friedrich Kabermann: Widerstand und Entscheidung eines deutschen Revolutionärs. Leben und Denken von Ernst Niekisch, Köln 1973, 30-34, 133ff.
[185] Franz Leschnitzer: Die neuen Kriegsliteraten, in: Unsere Zeit 6 (1933), Nr. 2, 20.1.

Carl von Ossietzky meinte in einem Artikel für die *Weltbühne*[186], der in seinem
Titel auf den berühmten Treffpunkt linker Kaffeehausintellektueller im Berliner
Germanischen Café anspielte, rechte Kriegsautoren hätten die linke Avantgarde
längst überholt: „Die deutsche Rechte ist politisch keinen Deut mehr Wert als
ihre Gegenspieler. Aber sie hat der Linken heute voraus, daß sich bei ihr eine
eigne Literatur entfaltet, daß ihre jungen Federn sich energisch von dem überlie-
ferten Kafferntum emanzipieren." Der Nationalismus schreite nicht mehr im
altbackenen Gewand des Wilhelminismus daher, die Rechte schließe auch orga-
nisatorisch zur Linken auf, verfügten nun auch sie über „ihre eigenen gutge-
schriebenen Zeitschriften, ihre Diskutierzirkel, ihre Ideenbörse und ihren
Klatsch." Von „soldatischer Überlieferung, vom echten Adel, vom Mythos des
Führertums und den unsterblichen kriegerischen Tugenden" hielt Ossietzky
freilich nicht viel, stellte bei aller Kritik gleichwohl mit spürbarem Respekt fest,
dass sich der ‚neue Nationalismus' „einstweilen noch von dem nicht mehr ganz
frischen Vokabularium der Linken bediene", das „kühn aber oft nicht ganz richtig verwendet" werde. Feinfühlig erkannte Ossietzky die rezeptionsästhetische
Verwirrung, die unter den Zeitgenossen der 20er Jahre aufgrund derartiger se-
mantischer Winkelzüge geherrscht haben muss, wenn er konstatierte: „Diese
fremd wirkende Intellektualität verstreut aber das Volk, das im neuen Nationalismus angeblich die Revolution machen soll.(…) Nation, Krieg und Freiheit,
schöne tönende Worte, um die genug Tinte und Blut verspritzt worden ist, werden in der neuen Formung schaukelnde, konturlose Begriffe, die jeglicher nach
seinem Gusto auslegt."

Gleichzeitig fand man auch großes Interesse aneinander. Gerade in der Publizis-
tik fielen immer wieder Kommentare gegenseitiger Anerkennung gegenüber der
intellektuellen Position des politischen Gegners. Der seit 1919 im Bund der
Kriegsdienstgegner engagierte, kommunistisch orientierte Schriftsteller Kurt
Hiller hatte bereits 1927 in der *Weltbühne* einen Artikel über *Die Neuen* (sic!)
Nationalisten des *Arminius*[187] publiziert und festgestellt, dass es sich zwar um

---

[186] Celsus (Carl von Ossietzky): Germanisches Café, in: Die Weltbühne 26 (1930), Nr.
30, 22.7.
[187] Unbekannt: Die neuen Nationalisten, in: Die Weltbühne 23 (1927), Nr. 37, 13.9.,
436.

den politischen Gegner handelte; dennoch strich er jenen revolutionären Geist ihrer „Sachlichkeit" (ebd.) heraus, mit dem sich soldatische Nationalisten der Kriegsverarbeitung realistisch annäherten. Respekt zollte Hiller nicht minder der im Krieg erbrachten Leistung dieser schreibenden Krieger: „Diese Leute sind unsre Gegner; aber man kann sich mit ihnen unterhalten: weil sie Ehrenmänner sind. Sie lügen nicht, und zwischen ihrer Lehre und ihrem Leben klafft kein Spalt. Übrigens machen sie nicht Krieg l'art pour l'art; sie halten ihn für ,eine Notwendigkeit und eine ungeheure Verantwortung'; so sehr sie Krieger von Passion sind, so sehr zügeln sie ihre Passion. Oft leuchtet durch ihre Sätze, daß Völkerfriede ihr Ziel sei, aber der Weg zu ihm über Kriege der nationalen Befreiung und Machtsicherung führe. Das alles ist unser Denken nicht; aber offene Pazifistengegner, die so denken, sprechen und handeln, find' ich ungleich denksauberer und sympathischer als ,Pazifisten', die den nationalen Verteidigungskrieg vorbereiten."

In Buchpublikationen und privater Runde diskutierten rivalisierende Intellektuelle im Geiste sportlich-intellektuellen Wettstreits, über die aus dem Kriegserlebnis abzuleitenden Konsequenzen zur Gestaltung des Politischen. Ernst und Georg Friedrich Jünger suchten und fanden beispielsweise den Kontakt zu Salon-Kommunisten wie Johannes R. Becher, wenngleich der Purist Jünger nie bereit war, sein Lieblingsprojekt eines neuen Nationalismus von links verwässern zu lassen. Doch „[s]pätestens 1929", konstatiert sein Biograph Helmut Kiesel, „wurde Jünger aber auch für linksorientierte Intellektuelle so interessant, dass manche in seinem Kreis erschienen oder ihm ihre Kreise öffneten."[188] So verkehrte neben Bronnen etwa auch der kommunistisch orientierte Maler Rudolf Schlichter im *Standarte*-Kreis. Der neu-sachliche Künstler war bis 1925 der KPD gefolgt und als Illustrator für die *Rote Fahne* oder die *Illustrierte Arbeiter Zeitung* tätig gewesen. Im zweiten Jahrfünft war jedoch auch er ins Gesichtsfeld Ernst Jüngers geraten und zeichnete beispielsweise für die Einbandgestaltung von *Krieg und Krieger* verantwortlich.[189] Wie Beumelburg im Uhle-Kreis, öffneten sich Jünger des weiteren die Türen zu den berühmt-berüchtigten Schriftsteller-Abenden Ernst Rowohlts, der im kalkulierten, die Auflagenzahlen

[188] Helmuth Kiesel: Ernst Jünger. Die Biographie, München 2007[1], 323.
[189] Unbekannt: Krieg und Krieger, in: Die Rote Fahne 13 (1930), Nr. 170, 20.7.

seiner Autoren in die Höhe treibenden Skandal, kommunistische und rechtskonservative Autoren aufeinanderprallen ließ.[190] In hybriden Intellektuellenkreisen
wie der im Winter 1931 gegründeten *Arbeitsgemeinschaft zum Studium der
sowjetischen Planwirtschaft* diskutierten *Arminius*-Anhänger wie Ernst Jünger,
Carl Schmitt, Ernst Niekisch und Friedrich Hielscher mit KPD-Mitgliedern wie
Georg Lukács und Karl-August Wittfogel angesichts des von beiden Seiten
beschworenen Untergangs des Bürgertums über politische Ordnungsvorstellungen. (Ebd.)

Auch das liberale Bürgertum begann sich mit zunehmendem Erfolg für den
Ideenhaushalt soldatischer Nationalisten zu interessieren. Das linksliberale *Ta-
ge-Buch* Leopold Schwarzschilds bat etwa Ernst Jünger im Sommer 1929 das
Konzept seines ‚neuen Nationalismus' in einem Beitrag zusammenzufassen. In
der redaktionellen Einleitung zu Jüngers Aufsatz tat auch Schwarzschild sein
intellektuelles Interesse bei gleichzeitiger politischer Differenz wie folgend
kund: „Manchen unserer Leser wird nicht einmal der Name Ernst Jüngers bekannt sein, des unbestrittenen geistigen Führers jenes ‚jungen Nationalismus',
von dem seit den Höllen-Maschinen-Attentaten und dem Sichtbarwerden der
‚Landvolk'-Bewegung die Zeitungen voll sind. Noch viel weniger wissen die
meisten von der Ideenwelt dieses Kreises, für den sogar Hugenberg, Hitler und
die Kommunisten reaktionäre Spießbürger sind. Daß wir heftigste Gegner dieser
Ideen sind, brauchen wir nicht zu versichern. Aber ebenso brauchen wir nicht zu
erklären, weshalb wir für notwendig hielten, daß die Leser des TB einmal Au-
thentisches darüber hören. Wir haben Jünger aufgefordert, selbst darüber zu
reden, und er ist der Aufforderung nachgekommen. Was er im Folgenden aus-
führt, zeugt wiederum für die ungewöhnliche literarische Begabung dieses Autors. Aber je glanzvoller es geschrieben ist, umso erschütternder wirkt das
Jüngersche Programm politisch. Eine Auseinandersetzung mit dem Phänomen
dieses Weltbildes ist notwendig (…).“[191]

Die *Frankfurter Zeitung* bat Ludwig Alwens ebenfalls um Erhellung soldatisch-
nationalistischen Gedankenguts. Bereitwillig informierte *Sperrfeuer*-Leser

---

[190] Kiesel: Jünger, 323f.
[191] Sven Olaf Bergghotz (Hg.): Ernst Jünger. Politische Publizistik 1919 bis 1933, Stuttgart 2001, 788f.

Alwens über den arteigenen *Nationalismus in der Literatur*[192], über die Geschichte der *Standarte*, ihren Bruch mit der Stahlhelm-Leitung und das Ziel, die nationale Rechte unter dem Banner eines autoritär gedeuteten Fronterlebnisses zu einen.

Wie durchlässig sich Milieukulturen und ideologische Grenzen zum Ende des zweiten Jahrzehnts zeigten, verdeutlichen in einem dritten Analyseschritt schließlich Verbündungs- bzw. Instrumentalisierungsversuche Intellektueller untereinander. Diese durchzogen ab 1928 den literarisch wie publizistisch geführten Diskurs um die politischen Lehren des Kriegserlebnisses, wobei linke Akteure es unternahmen, rechte Autoren bzw. deren Texte für die eigenen politischen Zwecke einzuspannen und umgekehrt. In diesen Vereinnahmungsversuchen ist ein weiterer Erklärungsgrund zu finden, warum der Leser in der Interpretation von Kriegsliteratur nur selten auf eine politisch eindeutige Positionierung des Autors als Interpretationsinstanz zu rekurrieren vermochte, die selbst unter zeitgenössischen Intellektuellen umstritten war.

Rechtskonservative Sondierungen, ideologisch konkurrierende Kriegsdichter interpretatorisch in Beschlag zu nehmen und so aus der eigenen soziopolitischen Einkapselung in den gesellschaftspolitischen Mainstream vorzurücken, artikulierten sich etwa in dem 1927 geübten Versuch soldatischer Nationalisten, kommunistische Schriftsteller für eine gemeinsamen Unterschriftensammlung für den Fememörder Paul Schulz (1898-1963) zu gewinnen.[193] Der in der breiten Öffentlichkeit spöttisch wie gefürchtet nur als ‚Feme-Schulz' Bezeichnete hatte in der von ihm mitaufgebauten Schwarzen Reichswehr Attentate auf demokratische Politiker organisiert.[194] Im Frühjahr 1927 hatte ihn ein Berliner Schwurgericht der Anstiftung zum Mord an Feldwebel Walter Wilms für schuldig befunden. In rechten Kreisen galt Schulz fortan als Träger des nationalen Banners, zahlreiche konservative Intellektuelle setzten sich für seine Befreiung ein[195], die zum Jahreswechsel 1929/30 zügig voranschritt. Das Gericht reduzier-

---

[192] Alwens: Nationalismus.
[193] Ludwig Renn: So wird's gemacht, in: Die Linkskurve 2 (1930), Nr. 4, 8.
[194] Bernhard Sauer: Schwarze Reichswehr und Fememorde. Eine Milieustudie zum Rechtsradikalismus in der Weimarer Republik, Berlin 2004, 269-275.
[195] Unbekannt: Fememörder und Frontsoldaten, in: Völkischer Beobachter/Bayernausgabe/Der deutsche Frontsoldat (Beilage) 3 (1928), Nr. 3, 18.2.

te sein Todesurteil auf eine zweijährige Haftstrafe, sodass Schulz bereits im Frühjahr 1930 auf Kaution entlassen wurde.

Auch rechtskonservative Kriegsdichter sahen die Möglichkeit, mithilfe einer Schulz gegenüber abgegebenen Solidaritätsbekundung, soldatisch-nationalistische Symbolpolitik zu betreiben, die den ‚Kameraden Schulz' reha-bilitieren und die nachkriegssolidarische Kraft des Kameradschaftskonzepts öffentlichkeitswirksam vor Augen führen sollte. Pünktlich zu Schulz' Haftent-lassung initiierte Kriegsdichter Fritz Ibrügger (*Feldgraue in Frankreichs Zucht-häusern*, 1929), eine aufschlussreiche Sammelbriefaktion: Am 23. Januar schrieb Ibrügger mit Beumelburg, Dwinger, E. Jünger, Hein und Schauwecker ausgewiesene Vertreter soldatisch-nationalistischen Gedankenguts an. Der in Alt Moabit inhaftierte Schulz habe Ibrügger gebeten, ihm jene „Ehre und Treue"[196] zu erweisen, die sie sich als Soldaten einst geschworen hätten. Ibrügger schlug vor, dass „wir, die wir in unseren Büchern das Hohelied der Kameradschaft gesungen haben, einmal den Anfang mit einem rückhaltlosen Bekenntnis zu dem Soldaten und Kameraden Paul Schulz" machen sollten, in der Hoffnung, dieser Ruf werde „zum Orkan anschwellen". Jünger bekannte sich, auch Schauwecker und Beumelburg unterschrieben. Während die Unter-schriftenaktion an Dwinger vorbeizog – er befand sich auf Vortragsreise – ver-weigerte allein Hein seine Unterschrift, da er die Gefahr politischer Vereinnah-mung witterte.

Bezeichnend an dieser Aktion waren jedoch drei Adressaten, die dieser Brief ebenfalls erreichte: Arnolt Bronnen, Erich Maria Remarque und Ludwig Renn. Mit Arnolt Bronnen begegnen wir dem für das „Zeitalter der Extreme" (Hobsbawm) der Weimarer Nachkriegsjahre so typischen Intellektuellentypus eines politischen Renegaten, der sich im Verlauf der 20er Jahre vom linksradi-kalen Kommunisten zum rechtsradikalen soldatischen Nationalisten entwickel-te. Sein erfolgreiches Bühnenstück *Vatermord* von 1920 hatte ihn bis 1926 in die amikale Nähe des kommunistisch gesinnten Bertolt Brecht geführt. 1924 war Bronnens Bühnenstück *Katalaunische Schlacht* erschienen, gegen dessen kriegskritischen Gehalt rechtskonservative Veteranenverbände protestiert hat-

---

[196] Renn: So wird's gemacht.

ten. 1927 war Bronnen jedoch in den soldatisch-nationalistischen Dunstkreis Ernst Jüngers eingetaucht. Sein neu-sachlicher Kriegsroman *O. S.* von 1929 konnte als Bekenntnis zum soldatischen Nationalismus verstanden werden, und 1930 rückte Bronnen gar noch weiter nach rechts, nämlich in die nationalsozialistischen Seilschaften um den mächtigen Gregor Strasser. Am 17. Oktober 1930 störte er im Verbund mit Ernst und Friedrich Georg Jünger sowie 30 SA-Leuten eine Vortragsveranstaltung im Berliner Beethovensaal, anlässlich derer Thomas Mann vor den Gefahren des erstarkenden Nationalsozialismus warnte.[197]

Wie schwierig in dieser Hinsicht der Versuch war, sich über die Rezeption von *O. S.* der politischen Position des Autors anzunähern, zeigt das Beispiel des *Völkischen Beobachters*. Dieser meinte in einer Besprechung von 1929, *O. S.* enthalte zwar an den soldatischen Nationalismus anschlussfähige Ideologeme, sei aber dennoch, da sich Bronnen angeblich ungebrochenen zum Kommunismus bekenne, negativ zu bewerten[198] – und dies obwohl Bronnen längst zu Jünger aufgeschlossen hatte. Würde Bronnen nach den Erfahrungen des Zweiten Weltkrieges erneut auf kommunistische Seite umschwenken, unterzeichnete er die Solidaritätsbekundung für Schulz 1930 doch ohne Vorbehalte.

Ludwig Renn wiederum, den Schauwecker „[i]n vorzüglicher Hochachtung" zu unterschreiben bat, war bis 1927 den umgekehrten Weg Bronnens, nämlich jenen eines Konservativen zum Kommunisten gegangen. Denn Ludwig Renn hieß ursprünglich Arnold Friedrich Vieth von Golßenau und entstammte, 1889 in Dresden geboren, einer sächsischen Adelsfamilie. Nach dem Abitur hatte er, wie Jünger oder Beumelburg ganz Prototyp des bellizistischen Kriegsdichters, eine Offizierslaufbahn eingeschlagen und während des Weltkrieges an der Westfront gekämpft. Doch 1927/28 hatte sich Golßenau zum Kommunisten gewandelt. Schlüsselerlebnis für diese Hundertachtziggradwende Renns war nach eigener Aussage die von ihm vor Ort beobachtete Niederschlagung protestierender Proletarier am Wiener Justizpalast im Juli 1927 gewesen. Fortan ver-

---

[197] Friedbert Aspetsberger: Arnolt Bronnen. Biographie, Wien u.a. 1995, 115, 257, 274-288.
[198] Unbekannt: Arnolt Bronnen, in: Völkischer Beobachter/Bayernausgabe 4 (1929), Nr. 233, 8.10.

schlang er die Schriften Marx' und Lenins und hatte ab Oktober 1927 an der
VHS Zwickau Arbeiter in chinesischer Geschichte unterrichtet. In jenem Jahr
war er in die KPD, den Roten Frontkämpfer Bund sowie den Bund proletarisch-
revolutionärer Schriftsteller Deutschlands eingetreten.[199] Auch sein noch näher
zu erörternder Roman *Krieg* evozierte das Kriegserlebnis eines rangniederen
Mannschaftsgrades. Rezensenten stritten vehement, ob eine solche Darstellung
nationalistisch oder pazifistisch zu deuten sei[200], wobei sie in einer interpretatorischen Annäherung immer wieder versuchten, sich über die politische Einstellung dieses 1929 noch völlig unbekannten Autors zu informieren.[201]

Renn war es auch schließlich, der das Vorhaben um Schulz' Rehabilitierung
1929 an die Redaktion der von ihm mitherausgegebenen *Linkskurve* weiterleite-
te. Dort beriet man sich im engen Kreise und entschloss, Ibrügger das Schreiben
zurückzuschicken, um zu erfahren, „wie die Anderen noch reagieren werden,
besonders Remarque.“[202] Aufschlussreich ist schließlich auch die Empörung
Renns, mit der dieser Ibrügger letztendlich eine Absage erteilte: „Ich beantwor-
te Ihre Zumutung, das alberne Schriftstück an Schulz zu unterschreiben, mit der
Uebergabe (sic!) Ihrer Briefe an die Redaktion der ‚Linkskurve', die sie veröffentlichen mag, um weiteste Kreise mit dem Wesen Ihrer neudeutschen Intelligenz bekannt zu machen. Sie werden daraus hoffentlich endgültig merken, daß
ich auf der entgegengesetzten Seite der Barrikaden stehe, und werden mich in
Zukunft mit Ihrer Freundschaft verschonen.“ (Ebd.)

Mit Remarque entzog sich ein zentraler Akteur der Kriegsliteratur, an dem sich
ein jedes politische Lager abarbeitete, jeglicher politischen Zuordnung. Aus
katholisch-bürgerlichem Hause hatte Remarque 1920 seinen ersten Roman *Die
Traumbude* in der offen rassistischen Kulturzeitschrift *Die Schönheit* veröffent-

---

[199] Ulrich Broich: „Hier spricht zum ersten Male der gemeine Mann.“ Die Fiktion vom
Kriegserlebnis des einfachen Soldaten in Ludwig Renn: *Krieg* (1928), in: Schnei-
der/Wagener: Richthofen bis Remarque, 207-216, hier 208; Eckhardt Momber: ´s ist
Krieg! ´s ist Krieg! Versuch zur Literatur über den Krieg 1914-1933, Berlin 1981, 58.
[200] Zahlreiche Pressestimmen gesammelt in Literaturarchiv Marbach, Mediendokumentation Z: Ludwig Renn, 1 Mappe.
[201] Exemplarisch Hans Henning von Grote, der meinte, man hätte Renn und Remarque
nicht kampflos der politischen Linke überlassen sollen: Das Fronterlebnis in der jüngsten deutschen Literatur, in: Der Meister. Jungdeutsche Monatshefte 4 (1929), 299-309.
[202] Renn: So wird's gemacht.

licht.[203] Zudem hatte sich der an der Westfront eingesetzte Remarque in den 20er Jahren als Journalist für das bürgerlich-demokratische *Osnabrücker Tageblatt* und die konservative *Sport im Bild* des antidemokratisch agierenden Hugenberg-Konzerns engagiert. Nicht nur hatte er in Letzterer Jüngers *Stahlgewitter* als heroisches Buch gelobpreist[204], was an anderer Stelle noch näher zu erläutern sein wird. Remarque hatte *Im Westen nichts Neues* zuerst eben diesem Zeitungsimperium zur Veröffentlichung angeboten, dessen Inhaber, der seit 1928 als DNVP-Vorsitzende agierende Alfred Hugenberg, zu den Exponenten einer deutschnationalen Fundamentalopposition gegen den Staat von Weimar gehörte.[205] Erst nach dessen Ablehnung hatte Remarque das Manuskript der liberaldemokratischen *Vossischen Zeitung* zur Veröffentlichung angeboten, weshalb über die bellizistische oder pazifistische Intention seines berühmten Romans viel gestritten worden ist.[206] Wie hinsichtlich der Renegaten Bronn und Renn unternahmen es Rezensenten von *Im Westen nichts Neues* ebenfalls, sich über die politische Haltung des Verfassers zu informieren, um so zu einer autorzentrierteren Interpretation seines Werkes zu gelangen. Einer solchen Typologisierung verweigerte sich Remarque dennoch konsequent, da er seiner literarischen Produktion eine Rolle als öffentlich politisierender Intellektueller als abträglich erachtete.[207] Rechte Kriegsdichter wie Grote meinten etwa, der Protest gegen Remarques Bestseller habe eine wichtige Chance vertan, Autor und Buch auf die eigene Seite zu ziehen.[208] Kommunistische Linke zeigten sich wiederum bestrebt, Remarque mithilfe einer positiven Stellungnahme zur Sowjetunion als einen der ihren zu rekrutieren. Dieser entzog sich der Autor jedoch

---

[203] Armin Kerker: Gemischtes Dopell – Im Westen nichts Neues und so weiter. Eine verfehlte Remarque-Biographie, in: Die Zeit 31 (1977), Nr. 47, 18.11.
[204] Wojciech Kunicki: Erich Maria Remarque und Ernst Jünger. Ein unüberbrückbarer Gegensatz?, in: Schneider: Kriegserlebnis, 291-307, hier 291f.
[205] Kerker: Gemischtes Doppel.
[206] Reinhard Dithmar: Wirkung wider Willen? Remarques Erfolgsroman „Im Westen nichts Neues" und die zeitgenössische Rezeption, in: Blätter für den Deutschlehrer 28 (1984), 34-48.
[207] Wilhelm von Sternburg: „Als wäre alles das letzte Mal". Erich Maria Remarque. Eine Biographie, Köln 1998, 241-243.
[208] Grote: Fronterlebnis.

ebenfalls.[209] Ein ähnliches Unterfangen ließ auch die Unterschriftenaktion für Schulz erkennen. Welcher zeitgenössische Leser erkannte hier noch die Unterschiede?

Fragt man in einem vierten Analyseschritt über politische Vereinnahmungsbestrebungen hinaus nach einem Erklärungsgrund für diesen im Kultur-Feld der 20er Jahre stattfindenden innerintellektuellen gedanklichen Austausch- bzw. Instrumentalisierungsprozess, stützte sich dieser nicht allein auf eine politisch-ideologisch verbindende Semantik, intellektuelle Konkurrenz oder ökonomische Interessen der Verleger. Hier waltete einmal mehr jene von Mannheim konstatierte, generationell bedingte Verbindung durch das Kriegserlebnis, die der Soziologe als „Generationslagerung"[210] bzw. als „Generationenzusammenhang" beschrieb. Eine solche unentrinnbare Verklammerung von Lebensumständen sah Mannheim dann entstehen, wenn „reale soziale und geistige Gehalte" (ebd.), wie das Kriegserlebnis oder seine nachträglichen Deutungsakte, Individuen verbanden. Generationsangehörige der 20er Jahre rekurrierten in dieser Deutung selbst bei konkurrierender Weltanschauung auf dasselbe Erlebnis und fanden auf diese Weise „geistig (…) und sozial" (ebd.) zusammen. Diese unentrinnbare Verstrebung von Einzelschicksalen sah Mannheim deterministisch begründet, waren diese in einer Generation „gelagert, [und] verhaftet" (15) und hätten „sich nicht bewusst für die Zugehörigkeit zu einer konkreten Gruppe entschieden." (Ebd.) Mannheim referierte diesen Sachverhalt am Beispiel der weltanschaulich so konträren, miteinander rivalisierenden, aber dennoch im selben Generationenzusammenhang stehenden Intellektuellengruppen der romantisch-konservativen und der liberal-rationalistischen Jugend zum Ende des 18. Jahrhunderts: „Sowohl die romantisch-konservative, als auch die liberal-rationalistische Jugend gehört demselben Generationszusammenhang an; denn romantischer Konservatismus und liberaler Rationalismus waren damals nur zwei polare Formen der geistigen und sozialen Auseinandersetzung mit demselben, sie alle betreffenden historisch-aktuellen Schicksal." (25) In einer Transferleistung lässt sich dies auch auf kommunistische, nationalistische und sozialde-

---

[209] Witfogel: Romane; Kraus Neukrantz: Schriftsteller ziehen in den Krieg, in: Die Linkskurve 2 (1930), Nr. 8, 1-3.
[210] Mannheim: Generationen, 25.

mokratische Intellektuellenkohorten der 20er Jahre übertragen, die sich im Erlebnis des Ersten Weltkrieges auf dasselbe historisch-aktuelle Schicksal bezogen und die bei aller weltanschaulichen Differenz eine generationelle Gemeinschaft bildeten, die sich im regen Austausch über die Deutung des Vergangenen befand.

Dass sich ein solches Verbundenheitsgefühl über weite Zeiträume und schwere Schicksalsschläge hinweg scheinbar unauflöslich erhielt, zeigen zwei Beispiele. Selbst nachdem nach 1933 in Deutschland verbliebene, ns-affine deutsche Schriftsteller die Vertreibung, Verleumdung und Enteignung ihrer emigrierten Kollegen mit öffentlichen Erklärungen und privaten Intrigen vorangetrieben, legitimiert und freudig begrüßt hatten, war das magische Band, das linke und rechte Intellektuelle der 20er Jahre umschloss, nicht in Gänze zerrissen. 1943 berief sich beispielsweise der 1933 nach Moskau emigrierte Johannes R. Becher im Kampf gegen Nazideutschland auf die verbindenden Werte des Nationalismus der 20er Jahre. Im Moskauer Sender Freies Deutschland richtete Becher einen Appell an jenen Widerpart konservativer Intellektueller, mit denen er sich in den 20er Jahren oft genug auseinandergesetzt hatte: „In Deutschlands Namen rufe ich Sie heute an, Ernst Jünger, ich rufe Sie Friedrich Hielscher, Franz Schauwecker und Beumelburg…Es ist Zeit, meine Herren, mit dem Klinger zu klirren! Es ist Zeit, daß wir Deutschlandstreiter von rechts bis links mit unseren Waffen Deutschlands Verderbern, der Nazikriegs-Schmarotzerclique, den Todesstoß versetzen. Getrennt sind wir marschiert viele Jahre lang, vereint nun gilt es zu schlagen."[211]

Auch der im Ersten Weltkrieg wegen Befehlsverweigerung verurteilte Oskar Maria Graf, der 1919 am Munitionsstreik sowie an den revolutionären Umstürzen der Räterepublik in Bayern partizipiert hatte, erinnerte sich noch 1941 nach seiner schmerzlich empfundenen Emigration in die USA mit spürbarem Respekt an die protofaschistischen Gegner von einst. Während der Abfassung einer den europäischen Intellektualismus verarbeitenden Studie äußerte sich Graf in einem an Thomas Mann gerichteten Schreiben im New Yorker Exil tendenziell respektvoll zur politischen Grundhaltung soldatischer Nationalisten und erblick-

---

[211] Schmidt/Breuer: Briefe, 325.

te – wie Becher – das verbindende Element im „ehrlich"[212] gemeinten Nationalismus dieser Akteure. Graf beschäftigte sich in seiner Arbeit mit einem „heiklen Problem, nämlich inwieweit – wenigstens im Psychologischen – der gesamte europäische Intellektualismus das, freilich nie erwartete und noch weniger gewollte Heraufkommen des Faschismus und der Hitlerbarbarei verursacht" habe. Dabei sei Graf „gerade in den Reihen jener ehrlichen Nationalisten wie Jünger, Beumelburg, Hielscher, Dwinger usw. auf erstaunlich Dinge gestoßen. Nämlich sie, die gleichsam aus einem nihilistischen Romantizismus zur Formulierung der Utopie vom ‚tausendjährigen Reich' kamen, lieferten zwar dem Hitlerismus (und hauptsächlich Goebbels) sozusagen die Grundstoffe für das Fundament der nationalsozialistischen ‚Lehre' – sie aber waren selber niemals Nazis wie etwa der unbeschreiblich flache, urteilslose Hanns Johst." (Ebd.)

Zusammenfassend entfaltete *Sperrfeuer* ab 1929/30 im Verbund mit weiteren Kriegstiteln eine rezeptionsästhetische Dynamik, die das Kriegserlebnis – trotz desintegrativer Invektiven gegen Etappe, Heimat oder Sozialdemokratie – als gesamtgesellschaftliche Leistungsgeschichte etablierte und die in dieser Deutung enthaltenen soldatischen Tugenden in die Mitte der Gesellschaft rückte. Zahlreiche Rezensenten unterschiedlicher Provenienz attestierten dem Werk immer wieder die Attribute der ‚Wahrheit', der ‚Tendenzlosigkeit' und der ‚Überparteilichkeit' vom Typ eines Sachbuchs, das *Sperrfeuer* in seiner literarischen Ausdeutung und seiner para- und kontextuellen Einzäunung beileibe nicht wahr. Eine solche Beurteilung hatten Stalling und Beumelburg dank liberaler und demokratischer Redaktionskräfte sowie moderner, von Ullstein vorgemachter Werbestrategien erzielt, die bewusst mit der ambivalenten Deutung von Kriegstexten kokettierten und die politische Lager übergreifende Rezeption im Sinne der Auflagensteigerung als verlagstechnisches Kalkül forcierten. Als Epos gearbeitetes Werk wollte *Sperrfeuer* Volksbuch sein und hinsichtlich langfristig stabiler Auflagenzahlen, parteiübergreifenden Empfehlungen sowie der Aufnahme in den Schulkanon verstand es das Werk durchaus, sich diesen Status zu sichern. Es ließ – so kann man jedenfalls im rechtsradikalen, rechtskonservativen, im katholischen, liberalen und zumindest jungsozialdemokratischen

---

[212] Münchner Stadtbibliothek/Literaturarchiv Monacensia, Nachlass Oskar Maria Graf, OMG 178, Oskar Maria Graf an Thomas Mann, 27.9.1941.

Raum – milieu- und politische Lager übergreifende Rezeptionsstrategien hegemonial werden, die die im Ersten Weltkrieg erbrachten Leistungen der Frontsoldaten, ja nahezu des gesamten deutschen Volkes rühmten oder zumindest
anerkannten; der politischen Privilegierung des Frontsoldaten huldigten oder
zumindest dessen Tugenden und hierarchische Strukturen als politische Notwendigkeiten der Herrschaftssicherung in Erwägung zogen; den Wiederaufstieg
der Nation entweder als autoritär geprägte Notwendigkeit zukünftiger deutscher
Großmachtpolitik proklamierten oder – als Anklage gegen den Krieg gelesen –
als Voraussetzung einer ohne das Reich nicht denkbaren europäischen Friedensordnung auf der Grundlage einer internationalen Frontkameraderie zumindest einräumten. Eine offizielle Lesung des Krieges als nationalem Ereignis
verfestigte sich so zur homogenen Deutungskultur. Lässt sich ein durch den
gesamten Querschnitt der Gesellschaft gehendes Hegemonialwerden einer solchen Kriegsdeutung letztlich nie quantifizieren, sondern mithilfe von Buchbesprechungen und zeitgenössischen Kommentaren lediglich exemplifizieren, ist
doch die allerorten anzutreffende Anerkennung der während des Krieges erbrachten Leistungen, marxistischen Erkenntnisse und wo auch immer – ob an
der Front, in der Heimat oder im Betrieb – entwickelten soldatischen Tugenden
durchaus omnipräsent, wenngleich weder ein Einbruch ins renitente kommunistische Lager belegt, noch die in allen Parteien anzutreffenden ‚Volksgemeinschafts'- und Kameradschaftsvorstellungen ideologisch und in einem argumentativen Rösselsprung allein auf das soldatisch-nationalistisch gedeutete Kriegserlebnis als gesamtgesellschaftlichem Nenner zurückzuführen sind. Der Rezeption in die letzten Winkel der spezifischsten – geschlechts-, berufs- oder
alterspezifischen – Milieus, Kohorten und politischen Gruppen nachzuspüren,
bleibt freilich Forschungsutopie. Hier findet Rezeptionsästhetik ihre Grenzen in
der exemplarischen Sichtung von Verhaltenssymptomen. Dennoch waren die
ideologischen Schnittmengen, ideen- und intellektuellengeschichtlichen Fluktuationen, der Austausch an Kommentaren und die Instrumentalisierung von
Kriegstexten der jeweils ‚anderen' Ende der 20er Jahre so allgegenwärtig, dass
sich eine gesamtgesellschaftliche, sich letzten Endes antidemokratisch
gebährende und das pazifistische Narrativ überlagernde Kommunikation des
Kriegserlebnisses im Reich zu intensivieren begann.

X. Von der Gruppe zur Nation: Die *Gruppe Bosemüller* 1930

Hatte Stalling *Sperrfeuer* in der Reklame als Kontrapunkt zu den zahlreichen auf Gruppen- oder Egoperspektiven zugerahmten Frontromanen angepriesen, entzoge sich Beumelburg mitnichten dem vom Verleger im Oktober 1929 an ihn herangetragenen Wunsch eines ebenfalls nach dem Erzählmuster von *Im Westen nichts Neues* oder *Krieg* gestrickten Textes. Über diese auch in *Gruppe Bosemüller* zum Tragen kommende, seit Renn und Remarque für das Kriegsnarrativ paradigmatisch werdende Erzählperspektive erschließt sich ein ertragreicher komparativer Zugriff auf die in den Schlachtendarstellungen Beumelburgs bereits angedeutete literarische Kongruenz und damit einhergehend auf die ambivalente Leseweise dieses Textgenres.

Die Analyse von Genese und Wirkung dieser mit Blick auf das politische Schaltjahr 1933 letztlich verheerend wirkenden Ambivalenz erfolgt in zwei Schritten:

1. wird gezeigt, dass sowohl bellizistische als auch pazifistische Kriegsromane zum Ende der 20er Jahre aufgrund der Anlehnung an die Postulate der Neuen Sachlichkeit in sprachlichem Duktus, Metaphorik, Handlungsaufbau, Charakterzeichnung und paratextueller Einrahmung derart literarisch kongruent wurden, dass sie vom zeitgenössischen Leser rein texthermetisch nicht eindeutig als bellizistisch bzw. pazifistisch zu klassifizieren waren. Hier wird ferner zu zeigen sein, dass diese Verflüssigung von Textdeutungen keineswegs zufällig war, sondern dass sich linke Autoren darstellungstechnisch ungeniert an rechten Kriegsromanen bedienten, dem so Imaginierten jedoch andere Deutungsschemata unterlegten. Auf der Grundlage dieser Ambivalenz wird gezeigt, wie die Interpretation dieser Werke die Leser verschiedener Milieus auf den eigenen Habitus zurückwarf.

Damit einher wird anhand verschiedener paratextueller und Authentizität spendender literarischer Strategien sowie historischer Faktoren gezeigt, dass die politische Einordnung dieser Autoren in rechte bzw. linke Lager als Ergebnis einer Jahrzehnte langen Typologisierung der daran beteiligten Geisteswissenschaften im relevanten Untersuchungszeitraum unter zeitgenössischen Rezipienten keineswegs so festgezurrt und selbstverständlich war, wie sie uns heute aus

sichererem zeitlichen Abstand erscheint. Eine Entledigung dieser von Literatur-
und Geschichtswissenschaft erarbeiteten Typologisierung, die oft genug auf die
Deutung dieser Werke durchgeschlagen hat, ermöglicht es, sich jenem zeitgenössischen Wissenshorizont der Rezensenten anzunähern, der in die individuellen Lektüre- und Deutungsakte hineinspielte, der in dieser Hinsicht – wie bereits
die Unterschriftenaktion für Paul Schulz deutlich gemacht hat – jedoch vom
Autor als Interpretationsinstanz nur bedingt Gebrauch machen konnte. Hier
werden sowohl weitere Beispiele angeführt, wie Kriegsdichter die Texte der
,Anderen' für die eigenen Zwecke einspannten bzw. sie mit konträrem Sinn
belegten.

2. Sollen einige grundlegende Annahmen zu jenen Möglichkeiten des zeitgenössischen Lesers angestellt werden, sich über das Werk oder den Autor weitere, die Interpretation beeinflussende Informationen zu beschaffen.

Die Rezeption dieses Werkes wird im Anschlusskapitel im Kontext der 1930
grundlegend veränderten politischen Landschaft vermessen.

Gruppe Bosemüller entstand ab Oktober 1929 in direktem Anschluss an *Sperrfeuer* auf Capri: „Gerade heute Morgen habe ich mit dem neuen begonnen, wenigstens bin ich mir klar darüber geworden, was es sein soll und wie ich es anfangen soll. Altes und Neues berühren sich so und selbst geographisch ist der
Ring geschlossen. Es ist beinahe wie eine arithmetische Schicksalsberech-
nung."[1] Beumelburg entwarf erste Charakterskizzen, um eine Frontsoldatengruppe vor Verdun zu porträtieren: „Die Arbeit geht rüstig voran, ich bin guten
Mutes. Es wird der Kriegsroman, abermals der Douaumont im Mittelpunkt, aber
ganz etwas anderes."[2] Nach einem dreimonatigen Schreibexzess war das Werk
fertiggestellt. Allerdings fehlte noch ein Titel, der die Huldigung an Soldatentum und Kameradschaft bereits im Paratext vorwegnahm. Familienintern wurden Vorschläge wie *So war der Krieg* oder *Ich hatte einen Kameraden* diskutiert, und voller Begeisterung berichtete Stalling von Soldans Empfehlung dem
Roman den provokanten Titel *Boches* zu verleihen: „Ich finde den Titel, das

---

[1] Nachlass Schlarb: Werner Beumelburg an Gertrud Beumelburg, 6.10.1929.
[2] Ebd.: 13.10.1929.

muss ich sagen, mehr als außergewöhnlich, ja, ich wiederhole das Wort, ich fand ihn fast frech, und doch auch wieder als Titel betrachtet interessant und auffallend, und zwar aus folgenden Gesichtspunkten. Die deutschen Soldaten wurden vom ganzen Feindbund als ,boches' bezeichnet, also als Schweine, als hundsgemeine Kerle, als Schinder, Lumpen und was sonst noch in dem Wort liegen mag. Nun zeigt Werner Beumelburg, wie der boche wirklich aussah. Dem Gedanken nachgehend fand ich, daß Ihr Buch geradezu die Ehrenrettung dieses Namens sein wird. Wenn W. B. ein Buch so nennt, dann weiß in Deutschland jeder, daß dies eine ganz besondere Bewandtnis haben muss, und daß dies eine Gegenoffensive gegen alle Verleumdung des deutschen Soldaten auf der Grundlage der Wahrhaftigkeit und des Idealismus ist, die sich im weitesten Sinne auswirken wird."[3]

Dennoch sah man sich letztlich offenkundig zu einer solchen Kontroverse nicht bereit. Der Vorschlag wich dem schlichteren *Frontsoldaten*, der allerdings wiederum Walther Bloems im selben Jahr erscheinendem Titel gleichen Namens zum Opfer fiel. Beumelburg musste nun „wieder auf die Suche gehen."[4] Im März 1930 einigten sich Schriftsteller und Verleger, womöglich aufgrund der Vielzahl an konkurrierenden Romanen, das nun als *Gruppe Bosemüller* betitelte „Buch etwa Anfang Oktober"[5] zu veröffentlichen und im Verbund mit dem Scherl Verlag zu bewerben. (Abb. 9)

Gruppe Bosemüller verdichtete das Schicksal einer siebenköpfigen Frontsoldatengruppe vor Verdun und verfolgte die bereits in den Schlachtendarstellungen aufgeworfene Frage nach dem Sinn des Krieges, den es in der angeblichen Erziehung des Menschen zu Kameradschaft, Opferbereitschaft und Vaterlandsliebe im Krieg erblickte. Erzählzeitraum bildete die Schlacht von Verdun mit den Kämpfen am Douaumont von Februar bis Dezember 1916. Der Roman bildete die Summe der in den Schlachtendarstellungen literarisch inszenierten politischen Botschaften, konzentrierte sich in heterodiegetischer Perspektive mit Nullfokalisierung dagegen nicht mehr auf die Gesamtheit der Armee, sondern auf eine einzelne Gruppe von Soldaten, die über den Roman hinweg, ungeachtet

---

[3] Ebd.: 18.3.1930.
[4] Ebd.
[5] Ebd.: 9.3.1930.

des Ablebens verschiedener Gruppenangehöriger, erstmals als Protagonisten
einer stringent durcherzählten Handlung fungierten.

Im Wesentlichen beantworteten drei Reflektorfiguren die Frage nach dem Sinn
des Krieges: der unbedarfte, sich freiwillig meldende, im Verlauf des Krieges
zum ‚heroischen Soldaten' reifende 17-jährige Erich Siewers; der 34-jährige
Gefreite Wammsch, eine Siewers zum Krieg erziehende Vaterfigur; und
schließlich der 24-jährige Unteroffizier Paul Bosemüller, der Siewers' charakterliche Weiterentwicklung darstellte, hatte sich in ihm die ‚soldatisch-
männliche Haltung' bereits vollendet, die Siewers noch bevorstand. Die Besetzung der restlichen vier Rollen variierte, da Gruppenmitglieder starben und
ersetzt wurden. Indem Beumelburg die Gruppe mit dem 19-jährigen Christian
Esser aus Köln, dem Dresdner Gärtner Karl Stracke, dem Holzfäller aus dem
Rinzigtal Anton Lesch, dem oberschlesischen Polen Krakowa, dem rheinischen
„Stadtschreiberaspiranten" Schwarzkopf und dem Hamburger Zimmermann
Fröse besetzte, war der Autor sichtlich darum bemüht, einen landsmannschaftli-
chen Querschnitt durch die deutsche Gesellschaft zu geben. Somit zeichnete
sich bereits in der gruppenspezifischen Zusammensetzung jene angebliche
Keimzelle der Kameradschaft ab, die die Prinzipien und Tugenden der ‚Frontgemeinschaft' übte und in der Unterordnung von sechs bis zwölf Soldaten unter
einem Stoßtruppführer als *pars pro toto* der daraus abzuleitenden ‚Volksgemeinschaft' fungierte.

Der autobiographisch anmutende, wie Beumelburg zu Beginn des Krieges 17-
jährige, aus dem Rheinland stammende, sich freiwillig meldende Siewers, hatte,
wie der Autor selbst, einen ebenfalls im Krieg kämpfenden Bruder, der vor dem
freiwilligen Kriegseinsatz „gewarnt" (17) hatte. Im Gegensatz zu Beumelburgs
Erfahrungen von 1916 zeigten sich Siewers Eltern gleichsam stolz hinsichtlich
des freiwillig erfolgten Kriegseintritts ihres Sohnes. (Ebd.) Als einziger der
Gruppe war er, wie Beumelburg, Gymnasiast, was ihn für eine selbstreflektierte
Kommentierung seines bellizistischen Adaptionsprozesses prädestinierte. Hatte
Siewers als unerfahrenes ‚Muttersöhnchen' die Heimat verlassen, plagten ihn zu
Beginn seines Feldeinsatzes Selbstwertverlust und -zweifel ob der Richtigkeit
seiner freiwilligen Kriegsmeldung. Dementspechend zeigte er sich anfänglich
mit den neuen Regeln der Front völlig überfordert. (17-30) Nachdem Siewers in

seinem ersten Gefecht völlig durchdrehte, erfuhr er militärische Integrationshilfe durch Wammsch, den 34-jährigen Vater dreier Kinder, der sich des Jungen annahm und ihn als personifizierte Kameradschaft auf die neue Lebenswelt der Front vorbereiten und Siewers Überlebenschancen beträchtlich erhöhen half. (Vgl. 27) Wammschs Tod – er starb auf der letzten Seite des Romans beim Vermessen eines Erdstollens – bildete den emotionalen Höhepunkt der Erzählung.

Dank seiner Hilfe begann sich Siewers im Kampf zunehmend zu bewähren, und zwar nicht allein durch Feindtötung, sondern vorzugsweise durch die Rettung von Kameraden in schwierigen Situationen. Dadurch, so der Roman, fand Siewers zu einer höheren Sittlichkeit, was ihm allein das Aktionsfeld des Krieges ermöglicht hätte. In einer Schlüsselstelle fragte Siewers Wammsch: „Wie hätte ich denn je im Leben so hoch steigen können, daß ich (…) alles hinwarf für die anderen? Wie hätte ich denn je erkannt, daß nichts so bedeutend, so beglückend, so einzig des Lebens wert sei als gutes zu tun seinen nächsten?" (208) Siewers, so der Roman, reifte vom Jüngling zum Mann: „‚Erich…', sagt Wammsch, du bist ganz anders geworden.' ‚Wie denn, Wammsch?' ‚Ich weiß nicht, so ernst…Aber das ist nicht das richtige Wort.' ‚Ja', sagt Siewers und lächelt, ‚jetzt bin ich kein Kind mehr, wie?'" (278)

Der 24-jährige Bosemüller aus einem Schwarzwälder Dorf bei Neustadt fungierte dabei als bellizistische Weiterentwicklung der sich abzeichnenden heroischen Frontfigur Erich Siewers. Bosemüller war der besonnene, umsichtige ‚Führer', der den Siewers bevorstehenden Adaptionsprozess bereits durchschritten, verinnerlicht und den Krieg als zu bewährendes ‚Schicksal' angenommen hatte. Auch Siewers begann den Krieg mit innerer Haltung, Tapferkeit und altruistischer Aufopferung zu bewältigen: „Wenn man helfen muss, dann ist es, glaube ich, anders. Man vergisst sich selbst und denkt nur an die andern. Es ist dann wohl ein stärkerer Trieb in einem." (135)

Soziale Kohäsionskraft spendete einmal mehr die Kameradschaft, die der Roman als Leistungsdiskurs etablierte. Wer Leistung erbrachte, genoss den Schutz der Gruppe, weil er ihre Überlebenschancen erhöhte. Dementsprechend waren alle bellizistisch gefestigten Gruppenangehörigen Träger des Eisernen Kreuzes: „Jetzt hat es die ganze Gruppe, das gehört sich auch so." (258) Die Fertigkeiten der Gruppe waren an der Front allgemein bekannt, weshalb sie sich Privilegien wie zusätzliche Essensrationen verdienten. (191) Auf diese Weise half der Krieg, so die Darstellung, eigenbrötlerische Charakterzüge abzugewöhnen. Die Gemeinschaft glich Fehler einzelner aus. Der Pflicht gegenüber der Gruppe räumten Siewers, Wammsch und Bosemüller, denen sich allesamt im Verlauf der Erzählung die letzten Endes jedoch zum Wohle der Gruppe ausgeschlagene Möglichkeit bot, sich von der Front zu verabschieden, oberste Priorität ein. Siewers erblickte diesen tieferen Sinn in der Kameradschaft, die ihre Wirkung an der ganzen Front zu entfalten beginne: „Aber statt dessen ist mir ein Neues aufgegangen, ein hundertmal Größeres, ein Ungeahntes. Das seid Ihr, Du und Bosemüller und Schwartzkopf und die andern. Und vielleicht, wenn ich es recht bedenke, sind wir so auf dem Wege zum Vaterland. Vielleicht ist die Kamerad-schaft nur der kleine, sichtbare, für uns fassbare Teil des Ganzen. Denn, so sage ich mir, wie es bei uns ist, so ist es gewiß auch bei den andern, beim ganzen Heer, wir können es nur nicht sehn. Später aber, wenn wir zurückkommen, so werden wir einander gewiß sehn, und dann wird aus den vielen kleinen Kreisen der große Kreis, der das Ganze umfasst. So ist es wohl, wir müssen von vorn anfangen, vom kleinen Kreis, von Mensch zu Mensch, damit wir nachher das Ganze begreifen können, den großen Kreis Und das war früher unser Fehler, daß wir den großen Kreis begreifen wollten, ohne den kleinen zu kennen. Jetzt hat uns das Schicksal in eine grausame Lehre genommen. Wen es aber hindurchkommen lässt, der hat bestanden." (261)

So suggerierte der Roman die Entstehung einer neuen Hierarchie mit gesamtge-sellschaftlichem Anspruch; die Gruppe transzendierte von der bloßen Zweck- und Überlebensgemeinschaft zu einer durch gemeinsame Ideale verbundenen Einheit. Die Gruppenmitglieder schrieben einander intime Briefe, begleiteten die Kameraden bei Krankenhausbesuchen, verzichteten altruistisch auf indivi-duelle Vorteile wie Fronturlaub, dessen Antritt die Protagonisten als Verrat an der Gruppe empfanden. Siewers drückte dieses neue Lebensgefühl gegenüber Wammsch wie folgend aus: „Lieber Wammsch, es ist so schön zu Hause, und es ist doch wieder nicht schön. Sie sind alle so gut zu mir, das macht einem das Fortgehn schwer. Aber wie kann ich ihnen denn klarmachen, daß ich gar nicht mehr hier zuhause bin und daß sich alles geändert hat? Ich habe jetzt eine ande-

re Heimat, ich bin hinausgegangen mit jugendlichem Unverstand und leichtsin-
nigen Vorstellungen. Und nun ist da draußen etwas entstanden, was stärker ist
als alles andere. Nein, das kann ich meinem Vater nicht sagen…" (259f.)

In der Charakterzeichnung sahen sich die einmal mehr typenhaft als einfache,
unreflektierte Frontsoldaten gearbeiteten Figuren mit holzschnittartigen Idiomen
und verblassten Metaphern belegt: Die Frontsoldaten hatten „das Herz auf dem
rechten Fleck" (25), waren „Prachtkerl[e]". (9) Die mit liebenswürdigen Schrul-
len versehenen Figuren wirkten sympathisch und waren darauf abgestellt, ge-
mocht zu werden. Wie wenig Individualität Beumelburg dabei seinen Figuren
zugestand, war zu beobachten, wenn einer dieser austauschbaren Protagonisten
der Kategorie des ‚unbekannten Frontsoldaten' das Zeitliche segnete; tiefe
Trauer blieb beim Leser aus, galt es eine solche um Willen des ‚stillen Heldentums' interpretatorisch zu vermeiden. Sorgen hatten den Leser bestenfalls zu
befallen, wenn es um die zügige Neubesetzung des vakanten Gruppenplatzes
und den damit einhergehenden Überlebenschancen der gesamten Gruppe ging.
Zentrales verbindendes Element bildete über die Kameradschaft hinaus die
‚hehre' Pflichterfüllung und das einmal mehr beschworene ‚Schicksal', in das
sich die Figuren zu stellen hatten. Nach einem Despoten wie Remarques Schlei-
fer Himmelstoß sucht man bei Beumelburg vergeblich. Frontoffiziere und Soldaten niederer Ränge begegneten sich auf Augenhöhe, Standesdünkel und
Machtkämpfe, die etwa Arnold Zweig zum zentralen Konfliktherd seines kafka-
esken Kriegsdramas *Der Streit um den Sergeanten Grischa* gemacht hatte,
spielten – außer in der einmal mehr negativ dargestellten Etappe (219-222) –
kaum eine Rolle.

Neben den bereits in den Schlachtendarstellungen enthaltenen Elementen bildete der Einsatz humoristischer Szenen einen maßgebliche Bestandteil
Bosemüllers, um Szenen brutalster Gewalt abzulösen, aufzulockern und zu verarbeiten. Wo Beumelburg nicht die Leistung des Frontsoldaten im Angesicht
der Kriegsschrecken darstellte, war seine Erzählung eine Aneinanderreihung
von Soldatenhumor und Charakteren, die sich in den kurzen Gefechtspausen in
‚Lausbuben' verwandelten und sich – wie Beumelburg vor Verdun selbst –
beim Blaubeerpflücken (136ff.) einen Spaß aus dem Krieg machen durften. Der
Autor schilderte in humorvoller Brechung des gewaltdurchtränkten Kriegsalltä-

ges in bewährter anekdotenhafter und intradiegetischer Binnenperspektive Scherze, verborgene Kniffe und das Wissen um die geheimen Handschläge der Front, die den Krieg in einen Abenteuerspielplatz verwandelten. Gruppenmitglied Karl Stracke etwa hoffte immer wieder vergebens, dass im Verlauf eines bei jedem Kompaniewechsel einsetzenden Verwaltungsaktes der Vermerk vergessen werde, der ihn als Vater eines unehelichen Kindes und damit als alimentationspflichtig auswies. (109) Dem Buch war in weiten Teilen eine Pfadfinderstimmung zueigen, im Zuge derer Männer unter sich wieder verspielte Jungen sein durften, was vor allem jugendliche Leser ansprechen sollte.

Interessanterweise enthielt der Roman neben diesen schablonenhaften Figuren auch eine Vielzahl von Antagonisten, die veranschaulichten, was passierte, wenn die Ausprägung einer inneren Haltung zum Krieg scheiterte. In diese Figurentypologie fiel etwa das zeitweilige Gruppenmitglied Castorp. Als potentielle Anspielung auf den Protagonisten des *Zauberberg* (1924), dessen Autor – den zum Vernunftrepublikaner bekehrten Thomas Mann – Beumelburg verabscheute, sah dieser sich als feige und nervenschwach charakterisiert. (28) Castorp erlebte aus unmittelbarer Nähe den Tod eines anderen zeitweiligen Gruppenmitglieds, dessen Gehirn ihm ins Gesicht spritzte. (36f.) Wo ‚heroische‘ Gruppenmitglieder stoische Ruhe bewahrten, verkraftete Castorp diese Traumatisierung nicht und beging im Verlauf der Erzählung Selbstmord. (153)

Den ‚Drückeberger‘ des Romans gab der Gefreite Benzin, ein „raffinierte[r] Taktiker“ (93), der es mit vorgetäuschten Magen-Darm-Problemen immer wieder verstand, mit der Flucht auf die Latrine einem drohenden Fronteinsatz zu entkommen. Beumelburg schilderte ihn als leichenfledderischen Egoisten, der sich durch das Zusammentragen des Materials Gefallener den Tod der Kameraden zum einträglichen Geschäft machte. Beumelburg gab ihn während eines unerwarteten Fronteinsatzes – er kämpft wie eine „Giraffe“ (103) – genüsslich der eigenen Lächerlichkeit preis und ließ ihn sterben.

Die interessanteste, weil ambivalenteste Figur bildete jedoch jene des die Kompanie befehligenden Leutnants, zeigte Beumelburg anhand dieses Charakters in umgekehrter Dialektik, was geschah, wenn der Mensch dem Krieg über Gebühr zugeneigt war und quasi ins andere, bellizistische Extrem verfiel. Im „verpfuschte[n] Lachen“ (9) und „infernalische[n] Gelächter“ (16) zeichnete sich die psychische Beschädigung der Figur bereits in Allusionen ab. Der Leutnant stürzte sich todessehnsüchtig, zynisch, ja nihilistisch in den Kampf. Siewers stellte er die bellizistische Gretchenfrage nach dem Sinn seines Kriegseinsatzes: „‚Warum…', sagt der Leutnant, aber dann bricht er sofort ab. ‚Warum sind Sie ins Feld gekommen? Warum gerade vor Verdun? Wissen Sie nicht, was Verdun bedeutet? Wissen Sie nicht, daß man das nicht wieder los wird? Wissen Sie nicht, daß hier alles zur Farce wird, Jugend, Frohsinn, Idealismus, Glaube? Wissen Sie denn nicht, daß wir morgen früh das Fort stürmen werden? Haben Sie schon einmal eine Leiche gesehn? Wissen Sie, was ein Volltreffer in eine Kompanie bedeutet? Wissen Sie denn, daß das beste, was einem hier passieren kann, noch der Tod ist? Haben Sie so wenig Spaß am Leben, Sie? Haben Sie denn keine Mutter?'" (25) Der Leutnant ließ die Entwicklung zur sittlichen Haltung vermissen und begann sich im Krieg zu verlieren: „Man kann dies alles auf die Dauer nicht ertragen, wenn sich die Natur nicht anpasst. Ich möchte sagen, wer hier gewesen ist, dem ist etwas zerbrochen. Er wandelt noch unter den andern, man merkt ihm noch nichts an. Es ist aber doch ein Sprung in ihm, ein Riß. Das Gefäß gibt keinen reinen Ton mehr von sich. (…) Was sollte aus uns werden, wenn wir hinauskämen? Hören Sie, im Vertrauen gesagt – es ist sogar das Allerbeste für uns, wenn wir nicht mehr hinauskommen,. Ich sage das bei vollem Verstande.'" (72f.) Der Leutnant war suizidgefährdet und schlichtweg nicht zukunftsfähig. Da er den letztendlichen Verlust Fort Douaumonts an die Franzosen seelisch nicht verkraftete, stürzte er sich zum Ende des Romans bar jeglicher Überlebenschance alleine in den Angriff und starb. (319)

In der Vermarktung *Bosemüllers* schlugen Stalling und Beumelburg denselben erfolgreichen Weg ein, der *Sperrfeuer* zu milieuübergreifendem Lob verholfen hatte. Der hierfür zuständige Scherl Verlag stellte ein immenses Werbebudget zur Verfügung, sorgte für Vorabdrucke in den großen Nachrichtenblättern, wofür Beumelburg sogar auf einen Teil seines Autorenhonorars verzichtete. Der junge Schriftsteller tat dies „aus klarer Berechnung"[6], wie er seine Familie wissen ließ, „denn die Riesenpropaganda, die Scherl im ganzen Reich unternehmen wird, wird den finanziellen Ausfall nachher beim Buch mehr als wettmachen."

---

[6] Privatnachlass Schlarb: Werner Beumelburg vermutlich an Marie Beumelburg, 4.4.1930.

Infolge des sich anbahnenden Verkaufserfolgs untertitelte Stalling das Werk als *Der große Frontsoldatenroman*, um *Gruppe Bosemüller* in der Flut kriegsbelletristischer Titel für den Käufer leichter identifizierbar zu machen. Diese gattungsspezifische Typologisierung gründete auf Formgebung, Gesetzen und Vermarktungsstrategien des Buchhandels, hatte sich das Genre des Romans aufgrund seiner narrativen Vorteile verkaufstechnisch längst gegen Gedicht- oder Kriegsquellensammlungen durchgesetzt.

Beumelburg feierte mit seinem Roman einen überwältigenden Erfolg. Mit 100 000 verkauften Exemplaren im ersten Jahr und weiteren 180 000 bis 1945 entwickelte sich *Gruppe Bosemüller* zum erfolgreichsten Vertreter der kriegsliterarisch dominant gewordenen Gattung des frontsoldatischen Gruppenromans. Dies erscheint umso beeindruckender, als der Autor in einer Zeit reüssierte, da er beileibe nicht der Einzige war, der die Soldatengruppe als *pars pro toto* einer aufzubauenden ‚Volksgemeinschaft' evozierte. Im selben Zeitraum erscheinende bellizistische Kriegsromane wie Josef Magnus Wehners *Sieben vor Verdun* oder Alfred Heins *Eine Kompanie Soldaten* verfolgten ähnliche Erzählstrategien. Der Nationalsozialist Richard Euringer wandte sich etwa mit folgender Bitte um Besprechung seines Kriegsromans *Fliegerschule 4. Buch der Mannschaft* (1929) an Bernard Schwertfeger: „Es liegt mir am Herzen, mit diesem Buch die gesunde junge Mannschaft des deutschen Volks davon zu überzeugen, daß Dienst an der Gemeinschaft nicht das Opfer der Persönlichkeit, sondern die Vollendung der Persönlichkeit bedeutet, daß Soldatentum etwas anderes sei als ‚Militarismus', daß die Frage ‚darf der Soldat töten' nicht nur gestellt, sondern beantwortet werden will, daß ‚Krieg' nie endet, daß die ‚historische Wirklichkeit', die eine gewisse Literatur suggeriert, auch etwas anders gesehen werden kann, als sie üblich gesehen wird. Es liegt mir aber auch am Herzen, mit diesem Buche Brücken zu schlagen zu neuer Gemeinschaft."[7] Die Gruppe war zum medial breitenwirksam inszenierten Sinnbild der ‚tapfer kämpfenden Nation' avanciert. (Abb. 10)

Wie war es nun in unserem ersten Schritt um die angesprochenen literarischen Kongruenzen und narrativen Konstanten zu pazifistischen Kriegsromanen be-

---

[7] BArch N 1015/568, Richard Euringer an Bernhard Schwertfeger, 2.11.1929.

stellt? In *Gruppe Bosemüller* näherte sich Beumelburg wie *Krieg* oder *Im Westen nichts Neues* den Postulaten der Neuen Sachlichkeit in einer Weise an, wie er es in seinen folgenden Schriften nie wieder tun würde und die trotz der ideologischen Einzäunung die literarisch durchaus vorhandene Qualität dieses Werkes ausmachen. Wie Renn gab Beumelburg der fiktiven Welt seiner Gruppe einen detailreich und militärisch nüchtern geschilderten, Faktizität verbürgenden Handlungsrahmen mit Dokumentationscharakter. Wie schon in seiner Feldpost, im *Douaumont* aber auch in *Krieg* und *Im Westen nichts Neues* verwandte Beumelburg veristische Techniken und kleidete die Verlärmung des Krieges – „wwummm…rrranggg…rreng" (15) – in neu-sachliche Onomatopöie. Wie Renn und Remarque verzichtete Beumelburg im Modus des Kampfes als innerem Erlebnis auf die Ausleuchtung politischer und gesellschaftlicher Hintergründe. Zwar schilderte er das Geschehen entgegen den autodiegetischen Erzählern bei Renn und Remarque größtenteils aus einem heterodiegetischen Blickwinkel; doch auch Beumelburg bediente sich durchweg der Schützengrabenperspektive des an vorderster Westfront kämpfenden Frontsoldaten, um mithilfe eines subjektiven Erlebnishorizonts authentische Wirkung zu erzielen. Wie schon in den Schlachtendarstellungen ließ Beumelburg das Kriegsgrauen als heroische Hintergrundkulisse am Leser vorbeiziehen, wobei etwa auch Renn vor der plastischen Schilderung der Kriegsgräuel nicht zurückgeschreckt war, freilich in der Intention, dem Leser den Krieg im Lektüreakt auszutreiben.[8]

Bezeichnenderweise ist in diesem Kontext hinsichtlich Renns zu konstatieren, dass die von ihm verfolgte Lesestrategie ebenfalls im Stande war, in ihr Gegenteil umzuschlagen, wenn etwa der pazifistisch und demokratisch orientierte *Weltbühne*-Herausgeber Carl von Ossietzky den „fanatische[n] Realismus"[9] von *Krieg* kritisierte. Renn-Kenner Klaus Hammer zeigt eindrücklich, wie sehr dieser auch bei Renn anzutreffende Kriegsrealismus fähig war, in sein autorintentionales Gegenteil umzuschlagen: „Was (in *Krieg*, d. A.) als rigorose Absicht schreckensauslösender Tatsachenvermittlung gedacht war, wirkte bei der nachgeborenen Generation, die den Krieg nicht immer persönlich miterlebt hatte,

---

[8] Klaus Hammer: „Einmal die Wahrheit über den Krieg schreiben". Ludwig Renns „Krieg" im Urteil der Zeitgenossen, in: Schneider: Kriegserlebnis, 283-290, hier 284.
[9] Ebd.: 288.

wie ein befreiendes Abenteuer jenseits des öden bürgerlichen Alltags." (287) Wo Renns idealtypischer neu-sachlicher Roman mithilfe parataktischer Reihungen im Handlungsgerüst auf Kausalketten und Klimaxe verzichtete und den Kriegsalltag in adjektiv- und partizipienfreier, narrativer Eintönigkeit dargestellt hatte, um die seelische Abgestumpftheit seiner Protagonisten zu evozieren, hatte sich auch Beumelburg, wie bereits in den Schlachtendarstellungen, ebenfalls eines einfachen, schlichten und ornamentlosen Satzbaus bedient, hier freilich um die ‚männlich-harte', wortkarge Sprache des soldatischen ‚Tat-Helden' herauszustreichen. Auch Renns Roman durchzogen, wie die Schlachtendarstellungen oder *Gruppe Bosemüller*, zahlreiche Szenen uneigentlichen Sprechens, beide Autoren verzichteten auf überbordende Ideologiesprache, moralische Wertungen und Hochwertwörter, da sie glaubten, das Geschilderte spräche – in freilich unterschiedlicher Autorintention – für sich selbst.

Durch den Mangel an textstrukturierenden Daten und Analepsen sowie an politischen und gesellschaftlichen Hintergründen des Krieges bediente sich so auch Renn einer unreflektierten Frontsoldatenfigur und damit jener Perspektive des Kampfes als innerem Erlebnis, aus der das Werk politisch tendenzlos erschien. Symptomatisch hierfür stand etwa das Diktum eines Rezensenten der *Züricher Zeitung*, der die politische „Kommentarlosigkeit" (284) des Romans kritisierte. 1948 sollte Renn selbstkritisch bemängeln, seinem Roman keinen moralisierenden und normativen Unterton gegeben zu haben, wenn er meinte, sein „Held [habe] keine richtige Vergangenheit."[10] Hammer führt diesen Umstand darauf zurück, dass Renns unreflektierter Protagonist „die eigentlichen Ursachen des Krieges nicht durchschaut."[11] Renn lasse seine Romanfiguren den Unsinn des Krieges kaum bzw. nur sehr implizit erahnen und setze damit – ähnlich wie die *Frankfurter Zeitung* hinsichtlich Beumelburgs *Loretto* – eine pazifistische Deutung beim Leser bereits voraus. (283) Renns Protagonist aber war noch zu sehr in der Froschperspektive des Schützengrabens befangen, als dass er zu einem Gesamtbild des Krieges hätte finden können. Zu einer solchen intellektuellen Leistung war der im Rang eines Mannschaftsgrades stehende autodiegetische Protagonist in *Krieg* auch gar nicht in der Lage. Ferner ließ ihn Renn die Schre-

---

[10] Ludwig Renn: Krieg, Berlin 1948, 497f.
[11] Hammer: Renn, 286.

cken des Krieges insofern annehmen, als er diesen, wie Beumelburg, mit Schicksalsgläubigkeit ausstattete. Wo Beumelburg allerdings am *amor fati* festhielt, um die darin liegende ,männliche Bewährungsprobe' herauszustreichen, gedachte Renn mithilfe der Schicksalsvokabel angesichts von Willkür, Zufall und Existenz bedrohender Fremdbestimmung die Selbstaufgabe, Hilflosigkeit, Resignation, Ohnmacht und mentale Auflösung seiner Figuren zu evozieren. (287)

Die von Renn im Verlauf seines über 500 Seiten zählenden Romans überaus subtil geschilderte pazifistische Urteilsfindung seines Protagonisten ist daher kaum wahrnehmbar. Tritt er „glücklich" in den Krieg ein, froh ihn „erleben" und das Vaterland verteidigen zu dürfen, entwickelt sich eine kritische Haltung erst *peu à peu*. Selbst zum Ende der Erzählung spürt er den inneren Zwiespalt nur widerwillig, in den er durch seine neuen Erfahrungen geraten ist. Die tatsächliche Desillusionierung des Protagonisten erfährt der Leser, so Hammer, nur „punktuell" und bei „näherem Hinsehen". (285f.) Er resümiert: „Wie die überwiegende Mehrheit der Soldaten den Krieg bis zu Ende durchsteht, bleibt dieser Ludwig Renn Prototyp des ,unpolitischen', des ,braven', des deutschen Frontsoldaten, dessen Ohnmacht sich in der exakten Befehlsausübung äußert." (286) So resultierte aus diesem Verfahren eine von Sinneinschüben und deutungslenkenden Erklärungen weitestgehend freie Erzählung, die keineswegs so eindeutig auf eine kriegsverneinende Autorintention verwies und zahlreiche Kongruenzen zu Kriegsromanen ähnlicher Tektonik enthielt.

Wie war es nun um solche para- und innertextuellen Authentifizierungsstrategien bestellt, die den Leser dazu bewegen konnten, Autor und Erzähler für ein und denselben zu halten und von der politischen Haltung des Erzählers bzw. des Protagonisten auf jene des Autors zu schließen?[12] Eine besonders signifikante Authentifizierungsstrategie, die ebenfalls eine literarische Parallele zwischen *Bosemüller* und *Krieg* darstellt, bildeten solche Erzählelemente und Paratexte, die den Leser glauben machten, der Autor sei, wie bei Renn, mit dem literarischen Protagonisten entweder kongruent oder, wie in *Gruppe Bosemüller*, es habe diesen tatsächlich gegeben. Der in *Krieg* agierende Hauptcharakter trug

---

[12] Ein vorzüglicher Überblick zu zahlreichen Authentizität spendenden literarischen Techniken findet sich in: Vollmer: Schlachtfelder, 25, 36-39.

beispielsweise den Namen des Autors, der die Titelklappe des Romans auswies. Autor Renn erweckte in einem so verstrickten A-N-P-Verhälntis den Eindruck, mit dem im Buch dargestellten autodiegetischen Erzähler Renn – einem gemeinen Frontsoldaten aus einfachem Hause – identisch zu sein. Auf diese Weise erschien das Werk als authentischer Erlebnisbericht des ‚unbekannten Frontsoldaten‘.

Tappte der Leser allerdings in eine solche vom Autor ausgelegte Deutungsfalle, machte er sich eines flagranten Fehlschlusses schuldig, hieß Ludwig Renn, wie dargetan, ursprünglich Arnold Friedrich Vieth von Golßenau und entstammte einer Aristokratenfamilie. Hier offenbart sich einmal mehr das diffizile Unterfangen lesender Zeitgenossen, sich durch die literarische Schilderung ein Bild vom Verfasser zu machen, wie es der Leser nur allzu oft versucht, wenn er Autor und Erzähler für ein und denselben hält. Ab dem zweiten Kriegsjahr hatte der Offizier mit Generalstabsambitionen von Golßenau ein beständig ausgefeiltes Kriegstagebuch geführt, das der gängigen Form exkulpierender Offiziersmemoiren gefolgt war. Weitere stilistische Überformungen ließen den einstmals autobiographischen Text zur späteren Romanform reifen.[13] Inwiefern sich hier der Hiatus zwischen tatsächlichem Offizierserleben und literarisch evoziertem Kriegserlebnis auftat, könnten allein die Avant-Texte klären, die sich im ehemaligen Archiv der Akademie der Künste der DDR befinden. Diese dürften hingegen einen Inhalt wiedergeben, der sich von dem seines Romans erheblich unterscheidet.[14] So hatte in den Weltkriegsjahren noch der kriegsaffirmative Offizier von Golßenau geschrieben, ein Erzählmodus, der sich mit der frontsoldatischen Schützengrabenperspektive eines rangniederen, allmählich zum pazifistischen Gedanken findenden Mannschaftsgrades in *Krieg* interpretatorisch kaum plausibilisieren lässt.

---

[13] Broich: Renn, 208.
[14] Müller: Krieg, 200.

Auch Beumelburg suggerierte mithilfe des autobiographisch anmutenden Protagonisten Erich Siewers selbst Gegenstand der Darstellung zu sein.[15] Darüber hinaus unternahm er im Paratext der *Gruppe Bosemüller* ein Renn vergleichbares Täuschungsmanöver, das den fiktionalen Charakter seines Werkes einebnen half. Denn *Gruppe Bosemüller* war in einer der Haupthandlung vorangestellten Seite „[d]em Gefreiten Wammsch" gewidmet, sodass der Leser glauben sollte, diesen hätte es tatsächlich gegeben.

Wie sehr Beumelburg mit dieser Wirklichkeitsillusion seines literarischen Kunstwerkes zu spielen verstand, zeigt ein Interview, das der Schriftsteller 1935 einem Schüler für die *Berliner Illustrierte Nachtausgabe* geben und das als *Gruppe Bosemüller plauderte am Kamin. Wie sie sich wieder sahen – sie haben wirklich gelebt, Dichtung und Wahrheit*[16] betitelt werden sollte. In diesem gab der Autor seinem jungen Interviewer zu verstehen, die Gruppe Bosemüller treffe sich noch 1935 alljährlich in einer Schwarzwälder Kneipe, dem „Ochsen am Titisee". Dort, nicht etwa auf Beumelburgs Wahldomizil Capri, sei im Sommer 1927 im Kreise der Gruppe die Idee zum Buch entstanden. Im Übrigen gab etwa auch Zweig in Interviews zu Protokoll, die Fabel um den Sergeanten Grischa sei nicht allein reiner Fantasie entsprungen.[17] und in der *Vossischen Zeitung* bedankten sich zahlreiche Leser für die fantastische „Kriegsbiographie"[18] *Im Westen nichts Neues*.

Dass der von Renn bediente Erlebnismodus im Raum der Rezeption eine kriegsbejahende Interpretation ermöglichte zeigt schließlich das Beispiel Werner Wirths'. Für ihn lief im Januar 1929 das literarische Kriegserlebnis Renns mit der soldatisch-nationalistischen Deutung des *Arminius* konform, bezöge sich auch dieser Autor auf das Ethos nationalen Pflicht-, Durchhalte- und Aufopferungswillens. Im Verbund mit anderen nationalistischen Zeitschriften wie

---

[15] Beleg
[16] Unbekannt. Werner Beumelburg erzählt von seinen Frontkameraden. „Gruppe Bosemüller" plauderte am Kamin. Wie sie sich wieder sahen – sie haben wirklich gelebt, Dichtung und Wahrheit, in: Berliner Illustrierte Nachtausgabe 8 (1935), 3.7.
[17] Unbekannt: Der Streit um Grischa, in: Die Rote Fahne 10 (1927), Nr. 276, 24.11.
[18] [Ohne Vornamen] Hobohm: Leserbrief, in: Vossische Zeitung 10 (1928), Nr. 300, 16.12..

der *Freien Welt* oder dem jungdeutschen *Meister*[19] lobte Wirths, das Werk Renns bestünde „die Probe der Wahrheit"[20], es sei ein „Tatsachenbericht im besten Sinne", der sich durch sprachliche Schlichtheit und Erlebnisperspektive authentisch geriere. Renn lehre „daß man, ganz unabhängig davon, ob man den Krieg bejaht oder verneint, eine anständige Haltung einzunehmen hat, daß der Kamerad nebenan mehr bedeutet als der Feind auf der anderen Seite." (Ebd.) Erst in einer Folgeausgabe[21] folgte eine deutlich negativere Auseinandersetzung mit *Krieg*, verwies ein Rezensent auf den demokratischen Hintergrund der *Frankfurter Zeitung*, die Renns Text als Fortsetzungsroman abgedruckt hatte. Dennoch pochte der Beitragslieferant selbst hier noch immer auf den ‚Tatsachencharakter' des Werkes und ein weiterer Rezensent des *Arminius* stellte gar die Behauptung in den Raum, Redakteure der *Frankfurter Zeitung* hätten *Krieg* tendenziös gekürzt. Sie hätten das ursprünglich in Renns Roman enthaltene Gehorsamsprinzip getilgt und den unkritischen Durchhaltewillen der Frontsoldaten auf „Gutmütigkeit" und „Stumpfsinn" als Erklärungsversuche herabgewürdigt.[22]

Wenden wir uns mit den Werken Jüngers und Remarques zwei weiteren großen Kriegsdichtern zu, die in ihrer deutungskulturellen Herangehensweise oft als Antipoden typologisiert worden sind. Ein vergleichender Blick in in ihre Werke offenbart indes frappierende, literarische Parallelen. Denn obgleich Remarques berühmter Roman *Im Westen nichts Neues* als neu-sachlicher Vertreter und Manifest der Kriegsverneinung überhaupt klassifiziert worden ist, hat sich der so Gerühmte in der Abfassung seines Millionensellers nur allzu offensichtlich von Schriften Ernst Jüngers wie den *Stahlgewittern* oder *Wäldchen 125* (1925) inspirieren lassen. Germanist Wojciech Kunicki belegt anhand positiver Buchbesprechungen Jüngerscher Werke, die Remarque 1926 als Journalist der kon-

---

[19] Hanns Dworschak: Über Bücher vom Kriege, in: Freie Welt 9 (1929), Nr. 221, 24.9., 166; Grote: Fronterlebnis.
[20] Werner Wirths: Krieg in Büchern, in: Arminius 9 (1929), Nr. 4, 26.1., 81.
[21] Unbekannt: Pazifistentheorie und Kriegswirklichkeit, in: Arminius 9 (1929), Nr. 5, 111.
[22] Unbekannt: Kriegsbücher und Pazifismus, in: Ebd., Nr. 7, 16.2., 162.

servativen Hugenberg-Zeitung *Sport im Bild* verfasste, wie sehr Remarque die sachliche Schilderung des gewaltdurchwirkten Kriegsalltags und die „alles überwindende Kraft der Vitalität und des Herzens"[23] der Jüngerschen Frontsoldaten bewunderte. Remarque stellte sich hier offenkundig noch auf jene Position des heroischen Individualismus, die er zwei Jahre später mit der Hypothese konterkarierte, der Krieg habe eine ganze Generation zerstört, „auch wenn sie seinen Granaten entkam."[24]

In diesem Bestreben sind die von Kunicki aufgedeckten literarischen Kongruenzen mehr als auffällig. Wie Jünger bediente sich Remarque der frontsoldatischen, autodiegetischen Egoperspektive sowie der neusachlich nüchternen Sprache des ‚Schützengrabenreporters'. Wie Jünger verwandte Remarque, infolge des „Schock[s] über den Materialcharakter"[25] des Krieges, ein realistisches Erzählverfahren, die eine rezeptionsästhetisch „ähnliche Perspektive" (294) wie der Kampf als inneres Erlebnis zuließ. Wie Jünger – und zum Teil auch Beumelburg in *Douaumont* – betonte Remarque „die Vorherrschaft der Maschine und das Walten des bloßen Zufalls" (ebd.) – wenngleich er entgegen Jünger und Beumelburg freilich fatalistischere Konsequenzen aus dieser Akzentuierung zog. Kunicki zeigt eindrücklich, dass Remarque die von Jünger im *Wäldchen* vollzogene Anthropologie eines zu seinen animalischen Urinstinkten zurückgekehrten Soldaten „fast reproduziert, dazu noch unter Verwendung der Regressionsvorstellungen, die übrigens auch von Jünger in *Der Kampf als inneres Erlebnis* vorweggenommen sind und sich sowohl in den *Stahlgewittern* als auch in *Wäldchen 125* wieder finden lassen." (295)

In interpretatorisch uneindeutiger Ambivalenz konnte der zeitgenössische Leser die von Kunicki mit philologischer Akribie herauspräparierten Pas-

---

[23] Kunicki: Remarque, 291f.
[24] Nach der Widmung von *Im Westen nichts Neues*.
[25] Kunicki: Remarque, 294.

sagen sowohl Jüngers als auch Remarques nach Belieben mit Sinn oder
Unsinn belegen: Beide Autoren bedienten sich naturhafter Metaphern:
der Krieg als „Gewitter" bei Jünger, als „Strudel" bei Remarque und die
Ankunft ihrer Protagonisten an der Front bei beiden als „Käfig". (299)
Jünger ließ seine Mannschaft wie die „Heringe" verfrachten, bei Remarque standen sie „nebeneinander, dicht an dicht". (300) Auch die Literarisierung des Kriegsalltages durchzogen zahlreiche szenische Deckungs-
gleichheiten, die das Geschilderte bis zur interpretatorischen Unkennt-
lichkeit verwischten, hier zum besseren Vergleich nacheinander einge-
rückt:

In Jüngers *Wäldchen*: „Schweigend und metallisch, wie auf Zaubergärten
des Bösen, liegt das Mondlicht darauf, und die emporgeschossenen Bü-
sche der verwilderten Gärten stehen gespenstisch wie auf großen Fried-
höfen, still und von keinem Luftzug bewegt." (302)

Bei Remarque: „Die Geschütze und Wagen gleiten vor dem verschwommenen Hintergrund der Mondlandschaft vorüber, die Reiter mit
ihren Stahlhelmen sehen aus wie Ritter einer vergangenen Zeit, es ist
irgendwie schön und ergreifend." (ebd.)

Auch die Remarquesche Bildhaftigkeit entspringt laut Kunicki
Jüngerschem Vorbild: „Leitbilder oder Handlungssequenzen schaffen
eine Vergleichsmöglichkeit der beiden Werke. Auch die bildhaften Ver-
gleiche werden als Realitätspartikel von Remarque verwendet." (303)
Dasselbe gilt für die von Jünger und Beumelburg paradigmatisch in die
Wege geleitete literarische Wirklichkeitstreue, die Kunicki geradezu als
„Folie der Kriegsrealistik für ‚Im Westen nichts Neues'" (298) erachtet.
Kunicki, der zahlreiche weitere Belege liefert, konstatiert eine eklatante

Übernahmestrategie, die „auf einer fast bewußten (…) Übernahme der Jüngerschen Realitätsbeschreibung von Remarque [beruht], ähnlich wie es bei der Metaphorik der Frontbilder bei den beiden Autoren der Fall gewesen war." (301) Er bilanziert: „Im System der skizzierten Rezeptionsmodi Remarques kann man deutlich erkennen, dass er nicht nur die Realistik der Kriegsbeschreibung Jüngers schätzte, sondern sie auch auf verschiedenen Ebenen des Textes in den eigenen Roman eingebaut hatte." (304f.)

In diesen Überschneidungen waren Kriegsromane nach eigenem politischen Dafürhalten deutbar. Der ehemalige KPD-Vorsitzende und 1924 zur SPD übergelaufene Reichstagsabgeordnete Paul Levi etwa lobpreiste im linksliberalen *Tagebuch*, mit Jüngers *Stahlgewittern* sei kaum „eine furchtbarere Anklage gegen den Krieg geschrieben als dieses Buch eines Mannes, der zum Krieg ‚positiv' eingestellt ist (…)."[26] Remarque betonte ebenfalls, Jünger sei „der geborene Soldat, ein glänzender Söldnertyp, außerdem besitzt er ein bemerkenswertes Talent zur Beschreibung. Ich finde übrigens, daß seine Bücher noch stärkeren pazifistischen Einfluss ausüben, als alle anderen."[27] Johannes R. Becher sorgte 1929 für Auszüge aus Jüngers *Feuer und Blut* (1925) sowie Schauweckers *Der feurige Weg* (1926) in der vom kommunistischen Internationalen Arbeiter-Verlag erstellten Anthologie *Der Krieg. Das erste Volksbuch vom grossen Krieg.*[28] Nicht nur enthielt der Band Texte bekennender Pazifisten und Kommunisten wie Kurt Tucholsky und Berthold Brecht. Einleitend lobte Becher, die *Stahlgewitter* seien das „unbarmherzigste, das brutalste und nackteste Kriegsbuch" (8), der darin angeblich kolportierte Nationalismus bloßes Etikett. Becher entwertete Jüngers Hauptwerk in

---

[26] Ferner zu Seldtes *M. G. K.* (1930) und Theodor Pliviers *Des Kaisers Kulis* (1929), in: Paul Levi: Drei Kriegsbücher, in: Das Tagebuch 11 (1930), 11.1., Nr. 2.
[27] W. Scharp: Deux entretiens avec Remarque, in: Revue d'Allemagne 2 (1929), 26. Zitat nach: A. Kerker: Ernst Jünger – Klaus Mann. Gemeinsamkeit und Gegensatz in Literatur und Politik, Bonn 1974, 60; Kunicki: Remarque, 293.
[28] Kurt Kläber (Hg.): Der Krieg. Das erste Volksbuch vom großen Krieg, Berlin 1929.

bellizistischer Hinsicht vollends, wenn er meinte: „In dem Kampf zwischen Wirklichkeit und Gesinnung siegt die Wirklichkeit. Ernst Jünger möchte ein Ausrufezeichen sein. Er wird wider willen zu einem Fragezeichen." (Ebd.)

Der Jünger verlegende Frundsberg-Verlag hatte Kurt Kläbers Arbeiter Verlag hierzu die Drucklizenz erteilt und – neben Jüngers Engagement in kommunistischen Kreisen – wohl auf die ökonomische Erschließung weiterer zahlungskräftiger Lesergruppen gesetzt. Jünger und erstaunlicherweise auch Schauwecker bot sich hier Gelegenheit, im Wissen um die durchschlagende Wirkung ihrer Texte, linksorientierte Schriftstellern auf die eigene Seite zu ziehen.

Rechts blieben solche ‚Markenrechtsverletzungen', wie schon hinsichtlich der Kollaboration zwischen Koch-Weser und Beumelburg, nicht unbemerkt. Der *Arminius* empörte sich über dieses ‚*Kriegstagebuch' der Pazifisten*[29], das sich offenkundig solcher Passagen Jüngers und Schauweckers bedient hatte, die die Kriegsgrauen mit besonderer Plastizität modelliert hatten. So fand sich eine Szene *Feuer und Blut* abgedruckt, in der ein Granateinschlag eine Kompanie dezimierte. Aus *Der feurige Weg* entnahm der Sammelband eine solche Szene, in der als undiszipliniert dargestellte Soldaten dreimal ihre eiserne Ration aufaßen. Die Schuld an dieser Übernahme schob man den ökonomischen Interessen des Frundsberg-Verlags zu, nicht aber dem Mitherausgeber des *Arminius*!

Gleichzeitig fanden sich auch im *Arminius* Zitate pazifistisch eingestellter Rezensionsorgane zu bellizistischen Werken. Ein Beitragslieferant des *Arminius* verwies etwa auf das Lob der pazifistischen *Wiener Allgemeinen Zeitung*, das diese Wehners *Sieben vor Verdun* hatte zuteil wer-

---

[29] Unbekannt: Das „Kriegstagebuch" der Pazifisten, in: Arminius 9 (1929), Nr. 37, 14.9., 878.

den lassen.[30] Welcher Leser sah sich hier noch im Stande, zwischen rechts und links zu unterscheiden?

Ähnliche, womöglich noch weitergehende Kongruenzen lassen sich ebenso für *Gruppe Bosemüller* und *Im Westen nichts Neues* aufzeigen, wobei sich in diesem Falle wiederum der soldatische Nationalist Beumelburg am ‚Pazifisten' Remarque bediente. Am 23. November 1929 äußerte sich Beumelburg seiner Mutter gegenüber zwar überaus despektierlich hinsichtlich des Erfolgs des großen Konkurrenten: „Herr Remarque hat sich eben der Zeitströmung angepasst und wird von ihr getragen. Die demokratische Reklame verhilft ihm zu einem unverdienten Ruhm. Warum soll man sich mit ihm beschäftigen, sein Urteil ist ja schon gesprochen."[31] Tatsächlich dürfte sich Beumelburg jedoch intensiv mit dessen Handlungsaufbau und der dort kolportierten Botschaft einer verlorenen Generation auseinandergesetzt haben. Bereits während der familieninternen Titelsuche im März 1930 war der unverkennbar an Remarque angelehnte Titel *Vor Verdun das Übliche* in die engere Auswahl gekommen.[32] Und Germanistin Ehrke-Rotermund[33] hat zu Recht darauf hingewiesen, dass *Bosemüller* eine direkte Antwort auf die Schilderung Remarques gewesen sei, da beide Werke zahlreiche literarische Kongruenzen durchzogen: Sowohl Erich Siewers als auch Remarques Protagonist, Paul Bäumer, waren autobiografisch angelegt. Remarque hatte seinem Hauptcharakter den Geburtsnamen seiner Großmutter gegeben. Beide, Siewers und Bäumer, waren Gymnasiasten, die von der Schule freiwillig an die Westfront kamen. Beide hegten sie zu Beginn der Handlung romantisch-abenteuerliche Vorstellungen vom Krieg. Beide fanden sie sich

---

[30] Unbekannt: Schluß mit den Kriegsbüchern, in: Arminius 10 (1930), Nr. 27, 5.7., 622.

[31] Privatnachlass Schlarb: Werner Beumelburg an Marie Beumelburg, ohne Datum (ca. 1929).

[32] Ebd.: Werner Beumelburg an Gertrud Beumelburg, 2.3.1930.

[33] Heidrun Ehrke-Rotermund: ‚Durch die Erkenntnis des Schrecklichen zu seiner Überwindung'? Werner Beumelburg: Gruppe Bosemüller (1930), Schneider/Wagener: Richthofen bis Remarque, 299-318, hier 299.

in einer Gruppe wieder, die sich aus allen Regionen Deutschlands und einem vornehmlich kleinbürgerlich-handwerklich geprägten Milieu rekrutierte und in der kameradschaftliche Bindungen entstanden. Beide Protagonisten durchliefen ähnliche Stationen – „Trommelfeuer, Sturm der Infanterie, Jagdfliegerkämpfe, Ruhestellung, Verwundung, Lazarettaufenthalt sowie Heimaturlaub" (303) – wobei sich im Deutungsrahmen der ‚verlorenen Generation' die Entwicklung Bäumers von jener Siewers' freilich unterschied. Der ältere Wammsch verrichtete am 17-jährigen Siewers ebenso väterliche Dienste wie der 40-jährige Stanislaus Katczinsky am 19-jährigen Bäumer. In beiden Erzählungen gehörten die unmittelbaren, grundsätzlich ‚für die Leute' eintretenden Vorgesetzten zum engeren Kreis der Gruppe. In beiden Romanen geriet die Frontgruppe zum Familienersatz. Nur dieser Gemeinschaft, der Erfüllung ihrer Pflicht sowie kameradschaftlicher Handreichungen verdankten die ‚Kinder-Soldaten' beider Erzählungen ihr Überleben, und Kameradschaft galt beiden Romanen „als das Beste, was der Krieg hervorbrachte" (Remarque, 302f.).

Daher kann es kaum überraschen, dass auch Remarque zu Beginn und vor dem Einsetzen der ihn überrollenden Protestwelle im rechtskonservativen Spektrum Lob widerfuhr. Werner Wirths deklarierte den Text 1929 im *Arminius* als Beweis männlicher Bewährung, soldatischer Tugendhaftigkeit sowie preußischen Pflichtgefühls. Selbst Remarque, der in überschwänglicher Stilisierung literarisch vielleicht ein wenig missglückt sei, komme nicht um die Erkenntnis herum, dass „das Gemeinschafts- und Pflichtgefühl des deutschen Soldaten da war als einzige Gewissheit, jenseits aller Fehler. (…) Der Glaube an den Krieg wurde vom Schicksal erworben und erzwungen! Daß dieses kurze Wort ‚Schicksal' selbst für ein Buch wie das von Remarque (das den Krieg nicht zuletzt deshalb haßt, weil er das Individuum vergewaltigt) bestimmend ist, deutet an, wie sich der eigentliche Erlebnisgehalt der ‚großen Jahre' im Bild der Nachwelt durchsetzt."[34] Auch hier setzte erst in den Folgeausgaben[35] anlässlich einsetzender Proteste eine deutlich negativere Auseinandersetzung mit Remarque und seinen Verbindungen zur demokratischen *Voss'* ein.[36]

Wirths Rezeptionsstrategie ermöglichte es zahlreichen Lesern, sich als Teil einer wehrbereiten, leistungsorientierten Nation zu fühlen, die es auch in Zukunft zu verteidigen galt, eine politische Gefahr, die auch linke Milieumanager zu erkennen begannen. Beschwörend wie resignativ fragte etwa Karl Hugo Schlutius in der *Weltbühne*, sechs Monate nach dem die *Vossische Zeitung* im November 1928 *Im Westen nichts Neues* in Fortsetzung abgedruckt hatte: „Wollt ihr wieder eineinhalb Millionen Kriegsfreiwillige? Reiht den Remarque den Schulbibliotheken ein, und ihr werdet sie haben."[37]

Darüber hinaus sorgten die in *Gruppe Bosemüller* reichlich aufgeworfenen Sinnfragen des Krieges für weitere Kongruenzen, bildeten Reflexionen ob der Sinnhaftigkeit des Konfliktes keineswegs ein Alleinstellungsmerkmal bellizistischer Kriegsliteratur. Auch pazifistisch grundierte Romane nahmen sich dieser Gretchenfrage nach dem Wesen und dem charakterformenden Potential des Krieges an, wenngleich sie diese freilich anders beantworteten. Historiker Klaus Vondung argumentiert beispielsweise psychologisch, der zeitgenössische Leser sei zur Sinngebung gedrungen, da es ihm schwer falle, den in pazifistischer Kriegsliteratur apostrophierten „Zustand der Desorientierung"[38], der Unverständnis und Verzweiflung evoziere, ohne weiteres hinzunehmen. Eine solche Sinngebungsstrategie sei zwei so unterschiedlichen Autoren wie Beumelburg und Zweig zu eigen: „Beumelburg lässt den einfachen Gefreiten

---

[34] Werner Wirths: Krieg in Büchern, in: Arminius 9 (1929),Nr. 4, 26.1., 81

[35] Unbekannt: Pazifistentheorie und Kriegswirklichkeit, in: Ebd., Nr. 5, 2.2., 111.

[36] Vgl. auch Unbekannt: Kriegsbücher und Pazifismus, in: Ebd., Nr. 7, 16.2., 162.

[37] Beitrag vom 2.4.1929 zitiert nach Dithmar: Wirkung, 35.

[38] Klaus Vondung: Propaganda oder Sinndeutung, in: Ders. (Hg.): Kriegserlebnis. Der Erste Weltkrieg in der literarischen Gestaltung und symbolischen Deutung der Nationen, Göttingen 1980, 11-40, hier 17.

Wammsch ausrufen: ‚Aber es muss doch einen Sinn haben.' Und in Zweigs Roman (*Grischa*, d. A.) erklärt der gebildete Kriegsgerichtsrat Dr. Posnanski seiner Ordonnanz: ‚Der Mensch ward eingerichtet, ohne einen Sinn nicht gut auskommen zu können. Sie verlangen danach, mich verlangt danach, und die Leute in den Büchern verlangen danach.'"[39]

Einen letzten pazifistisch habitualisierten Autor, dessen Kriegstext jedoch ebenfalls bellizistisch lesbar war, finden wir mit dem kommunistischen Schriftsteller Johannes R. Becher. Becher war ein politischer Renegat, dessen Kriegserlebnis an der Berliner ‚Heimatfront' ihn eine politische Kehre vom Nationalisten zum Kommunisten hatte vollziehen lassen. Noch 1913 hatte sich Bechers lyrisches Ich in seinem Gedicht *Beengung* nach einem die Moderne sprengenden „großen Weltkrieg"[40] verzehrt. 1915 hatte sich diese Position etwa in seinem gegen die Kriegslust des Reiches polemisierenden Gedicht *An Deutschland* deutlich verändert. In den 20er Jahren zählte Becher zu den Mitgliedern des KPD-nahen Bundes proletarisch-revolutionärer Schriftsteller. 1925 sah er sich als Autor seines Antikriegsbuches *Levisite oder der einzig gerechte Krieg* als „literarischer Hochverräter"[41] gerichtlich angeklagt; das Buch, so der Vorwurf, habe den deutschen Ruf im Ausland beschädigt. Dabei traten auch in diesem Werk, wie Becher-Biograf Jens-Fietje konstatiert, „im Vergleich mit Ernst Jüngers *Kampf als inneres Erlebnis* und Franz Schauweckers *Aufbruch der Nation* (…) dieselben Topoi des Soldatischen zu Tage (…)"[42], die in soldatischem Führertum, militärischen als politischen Tugenden und im revolutionär empfundenen Opfertod einen ‚neuen soldatischen Menschen' entstehen sahen. Den zeitgenössischen, wie Becher links stehenden Schriftstellerkollegen Max Hermann-Neiße

---

[39] Zitiert nach ebd.
[40] Kiesel: Jünger, 81.
[41] Unbekannt: Literarischer „Hochverrat"!, in: Die Rote Fahne 10 (1927), Nr. 255, 29.10.
[42] Jens-Fietje Dwars: Abgrund des Widerspruchs. Das Leben des Johannes R. Becher, Berlin 1998, 253.

veranlasste etwa der offenbar auch hier anzutreffende militarisierte Handlungskontext zu folgender Kritik: „Was mich am offiziellen Partei-Kommunismus am meisten stört, dieser Nationalismus, der genau so fanatisch wie der alte, nur mit neuem Vorzeichen versehen ist, – ich spüre ihn auch in diesem Buch." (Ebd.) Wer folglich den in *Levisite* zuweilen anzutreffenden Untertitel *Der Bankier reitet über das Schlachtfeld* als kapitalismuskritische, lesersteuernde Deutungsvorgabe des Werkes verstanden wissen wollte, hatte in der offenkundig auch nationalistische Züge tragenden Lektüre schon genauer hinzusehen, um zur pazifistischen Autorintention Bechers durchzudringen. Helmuth Kiesel vermutet schließlich, dass sich auch Becher in seiner Darstellung an den *Stahlgewittern* Jüngers orientiert hat, was aufgrund der beiderseitigen Beziehungen wahrscheinlich ist.[43]

Nehmen wir in unserem zweiten und letzten Schritt an, der Leser der 20er Jahre hätte sich auf Informationssuche begeben, um die Interpretation eines gelesenen Werkes mit der politischen Zugehörigkeit des Verfassers in Einklang zu bringen. Zunächst gilt es sich zu vergegenwärtigen, dass ein solcher laienhafter Leser keineswegs über die Informationsquellen professioneller Leseinstanzen wie zeitgenössische Zeitschriften oder Parteiinstitutionen verfügte. Darüber hatten bereits die Beispiele Bronnen und Renn dargelegt, wie schwer es selbst Angehörigen der inneren Kreise fiel, über die politische Positionierung des Autors ein entsprechendes Leseurteil abzurunden. Diesen Schwierigkeiten begegneten sowohl laienhafte als auch professionelle Lesern, weil Intellektuelle, allgemein gesprochen, sich nur selten für größere politische Solidarisierungsbekundungen nur einer Partei hergeben. Natürlich kennt die Geschichte genügend Beispiele, in denen sich Schriftsteller für politische Projekte und ganze Wahlkämpfe eingesetzt haben. Kaum jemand bestreitet etwa ernsthaft die Zugehörigkeit Günter Grass' zur SPD. Das öffentliche Engagement oder vielmehr die öffentliche Intervention gehört seit der ‚Geburt des Intellektuellen' aus dem Geiste der französischen Dreyfuss-Affäre 1894 mit Émile Zolas *J'accuse* zu den integralen Bestandteilen dieses Akteurs. Doch selbst Willy-Brandt-Unterstützer

---

[43] Kiesel: Jünger, 210.

Grass tat seine politische Zugehörigkeit erst im Alter von 50 Jahren auch offizi-ell kund, als er 1982 der SPD beitrat. So ist diese um Autonomie und künstleri-sche Freiheit besorgte Haltung die für Intellektuelle wohl in erster Linie konsti-tutive. Nicht nur hatten wir ein solches Verhalten bereits anhand Jüngers Wei-gerung beobachtet, 1927 ein Reichstagsmandat der NSDAP auszuüben; auch Beumelburg hatte es im Sinnieren über die Grundbestandteile von Autorschaft für besonders begründungspflichtig erachtet, dem Stahlhelm seinen Beitritt zu verweigern. Hinzu kam, dass, während Grass auf dem Boden demokratischen Denkens agierte, gerade für antidemokratische, fundamentaloppositionelle pre-käre Figuren wie Jünger oder Beumelburg Parteibuchbesitz verbürgende Zuge-hörigkeit mit einer der politischen Vertretungen ein Unding war.

Darüber hinaus fehlten zeitgenössischen Lesern neben dem zeitlichen Abstand, der für eine objektivere, empirisch gesättigtere Sicht der Dinge notwendig ist, all jene Hilfsmittel, die dem Historiker und Germanisten des heutigen, vor allem digitalen Informationszeitalters zur Verfügung stehen. Auf diese Weise konnte er nicht auf jene intellektuellengeschichtliche Typologisierung zurückgreifen, in der die heutige Forschung den Kampf gegen bzw. für die Republik als paradig-matische Trias von Kommunisten, Rechtskonservativen und Faschisten einer-seits und republikanisch gesinnten Akteuren andererseits erzählt hat. Eine erste literaturwissenschaftliche Beforschung des Kriegsromans setzte zwar bereits in den 1920er Jahren ein; diese konzentrierte sich gleichwohl noch verstärkt auf den komparatistischen Zugriff aufs Kaiserreich.[44] Die in den 30er Jahren fortge-setzte Forschung stand bereits unter den Vorzeichen des Nationalsozialismus,

---

[44] Zur germanistischen Beforschung der 20er Jahre vgl. exemplarisch Johannes Klein: Walter Flex. Ein Deuter des Weltkrieges. Ein Beitrag zur literaturgeschichtlichen WEr-tung deutscher Kriegsliteratur, Marburg 1929; Ernst-Wilhelm Saltwedel: Hermann Löns als Erzähler. Eine stilkritische Untersuchung, Hannover 1930; Johann Georg Sprengel: Rudolf Herzogs Leben und Dichten, Stuttgart/Berlin 1919; Julius Bab: Die deutsche Kriegslyrik 1914-1918. Eine kritische Bibliographie, Stettin 1920; Maurice Muret: La Littérature allemande pendant la Guerre, Paris 1920; Herbert Cysarz: Zur Geistesge-schichte des Weltkriegs. Die dichterischen Wandlungen des deutschen Kriegsbilds 1910-1930, Halle/Saale 1931.

der dem Kriegsnarrativ – auch in der Germanistik – wieder in einen pathetische-
ren Anstrich zu verleihen wünschte.[45]

---

[45] Vgl. exemplarisch Günther Lutz: Das Gemeinschaftserlebnis in der Kriegsliteratur,
Greifswald 1936; Heinz Riecke: Wesen und Macht des Heldischen in Ernst Jüngers
Kriegsdichtungen. Diss. Hamburg 1935: Ernst Jirgal: Die Wiederkehr des Weltkrieges
in der Literatur. Wien/Leipzig 1934; Hermann Pongs: Krieg als Volksschicksal im deutschen Schrifttum. Ein Beitrag zur Literaturgeschichte der Gegenwart. Stuttgart 1934.

XI. Rezeption im Zeichen der Präsidialkabinette 1930-1933

Auf welche Rezeptionsmuster traf nun gerade dieser im Oktober 1930 publizierte Roman in einem Zeitraum, da eine neue Phase politischen Regierens den Auflösungsprozess der Weimarer Republik eingeleitet hatte? Inwiefern schuf er einen kulturellen Nährboden, der jene Politiker begünstigte, die Deutschland im Sinne einer ‚nationalen Erneuerung' auf einen autoritären, nationalistischen und militaristischen Kurs zu bringen gedachten?

Um die politische Relevanz der hinsichtlich der *Gruppe Bosemüller* im medialen Raum erfolgenden Rezeptionsstrategien nachzuvollziehen, ist ein Blick in die politische Landschaft unabdingbar, die sich zum Erscheinungszeitpunkt des Romans im Oktober 1930 grundlegend veränderte. Am 27. März 1930 scheiterte die Große Koalition Reichskanzler Hermann Müllers (SPD, DDP, Z, BVP, DVP) an einem Kompromiss, die Arbeitslosenversicherung an die wirtschaftliche Krise anzupassen. Mit ihrer Auflösung verabschiedete sich das letzte mehrheitsfähige Kabinett der Weimarer Republik. Am 30. März ernannte Reichspräsident Paul von Hindenburg Heinrich Brüning zum Reichskanzler einer Regierung neuen Typs. Am 1. April präsentierte sich mit dieser ersten ‚Hindenburg-Regierung' der deutschen Öffentlichkeit ein Kabinett, das erstmals auf Verhandlungen mit den anderen Parteien verzichtet hatte und seine Macht allein aus dem Vertrauen des Reichspräsidenten bzw. dessen präsidialer Notverordnungskompetenz des Artikels 48 der Weimarer Reichsverfassung ableitete. Dieser erlaubte der Regierung eine Gesetzgebung über die Entscheidungsbefugnisse des Parlaments hinweg, das dieser nahezu präsidialdiktatorischen Machtfülle nur noch insofern passiv entgegenzutreten vermochte, als es erlassene Notverordnungen mithilfe eines parlamentarischen Mehrheitsvotums aufheben konnte. In einem solchen Falle antworteten die 1930 bis 1933 stetig wechselnden ‚Hinderburg-Kabinette' mit der Auflösung des Reichstages und der Aus-

schreibung von Neuwahlen. Dieses Prozedere begünstigte im Verlauf
von insgesamt vier Wahlurnengängen im September 1930, im Juli und
November 1932 sowie im März 1933 den herrschaftspolitischen Aufstieg
der Nationalsozialisten. Im Verbund mit der KPD verfügten die Nationalsozialisten in diesem Zeitraum über eine Mehrheit, die jegliche Abkehr von einer solchen Notverordnungspolitik bzw. die Rückkehr zu parlamentarischen Gepflogenheiten verhinderte.[1]

Im Rahmen einer dominant werdenden bellizistischen Kriegsdeutung
schien das im April 1930 einer interessierten Öffentlichkeit vorgestellte
erste Kabinett Brüning den lang ersehnten Anspruch der Frontgeneration
auf politische Herrschaft einzulösen. Sechs Minister zählten zu den Trä-
gern des Eisernen Kreuzes[2] und die neue Regierung verstand es, sich in
der Öffentlichkeit als national, pflicht- und opferbewusstes „Kabinett der
Frontsoldaten"[3] zu präsentieren. Zahlreiche Regierungsmitglieder und
Staatsbeamte der bis 1933 nachfolgenden Präsidialregierungen Brüning,
Franz von Papen und Kurt von Schleicher waren hochdekoriert aus dem
Krieg zurückgekehrt, zählten zu den Konsumenten von Kriegsliteratur,
ließen ihre im Krieg gemachten Erfahrungen in ihr politisches Handeln
einfließen und machten ihren soldatischen Hintergrund symbolpolitisch
zur Akkumulierung politischen Kapitals fruchtbar. Die Sozialutopie einer
nach den militärischen Strukturen und Prinzipien der ‚Frontgemeinschaft' zu formenden ‚Volksgemeinschaft' mit der Frontgeneration als
seiner berufenen politischen ‚Führerin' und dem ‚Frontsoldatenstaat' als

---

[1] Jürgen Falter/Thomas Lindenberger/Siegfried Schumann: Wahlen und Abstimmungen
in der Weimarer Republik. Materialien zum Wahlverhalten 1919-1933, München 1986,
145; Karlheinz Dederke: Reich und Republik. Deutschland 1917-1933, Stuttgart 1996[5],
320.
[2] Vgl. Herbert Hömig: Brüning. Kanzler in der Krise der Republik, Paderborn 2000,
156.
[3] Unbekannt: Das Kabinett der Frontsoldaten in: Völkischer Beobachter/Berliner Aus-
gabe/Der deutsche Frontsoldat (Beilage) 5 (1930), Nr. 4, 17.4.

formbarer sozialer Plastik – diese Vorstellungen schienen ab 1930 mit Händen greifbar.

Das erste, sich aus dem Fronterleben speisende politische Kapital hatte in der Bildung der neuen Regierung Reichskanzler Heinrich Brüning selbst geschlagen. Der den Reichspräsidenten beratende, politisierende General Kurt von Schleicher hatte etwa die konfessionellen Vorbehalte, die der erzprotestantische Hindenburg zunächst gegenüber dem katholischen Brüning geltend gemacht hatte, unter anderem mit dem Verweis auf die soldatische Vergangenheit des Zentrumsabgeordneten zu überwunden vermocht.[4] Der neue Reichskanzler hatte 1915 als Angehöriger der Elite-truppe Winterfeldt am Weltkrieg teilgenommen und das Eiserne Kreuz I. Klasse erhalten. Brüning war der Armee seit seinem Fronterlebnis, in dem er einen „positiven Fixpunkt"[5] sah, verbunden geblieben.[6] Der als Reichsbankpräsident an den finanzpolitischen Beratungen des Kabinetts teilnehmende Hans Luther gab etwa zu Protokoll, Brüning habe nach dem Krieg unter dem Einfluss seiner Fronterfahrungen von einer akade-mischen auf eine politische Karriere umgeschwenkt.[7] Mit Hans Schäffer, dem Staatssekretär im Finanzministerium seines Kabinetts, tauschte sich Brüning zudem gelegentlich über gemeinsame Kriegserfahrungen aus.[8]

Im Anschluss an seinen militärischen Hintergrund entspann sich um Brüning ein ‚Führer'-Kult, gereichte der Reichskanzler katholischen Ju-gendlichen aufgrund seines Fronteinsatzes zum Vorbild. Wie sehr sich der Frontsoldaten-Mythos in der Zeit der Präsidialkabinette verstärkte,

---

[4] Gerhard Schulz: Zwischen Demokratie und Diktatur, Bd. 3: Von Brüning zu Hitler. Der Wandel des politischen Systems in Deutschland 1930-1933, Berlin 1992, 18.
[5] Peer Oliver Volkmann: Heinrich Brüning (1885-1970). Nationalist ohne Heimat, Düs-seldorf 2007, 40; vgl. auch: Rüdiger Beer: Heinrich Brüning, Berlin 1931, 13f. Alphons Nobel: Brüning, Leipzig 1932, 13f. Heinrich Brüning: Memoiren. 1918-1934, Stuttgart 1970, 17-22, 40, 108, 195, 341, 454f., 579f.
[6] Ebd., 248f.
[7] Hans Luther/Salin Edgar: Vor dem Abgrund 1930-1933. Reichsbankpräsident in Kri-senzeiten, Berlin 1964, 115.
[8] Archiv des Instituts für Zeitgeschichte, München, ED 93.

zeigt eine 1932 vom zentrumsnahen Katholischen Jungmännerverbund abgehaltene Veranstaltung, auf der Brünings Anhänger den Reichskanzler frenetisch empfingen: „Da bricht Begeisterung los (…) als der Führer, Dr. Brüning, ins Stadion tritt. (…) In gleißendem Sonnenlicht flattern wiederum die vielhundert Banner, die in die Kampfbahn getragen werden, voran die Führer, zumeist alte Kämpen, deren Brust geschmückt ist mit dem Eisernen Kreuz erster und zweiter Klasse. Orden, die künden von heißem Kämpfen und Ringen, von Unerschrockenheit und Standhalten in den schwersten Stunden des Weltkrieges. Das ist Zeichen und mehr als das. Es ist Kunde, daß diese Männer in ihrer Zeit kämpften und standen für deutsche Ehre und Größe."[9] Daher verwundert es kaum, dass sich im nach rechts rückenden katholischen Milieu die seit *Sperrfeuer* anhaltende positive Rezeption Beumelburgs fortsetzte. „Ob Bauernsohn, ob Handwerker, ob Arbeiter oder Student, gar mancher Frontsoldat wird in dem Buch vieles von seinen eigenen Erlebnissen, seinem eigenen Fühlen und Denken wiederfinden", schrieb etwa die einflussreiche *Augsburger Postzeitung* im Sommer 1930.[10] Die *Schildgenossen* kritisierten zwar, Beumelburg hege in der Charakterzeichnung eine Vorliebe „für das Groteske"[11], womit sich die Grillen verschiedener Charaktere bezeichnet sahen. Überhaupt habe der Roman das Ziel eines religiösen Romans verfehlt und der Rezensent erhoffte sich für die Zukunft katholisch Gelungeneres. Doch letzten Endes fällte er ein positives Urteil, machten die Figuren des Leutnants, des Gefreiten Wammsch und des Kriegsfreiwilligen Siewers *Bosemüller* zu einem „erquickenden Entwicklungsroman".

Neben Brüning bezogen sich weitere militärisch geprägte Präsidialkabinettsmitglieder und Anverwandte auf den gedanklichen Konnex eines die Gesellschaft einigenden Kriegserlebnisses:

---

[9] Unbekannt: Die Kundgebung der Ungezählten, in: Die Wacht. Zeitschrift für katholische Jünglinge 28 (1932), Nr. 9, 264f.
[10] Unbekannt: Gruppe Bosemüller, in: Augsburger Postzeitung 25 (1930), 22.7.
[11] Unbekannt: Gruppe Bosemüller, in: Die Schildgenossen 11 (1931), 90-92.

Mit Johann Viktor Bredt begegnet uns mit dem Justizminister im ersten Kabinett Brüning etwa ein weiterer Politiker, der redigierende Zulieferdienste für Beumelburgs *Sperrfeuer* geleistet haben dürfte. Bredt (1879-1940) hatte zu den Mitbegründern der bürgerlich-rechten Wirtschaftspartei gehört. Schwertfeger hatte Stalling neben General von Kuhl auch Bredt als Lektor für *Sperrfeuer* empfohlen, da Schwertfeger Beumelburgs Darstellung ab Juli 1918 in militärischer Hinsicht für ergänzungsbedürftig gehalten hatte.[12] Bredt dürfte sich für eine solche Zusammenarbeit angeboten haben, da er, wie Schwertfeger, als Vorsitzender des Untersuchungsausschusses über die Gründe des deutschen Zusammenbruchs im Ersten Weltkrieg fungiert hatte.[13]

Johannes Popitz (parteilos), Reichsminister ohne Portefeuille des im Juni 1932 antretenden Kabinetts Franz von Papen bewegte sich mit Ernst Jünger ebenfalls im Gesichtsfeld soldatischer Nationalisten.[14] Mit Carl Schmitt machte ein gemeinsamer Freund Popitz Silvester 1930 *Feuer und Blut* zum Geschenk, glaubte Schmitt Popitz „mit solchen Lektüreempfehlungen lenken zu können."[15] Nach Popitz' Rücktritt als Finanzminister im Herbst 1932 kam es auf der Suche nach neuen politischen Allianzen zu weiteren Treffen mit Jünger (89), dessen revolutionäres, dezisionistisches Politikverständnis ihn prägte. (Ebd.)

Hermann Pünder (Z), Staatssekretär unter Brüning, hatte 1928 zu jenen Lesern von *Im Westen nichts Neues* gezählt, die das Werk in seiner rezeptionsästhetischen Frühphase als nationale Leistungsgeschichte des

---

[12] BArch N 1015/465, Bernhard Schwertfeger an Heinrich Stalling, 16.10.1929.

[13] Alfred Milatz: Bredt, Johann Viktor, in: Neue Deutsche Biographie (NDB). Bd. 2, 567 f.

[14] Lutz-Arwed Bentin: Johannes Popitz und Carl Schmitt. Zur wirtschaftlichen Theorie des totalen Staates in Deutschland, München 1972, 82.

[15] Anne C. Nagel: Johannes Popitz (1884-1945). Görings Finanzminister und Verschwörer gegen Hitler, Köln u.a. 2015, 87.

deutschen Soldaten gelobpreist hatten. „[V]erschlungen"[16] habe er es und
da er selbst Kriegsteilnehmer gewesen sei, wüsste er, wie er dem Propy-
läen Verlag in einem Kommentar mitteilte, „was das Wort Krieg tatsächlich bedeutet"; denn „was bei den unvergleichlichen Taten des deutschen
Heeres letzten Endes doch den Ausschlag gegeben hat, war zweifellos –
neben der meist guten Führung – die treue Pflichterfüllung des einzelnen
deutschen Soldaten."

Zu denjenigen, die nichts von einem solchen Lob erfahren durften, gehörten Wilhelm Groener, Reichswehr- und -innenminister der Kabinette
Brüning, sowie der Chef des Ministeramtes im Reichswehrministerium,
Architekt der neuen Regierungen und enger Vertrauter Hindenburgs:
General Kurt von Schleicher. Diese langjährigen Generalstabsangehörigen bewegten sich vollends in den Kategorien eines soldatischen Nationalismus, wenn auch für sie die zentrale Lehre des ‚Großen Krieges' darin bestand, dass auch zukünftige militärische Konflikte auf den Schultern des Volkes ausgetragen werden würde.[17] Dementsprechend gehörte
Groener neben Schleicher angesichts der Uraufführung von *Im Westen
nichts Neues* im Dezember 1930 zur Speerspitze eines Filmverbots dieses
angeblich den ‚Wehrwillen' zersetzenden ‚Antikriegsfilmes'. Groener lag
derart viel an einem Filmverbot, dass er es sogar auf dem Wege der Notverordnung zu bewerkstelligen gedachte.[18] Schleicher zeigte sich mit
diesem vorrangig von Nationalsozialisten verfolgten Verbotsantrag auch
deshalb einverstanden, weil er hoffte, die Reihen der Reichswehr mit den
Angehörigen der SA aufzufüllen. Im Verbund mit Groener lobte Schlei-

---

[16] BArch N 1005/172, fol. 7, Nachlass Hermann Pünder, Hermann Pünder an den Propyläen-Verlag, 9.2.1929.
[17] Johannes Hürter: Wilhelm Groener. Reichswehrminister am Ende der Weimarer Republik (1928-1932), München 2009, 21; Das Reichskuratorium zur militärischen Ju-
gendertüchtigung stellte eines der wichtigsten Projekte Schleichers: Irene Strenge: Kurt
von Schleicher. Politik im Reichwehrministerium am Ende der Weimarer Republik,
Berlin 2006, 203.
[18] Hürter: Groener, 21.

cher im Oktober 1930 vor hohen Militärs „die durch die
Nat[ionalistische]. Soz[ialistische]. Bewegung in Gang gebrachte Ent-
rüstungswelle gegen Bolschewismus, Landesverrat, Schmutz usw."
(ebd.), die sich das Kabinett für eine legislative Forcierung des Filmverbots zunutze machen sollte. In dem Dezember 1930 letztendlich erfolgten
Filmverbot deutete sich so bereits *in nuce* jene verkehrte Frontstellung
der militaristisch geprägten Präsidialregierungen an, in der reichswehrnahe Regierungsmitglieder in der Zertrümmerung der Republik pragmatisch mit Nationalsozialisten zusammenarbeiteten.

Bezeichnend ist in diesem Zusammenhang die Wahrnehmung des
Brüningschen ‚Frontsoldaten-Kabinetts' durch demokratienahe Intellektuelle wie Carl von Ossietzky. Der pazifistisch gesinnte Herausgeber der
Weltbühne verwies in einem Essay *Einer von der Infanterie*[19] mit spitzen
und spitzesten Worten auf jenen kulturellen Nährboden der Kriegsliteratur, von dem solche symbolpolitisch unterfütterten Führungsansprüche
herrührten: „Was wir hier erleben, ist mehr als das Versagen von Personen, es ist die blamable Enthüllung einer Phrase. Denn unter welchem
Leitmotiv wurde die neue Regierung eingeführt? Die Frontgeneration
kommt ans Ruder. Die Schützengrabengeneration schickt ihre Vertreter
vor, um es den Etappenschweinen der Demokratie endlich zu zeigen. Das
alberne Geschwätz von der Frontgeneration, das die ideologische Grundlage jener alles verheerenden Auffassung bildet, der Streit der Parteien
sei dem Krieg vergleichbar und müsse allnächtlich in den Straßen mit
Schlagring und Schießeisen ausgetragen werden – dieses lächerliche Geschwätz hat eine Regierung möglich gemacht, deren hauptsächliche Mitglieder als Empfehlung nicht viel mehr als ihre Militärpapiere vorzuweisen hatten." (365f.)

---

[19] Carl von Ossietzky: Einer von der Infanterie, in: Die Weltbühne 26 (1930), 3.6., zitiert nach Werner Boldt (Hg.) Carl von Ossietzky. Sämtliche Schriften, Bd. 5: 1929-
1930. Texte 830-968, Text 928.

Brüning und weitere Kabinettsmitglieder zeichnete von Ossietzky in feldgrauen Farben als Heuchler und Militaristen: „Hier holt man sich einen, der seine Vorbildung für die Reichskanzlerschaft bei der Infanterie erworben hat: Herrn Heinrich Brüning, der sonst ein guter Katholik ist und die zehn Gebote achtet bis auf das eine, daß er als MG-Offizier zur höhern Ehre des Vaterlandes verletzen musste. Hinter ihm zog Herr Treviranus (im ersten Kabinett Brüning zuständig für das Portfolio der besetzen Gebiete, d. A.) her, der sich bei der Marine um die Dezimierung der europäischen Christenheit verdient gemacht hat. Die ältesten parlamentarischen Schmerbäuche suchten ihre vergilbten Landsturmscheine heraus, die plötzlich sakrale Bedeutung gewonnen hatten. Ringsum war des Jubels kein Ende: Gruppe Bosemüller bildet die nationale Regierung! Aufbruch der Nation in Stahlgewittern!" (366)

Ossietzky ging in seiner Kritik an der Regierungsfähigkeit Brünings den umgekehrten Weg und sprach dem Reichskanzler ebendiese im Rekurs auf sein Soldatentum ab: „Das soll also der Vertreter der Frontgeneration sein? Herr Brüning zeigt weder Entschlossenheit, noch Initiative, noch Verantwortungsfreudigkeit. Lässt die Dinge einfach treiben und benimmt sich wie ein kümmerlicher Rekrut, der nicht weiß, was er ohne den Vorgesetzten (Hindenburg als Generalfeldmarschall-Reichspräsident, d. A.) beginnen soll. Ein trübseliger Duckmäuser, kein Feldsoldat der Politik (…) Man wird von den nächsten Herren etwas mehr verlangen müssen als die Militärpässe." (367)

Mit dem ‚Vorgesetzen' Brünings schien vorderhand auch Hindenburg symbolpolitisch zu profitieren, hing die präsidialdiktatorische Führungsstruktur des neuartigen Kabinetts maßgeblich von seiner Machtbefugnis des Notverordnungsrechts ab. In einem vom Generalfeldmarschall a. D. instruierten Kabinett von ‚Befehlsempfängern' schien die militärische Ordnung wieder hergestellt, die Herrschaft Hindenburgs abermals strukturell abgesichert. Brüning erstattete Hindenburg Bericht, war wesentlich von dessen Vertrauen abhängig, und nicht wenige Historiker urteilen in ihrer politischen Einschätzung des Reichskanzlers, er habe in seiner militärisch bedingten Ehrfurcht, seinem tief verwurzelten Gefühl für soldatische Pflicht und die militärischen Befehls- und Gehorsams-Prinzipien kaum aus seiner soldatischen Untergebenenhaltung Hindenburg gegenüber herausgefunden, um zu einer eigenständigen Position zu finden, wie es sein Amt verlangt hätte.[20]

Dennoch drohte die mediale Inszenierung, die den Frontsoldaten allerorten symbolpolitisch in den Mittelpunkt rückte, Hindenburgs politikmächtigen Feldherrn-Mythos zu entwerten. Hatte er mithilfe seiner Widmung für *Sperrfeuer* noch geschichtspolitischen Einfluss auf die Deutung der von ihm wesentlich mitgeprägten Weltkriegsjahre ausüben können, drohten ihm auf Unteroffiziers- und Mannschaftsgradebene angesiedelte Frontsoldatenromane, seine Rolle als alleinentscheidender ‚Sieger von Tannenberg', ‚Ersatz-Kaiser' und sakrosankte Vaterfigur der Nation deutungskulturell streitig zu machen. Die klassischen, in seinem Mythos Hindenburg zugeschriebenen Feldherrnqualitäten wie Nervenstärke oder taktische Intelligenz waren in einer Literatur pejorativ besetzt, die ein Kriegserlebnis evozierte, das, wir sagten es, die Leistungen der Etappe oftmals mit den angeblich wertvolleren, aus unmittelbarer Anschauung der Front entspringenden Erfahrungen des echten ‚Frontschweins' konterkarierte.

Daher unternahm es Hindenburg, seinen Feldherrn-Mythos mit jenem der frontsoldatischen Kameradschaft kompatibel zu machen, indem er dieses diskursive Solidarisierungs- und Hierarchisierungskonzept nicht mehr,

---

[20] Vgl. etwa Hindenburgs ‚vaterländischen Appell' an Brünings soldatisches Gewissen vom 28.3.1930, die Reichskanzlerschaft anzunehmen, die Brüning in ersten Gesprächen im selben Monat abgelehnt hatte, in: Thilo Vogelsang: Reichswehr, Staat und NSDAP. Beiträge zur
deutschen Geschichte 1930-1932, Stuttgart 1962, 414f.; vgl. auch Andreas Dorpalen: Hindenburg in der Geschichte der Weimarer Republik, Berlin u. a. 1966, 169-172f.

wie Historiker Wolfram Pyta feststellt, ausschließlich als „Leidens- und
Tatgemeinschaft der Frontsoldaten" verstanden wissen wollte, „sondern
[in] eine Erfahrungsgemeinschaft all derer [uminterpretierte], die Uniform getragen und im Krieg militärische Funktionen übernommen hatten." (166) Gemäß der so restituierten militärischen Hierarchie im sym-
boldurchwehten Raum der Politik, verstand es Hindenburg im Rekurs auf
etwa auch von Beumelburg beschworene Treueparolen, die Gefolgschaft
der Weltkriegsveteranen einzufordern und so seinen Herrschaftsanspruch
auf die Führung einer soldatisch überformten ‚Volksgemeinschaft' auszudehnen. (167f.) Die Umsetzung solch symbolischer Kapitalien im
Rahmen realpolitischer Herrschaftssicherung konkretisierten sich beispielsweise, wenn Hindenburg anlässlich der 1932 anstehenden Reichs-
präsidentschaftswahlen mithilfe eines Treuegelöbnisses die Unterstützung ihm ergebener Veteranenverbände wie des Kyffhäuserbundes erfolgreich einforderte. (169) Dass eine solche Loyalisierungsstrategie
gleichsam in eben solchen Lagern nicht mehr verfing, die Treue als exklusiv frontsoldatisches Prinzip geltend zu machen begannen, zeigt das
Beispiel des Stahlhelms, der seinem Ehrenvorsitzenden Hindenburg 1932
jene Unterstützung im Präsidentschaftswahlkampf verweigerte, die er
ihm 1925 noch gewährt hatte. (Ebd.)

Mit Hitler machte sich schließlich ein geschickter Symbolpolitiker den
um den Frontsoldaten politisch entsponnenen Diskurs in seinem Griff
nach dem Reichskanzleramt sowie 1932 nach jenem des Reichspräsidenten mit besonderer herrschaftspolitischer Verve zu eigen. Hitler, dies ist
bekannt, hatte seine Zeit als Meldegänger an der Westfront in *Mein
Kampf* einmal als „unvergeßlichste und größte Zeit meines irdischen Lebens"[21] bezeichnet und, wie dargetan, in den 20er Jahren zu den Lesern
Ernst Jüngers gehört. Weniger bekannt dürfte hingegen sein, dass Hitler
nach 1926 ebenfalls an die Abfassung seiner Kriegsmemoiren gegangen

---

[21] Adolf Hitler: Mein Kampf, Bd. 1., München [25]1933, 179.

war, da Zeitungen hauptsächlich jenen Passagen von *Mein Kampf* ausführliche Besprechungen gewidmet hatten, in denen Hitler sein Fronterleben evoziert hatte.[22] Realisierte er dieses Vorhaben letzten Endes jedoch nicht, beschränkte er sich auf das symbolpolitische Abnicken des
Frontromans *Der Glaube an Deutschland*, den Parteigenosse Hans
Zöberlein 1931 vorlegte. Hitler stattete Zöberleins 800-seitigen „literarischen Amoklauf" (Stefan Busch) mit einem Vorwort aus, das ihm, wie
ehedem Hindenburgs Widmung für *Sperrfeuer,* ein deutungskulturelles
Mitspracherecht im Kriegserlebnis-Diskurs einräumte und mit der er im
Zuge des Aufstiegs der NSDAP in den Reichstagswahlen vom September
1930 zur zweitstärksten Fraktion einen entscheidenden Schritt in Richtung bürgerliches Kameradschaftsnarrativ machte: „Auf den Weg! Hier
ist das Vermächtnis der Front niedergelegt! Ein einfacher Soldat, der
nicht beabsichtigte die Kriegsliteratur zu vermehren, hat sich in jahrelan-
ger, mühevoller Arbeit neben seinem Beruf eine Last von der Seele geschrieben. Kämpfe und Schlachten stehen in historischer Treue mit Tag
und Stunde, Ort und Gelände wieder auf. Nicht so, wie man vielleicht die
Ereignisse heute nach Jahren erst sieht. Gipfel und Abgründe stehen nebeneinander und immer die sturmfeste Treue der Kameradschaft dabei.
Man hört das Herz der Front schlagen, den Quell jener Kraft, die unsere
unvergänglichen Siege schuf. Und ungewollt greift die soziale Frage ins
Geschehen ein, das Denken der ‚vaterlandslosen Gesellen'. Das Buch hat
etwas zu sagen: Dem Soldaten, dem Politiker, den schaffenden Deutschen aller Stände. Der heranwachsenden Jugend ist es: Das Erbe der
Front."

Ungeachtet der neuesten Forschungserkenntnisse, die Hitlers ‚Fronterlebnis' vorwiegend im gefahrloseren Bereich der Etappe ansiedeln[23],

---

[22] Timothy W. Ryback: Hitlers Bücher. Seine Bibliothek – sein Denken, Köln 2010,
110f.
[23] Thomas Weber: Hitlers erster Krieg. Der Gefreite im Ersten Weltkrieg. Mythos und
Wahrheit, Berlin 2011.

setzte im *Völkischen Beobachter* mit Antritt der Regierung Brüning eine verstärkte Stilisierung Hitlers zum ‚unbekannten Frontkämpfer' ein, der an vorderster Linie für das Vaterland gekämpft und sich durch Mut, Heldentum und Kameradschaft das politikmächtige Attribut des Frontsoldatentums gesichert habe. Diese Inszenierung Hitlers nahm während seiner Kandidatur für die Reichspräsidentschaftswahl 1932 nochmals merklich zu.[24] In diesem Wahlkampf wusste der rangniedere „Gefreite"[25], wie Hindenburg den politischen Parvenü verachtend titulierte, den um den Frontsoldaten politisch wie generationell entsponnenen Diskurs mit herrschaftspolitischer Geste gegen den amtierenden Reichspräsidenten auszuspielen, wenn er Hindenburg anlässlich einer Wahlkampfveranstaltung am 7. März 1932 als altersschwachen Mann von gestern bezeichnete: „Alter Mann, Du trägst die Zukunft Deutschlands nicht mehr auf Deinen Schultern, sondern wir müssen sie auf den unsrigen tragen. Du kannst keine Verantwortung mehr übernehmen für uns, wir, die Generation des Krieges, werden sie selbst übernehmen."[26]

Wenden wir uns erneut der Rezeptionslandschaft zu, traf *Gruppe Bosemüller* in diesem Kontext im bürgerlich-protestantischen Lager auf große Zustimmung. Das *Hamburger Fremdenblatt* lobte das in Beumelburgs Gruppenbild geschilderte ‚Führertum', warnte aber gleichzeitig, die Jugend drohe den Krieg, wie Beumelburg ihn in zum Teil humoristischen Szenen geschildert hatte, auf die leichte Schulter zu neh-

---

[24] Unbekannt: Hitler, der unbekannte Soldat Deutschlands, in: Völkischer Beobachter/Reichsausgabe 7 (1932), Nr. 71, 11.3.; Unbekannt: Adolf Hitler als Führer, in: Ebd.: Nr. 72, 12.3.; Unbekannt: Die Frontkameraden Hitlers sagen's uns, in: Ebd., Nr. 90, 31.3.; Unbekannt: Adolf Hitler, der Frontsoldat, in: Ebd., Nr. 91, 31.3.
[25] Heiden Konrad: Adolf Hitler. Das Zeitalter der Verantwortungslosigkeit. Eine Biographie, Zürich 1936, 288.
[26] Wolfram Pyta: Die Privilegien des Frontkämpfers gegenüber dem Feldmarschall. Zur Politikmächtigkeit literarischer Imagination des Ersten Weltkrieges in Deutschland, in: Ute Daniel/Inge Marszolek/Wolfram Pyta/Thomas Welskopp (Hg.): Politische Kultur und Medienwirklichkeiten in den 1920er Jahren, München 2010, 147-180, hier 175.

men.[27] Unproblematisch war es jedoch, Beumelburg *unisono* mit Renn, Remarque, Unruh und anderen heute pazifistisch geltenden Autoren zu loben: *Bosemüller* sei „das (bisher) vollkommenste Kriegsbuch überhaupt: Ebenso kraftvoll wie Renn, ebenso dichterisch und aufrüttelnd wie Remarque, so sachlich wie Mottram (*The Spanish Farm Trilogy*, 1914-1918, d. A.), so vertieft wie Dorgelès (*Les croix de bois*, 1919, d. A.), so reif wie Unruh, so menschlich wie von der Vring und so wahr wie Johannsen (*Vier von der Infanterie*, 1929)." (Ebd.) Die in dem Roman geschilderten Figuren, erstaunlicherweise insbesondere jene tragische, von Seelunwuchten gezeichnete des innerlich zerstörten Leutnants, sahen sich gelobt als „vorbildliche Führung, um die uns eine Welt beneidet hat, wie sie auch dafür Zeugnis ablegen, daß die gemeinsame Not und Gefahr, das gleiche qualvolle Grauen, die selben Entbehrungen, Hoffnungen und Verzweiflungen Mann und Offizier zu einer Kameradschaft zusammen schweißte, die allein das Furchtbare ertragen ließ und bis über den Tod hinaus unverbrüchliche Treue wahrte." (Ebd.) Der reichswehrnahe *Deutsche Soldatenkalender* lobte das „Gefühl für die große Gemeinschaft"[28] sowie das heroisch-realistische Kriegsbild. Die *Deutsche Zeitung* urteilte, *Bosemüller* sei „weit ab von einer ‚zeitgemäßen' Verleugnung von Führertum und Autorität."[29] Zustimmung fand hier ferner die auf „Leben und Tod zusammengeschweißte Gemeinschaft von Offizier und Mann (…)", und in einem bezeichnenden Zusatz erwähnte der Rezensent, ein nicht näher genanntes nationalsozialistisches Blatt habe das Werk der SA empfohlen: „Das ist richtig, denn hier wird wieder einmal in Erinnerung gebracht, daß Opfer, Wunden und Tod auf jedem Weg zur Größe liegen und daß das Leben des einzelnen im Kampf um große Ziele eint." Auch

---

[27] Hermann Lobbes: Gruppe Bosemüller, in: Hamburger Fremdenblatt 102 (1930), Nr. 191, 12.7.
[28] Unbekannt: Der Weltkrieg in der Literatur, in: Deutscher Soldaten-Kalender 6 (1933), Nr. 5, 64.
[29] Stalling Werbeprospekt, in: Literaturarchiv Marbach Z: Beumelburg, Deutsche Zeitung 1930.

für die *Danziger Allgemeine Zeitung* stand die kameradschaftliche Atmosphäre des Romans im Vordergrund: „Und doch ist unter ihnen (der
Gruppe Bosemüller, d. A.) keiner, der nicht bei der Gruppe sein ‚zuhause' hätte, der bereit wäre, sich zu drücken, während die anderen vor Ver-
dun bleiben. (…).“[30] Wie sehr die nationalistische Publizistik
Beumelburgs Darstellung zum Ausdruck gesamtdeutscher
Vergemeinschaftung stilisierte, zeigt ein Bericht der *Traben-Trarbacher
Zeitung* anlässlich eines 1932 im Berliner Haus der Ingenieure veranstalteten Leseabends. Das dort vertretene Publikum habe zu einer innerlich
verbundenen Schicksalsgemeinschaft zusammengefunden: „Der große
Saal im Haus der Ingenieure ist bis zum letzten Platz gefüllt. Frauen und
Männer, die Jugend und das Alter halten sich in diesem Kreis die Waage,
der eine Gemeinschaft ist, nicht nur ein durch Zufall zusammengewürfel-
tes ‚Publikum'.“[31] Im protestantischen Familienblatt *Daheim* kritisierte
Hans-Caspar von Zobeltitz, Ritter der Hohenzollern und selbst Verfasser
bellizistischer Schriften, die bisherigen Kriegsdichter hätten lediglich ihr
eigenes Schicksal literarisiert. Niemand habe, wie Beumelburg, die
Gruppenperspektive berücksichtigt, weshalb die meisten Kriegsbücher
allein die Veteranen fessele: „Sie (*Gruppe Bosemüller*, d. A.) vereint alle
Spielarten der Charaktere in sich und alle Altersstufen, sie hat Männer
aus allen Landstrichen Deutschlands eingesogen und Männer verschiedenster Bildungs- und Besitzstufen; sie ist ein Volksausschnitt, ein
Volksquerschnitt.“[32] Wer *Gruppe Bosemüller* lese „der hat das erfasst,
was uns draußen im größten Dreck zusammenhielt, in den Augenblicken,
wo keiner mehr an Heim und Vaterland dachte, sondern nur noch an diese brodelnde Gegenwart voll Eisen und Feuer und an die, die rechts und
links lagen, verwachsen in kameradschaftlichem Ausharren.“

---

[30] Ebd., 1930.
[31] Unbekannt: Werner Beumelburg liest…, in: Traben-Trarbacher Zeitung 30 (1932),
30.01.
[32] Unbekannt: Gruppe Bosemüller, in: Daheim 66 (1930), Nr. 49.

Mit dem Stahlhelm verstand es ein gewichtiger Vertreter des bellizistisch gedeuteten Fronterbes, die Ende der 20er Jahre scheinbar obsolet gewordene Parole von der Frontgeneration als politisch privilegierter Führungskohorte wieder aufzurollen. Nach fünfjährigem Zögern begann 1931 auch der Stahlhelm die bis dato nicht besprochenen Schlachtendarstellungen Beumelburgs zu unterstützen. *Ypern* und *Douaumont* sprächen, neben Jüngers *Stahlgewittern*, „das Ja zur Gemeinschaft, zur Nation, zum Schicksal"[33] und zeichneten ein „wahres und sachliches Bild des Ringens". (Ebd.) *Douaumont* galt einem Rezensenten gar als „Krone aller Schilderungen über den Titanenkampf"[34] vor Verdun.

Beumelburgs mittlerweile im Feld der Literatur erworbene Position unterstrich in diesem Zusammenhang ein dreiseitiger Beitrag, der ihn neben Alverdes, Jünger, Dwinger und Wehner samt großformatiger Porträtskizze zu den herausragenden Kriegsdichtern zählte. Ihnen sei es zu verdanken, dass „die ewigen Werte sichtbar werden, um die es gehen mußte, sollte der Krieg nicht eine einzige sinnlose Marter sein."[35]

Mit zahlreichen Artikeln wie beispielsweise den *Erben der Frontgeneration*[36] erneuerte der Stahlhelm im Verweis auf die generationenübergreifende Kohäsionskraft der Kameradschaft seinen Führungsanspruch, dem sich vor allem die bündische Jugend unterzuordnen hatte: „Aber es ist doch so, daß ein paar Jahrgänge, die noch zu jung waren, um selbst hinaus zu dürfen, das Geschehen an der Front und das politische Schicksal der Nation mit einer Intensität verfolgt haben, die noch heute alles überschattet, was seitdem war. Diese Generation hat ein ganz besonderes Verhältnis zu den vielleicht nur wenige Jahre älteren Frontsoldaten. Sie

---

[33] Unbekannt: Das Erlebnis des großen Krieges. Deutsche Bücher vom Krieg, in: Stahlhelm 13 (1931), Nr. 21, 31.5.
[34] Unbekannt: Der Douaumont-Film, in: Ebd. Nr. 36, 6.9.
[35] Unbekannt: Das Erlebnis des großen Krieges. Deutsche Bücher vom Krieg, in: Stahlhelm 13 (1931), Nr. 21, 31.5.
[36] Unbekannt: Erben der Frontgeneration, in: Ebd., Nr. 21, 31.5.

hat den Respekt vor diesen Männern nie verloren. Sie ist noch heute ge-
neigt in ihnen eine Autorität zu sehen." (Ebd.) Allen voran den Jungbün-
dischen sei ein ähnliches Gruppenerlebnis widerfahren, das diese Generation „als Bekenntnis zur Macht von Führertum und Gefolgschaft" an das
politische Fatum der Frontsoldaten binde. Im Rekurs auf Beumelburgs
Gruppenroman wurde auf diese generationell-hierarchische Bindekraft
mit politischem Herrschaftsanspruch verwiesen, in dem „etwas von dem
lebendig [werde], was Beumelburg in seiner ‚Gruppe Bosemüller' den
jungen Kriegsfreiwilligen Siewers sagen lässt", wonach nämlich aus dem
kleinen Kreis der Gruppe der große der Nation entstehen werde.

Mit Blick auf die NSDAP gelang es auch der Partei Hitlers mithilfe im
soldatischen Nationalismus verbreiteter antibürgerlicher Diffamierungsstrategien die Notverordnungspolitik Brünings und Hindenburgs zu tor-
pedieren. Als „Verelendungskabinett"[37] sah sich dieses Kabinett „angeblicher Frontsoldaten" publizistisch abqualifiziert, insbesondere wenn Beitragslieferanten die im Verlauf der Weltwirtschaftskrise notwendig gewordenen finanziellen Kürzungen von Veteranenpensionen als „Undank-
barkeit an den Frontsoldaten" (ebd.) zu geißeln verstanden.

Infolge dieser Angriffstaktik sowie des erwähnten Aufstiegs der NSDAP
zur zweitstärksten Fraktion bediente sich die Partei Hitlers im Abwehrkampf gegen Remarque zunehmend der von Jünger, Schauwecker und
Beumelburg zur Verfügung gestellten Gegendeutungen, die im Gegensatz zu Renns „rassische[m] Untermenschentum"[38] und Remarques
„dünne[m] Blut" das „Hohelied des schlichten deutschen Soldaten" be-
sängen. Die Kriegsliteratur Beumelburgs beweise die Richtigkeit der

---

[37] Unbekannt: Kabinett der Frontsoldaten, in: Völkischer Beobachter/Berliner Ausgabe
5 (1930), Nr. 90, 17.4.
[38] Unbekannt: Bücher vom Weltkriege, in: Völkischer Beobachter/Berliner Ausgabe 5
(1930), Nr. 291, 8.12.

nationalsozialistischen Weltanschauung[39], weshalb sie ihre Anhänger zu
dessen Lektüre aufforderten: „Kauft die Kriegsbücher deutscher Nationalisten! Denn euer Vater war der Krieg."[40] In Will Vespers nationalsozialistischer Zeitschrift *Die schöne Literatur* lobte auch Rudolf Huch – der
Bruder Ricarda Huchs und schon vor 1933 bekennender Nationalsozialist
– *Gruppe Bosemüller*, obgleich er Kritik an den typenhaft gezeichneten
„Karikaturen von Menschen in der Heimat"[41] übte. Der völkische Dichter
germanischer Heldensagen und begeisterter Beumelburg-Leser Hans
Friedrich Blunck sandte dem Dichter ein persönliches Glückwunsch-
schreiben: „Ich habe an zwei Abenden die ‚Gruppe Bosemüller' ver-
schlungen. Ohne Umschweife: es ist doch das beste Buch aus dem Krieg,
was ich las, ich konnte nicht wieder davon abkommen und arbeite innerlich beständig weiter daran."[42] Zu den weiteren prominenten Rezipienten
dieses erfolgreichen Gruppenromans wie auch zum begeisterten Leser-
kreis Beumelburgs überhaupt zählte mit Joseph Goebbels der Organisator
der sich in Berlin entladenden Anti-Remarque-Demonstrationen. Goebbels, Jahrgang 1897, hatte aufgrund einer Knochenmarksentzündung
nicht am Ersten Weltkrieg teilnehmen können. Hitlers Berliner ‚Gaulei-
ter' verschlang den Roman in nur wenigen Tagen und – so vertraute er
am 27. Juli 1931 seinem Tagebuch an – schämte sich angesichts der von
Beumelburg geschilderten Opfer und Leistungen deutscher Soldaten,
„daß ich von meinen kleinen Bedrängnissen überhaupt zu schreiben wa-
ge."[43]

[39] Werner Beumelburg: Gasangriff vor Verdun, in: Völkischer Beobach-
ter/Reichsausgabe 7 (1932), Nr. 271, 27.9.; vgl. auch Unbekannt: Sieben vor Verdun,
in: Ebd., Nr. 63, 16.3.
[40] Unbekannt: Neudeutsche Kriegsliteratur, in: Völkischer Beobachter/Der deutsche
Frontsoldat (Beilage) 4 (1929), Nr. 1, 16.2.
[41] Rudolf Huch: Gruppe Bosemüller, in: Die schöne Literatur 31 (1930), Nr. 10, 486.
[42] Schleswig-Holsteinische Landesbibliothek Kiel, Nachlass Hans Friedrich Blunck, Cb
92.51:5, Hans Friedrich Blunck an Werner Beumelburg, 18.7.1933.
[43] Tagebucheintrag vom 27.7.1931, in: Elke Fröhlich (Hg.): Die Tagebücher von Jospeh
Goebbels, Bde. 2.2, München 2001/2004.

Werfen wir abschließend einen erneuten Blick in die rezeptionsästhetischen Strategien demokratienaher Milieus, gingen sowohl die liberalen
Presseorgane der *Frankfurter* als auch der *Vossischen Zeitung* kommentarlos an *Gruppe Bosemüller* vorüber. Aufschlussreich hinsichtlich der
Frankfurter Zeitung ist jedoch die Besprechung Remarques. Dieser erschien in literarischer Hinsicht zwar als zu maniert; hier gab man dem
pazifistischen ‚Tatsachenbericht' Ludwig Renns offenkundig den Vorzug[44], dessen *Krieg* die *Frankfurter Zeitung* in Fortsetzung abgedruckt
und eifrig beworben hatte. Dennoch galten hier beide Werke im Januar
1929 als Medien europaweit zu verbreitender Friedensbemühungen, da
die im Krieg notwendige soldatische Pflichterfüllung Ausdruck un-
menschlicher Apathie und „vollkommene[r] Sinnlosigkeit"[45] sei. Kameradschaft müsse allerdings auch hier die Mittel einer europäischen Völ-
kerversöhnung an die Hand geben, bildeten die sie evozierenden Passagen, etwa in *Im Westen nichts Neues*, „die schönsten des Buchs", die die
zur Versöhnung anhaltenden Voraussetzungen einer europäischen Friedensordnung literarisch vorwegnähmen.

Damit hielt die *Frankfurter Zeitung* bis 1930 offensichtlich an jener Deutung fest, die sie bereits in der Besprechung *Lorettos* 1927 vertreten hatte, nämlich an dem Glauben, jegliche Kriegsliteratur werde pazifistische
Wirkung zeitigen. Im Verlaufe des Jahres 1930, nachdem eine Flut an
literarisch kolportierten soldatischen Ideen über das Reich hinweggefegt
war und man hatte mitansehen müssen, wie der *Arminius* Renns *Krieg*
für Kameradschaft, Pflicht und Heldentum lobpreiste, begannen Liberale
zunehmend am Sinn der Besprechung kriegsliterarischer Erzeugnisse zu
zweifeln. Angesichts der sich abzeichnenden Erkenntnis, dass ein milieuübergreifendes Leseverhalten an Dominanz gewann, in dem jegliche
Kriegsliteratur, ob pazifistisch oder bellizistisch intendiert, tendenziell

---

[44] Beleg
[45] Unbekannt: Was war im Krieg?, in: Frankfurter Zeitung 73 (1928), Nr. 75, 29.1.

bellizistisch gelesen wurde, forderten Rezensenten nunmehr, endlich *Schluß mit den Kriegsbüchern*[46] zu machen.

Dennoch ließ sich dieser eingeforderte, deutungskulturelle Positions-wechsel, der die von rechts usurpierten Gestaltungsverfahren sowie die damit verbundenen Effekte einer bellizistisch auf Revision des Versailler Vertrages sinnenden Kriegsliteratur erst spät erfasste, nicht konsequent durchsetzen. Noch 1931 folgten Besprechungen bellizistischer Kriegsbü-cher, etwa von Wehners *Sieben vor Verdun*, das, trotz seines deutschnati-onalen Gehalts, zu den wichtigsten Kriegsbüchern gezählt wurde.[47] Auch das Werk des Nationalsozialisten Thor Goote *Wir fahren den Tod* feierte im selben Jahr ausgerechnet Franz von Unruh als gelungene Darstellung, wenngleich er es „[b]einahe unglaublich [fand], daß er (Thor Goote, d. A.) den Krieg noch bejaht."[48]

Dass jenes Umdenken, wie es etwa Schlutius in der *Weltbühne* hinsicht-lich *Im Westen nichts Neues* eingefordert hatte, sich allerdings nur äußert langsam vollzog, zeigen die in der linken Publizistik aller Orten bis 1931 weiterhin aufzufindenden Fehleinschätzungen, Kriegsliteratur werde friedenserzieherisches Heilmittel sein. Die liberalen, kriegskritischen *Schweizerischen Monatshefte für Politik und Kultur*, fragten beispiels-weise, ob die Flut erscheinender Kriegsfilme und Kriegsbücher eine Tendenz hätten und ob anzunehmen wäre, diese würden abschreckend wirken. Ausgerechnet anhand der Werke Renns und Beumelburgs bejah-ten sie diese Frage, sei es diesen gelungen, mit der „Lobpreisung (des Krieges, d. A.) im Vorkriegsstil"[49] zu brechen und darzustellen, was „der einzelne Soldat im modernen Krieg auszustehen" hätte. Der Leser sei

---

[46] Unbekannt: Schluß mit den Kriegsbüchern.
[47] Eine der wenigen Randbemerkungen zu konservativen Frontgruppenromane findet sich mit Wehners *Sieben vor Verdun,* das zu den wichtigsten Kriegsbüchern gezählt wurde, in: Frankfurter Zeitung 76 (1931), Nr. 10, 8.3.
[48] Friedrich Franz von Unruh: Zwei Kriegsbücher, in: Ebd., Nr. 3, 16.8.
[49] Unbekannt: Krieg, in: Schweizerische Monatshefte für Politik und Kultur 10 (1930), Nr. 31, 274.

deshalb, „wenn wir das Kriegsbuch eines Renn oder Beumelburg aus der Hand legen (…), ergriffen von der Tragödie Krieg."

Die ‚Voß' wiederum lobte neben den ‚Pazifisten' Remarque und Adrienne Thomas (*Die Katrin wird Soldat*, 1930) auch Henriette Riemanns nationalistischen Kriegsroman *Schwester der vierten Armee*[50] und Dwingers im Osten angesiedelten Kriegsroman *Zwischen Weiß und Rot*.[51] In Anbetracht völlig unterschiedlicher Autorintentionen wurden all diese Romane für ihre wirklichkeitsgetreue Schilderung des brutalen Kriegsalltages gepriesen, die friedenserzieherische Wirkung zeitigen würden.

In diesem Sinne besprach auch Kurt Tucholsky Edlef Koeppens pazifistisch intendierten Kriegsroman *Heeresbericht* von 1930 für die *Weltbühne*.[52] Hier lobte er Kapitel 19, das ein groß angelegtes Artilleriegefecht schilderte. Nach dessen Durchführung besichtigten zwei Offiziere den Schauplatz. Die auf dem Schlachtfeld hinterlassene Schneise der Verwüstung lobte Tucholsky wie folgend: „Und da ist nichts. Da ist nichts! Es ist eine Mondlandschaft, in die sie kommen. Es ist totenstill, die deutschen Stellungen liegen so verlassen (…) Nein, die Infanterie ist nicht heraus, die Leute sind noch alle da, aber sie sind alle tot. Vergast, zerschossen, zertrommelt." Entgegen Jünger, schwärmte Tucholsky, ließ Koeppen hier kein einziges Wort „gegen den Krieg oder für den Krieg" fallen, „es ist einfach wiedergegeben, was sich da begeben hat." Tucholsky war sich sicher, dass dieses deskriptive Kapitel nur als Anklage gegen den Krieg zu lesen war.

Wo sich offizielle Deutungsmanager über Beumelburgs Gruppenroman ausschwiegen, gewährt Alfred Kuermann einmal mehr rezeptionsästheti-

---

[50] Alice Berond: Zwei Frauenkriegsbücher, in: Vossische Zeitung 73 (1930), Nr. 553, 23.11.
[51] Alfred Kantorowicz: Zwischen Weiß und Rot, in: Ebd., Nr. 565, 30. 11.
[52] Unbekannt: Ein Stück Dichtung, in: Die Weltbühne 27 (1931), Nr. 16, 31.4.

sche Einblicke in jene Offenbarungen, die Anhänger des ‚Jungdo' durch die Lektüre *Bosemüllers* widererfuhren. Kuermann berichtete von der enthusiastischen Lektüreempfehlung eines jungdeutschen Mitstreiters: „Lest das! Dann werdet ihr alles andere vergessen! – und ich vergaß alles andere!! – ‚Gruppe Bosemüller'! Der große Roman des Frontsoldaten! Ich überflog die ersten Sätze. Ein Kriegsroman wie alle anderen auch! So dachte ich und blätterte weiter. Und dann – merkte ich nichts mehr von der vorrückenden Zeit – merkte nicht, wie meine Augen auf dem Papier brannten – versank in dem Grauen und in dem übermenschlichen Heldentum – lies mich tragen von jener ewigen und herrlichen Kameradschaft, in deren güldener Fassung die beiden unschätzbaren Edelsteine des nordischen und deutschen Menschen verborgen liegen: Opfersinn und Treue! (…) Erschüttert legte ich das Buch aus der Hand."[53]

Im sozialdemokratischen Lager, das *Gruppe Bosemüller* nach dem Zwischenfall mit *Sperrfeuer* ebenfalls ignorierte, setzte ähnlich wie in jenem der Liberalen ein später Prozess des Umdenkens ein. Der SPD-nahe Heinrich Mann registrierte etwa 1932 auf einem internationalen Kongress gegen den imperialistischen Krieg in Amsterdam voller Verzweiflung den Einbruch der bellizistischen Kriegsdeutung in die jahrzehntelangen Friedensbemühungen republikfreundlicher Schriftsteller.[54] Auf seine resignierende Abschlussfrage, ob „alles vergebens gewesen" (523) sei, reagierte Walter Bloem, der mit seinem nationalistischen Roman *Frontsoldaten* Beumelburg seines ursprünglich anvisierten Titels beraubt hatte, im September desselben Jahres in der *DAZ*[55] mit einem offenen Brief. Beumelburg, Jünger, Schauwecker und andere hätten den Krieg

---

[53] Kuermann: Beumelburg, 5f.

[54] Heinrich Mann: Der Schriftsteller und der Krieg, in: Berliner Tageblatt/Die Brücke (Beiblatt) 32 (1932), Nr. 37, 11.9., zitiert nach Anton Kaes: Weimarer Republik. Manifeste und Dokumente zur deutschen Literatur 1918 bis 1933, Stuttgart 1983, 523-527, hier 523f.

[55] Walter Bloem: Offener Brief an Heinrich Mann, in: Deutsche Allgemeine Zeitung 71 (1932), 27.9.; zitiert in: Ebd.: 528.

keineswegs beschönigt; sie „wüssten aus eigener Erfahrung, wie namen-
los entsetzlich und ekelhaft er" sei. Aber im Gegensatz zu Mann, der sich
vor dem Krieg gedrückt habe, hätten diese Männer den Krieg wenigstens
gewagt. Keineswegs habe Remarque im Namen aller gesprochen, lehnten
unter den „Millionen der heute noch lebenden Deutschen Kriegsteilnehmer, die beispielsweise im ‚Kyffhäuserbund', im ‚Stahlhelm' und in Hitlers Gefolgschaft zusammengeschlossen" seien, das Kriegserlebnis, wie
Remarques es geschildert habe, ab.

Dass gleichsam auch sozialdemokratische Schriftsteller in ihren Kriegsromanen trotz der negativ dargestellten Kriegsgräuel auf das Kameradschaftserlebnis als positiven, zu bewahrenden Erlebniswert rekurrierten,
zeigt das Beispiel Karl Brögers. Dessen 1929 erschiener Kriegsroman
Bunker 17 schilderte ebenfalls Szenen gegenseitiger Solidarität und über-
lebensnotwendigen Zusammenhalts, die rechte Rezensenten als gelungene Darstellung lobpriesen. Die katholischen *Schildgenossen*[56] etwa gaben dem in *Bunker 17* evozierten Heldentum sogar den Vorzug vor jener
Gruppe Bosemüllers. Kameradschaft, konstatiert Kühne, gehörte 1930 in
der SPD ebenfalls zu den großformatigen Leitideen, wenngleich sie als
Motor einer internationalen Friedensordnung verstanden wurde: „Um
1930 begannen sich die festgefahrenen Milieustrukturen der politischen
Kultur zu lockern. Die Kriegserinnerung wirkte dabei als treibender Fak-
tor. Unterschiedlich blieben zwar die Akzente, die man rechts und links
setzte: rechts die revanchistische ‚Volksgemeinschaft' und die autoritär
gedeutete Kameradschaft, links der internationale Völkerbund und die
pazifistische Solidarität der Unterdrückten. Wenn Hohenzollernprinzen
und Arbeiter vereint in feldgrauer Stahlhelmuniform die ‚Volksgemeinschaft' probten, war solchen ‚Possenspielen' zwar der Spott des Reichsbanners sicher. Aber die Vorstellung, politische und soziale Gegensätze

---

[56] Unbekannt: Gruppe Bosemüller, in: Die Schildgenossen 11 (1931), 90-92.

qua Kameradschaft überwinden zu können, faszinierte auch Sozialdemo-kraten."[57]

Wie war es um die Besprechung ego- und gruppenperspektivischer Kriegsromane im kommunistischen Raum bestellt? In der *Roten Fahne* lobte der Mitbegründer der KPÖ, Paul Friedländer, beispielsweise Arnold Zweigs *Streit um den Sergeanten Grischa* kurz nach seinem Erscheinen 1927 zwar für seine literarische Qualität; politisch sei Zweig hingegen kein großer Wurf gelungen. Wenngleich Friedländer dem Autor eine „immerhin anständige Gesinnung: Mitfühlen mit den Opfern des Krieges, der Ausbeutung, des kapitalistischen Klassenstandes"[58] zugestand, sei der Roman doch über moralische Entrüstung nicht hinausgekommen; Zweig bleibe zu bürgerlich, habe sich allein auf das Einzelschicksal seines Protagonisten konzentriert und die klassenkämpferischen Hintergründe des Weltkrieges außen vor gelassen: „Wohl sind ein paar Trustszenen eingestreut, Kennzeichnung des Mannschaftsgeistes, welche etwas Klassengeist und Klassenkampf atmen und die entscheidenden sozialen Kräfte ahnen lassen, aber es sind nur ein paar stimmungsvolle Farbtöne, die dem Ganzen zugefügt werden". (Ebd.) Doch anlässlich der Kriegsliteraturflut sowie des Aufstiegs der Nationalsozialisten verschärfte sich 1930 auch hier die Rezeption, wenn ein Beitragslieferant den Roman Zweigs als „Stiefelleckerei an dem ‚guten' Preußentum" bezeichnete, besinge das Werk dieses bürgerlichen Autors den „preußischen Kommiß"[59] als nationales Hohelied.

Wie sehr sich die Beurteilung von Kriegsliteratur dabei auch bei kommunistischen Meinungsführern weniger auf ästhetische als politische Kriterien stützte, zeigen ferner die Beispiele *Soldat Suhren* und *Im Westen nichts Neues*. Rezensenten der *Roten Fahne* hatten *Suhren* 1928 zwar

---

[57] Kühne: Kameradschaft, 66.
[58] Paul Friedländer: Der Streit um Grischa, in: Die Rote Fahne 10 (1927), Nr. 276, 24.11.
[59] Wittfogel: Romane.

als klassenkämpferisches Buch bezeichnet, da es einem bil-
dungs'bourgoisen' Duktus eine „einfache, klare Sprache"[60] entgegenset-
ze; mit Humor erzähle von der Vring die Geschichte dieses Arbeitersol-
daten, der den Krieg nicht als „Badekur" erlebe. Als sich das Werk von
der Vrings 1930 jedoch im sozialdemokratischen *Vorwärts* abgedruckt
fand, urteilte etwa Wittfogel, der Protagonist *Suhren* sei verlogen, da er
den Krieg verherrliche. Darüber hinaus führte Wittfogel solche Passagen
des Buches an, die in ihrer Darstellung ‚tugendhaftes Soldatentum',
„Schützengräben-Ästhetik"[61] und die „Pflichtegetreue der Soldaten" evoziert hätten und die folglich auch bellizistisch lesbar seien.

Ähnlich geschah es Remarque, dessen Werk einerseits als Ausdruck des
kleinbürgerlichen Kriegserlebnisses rezipiert wurde. Rezensenten der
Roten Fahne kritisierten, sein Werk lasse negativen Protagonisten wie
dem Schinder Himmelstoß oder dem kriegswerberischen Lehrer
Kantorek literarische Gerechtigkeit widerfahren, da sie selbst in den
Krieg entsandt und dadurch Leid preisgegeben würden. Dies habe wiederum keineswegs der ‚klassenkämpferischen Wirklichkeit' entsprochen.
Zudem habe Remarque den Krieg als Schicksal geschildert, und als besonderer Stein des Anstoßes galt es in kommunistischen Kreisen, dass
Remarque, wir sagten es, gleich auf zwei Telegramme nicht geantwortet
hatte, in denen der Unpolitische dazu aufgefordert worden war, seine
Haltung gegenüber der Sowjetunion in Worte zu fassen.[62] Weitere Kritik
traf die „pazifistische Ausweglosigkeit"[63] seiner Protagonisten, die sich
lieber apathisch ihrem Schicksal ergaben, anstatt, wie ‚gute Klassen-
kämpfer', zur Revolution überzugehen.

---

[60] Unbekannt: Von der Vring. Soldat Suhren, in: Die Rote Fahne 11 (1928), Nr. 77,
30.3.
[61] Wittfogel: Romane.
[62] Ebd.; vgl. auch Neukrantz: Schriftsteller.
[63] Unbekannt: Im Westen nichts Neues, in: Die Rote Fahne 13 (1930), Nr. 274, 7.12.

Andererseits erntete die Schilderung Remarques in solchen Fällen Lob, in denen sein Buch bzw. das umstrittene Filmverbot kommunistischen Deutungseliten Profilierungsstrategien gegen die SPD feilbot. Sodann bekannten sich Redakteure der *Roten Fahne* zu Remarques Darstellung, spiegele diese nur allzu deutlich die Verlogenheit des kapitalistischen Systems wider. In diesem Kontext habe sich die verräterische Sozialdemokratie in der Verhängung eines Filmverbotes auf die Seite der „faschistischen"[64] Rechten geschlagen.

Instruktiv für die bereits umrissene Uneindeutigkeit politischer Bindungen zahlreicher Kriegsdichter ist ferner die in der *Roten Fahne* einsetzende Besprechung von Dwingers Kriegsroman *Zwischen Weiß und Rot* von 1930. Dwinger gehörte neben Beumelburg zu den bis heute kaum untersuchten Auflagenmillionären nationalistischer Kriegsliteratur. Die kulturpolitische Landschaft hatte allerdings bis 1932 – jenem Zeitpunkt, da Dwingers drittes Kriegsbuch *Wir rufen Deutschland. Heimkehr und Vermächtnis. 1921-1924* niemanden mehr an seiner nationalkonservativen Autorschaft zweifeln ließ – auf der Grundlage seiner beiden ersten Kriegsbücher eine dezidierte Typologisierung Dwingers als soldatisch-nationalistischem Autor kaum vorgenommen. Gerade diese ersten zwei Bände seiner Kriegstrilogie – *Armee hinter Stacheldraht* von 1929 sowie *Zwischen Weiß und Rot* von 1930 – waren in der radikalen Linken auf großes Interesse gestoßen, da Dwinger hier seine russische Kriegsgefangenschaft bzw. seine Partizipation am russischen Bürgerkrieg 1919 auf Seiten der Konterrevolutionäre um Admiral Koltschak im Modus autobiographischen Erzählens in das neue Darstellungsverfahren eingekleidet hatte. Die *Rote Fahne* lobte den Stil und die detailreiche Beobachtungsgabe Dwingers, verkehrte indes in einem der zahlreich genannten Instrumentalisierungsversuche die Aussage des Romans in sein glattes Ge-

---

[64] Unbekannt: Kriegskrüppel gegen Filmkrieger, in: Ebd., Nr. 279, 12.12.; vgl. vor allem Unbekannt: Im Westen nichts Neues, in: Ebd. 14 (1931), Nr. 281, 14.7.

genteil. Dwinger habe als „ehrlicher Beobachter"[65] geschildert und damit einen „Beweis für die überwältigende Kraft und die ideologische Stärke des Bolschewismus [geliefert], der fest in den Massen wurzelte und sie zum Siege führte." Leitfadenartig durchziehe der „Geist des Bolschewismus" das Werk, wenngleich der Rezensent zur Kenntnis nahm, dass sich Dwingers autodiegetischer Erzähler in vereinzelten Passagen gegen kommunistische Indoktrinationsversuche zur Wehr setzte. Gleichwohl frohlockte der Rezensent, „daß das den Bolschewiken auch bei Dwinger beinahe gelungen ist. Und das spricht doch nur für Dwinger."

Einmal mehr wurde so einem politischen Grenzgänger, als der Dwinger bis 1932 in der äußeren Wahrnehmung vieler Milieumanager zwischen rechts und links zu changieren schien, milieuübergreifendes Lob zuteil, auf das Historiker Werner Mittenzwei wie folgend verweist: „Die *Rote Fahne* und die *Linkskurve* meinten, in Dwinger nicht nur einen Mann von beachtlichem Talent zu sehen, sondern auch einen der auf ihre Seite gehöre; Johannes R. Becher und Kurt Kläber schätzten ihn und fanden lobende Worte."[66] *Zwischen Weiß und Rot* erlebte sogar eine russische Übersetzung, und die Sowjetunion lud den Autor nach seinem Bucherfolg dazu ein, die Aufbauarbeiten der russischen Räterepublik zu begutachten![67] Der Moskauer Staatsverlag zeigte vor 1933 reges Interesse an der Distribution seiner Kriegstrilogie, ein Kontakt, den er wohl dem marxistischen Philosophen Georg Lukács verdankte. Letzterer hoffte „auch noch später (in der NS-Zeit, d. A.), als es über die weltanschauliche Zugehörigkeit Dwingers keinen Zweifel mehr gab als ein Realisten wider Willen"[68] für die Linke zu reklamieren.

---

[65] Unbekannt: Dwinger: Zwischen Weiß und Rot, in: Ebd., Nr. 120, 18.4.
[66] Mittenzwei: Mentalität, 205.
[67] Jay Warren Baird: Hitler's war poets. Literature and politics in the Third Reich, Cambridge 2008, 160.
[68] Mittenzwei?

Wie sehr Kameradschaft als erhaltenswertes Solidarisierungskonzept auch in kommunistischen Ordnungsvorstellungen einer im bolschewistischen Zusammenschluss aller Länder gegründeten europäischen Friedensgemeinschaft firmierte, zeigt der bereits anhand von *Sperrfeuer* umrissene Lektüreeindruck des 30-jährigen Textilarbeiters H.S., der sich auch auf *Gruppe Bosemüller* bezog. H. S. hatte die bekanntesten französischen und deutschen Kriegsromane bis 1930, darunter *Im Westen nichts Neues* gelesen. In seinem politisch bedingten Zwang las er jeglichen Kriegsroman als Anklage gegen den Krieg, schildere ein jeder von ihnen die „fürchterlichste[n] Verbrechen wider die Menschheit"[69]. Neben den Werken Remarques, Zweigs oder Koeppens galten ihm ausgerechnet die Darstellungen Schauweckers und Beumelburgs als die gelungensten pazifistischen Kriegsbücher. Schauweckers *Aufbruch der Nation* sei „[e]in überzeugendes Buch, das fluchend Anklage erhebt." *Gruppe Bosemüller* galt ihm als „das beste Buch vom Krieg", da es das „Hohelied der Kameradschaft" singe. Es schildere „[a]ll die Vergnügungen und Widrigkeiten des Unteroffizierdaseins. Jede Figur atmet lebendigen Geist. Dieses gefühlvolle Buch verzaubert alles und jeden. Es trachtet den Völkermord – diese grässliche Kreatur – mit der Liebe der Kameradschaft zu bändigen."

Vermutlich hatte auch die in Beumelburgs Roman anzutreffende Figurenkonstellation auf H. S. zu wirken vermocht, da die am ‚Schicksal' des Krieges gescheiterten Deuteragonisten eine pazifistische Interpretation ermöglichten. Neben Barbusse, Remarque und Zweig zählte Beumelburg nach Ansicht von H. S. womöglich auch deshalb gleichberechtigt zu den „Verkünder[n] des ewigen Friedens" (ebd.), da die in *Gruppe Bosemüller* als *pars pro toto* der Nation evozierte landsmannschaftliche Zusammensetzung einen weiteren Grund liefert, weshalb sich Arbeiter für Kriegsliteratur interessierten. Gerade solchen Romanen, die das Kriegserlebnis

---

[69] Reuveni: Reading, 236.

eines sozial rangniederen Gruppenquerschnitts wie in *Gruppe Bosemüller* oder in Wehners *Sieben vor Verdun* schilderten, gelang es, soziale Hiatus zu überwinden und linksstehenden Lesern Identifikationsangebote zu unterbreiten: „Die kleinen Kameradengruppen", konstatiert auch Kühne, „von denen diese handelten, waren sozial und landsmannschaftlich heterogen zusammengesetzt. Aber kameradschaftlicher Zusammenhalt erhob sich über zivile Identitäten. So öffnete der bürgerliche Kriegsfreiwillige seinen sozialen Horizont und bedankte sich dafür bei seinen Proletarierkameraden, indem er sie am bürgerlichen Bildungsschatz teilhaben ließ."[70]

Schließlich fand *Grupppe Bosemüller* ebenso wie *Sperrfeuer* Eingang in den Schulunterricht. Zahlreiche Rezensenten empfahlen der Jugend das Buch zur Lektüre, hatte der Verfasser mit Erich Siewers dieser von ihm favorisierten Kernlesergruppe ein attraktives Identifikationsangebot unterbreitet. Wichtiger noch begann im Schulfach Deutsch die Schullektüre soldatischer Nationalisten jene Zweigs, Renns und Remarques abzulösen. Hatten frühere Empfehlungen in der unterrichtsbildenden *Zeitschrift für Deutschkunde* undifferenziert zur Lektüre sowohl Zweigs, Renns und Remarques als auch Schauweckers, Beumelburgs und Jüngers geraten, da all diese Autoren darum bemüht seien, den Krieg lehrreich zu verarbeiten[71], folgten ab 1931 die ersten Vorwürfe aufgebrachter, nationalistischer Deutschlehrer gegen diesen paritätisch ausgerichteten Kanon. Sie weigerten sich, kriegskritische Autoren zu unterrichten und bevorzugten die ihrer Meinung nach „größeren": Thor Goote, Dwinger und Beumelburg.[72] Die Fachzeitschrift *Die höhere Schule im Freistaat Sachsen* hatte bereits 1930 die Anschaffung *Gruppe Bosemüllers* für Schulbüchereien empfohlen, da die Schüler dank ihr die „große Aufgabe [lern-

---

[70] Kühne: Kameradschaft, 52.
[71] Reinhard Dithmar: Kriegsliteratur im Dienst nationalsozialistischer Erziehung, in: Diskussion Deutsch 16 (1985), Nr. 86, 638-650, hier 638f.
[72] Ebd.

ten], einem mächtigen Schicksale zu dienen."[73] Bereits 1932 war eine
solche nationalistische Neuausrichtung vollzogen. Die *Zeitschrift für
Deutschkunde* empfahl an den Oberstufen ausschließlich die Schriften
Jüngers, Hans Carossas (*Rumänisches Tagebuch*, 1924), Dwingers und
Beumelburgs als mustergültige Texte, um Remarques „Maulwurfper-
spektive"[74] zu überwinden. Bereits ein Jahr zuvor, 1931, hatten *ad usum
delphini* redigierte Fassungen *Bosemüllers – Mit 17 Jahren vor Verdun*
und *Gruppe Bosemüller erstürmt das Fort Souville*[75] – Eingang in Unter-
tertia und Prima höherer und mittlerer Schulen beiderlei Geschlechts gefunden. Das Berliner Friedenau Gymnasium stellte beispielsweise Hausaufgaben zu Textpassagen und richtete zudem eine Arbeitsgruppe *Literatur* ein, „in der sich die Schüler der oberen Klassen auch mit
Beumelburgs *Sperrfeuer um Deutschland*, (…) beschäftigen sollten."[76]
Der Schulunterricht konzentrierte seine didaktischen Ziele auf die Untersuchung des nationalisierend wirkenden Kameradschaftserlebnisses, was
im Hinblick auf die Kriegsbereitschaft Jugendlicher im Zweiten Weltkrieg verheerend wirken sollte.

Abschließend fällt auf, dass die bereits in der Rezeption der Schlachtendarstellungen anzutreffenden Maßstäbe und Postulate einer literarisch
objektivierbaren Kriegswirklichkeit sich in der Wahrnehmung *Gruppe
Bosmüllers* rechts und links des politischen Spektrums wiederholten. Die
mit Zweig, Renn und Remarque scheinbar eingeleitete pazifistische Deutung eines naiv und zum Krieg gezwungenen, als ‚Kanonenfutter' des
Kaisers oder des kapitalistischen Systems dienenden Opfer- und Unterta-

---

[73] Unbekannt: Gruppe Bosemüller, in: Die höhere Schule im Freistaat Sachsen 8 (1930),
Nr. 14, 270.
[74] Dithmar: Kriegsliteratur, 639.
[75] Werner Beumelburg: Soldaten – Kameraden in der Hölle von Verdun, Bielefeld 1941;
ders.:
Mit 17 jahren vor Verdun, Frankfurt a. M. 1931; ders.: Gruppe Bosemüller erstürmt das
Fort Souville, Wiesbaden 1931.
[76] Vorwald: Kriegsliteratur, 104.

nen-Soldaten zehrte der Ende der 20er Jahre hegeomonial werdende, den Kriegs als Leistung feiernde, nationalistische Kameradschaftsdiskurs der rechten entweder auf oder aber dieser Diskurs ließ sich in der Rezeption auch auf linke Kriegstexte übertragen. Die auch pazifistisch gearbeiteten Werken innewohnende Ambivalenz gab kaum Impulse für eine im Gedenken an die Opfer des Krieges zur Ruhe kommende Nation. Der Mythos vom, wenn nicht glorreichen, so doch das Volk einenden Krieg und seinem ‚stillen Heldentum' begann sich durchzusetzen. Ein solches Deutungsangebot drang mithilfe der ambivalenten Kameradschaft sogar in Demokratie-nahe Milieukulturen des Liberalismus, des Katholizismus und der Sozialdemokratie, wenngleich nicht in Gänze in jene des deutschen Kommunismus vor. Die bellizistisch gearbeitete Literarisierung des Kriegserlebnisses half dennoch, einen gesellschaftlichen Konsens zu stiften, nämlich das kollektive Identität spendende Bild einer Nation, die sich im Kriege bewährt hätte. Der Mythos vom Gemeinschafts-Krieg etablierte sich, und im Anschluss an die Lektüre von Kriegsromanen wurden Ende der 20er Jahre partei- und milieuübergreifend Rezeptionsstrategien hegemonial, die die im Ersten Weltkrieg erbrachten Leistungen der Frontsoldaten rühmten, der politischen Privilegierung des Frontsoldaten huldigten und den Wiederaufstieg der Nation einforderten. In diesem Zeitraum und entgegen der Behauptung vom 10-jährigen Schweigen der Frontsoldaten zeigte sich, dass die bereits 1919 in Form des Reichsarchivs eingeleitete, politikmächtige Erinnerungskultur an den Krieg, der damit einhergehende, strukturelle, über ein Jahrzehnt in der Sache nach schon vorbereitete Rezeptions- und Distributionsprozess einer bellizistischen Sinnanreicherung es 1929/30 möglich machte, die von Remarque ausgelöste Pazifismus-Debatte zügig im Keim zu ersticken. Dies war bellizistischen Kriegsdichtern und Milieumanagern deswegen möglich, weil sie eben nicht bloß auf Remarques Roman reagierten, sondern bereits auf in Verlagen, Veteranenverbänden und Intellektuellen-Zirkeln institutionalisierte Strukturen und Mechanismen, auf etablierte

Rezeptionsstrategien sowie auf ein der pazifistischen Deutung formaläs-
thetisch ebenbürtiges realistisches Darstellungsverfahren zurückzugreifen
vermochten. Der kulturelle Erinnerungshaushalt an den Krieg war auf
diese Weise bis 1928 tendenziell längst bestellt, als dass er in der spezifischen Konstellation der politischen, sozialen und wirtschaftlichen Krise
1929/30 auf eine pazifistische Deutung hätte umgestellt werden können.
Im Verlauf der Kriegsliteraturflut ermöglichte dies Bellizisten ein rasches
und vor allem geschlossenes Auftreten gegen links – eine harte Währung
im schnelllebigen, von disparaten Machtkämpfen geprägten Raum der
Politik.

Darüber hinaus zeigte das vorangegangene Kapitel, wie sehr sich die
Ambivalenz – die pazifistisch-bellizistische Zweiwertigkeit des Kriegsromans – aus feldinternen Kategorien, autortechnischen Klassifizierun-
gen, ideologisch gemeinsamen Dispositionen sowie einem von beiden
Seiten angewandten Darstellungsverfahren der Kriegsdichternomenklatura speiste. Formalästhetisches Abgucken, Instrumentalisieren, Nachah-
men, ja Plagiieren der Texte der jeweils Anderen dürfte unter zeitgenössischen Lesern zu nur schwer differenzierbaren literarischen Kongruenzen geführt haben, die die Autoren durch gattungsspezifische,
romaneske, paratextuelle und erzählerische Authentifizierungsstrategien,
durch oft gleich angelegten inhaltlichen Aufbau, ähnliche Erzählperspek-
tiven, ähnlichen Sprachgebrauch und produktionsästhetische Kongruenzen der Bewerbung und Vermarktung forcierten. In diesem Kontext war
ferner dargelegt worden, dass der Leser in der Lektüre von Kriegsromanen, seien sie pazifistisch oder bellizistisch intendiert, kaum mehr im
Stande war, bellizistische von pazifistischen bzw. pazifistische von
bellizistischen Romanen zu unterscheiden und es der generationenspezi-
fische Habitus war, dem in der Interpretation der ausschlaggebende Im-
puls zukam. Diese in der jungen Frontgeneration sowie der Kriegsjugendgeneration verankerte generationelle Matrix war derart ethisch und
moralisch prädisponiert, dass das Lesersubjekt aufgrund seines Wissens-,

Weltanschauungs- und Gefühlshorizonts sowie seiner hermeneutischen Auffassungsgabe diese Bücher tendenziell in einem bellizistischen Modus konsumierte. Das kollektive Bewusstsein Deutschlands begann sich 1930 tendenziell auf eine nationalisierende Kriegserinnerung zu einigen, die *in nuce* die politischen und gesellschaftlichen Strukturen einer Nation vorgab, die sich auf einen erneuten Krieg vorzubereiten hatte, wollte sie erneut europäische Großmacht sein. Dabei transformierten rechtskonservative Kriegsdichter vor allem das politische Konzept der Kameradschaft in jenes der Treue, ventilierten es breitenwirksam und etablierten es als Unterwerfungsanspruch gegenüber der jüngeren Generation. Kriegsliteratur schuf so ein ästhetisches Feld, das in Zeiten der permanent beschworenen Krise – vor allem der Jugend – Orientierung bot und zeitgenössischen Lesern konkretes Handeln für ihre Gegenwart diktierte. Sie bereitete zudem jenen Politikern ein Legitimationsreservoir, aus dem sie ihre politischen Herrschaftskompetenzen sowie die politische Hierarchisierung ihrer Gefolgschaft abzuleiten verstanden. Im politischen Raum ließ eine solche Deutung daher vorzugsweise Politiker wie Hitler profitieren, die auf rangniederer militärischer Ebene Frontdienst geleistet hatten. So begünstigte diese Literaturgattung bzw. die in ihr evozierte Deutung hauptsächlich jene Parteiungen, die sich, wie NSDAP oder Stahlhelm, bereits vor 1929/30 als Verfechter frontsoldatischen Denkens profiliert hatten. Insbesondere der 1930 zur Massenpartei aufgestiegenen NSDAP gab sie Parolen, Schlagworte und Ideologeme an die Hand, um sich selbst als einzig wahre Vertreterin des Frontsoldatengedankens und ihren ‚Führer‘ Adolf Hitler als zur politischen Herrschaft berufenen ‚unbekannten Frontsoldaten‘ zu glorifizieren.

XII. Öffentlicher Intellektueller: Beumelburg, Papen und der ‚neue Staat' 1932

„Mit dem schönen Inkognito ist es nun dahin, seit fast kein Deutscher mehr auf die Insel kommt, der mein Buch (*Gruppe Bosemüller,* d. A.) nicht kennt. (…) Immer häufiger passiert es, daß man als der berühmte Schriftsteller angesprochen oder bescheidendlich von Ferne gezeigt wird. In erster Linie aber äußert sich der Ruhm in Pumpversuchen, denen ich aber nach erstlichem kräftigen Reinfall siegreich widerstehe."[1] Mit *Sperrfeuer* und *Gruppe Bosemüller* war Beumelburg endgültig zum Starautor aufgestiegen. Hamburg, Berlin, München und Stuttgart luden zu Vortrags- und Leseabenden (Abb. 11); in seiner Capreser Residenz am Monte Tiberio erreichte ihn eine Flut leider nicht mehr erhaltener Fanpost und literarische Jünger unternahmen ‚Pilgerfahrten' zu des Dichters Domizil.[2] Beumelburg diktierte Stalling fortan die Honorare, nicht zuletzt, da sich Scherl und Stalling Verlag um die Herausgabe seiner weiteren Schriften zu streiten begannen.[3] Die Ankündigungen eines neuen ‚Beumelburg' ließen die Vorbestellungen in die Höhe schnellen, und *Loretto* blieb mit 30 000 Exemplaren bis 1945 das ‚am schlechtesten' verkaufte Buch Beumelburgs.

Die dem jungen Schriftsteller im Feld der Literatur zukommende gesellschaftliche Anerkennung erschöpfte sich in den anschließenden Jahren bis zur Machtübergabe an die Nationalsozialisten keineswegs allein in der Huldigung einer nach Capri pilgernden Verehrergemeinde. Seit den großen literarischen Erfolgen begann das Macht-Feld 1932 zunehmend auf den 33-jährigen Erfolgsautor aufmerksam zu werden, der von den Felsen Capris' geistig und seines finanziellen Reichtums zum Trotz noch immer im Modus des prekären Intellektuellen auf Deutschland blickte. Im März 1931 hatte er gegenüber Schwester Gertrud sein Bedauern zum Ausdruck gebracht, „daß es in Deutschland immer noch keine Revolution"[4] gegeben habe. Ähnlich hatte sich 1927 auch Bruder Walther

---

[1] Privatnachlass Schlarb: Werner Beumelburg an Elisabeth Beumelburg, 1.3.1931.
[2] Ebd.: Werner Beumelburg an Gertrud Beumelburg, 13.10.1929; ders. an Marie Beumelburg, 3.11. und 10.11.1929.
[3] Ebd.: Werner Beumelburg an Elisabeth Beumelburg, 1.3.1931.
[4] Ebd.

gegenüber den Eltern geäußert, dem es als Charlottenburger ‚Bourgeois' zumindest wirtschaftlich nicht minder gut ging: „Manchmal beneide ich Euch, dass Euer Leben und Wirken so frei und unabhängig von all dem Dreck der jetzigen Zeitläufe ist, in denen man hier in Berlin, ob man will oder nicht, immer wieder drinsteckt. Unter dem Fluch von Versailles und dem Fluch von Weimar immer krisenhaft und Verfallserscheinungen; Arbeiter, die die Revolution feiern, und der Dollar kostet 300 M[ark], die Proletarisierung marschiert. Nicht mehr lange, dann zwingt einen der sacro egoismo, die Arbeit für die nationale Sache an den Nagel zu hängen (…)"[5]

Im Herbst 1932 nahmen Regierungsvertreter des dem Sturz Brünings im Juni 1932 nachgefolgten dritten Präsidialkabinetts um Franz von Papen Kontakt zu Beumelburg auf. Erstmals bot sich dem jungen Autor so die Möglichkeit, sich von seiner Rolle als prekärer, in der epikureischen Verborgenheit Capris weilender Intellektueller zu verabschieden und öffentlicher Fürstreiter eines 1932/33 von Seiten Papens in die Wege geleiteten autoritären Staatsumbaus zu werden.

Im Spätherbst 1932 erreichte Beumelburg die postalische Bitte des im Kabinett Papen als Staatssekretär agierenden Erwin Planck, den Reichskanzler in seinen Staatsumbauplänen geistig zu unterstützen.[6] Unter dem Titel *Der neue Staat* war im Oktober 1932 eine mit einem Vorwort Papens versehene programmatische Schrift des rechtskonservativen Publizisten Walther Schotte erschienen.[7] Der Band hatte das Ziel einer tiefgreifenden Verfassungsreform ausgegeben, die den parlamentarischen in einen autoritär-präsidialen Ständestaat umbauen sollte. Der Reichspräsident hatte in diesem Konzept in Personalunion eine neu einzurichtende preußische Staatspräsidentschaft inne wie die Ernennung der Reichsregierung durch den Reichspräsidenten zum Normalzustand werden sollte. Mit dem sogenannten ‚Preußenschlag' – dem Sturz der in Preußen amtierenden dritten Landesregierung Braun (SPD, DDP, Z) – hatten Papen und Hindenburg am 20. Juli 1932 bereits einen entscheidenden Schritt in diese Richtung getan. Der Reichstag sollte sich in seinem Recht der Regierungskontrolle endgültig

---

[5] Privatnachlass Schlarb: Walther Beumelburg an Elisabeth Beumelburg, 12.11.1927.
[6] Beumelburg: Fragment, 119f.
[7] Walther Schotte: Der neue Staat, Berlin 1932.

entmündigt sowie durch ein ständisch organisiertes und vom Reichspräsidenten ernanntes Oberhaus weiterer Kernkompetenzen entledigt sehen. Eine solch präsidialdiaktatorische Zuspitzung sollte die letztendliche Rückkehr zur Monarchie ermöglichen.[8]

Da Papens gegen den Rest der Republik agierendes, vor allem gegen eine ‚Machtergreifung' der Nationalsozialisten gerichtetes Programm für seine Verfassungsänderungen eine parlamentarische Zweidrittelmehrheit benötigte, galt es, wie Planck Beumelburg wissen ließ, „die geistigen Kräfte konservativer Prägung zu sammeln und aus den im ganzen Lande verstreuten Einzelgängern, die in irgendeiner Form das konservative Gedankengut vertraten, eine Bewegung zu schaffen, auf die sich die Regierung von Papen der Öffentlichkeit gegenüber hätte stützen können. Besonders der Reichskanzler persönlich versprach sich von einer solchen Sammlung eine wesentliche Hilfe."[9] Planck bat Beumelburg am 6. Oktober 1932, öffentlichkeitswirksame Ideen, Schlagworte und Parolen, etwa Wahlplakate und Flugzettel, beizusteuern, um vorwiegend Beumelburgs Hauptzielgruppe Jugendbewegter anlässlich der am 6. November stattfindenden Reichstagswahl für die Staatsumbaupläne der Regierung zu gewinnen.

Wie war es zu dieser Annäherung der Regierung Papen an den jungen Beumelburg gekommen? Eine der vordergründigen Ursachen dürfte sicherlich in der von Stalling im Reichspräsidentenpalais betriebenen Lobbyarbeit sowie in der Bereitschaft Beumelburgs zu finden sein, die Hindenburg nicht genehmen Stellen *Sperrfeuers* zu redigieren. Ferner hatten die immensen Erfolge seiner Werke den *poeta laureatus* in Form von Prestige und Anerkennung genügend symbolisches Kapital akkumulieren lassen, um als Sprecher der jungen Front- und der Kriegsjugendgeneration von den politischen Konsekrationsinstanzen ernst genommen zu werden. Sie, die Jugend, blieb Beumelburgs Hauptzielgruppe, für die er sogar bereit war, aus der selbstgewählten mediterranen Isolation Capris heraus- und öffentlich im Sinne ihrer soldatisch-nationalistischen Erziehung einzutreten. Im Verbund mit weiteren Kriegsdichtern wie Richard Euringer und dem damaligen NS-Studentenführer Hans Martin Schleyer hatte er

---

[8] Wolfram Pyta: Die Weimarer Republik, Opladen 2004, 148.
[9] Beumelburg: Fragment, 119f.

etwa im Juni 1932 an einer von der Deutschen Studentenschaft initiierten Kriegsgräberfürsorge für die dort bestatteten 11000 Kriegstoten in Flandern teilgenommen und in bewährter Manier einen heroischen Kriegserlebnisbeitrag zum daraus resultierenden *Langemarck-Buch der Deutschen Studentenschaft* beigesteuert.[10]

Zumal war Beumelburg nicht der einzige Dichter, den die Regierung Papens in jenem Herbst 1932 kontaktierte. Auch mit dem erzkonservativen Dichter Börries von Münchhausen traten Papens Emissäre in Kontakt, um mit ihm die Möglichkeiten eines konservativ geprägten Umbaus der Preußischen Akademie der Künste auszuloten, in die auch Beumelburg nach der ‚Machtergreifung' 1933 Einzug halten würde.[11]

In seinem an Planck gerichteten Antwortschreiben vom 6. Oktober 1932[12] erläuterte Beumelburg dem Staatssekretär, wo seiner Meinung nach die Gründe für das bisherige Scheitern eines national geprägten, sich von Liberalismus und Parlamentarismus verabschiedenden ‚Volksgemeinschafts'-Projekts zu suchen seien. Beumelburgs Antwort auf Plancks leider nicht mehr erhaltenes Anschreiben gibt nicht nur darüber Auskunft, wie bereitwillig er an der Beseitigung des – zugegebenermaßen ohnehin kaum mehr existierenden bzw. funktionierenden – Parlamentarismus mitzuwirken gedachte; es bietet einmal mehr seltene Innenansichten zur Haltung eines konservativen Schriftstellers zur Problematik, auch die Arbeiter in ein solches Vorhaben miteinzubeziehen.

Der SPD etwa galt es in diesem Kontext in nichts nachzugeben. Nachdem sich Beumelburg bereits in seinen Artikeln für die *Düsseldorfer Nachrichten* gegen eine bürgerliche Zusammenarbeit mit der SPD ausgesprochen und ihr in *Sperrfeuer* dezidierte Schuld an der Kriegsniederlage zugewiesen hatte, hatte der Schriftsteller seine feindselige Beziehung zu dieser Partei 1931 in einem weiteren Titel vertieft. Im Zuge des Erfolges von *Sperrfeuer* hatte Beumelburg in

---

[10] Lutz Hachmeister: Schleyer. Eine deutsche Geschichte, München 2004, 143.
[11] Staatsbibliothek zu Berlin, Handschriftenabteilung, Nachlass Börries von Münchhausen, Sig. III b 788, 1: Literarisches Tagebuch 1918-1945 mit Briefen und Urkunden von 1930-1940, 35-36, 38-39.
[12] Staatsarchiv Oldenburg, Bestand 273-41, Nr. 163, Werner Beumelburg an Erwin Planck, 6.10.1932.

jenem Jahr eine in gleichem Stil publizistisch vermittelter Zeitgeschichte gehaltene Darstellung nachgeschoben, die den Zeitraum vom Versailler Vertrag 1919 bis zum Youngplan 1930 abhandelte. Hatte dieses Werk die Summe seiner in der *Soldatenzeitung*, bei der *DAZ* und für die *Düsseldorfer Nachrichten* geschriebenen Publizistik gebildet, in der er die tendenziöse Schwarz-Weiß-Schraffierung seines Weltkriegsnarrativs auf die 20er Jahre übertrug, hatte Beumelburg in dieser Darstellung seine – wenn man sie denn so bezeichnen möchte – zurückhaltende Art gegenüber der Sozialdemokratie endgültig aufgegeben. Diese habe im Jahre 1920 „vor aller Welt freimütig die Schuld Deutschlands am Kriege und die besondere Schuld der deutschen Sozialdemokratie" (73f.) bekannt und es bedauert, dass die Revolution von 1918/19 „fünf Jahre zu spät gekommen" (ebd.) sei. Während Beumelburg den Kapp-Putsch hier zwar distanziert als undurchführbares und undurchdachtes Unternehmen kommentiert hatte, hatte er den von der SPD als Gegenmaßnahme eingeleiteten Generalstreik als unverantwortliches Risiko des Bürgerkrieges sowie als Möglichkeit geißelte, reichsweiten kommunistischen Umstürzen Tür und Tor zu öffnen. (81f.) Das Werk, das sich bis 1939 über 70 000 mal verkaufte, war in vielen Passagen eine Abrechnung mit der SPD, mitnichten war Beumelburg bereit, dieser Partei weitere Regierungsverantwortung zuzugestehen.[13]

Nichtsdestotrotz war er weiterhin bemüht, die Figur des Arbeiters an das von ihm favorisierte Nationalismus-Projekt anzubinden. Eine zentrale Ursache, warum dies bisher nicht gelungen sei, erblickte Beumelburg Planck gegenüber im Unvermögen bisheriger nationaler Sammlungsbestrebungen, in die Lebenswelt der Arbeiter vorgedrungen zu sein. Der NS habe es beispielsweise, trotz steter Betonung des Sozialismus im Namen, lediglich geschafft, ins bürgerliche Lager, nicht hingegen in jenes der Arbeiter vorzustoßen: „Es ist ihr (der NSDAP, d. A.) gelungen, das Bürgertum zu achtzig Prozent unter ihrer Fahne zu versammeln, heute aber, wo sie notgedrungen den Versuch machen muss, in die marxistische Front einzudringen, ergibt sich die Wende. Sie wird die Arbeiter-

---

[13] Vgl. die Antithese Buschs, Beumelburg habe in seinen nationalen Einigungsbemühungen sogar eine sozialdemokratische Mehrheitsregierung gebilligt, so diese für eine nationale ‚Volksgemeinschafts'-Modell eingestanden hätte, in: Busch: NS-Autoren, 96-98.

schaft nicht gewinnen und das Bürgertum weitgehend verlieren."[14] In Beumelburgs Augen war der ‚neue Staat' zwar nur gegen die Arbeiter zu machen: „Die Tatsache bleibt bestehn, daß der Arbeiter der Regierung feindlich gesinnt ist, solange nicht seine eigenen Funktionäre darin sitzen. Eine Rechtsregierung wird noch so oft ‚sozial' statt ‚sozialistisch' setzen können, sie mag mit Engel[s]zungen reden, es wird ihr gar nichts nützen. Sie wird ihr Werk ohne die Zustimmung der Arbeiterschaft, ja, gegen sie durchführen müssen. Von dem Charakter dieses Werkes allein wird es abhängen, ob die unselige Kluft später zu überwinden ist." (4) Dennoch solle nichts unversucht bleiben, auch öffentlich um die Arbeiterschaft zu werben, um ihr zu verstehen zu geben, dass es angeblich keine Unterschiede mehr zwischen Unternehmern der Mittelschicht und Angehörigen des Arbeitermilieus gäbe: „Es ist auch nicht mit der geistigen Beeinflussung durch eine neue Staatsidee getan. Es heißt vielmehr erkennen, daß außer dem nationalen Gedanken zwischen dem jungen Menschen der Mittelschicht und dem jungen Arbeiter kein Unterschied mehr besteht, und daß jede Reform, die auch nur den Anschein erweckt, dem kapitalistischen Interesse zu dienen, die beiden zwangsläufig zueinander treibt." (10f.) Und Beumelburg wäre kein guter soldatischer Nationalist gewesen, wenn er dem Staatssekretär, sich ganz in den Gedankengängen seiner bisherigen Schriften bewegend, nicht die Fruchtbarmachung des angeblich soziale Unterschiede nivellierenden Kriegserlebnisses als verbindendem nationalen Nenner und auszurufender Erziehungsdoktrin als „das stärkste Mittel bei der Vorbereitung des inneren Umschwungs (…)" (13) anempfohlen hätte.

In Berlin trafen sich Autor und Staatssekretär anschließend zu einem gemeinsamen Mittagessen. Planck sah sich vom Reichskanzler anlässlich des anstehenden Wahlkampfs mit der Einrichtung eines Informationsbüros betraut, dem Beumelburg wohl als Ideenlieferant zuarbeiten sollte. Der Kriegsdichter selbst äußerte Planck gegenüber seinen Unglauben, ein Verfassungsumbau werde eine Revolution der Rechtsradikalen – die Nazis hatten in den nur vier Monaten zuvor stattfindenden Reichstagswahlen mit 37,4 Prozent 230 Sitze erobert und endgültig die größte Parlamentsfraktion gebildet – noch verhindern. Dem setzte sein Gesprächspartner das Zähmungskonzept Papens entgegen, mit dem der

---

[14] Staatsarchiv Oldenburg: Beumelburg an Planck, 9f.

Reichskanzler glaubte, der NSDAP und ihrer Anhänger mithilfe politischer Konzessionen integrativ habhaft werden und Hitler mit konservativen Regierungsmitgliedern einzäunen zu können. (116f.) Auf Beumelburgs Nachfrage, ob der Boden parlamentarischen Regierens endgültig verlassen werden würde, entgegnete Planck, man gedenke zunächst am bestehenden Präsidialsystem mit der Reichswehr im Rücken festzuhalten. Auf Beumelburgs Vermutung, Papen sei für Hindenburg nur eine Übergangslösung und der Reichspräsident wolle nach den nächsten Wahlen zu einer parlamentarisch mehrheitsfähigen Regierung aus konservativen und nationalsozialistischen Kräften zurückkehren (120), habe Planck erwidert, dies sei „nicht ganz richtig, zum mindesten aber überholt. Wir sind fest entschlossen, unter allen Umständen an der Regierung zu bleiben und das Präsidialkabinett zu stabilisieren, bis es alle notwendigen inneren Reformen durchgeführt hat." (Ebd.) Beumelburg entgegnete, die NSDAP verfüge nach seinem bisherigen Siegeslauf nach den nächsten Wahlen über eine absolute Mehrheit und werde alle Rücksichten auf das konservative Bürgertum fahren lassen. Planck dagegen hielt den Zenit des NS für überschritten, in zwei Jahren habe das Reich eine neue Verfassung. Es gälte lediglich den neuen Staatsentwurf in Stellung zu bringen. (120) Momentan, so Planck hellsichtig, laufe hingegen „alles umgekehrt, der Nationalsozialismus bemächtigt sich des konservativen Gedankens, nicht etwa um ihn aufzunehmen, sondern um ihn zu zerstören. Ein Bündnis zwischen Hindenburg und Hitler wäre das gefährlichste Experiment, das man sich nur denken kann. Die Burschen sind außerordentlich geschickt, und verstehen es, sich schwarz-weiß-rot zu tarnen." (Ebd.) Beumelburg betonte, das konservative Lager müsse sich neu definieren und dürfe sich nicht allein auf den Rückhalt der Deutschnationalen verlassen. Sein Gegenüber gab ihm recht und betonte die Notwendigkeit seiner, Beumelburgs, Unterstützung für Papens Wahlkampf mit zielgruppentechnischer Stoßrichtung auf Jugendliche und Arbeiter. (120f.)

Es folgten weitere, quellentechnisch leider nicht mehr rekonstruierbare Gespräche mit Planck sowie Papens zentralem Ideengeber, Edgar Julius Jung. (121) Beumelburg entwarf eine Rundfunkrede, von der er bereits ahnte, dass Papen diese selbst nie halten werde. Papen hatte den Krieg vornehmlich aus der Perspektive des Generalstabes erlebt und sich als Vertreter privatwirtschaftlicher

Interessen etabliert.[15] Daher war es ihm als potentiellem Vortragenden dieser Rede kaum möglich, auf die Ebene des ‚unbekannten Frontsoldaten' herabzusteigen und auf dieser um Arbeiter zu werben. Als adeligem Generalstabsoffizier mit großindustriellem Hintergrund fehlte ihm schlichtweg die nötige Authentizität, wodurch eine solche Rede breite Fläche für Angriffe des politischen Gegners geboten hätte.

Am 25. Oktober, gut zwei Wochen vor der Reichstagswahl, hielt Beumelburg die nun als *Staat und junge Generation* betitelte Rede.[16] Ihr Inhalt entsprach den gängigen Postulaten des soldatischen Nationalismus, wonach Demokratie und Liberalismus die im Schützengraben entstandene altruistische Haltung aufgezehrt hätten. Er sah die Gefahr, dass sich Kriegs- und Kriegsjugendgeneration voneinander entfernten, gelte es gleichwohl diese Kohorten unter dem Banner des politischen Führungsanspruchs der Frontgeneration zu vereinen. Beumelburg rief zum Ende der Parteienherrschaft und zur Ausformung eines auf den Grundlagen der angeblich im Krieg geübten Kameradschaft stehenden Staates auf. Der Frontgeneration gebühre das erste Wort in diesem Aufbau, stünden die ‚Ideen von 1914' über jenen von 1789, d. h. „dem törichten Glauben an die Gleichwertigkeit aller in der Nation vereinigten Menschen (…)". (5) Es gelte das Leistungsprinzip, und dies begünstige den Frontkämpfer.

Ungeachtet des Glaubens Beumelburgs, ein ‚neuer Staat' sei nur von wenigen auserwählten ‚Tat'-Menschen gegen das Lager der Arbeiter wie gleichermaßen gegen das wirtschaftlich orientierte Bürgertum zu machen, kennzeichnete seine programmatische Rede doch ein sozialintegrativer Zugriff, den Arbeiter in das nationalistisch gedeutete Kriegserlebnis einzubeziehen. Sobald der Staatsumbau durchgeführt sei, so sein Planck gegenüber artikuliertes Kalkül, war die politische Umerziehung des Arbeiters zum ‚nationalen Menschen' in die Wege zu leiten.[17] Diesen Ansichten folgte innerhalb der Rede der Appell an Jugend und

---

[15] Wolfram Pyta: Verfassungsumbau, Staatsnotstand und Querfront. Schleichers Versuche zur Fernhaltung Hitlers von der Reichskanzlerschaft August 1932-Januar 1933, in: Ders./Ludwig Richter: Gestaltungskraft des Politischen, Berlin 1998, 173-197, hier 184.
[16] Werner Beumelburg: Staat und junge Generation. Rundfunkrede gehalten am 25.10.1932, Berlin 1932.
[17] Staatsarchiv Oldenburg: Beumelburg an Planck, 10f.

Arbeiter, die „noch in den verschiedensten Lagern"[18] stünden, sich aber letzten Endes den Prinzipien soldatischen Denkens fügen würden, sobald sich die ‚Führer' „auf die gleiche Höhe der Disziplin, der Gemeinschaft, der Idee und der Erkenntnis geschwungen haben werden, von denen der einzelne Geführte heute schon unbewußt ergriffen ist." Das Kriegserlebnis ermöglichte dabei ein vorzügliches Einfallstor in die Arbeiterjugend, wenn Beumelburg gleich zu Beginn seiner Rede in einem transgenerationellen Brückenschlag die Leiden der Frontsoldaten in den Schützengräben mit den Nöten des durch die Weltwirtschaftskrise entstandenen Arbeitslosenheeres wie folgend verglichen hatte: „Wie wir (die Frontsoldaten, d. A.) allnächtlich nach vorn marschierten in stummer Kolonne, so traten sie (die Arbeiter, d. A.), jeder Hoffnung beraubt, vor den Arbeitsämtern an." (1f.) Beumelburg endete mit dem schon für Jugendbewegte, nun jedoch auch an Arbeiter entsandten Appell: „Hier liegt die Aufgabe, die uns nach geschehener Schlacht zu vereinigen hat: dem Staat zur Nation, die Nation zum Staat bringen. (...) Ihr (Arbeiter und Jugendliche, d. A.) seid dazu berufen, von dem letzten großen vaterländischen Ereignis, das sich im Weltkrieg und im Tode Eurer zwei Millionen Kameraden geoffenbart hat, die Brücke zu bilden in eine bessere Zukunft Eures deutschen Vaterlandes!" (6f.)

Beumelburgs Unterstützung half der am 17. November abtretenden Regierung Papen letztlich jedoch nicht zum entscheidenden Durchbruch. Die Reichstagswahlen änderten trotz eines signifikanten Absturzes der NSDAP mit einem Stimmenverlust von zwei Millionen Wählern nichts am *status quo* parlamentarischer Lähmung. Die Nationalsozialisten bildeten mit immerhin noch beträchtlichen 196 Reichstagssitzen (33,1%) weiterhin die stärkste Fraktion und verfügten im Verbund mit der KPD weiter über eine Sperrmehrheit. Dennoch spricht dieses Intermezzo, das Beumelburg erstmals an die Schaltriegel der politischen Macht geführt hatte, Bände für jene Sensibilität, mit der Kriegsdichter wie Beumelburg oder Jünger – dieser trachtete in seiner visionären, ebenfalls im Herbst 1932 erscheinenden Schrift *Der Arbeiter* diesen für eine mehrheitsfähige Politik so signifikanten Akteur als ‚Soldaten der Moderne' in seine Pläne einer total mobilisierten Gesellschaft einzubeziehen – der Figur des Arbeiters zum Ende der Republik begegneten. Insbesondere Kurt von Schleicher unternahm

---

[18] Beumelburg: Staat, 5.

während seiner kurzlebigen Reichskanzlerschaft im Winter 1932/33 mithilfe der Arbeiterschaft einen abermaligen, letzendlich jedoch vergeblichen Versuch, mithilfe einer aus dem linken Flügel der NSDAP um Otto Strasser sowie durch Konzessionen an sozialdemokratische Gewerkschaften geschmiedeten ‚Querfront' Kräfte zu bündeln, um eine Machtübergabe an den radikalen Flügel der um Hitler gruppierten NSDAP noch verhindern zu können.[19]

---

[19] Vgl. Pyta: Querfront.

XIII. Als Herausgeber der *Schriften an die Nation*: Publizistik zum Arbeitsdienst und eine literarische Bismarck-Hagiographie 1932/33

Beumelburg beteiligte sich indes weiterhin am Unterfangen, die Arbeiterschaft aufseiten Rechtskonservativer zu ziehen, wenn er im selben Zeitraum in den nationalistischen *Süddeutschen Monatsheften* einen programmatischen, als *Durch Arbeit zur Nation* betitelten Aufsatz[1] publizierte. In ihm gedachte der politisierende Schriftsteller die soziale Frage mithilfe eines nach den Strukturen der ‚Frontgemeinschaft' aufzubauenden autoritären Arbeitsdienstes zu lösen. Gebührte das Recht auf den Staat etwa in Stahlhelm-Kreisen vornehmlich all jenen, die im Krieg ihr Leben eingesetzt hatten, war, wie dargetan, bereits 1925 in der *Bundeszeitung* die Idee entstanden, auch der nachfolgenden Generation in Form eines staatlichen Arbeitsdienstes politische Partizipationsrechte zuzugestehen. Eine solche Möglichkeit vollzog sich hier ebenfalls im Rahmen des vom Stahlhelm betriebenen Unterfangens, links stehenden Arbeitern rechtskonservative Avancen zu machen. Die hier betriebene Konzeption eines die wirtschaftliche Dauerkrise des Reiches bewältigenden Arbeitsdienstes hatte sich dabei als etatistischer, autoritärer, gewerkschaftsfreier Gegenentwurf gegen das Gewerkschafts- und staatlich regulierte Sozialversicherungsmodell der bis 1925 sozialdemokratisch geführten Republik geriert, das Rechtskonservative beständig als ‚Almosenwirtschaft'[2] diffamierten. Auch Beumelburg engagierte sich ab 1932 unter soldatisch-nationalistischen Vorzeichen für dieses Projekt, wenn er in seinem programmatischen Aufsatz erstmals die Prinzipien seiner kriegszentrierten Gedankenwelt auf einen gewerkschaftsfreien, staatlich regulierten Arbeitsdienst übertrug.[3] Abermals fungierte der Schützengraben in einem solchen Entwurf als soziale Unterschiede nivellierender, hehre Tugenden der Pflicht-, der Leistungs- und Opferbereitschaft hervorbringender Nukleus eines nach den ‚Gesetzen der Front' zu organisierenden Arbeitsdienstes. Das ‚Verantwortungs-

---

[1] Werner Beumelburg: Durch Arbeit zur Nation, in: Süddeutsche Monatshefte 30 (1932/33), Nr. 7, 385-403; vgl. auch Wolfgang Bens: Vom freiwilligen Arbeitsdienst zur Arbeitsdienstpflicht, in: VfZ 16 (1968), Nr. 4, 317-346, hier 332.
[2] Zur Haltung der SPD vgl. ebd.: 326.
[3] Werner Beumelburg: Arbeit ist Zukunft. Ziele des deutschen Arbeitsdienstes, Oldenburg 1933.

bewusstsein des Soldaten' hatte hier auf den Arbeiter überzugehen. (388-390)
Arbeitsuniformen, so Beumelburg, vermittelten Kameradschaft und Hoffnung
auf eine bessere Zukunft (391); „Mannschaften" hätten in Anlehnung an die
frontsoldatische Gruppe einem durch das Kriegserlebnis gestählten „Führer" zu
folgen (397-399), um sich die Handlungsmaximen und Tugenden des Frontsoldaten anzueignen. (400-403) All dies vollzog sich, in den Worten des Autors, in
der Hoffnung, die „Rückführung des deutschen Arbeiters zu seinem Vaterland
und zu seiner Eingliederung in die Nation" zu bewerkstelligen, um das „Ethos
der Gemeinsamkeit auf allen Gebieten des staatlichen und wirtschaftlichen Lebens" (400f.) durchzusetzen. In diesen Gedankengängen beteiligte sich
Beumelburg an jenen sozialen und wirtschaftlichen Weichenstellungen für einen gewerkschaftsfreien ‚Führerstaat', den die Nationalsozialisten nach der
‚Machtergreifung' im Juni 1933 zunächst als Freiwilligen Arbeitsdienst (FAD)
per Notverordnungsdekret vorantreiben und 1935 mit der Gründung des mächtigen Reichsarbeitsdienstes (RAD) zur Vorbereitung auf den nächsten Krieg
staatlich verpflichtend einführen sollten.

Beumelburgs Schrift zum Arbeitsdienst sollte 1933 als 20. Band jener Reihe
erscheinen, zu deren Herausgeber der Autor 1932 avancierte und die in ihren
programmatischen Überlegungen eines autoritären Staates den liminalen Übergangsprozess von der Republik, über den ‚neuen Staat' ins ‚Dritte Reich' vorbereiten und bis 1935 abschließend begleiten sollten: den *Schriften an die Nation*.
Die von Beumelburg und Stalling herausgegebene, zwischen Kultur und Politik
angesiedelte Reihe, in der Beumelburg im Januar 1933 seine Arbeitsdienst-
schrift als erweiterte eigenständige Publikation *Arbeit ist Zukunft* platzierte,
wollte dem Leser eine Lagebeschreibung der neu anzuvisierenden bzw. nach
1933 in *statu nascendi* befindlichen staatlichen Ordnung an die Hand geben.
Wie die im Diederich Verlag erscheinende, auf Altgermanisch-Völkisches spe-
zialisierte *Deutsche Volkheit*[4] stellte sich diese Reihe ebenfalls in die Tradition
der nationalisierenden *Reden an die deutsche Nation* Johann Gottlieb Fichtes
von 1807/08. Beumelburg selbst initiierte die *Schriften* nicht neu, sondern führte die von Stallings Schwiegersohn Martin Venzky bereits 1924 begründete
Reihe ertragreich fort. Gemessen an den Beitragslieferanten zählte sie mit 70

---

[4] Eugen Diederichs (Hg.): Deutsche Volkheit, 77 Bde., Jena 1925-1931.

Bänden[5] im Bereich publizistisch ventilierter rechtskonservativer und national-sozialistischer Staatsumbaupläne zu den wichtigsten programmatischen Schrif-ten, hatte Venzky mit Oswald Spengler (*Die Revolution ist nicht zu Ende*, 1924) oder Arthur Moeller van den Bruck (*Jedes Volk hat seinen eigenen Sozialismus*, 1931) bereits vor 1932 renommierte Theoretiker der ‚Konservativen Revoluti-on' für die Reihe gewinnen können.

Würde eine gesamte Evaluierung der bisher noch kaum näher untersuchten Schriftenreihe den hier gesteckten Untersuchungsrahmen bei weitem sprengen, vollzog Beumelburg hier einen literarischen Themenwechsel weg vom Ersterweltkriegsujet. Der Autor entschied sich mit historischen Romanen zur Reichsidee eine neue Linie seines literarischen Schaffens einzuschlagen, die nicht minder geschichtspolitische Wirkung entfaltete. Denn parallel zum Pro-fessionalisierungsdiskurs um die herrschaftspolitische Privilegierung des Front-soldaten formierte sich zu Beginn der 1930er Jahre ebenfalls eine im Zeichen der Krise sowie des virulent gewordenen ‚Führer'-Diskurses vollziehende Rückbesinnung auf historische Leitfiguren des Konservatismus wie den Frei-herrn von Stein, Bismarck, Friedrich den Großen, aber auch weiter in die deut-sche Geschichte hinausgreifende Herrscherpersönlichkeiten wie Kaiser Fried-rich II. und Heinrich den Löwen. Diese, so die vor allem im Stahlhelm verfolgte Deutung[6], hätten in ihrem politischen Handeln die Vision eines geeinten deut-schen Reiches verfolgt und ihre autoritären Herrschaftspraxen seien patente Mittel, um die gegenwärtige Staatskrise zu überwinden.

Kurt Sontheimer verwies 1962 in seinem illuminierenden Aufsatz[7] auf das anti-demokratische Potential der ab 1930 in zahlreichen literarischen Schriften vor-getragenen Reichsidee, mittels derer Rechtskonservative und Nationalsozialis-ten mittelalterlich-romantische Reichsvorstellungen als anachronistischen Ge-genentwurf zur angeblichen Tristesse der Weimarer Republik glorifizierten.

---

[5] Viktor Otto: „Der geistige Niederschlag der nationalen Wiedergeburt." Der Verleger Heinrich Stalling auf dem Weg ins Dritte Reich, in: Oldenburger Stachel 6 (1999), Nr. 3, 4f., online abrufbar auf http:// stachel.ffis.de/99.03/3STALLIN.html, letzter Zugriff am 8.4.2015.
[6] Exemplarisch: Unbekannt: Samuel von Pufendorf, in: Der Stahlhelm 14 (1932), Nr. 1, 10.1.; Unbekannt: Zieten aus dem Busch, in: Ebd., Nr. 3, 24.1.
[7] Sontheimer: Idee des Reiches.

Mithilfe literarisch geklitterter Geschichtsbilder und Mythenbildungen befeuerten sie das 1930 einsetzende Bewusstsein der deutschen Bevölkerung, Zeugen
einer wirtschaftlichen, politischen und damit auch gesellschaftlichen Krise zu
sein, die allein durch eine Rückkehr zu jenem Regierungsstil der ‚eisernen
Hand' zu überwinden sei, den deutsche Monarchen über Jahrhunderte erfolgreich angewandt hätten. Die Reichsidee bildete dabei neben dem Kriegserlebnis
eine der großen ideologischen Klammern der Zeit, innerhalb derer sich zahlreiche Angehörige des deutschen Nationalismus – katholische, protestantische wie
nationalsozialistische gleichermaßen[8] – zusammenfanden, um dem „Mythos der
nationalen Erneuerung"[9] im Rekurs auf die deutsche Historie „einen historischen Berechtigungstitel zu verschaffen." (ebd.)

Beumelburg gelang es durch seinen Status als Starautor, den auf Militaria spezi-
alisierten Stalling Verlag für literarischere Themen zu öffnen. Bereits 1931
hatte Beumelburg in *Der Kuckuck und die Zwölf Apostel* eine im Rokoko des
18. Jahrhunderts angesiedelte Abwehrschlacht der bei Traben-Trarbach gelegenen Feste Grevenburg gegen den französischen Grafen de Belle-isle literarisiert.
Der Autor hatte hier den Mythos der Reichsidee bedient, d. h. die anachronistische Vorstellung, die Deutschen hätten in der Abwehr der Franzosen bereits für
den Gedanken einer geeinten Nation gekämpft. Dieses Ringen um die Nation,
wie es bereits die Kriegsbücher imaginiert hatten, setzte sich hier also im ‚Hinterland' der deutschen Geschichte fort, und es überrascht nicht, dass sich unter
den zahlreichen Autoren dieser ab 1930 hegemonial werdenden Textsorte[10] mit
Hielscher, Schauwecker, Wehner, Friedrich Georg Jünger u. v. a. m. zahlreiche
Bekannte der Kriegsdichternomenklatura wiederfanden.[11] Eine solche Fortfüh-
rung des literarisch evozierten Nationalismus erschien für soldatische Nationalisten nur konsequent, bildeten diese Erzählungen sozusagen das narrative Pre-
quel zum Fanal des ‚Großen Krieges', an dessen Anfang die Kriegsschriften mit
dem nationalen ‚Erweckungserlebnis' vom August 1914 die Endphase der Nati-

---

[8] Conze: Europa, 35, 48.
[9] Wehler: Vom Beginn, 510.
[10] Vallery: Führer.
[11] Fritz Büchner (Hg.): Was ist das Reich? Eine Aussprache unter Deutschen, Oldenburg 1932.

onswerdung einleiteten. Dabei befeuerten Autoren wie Beumelburg staatspoliti-sches Krisenbewusstsein, wenn sie meinten, die Deutschen hätten das Reich im Verlauf der Geschichte immer wieder verspielt, und es sei nun, in der Rückbe-sinnung auf die ‚gute alte Zeit', notwendig, es endgültig zu verwirklichen. Die Republik hatte hierfür freilich zu weichen.

„Wo sind die Bücher, die die großen Krisen der deutschen Vergangenheit im Sinne des Heutigen deuten?"[12], hatte Beumelburg bereits im Herbst 1932 be-züglich einer staatlichen Erneuerung an Planck die Frage gerichtet. Einen sol-chen Titel steuerte Beumelburg mit der literarisch angehauchten Bismarck-Hagiographie *Bismarck gründet das Reich*[13] von 1932 bei. Beumelburg verfolg-te hier von der Revolution 1848/49 bis zur Gründung des Deutschen Reiches im Januar 1871 Bismarcks Weg durch die Politik. Literarisch wirkte es vor allem durch seine extra- und intradiegetische Erzählweise, die das historische Gesche-hen mit inneren Monologen und atmosphärischen Ausschmückungen weit über die Möglichkeit des historisch Erzählbaren hinausspann. Im Wesentlichen zeichnete Beumelburg hier das romantische Bild Bismarcks eines politischen „Genies" – ein Ausdruck, der im Werk inflationäre Verwendung fand (vgl. 140, 156) –, das seinen politischen Widersachern dank seiner berühmten real- und machtpolitischen Prinzipien stets einen Schritt voraus gewesen sei. Die von Beumelburg, in Anlehnung an die Republik, als Krise beschriebene Zeit Preu-ßens – Revolution 1848/49, Krimkrieg, Heereskonflikt, Einigungskriege usw. – verstand der „Meister" – neben dem Genie, die zweithäufigste analytische Zu-schreibungskategorie des unfehlbar scheinenden Kanzlers – durch gewieftes Taktieren erfolgreich in die 1871 erfolgende Reichsgründung münden zu lassen. Wie alle weiteren, noch in der NS-Zeit zu behandelnden Werke lieferten zahl-reiche ‚Reichsfeinde' – Preußischer Landtag, hier die einer preußischen Heeres-reform entgegenstehenden liberalen und demokratischen Kräfte, partikulare Interessen verfolgende Landesregierungen und der dualistische Widerpart Ös-terreich – die für einen spannenden Handlungsaufbau notwendigen Konflikte. Die interpretatorische Vorgabe des Buches ließ dabei bereits das Vorwort er-

---

[12] Staatsarchiv Oldenburg: Werner Beumelburg an Erwin Planck, 6.10.1932, 8.
[13] Ebenfalls 1932 erschienen als 15., gekürzter Band *Bismarck greift zum Steuer* der *Schriften*-Reihe.

kennen. Das vom ‚Genius' Bismarck geschaffene Reich sei mit der Niederlage im Ersten Weltkrieg sowie durch die sich daran anschließende ‚egoistische' „Parteienherrschaft" (7) verspielt worden. Es folgte der Appell an den Leser, dass es nun – 1932 – an der Zeit sei, im Rekurs auf die Bismarcksche Innen- und Außenpolitik, das Reich erneut aufzubauen: „Der furchtbare Sturz zerriss unsere Zuversicht. Schmerzhaft ringen wir um den Rest dessen, was uns geblieben, grausam aufgeschreckt aus der Ruhe der Sorglosen. Einst kämpfte er für uns um das Werk – heute ist es an uns, darum zu kämpfen. Dies Buch zeigt seinen Kampf, um uns reif zu machen für den unsrigen." (ebd.) Bismarck gab dabei die Idealfigur eines Politikers, der „über Parteibegriffe" hinausgewachsen und sich in der pragmatischen Verfolgung seiner politischen Ziele „parteipolitische Grundsatzlosigkeit" (ebd.) zueigen gemacht habe. Auffassungsgabe, Intuition, Kombinatorik, Erfahrung, Willensstärke und Verstand hätten die Kardinaltugenden seines Regierungsstils gebildet. (36) Zu den Kernbotschaften des Buches gehörte die von Bismarck vertretene Maxime, Deutschland dürfe nicht in einen Zweifrontenkrieg geraten. So habe Preußen 1853 im Krim-Krieg Österreich jene ‚Nibelungentreue' verweigert, die das Reich 1914 in den Zweifrontenkrieg und damit ins Verderben gestürzt hätte. (86) Österreich bildete folglich, wie in *Sperrfeuer,* den Antipoden Preußens, das jedoch in einer als provisorisch geschilderten kleindeutschen Lösung aus dem Reich verdrängt wurde. Die auf dem Weg nach Versailles 1871 durchgefochtenen Einigungskriege stellten das Resultat der vom ‚Tat-Genie' Bismarck durchgehaltenen Prinzipien, und zwar allen voran jenem dar, dass sich die herrschaftspolitische Macht Preußens in Europa auf seine militärische Stärke sowie seine daraus resultierende politische Vorherrschaft über das Reich gründe. Daher galt Preußen in Europa „nur durch seine (militärische, d. A.) Macht, und diese Macht wird desto geringer sein, je parlamentarischer Preußen regiert" (158) werde. Um diesen militaristisch-nationalistischen Großmachtanspruch Preußens durchzusetzen, habe es des Kämpfer-Typus Bismarck bedurf, der im Stande gewesen sei, das Volk, hier: das liberale, auf demokratische Partizipationsrechte pochende Bürgertum in seine Schranken zu weisen. (165) Dementsprechend galten politisch über den Kopf des Preußischen Landtags hinweg getroffene Entscheidungen, wie Bismarcks während des preußischen Verfassungskonflikts von 1862 in die Tat umgesetzte Lückentheorie, rechtens im Sinne des preußischen Machterhalts.

Auf diese Weise enthielt das Werk zahlreiche Passagen, die als gegenwartsbezogene, legitimistische Querverbindungen der antiparlamentarischen Notverordnungspolitik der Präsidialkabinette lesbar waren.

Dem Werk, das sich, ähnlich wie *Sperrfeuer*, nah am historischen Faktenrahmen entlang hangelte, war sowohl eine hohe Auflagenzahl (70 000 verkaufte Exemplare bis 1938) als auch eine für Stalling höchst erfreuliche Resonanz in den Feuilletons beschieden. Die literarisch introspektive Ausgestaltung des autokratischen Herrschaftsstil Bismarcks und der damit in den Raum politischer Verfasstheit ergangene, literarische Ruf nach dem ‚Führer', der in Zeiten der Notverordnungspolitik, parlamentarischen Lähmung und beständigen Wahlurnengänge die ‚nationale Tat' vollbrachte, erfuhr ein ambivalentes rezeptionsästhetisches Echo.

Von links hagelte es erwartungsgemäß Kritik auf diese politische Funktionalisierung des Bismarck-Mythos'. Philosoph und Jurist Hermann Friedmann stieß sich im linksliberalen *Berliner Börsen-Courier* an der unkritischen Antonomasie des ‚Meisters', mit der Beumelburg Bismarck beständig belegte und kritisierte die gegenwartsbezogene Tendenz des Werkes: „(…) Bismarck heißt auf jeder Seite des Buches: ‚der Meister'. Spürte Beumelburg nicht, daß er damit in Gefahr geriet, so etwas wie ein Lehrbuch zu schreiben – einen Leitfaden der politischen Unfehlbarkeit? (…) ‚Seht her, sagt sein Buch, so bewältigt ein Meister das unermessliche Spiel.'" [14]

Mit Werner Hegemann kritisierte ein Experte für geschichtsklitternde Funktionalisierungen von Herrscher-Mythen vorwiegend jene Passagen dieses aus seiner Sicht *'rassenmässige[n]' Bismarck*[15], die als Aufruf, Hindenburg habe Hitler endlich zum Reichskanzler zu ernennen, aufgefasst werden konnten. Beumelburg hatte in seinem Porträt die während seines Abituraufsatzes 1916 bereits erwähnte zyklische Geschichtsphilosophie van den Brucks oder Spenglers bedient, die den Aufstieg und Verfall von Kulturen, Völkern und Nationen als wellenartig, mit naturnotwendiger Gesetzmäßigkeit wiederkehrenden Pro-

---

[14] Hermann Friedemann: Drama der Reichsgründung. Zu einem neuen Bismarckbuch, in: Berliner Börsen-Courier 65 (1932), 24.8.
[15] Werner Hegemann: Der „rassenmässige" Bismarck. Zu dem Buch von W. Beumelburg über Bismarck, in: Das Tagebuch 13 (1932), 1159-1160.

zess auffasste. Der folgende Passus war im Kontext des politischen Schaltjahres 1932 als offene Aufforderung an den Reichspräsidenten lesbar, Hitler zum Reichskanzler zu ernennen, um endlich aus der Politik der Notverordnungen auszubrechen: „Gebieterische Gesetze beherrschen die Politik. Eins ihrer vornehmsten ist dieses: Sie gibt einer Bewegung nur einmal die Chance des Handelns. Wird die Chance verpasst oder wird sie falsch ausgenutzt, so schreitet das Schicksal über diese Bewegung hinweg und wirft den Ball neuen Kräften zu, bis eine Lösung zustandekommt oder daß neue Probleme die alten verdrängen." (47f.) Hegemann kritisierte diesen politisierenden Gegenwartsbezug, in dem „Bismarck, der Gründer des zweiten Reiches war, über sein Werk hinaus auch noch der Gründer eines dritten" sein werde.

In dieselbe Kerbe hob der Pazifist und Bismarck-Kenner Kurt Kersten (*Bismarck und seine Zeit*, 1930), der das Buch im Januar 1933 nur wenige Wochen vor der Machtübergabe an die Nationalsozialisten in der *Weltbühne* vehement für seine Kolportage nationalsozialistischer ‚Führerkompetenz' kritisierte.[16] Kersten warf dem Autor vor, die Vorgänge so darzustellen, „als ob Bismarck ein äußerst gerissener Händler gewesen wäre, der einen ausgeruhten, pfiffigen Kopf und eine gute Kombinationsgabe besaß, der mit andern herumfeilschte, die ein minder ausgeruhtes Köpfchen hatten, und der nun mit List und Schlauheit und genialen Geistesblitzen in Kürassierstiefeln die ganze Geschichte ins Lot brachte. Und weil man nun einmal die Konjunktur wahrnimmt, verwechselt Herr Beumelburg zuweilen Hitler und Bismarck (…)". (Ebd.)

Rechts des politischen Spektrums galt das Buch als Bestätigung des im Juni 1932 inaugurierten Kabinetts Franz von Papen. Die erzkonservative *Kreuzzeitung* verwies im Rahmen des konservativ-nationalsozialistischen Machtkampfes 1932 auf den politischen Vorbildcharakter Bismarcks: „Bei der Betrachtung zu den Kräftekämpfen, die unsere Zeit jetzt durchschüttern, liegt es recht nahe, die schöpferische Gedankenwelt Bismarcks in Beziehung zu ihnen zu stellen. Gerade die Gestalt des eisernen Kanzlers dürfte heute den Epigonen ein Wegweiser und Mahner sein, mehr denn je."[17] Die *Berliner-Börsenzeitung* verwies in einer

---

[16] Kurt Kersten: Die Mainlinie, in: Die Weltbühne 29 (1933), Nr. 4, 274f.
[17] Unbekannt: Bismarck gründet das Reich, in: Kreuz-Zeitung 186 (1932), Nr. 140, 21.5.

ambivalenten Besprechung auf die anachronistisch anmutende Konjunktur, konservative Herrscher als politische Leitfiguren der Gegenwart zu lobpreisen: „Man verkennt Bismarck, wenn man in ihm den Verfechter irgendwelcher Lehren sieht, die sich auf spätere Zeiten vererben ließen. Es ist deshalb falsch, wie es in manchen Kreisen geschieht, auf Rettung durch einen ‚Kanzler Bismarckscher Schule' zu hoffen. (…).“[18] Gleichzeitig lasen sich Teile der Rezension wie eine Ermutigung der Regierungsarbeit Franz von Papens: „Unsere heutige Zeit (Sommer 1932, d. A.) hat allen Grund, sich an Bismarcks Geburtstag mit diesem Werden des Mannes zu beschäftigen, (…) Wilhelm I. hat damals den Mut aufgebracht, sich für denjenigen zu entscheiden, gegen den alles stand, was sich vor jedem Neuen scheute. Bismarck, der sich damals als Verkörperung einer Idee empfand, die er vorausschauend für seine Zeitgenossen deutete, weist insofern auch aus dem scheinbaren Wirrwarr unserer Zeit den Pan: nicht Verschleierung, sondern Klarheit wird die Lösung bedeuten.“ (Ebd.) Im *Deutschen Adelsblatt* zog ein Rezensent explizit die Parallele zwischen dem autoritären Führungsstil Bismarcks als „faschistischem“[19] Prinzip, das sich jedoch vom nationalsozialistischen grundlegend unterscheide: „Hier haben wir Beumelburgs Deutung im Extrakt. Bismarcks Legitimismus wird faschistisch umgedeutet. Allerdings ist Beumelburgs Faschismus himmelweit vom ‚Faschismus vulgaris' der deutschen Nationalsozialisten entfernt. Das Werk Bismarcks, die Gründung des Deutschen Reiches war keineswegs die Schöpfung des autoritären Staates, der heute allerdings das Gebot der Stunde ist.“ (Ebd.) Aufseiten Deutschnationaler, die im größtenteils von parteilosen Ministern besetzten Kabinett von Papen drei DNVP-Mitglieder stellte, unterstützten Rezensenten die Darstellung Beumelburgs vorbehaltlos, da sie eine legitimierende Verbindungslinie zu den ‚Hindenburg-Kabinetten' schlage und die Wiederaufnahme jener Bismarckschen Parlamentspolitik favorisiere, die sich mithilfe taktischer Finessen oder politischer Repressalien ihre Mehrheiten beschafft hatte: „Jetzt, wo in Deutschland eine überparteiliche, nationale Regierung mit Männern den Versuch macht, uns – eventuell sogar entgegen dem Wunsch des Parlaments – aus dem Schlamm der letzten 13 Jahre herauszuziehen, stellt uns Beumelburg wie-

---

[18] G. Krukenber: Bismarck, in: Berliner Börsenzeitung 78 (1932), 1.4.
[19] Unbekannt: Bismarck gründet das Reich, in: Deutsches Adelsblatt 50 (1932), 448.

der in seiner lebendigen plastischen Darstellungsart die Riesengestalt Bismarck
vor unser geistiges Auge."[20]

Angesichts dieser in der Literatur erfolgten politischen Beratschlagungen überrascht es nicht, dass mit *Bismarck gründet das Reich* einmal mehr ein Werk
Beumelburgs seinen Weg ins Reichspräsidentenpalais fand. In zwei historisch
signifikanten Entscheidungsprozessen tauchen zeitgenössische Lektürereminiszenzen zu Beumelburgs Bismarck-Porträt auf. Reichswehrminister Wilhelm
Groener etwa registrierte die politischen Auswirkungen dieser Lektüre auf den
Sohn des Reichspräsidenten, Oskar von Hindenburg, der großen Einfluss auf
seinen Vater ausübte. Sie fielen mit dem 12. April 1932 in jene Zeit, da Groener
am Tage darauf mithilfe einer Notverordnung zur Sicherung der Staatsautorität
sowohl SA als auch SS verbieten ließ, da er einen nationalsozialistischen Putsch
befürchtete. Dementgegen gedachte Oskar von Hindenburg seinen Vater dazu
anzuhalten, mit dieser nur kurz nach der Reichspräsidentschaftswahl am 10.
April verabschiedeten Notverordnung zumindest bis nach den Wahlen zum
Preußischen Landtag am 24. April abzuwarten. Groener notierte sein Zusammentreffen mit dem Präsidentensohn wie folgend: „Ich traf Oberst von Hindenburg in großer Erregung darüber, daß man seinem Vater schon wieder zumute,
eine Notverordnung zu unterzeichnen, nachdem er eben erst zum Reichspräsidenten wieder gewählt sei. Sein Vater würde nur wieder von der Rechten mit
Schmutz beworfen. (…) Mehrfach wiederholte Oberst von Hindenburg, man
soll doch bis nach den Preußenwahlen warten."[21] Hindenburg hatte sich am 10.
April 1932 nicht zuletzt in völliger Umkehr des ihn 1925 unterstützenden nationalkonservativen ‚Reichsblocks' aus DNVP, DVP, BVP u.a. allein dank der
Wähler des Zentrums und sowie jener der ihm verhassten Sozialdemokratie im
Amt gehalten, die ihn gegen Hitler als das kleinere Übel unterstützt hatten. Der
Stahlhelm hatte ihm, wie dargetan, die Gefolgschaft verweigert, was seinen

---

[20] Unbekannt: Bücherschau, in: Der Stahlhelm 14 (1932), Nr. 37, 18.9.
[21] Herbert Michaelis/Ernst Schraepler (Hg.): Ursachen und Folgen. Vom deutschen
Zusammenbruch 1918 und 1945 bis zur staatlichen Neuordnung Deutschlands in der
Gegenwart. Eine Urkunden- und Dokumentensammlung zur Zeitgeschichte, Bd. 8: Die
Weimarer Republik. Das Ende des parlamentarischen Systems. Brüning – Papen –
Schleicher, 1930 bis 1933, Berlin 1963, Dokument 1817, 456, Aufzeichnung des
Reichswehrministers Groener, 12.4.1932.

Ehrenvorsitzenden besonders gekränkt hatte. Ein weiterer Schlag gegen das rechte Lager war daher kaum im Sinne des Reichspräsidenten. Oskar von Hindenburgs Insistieren auf einen zeitlichen Aufschub der Notverordnung deutete Groener dabei nicht zuletzt als Ausdruck der Lektüre von Beumelburgs Bismarck-Porträt: „Sachliche Gründe brachte er nicht vor, er betonte vielmehr, daß ihm die SA völlig gleichgültig sei. Bei seiner Erregung war eine sachliche Auseinandersetzung mit ihm unmöglich. Es bestand aber für mich kein Zweifel, daß seine Auffassung rein auf naiver und sentimentaler Empfindung beruhte. Auf dem Schreibtisch lag der Bismarck-Roman von Beumelburg. In dem er auf das Buch wies, meinte er, der Kanzler (Brüning, d. A.) soll das Buch lesen und daraus sich eine Lehre ziehen, wie in solcher Zeit zu regieren sei. Er hatte dabei die Konfliktzeit der Sechzigerjahre im Auge (den preußischen Heereskonflikt samt Lückentheorie, d. A.)." (Ebd.)

Mit John Wheeler-Bennett wusste zum anderen ein weiterer Zeitzeuge vom Einfluss dieses Buches auf die politische Gedankenwelt des Hindenburgsohnes zu berichten. Wheeler-Bennett, der als englischer Diplomat 1927 bis 1934 in Berlin verkehrte und mit zahlreichen politischen Persönlichkeiten wie Heinrich Brüning, Franz von Papen oder Kurt von Schleicher persönlich bekannt war, legte diese Lektüreeindrücke in seiner publizistisch angehauchten Hindenburg-Biographie *The Wooden Titan* von 1936 nieder. Und zwar nannte er sie als Einfluss einerseits der Bereitschaft Oskar von Hindenburgs, sich schützend vor den im November 1932 nun ebenfalls als Reichskanzler gefährdeten Franz von Papen zu stellen, der nach Brüning zum zweiten Opfer Kurt von Schleichers zu werden drohte: „Als jetzt unter dem Druck der Ratschläge sein Vater (Paul von Hindenburg, d. A.) zögernd bereit schien, Papen fallen zu lassen, verteidigte Oskar energisch seinen neuen Freund (d. h. Papen, d. A.) und bestand darauf, daß Hindenburg seine Unterstützung des Kanzlers fortsetzte, denn bald werde alles in Ordnung kommen. Oskar hatte ein Buch gelesen, eine romantische Biografie des großen Bismarck von Beumelburg, und die äußerst unverdauliche geistige Nahrung, die er zu sich genommen hatte, schien seine niemals verborgene Selbstgefälligkeit erregt zu haben. In seiner verschrobenen Einbildung erschien ihm Papen als ein zweiter eiserner Kanzler, wobei er selbst eine wichtige Rolle spielte, und in diesem Wahn entwarf er zusammen mit Papen einen

Plan, den Bismarck als Beleidigung seiner Intelligenz betrachtet haben würde.“[22]

Bei diesem Plan handelte es sich um die von Papen im Dezember 1932 bei einer
Regierungssitzung unter Abwesenheit des Reichswehrministers Kurt von
Schleicher kundgetane Bereitschaft, den Reichstag, wenn nötig, auch mit militärischer Gewalt aufzulösen und jegliche sich in Opposition zur präsidialen Notverordnungspolitik befindliche Institution auszuschalten. Die Grundlage dieser
letztlich nicht durchgeführten Auflösung der Opposition hatte ein Planspiel der
Reichswehr gebildet, das die Niederschlagung eines dann potentiell ausbrechenden Bürgerkrieges für durchführbar erklärt hatte. (427) Hatte sich Papen
bereits bei Hindenburg der präsidialen Unterstützung für den Staatsstreich versichert, zog Schleichers Reichswehr jedoch nicht mit. Die Aussicht auf eine
militärische Auseinandersetzung zwischen Reichswehr und NSDAP, mit der
man im Konfliktfall unweigerlich hätte rechnen müssen, schienen Schleichers
schlimmste Befürchtungen eines deutschen Bürgerkrieges wahr werden zu lassen. Die Geschichte wollte es anders: Papen trat als Reichskanzler ab, Schleicher übernahm[23], und man darf die Lektüre des *Bismarck* im Rahmen der sich
anbahnenden Machtübergabe an die Nationalsozialisten im Januar 1933 sicherlich nicht zum archimedischen Punkt geschichtsträchtiger Entscheidungen erklären. Dennoch darf, angesichts der zwei Gelegenheiten, da die Quellen den
Einfluss des Werkes explizit geltend machen, durchaus von einem tieferen Eindruck auf das politisierende Gemüt des „in der Verfassung nicht vorgesehenen
Sohnes des Reichspräsidenten“ (Tucholsky) gesprochen werden, der gleich
zweimal in politisches Handeln umgeschlagen war.

Das Jahr 1932 hatte damit – nach vierjähriger Zurückgezogenheit auf Capri –
die aktive Rückkehr Beumelburgs in den politischen Raum bewirkt, dem er als
prekärer Intellektueller 1919/20 aus der Enttäuschung über die Novemberrevolution heraus den Rücken gekehrt hatte. Selbiges galt im Übrigen für seinen
Bruder, der, wie bereits erwähnt, 1925 Mitglied des Deutschen Herrenklubs,
dem Nachfolgeverein des Juniklubs, geworden war. Als ehemaliger Leiter der
Münchner Orgesch sowie als Privatsekretär des Stinnes-Verlages pflegte Wal-

---

[22] John Wheeler-Benett: Der hölzerne Titan, Tübingen 1969 ([1]1936), 426f.
[23] Pyta: Republik, 143f.; Bracher: Machtergreifung, 40f.

ther hier ab 1924 seine zahlreich geknüpften Kontakte zu Großgrundbesitzern, Großindustriellen, Bankiers und hohen Regierungsbeamten. Mit der Reichskanzlerschaft des ebenfalls an dieser Gesellschaft partizipierenden Franz von Papen geriet der Herrenklub zeitweilig nicht nur zur Denk-, sondern, wie anhand Walther und Werner Beumelburgs gesehen werden kann, auch zur Personalfabrik des neuen Kabinetts. Denn auch Walther sah sich von den politischen Avancen der neuen Staatstheoretiker umgarnt, als ihm Reichsinnenminister Wilhelm Freiherr von Gayl, ebenfalls Klubmitglied, im Dezember 1932 das Amt des Leiters der Nachrichtenabteilung der Reichsrundfunk GmbH antrug[24], um ebenfalls an öffentlichkeitswirksamer Stelle für das neue politische Programm Papens zu werben. Walther nahm an und ebnete so weiteren Rundfunkauftritten des jüngeren Bruders den Weg.

Werner Beumelburg wiederum begann erstmals seit seiner Redakteurstätigkeit 1926 erneut publizistisch für die Nachrichtenblätter des Scherl Verlags tätig zu werden, in denen er im Winter 1932/33 die einer autoritären Lösung harrende politische Krise beschwor.[25] Als jugendinteressierter öffentlicher Intellektueller hielt er am 18. Januar 1933 vor der Königsberger Studentenschaft eine Rede zum Thema *Der kämpfende Bismarck und wir*.[26] Dieser in der Presse als ‚Reichsgründungsrede‘ angekündigte Vortrag bildete den Extrakt der Kernpunkte seiner Bismarck-Hagiographie. Den 2000 Jungakademikern, unten denen sich laut Beumelburg auch der ihm seit 1932 bekannte Befehlshaber im Wehrkreis Ostpreußen, General von Blomberg, und sein Stabschef General Freiherr von Fritsch[27] befanden – Hitler sollte ihnen 1938 das OKW entreißen – deutete er die Bismarck-Zeit als gegenwartsrelevante Kampfzeit, in der sie, die

---

[24] BArch N 1031, fol. 15f., Walther Beumelburg an Freiherrn von Gayl, 29.12.1932.

[25] Werner Beumelburg: Vom deutschen Menschen der Gegenwart, in: Deutsche Allgemeine Zeitung 73 (1933), 1.7.

[26] Werner Beumelburg: Der kämpfende Bismarck und wir, in: Ders. (Hg.): Das jugendliche Reich, 23-44.

[27] Beumelburg: Fragment, 121; Hinweise zu diesbezüglichen Kontakten gibt auch der mit Walther Beumelburg im Rundfunk tätige Schriftsteller Jochen Klepper, dessen Tagebucheinträge vom Mai 1932 auf nicht näher genannte Besprechungen zwischen Jürgen Eggebrecht, Werner und Walter Beumelburg, Hans Friedrich Blunck und Blomberg verweisen, in: Hildegard Klepper (Hg.): Jochen Klepper. Unter dem Schatten deiner Flügel. Aus den Tagebüchern der Jahre 1932 bis 1942, Stuttgart 1983, 450.

Studierenden, nun für eine autoritäre Lösung des von ihm beschworenen Staats-
notstandes zu kämpfen hatten (23). Waren am 4. Januar 1933 im Haus des Bankiers Schröder geführte Verhandlungen von Papens und Hitlers über eine nationalsozialistisch geführte Reichsregierung publik geworden, waren Worte, wie
die von Beumelburg 12 Tage vor der Machtübergabe Gesprochenen, als Empfehlung zu verstehen, Hitler zum Reichskanzler zu ernennen: „Das Schicksal
waltet auch hinter den Ereignissen, die wir Mithandelnden nur als Verwirrung,
Kampf und Sinnlosigkeit empfinden, und die großen Männer, die in die Geschichte eingehen, sind zur Zeit ihrer Tat meistens die aller umstrittensten." (26)

Dass Beumelburg im Schicksalswinter 1932/33 auf die Seite der NSDAP, die er
1926 noch als „aus trüben Quellen genährte Volksbewegung"[28] tituliert und in
seiner Publizistik bis 1931 als *quantité négligeable* behandelt hatte[29],
umgeschwänkt wäre, ist zwar unwahrscheinlich. Papens Zähmungskonzept
dürfte für ihn die vielversprechendere Alternative für einen konservativ geprägten autoritären Staat dargestellt haben. Doch befeuerten Beumelburgs Buch und
öffentliches Wirken doch jenen politischen Handlungsnotstand, der
dezisionistisch zu einer autoritären Lösung drängte. Virtuos bediente er das
Stigma der krisenhaften Republik, die ordnungspolitisch keineswegs gefestigt,
sondern in einer erlebten „Zeitenwende"[30] äußerst formbar sei. Dabei ebnete
ihm vor allem die in weiteren Werken verfolgte Reichsidee den Weg ins ‚Dritte
Reich'.

---

[28] Literaturarchiv Marbach, A: Beumelburg, Werner Beumelburg an Cotta'sche Buchhandlung, 14.4.1926.
[29] Vgl. Beumelburgs Bewertung des Hitler-Putsches 1923, in: Deutschland in Ketten,
238.
[30] Volker Depkat: Lebenswenden und Zeitenwenden. Deutsche Politiker und die Erfahrungen des 20. Jahrhunderts, München u. a. 2007; vgl. auch Beumelburg: Das jugendliche Reich.

XIV. *Sieg des Glaubens*: Bücher zur Reichsidee, Publizistik und öffentliche Auftritte im ‚Dritten Reich' 1933-1938

Am 30. Januar 1933 schien mit der ‚Machtergreifung' des ‚unbekannten Frontsoldaten' Adolf Hitler eines der zentralen Postulate soldatischer Nationalisten eingelöst. Beumelburg begleitete und befeuerte publizistisch die 1933/34 herrschende nationale Aufbruchstimmung all jener Deutschen, die nicht ins Exil flohen oder in Lagern interniert, öffentlich diffamiert und terrorisiert wurden. Den gestaltungspolitischen Avancen dieses in seiner extremsten Variante an die Macht gekommenen Nationalismus vermochten sich nationalkonservative Intellektuelle wie Beumelburg kaum zu entziehen. Wo allein Ernst Jünger seine „nationalpublizistische[n] Verfehlungen" (Helmuth Kiesel) 1933 einzustellen und sich einer nationalsozialistischen Vereinnahmung zu entziehen begann[1], verstärkte Beumelburg ab 1932 seine ideologische Schützenhilfe für das neue Regime. Bis zum absehbaren militärischen Ende 1944/45 rückte der Schriftsteller nun in eine staatsaffirmative, noch enger mit dem Macht-Feld verschränkte Position, wollte er nicht mehr fundamentaloppositioneller, sondern aktiv partizipierender Intellektueller sein, geistiger Legitimationsspender des *in statu nascendi* befindlichen NS-Staats. (Abb. 12)

So verabschiedete sich Beumelburg endgültig von seiner auf Capri gelebten Dandy-Existenz, bezog erneut ständigen Wohnsitz in Berlin und machte sich als neugewähltes Mitglied der einstmals so renommierten, im Mai 1933 gleichgeschalteten Dichtersektion der Preußischen Akademie der Künste an die Abfassung politische Stimmung machender Artikel, wie er es seit seiner Zeit bei den *Düsseldorfer Nachrichten* nicht mehr getan hatte.

So huldigte Beumelburg in der programmatischen Broschüre des linientreuen Velhagen und Klasing Verlags *Deutschland erwacht* dem Tag von Potsdam vom 21. März 1933. Hier inszenierte Goebbels in der Potsdamer Garnisonkirche in den Personen Hindenburgs und Hitlers die symbolische Umarmung von ‚altem', preußisch-protestantischem und ‚neuem', nationalsozialistisch geprägten Deutschland. Beumelburg lobpreiste die Zusammenkunft des „ehrwürdigen

---

[1] Kiesel: Jünger, 303.

Feldmarschalls von Hindenburg, und de[s] vorwärts stürmenden Führer[s] der nationalen Erneuerung" (4) Adolf Hitler. Endlich sei das Vermächtnis all jener eingelöst, die „vier Jahre lang mit ihren Leibern das Vaterland" (5) geschützt hätten. Die Machtübergabe sei eine Revolution „unmittelbar aus dem Volke selbst" (ebd.), der Krieg aller gegen alle endlich beendet. (4) Mit der Reichstagsbrandverordnung im Februar und dem Ermächtigungsgesetz im März galten ihm die legislativen Grundpfeiler der NS-Willkür- und Terrorherrschaft als notwendige Mittel im Kampf gegen marxistische ‚Reichsfeinde'. (9-11) In gleichgeschalteten Presseorganen wie der *Berliner Börsenzeitung* feierte Beumelburg die ‚Machtergreifung' im April 1933 als Epochenwechsel, den er an Enthusiasmus und Euphorie mit dem angeblichen Rauscherlebnis vom August 1914 verglich und als logische Konsequenz zehnjähriger ‚Erfüllungspolitik' verstanden wissen wollte.[2] Die nun erfolgende Zerschlagung der liberaldemokratischen ‚Interessenpolitik' sei das „schönste[s] Ostergeschenk" (ebd.), die nationalsozialistische Revolution habe sich „in vollkommener Ordnung und Disziplin" (ebd.) vollzogen. Fortan werde sich „eine Synthese zwischen den besten traditionellen Werten Deutschlands aus der Vergangenheit und dem jugendlich stürmenden Nationalismus" (ebd.) vollziehen. Wer sich dem neuen Staatsaufbau entziehe, der stelle sich „außerhalb der Gemeinschaft." (Ebd.)

In diesen publizistischen Beschwörungen der NS-Revolution setzte sich die von Beumelburg betriebene Ventilierung eines ‚neuen soldatischen Menschen' sowie die gängige Hierarchisierung von Front- und Nachfolgegeneration ungebrochen fort, und der Schriftsteller war nun erstmals bereit, Artikel zum *Völkischen Beobachter* beizusteuern. Hier stellte er die schon fast rhetorisch anmutende Frage, ob das Kriegserlebnis noch heute gelte, die er durch die Unterordnung einer soldatisch zu erziehenden Jugend unter den Herrschaftsanspruch der nun in Form des NS zur Macht gelangten Veteranengeneration positiv beantwortet sah. Einen neuen Menschentyp gelte es „auf allen Gebieten der Kultur zu formen (...) Dichtung, Literatur, Drama und Film haben die Aufgabe, den heroi-

---

[2] Werner Beumelburg: Deutsch Ostern 1933, in: Berliner Börsenzeitung 79 (1933), Nr. 179, 16.4.

schen und gleichzeitig menschlichen Typ des neuen deutschen Menschen rein, klar und sauber zu erhalten und zu gestalten."[3]

Die in Einheitslisten nur noch mit Nationalsozialisten besetzten Reichstagswahlen vom November 1933, die mit einer nachträglichen Volksabstimmung über den im Oktober vollzogenen Völkerbundsaustritt verknüpft waren, bezeichnete er in der *DAZ* als *Sieg des Glaubens* und verglich auch sie mit dem ‚Augusterlebnis' von 1914: „Ich sehe, soweit ich blicke, nur einen Tag, den ich mit dem 12. November 1933 vergleichen mag. Es ist jener Augusttag im Jahre 1914, welcher ein ganzes Volk in niemals erlebter Geschlossenheit und in einer Zeit, die solchen Bekundungen des Glaubens und der Hingabe durchaus feindlich erschien, zum Einsatz brachte für die Verteidigung seines Bestandes, seines Bodens, seiner Arbeit, seiner Ehre."[4] Den 1935 abgeschlossenen Gleichschaltungsprozess der Länder legitimierte er als die Umsetzung der „preußische[n] Idee im Reichsaufbau."[5] Das fünfjährige Jubiläum der ‚Machtergreifung' feierte Beumelburg 1938 als jenen Zeitpunkt, da „die geschichtliche Sendung unseres Volkes im Dritten Reich den endgültigen Ausdruck fand."[6]

Es folgten weitere Auftritte im Rundfunk. Die dafür notwendige Sendezeit stellte ihm Bruder Walther zur Verfügung, ein klassischer ‚Märzgefallener', der nach den Reichstagswahlen vom 5. März 1933 aus Karrieregründen in SS und NSDAP eingetreten war.[7] Im Juli 1933 ernannte ihn Goebbels zum Präsidenten der neugegründeten Reichsrundfunkkammer und ab 1934 zum Intendanten des Reichssenders Berlin, der 1936 auch die Rundfunkleitung der Olympischen Spiele übernahm.[8] Im Verbund mit Johannes Richter zeichnete Werner Beumelburg „Pate des Rundfunks"[9] in einer Unterabteilung der 1933 von

[3] Ders.: Gilt das Kriegserlebnis noch heute?, in: Völkischer Beobachter/Berliner Ausgabe 8 (1933), Nr. 253, 9.9.

[4] Ders.: Sieg des Glaubens, in: Deutsche Allgemeine Zeitung 72 (1933), Nr. 502.

[5] Ders.: Die preußische Idee im Reichsaufbau, Berliner Lokalanzeiger 53 (1935), 1.1.

[6] Ders.: Jubiläum, in: Berliner Lokalanzeiger 56 (1938), 28.1.

[7] Simons: Walther Beumelburg.

[8] Zahlreiche Dokumente zu Walther Beumelburg befinden sich im BArch, R 8034-III/34 Reichslandbund-Pressearchiv sowie BArch R 55/1027, Personalabteilung des Rundfunks.

[9] BArch R 56-V/35, fol. 126

Goebbels neu geschaffenen Reichskulturkammer – hier in der Reichsfachschaft
für Erzähler – für die Koordinierung der Funkstunde verantwortlich. In dieser
wöchentlich ausgestrahlten Programmsendung wurde die jeweilige Monatsar-
beit auf dem Gebiet der Dichtung einem ausgewählten Schriftsteller anvertraut,
der der Chefredaktion bei der Auswahl nationalistischer Beiträge beratend zur
Seite stand. In einer weiteren Rundfunkansprache legitimierte der jüngere Bruder hier die nach dem Tod Hindenburgs im August 1934 erfolgte Usurpation
der Präsidialgewalt durch Hitler, die er bereits in der *Berliner Nachtausgabe*
mittels eines ominösen Übergangs des „preußische[n] Geistes"[10] des verstorbenen Reichspräsidenten auf den Reichskanzler für rechtens erklärt hatte. Hitler
war daran gelegen, diese verfassungswidrige Ämterverschmelzung in einer
Volksabstimmung am 19. August ebenfalls nachträglich abzusegnen, und
Beumelburg hielt die Wähler, wie bereits erwähnt, im Rundfunk, mit dem traditionellen Querverweis auf die politische Zugkraft der Weltkriegsgeister, dazu
an, mit Ja zu stimmen: „Der Gang, den jeder von euch am 19. August tun wird,
sei ein stiller Gang und eine feierliche Handlung. Es sei, als ob ein jeder von
euch dem Führer ins Antlitz schaue und ihm die Hand reiche in jener männlichen und offenen Art, die unverbrüchlich und unwiderruflich ist und die einen
Bund bedeutet, der für Glück und Unglück das gemeinsame Schicksal bestimmt. (…) Im Herzen werdet ihr die Erkenntnis tragen, daß ein jeder von euch
sich durch sein Wort über die Person des Führers hin mit dem Schicksal der
Nation auf immer verbindet. Über euch aber sollt ihr groß und feierlich und
ernst das Antlitz dessen schauen, der von uns gegangen (d. h. Hindenburgs, d.
A.). Unser aller Vater, der aus unseren Augen in die Ewigkeit gerückt wurde
und der uns mehr ist als der Gegenstand unserer Liebe und Dankbarkeit, der
unser Bekenntnis ist, unser Gewissen, unseres Lebens und Wirkens tiefster An-
ker im Vaterland. Solche Gedanken, deutsche Volksgenossen, mögen euch im
Herzen bewegen, wenn ihr dem Führer die Hand reicht."[11]

Einen weiteren Rundfunkauftritt absolvierte Beumelburg 1936 anlässlich des
Todes Hans von Seeckts am 27. Dezember. Auch dieser politisierende Nekrolog
unternahm einen Synthetisierungsversuch von Preußentum und Nationalsozia-

---

[10] Werner Beumelburg: Verpflichtung, in: Berliner Nachtausgabe 9 (1934), 13.8.
[11] Beumelburg: Rundfunkansprache.

lismus, den sich Hitler und Goebbels, ähnlich des Tages von Potsdam, in Form eines zu Ehren des ehemaligen Reichswehrministers pompös inszenierten Staatsbegräbnisses auf dem Berliner Invalidenfriedhof zu Nutze machten. Über die Person des ihm über ein Jahrzehnt lang bekannten Generals schlug der Schriftsteller die Brücke vom ‚Zweiten' ins ‚Dritte Reich': „Zu dieser Stunde ruht in dem stillen Haus am Berliner Tiergarten der Generaloberst von Seeckt. In der königlichen Haltung, die ihm eigen, ruht er aus und um die edle Stirn leuchtet die Klarheit des erhöhten Menschen, leuchtet der einsgewordene Geist und Wille des Befehlenden, der im Chaos des Übergangs zwischen dem zweiten und dem dritten Reich die ewigen soldatischen Werte und die Werte des Krieges rettete und gegen den furchtbaren Druck von innen und außen die Kernzelle des neuen Heeres als Vorläufer der neuen Zukunft schuf."[12]

Auch der zu militarisierenden Jugend blieb Beumelburg treu, wenn er sich in weiteren studentenbündischen Schriften[13] sowie anlässlich soldatischer Gedenkfeiern für die Stärkung ihres ‚Wehrwillens' einsetzte. Anlässlich des Heldengedenktages von 1937 sprach er beispielsweise vor Angehörigen der Hitler-Jugend, die er im Aufbau des ‚Dritten Reiches' zu „ständig erneuter Bereitschaft zum Opfer"[14] anhielt.

Die *Schriften an die Nation* erlebten nach der ‚Machtergreifung' eine wahre Blüte, setzte es sich Beumelburg ab Juli 1933 zum Ziel „die Männer der politischen Arbeit (Papen, Göbbels (sic!)), Rust evtl. auch den Kanzler mit denen des geistigen Schöpfertums zusammen[zu]bringen (Dörffler, Grimm, Binding)."[15] Hier machte er nach 1933 Platz für die Veröffentlichungen nationalsozialistischer und nationalrevolutionärer Dichter und Politiker. Dazu zählten etwa seine ab 1933 an der Dichtersektion der Preußischen Akademie der Künste partizipierenden Kollegen Hans Friedrich Blunck (*Deutsche Schicksalsgedichte*, 1933), Hanns Johst (*Standpunkt und Fortschritt*, 1933) und Peter Dörfler (*Von Sitte*

---

[12] Friedrich von Rabenau: Seeckt. Aus seinem Leben 1918-1936, Leipzig 1940, 733.
[13] Werner Beumelburg/Karl Rau (Hg.): Politische Jugend. Eine Aussprache unter Studenten, Oldenburg 1934.
[14] Werner Beumelburg: Die Toten bleiben jung. Zum Heldengedenktag 1937, in: Berliner Lokalanzeiger 55 (1937), Nr. 45, 21.2.
[15] Literaturarchiv Marbach, A: Hans Grimm, Werner Beumelburg an Hans Grimm, 1.7.1933.

und Sprache, 1933). Gemäß des Grundsatzes, Kultur- und Macht-Feld miteinander zu verschränken, traten mit Publikationen ferner ebenso in Erscheinung:
der ab 1933 als Reichsbankpräsident fungierende bzw. ab 1934 als Reichswirt-
schaftsminister amtierende Hjalmar Schacht (*Grundsätze deutscher Wirt-
schaftspolitik*, 1933), Reichsinnenminister Wilhelm Frick (*Wir bauen das Dritte
Reich*, 1934), Reichspropagandaminister Joseph Goebbels (*Reden aus Kampf
und Sieg*, 1933) und der im Kabinett Hitler als Vizekanzler agierende Franz von
Papen (*Appell an das deutsche Gewissen, Reden zur nationalen Revolution*,
1933). Auch nationalsozialistische Publizisten durften sich hier nach 1933 zu
Wort melden, so etwa der radikale Antisemit und Herausgeber der nationalsozialistischen *Neuen Literatur* Will Vesper (*Die Weltenuhr*, 1933), SA-
Standartenführer und Kriegsdichter Richard Euringer (*Der deutsche Görres*,
1933), der NS-Kulturfunktionär und Kriegsdichter Gerhard Schumann (*Siegen-
des Leben. Dichtungen für eine Gemeinschaft*, 1935), der als SS-
Obersturmbannführer im Rasse- und Siedlungshauptamt tätige Kurt Eggers
(*Vom mutigen Leben und tapferen Sterben*, 1935) sowie der im nationalsozialistischen Eutinger Dichterkreis engagierte Georg von der Vring (*Einfache Menschen: Erzählungen*, 1933). Der Verkaufspreis der Bände von nur einer
Reichsmark sorgte für weite Verbreitung, und Stalling sah sich nach Machtan-
tritt der Nationalsozialisten derart mit Manuskripten überhäuft, dass der Verlagsmann etwa gegenüber Schwertfeger schon bald Sorge trug „allen Verpflich-
tungen in diesem Jahre nachkommen zu können. Sie glauben gar nicht, wie
hoch die Zahl der Autoren ist, die gern in den ‚Schriften' ein Bändchen veröffentlichen möchten."[16] Der weiteren Annahme von Manuskripten für die Reihe
schob er bereits für das Jahr 1934 einen verlagstechnischen Riegel vor.

Beumelburgs in dieser Reihe fortgesetzte Bücher zur Reichsidee lassen seine
ideologische Anpassung an den rassistisch, imperialistisch und militaristisch
ausgerichteten NS besonders deutlich hervortreten. Hier setzte er die bereits im
Bismarck gestiftete kollektive Identitätsbildung einer deutschen Nation fort, die
von einer Geschichte der Kämpfe geprägt worden sei und auch in Zukunft geprägt werden würde. Die Mythologisierung der Vergangenheit spielte nach
1933 eine noch gewichtigere Rolle, um den Deutschen in der Vorbereitung auf

---

[16] BArch N 1015/568, Heinrich Stalling an Bernhard Schwertfeger, 17.5.1933.

einen erneuten Krieg das über den Ersten Weltkrieg hinausgehende Gefühl zu vermitteln, Teil einer ewig währenden ‚Kampf- und Schicksalsgemeinschaft' zu sein. Politischer Gestaltungsoptimismus und nationaler Handlungsnotstand erfuhren hier also ihre Fortsetzung, wobei dem NS in dieser Deutung eine geschichtsteleologische Vollendungsfunktion zufiel, die vergeblichen, um willen der nationalen Einheit ausgefochtene Kämpfe der Vergangenheit in die erfolgreiche Gründung eines Großdeutschen Reiches münden zu lassen. Die nach 1933 hegemonial werdende Textsorte des historischen Romans zur Reichsidee gab der Leserschaft eine politische Ordnungsvorstellung an die Hand, die – vermutlich mehr noch als die in der Kriegsliteratur anzutreffende ‚Volksgemeinschaft' – fähig war, soziale Bindekräfte an die Ideologie des Nationalsozialismus freizusetzen. Nicht nur bildete die bis in die Antike zurückverfolgbare Reichsidee eine bereits über Jahrhunderte milieuübergreifend fest eingelassene Ordnungsvorstellung, lange Zeit bevor sich die ‚Volksgemeinschaft' zur politischen Leitidee ihrer Zeit aufschwang. Monarchistische Reaktionäre, konservative Revolutionäre, Protestanten, Katholiken und Nationalsozialisten konnten sich in freilich unterschiedlicher Akzentuierung gleichermaßen auf die Vision eines *sacrum imperium* berufen, wie von der Vorstellung eines Endreiches geleitete Nihilisten.[17] Gerade über sie ließen sich national und imperialistisch orientierte konservative Funktionseliten im Anschluss an das erste ‚heiligrömische' sowie das zweite ‚wilhelminische' an das nationalsozialistische Projekt eines ‚Dritten Reiches' anbinden. Autoren der Reichsidee erweiterten damit den über die Zeit des Ersten Weltkrieges hinausgehenden Handlungsspielraum auf die Gesamtheit der deutschen Geschichte, deren Verlauf sie auf das ‚Programm von 1933' zuspitzte. Im Kontext dieser mentalen Vorbereitung der Deutschen auf einen weiteren Krieg verwundert es nicht, dass die Gattung des historischen Romans daher in der NS-Zeit eine neue Blüte erlebte und die unter soldatischen Nationalisten bewährten protofaschistischen Motive und Topoi der Weltkriegsliteratur – Opfertod, Heldentum, Pflichtgefühl und Krieg als Schicksal – im anachronistisch geklitterten Gewand der Pseudohistorie ihre nationalsozialistische Fortsetzung erfuhren.[18]

[17] Conze: Europa, 48.
[18] Vallery: Führer.

Gerade Beumelburgs Romane zur Reichsidee hat die Forschung dabei – womöglich mehr noch als seine Kriegsschriften – als *pars pro toto* des nationalsozialistischen historischen Romans gedeutet.[19] Neben kleineren Texten[20] und
zahlreichen Zeitungsartikeln verfasste Beumelburg 1936 bis 1938 vier große,
die oben angeschnittene Stoßrichtung verfolgende Romane. 1936 erschien *Kaiser und Herzog. Kampf zweier Geschlechter um Deutschland* (65 000 verkaufte
Exemplare bis 1941) als Teil der *Schriften an die Nation*. Es kontrastierte die
negative, weil nationsfeindliche Italienpolitik des Stauferkaisers Friedrich Barbarossa (um 1122-1190) mit jenen zukunftsträchtigeren ‚Lebensraumvorstel-
lungen' seines rivalisierenden Vetters, dem Welfenherzog Heinrich dem Löwen
(um 1129-1195). In antipodischer Dialektik gab Barbarossa hier den dionysi-
schen Staufer, der als Vertreter eines rauschhaften und von herrschaftspolitischen Luftschlössern geprägten Politikverständnisses „Träume für Wirklichkei-
ten" (37) nahm. Seine in der Tradition der deutschen Kaiser betriebene Politik,
Italien als Krönungsort und damit die Ausübung territorialer Macht gen Süden
zu priorisieren, kritisierte das Narrativ als Abkehr vom im nationalsozialistischen ‚Lebensraum'-Programm favorisierten Osten. (34f.) Aufgrund dieser
falschen Gewichtung zeigte sich der Staufer in der Darstellung unfähig, der
deutschen ‚Nation' eine stabile territoriale Grundlage zu geben.

Ihm gegenüber stand der appolinische Realpolitiker Heinrich der Löwe, ratio-
nalistischer Vertreter der „kalte[n] Rechenkunst der Welfen" (9). Sein als potentieller Nukleus eines deutschen Reiches geltendes Herzogtum griff mit den
Slawenkreuzzügen und der Ostkolonisation geopolitisch in die ‚richtige' Richtung aus. Er scheiterte letztendlich jedoch an Friedrichs Italienpolitik und den
bereits im *Bismarck* genannten ‚Reichsfeinden', die in diesem Werk allen voran
die partikularistischen Reichsfürsten gaben. (324) In anachronistischer Ignoranz

---

[19] Ebd.; Frank Westenfelder: Genese, Problematik und Wirkung nationalsozialistischer
Literatur am Beispiel des historischen Romans zwischen 1890 und 1945, Frankfurt a.M.
1989, 248, 260-262; Karl-Heinz Joachim Schoeps: Literatur im Dritten Reich (sic!),
Bern 1992, 65-70; Busch: NS-Autoren, 98-104; Erwin Bresslein: Völkisch-faschistoides
und nationalsozialistisches Drama. Kontinuitäten und Differenzen, Frankfurt a.M. 1980,
452-457; Hugo Aust: Der historische Roman, Stuttgart 1994,112-116, 127.
[20] Werner Beumelburg: Friedrich II. von Hohenstaufen (= Schriften an die Nation Bd.
61/62), Oldenburg 1934; ders.: Geschichten vom Reich, Leipzig 1941.

dynastischer Herrschaftspolitik sah der Autor eine potentielle Nationswerdung verhindert.

In der Darstellung bediente sich Beumelburg erstmals nationalsozialistischer Rassestereotype. Slawen, die angeblich ureigenst deutschen Boden im Osten in Beschlag hielten, fanden sich wie folgend beschrieben: „Man sagt, sie seien gelb im Gesicht, mit breiten Backenknochen, niedrigen Stirnen, schmalen Augen und schwarzen Haaren. Sie sollen sehr stark sein, sehr schnell und ebenso klug wie verschlagen." (35f.) Die pejorativ angedeutete Intelligenz erwies sich indes als Trugschluss, lebten die so Beschriebenen äußerst archaisch, nicht einmal im Stande, primitivste Hütten zu bauen. (276) Nicht nur das sozialdarwinistische Faustrecht ließ ihre Unterjochung durch Heinrich als legitime Konsequenz erscheinen (92f., 233f.); auch die so eroberten Gebiete im Osten galten als territoriale Repatriierung, seien diese Gebiete schon immer deutsch gewesen und würden es unabhängig jedweder Neubesiedelung auch immer bleiben. (35, 237) Kaiserin Richenza, die Großmutter Heinrichs, belehrte diesen, die Deutschen hätten sich vom Osten ab- und dem Westen zugewandt; ihrem Abzug folgten „wie Raubvögel auf dem Wege der Eroberer, die Slawen." (34) Richenza, so sie nur die Macht zur ‚Germanisierung' gehabt hätte, „hätte die Slawen zu Christen gemacht und ihnen deutsche Bischöfe gegeben. Ich hätte jeden zweiten oder dritten von ihnen von Acker und Hof getan und an seiner Stelle einen Deutschen gesetzt. Ich hätte die Deutschen herrschen lassen, die Slawen hätten ihnen zinsen müssen. (…)" (35) Damit gab *König und Herzog* im Rahmen der von Hitler eingeschlagenen aggressiven Außenpolitik – 1936 marschierten Wehrmachttruppen in das entmilitarisierte Rheinland ein – die geopolitische Stoßrichtung für einen zukünftigen Krieg vor.

Noch im selben Jahr nahm Beumelburg in *Mont Royal. Ein Buch vom himmlischen und vom irdischen Reich* (30 000 verkaufte Exemplare bis 1940) erneut den Kampf um die anachronistische Nation literarisch auf. Aus der Perspektive des Bauern und Söldners Jörg schilderte er den Abwehrkampf der Deutschen gegen die französische Vorherrschaft am Rhein. Den literarischen Schauplatz bildete jener Mont Royal, auf dem, wie bereits dargetan, Ludwig XIV. 1687 bis 1698 vor Traben-Trarbach, der Heimatstadt Beumelburgs, eine 8450 Soldaten beherbergende Zwingburg hatte errichten lassen, die Deutschland in „tiefste

Erniedrigung" (6) stürzte. Der französische König, so das Buch, habe die Gunst der Stunde zum Machtausbau genutzt, da das Heilige Römische Reich 1683 durch die Abwehr der Zweiten Wiener Türkenbelagerung abgelenkt war. Einzig Bauer Jörg, der sich als Söldner eines brandenburgischen Heeres vor Wien gegen die Türken bewährte und die notwendigen soldatischen Tugenden erwarb, nahm den Schlageter-gleichen ‚Freiheitskampf' gegen die Besatzer auf. Die Reichsidee kolportierte der Autor, wie schon im Titel ersichtlich, als metaphysischen Vorstellungswert und in den Deutschen angelegte Prädisposition, in denen der Protagonist das Reich lediglich erfühlen und als ‚Schicksal' annehmen konnte, musste es doch, wenn es ein himmlisches Reich gab, so auch ein irdisches geben: „Das Reich (…) ist überall da, wo einer dafür streitet und leidet. (…) Das Reich, mein lieber, das musst du wissen, ist in jedem Baum, in jedem Acker, in jedem Haus und in jeglicher Brust, die dafür schlägt." (37) Der Krieg gegen die Franzosen galt einmal mehr als nationalisierender Motor: „Es trägt ein jeder eine Sehnsucht in sich, und alle diese Sehnsüchte muss man zusammenfassen zu einem großen Willen. Das mag sein, daß dadurch viel Grausamkeit und Blut über die Welt kommt, aber das Ende wird die Gerechtigkeit sein, um die es geht.… Man soll sein Schicksal lieben mehr denn sich selbst und soll dem Gebot gehorchen, das einen treibt.… Die Gerechtigkeit aber, die wir erstreben, ist das Reich. Unser Reich komme, ja, unser Reich komme!" (72f.) Jörg entwickelte sich im Verlauf der Erzählung zum ‚Führer' einer freikorpsartigen Widerstandszelle, die auch vor Fememorden nicht zurückschreckte. Der um ihn versammelte Widerstand rekrutierte vornehmlich Freiwillige, bildeten diese die „Auslese des Volkes (…) deren jeder einzelne von dem Glauben beseelt ist, für den Staat und für das Reich zu kämpfen." (189) Das Volk entwickelte sich in diesem Narrativ zu einer wehrhaften Kampfgemeinschaft mit dem soldatischen Jörg als politisch privilegiertem ‚Führer'. Ähnlich wie in *Sperrfeuer* war das so angedeutete Reich eingekreistes Opfer feindlicher Mächte, gegen die es sich zu Wehr zu setzen galt. (190) Jörg brachte mit seinem im Kampf gegen die Franzosen erfolgenden, langen, qualvollen Tod schließlich das letzte noch notwendige Opfer, der ihn zum christusgleichen Märtyrer Deutschlands überhöhte.

1937 folgte mit *Reich und Rom. Aus dem Zeitalter der Reformation* (35 000 verkaufte Exemplare bis 1940) ein weiteres Kampfnarrativ, das den Zeitraum des deutschen Reichstages in Lindau von 1496 bis zu jenem von Speyer 1526 überwiegend aus der Perspektive des Reichsritters Ulrich von Hutten (1488-1523) ideologisierte. Hier sei die Verwirklichung eines deutschen Reiches zunächst an Luther gescheitert. Dem „schmal, blass, unruhig, seiner selbst unsicher[en]" (96) Geistlichen habe der Wille zur ‚revolutionären Tat' gefehlt. Die Fraktion der ‚Reichsfeinde' stellten in dieser Darstellung vornehmlich die Parteigänger des Papstes, hier: die allein auf ökonomische Interessen gerichteten Fugger, der französische König Franz I. und einmal mehr die in territorialen Einzelinteressen befangenen deutschen Fürsten. Die Bauernaufstände 1524 bis 1526, denen die Darstellung zunächst revolutionäres Potential attestierte, scheiterten allerdings am Mangel soldatisch entwickelter Tugenden. Ihre Leitfigur – der vom „tausendjährigen Reich" (331) träumende Thomas Müntzer (1489-1525) – zeigte sich gleichsam unfähig, den Bauern Organisation, Straffheit und Disziplin zu vermitteln, was ihn als militärisch unbegabten ‚Führer' für eine erstrebte Nationswerdung unbrauchbar machte. Überhaupt mangelte es der Zeit, so die Darstellung, an ‚Führer'-Personal; es fehlte ein „Mann, der sich ihrer (der Revolution, d. A.) bemächtigte und sie in eine Form zwang." (95) Auch der überalterte deutsche Kaiser Maximilian (1459-1519) sah sich außer Stande, reichseinigende Kraft zu spenden. (90) Mit seinem Tod ging die Nachfolge auf Karl V. (1519-1556) über, dem die Reichsvision allerdings völlig fremd gewesen sei. (158) Den scheinbar einzig brauchbaren ‚Freiheitskämpfer' im anachronistischen Ringen um die Nation gab Ulrich von Hutten (1488-1523). Er galt als „Vertreter des jungen Deutschland" (106), der die Lage des Reiches „von einer sehr realen politischen Seite her auffasse", die „gesunde Jugend" (ebd.) fördere, diese in ihrer Entwicklung jedoch an der Zerrissenheit des Reiches scheitern sah. Erstmals konkretisierte der Autor hier seine frühneuzeitlichen Reichsvorstellungen: „Verkündigung der Kirchenreform in einem Atemzuge mit der Reform des Reiches, Abschaffung der Monopole, Befreiung der Bauern, Einführung des Zolls, der einheitlichen Münze, Entfernung aller Nichtdeutschen aus deutschen Ämtern, Einziehung der Kirchengüter." (224) Letztlich traf Hutten das gleiche Schicksal, das alle Protagonisten dieser Bücher zu ereilen pflegte; in *Reich und Rom* war es vorzugsweise Reichsritter Franz von Sickingen (1481-1523), der den antipodischen ‚Reichsfeind' mimte, da dieser einer deutschen Revolution durch die Privilegierung fürstlicher Territorialrechte einen Riegel vorschob. (285) Am Ende des Romans stand einmal mehr das Versagen aller Beteiligten: „Jeder für sich versäumte die eigene Stunde, und alle gemeinsam vertaten die eine große, entscheidende und unwiederbringliche Stunde der deutschen Nation." (384) Im die Erzählung abschließenden Reichstag zu Speyer sei man erneut auf weltfremde, intellektuelle Glaubensfragen und auf das Niveau niederer Einzelinteressen zurückgefallen.

Schließlich vermaß Beumelburg 1938 in *Der König und die Kaiserin* die Reichsgründungschancen des Preußenkönigs Friedrich des Großen (1712-1786) und der österreichischen Kaiserin Maria Theresia (1717-1780). Die Dialektik der Reichsidee, so der Roman, wollte es, dass sich der Aufbau des preußischen Staates als Nukleus eines zukünftigen Reiches nur auf Kosten Österreichs, also auf kleindeutscher Grundlage vollziehen konnte. Die Herrscherfiguren galten wie in *Kaiser und Herzog* als dualistisches Gegensatzpaar jeweils unterschiedlich verfolgter Reichskonzepte. Die österreichische Kaiserin sei in diesem Kontext einem veralteten Reichsgedanken verhaftet geblieben, der sich im *status quo* des *ancien régime* sowie des Erhalts des Vielvölkerstaates an der Donau erschöpft habe und der unter den Vorzeichen einer sich dynamisch entwickelnden preußischen Großmachtpolitik letztendlich zum Scheitern verurteil gewesen sei. (327, 440) Friedrichs territorialen Expansionsbestrebungen gehörte in dieser Darstellung die Zukunft. Wie im *Bismarck* idealisiert der Autor Friedrich als politisch wie militärisch versiertes ‚Führer'-‚Genie': „Er war schon auf dem Wege, Führertum in seiner ganzen Vollendung zu begreifen und die Grenzen des Möglichen durch die gewaltigste Anforderung an sich selbst weit über alles Bisherige hinauszuschieben." (205) Die Auseinandersetzung in den Schlesischen Kriegen 1740 bis 1763 nutzte der Autor, um den ihm so vertrauten Motiven von Opferbereitschaft, Ruhm und Ehre erneut zu huldigen, fanden preußische Soldaten hier wie selbstverständlich den Opfertod: „Die Dragoner des Generals Bonin verbluteten. Ihnen folgte des Fürsten eigenes Regiment Alt-Anhalt. Diesem folgten die Kürassiere auf dem Fuße in den Tod und in die ewige Ehre." (314) Dieser Nekrophilie, so die einmal mehr appellative Struktur dieses Textes, hatte der Leser, wie üblich, nachzueifern. (455) Der von Preußen im angeblichen Kampf um die Reichsidee erbrachte Blutzoll erschien als legitimes Herrschaftsmittel, nationale Tötungsbereitschaft zu erwecken; schließlich sei es „nicht die Aufgabe der Herrscher, ihre Völker glücklich zu machen (…). Aber es ist ihr Beruf, sie stark zu machen und wach zu erhalten. „(…) Es hat noch keiner Nation geschadet, daß sie vom Schicksal genötigt wurde, bis in die letzten Tiefen ihrer Kraft hinabzuschauen. (…) Das Glück (…) steht schon am Anfang des Niedergangs, aber die Not bildet das Tor zur Größe." (266) Die letztendliche Reichsgründung blieb freilich Bismarck vorbehalten.

Die nach 1933 aufgrund der allgegenwärtigen Zensur leider nur noch sehr einseitige Rezeption dieser Werke war durchweg positiv und konzentrierte sich auf die Forcierung des NS-Weltanschauungskatalogs. Sie feierte Beumelburg als ‚Historiker der Reichsidee' und belegte seine Werke, wie jene vom Krieg, als ‚geschichtswissenschaftlich objektive Darstellungen' mit den Attributen der Wahrheit und Wirklichkeitstreue.[21] Dementsprechend fanden *Bismarck* sowie *König und Kaiserin* ihren Weg in den Geschichtsunterricht, hier vor allem in jenen der Volksschulen, wo die Kontinuität geschichtsklitternder, nationalisierender Indoktrination bereits seit dem Kaiserreich Tradition besaß.[22] Nicht zuletzt trat Beumelburg einmal mehr als ‚Erzieher der Jugend' öffentlich in Erscheinung, wenn er Schulklassen zum Traben-Trarbacher Mont Royal führte, wo er in atmosphärischer Kulisse aus seinen Werken rezitierte.[23]

Rezensenten deuteten die Werke als ideologiekonforme Aufwertung des rassistischen NS-Weltanschauungs- und Eroberungsprogramms, das entgegen früherer Reichsvisionen nicht an einem „blutleeren"[24] Imperiumsbegriff zu scheitern drohe und daher „erst durch den Nationalsozialismus" (ebd.) verwirklicht werde. Infolge dieser semantischen Aufladung des Blutbegriffes lobte etwa die *Rheinische Landeszeitung Kaiser und Herzog* als gelungenes Werk, das mit der

[21] Unbekannt: Kaiser und Herzog in: Völkischer Beobachter/Berliner Ausgabe 11 (1936), 28.10.
[22] Verhandlungen über Fragen des höheren Unterrichts. Berlin, 4. bis 17.12.1890. Im Auftrage des Ministers der geistlichen Unterrichts- und Medizinal-Angelegenheiten, in: Heinz Stübig: Bildung, Militär und Gesellschaft in Deutschland. Studien zur Entwicklung im 19. Jahrhundert, Köln 1994, 139f.
[23] Unbekannt: Werner Beumelburg. Mont Royal, in: Unser Wille und Weg 6 (1936), Nr. 5, 179.
[24] Unbekannt: Im Kampf um das Reich, in: Mediendokumentation des Literaturarchivs Marbach, Z: Beumelburg, Werner, 1, vermutlich aus dem *Völkischen Beobachter*, Februar 1939.

„großen Erkenntnis der Notwendigkeit der Sammlung kostbarer Blutskräfte im deutschen Raum"[25] aufwarte. Beumelburgs Bücher erklärten den Kampf ums Dasein, wenn nicht rassistisch, so doch mithilfe des in diesen Büchern allgegenwärtigen teleologischen Schicksalsbegriffs, dem sich jedweder Protagonist seiner Werke, von Bismarck bis Friedrich, unterworfen sah. *Mont Royal* galt hier als „das ewige Gesetz des völkischen Aufgangs" (ebd.), und das Werk, bzw. sein pseudoreligiöser Titel, instrumentalisierten führende Nationalsozialisten als Widerlegung der Behauptung, der NS sei atheistisch ausgerichtet. Leiter des Rassenpolitischen Amtes der NSDAP Walter Groß lobte etwa anlässlich der Verleihung des Kunstpreises der Westmark an Beumelburg für *Mont Royal* am 1. Mai 1936: „Der Satz, wir wollten Gott absetzen und durch die Rasse verdrängen, sei so dumm und unwahr, wie sie (sic!) nur ein Verbrecher oder ein Narr aussprechen können (…) Hinter der Tatsache der Erb- und Rassengebundenheit fängt für uns die Welt des Unerklärlichen und des Verehrungswürdigen an. Da beginnt die andere Welt, die nur gläubig und aus tiefer innerer Sehnsucht gestaltet werden kann. Hier beginnt auch das Reich der Kunst und Kultur, vor der sich am tiefsten beugt, wer das Reich des Erkennens bis zu seinen letzten Grenzen durchstreift"[26] habe.

Auch Goebbels verschlang *König und Kaiserin*: „Glänzend gemacht. Friedrich der einzige strahlt in seiner übermenschlichen Größe."[27] Dieses Werk bejubelten Rezensenten hauptsächlich vor dem Hintergrund des im März 1938 erfolgten österreichischen ‚Anschlusses': „Es ist, als hätte der Dichter mit diesem neuen Buch vom ‚König' und der ‚Kaiserin' noch einmal jenes tragische Kapitel aus der Geschichte des werdenden Reichs heraufbeschwören wollen, damit den Menschen unserer Zeit die Einmaligkeit und die historische Größe des endlich errichteten Reiches der Deutschen auch im Tiefsten zum Bewußtsein kä-

---

[25] Unbekannt: Kaiser und Herzog, in: Rheinische Landeszeitung 3 (1937), Nr. 24, 24.1.
[26] Unbekannt: Kulturpreis der Westmark für Werner Beumelburgs Mont Royal, in: Völkischer Beobachter/Norddeutsche Ausgabe 13 (1937), Nr. 313, 9.11.
[27] Elke Fröhlich (Hg.): Die Tagebücher von Joseph Goebbels, Teil I Aufzeichnungen 1923-1941, Bd. 6, August 1938-Juni 1939, München 2001/2004, 34, Eintrag vom 5.8.1938.

me"[28], hieß es etwa in den *Leipziger Neuesten Nachrichten*. Der für Grenzland-fragen besonders sensiblen *Siebenbürgischen Zeitschrift* ging die von Beumelburg literarisch skizzierte Geopolitik dagegen nicht weit genug, wenn es die mangelnden ‚Lebensraum'-Bezüge in *König und Kaiserin* kritisierte: „Da-gegen vermissen wir, daß die Folgen der friderizianischen Kriege für die Macht-lage des deutschen Volkes in Osteuropa unbeachtet blieben. Friedrichs Auftre-ten gegen das Reich schwächt naturgemäß die deutschen Möglichkeiten in den östlichen, Wien unterstellten Räumen, deren umfassende deutsche Besiedlung damals durchführbar gewesen wäre, hätte der Fürstenstreit die Kraft des Rei-ches nicht gelähmt."[29] Einflussreiche NS-Germanisten wie der Stuttgarter Lite-raturprofessor Walther Linden dehnten während des Zweiten Weltkrieges über die Rezeption von *Kaiser und Herzog* das geopolitische Sendungsbewusstsein eines Großdeutschen Reiches in alle Himmelsrichtungen aus: „Beide (Friedrich I. und Heinrich der Löwe, d. A.) haben auf ihre Weise recht, beide folgen inner-ster Notwendigkeit, die tieferen Bereichen als bloßer politischer Berechnung angehört, beide zusammen erst ergeben das deutsche Schicksal und die deutsche Aufgabe."[30]

Schließlich tauchte in der Rezeption dieser Schriften einmal mehr die ‚Volks-gemeinschaft' als zur Erschaffung des Reiches notwendige Ordnungsvorstel-lung auf. Ein Rezensent argumentierte hinsichtlich Beumelburgs *Preußischen Novellen* von 1935, die ebenfalls Geschichten zur Reichsidee in der hier vorge-stellten Art präsentierten, dass „die universale Idee des Imperiums im Mittelal-ter nur ein buntschillerndes prächtiges Gewand hochstrebender Wünsche über einem geschichtlichen Raum"[31] gewesen sei, „weil sie die Ordnungen der klei-neren Gemeinschaften gar nicht" erreicht habe. Die von Beumelburg dargestell-te Zerrissenheit der Reichsstände, konstatierte auch Linden, stand so im schil-lernden Kontrast zur geschlossenen NS-‚Volksgemeinschaft': „Alles geht um das kommende Reich lebendiger Volksgemeinschaft. Dieser Reichsgedanke

---

[28] Unbekannt: König und Kaiserin, in: Leipziger Neueste Nachrichten und Handelszei-tung 39 (1938), 3.7.
[29] Unbekannt: König und Kaiserin, in: Klingsor 15 (1938), 416.
[30] Walther Linden: Deutsche Dichtung am Rhein, Ratingen 1944, 436.
[31] Zeitschrift und Autor sind unbekannt. Der Artikel befindet sich in: Literaturarchiv Marbach, Signatur Z: Beumelburg, Werner.

steht über Beumelburgs geschichtlicher Dichtung, die nun vom 20. Jahrhundert rückwärts bis ins 12. greift, um die verschiedenen Stufen des Kampfes um das Reich zu veranschaulichen und um damit lebendiges Bewusstsein vom Sinn des Reichs in die werdende Gemeinschaft des neuen Reichs zu tragen.“[32]

Dass sich Beumelburg von Rezensenten keineswegs hatte instrumentalisieren lassen, sondern diesen ideologischen Rezeptionsstrategien selbst vorgearbeitet hatte, zeigen seine geschichtspolitisch legitimierenden Analogisierungsversuche in den ersten zwei Jahren der NS-Herrschaft. So sahen sich etwa die Gründung der Reichskulturkammer im November 1933 und darüber hinaus der NS in seiner Gesamtheit in die Kontinuität der Reformation[33], und in einer 1933 gehaltenen Rundfunkrede Beumelburgs sogar bis in die germanische Völkerwanderung eingebettet.[34] Diese habe die Antike unter sich begraben und mit Karl dem Gro-ßen mit der Verlegung des „Schwerpunkt[s] in den nordischen Raum (…) sei aus Wille und genialer Führerschaft zum ersten Male weithin sichtbar und greifbar das deutsche Reich“ (20) entstanden. Die sich daran angeblich an-schließende, über Jahrhunderte erfolgende ‚feindliche Einkreisung‘ Deutsch-lands von Ost und West habe im Ersten Weltkrieg ihren Höhepunkt erreicht. Nicht im Stande, das Bismarcksche Reich zu erhalten, erwachse den Deutschen, so Beumelburg, 1933 „zum dritten Male“ (22) die Aufgabe, an eine großdeut-sche Reichsgründung zu gehen. Nun gäbe es „kein Ausweichen mehr und kein Wanken: das dritte Deutsche Reich wird sein das Reich des deutschen Volkes, im Geist und in der Wahrheit, und das Schicksal wird es dazu bestimmen, den deutschen Raum zu gestalten nach dem Maßstab der tiefen und gläubigen Sehn-sucht, die in 2000 Jahren die besten Deutschen erfüllt hat.“ (ebd.)

So wirkten diese Schriften bis in die Zeit des Zweiten Weltkrieges hinein, den sie mit ihrem kämpferischen Pathos mental vorbereiten halfen. In Tornisterschriften zur Reichsidee fanden Soldaten während des Krieges die

[32] Linden: Dichtung, 435.

[33] Werner Beumelburg: Aufbruch der Kultur, in: Berliner Lokalanzeiger 51 (1933), 8.11.

[34] Ders.: Das jugendliche Reich, in: Ders. (Hg.): Das jugendliche Reich. Reden und Aufsätze zur Zeitenwende (= Bd. 49 der Schriften an die Nation), Oldenburg 1933, 18-23.

nötige kämpferische Motivation, wie sie etwa NS-Volkskundler Karl Klenze in Beumelburgs *Geschichten vom Reich* 1941 beschwor: Endlich sei Hitlers Rasse-imperium „erwachsen im Kampfe gegen jenen von fremdrassischer Machtwelt umgebogenen universalistischen Rechtsgedanken, der kirchlich oder jüdisch-kapitalistisch bestimmt, an das Imperium Romanum und nicht an die artgebundene Volkswelt"[35] anknüpfe. Beumelburg hatte solchem Denken und Handeln wesentlich Vorschub geleistet.

[35] Beumelburg: Geschichten vom Reich, 3.

XV. *Poeta laureatus*: Als Mitglied in der Dichtersektion der Preußischen Akademie der Künste 1933-1938

Beumelburgs Engagement für einen aufblühenden NS-Staat vollzog sich in den institutionalisierten, feldverschränkten Bahnen von Kultur und Macht. Im Mai 1933 sah sich der Schriftsteller in die Dichtersektion der renommierten Preußischen Akademie der Künste gewählt, womit er seine so lange behütete Position als souverän über die eigene Meinung herrschender freier Schriftsteller aufgab, um in eine nach 1933 immer stärker in den Bereich des Macht-Feldes rückende, kulturelle Konsekrationsinstanz vorzurücken. (vgl. Abb. 13 und 14) Damit einher ging nicht nur ein Wandel seiner Autorschaft, die sich, wie oben gesehen, nicht mehr im Zertrümmern der Weimarer Republik erschöpfen musste, sondern den ‚Führerstaat' mit politischen Zulieferdiensten und Legitimation spendenden Ideen versorgte, konsolidierte und auf einen erneuten Krieg vorbereitete. In der Auflösung des kulturellen Feldes als weitestgehend eigenständigem, autonomen Aktionsraum, der Entfernung des dominanten linken Elements, seiner Heteronomisierung als ideologisches Proliferationslager und seiner polykratischen Einzäunung mit zahlreichen Zensur- und Lenkstellen durch das Macht-Feld, vollzog sich die Geschichte der Akademie in der NS-Zeit. In diesem Prozess, der Kultur auf ideologische Ästhetisierungsleistungen herabwürdigte, manifestierte sich paradigmatisch der Abwehrkampf der um Autonomie und schrifttumskundliche Alleinherrschaft bemühten Dichtersektion gegen Domestizierungsversuche vereinnahmungswilliger Institutionen des Macht-Feldes. Hierzu zählten das Erziehungsministerium Bernhard Rusts, das Propagandaministerium Joseph Goebbels', das preußische Reichskommissariat Hermann Görings sowie die Bestrebungen, die Akademie direkt Hitler zu unterstellen. Sie ist die kurze Geschichte der Preußischen Akademie, an deren Ende 1938 die vollkommene Bedeutungslosigkeit dieses 200 Jahre lang so renommierten Hauses sowie der Bankrott des autonomen Intellektuellen stand; sie ist des Weiteren die Geschichte des gescheiterten Unternehmens der Dichtersektion, sich selbst eine Satzung zu geben, die sie innerhalb des Gleichschaltungsprozesses der Länder von einer preußischen Sektion in eine gesamtdeutsche umgewandelt und damit zur höchsten Repräsentantin des deutschen Schrifttums hätte aufsteigen lassen.

1694 durch Friedrich I. gegründet, hatten die akademieinternen Sektionen für bildende Kunst, Musik und Dichtung Ausbildungsstätten und Künstlervereinigungen gebildet, mit dem Anspruch, führende Repräsentationsinstanz ihrer Disziplinen für deutsche Kunstschaffende zu sein. In den 1920er Jahren hatten der Sektion für Dichtkunst so klingende Namen wie Heinrich und Thomas Mann, Gottfried Benn, Käthe Kollwitz, Gerhart Hauptmann und Alfred Döblin angehört. Mitglieder wie Döblin oder die Gebrüder Mann hatten in dieser Zeit für eine Literatur gestanden, in der libertine, mental mit ihrer Umgebung wie der eigenen Identität fremdelnde, seelisch und körperlich gebrochene Protagonisten wie Diederich Heßling (*Der Untertan*, 1918), Hans Casdorp (*Der Zauberberg*, 1924) oder Fanz Biberkopf (*Berlin Alexanderplatz*, 1929), die innerweltlichen Verwerfungen einer orientierungslos gewordenen modernen Welt dargestellt hatten. Damit hatten sie den literarischen Kontrapunkt zum physisch wie psychisch ‚viril-gestählten' Protagonisten des Frontsoldaten gebildet, der seinen Rückhalt in der Gemeinschaft und eine klare wie simple Weltanschauung gefunden hatte. Zahlreiche Mitglieder der Dichtersektion, allen voran ihr politisierender Präsident Heinrich Mann, galten als Befürworter des demokratischen Systems. Konservative Schriftsteller wie Wilhelm Schäfer, Erwin Guido Kolbenheyer oder Emil Strauß waren dagegen schon früh und aus Protest gegen Manns 1931 angetretenen Vorsitz aus der Sektion ausgetreten.[1]

Hatte, wie dargetan, bereits Franz von Papen anlässlich seiner Staatsumbaupläne 1932 eine Neubesetzung der Akademie mit nationalkonservativer Stoßrichtung anvisiert, verwirklichten erst die Nationalsozialisten dieses Vorhaben im Rahmen ihrer rigorosen Gleichschaltungspolitik. Den Anlass bot in diesem Kontext eine politische Aktion Heinrich Manns und Käthe Kollwitz', die sich im Februar 1933 in die Phalanx von 33 Intellektuellen eingereiht und in einem *Dringenden Appell*[2] KPD und SPD öffentlich dazu aufgerufen hatten, sich gegen den Nationalsozialismus zu verbünden. Der im Februar zum preußischen Kultusminister und damit zum Schirmherrn der Akademie ernannte Bernhard Rust (NSDAP) erkannte die Gelegenheit, unliebsame Mitglieder zu entfernen,

---

[1] Mittenzwei: Mentalität, 129.
[2] Unbekannt: Dringender Appell für die Einheit, zweimal veröffentlicht in: Der Funke 1/2 (1932/33), Nr. 147/321, 25.6.1932/12.2.1933.

um „jegliche weitere Zerstörung unseres Geisteslebens zu verhindern."[3] Nach dieser illegitimen, weil allein den Mitgliedern vorbehaltenen Liquidierung Heinrich Manns überging Rust darüber hinaus das ebenfalls autonom auf Mitglieder beschränkte Zuwahlrecht und ernannte systemkonformere Schriftsteller, die in seinen Augen die Nation „als Maß aller Dinge"[4] anerkannt hätten und sich vom „nationalsozialistischen Kulturwillen leiten" ließen. (Ebd.) Ricarda Huch, Käthe Kollwitz, Max Lieber-, Heinrich und Thomas Mann, Franz Werfel und Leonhard Frank hatten ihre Plätze zu räumen. Rust ersetzte sie mit Hans Friedrich Blunck (NSDAP 1937) und Friedrich Griese (NSDAP 1942), den Produzenten mystisch-völkischer Germanen- und Göttersagen; mit Emil Strauß (NSDAP 1930), Erwin Guido Kolbenheyer (NSDAP 1940) und Wilhelm Schäfer, Autoren völkisch-nationaler Literatur, die, wie dargetan, bereits vor 1933 zum Mitgliederbestand gezählt hatten; mit Hans Grimm, dessen Werk *Volk ohne Raum* von 1926 die imperialistischen ‚Lebensraum'-Vorstellungen des NS befeuert hatte; mit Will Vesper (NSDAP 1931), dem bereits genannten Herausgeber der im NS zur führenden Literaturzeitschrift avancierenden *Schönen Literatur*; mit Hanns Johst (NSDAP 1932), dem Verfasser des nationalsozialistischen Theaterstücks *Schlageter* (1933); mit Paul Ernst, einem naturalistischen und neoklassischen Autor, der jedoch bereits im Mai verstarb; mit dem erzkonservativen und nach 1933 immer antisemitischer werdenden Börries Freiherr von Münchhausen, dessen Œevre heimatlich-historische Stoffe zunehmend völkisch überformte und in lyrische Form presste; mit Peter Dörfler und Agnes Miegel zwei Schriftschaffenden der Heimatdichtung; und schließlich mit dem gerade einmal 34-jährigen Werner Beumelburg als jüngstem Mitglied und Repräsentanten jener Kriegsliteratur, der sich der Nationalsozialismus „immerdar zu Dank verpflichtet fühlen wird."[5]

Gleich zu Beginn sahen sich die neuen Sektionsmitglieder auf die neue Regierung verpflichtet. In Zusammenarbeit mit dem Präsidenten der Gesamtakade-

---

[3] Pressespiegel zum Umbau der Akademie, in: PrAdK 1101, hier Berliner Abendblatt, 15.2.1933.
[4] Ebd.: Deutsche Allgemeine Zeitung, 15.2.1933.
[5] Ebd.: Völkischer Beobachter, Das neue Antlitz der Preußischen Dichterakademie, 10.5.1933.

mie, Max von Schillings, erarbeitete Gottfried Benn, der maßgeblich am Gleichschaltungsprozess der Sektion beteiligt war, eine Ergebenheitserklärung, in der sich die Mitglieder zur neuen Regierung und ihrer Kulturpolitik zu bekennen hatten.[6] Den in der 200-jährigen Geschichte der Akademie einmaligen Akt Rusts, Mitglieder zu ernennen, sanktionierten die Hinzugewählten in der konstituierenden Sitzung vom 7. Juni mit einer Indemnitätsvorlage, die das Recht der Zuwahl scheinbar wieder ihren Mitgliedern übertrug.[7] Dass sie, die Dichter, die geistigen Wasserträger des neuen Regimes zu sein hatten, machte der ebenfalls anwesende Rust den neuen Mitgliedern dabei unmissverständlich klar. Rust verkündete die Abkehr von dem frei- wie feingeistigen, als volksfremd gescholtenen ‚Literatentum' mental verwüsteter, seelisch gebrochener und körperlich degenerierter Figuren. Die Künstler hatten fortan als Transmissionsriemen zwischen Kunst und Volk, der Ästhetisierung heimatverbundener, völkisch-rassischer und imperialer Leitvorstellungen zu dienen, indem, wie Rust den Anwesenden zu verstehen gab, die Innenwelt des Volkes nach nationalsozialistischen Vorstellungen literarisch widerzuspiegeln war: „[N]icht ein Parnass des deutschen Dichtertums solle erstehen, zu dem das Volk hinauf blickt, sondern es gelte: dem Volke den Weg zur Dichtkunst freizubrechen!" (3) In der „Zeit des völkischen Erwachens" (4) habe „Blutlosigkeit und Formlosigkeit" (5) der Literatur zu verschwinden, um „einen Organismus (die Akademie, d. A.) wieder lebensfähig zu machen" (6) sowie die seelische Verbundenheit zwischen „völkischem Dichter" (5) und Nation auch institutionell wiederherzustellen. In das imperiale Ausgreifen des NS nach einem Großdeutschen Reich sah sich auch die Akademie miteinbezogen, die, durch die Vereinnahmung aller Kultusministerien, ebenso großdeutsch zu sein habe: „Unter diesem Gesichtspunkt (der Schaffung eines Großdeutschen Reiches, d. A.) habe ich auch die Aufgabe der Preußischen Akademie gesehen: als große deutsche Dichterakademie der Zukunft." (7) Unmissverständlich führte Rust den Dichtern ihren literarischen Auftrag vor Augen, der sich aus den sozialdarwinistischen und biologistischen Postulaten vom ‚ewigen Kampf ums Dasein' sowie dem nationalsozialistischen, rassischen Überlegenheitsanspruch des deutschen Volkes ableitete:

---

[6] PrAdK 807, fol. 135, Korrespondenz Emil Strauß.
[7] PrAdK 1112, Protokoll zur konstituierenden Sitzung, 7.6.1933.

„Stellen Sie sich immer vor Augen: Vor uns steht ein deutsches Volk, das seine Existenz immer wieder zu verteidigen hat, von dem wir überzeugt sind, daß es das beste und edelste Material ist, aus dem Gott ein Volk formen kann." (9) Rusts Visionen, so das Sitzungsprotokoll, folgte der frenetische Beifall aller Anwesenden.

Hatte das Regime den Ausfall Thomas Manns als bedeutendstem deutschen Schriftsteller mit der Akquise Gerhard Hauptmanns kompensiert, hätten sich die neuen Machthaber neben dem jedoch ablehnenden Stephan George gerne der geistigen Beihilfe Ernst Jüngers versichert, um sich des allerorten, von Exilanten wie internationalen Kritikern gleichermaßen erhobenen Vorwurfs der ‚Kulturbarberei' zu entledigen. Ihm hatten sich die Nationalsozialisten, wie dargetan und erfolglos, bereits 1927 mit dem Angebot eines repräsentativen Reichstagssitzes angenähert. 1933 wiederholten sie diese, von Jünger jedoch erneut abgelehnte Offerte.[8] „[M]it kameradschaftlicher Hochachtung" erteilte er am 16. November 1933 auch den Avancen der Sektion, ihn als einen der ihren begrüßen zu dürfen, eine Absage. Jünger ließ Beumelburg, den die Mitglieder in der konstituierenden Sitzung zum ersten Schriftführer gewählt und mit dem Großteil der internen wie externen Kommunikation betraut hatten, wissen, er wolle sich „durch akademische Bindungen nicht beeinträchtigen"[9] lassen. Überraschenderweise wies er gerade Beumelburg als einem ehemaligen Weggefährten des *Standarte*-Kreises daraufhin, dass sich diese Ablehnung wesentlich auf dem „soldatischen Charakter" seiner Arbeit begründe und „als ein Opfer aufzufassen [sei], das mir meine Teilnahme an der deutschen Mobilmachung auferlegt, in deren Dienst ich seit 1914 tätig bin." (Ebd.)

Nur zwei Tage nach seiner Absage wandte sich der zunehmend um seine Sicherheit Besorgte – des Widerspenstigen Zähmung hatte die Gestapo bereits im Frühjahr 1933[10] mithilfe einer Hausdurchsuchung seiner Berliner Wohnung in die Wege zu leiten versucht – am 18. November abermals an Beumelburg, um etwaige Wogen potentieller Empörung zu glätten. Er betonte, dass er „dem In-

[8] Karl O. Paetel: Ernst Jünger. Die Wandlung eines deutschen Dichters und Patrioten, Koblenz 1995 ([1]1946), 32.
[9] PrAdK 1113, fol. 32, Ernst Jünger an Werner Beumelburg, 16.11.1933.
[10] Kiesel: Jünger, 409.

stitut der Akademie mit der allergrößten Hochachtung gegenüberstehe"[11] und
dass er „zur positiven Mitarbeit am neuen Staate, ungeachtet mancher persönlichen Verärgerung, wie etwa der Haussuchung, die in meinen Räumen stattgefunden hat, durchaus entschlossen" sei.

Jüngers Absage ist oft als Beleg seiner im ‚Dritten Reich' gewahrten Integrität
als autonomer Intellektueller oder gar als Widerstand gedeutet worden. Weniger
bekannt hingegen dürfte sein, dass sich Jünger, Beumelburg, Grimm und Arnold Bronnen nur zwei Tage vor dessen Absage noch zum Intellektuellenum-
trunk getroffen hatten, ohne dass Jünger hier die Gelegenheit genutzt hätte,
seine bereits in die Heiligen Hallen der Literatur eingezogenen Dichterkollegen
über seinen Unwillen zu informieren. Gerade Beumelburg und Grimm, die sich
besonders für Jüngers Hinzuwahl eingesetzt hatten, fühlten sich düpiert. Am 9.
Januar 1934 bekundete Grimm Beumelburg seinen diesbezüglichen Unmut:
„Ich möchte Ihnen dabei auch die Angelegenheit Jünger erklären Mich persönlich hat es unangenehm berührt, den Brief von Jünger zwei Tage später zu erhalten, nachdem ich abends mit Ihnen, Bronnen und Jünger zusammen gewesen
war. War das nicht der gegebene Kreis, um über diese Sache zu sprechen?"[12]

Offensichtlich nicht – nach dieser Episode beendete Jünger den Kontakt zu ns-
konformen Schriftstellern wie Hans Friedrich Blunck, der neben Johst als zweiter Präsidenten der Sektion amtierte.[13] Auch mit Beumelburg und Jünger trenn-
ten sich hier endgültig die Wege zweier soldatischer Nationalisten, die, ungeachtet der gemeinsam verfolgten Vorstellungen, völlig unterschiedliche Wege
in deren Umsetzung gegangen waren. Auf der einen Seite der publizistische
Agitator und Brandredner Jünger, der mit geschliffenen Philippiken auf die
Republik eingehoben hatte und sich 1933, da sich die Obersten anschickten,
seine ‚totale Mobilmachung' in die Tat umsetzten, intellektuell zurückzog. Als
als Purist und elitärer Solitär scheute er die Zusammenarbeit mit den neuen
Machthabern und lehnte jeglichen Kompromiss an seiner Lieblingsidee eines
‚neuen Nationalismus' als gefährliche Verwässerung rundweg ab. Beumelburg
wiederum hatte sein publizistisches Engagement in Intellektuellen-Kreisen stets

---

[11] PrAdK 1113, fol. 28, Ernst Jünger an Werner Beumelburg, 18.11.1933.
[12] PrAdK 1257 fol. 107, Hans Grimm an Werner Beumelburg, 9.1.1934.
[13] Kiesel: Jünger, 407f.

auf kleiner Flamme gehalten und stellte seine Feder nun bedingungslos in den Dienst des neuen Regimes, das ihm die Realisierung seiner lang gehegten Vorstellungen versprach.

Im Kampf um die nun ohne Jünger verfolgte führende kulturelle Stellung reklamierte der Senat der Dichtersektion für sich „das Recht, in allen entscheidenden Angelegenheiten des Staates und des öffentlichen Lebens, soweit sie die deutsche Dichtung angehen, seine Stimme zur Geltung zu bringen."[14] In diesem Bestreben, als öffentliche Repräsentations- und literarische Konsekrationsinstanz aufzutreten, galten seine Aufgaben dem „Mitwirken bei den Fragen der Gesetzgebung auf dem Gebiete des Schrifttums, insbesondere bei den Fragen des Urheberrechtes." (Ebd.) Weiteren Einfluss gedachte der Senat mithilfe von „Begutachtung[en] von Schulbüchern für den deutschen Unterricht", durch die Ausschreibung von Literaturpreisen, durch ein umfangreiches gutachterisches literarisches Qualitätsmanagement und schließlich durch finanzielle Unterstützungen wie Ehrensolde und Werksbeihilfen für bedürftige Schriftsteller zu gewinnen. (Ebd.)

Ein Hauptteil dieses umfangreich anvisierten Betätigungsfeldes fiel dabei Beumelburg zu, den seine neuen Kollegen auf der konstituierenden Sitzung vom 6. Juni „einstimmig durch Akklamation"[15] statt des eigentlich dafür vorgesehenen Will Vesper zum ersten Schriftführer ernannt hatten. Der Posten betraute ihn mit dem gesamten institutsinternen Schriftverkehr der Mitglieder und ließ ihn an dieser Relaisstelle zum Mediator all jener Wünsche, Sorgen und Hoffnungen und sowie nicht immer konstruktiver Kritiken werden, die sich auf das Ziel einer Satzungsgebung mit gesamtdeutschem Repräsentationsanspruch vereinten. Die häufige Abwesenheit des ersten Präsidenten Johst – aufgrund von Vortragsreisen sowie von Bequemlichkeitsgründen bevorzugte er die Ruhe seiner Starnberger Villa gegenüber dem Hauptstadttrubel am Pariser Platz – sowie die Abdankung des zweiten Präsidenten Blunck 1934 – er widmete sich als Präsident der vielversprechenderen Reichsschrifttumskammer – erhöhten Beumelburgs Bedeutung als Kommunikator institutsinterner Debatten. Im Februar 1934 übernahm Beumelburg zudem Johsts Geschäftsführung, *de jure* zwar

---

[14] PrAdK I/301, fol. 1-11.
[15] PrAdK 1112 fol. 19, Protokoll zur konstituierenden Sitzung, 7.6.1933.

nur für sechs Monate[16], *de facto* jedoch bis zum wirkungsgeschichtlichen Ende der Akademie 1938, als deren ‚Ersatzpräsident' er daher durchaus bezeichnet werden kann.

In dieser zentralen Funktion vermittelte Beumelburg den Mitgliedern Vorträge an Reichsschulen sowie vor der Hitler-Jugend und warb für die Zusammenarbeit mit dem Presseorgan des von ihm unterstützten NS-Studentenbundes. Ferner zeichnete er für Korrekturen in der Presse, für die Redaktion von Sammelbänden, hier nicht zuletzt für jene seiner eigenen Reihe *Schriften an die Nation* verantwortlich. Er koordinierte Rundschreiben an die Mitglieder, in denen er für Projekte und Aktivitäten der Sektion in der Öffentlichkeit warb. Er ventilierte staatliche Literarisierungsaufträge, wie etwa jenen des Arbeitsdienstes, für den er sich weiterhin einsetzte. Auch die Planungen von Konzertabenden und sonstiger Festivitäten wie etwa Mitgliedergeburtstage oblagen seiner Obhut. Die etwa in Form von Werksbeihilfen gewährten Stipendien und Donationen der Sektion gingen maßgeblich durch seine Hände. Vornehmlich in Zusammenarbeit mit der *Notgemeinschaft des Deutschen Schrifttums* unterstützte er in diesem Rahmen Gerhard Klaus, Ernst Barlach, Hermann Bahr, Rudolf Huch, Anton Dörfler, Ludwig Derleth, Wilhelm von Schmidtbonn, Friedrich Bischoff, Ernst Bacmeister, Hans Kyser, Oskar Loerke, Hans Leifhelm, Reinhard Goering, Emil Strauß, Eberhard König, Paul Zaunert, August Winnig und Kolbenheyer.[17]

Gerade dieses Feld der Unterstützungsangelegenheiten bot Spielraum, Symbolpolitik im Sinne des Regimes zu betreiben. Dazu zählte das von Beumelburg forcierte Unternehmen, den 1904 verstorbenen, sozialdemokratischen Dichter Emil Rosenow (*Kater Lampe,* 1902) posthum politisch für das neue System zu vereinnahmen. Beumelburg bewilligte 1934 auf Geheiß des initiierenden Kolbenheyers 500 Reichsmark für die Pflege von Rosenows Grabmal auf dem Schöneberger Gemeindefriedhof und begründete die Donation damit, dies werde repräsentativ die ‚kaiserliche Milde' des NS-Regimes gegenüber politischen Gegnern bekunden: „Es ist zweifellos, daß Rosenow ein hochbegabter Dichter gewesen ist, ebenso zweifellos ist, daß er ein Marxist war. Vielleicht kommt es

---

[16] PrAdK 1114 fol. 197, Hanns Johst an Werner Beumelburg, 17.2.1934.
[17] Siehe folgende Bestände: PrAdK 0824 und 0831.

hier nicht auf die politische Gesinnung eines Verstorbenen an, sondern auf das Talent, das er erwiesen hat. Unter solchen Gesichtspunkten könnte geraten werden, die Grabstätte Rosenows von staatswegen zu sichern und durch eine schlichte Feier dem Ausdruck zu verleihen, daß der Staat des Nationalsozialismus einen Dichter ehrt, der dem Volke jenseits der politischen Gesinnung durch ein vortreffliches Lustspiel (die Komödie *Kater Lampe* von 1902, d. A.) innerlich befreiende Stunden geboten hat."[18]

Ein sehr viel perfideres Beispiel, linksstehende Intellektuelle des Arbeitermilieus tot oder lebendig mit dem NS in Einklang zu bringen, liefert Beumelburgs und weiterer Mitglieder Handhabung des von Juni bis September 1933 in Dachau inhaftierten Karl Bröger. Er war bereits im März 1933 in nationalsozialistische ‚Schutzhaft' geraten, um den Arbeiterkriegsdichter für eine Zusammenarbeit mit dem Regime gefügig zu machen. Sektionsmitglied Heinrich Lersch hatte die Schriftleitung auf das Schicksal Brögers aufmerksam gemacht, und in Blunck und Beumelburg erwachte erneut das Bestreben, mithilfe Brögers die Figur des Arbeiters in den nationalen Staatsaufbau einzubinden. Gegenüber Lersch befand Blunck: „Aber daß Bröger geholfen werden muß, möchte ich mit allem Nachdruck aussprechen. Immer wieder glühen seine herrlichen Worte in uns allen auf (Brögers Gedicht *Bekenntnis*, d. A.), wenn wir am neuen Deutschland arbeiten (...) Darum scheint es mir auch notwendig, daß wir Bröger wieder Beruf und Arbeit verschaffen, in Kunst u[nd] Dichtung für die neue Zeit fruchtbar machen und ihn über den Rundfunk zu unserm Volk sprechen lassen, einerlei, ob er heute oder erst morgen nach außen bekennt, daß er zu uns gehört."[19]

Beumelburg befürchtete im August 1933 gegenüber Johst, Bröger könnte zum Märtyrer der Linken werden, sterbe er an einem während seiner Internierung in Dachau erneut aufgeflammten Lungenleiden.[20] Und auch er erblickte in der Kriegslyrik Brögers das politischen Gewinn bringende Moment einer möglichen Vereinnahmung: „Abgesehen davon scheint es mir aber, wenn keine be-

[18] PrAdK 0824 fol. 103, Werner Beumelburg an Rudolf Binding, 1.2.1934.
[19] Hans Friedrich Blunck an Heinrich Lersch, 9.9.1933, in: Gerhard Müller: Für Vaterland und Republik. Monographie des Nürnberger Schriftstellers Karl Bröger, Pfaffenweiler 1986, 162.
[20] PrAdK 1257, Werner Beumelburg an Hanns Johst für Bröger, 11.8.1933.

sondere Schuld vorliegt, dringend notwendig, den Mann in Freiheit zu setzen, der das vom Führer oft zitierte Wort vom ‚ärmsten Sohn, der auch dein getreuester war', geschaffen hat, der 1914 sich in herrlichen Gedichten zum deutschen Volk bekannt hat, der damals einer der viel bejubelten Arbeiterdichter des Krieges war und der, weltfremd, wie es Dichter nun einmal sind, sich jetzt von Freunden hat beeinflussen lassen." (Ebd.) Eine Amnestie Brögers böte, ähnlich der Grabstelle Rosenows, symbolpolitisch die Gelegenheit, die moralische Überlegenheit des ‚neuen Deutschland' zu beweisen: „Es würde in prachtvollem Gegensatz zum alten Regime (der Weimarer Republik, d. A.) und seiner Zermürbungstaktik stehen, wenn hier dem echten Dichter einfach Vertrauen geschenkt wird, und ihm, einerlei, ob er widerruft oder nicht, der Dank gesagt wird für jenes Wort, das auf unseren Denkmälern steht." (Ebd.) Auf die darauf folgende Intervention des zuständigen Reichspropagandaministeriums wurde Bröger aus der Haft entlassen. Seine Gedichte und Lieder fanden sich – entgegen Brögers Dafürhalten – im *Völkischen Beobachter* abgedruckt und von Hitlerjungen auswendig gelernt. Nach Brögers Ableben im Mai 1944 machte ihn die Partei posthum sogar zu einem der ihren und trug ihn mit allen staatlichen Weihen öffentlich zu Grabe.[21]

Diese Instrumentalisierung linken Schriftstellerpersonals als ‚Beweis' von Gunst und Anerkennung des ‚neuen Deutschland' richtete sich vorwiegend gegen all jene in die Schweiz, die Niederlande und nach Südfrankreich exilierten deutschen Schriftsteller, die, wie Döblin oder die Familie Mann, aus der Ferne den antifaschistischen Kampf gegen das Regime aufgenommen hatten. Auch hier oblag es in erster Linie Beumelburg, den deutungskulturellen Abwehrkampf der Sektion gegen externe Angriffe zu organisieren. Beumelburg intervenierte beispielsweise beim Auswärtigen Amt hinsichtlich der potentiellen Verleihung des Literaturnobelpreises an den im Februar 1933 über Zürich nach Paris emigrierten Alfred Döblin, der von der Schwedischen Akademie schon länger für den Preis gehandelt wurde. Beumelburg bat die Auswärtigen im Februar 1934, einer solchen Nominierung nach Kräften entgegenzuwirken, „deren Gelingen eine schwere Schädigung des deutschen Ansehens bedeuten würde

---

[21] Wolfgang Wießner: Bröger, Karl, in: Otto Graf zu Stolberg-Wernigerode (Hg.): Neue Deutsche Biographie, Bd. 2, Berlin 1955, 629.

(…)".[22] Gerne, so Beumelburg, sei man von Sektionsseite bereit, „einen sowohl künstlerisch als auch im Sinne des neuen Reiches geeigneten Dichter zur Verleihung des Nobelpreises vorzuschlagen" (ebd.), womit vermutlich Binding gemeint war. Döblin selbst sollte diese Auszeichnung zeitlebens nie erhalten. Um sich auch im kulturellen Bereich autark zu machen, ersetzte Hitler ihn, den Preis, 1937 gegen den mit einer Million Reichsmark dotierten Nationalpreis für Kunst und Wissenschaft.

Gegen den in die Schweiz emigrierten Klaus Mann, dessen in Amsterdam gegründete Zeitschrift *Die Sammlung* heftige Attacken auf die in Deutschland verbliebenen Schriftsteller ritt, polemisierte Beumelburg, er „hänge schon wieder in der Schweiz an den Rockschößen seines vortrefflichen Vaters (Thomas Mann, d. A.)."[23] Hatte Beumelburg einem ‚Drückeberger' der *Gruppe Bosemüller*, wie bereits erwähnt, womöglich in Anspielung auf den *Zauberberg* den Namen Casdorp gegeben und genüsslich dem literarischen Tode anheim geführt, kreuzte der Autor auch nach 1933 öffentlich im Rundfunk gegen Thomas Mann als exponiertem Vertreter emigrierter, deutschlandkritischer Schriftsteller die Klingen. In einer nicht näher datierten, *Von der Zivilisation zur Kultur*[24] betitelten Rundfunkrede ätzte Beumelburg 1933 gegen Manns 1914 erschienen Essay *Gedanken im Kriege*: „Irgendwo in meinem Gedächtnis liegt der Klang eines Satzes, den einer, früher hochgeschätzt und angebetet und heute ein wenig unter die Räder des Geschehens geraten, weltweise und mit überlegener Belehrsamkeit über das Verhältnis zwischen Kultur und Zivilisation sprach oder schrieb. Kultur, hieß es da etwa, könne, Orakel, Magie, Vitzliputzli, Menschenopfer, Inquisition, Veitstanz, Hexenprozesse und Giftmorde umfassen. Zivilisation aber sei Vernunft, Aufklärung, Skeptisierung, Auflösung und damit eben schlechthin Geist. Zivilisation sei bürgerlich, weil geistig, darum sei sie antidämonisch und antiheroisch." (51) In diesen, von Beumelburg zurechtgekürzten Worten, hatte Mann im 1914 erschienenen ersten Teil seiner *Betrachtungen*

---

[22] PrAdK 0824 fol. 153a, Intervention Beumelburgs beim Auswärtigen Amt zur Verhinderung der Verleihung des Nobelpreises an einen Emigranten, (ohne genaues Datum) Februar 1934.
[23] PrAdK 1114 fol. 200, Werner Beumelburg an Rudolf Binding, 24.1.1934.
[24] Werner Beumelburg: Von der Zivilisation zur Kultur, in: Ders.: Das jugendliche Reich, 51-55.

eines Unpolitischen, den ausgebrochenen Weltkrieg noch in den Kategorien eines Nationalkonservativen als Kampf überlegener deutscher Kultur gegen französische Zivilisation gedeutet und bejaht.[25] Beumelburg entgegnete, Nationalkonservative hätten „niemals Abarten einer kulturellen Entwicklung mit der Kultur selbst gleichgesetzt." (55) Die nationalsozialistische ‚Machteroberung' lege den von Mann ‚pervertierten' Kulturbegriff, der sich laut Beumelburg in enger Anlehnung an jenen der Zivilisation aus Liberalismus und Französischer Revolution speise, in Deutschland endgültig *ad acta* bzw. werde dieser durch die Rückbesinnung auf preußisches Heldentum und positiv konnotierten Militarismus erneuert. (53)

In einer weiteren als *Dichtung und Nation*[26] betitelten, vermutlich ebenfalls im Rundfunk vorgetragenen Rede wandte sich Beumelburg abermals vornehmlich gegen solche Emigranten, die ihm als Vertreter einer das Ansehen der Weltkriegsveteranen besudelnden Literaturrichtung galten: „Die Riesenwelle dieser besonderen neudeutschen Literatur, ganz auf das destruktive Element gerichtet und auf die intellektuelle Zergliederung und Verächtlichmachung aller uns heiligen Begriffe, erreichte ihren Höhepunkt in jenem wahnsinnigen Versuch, unser Innerstes in den Staub zu ziehen, das tiefe Erleben der Nation, das uns im Kriege unter Blut und Tod geworden war, zu verwandeln in Abscheu in uns selbst, in Pazifismus und in eine Gesinnung, die uns die Schamröte vor unseren gefallenen Kameraden in die Stirn trieb. Aber da erwachten wir." (56)

Auch auf der anderen Seite des Rheins entstand 1934 unter emigrierten Schriftstellern eine virulente Debatte ob der nationalistischen Neuausrichtung des

---

[25] Zitat hier im Original: „Kultur kann Orakel, Magie, Pädasterie, Vitzliputzli, Menschenopfer, orgiastische Kultformen, Autodafés, Veitstanz, Hexenprozesse, Blüten des Giftmords und die buntesten Greuel umfassen. Zivilisation aber ist Vernunft, Aufklärung, Sänftigung, Sittlichung, Skeptisierung, Auflösung, – Geist. Ja, der Geist ist zivil, ist bürgerlich: er ist der geschworene Feind der Triebe, der Leidenschaften, er ist antidämonisch, antiheroisch, und es ist nur ein scheinbarer Widersinn, wenn man sagt, dass er auch Antigenial ist.", in: Thomas Mann: Gedanken im Kriege, in: Heinrich Detering/Eckhard Heftrich/Hermann Kurzke/Terence James Reed/Thomas Sprecher/Hans Rudolf Vaget/Ruprecht Wimmer (Hg.): Thomas Mann. Große kommentierte Frankfurter Ausgabe. Werke - Briefe - Tagebücher, Bd. 15.1: Essays II 1914-1926, Frankfurt a. M. 2002, 27-46, hier 27.
[26] Werner Beumelburg: Dichtung und Nation, in: Ders.: Das jugendliche Reich, 56-64.

deutschen Kulturbetriebs. Hier stellte der bereits 1930 nach Paris übergesiedelte und schon in den 20er Jahren um eine Verbesserung der deutsch-französischen Beziehungen bemühte Schriftsteller Joseph Breitbach in der Pariser Juni-Ausgabe der Emigrantenzeitschrift *La Revue hebdomadaire* die gewagte, aber nicht unberechtigte Behauptung in den Raum, das literarische Themenspektrum der neuen Akademiemitglieder stelle eine repräsentativere Auswahl deutschen Geistes dar, das, hätte man es im Ausland nicht zugunsten linker Schriftsteller ignoriert, den Franzosen die Überraschung erspart hätte, „sich plötzlich dem Deutschland Hitlers anstatt, wie sie es immer geglaubt hatten, dem Deutschland Stresemanns gegenüberzustehen."[27] Obendrein gestand er ihnen literarische Qualität zu, wenn er behauptete, diese „echten deutschen Schriftsteller Hans Grimm, Binding Beumelburg, Alverdes und andere, wären sie in Frankreich überbesetzt worden", hätten einen ebenso renommierten Status unter den Franzosen eingenommen wie beispielsweise Heinrich Mann.

Breitbachs Provokation blieb an der französischen Riviera, an der sich zahlreiche Zwangsemigrierte zusammengefunden hatten, nicht ohne Widerspruch. Joseph Roth, Starjournalist der untergegangenen deutschen Republik, entgegnete dem „geschätzten Kollegen"[28], die von ihm genannten Autoren seien „'Regionalphänomene', Dichter der deutschen ‚Scholle', jener wohl bekannten deutschen Scholle, verschleiert von romantischer Lüge, aber geräuchert mit dem Ammoniak der Leunawerke; es sind die Dichter einer ‚chemischen Scholle', einer von ‚I.G. Farben' industrialisierten Flur; es sind verwaschene Romantiker, weil sie ohne Beziehung zu Europa sind" und bei deren Lektüre sich die Franzosen „entsetzlich" gelangweilt hätten.

Wo sich das ‚neue Deutschland' einem internationalen Sturm der Entrüstung ausgesetzt sah, rückten die innerdeutschen, gleichgeschalteten Institutionen in der Legitimation der Hitler-Politik nur näher zusammen. Als renommierte kulturelle Konsekrations- und Repräsentationsinstanz bezuschusste die Dichtersektion das Regime mit symbolpolitischem Kapital, wenn es etwa die deutsche

---

[27] Josef Breitbach: Kennen die Franzosen die zeitgenössische deutsche Literatur?, in: La Revue Hebdomadaire 29 (1934), 4.6.
[28] Jospeh Roth: Antwort an Josef Breitbach, in: Ebd., 4.8., in: Jospeh Roth: Das journalistische Werk 1929-1939, Köln 1991, 518-520, hier 519f.

Öffentlichkeit in Form öffentlicher Treubekundungen und Aufrufe auf die NS-Politik einschwor. Einmal mehr war es hier vor allem Beumelburg, der Form und Inhalt regimekonformer Appelle zwischen den Sektionsmitgliedern kommunizierte und inhaltlich mitgestaltete. Hierzu zählten kleinere Jubiläen wie ‚Führers Geburtstag‘ anlässlich dessen dem Reichskanzler und Diktator wie anderen NS-Granden Glückwunschmappen mit Versen zugesandt wurden, in denen die Mitglieder ihrer Systemtreue Ausdruck verliehen.[29]

Signifikanter dagegen waren freilich solche öffentlichen Gunstbezeigungen, die jenen politischen Entscheidungen galten, die das Regime im antidemokratischen Alleingang getroffen hatte. Beumelburg zählte hier zu den Initiatoren, Koordinatoren und ersten Unterzeichnern, etwa des am 26. Oktober 1933 von 88 Schriftstellern Hitler gegenüber abgegebenen *Gelöbnis treuester Gefolgschaft*, das auf die nachträgliche Legitimation des am 14. Oktober vollzogenen deutschen Völkerbundaustritts abzielte. Es lautete: „Friede, Arbeit, Freiheit und Ehre sind die heiligsten Güter jeder Nation und die Voraussetzung eines aufrichtigen Zusammenlebens der Völker untereinander. Das Bewußtsein der Kraft und der wiedergewonnenen Einigkeit, unser aufrichtiger Wille, dem inneren und äußeren Frieden vorbehaltlos zu dienen, die tiefe Überzeugung von unseren Aufgaben zum Wiederaufbau des Reiches und unsre Entschlossenheit, nichts zu tun, was nicht mit unsrer und des Vaterlandes Ehre vereinbar ist, veranlassen uns, in dieser ernsten Stunde vor Ihnen, Herr Reichskanzler, das Gelöbnis treuester Gefolgschaft feierlichst abzulegen.“[30]

Nach Friedrich Arenhövel und Gottfried Benn nannte das Bekenntnis Beumelburg aus alphabetischen Gründen an dritter Stelle. Im Gegensatz zu manchem Unterzeichner – Binding etwa war ohne seine Zustimmung aufgesetzt worden, wieder andere hatten unterzeichnet, um ihre Verleger zu schützen – artikulierte sich in Beumelburgs Engagement für dieses von ihm wesentlich

---

[29] PrAdK 0870, Glückwünsche.
[30] Jürgen Hillesheim/Elisabeth Michael (Hg.): Lexikon nationalsozialistischer Dichter. Biographien, Analysen, Bibliographien, Würzburg 1993, 423.

vorangetriebene Gelöbnis[31] jene staatsbejahende Position, die er auch in seiner zeitgleich entstehenden Publizistik einnahm.

Die Akademie bildete in diesem Kontext keineswegs die Speerspitze system-treuer Mobilisierungsbestrebungen; auch der akademische Betrieb – zu nennen wäre hier das im Winter 1933 veröffentlichte *Bekenntnis der Professoren an den deutschen Universitäten und Hochschulen zu Adolf Hitler* – aber auch Evangelische Kirche und Wirtschaft veröffentlichten nahezu gleichlautende Bekundungen.[32]

Aber die Sektion der Dichter zeigte sich doch besonders beflissen, wenn sie am 31. Oktober nochmals eine ganz eigene Erklärung nachschob, welche die Wäh-ler auf die ,Reichstagswahlen' vom 12. November 1933 sowie die mit ihr in einem Junktim verknüpfte Volksabstimmung zum Völkerbundaustritt verpflich-tete. Abermals bekannten die Dichter: „Wir Mitglieder der Deutschen Akade-mie der Dichtung stimmen dem Entschluss der Reichsregierung bei, einen uner-träglichen Zustand durch den Austritt aus dem Völkerbund zu beenden. Wir begrüßen, daß der Aufruf ins deutsche Volk gegangen ist, seine Einigkeit in dieser Ehrenfrage vor der Welt zu bekunden. Wir erwarten, daß jeder Deutsche am 12. November durch sein Ja die gerade Politik des Volkskanzlers Adolf Hitler stärken wird."[33]

1936 folgte eine weitere Legitimationsspende der im März erfolgten Besetzung und Remilitarisierung des Rheinlandes, den die im selben Monat stattfindenden ,Reichstagswahlen' ebenfalls in Form einer Volksabstimmung die pseudode-mokratische Weihe allgemeinen Wählerzuspruchs erteilen sollten. Auch hier war es „den deutschen Dichtern selbstverständliche Pflicht, sich rückhaltlos zu

---

[31] BArch R 56 I/102 fol. 59-60, Korrespondenz von und an Werner Beumelburg zur Entstehung des Treuegelöbnisses, 28.10.1933,

[32] Martin Heidegger (Hg.): Bekenntnis der Professoren an den deutschen Universitäten und Hochschulen zu Adolf Hitler und dem nationalsozialistischen Staat, Dresden 1933; Unbekannt: Treuegelöbnis der Bremer Kaufmannschaft vom 19.10.1933, in: http://www.radiobremen.de/wissen/geschichte/ns-zeit/kaufmannschaft100.html, letzter Zu-griff 20.5.2015; vgl. etwa das Treuegelöbnis evangelischer Jugend zum Führer, in: Gün-ter Brakelmann: Die Evangelische Kirche in Bochum 1933. Zustimmung und Wider-stand, Norderstedt 2014, 26.

[33] PrAdK 1113 fol. 46, Neuordnung der Abteilung für Dichtung.

Adolf Hitler zu bekennen. Der 29. März wird der Welt zeigen, daß das geistige Deutschland unbeirrbar zum Führer steht."[34] Beumelburg sorgte für den Abdruck dieses Gelöbnisses in zahlreichen gleichgeschalteten Nachrichtenblättern wie der *DAZ* und ehemals links stehenden Blättern wie der *Vossischen* oder der *Frankfurter Zeitung*.[35] Damit trug die Akademie wesentlich dazu bei, einen pseudodemokratischen Schleier der NS-Willensbildung aufrechtzuerhalten.

Angesichts des anvisierten Hauptzieles der Sektion, in Schrifttumsfragen einen gesamtdeutschen Monopolstatus zu erlangen, kann diese staatsbejahende Einstellung nicht verwundern. Und es blieb dieses Bestreben ihrer Mitglieder, sich aus der landespolitischen Isolation Preußens zu lösen und in jene Großdeutsche Akademie einzumünden, die Rust den Mitgliedern in der konstituierenden Sitzung im Sommer 1933 geistig vor Augen geführt hatte.

Allein, über diesen Umbau hatte nun jenes Macht-Feld zu entscheiden, dem sich die Mitglieder rigoros unterordneten. Als problematisch erwies sich dabei bereits zu Beginn, dass dieses Macht-Feld die Kultur zur Wasserträgerin seiner Politik degradiert hatte. Gemäß den Gesetzen der Herrschaftssicherung und -ausweitung priorisierte das Regime Politisches vor Kulturellem, was zumal durch die ambitionierten Welteroberungspläne Hitlers eine weitere Zuspitzung dadurch erfuhr, dass der Diktator deren Verwirklichung ein enges Zeitfenster gesetzt sah.[36] Bereits im Oktober 1933 tat sich diese stiefmütterliche Handhabung der Literatur durch den ohnehin eher architektur- und musikbegeisterten ‚Führer' kund, wenn Johst den Mitgliedern ein diesbezügliches Gespräch mit Hitler wie folgend wiedergab: „Johst teilt mit, daß er soeben von einem Gespräch mit dem Führer komme. Der habe ihm zugesichert, daß er, sobald die aussenpolitischen Dinge eine Beruhigung erfahren hätten, bereit sei, mit uns in einer ruhigen Stunde alle Dinge zu besprechen, die uns beunruhigen. (…) Schon heute könnte aber festgestellt werden, daß die Angelegenheiten der Kultur und

---

[34] PrAdK I/301 fol. 29, Werner Beumelburg an Hanns Johst, 20.3.1936.
[35] Vgl. allgemein Günther Gillessen: Auf verlorenem Posten. Die Frankfurter Zeitung im Dritten Reich, Berlin 1986. Die Voss wurde 1934 eingestellt: Klaus Bender: Die Vossische Zeitung, in: Fischer: Zeitungen, 25-40.
[36] Wilhelm Treue: Hitlers Denkschrift zum Vierjahresplan 1936, in: Vierteljaheshefte für Zeitgeschichte 2 (1955), 184-210.

des Theaters einer strengen Konzentration bedürften, die in der Schaffung einer Stelle zum Ausdruck kommen müsse, die dem Führer allein verantwortlich und unmittelbar unterstellt sei. Man müsse sich darüber klar sein, daß es nicht leicht sei, einer großen politischen Bewegung unsere besonderen Begriffe verständlich zu machen, dazu sei eine unentwegte und intensive Arbeit erforderlich. Es habe sich bisher um eine Massenbewegung gehandelt und es sei eine alte Erfahrung, daß die Umschaltung der Masse nach gewonnenem Siege auf die Innerlichkeit viel Zeit und viel Arbeit erfordere. Diese Arbeit sei nur zu leisten, wenn das Präsidium des vollen Vertrauens des Senats sicher sei, so wie er verspreche, daß er niemals die großen Gesichtspunkte unserer kulturellen Arbeit aus dem Auge lassen werde."[37] Mit dieser vermeintlich wohlwollenden Aussage hatte sich der Diktator von einer möglichen Rolle als Protektor aus dem weiteren Werde- bzw. Untergang der Akademie verabschiedet, der er, wie zu zeigen sein wird, 1938 selbst den entscheidenden Todesstoß versetzen sollte.

Hatte Beumelburg zu Beginn der gleichgeschalteten Sektion maßgeblich den Abwehrkampf gegen die im entstehenden polykratischen NS-System allerorten rivalisierenden Schrifttumsinstitutionen wie das Reichsamt zur Schrifttumspflege oder die Vorläuferin des Goethe-Instituts – die Akademie zur Wissenschaftlichen Erforschung und Pflege des Deutschtums – geführt, empfanden die Sektionsmitglieder das im März 1933 neu geschaffene Reichspropagandaministerium als größte Bedrohung. Insbesondere mit der aus dem Nukleus des Goebbels-Ministeriums im September erwachsenen Reichskulturkammer mit ihrer Unterabteilung der Reichsschrifttumskammer entstanden der Dichtersektion scharfe Konkurrenten in Schrifttumsfragen. Die Schrifttumskammer stellte eine berufsständische, dem Propagandaministerium unterstehende Dach- und Kontrollorganisation aller im Reich Schrifttätigen dar. Ihr eingegliedert war wiederum der aus dem 1909 gegründeten Schutzverband Deutscher Schriftsteller hervorgegangene Reichsverband deutscher Schriftsteller, der sich in völliger Umkehr seiner bisherigen Funktion als Hort des Schutzes der Schriftschaffenden in eine totalitäre Institution verwandelte, die alles zu erfassen hatte, was auch nur die Nähe literarischer Textproduktion streifte. Ihre wie in den meisten NS-Dachverbänden zur Mitgliedschaft verpflichteten Angehörigen hatten den

[37] PrAdK 1252, Sitzungsprotokoll vom 26.10.1933.

sogenannten ‚Ariernachweis' zu erbringen, womit das Schrifttum ‚germani-
siert', ‚entjudet', fremdländische Einflüsse ausgeschaltet und eine nationalsozialistisch ausgerichtete Schrifttumserzeugung eingeleitet werden sollten. Darüber
hinaus reklamierte der Reichsverband die legislative Gestaltung des Urheber-
rechts, eine Kernkompetenz, die wie bereits erwähnt, auch die Sektion für sich
beanspruchte.[38]

Bis zum 15. Dezember 1933 hatten alle Schriftsteller des Reiches, Sektionsan-
gehörige eingeschlossen, Mitglied der Schrifttumskammer zu werden – eine
Verpflichtung, die die Sektion als Affront und Angriff auf ihr anvisiertes intellektuelles Schrifttumsmonopol auffassen musste. Schäfer befürchtete, die Sektion werde hierdurch in einen „luftleeren Raum"[39] geraten. Auch Grimm hoffte,
„daß die Akademie unter allen Umständen möglichst bald zeigt, daß sie da
ist."[40] Emil Strauß konnte sich der Zustimmung Münchhausens, der sich als
oberster Gralshüter deutscher Literatur verstand, sicher sein, wenn er ihm am 7.
Dezember im Brustton der Empörung folgende Zeilen zukommen ließ: „Es ist
eine Reichsschrifttumskammer gegründet, die Akademie, die höchste Vertretung des Schrifttums ist als solche nicht zugezogen, nicht befragt, sie ist nicht
gebeten worden, eine Akademie an die Kammer abzuordnen: der zweite Vorstand der Akademie (Blunck, d. A.) ist unversehens – als ob sie schon nicht
mehr wäre – Präsident der Schrifttumskammer, und die ‚Stellung der Akademie' ist, wie der Vorstand gelegentlich mitteilt, noch nicht endgültig festge-
legt."[41]

Damit hatte Strauß das wohl wichtigste Problem angesprochen, übernahmen mit
Johst und Blunck ausgerechnet die zwei parteigetreuen Präsidenten der Dichter-
sektion auch den Vorsitz der Schrifttumskammer. Über Beumelburg setzte sich
Blunck, der im Januar 1934 sein neues Präsidium antrat, gegen sektionsinterne
Vorwürfe cäsaristischer Ämterhäufung sowie der Etablierung eines literaturpo-
litischen ‚Papsttums' zur Wehr. Die durch die Reichskulturkammer betriebene

---

[38] BArch R 56, Die Reichskulturkammer und ihre Einzelkammern.
[39] PrAdK 1114 fol. 253-255, Wilhelm Schäfer an Erwin Guido Kolbenheyer, 4.12.1933.
[40] Ebd. fol. 249, Hans Grimm an Erwin Guido Kolbenheyer, 6.12.1933.
[41] Ebd. fol. 241, Emil Strauß an Börries von Münchhausen, 7.12.1933.

„Umbildung"[42] der Künste im „ständischen Staat" werde „für Jahrhunderte giltig (sic!)" sein. Dieser „Ausdruck des ständischen Einbaus in den Staat" aber sei die Kulturkammer allein, womit Blunck der Akademie ein Armutszeugnis ausstellte und sich selbst aus der Sektion verabschiedete. Bei Beumelburg stieß Blunck insofern auf offenes Gehör, da der Schriftleiter, wie dargetan, als „Pate des Rundfunks" in der Unterabteilung der Reichsfachschaft für Erzähler selbst wichtige Funktionen in der neugebildeten Kammer übernahm.

Es war dieser polykratische Konflikt, der die Sektion erstmals sichtbar in zwei Fraktionen teilte: Jene der sich in Kolbenheyers Heimatstadt treffenden ‚Münchner' um Schäfer, Grimm, Binding und Münchhausen, die ‚ihre' Sektion autonom und als gesamtdeutsche Institution für reichszuständig zu erklären gedachten. Münchhausen brachte hier hinter den Kulissen auch seinen jährlich auf der Wartburg in Eisenach tagenden Dichterkreis als potentiellen Ersatz für die Sektion ins Spiel, genauso wie der außerhalb dieser Gruppe stehende Hans Grimm, der, bis 1935 selbst im Präsidialrat der Schrifttumskammer tätig, der Sektion mit seinen seit 1934 privat veranstalteten Lippoldsberger Dichtertagen Konkurrenz machte.[43] Münchhausen ließ seinen Verbündeten Grimm im September 1934 wissen, die „Akad[emie] kann nur etwas bedeuten, wenn sie entweder der höchsten Regierungsstelle (Reichspräsidium) unterstellt wird oder völlig autonom bleibt und als autonome Körperschaft wirschaftlich einem Ministerium angegliedert wird. Wir sind bedeutungslos und überflüssig, wenn wir anderen amtlichen Kulturorganisationen (z. B. einer Kammer) neben- oder gar untergeordnet werden. (…) Dies alles läßt uns deutlich voraussehen, was kommen wird."[44] Denn der von Johst und Beumelburg geführte Vorstand verweise klar auf eine Unterordnung unter Schrifttumskammer sowie Goebbels-Ministerium, weshalb es den Schriftleiter zu entmachten gelte: „Beumelburg ist zu jung und kann seine Stellung nicht durch seine Leistungen rechtfertigen. So sympathisch er sein mag, er kann, wenn das Wesen einer Akademie aufrecht erhalten bleiben od[er] durchgesetzt werden soll, höchstens Stellvertreter

---

[42] PrAdK 1257 fol. 39, Hans Friedrich Blunck an Werner Beumelburg, 3.3.1934.
[43] Mittenzwei: Mentalität, 327-333.
[44] Literaturarchiv Marbach, A: Hans Grimm, Börries von Münchhausen an Hans Grimm, 22.9.1934.

Schriftführer sein." (Ebd.) Johst hielt Münchhausen „geistig und leistungsmäßig für unfähig, die Stellung eines Akademiepräsidenten zu behaupten", zeige sich Johst nicht im Stande, die „Akademie irgendwie zu fördern", weshalb Münchhausen es als unmöglich erachtete, „daß dieser Mann länger an unserer Spitze stehe, geschweige daß er uns in und vor dem Auslande repräsentiere." (Ebd.)

Im Zuge dieser Ränkespiele visierten die Münchner, allen voran einmal mehr Börries von Münchhausen, in einer der kommenden Sitzungen die Absetzung des Vorstands an: „Ob es zweckmäßig ist, wie Kolbenheyer und Schäfer wünschen, den Vorstand abzusetzen oder ob nicht das Aussprechen unseres Tadels genügt, können wir in der Vorsitzung entscheiden. Beumelburg (der zu dieser Sitzung eingeladen werden sollte, d. A.) wird wahrscheinlich sowieso niederlegen, Blunck ist schon nicht mehr im Vorstande, und ich fürchte, daß auch bei Johst ein Wort genügen könnte, um ihn zum Rücktritt zu veranlassen." (Ebd.) In einer neuen Satzung strebte Münchhausen eine nur noch „puppenhaft[e]" (ebd.) Stellung des Vorstandes an, der als bloße, über keine überbordenden Kompetenzen mehr verfügende Repräsentationsinstanz zu erhalten war, sodass selbst er befürchtete, keines der Sektionsmitglieder werde sich hierfür noch hergeben.

In einer Zeit, da sich die rechtskonservativen Dichter jedoch willfährig in die Hände des Macht-Feldes begeben hatten, ließ sich von Süddeutschland aus nur schwer eine Palastrevolte gegen die Berliner Obrigkeit organisieren. Denn auf der anderen Seite standen mit Johst und Blunck eben jene NS-Konformen, die sich in der entscheidenden politischen Gunst der relevanten Machthaber befanden und die hofften, die Akademie noch immer nach dem ‚Führer'-Prinzip nationalsozialistisch auszurichten. Für sie blieb Hitler weiterhin der Wunschkandidat einer letztentscheidenden Instanz, die mit ihrem herrschaftlichen Glanz die Dächer am Pariser Platz erhellen sollte.[45]

Im Zentrum dieser Gefechte stand Beumelburg, dessen unentschiedenes Lavieren einmal mehr seinen Unwillen zum Ausdruck brachte, sich konkret zu einem der rivalisierenden Lager zu bekennen, wie es sein intellektuelles Engagement der 20er Jahre gekennzeichnet hatte. Zwar zählte er zu den Besuchern der von Grimm in Lippoldsberg etwa im März und Juli 1934 sowie im Juni 1935 anbe-

---

[45] Mittenzwei: Mentalität, 327-333.

raumten Dichtertreffen, wo er zusammen mit Binding, Alverdes, Bruno Brehm u. a. fünf Tage lang vor 400 Arbeitern und Studierenden in bewährter Manier von den ‚heroischen Tagen' des Ersten Weltkrieges berichtete.[46] Doch einer Einladung auf Münchhausens Wartburg verwehrte er sich, nicht zuletzt weil diese nicht vom ‚Burgherren' Münchhausen selbst, sondern vom nationalsozialistischen Bürgermeister Eisenachs ausgesprochen[47] und Münchhausen zudem von Goebbels dazu gedrängt worden war, auch dezidierte Nationalsozialisten wie Zöberlein oder Baldur von Schirach auf der Wartburg zu empfangen. Münchhausen schrieb Grimm, er habe „den Minister dringend gebeten von dieser Masse Jugend und Politik abzusehen, da die Partei durch die beiden wichtigsten literarischen Staatsbeamten (der Ausdruck ist entlarvend!) Blunck und Johst genügend vertreten sei, und der Begriff der Auszeichnung, der Würde, der Lebensleistung durch diese Namen in dieser Menge gefährdet sei."[48] Schon im Frühjahr 1933 hatte Münchhausen, der sich selbst für den deutschen Herold fiktionaler Fabulierkunst hielt, die Aufnahme Beumelburgs und Vespers Grimm gegenüber kritisch kommentiert: „Auch ich war, genau wie Sie, entsetzt über die Aufnahme von zwei übrigens prachtvollen Menschen und wertvollen Mitarbeitern am deutschen Schrifttum, die eben nur in eine Akademie nicht hineingehören, weil diese nur die Gipfelpunkte künstlerischen Schaffens vertreten darf."[49] Hinter der 1934 an Beumelburg ausgesprochenen Einladung vermutete Münchhausen eine Parteimitgliedschaft des Schriftleiters und damit das Bestre-

---

[46] PrAdK 1257 fol. 25, Hans Grimm an Werner Beumelburg, 14.3.1934; vgl. auch PrAdK 0831 fol. 76, Hans Grimm an Werner Beumelburg, 13.2.1935.

[47] Thüringer Universitäts- und Landesbibliothek Jena, Nachlass Münchhausen, Archiv-Nr. MÜ N 92, Tagebuch 160.

[48] Literaturarchiv Marbach, A: Hans Grimm, Börries von Münchhausen an Wilhelm Schäfer, Hans Grimm, Edwin Kolbenheyer, Emil Strauß, 22.9.1934.

[49] Thüringer Universitäts- und Landesbibliothek Jena, Nachlass Börries von Münchhausen, Archiv-Nr. MÜ N 92, Börries Freiherr von Münchhausen an Hans Grimm, 10.5.1933.

ben, die ‚Wartburg' politisch zu infiltrieren.[50] Erleichtert reagierte er auf dessen Ablehnung.[51]

In dieser für Beumelburg typischen opportunistischen Zurückhaltung vertrat er im schwelenden Sektionskonflikt eine Mittelposition, die es ihm erlaubte, im Verlauf der mühsamen Windmühlenkämpfe sowohl auf die Akademie als autonomer Institution als auch auf die sich ihm eröffnenden Möglichkeiten der Schrifttumskammer einzuschwenken. Letztere sah er etwa als Trutzburg wider künstlerisches Dilettantentum sowie als Ehrung all jener Schriftsteller, die, wie er, dem neu entstehenden Staat vorgearbeitet hätten.[52]

Gleichzeitig setzte er sich durchaus für die Autonomiebestrebungen der Sektion ein, die seines Erachtens umso schneller durchgesetzt seien, als ihre Mitglieder eine diesbezügliche Satzung erließen. Im Februar 1934 gab er Blunck gleichsam resignierend die Aussichtslosigkeit dieses Unterfangens zu verstehen: „Richtig wäre, die neue Satzung zu verkünden und Zustimmung der einzelnen binnen kurzer Frist zu verlangen, mein alter Vorschlag. Aber die Lethargie des Ministeriums (für Volksaufklärung und Propaganda, d. A.) befindet sich in edlem Wettlauf mit den Sprengungstendenzen in Süddeutschland. Dazwischen stehe ich und rege mich nicht im geringsten auf. (…) Wenn wir diese (H. i. O.) Akademie zu Grabe tragen, so wirst du mich nicht weinen sehen."[53] Noch deutlicher artikulierte sich Beumelburg im selben Monat gegenüber Schäfer, der dem Schriftleiter zum Vorwurf gemacht hatte, die Akademie werde in der Öffentlichkeit nicht ausreichend wahrgenommen. Beumelburg entrüstete sich über diesen Affront in einem merklich unbeherrschten Schreiben: „Seit ich die Geschäfte der Akademie übernahm, verfolge ich im Einverständnis mit den Ministerien die folgenden vier Grundsätze: [1.] Reinerhaltung des Gedankens der Akademie als des künstlerischen Gewissens der Nation. Das bedeutet Lostrennung von der Tagesarbeit im organisatorischen Aufbau des deutschen Schrifttums. Aus die-

[50] Literaturarchiv Marbach, A: Hans Grimm, Börries von Münchhausen an Hans Grimm, 4.9.1933.
[51] Ebd., A: Will Vesper, Börries von Münchhausen an Hans Grimm, ohne Datum, ca. September 1934.
[52] Werner Beumelburg: Aufbruch.
[53] Schleswig-Holsteinische Landesbibliothek Kiel, Cb 92, 64,1.2:15,42, Werner Beumelburg an Rudolf Binding, 27.2.1934.

sem Grund haben wir die Schaffung der Reichsschrifttumskammer gefördert, und Blunck hat das opfervolle und aufreibende Amt des Präsidenten übernommen. [2.] Geschlossenheit der Akademie in ihrem Auftreten nach außen. Sie können versichert sein, daß ich ein Freund des Kampfes der Geister und der Meinungen bin, aber das ist unsere innere Angelegenheit. Nach außen bin ich der Vertreter und Verfechter dessen, was wir in gemeinsamer Arbeit und im Austausch unserer Erfahrungen im Rahmen der neuen Gedanken, die das Reich erfüllen und gestalten, für richtig und gut halten. Sie werden mich stets bereit finden, mich ganz dafür einzusetzen, und ich bedauere, daß ich Ihnen nicht Einblick in jede einzelne Phase dieses Kampfes geben kann, den wir hier führen. Ich würde dann vielleicht sogar einmal ein Lob von Ihnen bekommen. [3.] Der Gedanke der Akademie der deutschen Kunst. Sie wissen von anderer Seite, daß wir unablässig in dieser Richtung gearbeitet haben. Wir stehen vielleicht kurz vor der Verwirklichung. (…). [4.] Das Gesetz über die Pflegschaft am Nachlass, das ich gleich Ihnen für einen Grundpfeiler unserer Arbeit halte."[54] Beumelburg wünschte „niemandem meine Stelle und ich würde sie lieber heute als morgen aufgeben, wenn ich nicht wüsste, dass es notwendig ist, die Dinge zu einem guten Ende zu führen. Dem deutschen Volke seine Dichter zu erhalten, die bedenklichen Strömungen zu unterdrücken, die heute alles Gewesene beiseite schieben wollen, der Regierung beizustehen und die deutschen Dichter einzugliedern in die leidenschaftliche Arbeit am Neubau des Reiches, das ist, was uns beherrscht." (Ebd.)

Grimm zufolge erwog Beumelburg im August 1934 sogar seinen Austritt, wenn die Statuten nicht bald realisiert würden. Grimm selbst sah die Sektion im Institutionengefüge und Kompetenzengerangel nationalsozialistischer Schrifttumskontrollwut zerrieben: „Ich meine immer deutlicher zu sehen, daß die Akademie in großer Gefahr steht, in Bedeutungslosigkeit zu versinken"[55], eine Sorge, die er im Dezember 1938 wiederholte. Am 27. Februar 1935 überfiel Beumelburg gegenüber Blunck erneut Untergangsstimmung: „Glaube mir, ich kenne diesen Betrieb nun seit fast zwei Jahren aus intimster Anschauung – selbst unfähig, geschlossen zu handeln, betrachten sie (die ‚Münchner', d. A.)

---

[54] PrAdK 1257 fol. 159, Hanns Johst an Werner Beumelburg, 17.2.1934.
[55] PrAdK 1114 fol. 247, Hans Grimm an Werner Beumelburg, 6.12.1933.

das Handeln jedes andern, wer es auch sei und wo er auch stehe, mit (…) Miss-
trauen (…)"[56]. In dieser Zeit habe er „nichts anderes getan, als Unfälle zu ver-
hüten, in völliger Einsicht, daß zu einer positiven Handlung jegliche Voraussetzungen in den Menschen selbst fehlte." (Ebd.) Die Sektion, so Beumelburg,
habe sich, im Wissen um ihre eigenen Grenzen, auf ihre repräsentative Wirkung
zu beschränken, dürfe aber keinesfalls dem Staat als Bremsklotz anhaften, womit er sich in spürbarer Resignation den ‚Berlinern' anzunähern begann.

Aus Bindings Sicht verbesserte sich die Situation der Akademie auch im Jahre
1935 nicht wesentlich. Gegenüber Grimm verwies der zweite Schriftleiter auf
die institutionelle Aufreibung des Hauses im Macht-Feld, täten die dort Verantwortlichen nichts, um die Sektion als Olymp literarischen Schaffens zu etablieren: „Ich vermag nur untätige Stellen zu erkennen. Bei einer erheblichen Anzahl solcher Stellen, die eigentlich für die Akademie tätig sein müssten und
sollten, scheint eine große Unlust eingetreten überhaupt noch etwas zu tun. Dies
drückt sich dadurch aus, daß auch an die Akademie kaum noch etwas von Be-
lang herankommt, herangebracht wird oder ihr selbst von dem zuständigen Ministerium an Arbeit zugemutet wird. Ich überzeuge mich gerade davon: Es liegt
nichts vor, was nicht ebenso gut Beumelburg mit einem Federstrich hätte erle-
digen können und was jetzt mit einem Federstrich von mir erledigt wird."[57]

Ein noch vernichtenderes Urteil fällte der von Binding indirekt zitierte Johst:
„Seine subjektive Meinung über die Zukunft der Akademie – er betonte ausdrücklich, daß diese Meinung subjektiv sei – geht dahin, daß man wohl nichts
gerade gegen sie (die Akademie, d. A.) habe, daß man sie aber als für das öffentliche Dasein, wie man es sich vorstellt, als unwichtig und jedenfalls kaum
verwertbar ansieht. Diese Ansicht ist auch ganz richtig: von einer Leidenschaft
(H. i. O.), von einem Aktivismus, von einem Kämpfertum in der Form wie man
es allseitig preist und predigt – und man kann dies verstehen – ist allerdings bei
der Akademie in keiner ihrer Abteilungen etwas Einheitliches zu erblicken."
(Ebd.)

---

[56] Schleswig-Holsteinische Landesbibliothek Kiel, Nachlass Hans Friedrich Blunck, Cb
92:64.1.2.58, Werner Beumelburg an Hans Friedrich Blunck, 27.2.1935.
[57] PrAdK 1114 fol. 25, Rudolf Binding an Hans Grimm, (ohne genaues Datum) 1935.

Beumelburg, der den Mitgliedern stets als institutsinterner Beschwerdekasten diente, bekam die Sorgen seiner Kollegen immer wieder postalisch auf den Tisch. Im Rahmen einer 1935 erfolgten Umstrukturierung der Reichsschrifttumskammer, infolge derer diese weitere Schrifttumskompetenzen akkumulierte, klagte Vesper: „Und was macht die Akademie? Man ist richtig gerührt, wenn man wieder einmal ein schwaches Lebenszeichen von ihr bemerkt. Vielleicht wird mit dem Umbau der Schrifttumskammer auch die Akademiefrage zur Lösung (nämlich ihrer Auflösung, d. A.) gebracht.“[58] Beumelburg selbst kommentierte Vesper gegenüber lakonisch: „Über die Akademie zu sprechen, will ich lieber erst gar nicht anfangen, damit mir die Tränen nicht rinnen.“[59]

Ihr Ende folgte in den Jahren 1937 und 1938. In seiner Funktion als preußischer Ministerpräsident übernahm schließlich Herrmann Göring am 1. Juli 1937 das Amt eines Protektors, der er, aus Sicht ihrer nationalkonservativen Mitglieder, keineswegs war. Denn nun erfasste eine abermalige ‚Säuberungswelle' die Räume am Pariser Platz, im Verlauf derer Göring das nach 1933 in die Akademie Einzug gehaltene konservative Element zugunsten des nationalsozialistischen entfernte. Eine solche Entwicklung war durchaus absehbar gewesen: Die in Lippoldsberg, Bamberg oder Eisenach abgehaltenen Dichtertage galten vorwiegend im Goebbelsministerium als Konkurrenz zu den staatlich organisierten Dichtertreffen in Weimar sowie als potentielle Widerstandszellen, weshalb sie der SD regelmäßig überwachte.[60]

Mithilfe einer sogenannten inaktiven Mitgliedschaft sahen sich konservative Dichter ins Abseits gedrängt, um jüngeren, nationalsozialistischen den Weg frei zu machen.[61] Aus einem bereits ein knappes Jahrfünft währenden Ohnmachtgefühl heraus wussten die alten Mitglieder kein probates Mittel, der-

---

[58] Ebd., Will Vesper an Werner Beumelburg, 20.9.1935.
[59] Literaturarchiv Marbach, A: Will Vesper, Werner Beumelburg an Will Vesper, 25.1.1935.
[60] BArch R 56-V/77 fol. 46-54, Dichterische Gemeinschaften, Kreise und Veranstaltungen, Protokolle des SD zu Dichtertreffen.
[61] Thüringer Universitäts- und Landesbibliothek Jena, Nachlass Börries von Münchhausen, Archiv-Nr. MÜ N 92 fol. 552, Rundschreiben der Preußischen Akademie der Künste, vom 15.7.1937.

artige Kooptationen zu verhindern. Allein Münchhausen beschwerte sich bei
Beumelburg, der im Sommer 1937 jedoch dem Auftrag Görings gefolgt war, die
Fliegerstaffel Legion Condor im Spanischen Bürgerkrieg literarisch zu veredeln
und nicht in Berlin präsent war. Anlässlich seines Eintritts in Görings Luftwaffe
sowie des erleichternden Gefühls, sich einer undankbaren Aufgabe entledigen
zu können, äußerte sich Beumelburg im August 1937 vergleichsweise indiffe-
rent gegenüber den in der Sektion durch seinen neuen Haus- und Befehlsherrn
durchgeführten Hinzuwahlen. Tatsächlich zeigte sich der Schriftleiter in diesem
Schreiben sichtlich froh über Görings ‚Schirmherrschaft' und machte Münchhausen bei dieser Gelegenheit klar, dass es sich als richtig erwiesen habe, die
bisherige Entwicklung ausgesessen zu haben: „Es wird nun davon abhängen",
schrieb er, „was bei den Satzungsberatungen herauskommt. Wenn möglich,
beteilige ich mich daran. Wenn nicht, so ist die Sache bei Ihnen in guten Händen. Es ist nicht zu spät, um die Akademie noch einmal zu beleben. Sie wäre tot
gewesen, wenn wir es früher versucht hätten."[62]

Mit Görings Neurekrutierungs- und Abstellgleismaßnahmen war ihr Tod aus
nationalkonservativer Sicht indes längst beschlossene Sache. Den finalen Stoß
versetzte der Dichtersektion mit Hitler ausgerechnet jener Mann, auf den einige
ihrer Mitglieder anfänglich so große Hoffnungen gesetzt hatten. Denn 1938 galt
es, das schöne, weitläufige Gebäude am Pariser Platz zu räumen und mit dem
Generalbauinspekteur Albert Speer an des Diktators Lieblingsarchitekten abzu-
treten, der die mangelhaften Räumlichkeiten im ehemaligen Kronprinzenpalais
kritisiert hatte.[63] In der Wehklage Börries von Münchhausens manifestierte sich
das Ende der Akademie im Abseits der Bedeutungslosigkeit: „Man nahm uns
unser schönes Palais in Berlin am Pariser Platz weg, inaktivierte einige 40 der
berühmtesten alten Künstler, um dauernd Raum für jungen Nachwuchs zu
schaffen und das Ministerium presste, ohne die Akademie zu fragen, ebenso
viele mir meist unbekannte Leute in das Institut hinein."[64]

---

[62] Ebd., Archiv-Nr. MÜ N 92, Werner Beumelburg an Börries von Münchhausen,
26.8.1937.
[63] Mittenzwei: Mentalität, 408.
[64] Staatsbibliothek zu Berlin, Handschriftenabteilung, Nachlass Börries von Münchhausen, Sig. III b 788, 1: Literarisches Tagebuch 1918-1945 mit Briefen und Urkunden von
1930-1940, 139; vgl. auch Thüringer Universitäts- und Landesbibliothek Jena, Archiv-

Damit endete die 200-jährige Tradition der Akademie und ihrer Sektion für Dichtkunst und mit ihr die seit 1933 anhaltenden, grundlegenden Irrtümer ihrer Mitglieder, als gleichberechtigte Partner am Staatsaufbau zu partizipieren sowie im Kulturfeld neben jenem der Macht eine autonome Rolle zu spielen, dessen geistige Zulieferer sie oft in Verkennung der eigenen Lage geworden waren. Diese Wasserträgerdienste sahen sich im NS in einem Kunst-, Kultur- und Intellektuellenverständnis erschöpft, das seine ästhetischen Postulate nicht mehr aus der gesellschaftskritischen und -formenden Mimese der Wirklichkeit ableitete, sondern dem Volk das NS-Weltanschauungsprogramm zu vermitteln hatte. In dieser Hinsicht tat die Akademie, wie ihr geheißen, wenn ihre eigentliche Bedeutung dieser Jahre weder im Bereich der Schrifttumspolitik, ihrer Lenkung und ihrer Gesetzgebung noch in dem vollständig gescheiterten Unterfangen, im polykratischen NS-System eine literarische Monopolstellung einzunehmen, sondern vielmehr in jener zweiten von Rust angesprochen Funktion einer normativen Macht zu finden ist, in öffentlichen, regimetreuen Aufrufen, nationalsozialistischer Publizistik und Schrifttumserzeugung, ästhetisierende Vermittlerin nationalsozialistischer Werte und Tugenden an das Volk zu sein. Für diese, unter dem Deckmantel der Kulturveredelung betriebenen Akklamationen erhielten sie dagegen, zumindest institutionell, kaum den Dank des Regimes und so erfüllte sich 1939, da der Beginn des Zweiten Weltkrieges die Mitglieder, kämpfend oder schreibend – oft beides – an die europäischen Schauplätze verstreute, die im Juni 1933 von Tucholsky gegenüber seinem Mitemigranten Walter Hasenclever 1933 artikulierte Prophezeiung: „Die Herren Johst und co. werden schon bald unter sich sein. Lass sie."[65]

Nr. MÜ N 92 fol. 552, Rundschreiben der Preußischen Akademie der Künste, vom 15.7.1937.
[65] Antje Bontiz/Gustav Huonker (Hg.): Kurt Tucholsky. Gesamtausgabe, Bd. 20: Briefe 1933 bis 1934, Hamburg 1996, Kurt Tucholsky an Walter Hasenclever, 11.6.1933, 46.

XVI. Kontinuität und Wandel des Weltkriegsnarrativs: *Das eherne Gesetz* 1934 und *Kampf um Spanien. Die Geschichte der Legion Condor* 1939

Wenngleich sich die Dichter der Akademie keineswegs institutionell aufgewertet sahen, profitierten sie in literarischer Hinsicht in ungeahntem Maße vom 1933 eingeleiteten Politikwechsel. Beumelburg steht hier einmal mehr exemplarisch für eine solche Indienstnahme der literarischen Talente nationalkonservativer Funktioneliten für das NS-Regime. Seine Kriegs- und Reichsbücher fanden Eingang in den Deutsch- und Geschichtsunterricht und insbesondere seine Kriegsschriften erlebten unter nationalsozialistischer Ägide einen enormen Popularisierungsschub in Form von Neuausgaben, Sonder- und Jugendauflagen für Marine- und Heeresschulen sowie zahlreiche Jugendbüchereien[1]: *Sperrfeuer*, wir sagten es, erreichte bis 1945 eine Auflage von 350 000 verkauften Exemplare, *Gruppe Bosemüller* bis 1939 170 000 und *Douaumont* bis 1941 145 000 verkaufte Exemplare. Auch seine weiteren Kriegstitel stiegen in der Regel weit über die 30 000er Marke, sodass Beumelburgs ausuferndes Werk, die Bücher zur Reichsidee inbegriffen, bis 1945 sogar über 2 Million verkaufte Exemplare vorzuweisen hatte. Führende Nationalsozialisten waren voll des Lobes ob seines literarischen Könnens. Himmler empfahl *Bosemüller* für Bücherspenden an das Winterhilfswerk[2], und der seit 1933 mit der Leitung des Aktionskomitees zum Schutz der deutschen Arbeit betraute Robert Ley riet den Betriebsführern der Deutschen Arbeitsfront (DAF) zur Lektüre *Sperrfeuers*.[3]

Beumelburg wiederum revanchierte sich mit weiteren Kriegsbüchern, deren Abfassung er fortan ganz unter das nationalsozialistische Banner des Hakenkreuzes stellte. Entsprechend der nach 1933 erfolgenden Heteronomisierung

[1] Vgl. die stark redigierten Neuausgaben: Werner Beumelburg: Douaumont. Ein Heldenkampf um Verdun, Gütersloh 1936; ders: Flandern 1917 Oldenburg 1942; ders.: Der:Frontsoldat. Erzählungen, Leipzig 1939; ders: Sperrfeuer um Deutschland. Weihnachtsbuch der deutschen Jugend, München 1939; ders.:Kameraden in der Hölle von Verdun, Leipzig 1941.
[2] BArch R 58/1100 fol. 50-51 K, Lektüre- und Buchspendeempfehlungen für das Deutsche Winterhilfswerk durch Heinrich Himmler, (ohne Datum) 1940.
[3] Vgl. die Widmung in: Werner Beumelbur: Sperrfeuer um Deutschland. Weihnachtsbuch der deutschen Jugend, München 1939.

von Macht- und Literaturfeld bedeutete dies allerdings eine ideologiekonforme-
re, propagandistisch durchwirktere Kriegsdeutung als sie noch für das traditio-
nelle, d. h. vorwiegend von rechtskonservativen Autoren generierte Narrativ der
pluralistischen 20er Jahre kennzeichnend gewesen war. Realismus und Authentizität waren fortan nicht mehr jene zentralen Leitideen eines an die Postulate
der Neuen Sachlichkeit angelehnten Darstellungsverfahrens, und wer seine
Werke weiterhin in der Heroisierung frontsoldatischen Leidens aufgehen ließ,
wie es für die Weimarer Republik paradigmatisch gewesen war, konnte auf den
Widerstand der NS-Zensurbehörden treffen.[4]

Zwei Schriften Beumelburgs verdeutlichen in diesem Kontext, wie sehr der NS
nach 1933 die Rückkehr zu einem pathetisch-ideologischeren Kriegsnarrativ
forcierte. In diese Riege der neben den Büchern zur Reichsidee zu zählenden
Propagandaschriften zählten der 1934 veröffentlichte *Gruppe-Bosemüller*-
Nachfolger *Das eherne Gesetz* sowie Beumelburgs Werk *Kampf um Spanien*
von 1939, das die im Spanischen Bürgerkrieg für Franco und Nazi-Deutschland
kämpfende Fliegerstaffel Legion Condor literarisierte.

Der 1934 erschienene Roman *Das eherne Gesetz. Ein Buch für die Kommenden*,
das wie Remarques Nachfolgeroman von *Im Westen nichts Neues*, *Der Weg
zurück* (1931), das Schicksal seiner Gruppenangehörigen in der Nachkriegszeit
wieder aufnahm, bildete in diesem Kontext genau genommen kein Kriegsbuch.
Vielmehr stellte es eine Abrechnung mit der ‚Systemzeit' der Weimarer Republik dar, die sich gleichwohl in den verlängerten Handlungs- und Deutungsrahmen der Folgen der Kriegsniederlage eingebettet sah.

Im Zentrum der Erzählung stand einmal mehr Erich Siewers, der im Schützengraben zum Krieger gereifte 17-Jährige. Das Werk behandelte seine Rückkehr
in die Zivilgesellschaft der 20er Jahre, in denen es nun darum ging „den Kommenden (der nachfolgenden Generation, d. A.) das von den gefallenen Kameraden auferlegte ‚eherne Gesetz' vorzuleben. Der Reflektorfigur Erich Siewers'
folgend, hatte der jugendliche Leser nun jenes Gesetz anzunehmen, das „den
einzelnen zur Belanglosigkeit macht und ihm, wenn er zum Opfer auserwählt

---

[4] Vgl. etwa die zensurbehördlichen Einwände zu neuen Kriegstexten Josef Magnus
Wehners, in: Joachim S. Hohmann: Erster Weltkrieg und nationalsozialistische „Bewegung" im deutschen Lesebuch 1933-1945, Frankfurt a. M. 1988, 288-361, hier 342.

ist, zu sterben befiehlt"[5], wie ein Rezensent der *Neuen Literatur* lobend kommentierte. Die Gruppenangehörigen sahen sich in dieser Erzählung nach ihrer Rückkehr in die Heimat auf sich selbst gestellt, versuchten fortan, es im Leben zu etwas zu bringen, scheiterten indes, so der eintönige Plot, als ehrliche und anständige Menschen an der egoistischen Verderbtheit der von Liberalismus und Materialismus durchwirkten Republik, über die sich Siewers in einer Textpassage wie folgend empörte: „Aber da sind andere gewesen, die haben nur auf den Augenblick gewartet und gelauert, daß wir uns in dem Gewirr des bürgerlichen Lebens verfingen und verstrickten. Die haben den Keil zwischen uns getrieben und haben sich insgeheim die Hände gerieben und gedacht: ‚Nun haben wir sie im Netz.' Und sie wurden frecher und frecher und schließlich predigten sie ganz offen: ‚Ihr seid Narren gewesen, armselige Narren…Und es gibt nur eines, was des Lebens Wert ist, das ist die Zuchtlosigkeit…'" (74)

„[A]nonyme Kräfte" und „namenlose Mächte" (114) zeichneten in der Nachkriegszeit für die Unterjochung dieser ‚moralisch integren' Menschen verantwortlich. Die angebliche Gemeinschaft des Krieges sah sich von Kräften gesprengt, die es verstanden, „die Guten und Einfachen, die Schlichten und die Geraden in die Netze der Gerissenen zu treiben, daß sie sich darin tot zappelten." (Ebd.) Diese auf die üblichen Sündenböcke von Liberalen, Demokraten, Pazifisten, Juden und linke Literaten verweisenden Mächte, bezeichnete Siewers als zu liquidierende „Leichenschänder" (74f.) des ‚Frontvermächtnisses': „‚Leichenschänder sind die, die auf die Gräber spucken und die da sagen, es ist ein Quatsch, sich für einen Begriff wie den Begriff Vaterland ein Loch in den Bauch schießen zu lassen…Leichenschänder ist, wer sagt, man muss vergessen und seinen Irrtum einsehen. Leichenschänder ist, wer versucht, aus den Gehirnen derer, die nach uns kommen, alles auszuräumen, was etwa von uns auf sie gelangen könnte. (…) Der Hals ist ihnen schon zugeschnürt, sie fühlen das Messer schon, das gewetzt wird…' ‚Erich! Das ist ja Bürgerkrieg!' ‚Nein…Das ist die große Säuberung, das ist die Wiederkehr der Ehrlichkeit…Das ist Zucht, das ist klare Unterscheidung zwischen schwarz und weiß…' (75f.) Der ‚Verlogenheit' der Weimarer Republik stellte die Darstellung das nur noch auf das Volk zugespitzte soldatische Sein gegenüber: „Wir

---

[5] Unbekannt: Das eherne Gesetz, in: Die neue Literatur 35 (1934), Nr. 7, 442.

sind selbst gar nichts. Wenn wir anfangen, nach uns selbst zu fragen, so sind wir schon nicht mehr brauchbar. (…) Wer fällt, der fällt, mag er geopfert werden, mag er sich selbst opfern. (…) Glauben Sie mir, wir müssen von einer Härte sein, die fast undenkbar ist." (156)

Waren des Autors literarisch imaginierte Frontsoldaten der 20er Jahre bei aller Typenhaftigkeit und ideologischer Überformung noch durchaus menschliche Protagonisten gewesen, die Schmerzen empfanden, von Sehnsüchten und Bedürfnissen getrieben waren, die geirrt und gefehlt hatten, durchzog das *Eherne Gesetz* eine appellative Struktur der Gewalt, die in ihrer demagogischen Intensität und ihrem expliziten Sprachgebrauch für Beumelburgs Autorschaft bis zu diesem Zeitpunkt keineswegs kennzeichnend gewesen war. Die Schrift war als Legitimation der vom NS nach 1933 zahlreich durchgeführten ‚Säuberungen' lesbar und gab zudem durch seitenlange Lamentationen gegenüber den ‚Reichsfeinden' jenes ‚stille Heldentum' der 20er Jahre auf, das für das durchaus realistische Darstellungsverfahren früherer Kriegsschriften stilbildend gewesen war. Auf diese Weise stellte der Autor sich im zweiten Jahr der nationalsozialistischen Herrschaft mit unbedingter Rücksichtslosigkeit hinter die Gewaltanwendung der neuen Machthaber, die mit Repressionen und Terrormaßnahmen politische Gegner ausschalteten, in Konzentrationslagern internierten, Juden diffamierten und schikanierten sowie ungewünschte Personen in die Emigration getrieben hatten.

Mit dieser auch für die Bücher zur Reichsidee konstitutiven Haltung bot sich Beumelburg dem Regime im Zuge des 1936 ausbrechenden Spanischen Bürgerkrieges idealiter an, die 1937 mithilfe der Luftwaffe erfolgende deutsche Intervention auf der Iberohalbinsel literarisch zu ästhetisieren. Im Sommer 1937 traten von Seiten des Reichsluftfahrtministeriums Generalstabschef Major Werner Kreipe, Staatssekretär Generaloberst Milch und der Versorgungsleiter des spanischen Sonderstabs Helmuth Wilberg mit dem von Göring abgesegneten Angebot an Beumelburg heran, Ruhm und Ehre der Legion Condor im Spanischen Bürgerkrieg in panegyrische Form zu gießen.[6] Neben seiner Reputation als regimekonformer Schriftsteller und Kriegsdichter eignete sich Beumelburg

---

[6] Beumelburg: Fragment, 129-131.

als poetischer Verklärer eines Luftkrieges insofern, als er es bereits in seiner Zeit bei den *Düsseldorfer Nachrichten* verstanden hatte, Zeppeline als Errungenschaften deutscher Ingenieurskunst zu lobpreisen und das durch den Versailler Vertrag ausgesprochene Verbot, eine Luftwaffe aufzubauen, anzuprangern.[7] Darüber hinaus war Beumelburg, der zwischen Capri und Berlin mit einem selbstgesteuerten Flugzeug pendelte, überaus technikbegeistert, gehörte er zu den Liebhabern schneller Autos sowie zur leidenschaftlichen Gruppe der Segelflieger. Im Rahmen seines Engagements für den Reichsarbeitsdienst hatte er beispielsweise zahlreiche Arbeitslager mit einem eigenen Flugzeug angesteuert. Und schließlich waren die Verbindungen zu Hermann Göring ausgezeichnet, der Beumelburg regelmäßig zu seinen Geburtstagsfeiern einlud.[8]

Der Autor nahm für sein Werk Anschauungsunterricht vor Ort und durfte, wie zu Zeiten des Reichsarchivs, Generalstabsakten einsehen.[9] Dabei bildete Beumelburgs staatlich subventionierter Literarisierungsauftrag in Spanien keinen Sonderfall. Auch Edwin Erich Dwinger (*Spanische Silhouetten.* 1937), Will Vesper (*Im Flug durch Spanien*, 1943) und Karl Georg von Stackelberg (*Legion Condor* 1939) entsandte der NS-Staat mit Spanien in ein Land, dessen Bürgerkrieg zum literarischen Gegenstand internationaler Schriftsteller wie Ernest Hemingway (*Wem die Stunde schlägt*, 1941), André Malraux (*L'Espoir*, 1937), Ludwig Renn (*Der spanische Krieg*, 1955) u.v.a.m. geworden war.

In Berlin luden Legionskommandeur Hugo Sperrle und Stabschef Wolfram von Richthofen Beumelburg zum Lagevortrag. (133) In Franco vermuteten sie einen politischen Opportunisten, der sich der Falangistenbewegung als bloßem Mittel der Machterlangung bediente. Richthofen, so die Erinnerungen Beumelburgs, unterstützte Hitlers Intervention in Spanien, da ihm die iberische Halbinsel als „Präludium zu einem neuen Weltkrieg" (133f.) galt, das, werde es nicht frühzeitig mitgespielt, die „Ausgangsposition in einem neuen europäischen Krieg zu verschlechtern" (134) drohe. Damit vertrat Richthofen die in faschistischen wie demokratischen Staaten gleichermaßen verbreitete Dominotheorie, wonach der

---

[7] Ders.: Wunderwerk deutscher Wissenschaft, in: Düsseldorfer Nachrichten 49 (1924),15.10.
[8] Beumelburg: Fragment, 125f.
[9] Ebd.: 129-131.

Errichtung einer kommunistischen Herrschaft in Spanien jene in Frankreich folgen würde.

In der Uniform eines Oberleutnants – der „erste[n] Uniform, die ich nach dem Waffenstillstand von 1918 wieder anzog, und inzwischen waren meine Haare grau geworden" (136) – unternahm Beumelburg im Juli 1937 von Berlin Tempelhof mit einer Junker 52 seine vom Reichspropagandaministerium unter strengster Geheimhaltung eingestufte Reise. (135f.) Auf der Nachschubbasis der spanischen Nationalarmee in Sevilla angekommen, besichtigte Beumelburg Salamanca und nahm an Lagebesprechungen teil. In Valladolid und Burgos, den Hauptquartieren der Legion, empfingen ihn Sperrle und Richthofen. (138) Eindrücke über die neuen Dimensionen dieser ersten genuinen Luftschlacht der Kriegsgeschichte sammelte Beumelburg hauptsächlich im Dorf von Brunete, das als strategischer Schlüssel galt, um das nur 40 Kilometer entfernte Madrid einzunehmen. Die vom 6. bis 25. Juli ausgetragenen Kämpfe forderten mehr als 30 000 Tote und erinnerten den Verdunveteranen „lebhaft an einige Brennpunkte des Weltkriegs an der französischen Front." (139f.) Im August nahm Beumelburg an den Planungen des Generalstabes zur Einnahme der Baskenprovinz teil, innerhalb derer der Autor auch Gespräche mit dem Generalstabschef der Nationalspanier, Juan Vigón, führte. Laut Beumelburg unterhielten sie sich über die Möglichkeiten, die spanische Monarchie zu restituieren bzw. eines autoritär geprägten spanischen Sonderweges. Vigón habe die Systemfrage von Demokratie oder Kommunismus dabei als Wahl zwischen Skylla und Karybdis empfunden: „Warum sollte es uns nicht gelingen, eine Staatsform zu entwickeln, die von der Diktatur und dem Kommunismus ebenso weit entfernt ist, wie von der Zügellosigkeit eines sogenannten republikanischen Systems?" (141), entsann sich Beumelburg einer Kernfrage ihres Gesprächs. Vigón habe zunächst *law and order* wiederherstellen wollen und sah eine Wiederkehr des spanischen Königshauses auf unbestimmte Zukunft vertagt. (Ebd.)

Die im Norden vom 14. bis 26. August ausgetragene Schlacht von Santander beobachtete Beumelburg schließlich im Reigen deutscher und spanischer Generalstabsangehöriger –, unter ihnen ‚Caudillo' Franco – vom Höhenplateau des Monte Vernorio aus, einem den vordersten Linien unmittelbar vorgelagerten Beobachtungspunkt. (Ebd.) Ortsansässige befragte Beumelburg nach den Gründen des Krieges, dem politischen Anteil seines Ausbruchs sowie ihrer Parteinahme – Erkenntnisse, die er bedauerlicherweise nicht in sein Werk einfließen ließ.

Bei aller Lobpreisung, mit der Beumelburg die Legion literarisch überziehen würde, schien der nun 38-jährige Autor dem spanischen Unternehmen doch skeptisch gegenüberzustehen. Verbindungsoffizier Walther Cetto notierte am 16. August 1937 eine Begegnung mit dem Schriftsteller in sein Tagebuch: „Als der General (Richthofen, d. A.) seinen üblichen Skat spielte und die anderen langsam zu Bett gingen, freundete ich mich mit Beumelburg an. Er erzählte, daß er nur auf Geheiß von Göring hier sei. Da er Reserveoffizier der Pioniere ist, wollte er dort seine Übung machen und hätte dann keine Zeit für Spanien gehabt. Göring veranlasste Versetzung zu den Fliegern und Anrechnung dieses Frontbesuches als Reserveübung. Beumelburg kritisierte dann alles und behauptete, das auch Richthofen gesagt zu haben. Man müsse heraus aus diesem Unternehmen, so oder so. Er werde das Göring schon beibringen. Entweder ginge er dann heraus oder er setze alles irgendwie verfügbare ein, um die Sache zu einem guten Schluss zu bringen.“[10]

Überraschenderweise gab Cetto ferner zu Protokoll, dass sich Beumelburg für eine Bündnis „mit Russland“[11] ausgesprochen habe. Dieser Cetto gegenüber geäußerte Kommentar muss insofern relativiert werden, als ihn Beumelburg zum abendlichen Offiziersumtrunk unter starkem Alkoholeinfluss artikulierte. Eine solche Aussage erscheint paradox, da Beumelburg, etwa in seinem Werk *Kaiser und Herzog* vom selben Jahr den Vorstellungen von ‚Lebensraum im Osten' selbst Vorschub geleistet hatte. Dennoch kündigte sich hier ein erster Dissens des Schriftstellers gegenüber den politischen Prioritätensetzungen und den damit einhergehenden militärischen Planungen des Regimes an. Dies ist insofern relevant, da sich Beumelburg 1943 in der Schlacht von Stalingrad die Wende des Zweiten Weltkrieges aus eigener Anschauung vor Ort ankündigen und er vom Regime abzurücken beginnen sollte. Über die Motive dieser gegenüber Cetto getätigten, tendenziell russlandfreundlichen Aussage kann hier nur

---

[10] BA-MA Freiburg, MSG1/2798, Tagebuch Walther Cetto, 16.8.1937.
[11] vgl. auch den Eintrag von Richthofens, in: Ebd., N 671/2, Kriegstagebuch Wolfram von Richthofen, 2.8.1937.

spekuliert werden. Gedanken über eine staatspolitische Zusammenarbeit mit Russland waren unter konservativen Revolutionären weit verbreitet und hatten nicht zuletzt auch im 1922 zwischen Deutschland und der Sowjetunion abgeschlossenen Vertrag von Rapallo einen konkreten Ausdruck gefunden. Artur Moeller van den Bruck etwa hatte in seinen 1916 bzw. 1919 erschienenen Werken *Der Preußische Stil* bzw. *Das Recht der jungen Völker* sowie im von Beumelburg besuchten Juniklub einen völkisch konnotierten Sozialismus als gemeinsamen Weg dieser kulturphilosophisch zum Aufstieg prädestinierten Völker postuliert. Mit Hans von Seeckt hatte 1933 ein weiterer *spiritus rector* Beumelburgs in der Reflektion eines zukünftigen Krieges die Position vertreten, Deutschland müsse gegen Polen und Frankreich eine Entente mit der Sowjetunion eingehen.[12] Wahrscheinlich ist ebenfalls, dass sich Beumelburg auf jene außenpolitische Maxime seines großen Vorbildes, Otto von Bismarck, stützte, der der Vermeidung eines Zweifrontenkrieges oberste Priorität eingeräumt hatte. Letzten Endes erscheint der Widerspruch angesichts der in *Kaiser und Herzog* enthaltenen ‚Lebensraum'-Vorstellungen jedoch nicht gänzlich auflösbar. Der Opportunist in Beumelburg erlaubte es womöglich, janusgesichtige wie bequeme Positionen zu beziehen, in denen er dem Regime öffentlich zuarbeitete und es im Privaten kritisieren konnte.

Und so verhielt es sich, denn mochte Beumelburg in dieser Enthemmung seiner eigenen Meinung Ausdruck verliehen haben, stellte er seine Dienste doch weiterhin voll und ganz in die Zusammenarbeit mit dem NS. Der im Krieg revitalisierte Schriftsteller erstattete nach dem Ende seines ersten Spanienaufenthalts im August 1937 seinem Akademiekollegen Börries von Münchhausen begeistert Bericht: „Ich war sechs Wochen in einem besonderen Auftrag dort unten, bin gestern hierher zurückgekommen, nachdem wir Santander genommen, machte alles als ein Kapitän der deutschen Legion mit, muss nun zum Obersalzberg (zum Sommerdomizil Hitlers, d. A.) und anderswo zur Berichterstattung und womöglich bald wieder hinunter in den Südwesten. (…) Die erste 250 Kilobombe, die erste MG-Garbe im Leitwerk der Maschine und das erste muntere Interinfanteriegefecht haben mich mächtig auf Trab gebracht, und ich

---

[12] In seinem Werk *Deutschland zwischen Ost und West* (1933) hob Seeckt die Vorteile einer Zusammenarbeit mit der Sowjetunion hevor.

bin braun wie ein Marokkaner, sehr bereichert in politischen Erkenntnissen und vollgetränkt von Erlebnissen zurückgekehrt." [13]

Wiederbelebt reihte sich Beumelburg mit seiner Monographie *Kampf um Spanien. Die Geschichte der Legion Condor* neben Fritz Otto Buschs *Kampf vor Spaniens Küsten* (1939), Rudolf Staches *Armee mit geheimem Auftrag* (1939), Hermann Kohls *Deutsche Flieger über Spanien* (1940), Albert Krupps *So kämpfen deutsche Soldaten* (1939) und Karl Georg von Stackelbergs *Legion Condor* (1939) in eine Riege nach Aufgabe der Geheimhaltung 1939 erscheinender Gesamtdarstellungen ein. Endlich war es Beumelburg vergönnt, einen gewonnenen Krieg in Worte zu kleiden, und es bietet sich hinsichtlich dieses Werkes geradezu an, die eingangs angeschnittene Frage nach dem diskursiven Wandel des Kriegsnarrativs im NS metaphern- und toposhistorisch erneut aufzunehmen.

In der Genese scheinbarer Kontinuität griff Beumelburg in der Kolportierung der textimmanenten politischen Botschaften verstärkt in den rhetorischen und argumentativen Haushalt der Erzählung zur Reichsidee, zum Ersten Weltkrieg sowie der rechtkonservativen Negativgeschichte der Weimarer Republik zurück. So hätten „als Napoleon I. die spanische Dynastie durch einen Betrug stürzte und sich das Land unterwerfen wollte" (12) preußische Truppen „ein halbes Jahrzehnt lang auf spanischem Boden um Spaniens Freiheit" gekämpft und „ihren Anteil zur Befreiung auch der deutschen Heimat" beigetragen; der Autor rechtfertigte den Einsatz ferner als Freundschaftshilfe für ein Land, das sich im Ersten Weltkrieg nicht in die gegnerische Phalanx der Ententemächte eingereiht hatte „als die ganze Welt sich 1914 auf Deutschland warf." (Ebd.)

Die Vorgeschichte des Bürgerkrieges schilderte Beumelburg in Analogie zu jener der Weimarer Verfallsphase 1930/33: Die politische Rechte hätte die den Konflikt präludierenden spanischen Volkswahlen von 1933 zwar gewonnen, sei jedoch von der Linken „mit Hilfe der [republikanischen] Mitte um ihren Sieg" (14) betrogen worden. Mit dem Erfolg der linken Volksfront 1936 habe Spanien gedroht, ähnlich wie das Reich 1932/33, in einem blutigen Bürgerkrieg zu ver-

---

[13] Landes- und Universitätsbibliothek Jena,, Archiv-Nr. MÜ N 92, Werner Beumelburg an Börries Freiherr von Münchhausen, 26.8.1937.

sinken. (16) Die Linke habe Franco – die Parallelen zu Hitler waren unverkenn-
bar – politisch zunächst unterschätzt; dieser habe es gleichwohl als ‚Mann der
Tat' verstanden, die ultranationalistischen Falangisten-Garnisonen gegen die
Revolution neu zu ordnen und im Juli 1936 von den kanarischen Inseln nach
Spanisch-Marokko überzusiedeln. (17-20)

In der Kontinuität zum Weltkriegsnarrativs folgte Beumelburg in *Legion* der
heterodiegetischen, nullfokalisierten Vogelperspektive *Sperrfeuers*, in der er
politische und militärische Ebene miteinander verschränkte. Wie Deutschland
zu Beginn des Ersten Weltkrieges war Spanien ‚eingekreistes Opfer' einer aus
‚bösem' Kommunismus, und ‚schwacher und verschlagener' Demokratie bestehenden europäischen Systemkonkurrenz, aus der es nur mithilfe der ‚guten, weil
‚anständigen' autoritären Staaten Deutschland und Italien auszubrechen vermochte. Alle Kriegsgegner von einst fanden sich hier erneut versammelt: „Die
eigentliche Basis der späteren Operationen der roten Truppen wurde Südfrankreich, sowohl in materieller wie in personeller Beziehung. Englische Schiffe
oder Schiffe unter englischer Flagge übernahmen den Seetransport. Französische Transporte passierten die Pyrenäengrenze ohne Zahl. Die Instruktoren der
Roten Armee stellten Frankreich und Sowjetrußland. Die Flugzeuge und die
Piloten kamen aus den gleichen Ländern, die Panzerwagen fast ausschließlich
aus Rußland. Das Kontingent der gedienten Soldaten, die zum größten Teil den
Weltkrieg mitgemacht hatten, lieferten die Radikalen aller Herren Länder, Engländer, Franzosen, Russen, italienische und deutsche Emigranten, Tschechen,
Ungarn, Amerikaner." (39f.) Die Ententemächte England, Frankreich und die
Sowjetunion hätten aus Angst vor einem dritten autoritären Staat „den Radikalen Vorschub" (21) geleistet, sodass ein Eingreifen Deutschlands und Italiens
legitim erschien. Dementsprechend sei Hitler im Juli 1936 nur folgerichtig der
Bitte Francos nachgekommen, mithilfe deutscher Transportflugzeuge von Ma-
rokko aufs spanische Festland überzusetzen. Die Rotarmisten zeigten sich dem-
gegenüber bis August 1936 unfähig, militärische Disziplin zu wahren und hätten sich stattdessen lieber auf Rauben, Morden und Plündern konzentriert.
(37ff.) Dennoch sei es zunächst dank alliierter Unterstützung gelungen, die
Lufthoheit zu behaupten (48), was sich in der Darstellung erst mit dem Eingreifen der Legion zu ändern begann. (66). Dank der taktischen Unterstellung der

gesamten nationalspanischen Fliegerei unter deutsches Kommando habe sich sodann das Blatt gewendet. (83) Im April 1937 bombte die Legion Guernica sturmreif (87-97), die im Juli 1937 um Madrid, Santander und Brunete ausgetragenen Schlachten endeten dank der Legion mit der Eroberung Nordspaniens. (106) Es folgten Durchbrüche nach Süden und Osten, die in der Eroberung Kataloniens (228, 295) und einer exzessiven Siegesparade in Madrid einmündeten. (305)

In scheinbarer narrativer Kontinuität wob Beumelburg die Geschichte des Spanischen Bürgerkrieges parallel in jene des Ersten Weltkrieges. (21) Die Legionäre kämpften am Ebro für das Großdeutsche Reich, was sie in die Kontinuität der „Gefallenen des Weltkrieges" setzte (7), da sie Leistungen erbrachten, „die ihrer Kameraden aus dem Weltkriege würdig waren." (49) Wie im Weltkrieg, so betonte Beumelburg auch hinsichtlich des Spanienkonflikts die intrinsische Motivation der ‚Freiwilligen', denen er das Buch widmete. (10) Dass es sich beim Gros der deutschen Spanienkämpfer um Angehörige der Wehrmacht handelte, die – etwa den faschistischen Schwarzhemden der Aviazione Legionaria oder der italienischen Corpo-Truppe Volontarie (CTV) vergleichbar – Luftwaffengeneral Helmut Wilberg ausgewählt hatte[14], ließ Beumelburg außen vor. Auch der Krieg als nationale Neuanfänge ermöglichender Motor kehrte in *Legion* wieder: „Vielleicht hat dieser Krieg lange andauern und zu schweren Opfern führen müssen, um dem erneuerten Spanien das Bewußtsein der Kraft, des vollen Ernstes und seiner geschichtlichen Aufgabe zu verleihen." (32) Nicht fehlen durfte ferner der Verweis auf den Krieg als generationeller Schmelztiegel: „In diesen Jahren hat das neue Spanien eine Generation von Jünglingen und Männern gewonnen, die schwerer wiegen in seiner Geschichte als die furchtbaren Blutopfer, die für sie und ihr Wachsen gebracht werden mußten." (140) Wie der Erste Weltkrieg weitete sich der Spanienkonflikt zu einem jahrlangen Brandherd aus, der gleichsam, wie im vorherigen Zitat angedeutet, als Aktionsraum die Möglichkeit der nationalen Bewährung bot: „Sie (die Jahre des Krieges, d. A.) gaben ihm die Härte, ohne die ein stolzes Volk sein Schicksal inmitten mißgünstiger Nachbarn niemals selbst wird meistern können." (41f.) Klassisch war

---

[14] Stefanie Schüler-Springorum: Krieg und Fliegen. Die Legion Condor im Spanischen Bürgerkrieg, Paderborn 2010, 108f.

schließlich ebenso die Deutung des Krieges als ‚Thermophylenschlacht' oder ‚Schlesischem Krieg', d. h. als Kampf einer unterlegenen Truppe gegen einen zahlen- und materialmäßig überlegenen Gegner. (17-20) Wie in den Schlachtendarstellungen kehrte der Autor ferner zu einem kollektiven Erzählmodus zurück, indessen er hier erzählperspektivisch aus dem Schützengraben auf den Feldherrenhügel des Monte Vernorio stieg, von dem aus er die Schlacht von Santander geschaut hatte. Somit schilderte Beumelburg das Geschehen im Sinne seiner Auftraggeber primär aus der Perspektive der siegreichen Generalstabsangehörigen, die das Werk durchgehend namentlich nannte. Im Gegenzug verzichtete Beumelburg auf jenen Anekdotenstil, mithilfe dessen er sich etwa in den Schlachtendarstellungen intradiegetisch in die Einzelschicksale verschiedener Mannschaftsgrade versenkt hatte. Der gemeine Soldat fand sich hier im Kollektiv von „Legionen", „Staffeln", „Navarrabrigaden", „deutschen Jägern" und „Bombern", „Artillerie", „Fliegern", „Ketten" und „Verbänden" (87) aufgelöst.

In diesem siegreichen Kampf setzte das neue, sich von jenem konservativen des Weltkrieges der 20er Jahre doch erheblich unterscheidende Narrativ eines erfolgreichen NS-Krieges ideologisch griffig ein. Das Werk verzichtete beispielsweise auf eine dezidierte Literarisierung der Kameradschaft, was zum einen besagter Generalstabsperspektive geschuldet war. Zum anderen setzte die in *Legion Condor* punktuell inszenierte Kameradschaft auch deswegen kaum emotionale Bindekräfte frei, da der kriegsbedingte, pneumatische Perspektivwechsel, eine Literarisierung der einsam ihre Cockpits bewohnenden Flieger erschwerte. Dies hatte bereits Richard Euringers Fliegerroman des Ersten Weltkrieges *Fliegerschule 4. Buch der Mannschaft* von 1929 gezeigt, hatte Euringer nur anlässlich der Zusammenkunft der Akteure in besagter Fliegerschule kameradschaftliche Gruppeneffekte zu stiften vermocht.

Zumal drohten die neu entwickelten Maschinen-, Waffen- und Gerätetypen den Fliegern die Schau zu stehlen, bildete die Idealisierung der Luftwaffe die Idealisierung ihrer Flugzeuge. Das Maschinengewehr als ‚Superstar' des Ersten Weltkrieges ersetzte das Arsenal von Heinkel 51, Junker 52, Dornier 17 und Messerschmitt 109, Flugzeuge, die der „Welt gewachsen oder überlegen" (9) waren. Ein dezidierter Technik-Diskurs hinsichtlich der Interaktion von Mensch und Maschine als kybernetischem Kameradschaftsverhältnis oder technisch vermittelter Kriegserfahrung entfaltete der Autor allerdings kaum; das Werk beschränkte sich auf die visuellen Schauwerte spektakulärer Sturzflüge und Pirouetten, wobei die recht blutarme Erzählung jedoch nur selten Abstürze und Abschüsse schilderte. Hatte Kameradschaft in den traditionellen Kriegsschriften Beumelburgs noch einen dem ‚Defensivkrieg' von 1914 geschuldeten Abwehrmechanismus gebildet, in dem sie gegen eine überlegene Feindmacht zum Arsenal unabdingbarer Überlebensstrategien gehört hatte, war dem Autor in der Darstellung des Spanischen Bürgerkrieges doch vielmehr daran gelegen, eine tatkräftig agierende, technisch perfekt ausgerüstete und logistisch generalstabsmäßig aufgestellte Truppe zu präsentieren. Erzählziel war die Schilderung der Legion als *pars pro toto* der wehrhaften ‚Volksgemeinschaft', wie sie die Legion-Condor-Expertin Schüler-Springorum in zahlreichen Medialisierungen der Fliegerstaffel ausmacht: „Dabei fällt auf, dass sich die Presse, wie kurz darauf auch die Sammelbände, nach Kräften darum bemühten, den Erfolg der Legion Condor als Ergebnis des gemeinschaftlichen Handelns aller daran beteiligten Einheiten zu inszenieren. Nicht nur der Jagdfliegerheld sollte im Vordergrund stehen, sondern die große ‚Volksgemeinschaft' der Lüfte: Beobachter und Aufklärer, Flakschützen und Funker, Bordschützen und Mechaniker."[15]

Ferner entfielen die für die Schlachtendarstellungen klassischen Respektsbekundungen gegenüber dem Feind. Wo Beumelburg etwa in *Ypern 1914* dem englischen Expeditionskorps, das seine Kampfkraft in zahlreichen Kolonialkriegen bewiesen hatte, höchste Anerkennung gezollt hatte, waren die spanischen Rotarmisten in *Legion* unfähig, in militärischen Kategorien zu denken und soldatische Disziplin zu wahren: „War schon von Taktik bei den Roten keine Rede, so fehlte es erst recht an den einfachsten Begriffen der Strategie. Ungeordnete Haufen zusammengelaufener Leute fuhren mit beschlagnahmten Lastwagen oder Eisenbahnzügen an irgendeinen Punkt, wo sie den Gegner vermuteten, und bemerkten oft erst bei ihrer Ankunft, daß niemand an Verpflegung und Munition gedacht." (52)

---

[15] Ebd.: 243f.

Dagegen handelten die Legionäre – anders als noch die menschlicheren Frontsoldaten der Schlachtendarstellungen – selten falsch. Das Heroische überwölbte
in *Legion* die in früheren Werken geübte anekdotenhafte Nabelschau einzelner
Protagonisten mitsamt ihrer Innenweltdarstellung von Panik, Angst und Todeserfahrung. Das der Niederlage geschuldete Warum des Ersterweltkriegsnarrativs
wich in *Legion* der permanenten Lobhudelei deutscher Erfolge, hatte das Propagandaministerium vor kriegsrealistische Darstellungen alter Schule bereits vor-
ab einen Riegel geschoben, indem es verboten hatte, Opfer-, Abschuss- und
Verwundetenberichte zu nennen.[16] So waren die deutschen Soldaten schon deshalb angeblich moralisch überlegen, handelte es sich doch um einen der ‚Nach-
barschaftshilfe' geschuldeten gerechten Krieg, der nicht etwa „dem Zweck diente, die deutschen Waffen zu üben und zu prüfen."[17] Die Legionäre bestachen
durch „gründliche Vorbereitung, restlosen Einsatz, bestes Zusammenwirken,
durch Tapferkeit, Zähigkeit und Unermüdlichkeit", durch „gute strategische
Anlage" während „die demokratische Außenwelt noch in banger Erwartung auf
den Landkarten zu suchen begann, wo denn eigentlich diese Dörfer und Städte
mit den sonderbaren Namen lagen (…)." (158) Das Kontingent der Legionäre,
das, so Beumelburg, eine Gesamtzahl von 5000 nie überschritten habe, sei dem
Feind „etliche Male größer" (175) erschienen, weil sich der NS auf die preußische ‚Kultur des Militarismus' zurückbesonnen habe. (158) Obgleich
Beumelburg durchaus bestrebt war, den Nationalspaniern ihren Anteil an den
Siegen zukommen zu lassen, gerieten diese im Verlauf der Darstellung dennoch
in die Rolle deutscher Wasserträger. Wo Spanier versagten, wendete deutsche
Strategie und deutsches Gerät das Blatt. (121) Militärischer Rat wurde vom
spanischen Kommando „oft angenommen" (58), und „[d]er Generalissimo
Franco und seine Mitarbeiter kargten nicht mit ihrem Dank an die deutschen
Stellen." (170)

Eine solch offen propagandistische Aufladung mündete in eine farblose Darstellung bar jeglicher Spannungs- und Überraschungseffekte. Aufgrund der omni-
präsenten Gemeinschaftsperspektive machte Beumelburg keinen Unterschied

---

[16] Jutta Sywottek: Mobilmachung für den totalen Krieg. Die propagandistische Vorbereitung der Deutschen für Bevölkerung auf den Zweiten Weltkrieg, Opladen 1976, 177.
[17] Beumelburg: Legion, 137.

mehr in der Kriegserfahrung eines Flakhelfers im Baskenland oder eines Luftwaffenoffiziers in der Levante; auch die für diesen Krieg so signifikante Cockpit-Perspektive erfuhr kein ästhetisierendes Wort; Alkohol als Mittel Gewalt bewältigender Verdrängung sowie Prostitution im babylongleichen Sevilla spielten in diesem ns-politisch korrekten Narrativ – etwa im Gegensatz zur *Gruppe Bosemüller* – genauso wenig ein Rolle wie die Kritik am luxuriösen Leben der Etappe, wie es von Richthofen und Beumelburg selbst in Form von Vier-Gänge-Menüs auf einem zur Kommandozentrale umfunktionierten Schloss in Villa del Prado genossen hatten.[18] Die in zahlreichen Kriegstagebüchern geschilderte Kriegsmüdigkeit, die unter Spanienkämpfern zum geflügelten Wort „Heim ins Reich, aber gleich"[19] geriet, blieb ebenso unerwähnt, obgleich es das Luftfahrtministerium Beumelburg gestattet hatte, Selbstzeugnisse für Recherchezwecke zu konsultieren.[20] Nichts stand da auch von der Überanstrengung sowie den hohen Verlusten der Truppe, von denen etwa in Richthofens Tagebüchern immer wieder die Rede war.[21] *Legion* durchzogen wenige literarische Momente und schon gar keine philosophischen Reflexionen ob der Sinnhaftigkeit dieses Krieges. Auch die in den früheren Werken geschilderten Veränderungen, die der Krieg für Natur und Mensch mit sich brachte, blieben unerwähnt: „The human dimension of the war", urteilt Historiker Peter Monteath, „becomes hopelessly (and deliberately) lost in the detailed consideration of tactics, weaponry, battles and fronts, and of course the glorious deeds of the Condor legion."[22]

Auch die Akustik der neuen Bomben und dröhnenden Flugzeugmotoren fing Beumelburg, der in *Douaumont* ein wahres Feuerwerk akustischer Elemente entzündet hatte, nicht adäquat ein. Der abermaligen Orchestrierung des Gesche-

---

[18] Stefanie Schüler-Springorum: War as Adventure. The Experience of the Condor Legion in Spain, in: Martin Baumeister/Dies. (Hg.): „If you tolerate this …". The Spanish Civil War in the Age of Total War, Frankfurt a. M. u.a., 208-233, hier 213, 216, 225.
[19] BA-MA Freiburg, RL 35/2, Kriegstagebuch Hauptmanns i.G. Christ, 17.10.1938.
[20] Detaillierte Auflistung in: Schüler-Springorum: Krieg, 328, Fn. 185.
[21] Zur Überlastung der Truppe vgl. MA-BA Freiburg RL 35/7 fol. 74, KTB Richthofen, 2.2.1939.
[22] Vgl. Peter Monteath: The Nazi Literature of the Spanish Civil War, in: Luis Costa/Richard Critchfield (Hg.): German and International Perspectives on the Spanish Civil War. The Aesthetics of Partisanship, Columbia 1992, 129-148, hier 141.

hens durch lautmalerische Elemente hatte sich Beumelburg seit *Gruppe Bosemüller* ohnehin verweigert, ein Manko, das sich in *Legion* wie folgend las: „Es ist, als ob nun ein stärkerer Ton im Konzert des Schlachtfeldes angeschlagen werde. Sie brummen eifrig hierhin und dorthin, sie schauen mit sehr aufmerksamen Augen hinab, was unten geschieht. Wo sie ihr Ziel erkannt und gefunden, da lösen sie die Hebel, und aus ihren Leibern quellen die schweren Bomben, einander überstürzend, herab. Ohrenzerreißend ist der Lärm ihrer Serien, die sich wie qualmende, flammende, krachende Striche durch die Landschaft ziehen, als zerschnitten sie das Feld in zwei auseinander berstende Teile." (214) Die Verwendung phrasenhaften Militärjargons – Höhen wurden erstürmt, Posten überrannt (99), es gab „schwere Verluste" (92) – ließ das Buch vollends zur Schablone werden.

Damit bildete die Schrift *in summa* eine 300-seitige Werbebroschüre für Fliegeraspiranten, was durchaus im Sinne Görings war, dessen junge Waffengattung sich gegen die historisch etablierten des Heeres und der Marine zu profilieren hatte.[23] Nach innen, d. h. in die Rezeptionslandschaft des Deutschen Reiches hinein, kolportierte das Werk die Sicherheit militärisch wiedergewonnener Potenz, die Göring im Vierjahresplan 1936 als vorrangiges Ziel ausgegeben hatte. *Legion Condor* stellte den Spanischen Bürgerkrieg ferner in den Kontext der 1938 eingeschlagenen aggressiven territorialen deutschen Außenpolitik, die Beumelburg wie folgend beschwor: „In den Tagen, in denen die spanischen Korps bei Capse und Alcaniz den Guadalope erreichten, marschierten die deutschen Truppen in Österreich ein. Der Zusammenhang der Ereignisse hüben und drüben lag auf der Hand. Die deutschen Flieger, die längs der Straße von Belchite nach Excatron ihre Maschinengewehrsalven und Bomben vor den vorwärtseilenden Bataillonen der fünften spanischen Division auf die roten Abwehrnester warfen, waren die Kameraden derjenigen, die über der Donau bei Linz bis hinab gegen Wien streiften, den nachfolgenden Kolonnen der deutschen Wehrmacht vorauseilend." (218) Auch die ‚Erledigung der Rest-Tschechei' im März 1939 fügte sich in dieses Narrativ eines zu errichtenden Großdeutschlands: „Während die letzten Zuckungen das rote Spanien durchrüt-

---

[23] Vgl. die Rede Görings am 19. Mai 1939 anlässlich der Heimkehr der Legionäre, in: Sywottek: Mobilmachung, 177.

telten, marschierten in der Heimat die deutschen Truppen aus dem Sudetenland in die Tschechei ein, um das Gesetz Großdeutschlands zu vollziehen. Nichts anderes war es, was die deutschen Freiwilligen in Toledo zu tun sich anschickten, und niemals empfanden sie den Auftrag der Heimat und ihre Verantwortung stärker als in diesen geschichtlichen Tagen." (301f.)

Werfen wir schließlich einen Blick in die zeitgenössische Rezeption, erheischt diese wenige spannende Momente, vermochte ein staatlich initiiertes Werk in der gleichgeschalteten NS-Presse nur auf konforme Lobpreisung zu stoßen. Hinter den rezeptionsästhetischen Kulissen der staatlichen Propaganda wütete jedoch beispielsweise Wolfram von Richthofen gegen Beumelburgs Darstellung. Der Fliegergeneral stieß sich ausnehmlich an der Darstellung der Bombardierung des baskischen Regierungssitzes in Guernica, den deutsche Bombardements am 26. April 1937 eingeebnet und dem sich als Kriegsverbrechen ein internationaler Aufschrei der Empörung angeschlossen hatte. Eine Beteiligung der Legion bestritt die deutsche Regierung bis weit nach 1945.[24] Wer es hingegen besser wissen wollte, hatte bei Beumelburg Folgendes lesen können: „Am 29. [April] fiel die berühmte Wallfahrtstadt, die von den Roten gänzlich zerstört war (…) Die Bomben der [deutschen] Angreifer hatten ihr den Rest gegeben." (98) Richthofen erboste sich 1939 gegenüber dem Leiter der Arbeitsgruppe Spanien im Reichsluftfahrtministerium, Karl-Friedrich Schweickhard, es habe die deutsche Propaganda „heisse Mühe gekostet, seinerzeit diese Behauptungen (den Anteil der Legion an der Zerstörung, d. A.) zu widerlegen, bis es schließlich gelang, daß auch von nationalspanischer Seite fest geglaubt wurde, daß die Roten Guernica selbst zerstört hätten."[25] *Legion* sei „Unsinn", „völlig unverständlich", den Spaniern müsse sich angesichts der Unmengen sachlicher Fehler „das Herz im Leibe herumdrehen." Richthofen ereiferte sich, Beumelburg habe sich in dem Werk „geradezu verbrecherisch (…) die Behauptungen der roten und ausländischen Propaganda zu eigen" gemacht. Das Werk gefährde die spa-

---

[24] Georg May: Interkonfessionalismus in der deutschen Militärseelsorge von 1933 bis 1945, Amsterdam 1978, 127.
[25] BA-ZDH, ZA VI, 3365 II fol. 51-57, hier 54, Wolfram von Richthofen an Karl-Friedrich Schweickhard, (ohne Datum) 1939, alle weiteren Zitate dort.

nische Freundschaft, habe der Autor den Bombenhagel der Legion „bis nach Bilbao hinein" mit wagnerischem Trommelwirbel inszeniert.

Die Kritik Richthofens verhinderte freilich mitnichten den Erfolg des Buches. Mit 70 000 abgesetzten Exemplaren bis 1942 verkaufte sich der neue ‚Beumelburg' bestens, so gut, dass die UFA das Buch verfilmte. Im Sommer 1939 lief der als *Im Kampf gegen den Weltfeind* betitelte Film des einschlägigen NS-Regisseurs Karl Ritter in deutschen Lichtspielhäusern an, zu dem Beumelburg das Drehbuch beigesteuert hatte.[26] Der Film zeigte nicht nur, wie die deutsche Bevölkerung auf einen neuen Krieg eingeschworen, sondern auch exemplarisch, wie stark der NS das Kriegsnarrativ nach 1933 in jenen Antisemitismus-Diskurs einließ[27], der im traditionellen, konservativen Kriegsroman der 20er Jahre kaum eine Rolle gespielt hatte.[28] Schon Goebbels hatte in seiner 1937 auf dem Reichsparteitag in Nürnberg gehaltenen Rede *Die Wahrheit über Spanien* eine solche Stoßrichtung vorgegeben. Hier hatte der Reichspropagandaminister Kommunisten mit Juden gleichgesetzt und sukzessive die Mär eines jüdischen Welteroberungsplans in den Kriegsdiskurs eingeführt. Eine solche Weltverschwörung hätte in Spanien ihre erste Verwirklichung gefunden, denn, so Goebbels, „die Internationalität des Bolschewismus wird ja hauptsächlich durch das Judentum bestimmt. Der Jude wirkt sich am Bolschewismus in der Tat als die Inkarnation alles Bösen aus."[29] Der Jude wolle „diesen Kampf, bereitet ihn mit allen Mitteln vor, er hat ihn nötig zur Einleitung der bolschewistischen Weltherrschaft." (30)

---

[26] Sywottek: Mobilmachung, 161.
[27] Vgl. auch Monteath: Nazi Literature, 131.
[28] Antisemitismus darf zwar, etwa im Hinblick auf zahlreiche Funktionäre des Stahlhelms sowie des *Standarte*-Kreises, als konstitutives soziales Element dieses Milieus gelten; im Hinblick auf die dort entwickelte, literarisch vorgetragene Deutungskultur des Krieges hielten sich rechtskonservative und sogar nationalsozialistische Autoren wie Hans Zöberlein jedoch weitestgehend an jene Ausführungen, die Ernst Jünger zur ‚Judenfrage' publiziert hatte. Jünger hatte 1927 in seinem Aufsatz *Die antinationalen Mächte* eine interessierte Öffentlichkeit wissen lassen, dass sich die „deutsche Frage", so Jünger hinsichtlich seiner politischen Visionen einer totalen gesellschaftlichen Mobilmachung, nicht „in der Judenfrage" erschöpfe, in: Bergghotz: Jünger, 295.
[29] Joseph Goebbels: Die Wahrheit über Spanien, München 1937, 10.

Das Kinostück wiederum schilderte die angeblichen Grausamkeiten linker Revolutionäre, die, so suggerierte es, von der sowjetischen Komintern zur Bolschewisierung Spaniens angestiftet worden seien. Ferner nannte ein Hintergrunderzähler einen sowjetischen Delegierten – den in NS-Stereotypen mit Hakennase karikierten und namentlich als Juden gekennzeichneten Moses Ohrenberg –, der an der Zerstörung Madrids ergötzte. Damit befeuerte der Film eine antisemitische Deutung des Krieges, die in den 20er Jahren noch keinen festen Bestandteil soldatisch-nationalistischer Kernaussagen gebildet hatte. In diesem Zusammenhang mutet es ironisch an, dass gerade der Abschluss des Hitler-Stalin-Paktes im August 1939 dem Film zum Verhängnis wurde. Eine Weisung des Propagandaministeriums verbot seinen weiteren Verleih[30], erschien eine solche Darstellung nunmehr inopportun.

Abschließend kann konstatiert werden, dass Beumelburg mit *Legion Condor* die kriegerischen Unternehmungen des Regimes unterstützte, wobei dem Schriftsteller bereits bewusst war, wohin die Reise des Nationalsozialismus gehen würde: „Im Mai [1939] fand die große Siegesparade Nationalspaniens statt. Die Legion Condor, nun aller Tarnungen entledigt, nahm daran teil. Danach kehrte sie nach Deutschland zurück. Als sie vor der Technischen Hochschule in Berlin ihre große Heimkehrparade abhielt und als im Ehrenmal unter den Linden mit festlichen Gepränge die Kränze für die Gefallenen niedergelegt wurden, stand der zweite Weltkrieg unmittelbar vor der Tür."[31]

---

[30] Klaus Kreimeier: The Ufa Story. A History of Germany's Greatest Film Company, 1918-1945, New York 1999, 304.
[31] Beumelburg: Fragment, 144f.

XVII. Dichter im Kriegseinsatz: Beumelburg im Luftwaffenstab Generalfeldmarschall Erhard Milchs 1939-1943

Beumelburgs Spanienauftrag hatte einen abermaligen Feldwechsel des Autors bewirkt, gehörte er mit der Luftwaffe nun einer Waffengattung an, die sich durch eine besondere Stellung zum Macht-Feld auszeichnete. Die Luftstreitkräfte unterstanden mit Göring nicht einem Militär, sondern einem Politiker, der in der Ausübung eines politischen und eines militärischen Amtes in Personalunion als Einziger über eine Hitler vergleichbare Machtfülle verfügte, der 1938 seinerseits das OKW usurpiert hatte. In den Rang eines Luftwaffenmajors befördert, rückte Beumelburg somit 1937 in eine Waffengattung vor, die hinsichtlich ihrer Führung aufs engste im Macht-Feld verankert war. Zwei von drei Waffengattungen wurden so von Männern gelenkt, die als Feldherren über keinerlei Berufserfahrung, als Politiker aber umso mehr über den Instinkt des Machterhalts verfügten. Die Konsequenzen einer solchen Konstellation sollten für die Kriegführung im Zweiten Weltkrieg verheerend sein. Im Folgenden wird dem ambivalenten Verhalten Beumelburgs in diesem militärisch-politischen Konflikt nachgegangen, den er als Kontaktmann führender Luftwaffenangehöriger hautnah miterlebte. Setzte sich in diesem zweiten Weltkrieg die nationalsozialistische Kollaboration des Autors fort, die ihn, wie in Spanien, die militärischen Aktionen des Regimes zwar im Privaten kritisieren ließen, für die er sich jedoch als geistiger Zulieferer öffentlich weiterhin hergab? Oder mochte es auf der Grundlage dieses Dissens zu einem Bruch mit dem Regime kommen, der Beumelburg in die ihm wohlbekannte Position des prekären, d. h. fundamentoppositionellen Intellektuellen zurückkehren ließ?

Den Weg dieses potentiellen Dissens *in nuce* nachzuzeichnen gestaltet sich schwierig, sind Quellen im Zeitraum des Zweiten Weltkrieges rar gesät. Privatkorrespondenzen sind kaum mehr ausfindig zu machen. Der Schriftverkehr der Dichtersektion, dem die literarische Produktion zudem durch die ab 1939 omnipräsente Papierknappheit enge Grenzen setzte, kam ebenfalls zum Erliegen. Die wenigen Nennungen Beumelburgs in offiziellen oder persönlichen Kriegstagebüchern sind schlagwort-, bestenfalls stichpunktartig.

Neben den bereits erwähnten Neuauflagen von Kriegsliteratur sowie den Geschichten zur Reichsidee schien sich Beumelburgs literarisches Schaffen in
dieser Zeit auf zwei Titel zu beschränken: Dazu zählten ein als *Antlitz der
Ewigkeit* betiteltes Werk, das laut Beumelburg sein einziges während des Krieges angefertigtes Manuskript darstellte, das allerdings nicht mehr auffindbar
ist.[1] Ferner die OKW-Tornisterschrift *Von 1914 bis 1940. Sinn und Erfüllung
des Weltkrieges* von 1940, in der Beumelburg die von ihm mitgenerierte Mär
vom im Schützengraben des Ersten Weltkrieges entstandenen NS in den zweiten internationalen Waffengang fortspann und abermals militärische Kontinuität
suggerierte. Das militärische Führungspersonal des Zweiten Weltkrieges etwa
rekrutiere sich aus jenem des Ersten, in dessen „Gräben" und „Schießscharten"
(8) es sich geformt habe. Auch Hitler erfuhr als Inhaber des OKW die legitimierende Weihe als im Schützengraben, hier: im Oktober vor Langemarck angeblich zum militärischen Feldherrn gereiften Frontsoldaten. (Ebd.) In der Nachkriegszeit sei es Hitlers oberstes Ziel gewesen „die scheinbare Niederlage
Deutschlands im Weltkrieg durch die Mobilisierung der dort gewonnenen neuen
Lebenshaltung auf allen Gebieten des deutschen Lebens zu verwandeln in die
große, ungeheure und ehrfürchtige Wahrheit des deutschen Sieges." (36f.) Des
Reichskanzlers oberste Errungenschaft sei es gewesen, den soldatischen Gedanken auf alle Lebensbereiche ausgeweitet und Deutschland gegen die zwei großen Gegner – die innerdeutschen Parlamentarier und die Versailler Signatarmächte – gewappnet zu haben. (50) Der ‚Röhm-Putsch' 1934 erschien als ar-
meefreundliche Aktion Hitlers, und schrittweise verfolgte Beumelburg voll des
Lobes militärische Eckdaten wie die Ernennung Görings zum Reichsluftfahrtminister 1933 sowie die Wiedereinführung der Wehrpflicht 1935. (48) Der soziale Kitt der Gemeinschaft des Zweiten Weltkrieges war einmal mehr die unermüdlich beschworene Kameradschaft, als deren Sachwalter der Nachkriegszeit Hitler lobpreisend ausgewiesen wurde. Eine Spezifik dieser Schrift bestand
in ihrem Bestreben, die aufgelösten Eliten des Stahlhelms und der Reichswehr
mit der NSDAP und ihren paramilitärischen Verbänden der SA und SS zu ver-
söhnen, wenn Beumelburg die NSDAP als Fortsetzerin und Erfüllerin des von

---

[1] Rheinische Landesbibliothek Koblenz, H Beu 19/74, Werner Beumelburg an Borwin
Venzky-Stalling, 13.12.1950.

Stahlhelm und Reichswehr unternommenen Versuchs charakterisierte, die militärischen Werte in die Nachkriegszeit hinüberzuretten. (50) Die finale, teleologische Verschmelzung von Erstem und Zweiten Weltkrieg erfuhr die Geschichte von preußischem Militarismus und NS in einem gebetsgleichen Schlusspassus: „Kampf, Niederlage, abermals Kampf und Sieg verschmelzen vor dem Angesicht Gottes und der Geschichte zu einer einzigen Handlung von gewaltiger Größe. Daß niemand uns den Sieg raube, und daß eine Jugend sich auf den Schlachtfeldern bewähre, die entschlossen ist, zu erhalten, was von Männern erworben wurde, im Geist und in der Wirklichkeit, das ist unser Gebet." (60)

Ein Absatz ließ aufgrund seines für Beumelburg untypischen Antisemitismus jedoch aufhorchen, wenn er die angebliche, stereotype Übernahme des Kulturbetriebs der Weimarer Republik durch Juden folgendermaßen beschrieb: „Er (der politische Gegner des Nationalismus der 20er Jahre, d. A.) bemächtigte sich der Bühnen, der Zeitschriften, des Films und fand im Geist des Judentums seinen stärksten Helfer, das sich überall einnistete und zum Dank für die Zerstörungsarbeit an der deutschen Seele obendrein seine riesigen materiellen Gewinne einsteckte." (28) Die weitere ‚Judenpolitik' des ‚Dritten Reiches' fand mit keinem Wort Erwähnung. Mit diesem Passus verabschiedete sich Beumelburg, etwa ähnlich seinem Akademiekollegen Hermann Claudius, endgültig von seiner in Traben-Trarbach eingeübten preußisch-protestantischen Toleranz, wie sie sowohl in seinem Abituraufsatz[2] als auch in seinem Rhein-Buch *Der Strom* von 1925 gegenüber Juden noch spürbar gewesen war. Hier hatte er den in der deutschen Landbevölkerung tiefverwurzelten Antisemitismus noch wie folgend angeprangert: „In einer Schenke begann ein Bauer einen Juden zu schelten, er habe ihn erst besoffen gemacht und dann ihm die neu erstandenen Schuhe entwendet. Eine Schlägerei ließ nicht lange auf sich warten, obwohl die meisten Beteiligten noch gar nicht wussten um was es sich handelte. Da man aber etwas von einem Juden vernahm, so schlug man, wie es seit den Kreuzzügen üblich,

---

[2] Vgl. folgende Zeilen im Abituraufsatz Deutsch: „Wer sein Vaterland liebt, glaubt an seine Bestimmung im Kreise der Völker. Die verachteten Juden in dem fernen Weltenwinkel hatten eine Sendung von ungeahnter Bedeutung. Sie wurden die Schöpfer unserer Religion." in: Lampel: Abituraufsatz, 20.

eilfertig auf jeden los, der sich durch seine Nase verriet (…). Dem Einwand des Juden, daß der Bauer vielleicht gar keine Schuhe gekauft, sondern das Geld dafür vertrunken und nun ein schlechtes Gewissen davon habe, wurde sehr schnell dadurch begegnet, daß sich der Schuster meldete, der dem Bauern die Schuhe verkauft. Was Wunder, daß nun der Verdacht gegen das Jüdlein in aller Augen zur Gewissheit wurde?"[3]

Hinsichtlich *Sinn und Erfüllung* handelt es sich um die einzige antisemitische Passage bei Beumelburg, er gehörte sicherlich nicht zu den nationalsozialistischen Hardlinern, sondern war, wie etwa Jünger, Anhänger eines bürgerlichen Antisemitismus, der sich aus sozialisationsbedingter Selbstabgrenzung und sozialem Neid speiste. Nichtsdestotrotz kündete die Bereitschaft, antisemitische Ideologeme zu bedienen, vom hohen Grad der Partizipationsbereitschaft Beumelburgs, Hitlers militärisches Unternehmen 1940 weiterhin zu unterstützen.

Beumelburgs Rolle als Erfüllungsgehilfe setzte sich also fort, und nach dem immensen Erfolg von *Legion Condor* überrascht es nicht, dass sich der Autor mit Beginn des Zweiten Weltkrieges mit dem Auftrag gesegnet sah, den ab September 1939 über Europa heraufziehenden deutschen Luftkrieg literarisch in Form zu gießen. Zu diesem Zwecke fand sich der Schriftsteller im Stab des Generals der Flieger und Generalinspekteurs der Luftwaffe Erhard Milch wieder. Milch gehörte zu den prominentesten Beispielen ‚arisierter' Juden, deren Talente für Hitlers Kriegführung unentbehrlich waren.[4] Milch, der „ein eifriger und begeisterter Nationalsozialist [war], der unerschütterlich an Hitler glaubte" (ebd.) hatte seit 1936 den Aufbau jener Luftwaffe betrieben, die 1940 für die militärischen Erfolge in Norwegen und Frankreich verantwortlich zeichnete und ihn zum Generalfeldmarschall avancieren ließen.

Milch sicherte sich den berühmten Dichter als Ordonnanzoffizier, um seine ‚Heldentaten' literarisch verewigt zu sehen. Bereits im Sommer 1940 sah sich der Dichter jedoch vom noch viel eitleren Göring abgeworben: „Als wir (Beumelburg und Milch, d. A.) eines Tages an Görings Hauptquartier-Zug vor-

---

[3] Werner Beumelburg: Der Strom. Rheinische Bilder aus zwei Jahrtausenden, Oldenburg 1925, 116f.
[4] Bryan M. Riggs: Hitlers jüdische Soldaten, Paderborn 2003, 237.

beikamen, erkannte Göring mich und meinte: ‚Was, der Milch hat einen Dichter in seinem Stab und ich nicht?' – Kurz darauf wurde ich zu Göring abkommandiert.“[5] Der Schriftsteller verblieb zwar im Stabe Milchs, fand sich allerdings einmal mehr mit einem literarischen Mandat betraut, das ihn eine offizielle Kriegschronik im Stile *Sperrfeuers* über den zweiten Konflikt der Deutschen mit der Welt schreiben hieß. Göring ermächtigte Beumelburg mithilfe umfangreicher Sondervollmachten, sich von seinem Potsdamer Domizil – der Schriftsteller hatte in den 30er Jahren in eine standesgemäßere Villa auf Neu-Fahrland am Kampnitzsee übergesiedelt – mit einem Fieseler Storch an allen Kriegsschauplätzen frei zu bewegen und Kommandopläne einzusehen. (Ebd.)

Wie in Spanien war Beumelburg nicht der einzige Schriftsteller, den das Regime mit einem staatlichen Kulturauftrag versah. Mit Ausbruch des Zweiten Weltkrieges wurden Dichter als ‚literarische Kämpfer' und Literatur als ‚Waffe'[6] zum kulturellen Kriegsdienst abkommandiert. So behauptete die deutsche Kriegspropaganda etwa, Deutschlands Kriegsgegner kämpften „ohne Begeisterung“[7], da ihnen echte Kriegsdichter fehlten. Der Stalling Verlag arbeitete wie im Ersten so auch im Zweiten Weltkrieg eng mit der militärischen Führung zusammen, mit der er die 1940 erscheinende Reihe *Kriegsbücherei der deutschen Jugend* herausgab.[8] Hatte das Regime bereits 1936 sogenannte Dichterfahrten nach Böhmen und Mähren sowie 1939 nach Polen zur literarischen Veredelung der Hitlerschen Außenpolitik entsandt, reiste im August 1940 ein weiteres Dichterensemble an die bereits bewältigte Westfront Frankreichs. Hier verliehen Dichter wie Johst, Kolbenheyer, Blunck, Griese u.a. ihrem noch kaum fassbaren Glück, den erbitterten Gegner des Ersten Weltkrieges in nur wenigen Wochen niedergerungen zu haben, in pathetischen Schildgesängen Ausdruck.[9]

---

[5] Unbekannt: Eine Sargbreite Leben. Kriegsgeschichte, in: Der Spiegel 7 (1953), Nr. 6, 31-33.
[6] Unbekannt: Kulturwaffen im Kriege, in: Völkischer Beobachter/Berliner Ausgabe 15 (1940), Nr. 23, 23.1.
[7] Unbekannt: Krieg ohne Dichter, in: Ebd., Nr. 143, 22.5.
[8] Unbekannt: Die Aufgabe des Buches, in: Ebd., Nr. 113, 22.4.
[9] Unbekannt: Dichterfahrt, in: Ebd., Nr. 313, 31.7.; vgl. das aus der Dichterfahrt nach Frankreich entstehende Tagebuch Wilhelm Pleyers: Dichterfahrt in Kampfgebiete, Leipzig 1942.

Beumelburg suchte man hier vergebens, da er im Juni 1940 bereits am Stabe
Milchs partizipierte, mit dem er in diesem Zeitraum die französischen, ihm
wohlbekannten Kampfgebiete am Douaumont durchquerte.[10] Zudem hatte das
Propagandaministerium in der Auswahl der Reisemitglieder wohl das Kriterium
aufgestellt, es auch frontunerfahrenen Dichtern zu ermöglichen, sich an vorderster Front einen Eindruck zu verschaffen.[11]

Ranghohe Politiker stellten weitere regimetreue Dichter für Literarisierungsaufträge frei. Himmler beauftragte beispielsweise Hanns Johst als „Barden der
SS"[12], jene von den Mordkommandos im Osten ‚vollbrachten' Taten zu heroi-
sieren. Mit Walter Bloem ereilte einen weiteren prominenten Kriegsdichter der
Auftrag, die Kriegsgeschichtliche Abteilung der Luftwaffe zu ästhetisieren[13],
und allen voran das Propagandaministerium stellte ihm genehme Literaten zur
Durchführung kriegswichtiger Buchprojekte ‚uk' – für den Felddienst unab-
kömmlich. Heinrich Anacker (*Ein Volk – ein Reich – ein Führer*, 1938) etwa
hatte an Ost- und Westfront Eindrücke zu sammeln[14] sowie seine Kriegstexte
im Rahmen von Vortragsabenden in den dortigen Propagandaabteilungen zu
präsentieren. Göring beauftragte nicht nur Beumelburg mit dem Dienst an der
Feder, sondern auch den Luftwaffenangehörigen und Regisseur Joachim
Bartsch, der während eines für ihn eigens bewilligten dreimonatigen Fronturlaubs die Fliegerlegende Werner Mölders zu biografieren hatte. (24) Hans Henning Freiherr von Grote beurlaubte das Programmministerium im Juni 1942 „im
Rahmen des verstärkten Dichtereinsatzes" (160) für Inlandsvorträge, „da die
Lesungen des Majors Grote für die Stärkung der inneren Front besonders wichtig" seien. Kriegsdichter Theodor Jakobs (*Drahtverhau und blaue Bohnen*,
1939) drohte 1942, obwohl längst im Ruhestand, abermals eingezogen zu wer-

---

[10] MA-BA, N 179/42 fol. 43-44, Kriegstagebuch Erhard Milch, 20.8.1940.

[11] Schleswig-Holsteinische Landesbibliothek Kiel, Nachlass Hans Friedrich Blunck, Cb
92,16, „Dichterfahrt" Nr. 4, Heinz Steguweit an Hans Friedrich Blunck, 30.7.1940; vgl.
hier auch Nr. 47 vom 1.8.1940.

[12] Rolf Düsterberg: Hanns Johst. „Der Barde der SS". Karrieren eines deutschen Dichters, Paderborn u. a. 2004, 301-321.

[13] MA-BA Freiburg, RL 2-IV/81 fol. 47, Handakte Major Walter Bloem, Auftrag zr
Literarisierung der Kriegsgeschichtlichen Abteilung der Luftwaffe, 24.3.1944.

[14] BArch R 55/321 fol. 20, Schriftsteller, insbesondere für die Beendigung von Buch-
projekten.

den. Das Propagandaministerium intervenierte, da Jakobs für weitere Truppen-
lesungen sowie kriegsliterarische Arbeiten vorgesehen war, „deren ungestörte
Fortsetzung im schrifttumspolitischen Interesse" (179) des Regimes lagen. Hans
Otto Maak, der im Mai 1940 mit *Soldat Wuppy* einen untersuchungswürdigen
Auflagenerfolg gefeiert hatte, wurde ebenfalls beurlaubt, um seine „Kampfzeit
in Russland" (220) literarisch aufzubereiten. Regisseur und Schriftsteller Erich
Dautert entsandte das Propagandaministerium 1943 an die norwegische Eismeerfront, um „dort auf einer Wetterstation, bei einer kleinen soldatischem
Einheit [zu] überwintern" (104), um „über seine Erlebnisse mit der Mannschaft
ein Buch [zu] schreiben, welches neben naturwissenschaftlichen Beobachtungen
die Bewährung der deutschen Soldaten an der Eismeerfront zeigt." Ferner setzte
das Goebbels-Ministerium Kriegsdichter wie Beumelburg ein, um die Kriegsberichterstattung der NS-Wochenschau zu euphemisieren.[15] Im Heer verankerte
Propagandakompanien verfassten Berichte, die ihre Verfasser oftmals zu literarischen Werken ausfeilten, ein Vorgang, der so weit und so oft gedieh, dass
hinter den Kulissen ein nicht unbeträchtlicher Streit zwischen Militär und Ver-
fassern um das Urheberrecht dieser Erzeugnisse ausbrach.[16] Schließlich riss
auch die Signifikanz öffentlich von Kriegsdichtern absolvierter Auftritte nicht
ab, wenn das Propagandaministerium noch zwei Monate vor Kriegsende im
März 1945 vorschlug, prominente Kriegsdichter sollten im Rundfunk den alliierten Bombenkrieg verurteilen.[17]

Diese propagandistischen Verschriftlichungsbemühungen kündeten von der
Bedeutung von Kriegsliteratur auch im Zweiten Weltkrieg, und dass die rezeptionsästhetische Erzeugung von Kampfbereitschaft insbesondere bei Angehörigen der Nachkriegsgeneration zugunsten des Regimes aufging, zeigen für diese
Zeit mit Kurt Kreißler und Heinrich Böll zwei treffende Beispiele.

---

[15] Walter Nowojski (Hg.): Victor Klemperer. Ich will Zeugnis ablegen bis zum letzten.
Tagebücher 1933-1945, Berlin 1995, 545, 17.7.1944.
[16] BArch R 56-V/12 fol. 140, Urheberrechte von Wehrmachtsangehörigen 1942.
[17] BArch R 55/1394 fol. 191, Bd. 24, Einsatz deutscher Dichter und Schriftsteller in der
Propaganda, (ohne Datum) März 1945.

Kurt Kreißler[18], Jahrgang 1912, kleinbürgerlich situiert, der Vater Veteran des Ersten Weltkrieges, hatte sich in den 30er Jahren in der HJ engagiert. Ab April 1940 befand sich Kreißler als Unteroffizier im Kriegseinsatz, im November 1943 absolvierte er jenseits der feindlichen Linien einen Fortbildungslehrgang. Dort fand er die Muße, sich an die „Kriegsbücher von Zöberlein, Dwinger, Beumelburg oder Ettighofer"[19] zu erinnern. Bei der Schilderung ihrer autobiographisch anmutenden Fronterlebnisse überkamen ihn „Schauer", sah sich Kreißler nunmehr als ein Teil der etwa in *Gruppe Bosemüller* geschilderten ‚Frontfamilie', die „gleiches Schicksal, gleiche Freude und gleiches Leid" erlebte.

Ein prominenterer Konsument von Kriegsliteratur war der 1917 geborene Heinrich Böll, den die Kriegsliteratur der 20er Jahre laut eigenem Bekunden zu seinem Kriegseintritt für das NS-Regime bewog. Die Motivation hierfür hatte sich laut Böll keineswegs aus seinem sozialen Hintergrund gespeist. In einem Interview von 1978 verwies der Literaturnobelpreisträger von 1972 auf den mangelnden Vorbildcharakter seines Vaters als Kriegsheld: „Nein, mein Vater war schon recht alt, als der Erste Weltkrieg begann. Da war er 44 oder 45, er war noch Landsturmmann, sehr anti-militaristisch. Hat uns auch ganz bewusst anti-preußisch und anti-militaristisch erzogen. Er hat sich gedrückt vor der Front (…) Also, mein Vater hat dieses Fronterlebnis, Gott sei Dank, nicht gehabt und uns auch nicht davon erzählen können."[20] Vielmehr seien es kriegsliterarische Erzeugnisse gewesen, die auf diese Generation den entscheidenden Druck ausgeübt habe, und Böll verwies in diesem Interview noch einmal prägnant auf die tendenziell bellizistische Wirkung auch pazifistisch intendierter Kriegsliteratur: „Aber es war das Erlebnis der Generation unserer Lehrer, und es war der Gegenstand fast der gesamten Kriegsliteratur. Auch bei Remarque und bei Beumelburg und Ludwig Renn und Jünger, und es war sozusagen das Erlebnis des deutschen Mannes gewesen, die Front. Ob negativ oder positiv, war gleich-

---

[18] Kühne: Kameradschaft, 285.
[19] Kühne: Kameradschaft, 169.
[20] Vgl. das von René Wintzen 1978 mit Böll geführte Interview *Eine deutsche Erinnerung* in: Árpád Bernáth/Robert C. Conrad (Hg.): Heinrich Böll. Werke. Kölner Ausgabe, Bd. 25, Köln 2010, 292-465, 424.

gültig. Und ich dachte mir, das müsstest du dir eigentlich mal angucken, sehr leichtsinnig, aber es war die Idee." (Ebd.)

Im Spätsommer 1939 war der 22-Jährige zur Wehrmacht einberufen worden. Im Gegensatz zum scheinbar idealtypischen Verlauf des ns-jugendbewegten Kurt Kreißler gerierte sich seine Haltung zum Krieg überaus ambivalent. Böll, aus katholischem und, wie er es selbst beschrieben hatte, antimilitaristischem Hause, verachtete Kadavergehorsam, die Langeweile des Kasernenalltags sowie den gnadenlosen Drill der Vorgesetzten seiner in Osnabrück absolvierten Grundausbildung.[21] Dies hielt ihn dennoch nicht davon ab, den Krieg als lohnenswertes Unterfangen zu erachten, bildeten Kasernen- und Frontwelt für ihn offenkundig zwei unterschiedliche Sphären. 1940 nach Polen abkommandiert ließ Böll seine Familie wissen: „Ich bin allen Ernstes froh, wenn ich vom Kasernen-Militarismus zum Feldsoldatentum überwechseln kann."[22] Dabei beteuerte er in dieser Hinsicht frei von jeglicher NS-Indoktrination zu urteilen: „Ihr wisst gut, daß ich mich in der Richtung nicht durch Filme usw. beeinflussen lasse; es ist wirklich eine erworbene, eigene Erkenntnis; außerdem möchte ich auch, da ich nun einmal Soldat im Kriege bin, auch den Krieg kennen lernen." (Ebd.) Dass sich selbst Böll, der sich nach 1945 zum ‚pazifistischen Gewissen' der Bundesrepublik entwickelte, den nationalistischen Parolen der NS-Propagandamaschinerie nicht in Gänze zu entziehen vermocht hatte, belegen während des Krieges an seine Frau Annemarie hoffnungsvoll geschriebene Zeilen, die vom Glauben getragen waren, dass, solange es den „Frontsoldaten Hitler"[23] gäbe, dem Reich nichts geschehen werde.

Ferner konnte sich der in Böll ankündigende Schriftsteller noch 1942 der Ästhetik des Krieges nicht vollständig zu entziehen: „Ach, ich glaube, dass Kampf etwas wahrhaft elementar berauschendes und schönes ist, aber der Krieg, das absolute Elend."[24] Ausnehmlich den um Offizier und Soldatentod gesponnenen Mythen und visuellen Schauwerten verschloss sich der Künstler in Böll nicht

---

[21] Viktor Böll/Jochen Schubert: Heinrich Böll, München 2002, 32.
[22] Jochen Schubert (Hg.): Heinrich Böll. Briefe aus dem Krieg 1939 bis 1945, Bd. 1, Köln 2001, Heinrich Böll an die Eltern, 7.6.1940, 65.
[23] Ebd., Bd. 2, (ohne Datum), 1565.
[24] Ebd., Bd. 1, Heinrich Böll an Annemarie Böll, 23.10.1942, 514.

durchgehend. Im Mai 1942 schrieb er beseelte Zeilen an die daheim gebliebene Ehefrau: „Und dann reitet der Leutnant quer über das Feld auf uns zu, elegant und jung, nordisch und blond und mit seinen Orden; es ist etwas ganz Sonderbares, wenn er so aus dem Licht der Sonne über das Feld reitet, mitten durch die junge Saat, die unter den Hufen des Pferdes zertrampelt wird – wie ein junger Herrscher; oh…ich bin kein Soldat und werde keiner, und ich bin ein schlechter, schlechter Gruppenführer, aber es ist etwas ganz Sonderbares, dieser reitende Herrenknabe, der der Herr der Kompanie ist."[25]

Der 1943 erfolgten Versetzung an die Ostfront sei Böll trotz ärztlichen Attests bewusst nicht ausgewichen, da er weiterhin „diesen ganzen Frontkämpfermythos an Ort und Stelle"[26] habe erleben wollen. Während seines anschließenden Einsatzes auf der Krim bereute er jedoch seinen „Leichtsinn"[27], seine „Neugierde auf das Fronterlebnis war befriedigt, voll befriedigt mit diesen drei Monaten." Diese rückblickenden Reflektionen relativieren sich mit einem Blick in Bölls Briefverkehr vom Juli 1944, in dem sich weiterhin jene zwiespältige Einstellung zum Krieg offenbarte, in der sich der in ein Feldlazarett im ungarischen Szentes eingelieferte Böll noch immer befand. Um seine „unentschlossene[n] Haltung dem Krieg gegenüber"[28] zu überwinden, suchte Böll, wie zahlreiche andere Infanteristen, die das für Kultur- und Überwachungspolitik zuständige Amt Rosenberg mit Kriegsliteratur versorgte, um die seelsorgerische Betreuung der Soldaten im Felde nicht allein der Kirche zu überlassen[29], abermals Orientierung in Kriegstexten der 20er Jahre.

Besonders beeindruckte habe ihn dabei Jünger: „Ich habe hier sehr viele Bücher über den Krieg gelesen; von Binding, von Wiechert, Beumelburg; und auch von

---

[25] Ebd., Bd. 2, Heinrich Böll an Annemarie Böll, 22.5.1942, 1570.
[26] Vgl. das von Hans van de Waarsenburg 1985 mit Böll geführte Interview *IK was 28*, in: Árpád Bernáth/Robert C. Conrad (Hg.): Heinrich Böll. Werke. Kölner Ausgabe, Bd. 26, 338-354, 340f.
[27] Bernáth: Böll, Bd. 25, 424.
[28] Schubert: Böll, Bd. 2, Heinrich Böll an Annemarie, 19.7.1944, 1091.
[29] Militärgeschichtliches Forschungsamt (Hg.): Die deutsche Kriegsgesellschaft 1939 bis 1945, Bd. 1: Politisierung, Vernichtung, Überleben, München 2004, 130; Hans-Eugen Bühler/Edelgard Bühler: Der Frontbuchhandel 1939-1945. Organisationen, Kompetenzen, Verlage, Bücher. Eine Dokumentation, Frankfurt a. M. 2002.

‚Jünger' (sic!): ‚In Stahlgewittern', ein genaues Tagebuch aller vier Weltkriegsjahre, die Jünger ununterbrochen an der Westfront im furchtbarsten Feuer erlebt hat, immer im Brennpunkt der Front. Dieses Buch möchte ich wirklich besitzen, weil es das Buch eines Infanteristen ist, real und nüchtern, erfüllt von der Leidenschaft eines Mannes, der alles sieht und alles auch mit Leidenschaft und Härte erlebt. Alle diese Bücher waren irgendwie erfüllt vom Leiden am Krieg und auch von der elementaren Lust des Mannes am Kampf, aber keiner hat doch diese absolute leidenschaftliche Klarheit Jüngers, die alles Elementare gleich erkennt und zuzuordnen versteht."[30]

Ernst Wiecherts in seinen Kriegsromanen *Der Wald* (1922) und *Der Totenwolf* (1924) verarbeiteten Fronterfahrungen fühlte sich der kriegsmüde Böll besonders verbunden: „Aber keiner, auch Jünger nicht, hat das Leid des Krieges so erlebt wie Ernst Wiechert, dessen Kriegsbuch mir am meisten nahe kommt. Wiecherts Kriegserlebnis ist das des absolut ‚Armen', während Jünger das Kriegserlebnis des ‚Mächtigen' schildert. So kann ich Jünger wohl verstehen und lieben, weil er eben den Krieg absolut erlebt, aber ich liebe Wiechert doch mehr, der, wie alle absolut ‚Armen' vom Krieg schwer verwundet ist und überwältigt vom Elend und von den Strömen Blut, durch die der Infanterist im Kampf buchstäblich oft waten muß." (Ebd.)

Die Lektüre Beumelburgs ließ Böll in seinem Feldpostverkehr zwar unkommentiert; doch dass er in ihm den Prototypen eines schriftstellernden Kriegsverführers sah, zeigt Bölls in der Bundesrepublik verfasste Korrespondenz und Publizistik. Seinen Schriftstellerkollegen Ernst-Adolf Kunz würde er im Juli 1951 beispielsweise wissen lassen, er habe das im selben Jahr erschienene Kriegsbuch *Staub. Roman der deutschen Infanterie* Reinhart Stalmanns gelesen: „Wirklich ein zweiter Bosemüller. Finde die Dialoge manchmal unerträglich. Alles Helden. War 'ne schöne Sache für Stalmann – der Krieg."[31] Un-

---

[30] Schubert: Böll, Bd. 2, Heinrich Böll an Annemarie, 19.7.1944, 1092f.
[31] Herbert Hoven: Die Hoffnung ist wie ein wildes Tier. Der Briefwechsel zwischen Heinrich Böll und Ernst-Adolf Kunz 1942 bis 1953, Köln 1994, Brief 206, 27.7.1951.

ter dem Titel *Zelluloid wieder kriegswichtig*[32] sollte Böll 1952 ferner einen
Verriss des 1949 erscheinenden US-amerikanischen Zweiterweltkriegspielfilms
Todeskommando verfassen, der in Deutschland 1952 unter dem Titel *Du warst
unser Kamerad* die Kinosäle füllte. Böll kritisierte dessen kriegsverherrlichende
Schauwerte, Regisseur Allan Dwan habe „den Betrug in gute Photografien ein-
gepackt, denn das Gift muss natürlich gezuckert werden." (137) Als Zielgruppe
des Films machte Böll die Gruppe der Jugendlichen aus, die das Kinostück in
Zeiten des 1950 ausgebrochenen Koreakrieges mit dem Versprechen der Kameradschaft köderte: „[Der Film visualisiere] das wilde Gebumse des ‚Todeskommandos', versüßt mit jenem Kameradschafts-Zucker, der sich immer als
Saccharin erweist (…) Kurz gesagt: da würde sich selbst Beumelburg kugeln:
der hat nämlich die Zuckerdose richtig anzuwenden gewusst, die Herren von der
UFA würden sich totlachen; sie haben zwar auch mit Fahnen – an den richtigen
Stellen – nicht gespart – aber eine Fahne zum Schluss, die über einem zerschos-
senen Hügel hochgehisst wird, während der Held – jener harte mit dem Butter-
herzen – stirbt und der zum Helden bekehrte, ehemals ‚weiche' Sohn eines gefallenen Obersten zähneknirschend sagt ‚Wir müssen weiter!' – das hätten
selbst die uns 1952 nicht anzubieten gewagt." (138)

Schließlich sollte Böll Josef W. Jankers Zweiterweltkriegroman *Zwischen 2
Feuern* von 1960 rezensieren, und zwar insgesamt positiv[33], entlarve der Autor
das Mörderische des Krieges. Böll übte indes Kritik am bunten Potpourri literarischer Protagonisten, die der Leser zum Romanende nicht mehr auseinander-
halten könne. Hier verwies Böll einmal mehr prägnant auf die literarische Ambivalenz des Frontromans der 20er Jahre: „Die ‚Gruppe' ist das Modell vieler
Kriegsbücher gewesen: Von der ‚Gruppe Bosemüller' bis zu Remarques ‚Im
Westen nichts Neues', die beide, so oder so, im pro oder contra wertender oder
ablehnender Pathetik abgesichert waren – und beide so missverständlich."
(273f.)

---

[32] Heinrich Böll: Zelluloid wieder kriegswichtig. Über den Film mit Alternativtiteln
„Todeskommando" bzw. „Du warst unser Kamerad" (1952), in: Árpád Bernáth (Hg.):
Heinrich Böll. Werke. Kölner Ausgabe, Bd. 6, Köln 2010, 136-138.
[33] Ders.: „Zwischen allen Feuern." Über Josef W. Janker „Zwischen zwei Feuern"
(1961), in: Ebd., Bd. 12, 271-274.

Hinsichtlich Bölls Einsatzes im Zweiten Weltkrieg vermochte er allerdings offenkundig nicht zur inneren, den Krieg bejahenden Haltung eines Erich Siewers, dem Protagonisten der *Gruppe Bosemüller*, finden zu können, nicht finden zu wollen. Nach eigener Aussage drückte er sich vor weiteren Kriegserlebnissen. Im Mai 1944 verschlug es ihn dennoch abermals in den Osten. In einer der größten Abwehrschlachten gegen die Rote Armee in Rumänien kam ihm der ‚Frontgeist' endgültig abhanden.[34]

Kehren wir zu Beumelburgs Partizipation im Stabe Milchs zurück verliert sich aufgrund Quellenmangels bis 1942 jede Spur des Autors im Umfeld der Luftwaffe. Erst in jenem Jahr tauchten Beumelburgs geschichtsklitternde Fähigkeiten erneut im Rahmen der politischen Instrumentalisierung des Mythos' Friedrich des Großen auf. Beumelburg verfasste anlässlich des sich im Januar 1942 zum 230. Male mehrenden Geburtstages des Preußenkönigs für Milch eine Rede, die der inzwischen zum Generalfeldmarschall Ernannte Hitler und Göring im Reichsluftfahrtministerium[35] sowie Beumelburg in Vertretung Milchs anlässlich reichsweiter Feierstunden des Jubilars im Staatlichen Schauspielhaus Berlin weiteren NS-Granden wie Alfred Rosenberg vortrug.[36] Der preußische Monarch spielte eine zentrale Rolle im NS-Erinnerungshaushalt[37], ließen sich dem Soldatenkönig, der sein Land in den Schlesischen Kriegen mit unverschämten Schlachtenglück gegen Österreich, Russland und Frankreich aus der zweiten Riege der Machtpolitik ins europäische Konzert der Großmächte geführt hatte, motivationsspendende Legitimationsstrategien für den gegenwärti-

---

[34] Bernáth: Böll, Bd. 25, 425.

[35] BA-MA N 179/42, stichpunktartige Notiz im Kriegstagebuch Erhard Milchs, 28.1.1942.

[36] Unbekannt: Feierstunden der NSDAP. Zum 230. Geburtstag Friedrichs des Großen, in: Völkischer Beobachter/Norddeutsche Ausgabe 17 (1942), Nr. 26, 26.1.

[37] Vgl. Tobias Hirschmüller: Geschichte gegen Demokratie – Bedeutung und Funktion von Friedrich dem Großen und Otto von Bismarck in den politischen Reden Hitlers zur Zeit der Weimarer Republik, in: Jahrbuch der Hambach-Gesellschaft 18 (2010), 189-216; ders: Funktion und Bedeutung von Friedrich dem Großen und Otto von Bismarck in der nationalsozialistischen Geschichtspolitik. Von der Anfangszeit der „Bewegung" bis zum Zusammenbruch des „Dritten Reiches", in: Markus Raasch (Hg.): Die deutsche Gesellschaft und der konservative Heroe. Der Bismarckmythos im Wandel der Zeit, Aachen 2010, 135-176.

gen Krieg abgewinnen. Die Beschwörung dieses Mythos' im Januar 1942, vornehmlich des ,Mirakels des Hauses Brandenburg', das den Preußenkönig durch den Tod Zarin Elisabeths vor einer verheerenden Niederlage bewahrt hatte, stand ganz im Zeichen des im Juni 1941 begonnenen Russlandfeldzuges. Im August 1941 hatte die Luftwaffe in der Schlacht von Moskau mit der erfolglosen Bombardierung der russischen Hauptstadt begonnen. Erstmals hatten sich die in den vergangenen Schlachten – allen voran in der verlustreichen und ergebnislosen Bombardierung Englands im Sommer 1940 – durch übermäßige Beanspruchung der Luftwaffe entstandenen Havarien auf die Kriegsdynamik auszuwirken begonnen. Die deutschen Luftoffensiven hatten nicht den erwünschten Erfolg gebracht und den Rotarmisten war es entgegen Hitlers Haltebefehl vom 16. Dezember sogar gelungen, Infanterie und Luftwaffe zurückzudrängen. Im selben Zeitraum sah sich das Reich ferner einer international stetig anwachsenden Koalition von Kriegsgegnern gegenüber. Am 11. Dezember hatten Deutschland und Italien den USA den Krieg erklärt, die im Pazifik begonnen hatten, gegen das verbündete Japan militärisch zu Felde zu ziehen. Zum Jahreswechsel 1941/42 hatten im Weißen Haus ferner 26 Nationen eine Deklaration unterzeichnet, vereint gegen die Achsenmächte vorzugehen.[38]

Dieser sich erneut vor dem Reich aufbauenden ,Welt von Feinden' wusste das Regime gleichwohl das ,geniale Können' des *Friedrich redivivus* Adolf Hitler entgegenzusetzen. Göring hatte die ,geniale Führung' des Feldherrn Adolf Hitler bereits im Verlauf des einsetzenden Frankreichfeldzuges im Mai 1940 in eine Linie mit den politischen und militärischen Fähigkeiten Friedrichs gebracht, wie es auch für Beumelburgs *König und Kaiserin* maßgeblich gewesen war: „Es ist selten in der deutschen Geschichte, daß sich in einer Person die Weisheit des Staatsmannes und das geniale Genie (sic!) des Feldherren so paaren. In Friedrich dem Großen hatte Deutschland eine solche Persönlichkeit. In Adolf Hitler hat die Vorsehung uns wieder ein solches Genie beschert."[39] In der für Milch verfassten Rede knüpfte Beumelburg an den von Göring betriebenen

---

[38] Militärgeschichtliches Forschungsamt (Hg.): Das Deutsche Reich und der Zweite Weltkrieg, Bd. 6: Der globale Krieg, Stuttgart 1990, 3-23.
[39] Michaelis/Schraepler: Ursachen, Bd. 15: Das Dritte Reich. Die Kriegführung gegen die Westmächte 1940. Das Norwegenunternehmen. Der Frankreichfeldzug. Der Luftkrieg gegen England, Berlin 1970, 199.

Professionalisierungsdiskurs Hitlers als Feldherrn an, wenn sich im ‚Genius'
des Diktators militärische und politische Fertigkeiten in angeblicher Vollkommenheit verbanden: „Wenn wir fragen (…), wo die Geburtsstunde des Genius
zu suchen sei, als den wir Friedrich begreifen, so lautet die Antwort: Sie liegt
dort, wo er begann, über das Menschliche hinauszuwachsen und sich ins Über-
lebensgroße zu verwandeln. Die Geburt des Genius ist immer die Stunde seiner
entscheidenden Bewährung durch die Tat und durch den Geist. Sie kann niemals anderswo gefunden werden als in der Stunde der äußersten Bedrängnis
und in der Art, wie diese Bedrängnis gemeistert wird. (…) Es ist die Not, die
uns den Genius sichtbar macht, den wir bereits ahnen und erfühlen. Die Stunde,
in der der Genius die Grenze des Menschlichen überschreitet, ist die gleiche, in
der die Kraft geboren wird, die ein Volk emporreißt und den Lauf des Zeitalters
bestimmt."[40] Hitler lobte – sich selbst wohl militärischen Mut zusprechend –
die Rede Milchs bzw. Beumelburgs in größtmöglicher Verblendung der militärischen Lage in einem seiner monologisierenden Tischgespräch: „Wenn man
sich vor Augen stellt, daß Friedrich der Große einer zwölffachen Übermacht
gegenüber stand, kommt man sich wie ein Sch...kerl vor! Wir haben selbst
diesmal die Übermacht! Ist es nicht geradezu eine Schande?"[41]

Ein weiteres in die Linie geschichtsklitternder Legitimation fallendes Engagement Beumelburgs bildete seine Inanspruchnahme durch das SS-Ahnenerbe
Heinrich Himmlers im Sommer 1942. Der Reichsführer SS bediente sich
Beumelburgs literarischen Talents, um territoriale Eroberungen und Kunstraube
in den besetzten Ostgebieten pseudowissenschaftlich rechtens erscheinen zu
lassen. Dieser Einsatz des Schriftstellers dürfte auf jene Zusammenarbeit Milchs
und Himmlers zurückzuführen sein, die mit 1942 ins Gründungsjahr des gruse-
ligen Instituts für wehrwissenschaftliche Zweckforschung fiel, das am 15. August 1942 als Kooperation von Luftwaffe und SS im Konzentrationslager Dachau mit menschlichen Kälteversuchen begonnen hatte.[42] Milch, der ebenfalls

[40] Unbekannt: Feierstunden.
[41] Zitiert nach einem Tischgespräch Hitlers in: David Irving: Die Tragödie der deutschen Luftwaffe. Aus den Akten und Erinnerungen von Feldmarschall Milch, Frankfurt
1970, 212.
[42] Michael Kater: Das „Ahnenerbe" der SS 1935-1945. Ein Beitrag zur Kulturpolitik des
Dritten Reiches, Stuttgart 1974, 235f.

als Hörer bei der zweiten Posener Rede Heinrich Himmlers 1943 zu gegen sein sollte, in der dieser unverholen den im Osten in die Tat umgesetzten Holocaust glorifizierte[43], ließ sich regelmäßig vom berüchtigten Dachauer Arzt Sigmund Rascher die neuesten Einsichten in Unterkühlungs-, Höhenflug- sowie Ertrinkungsexperimenten zusenden und über praktisch durchgeführte Überlebenschancen im Eiswasser informieren.[44] Milch wiederum revanchierte sich bei Himmler, in dem er potentielle Grabungsstätten des SS-Ahnenerbes vor Luftwaffen-Bombardements schützte.[45]

Am 24. Juli 1942 besuchte Beumelburg in Begleitung des SS-Offiziers Ludolf-Hermann Alvensleben sowie des Chefarztes im Stabe Milchs Prof. Dr. Heinrich Otto Kalk die auf der Krim gelegene Bergstadt Mangup Kale südlich Bachtschissaraj.[46] Himmler rekrutierte Beumelburg, um die nach den Kämpfen von Sewastopol 1942 erfolgte Eroberung der Krim für rechtens zu erklären. Die apologetischen Dienste Beumelburgs standen im engen Zusammenhang mit dem zwischen Alvensleben und Himmler im Rahmen des Generalplans Ost diskutierten Vorhaben, Palästinadeutsche oder Südtiroler auf der Halbinsel anzusiedeln.[47] Bereits in *Kaiser und Herzog* hatte Beumelburg sein geschichtsklitterndes Talent bewiesen, slawische Ostgebiete als urgermanische Territorien zu deklarieren und ‚folgerichtig' ihre ‚Heimkehr' ins Reich einzufordern. In einem als *Die Goten auf der Krim*[48] betitelten Manuskript tat er eben dies, indem er meinte, die „Behauptungen sogen[annter]. sowjetischer Wissenschaftler, die Anwesenheit der Goten auf dem Südwestteil der Krim sei eine sagenhafte Angelegenheit" sei „krasse[r] pseudo-wissenschaftliche[r] Unsinn." (3) Mithilfe der Krimstadt Propok ‚bezeugte' Beumelburg die frühe Ansiedlung der Goten

---

[43] Bradley F. Smith/Agnes F. Peterson (Hg.): Heinrich Himmler. Geheimreden 1933-1945, Frankfurt a. M. u. a. 1974, 162-183.

[44] Ebd.: 235; vgl. auch Riggs: Soldaten, 319.

[45] Kater: „Ahnenerbe", 291.

[46] BArch NS 19/1265 F fol. 102-103, Ludolf von Alvensleben an Heinrich Himmler, 30.11.1942.

[47] BArch NS 19/3457 E fol. 15-25, Alfred E. Frauenfeld: „Denkschrift über die Möglichkeit der geschlossenen Umsiedlung der Südtiroler nach der Krim.", (ohne Datum) 1942.

[48] BArch NS 19/2212 K, Werner Beumelburg: Die Goten auf der Krim, (ohne Datum).

bis zur Zeit Kaiser Theoderichs und Justinians im fünften Jahrhundert. Zwar hätten sich Tataren, in Ablösung der byzantinischen Kaiser des 13. Jahrhunderts, politisch mit den Goten verbündet; gleichwohl sei es ihnen nicht gelungen „das gotische Volkstum zu beeinträchtigen." (5) Als Siedler, so Beumelburg, seien Genuesen und Türken gefolgt; dennoch hätten Goten weiterhin die Oberherrschaft ausgeübt. Schließlich behauptete Beumelburg: „Erst die letzte, die russische Epoche nahm den Goten die Lebenskraft und verdrängte sie nach und nach mit den verschiedensten Methoden aus ihrem Raum, sodass es heute schwer ist, ihren Verbleib festzustellen." (Ebd.) Dennoch seien noch heute ethnische Reste des Germanentums zu finden, wobei es schwer sei, den „Grad rassischer Vermengung zu entdecken." (6) Schließlich hätte die Sowjetunion alles getan, um den gewünschten Zugang zu den Meerengen zu erhalten. Jedoch sei, so resümierte Beumelburg „[d]ie große Umwälzung, die der gegenwärtige Krieg mit sich bringen wird, (…) ohne Zweifel der Beginn einer neuen Periode des Deutschtums auf der Krim." (Ebd.)

Derartige Manuskripte, lobte ein SS-Scherge, lieferten einen „einzigartige Beweis[e] für die Rassenlehre, auf der wir unsere Weltanschauung aufbauen, wie er überzeugender überhaupt nicht gedacht werden kann."[49] Himmler selbst besuchte das Gebiet Ende Oktober 1942[50] und plante einen letztlich nicht realisierten Film über die kulturschöpferische Kraft der ‚arischen Krimgoten'[51], wofür Beumelburg als mittlerweile erfahrener Drehbuchschreiber wohl in Betracht gekommen sein dürfte. In biographischer Hinsicht belegt dieses Engagement nicht zuletzt Beumelburgs Zulieferungsbereitschaft noch im Jahre 11 der NS-Herrschaft, wofür ihn das Regime im September 1942 mit dem Kriegsverdienstkreuz Zweiter Klasse auszeichnete.[52]

---

[49] BArch NS 19/3457, fol. 24, Alfred E. Frauenfeld: „Denkschrift über die Möglichkeit der geschlossenen Umsiedlung der Südtiroler nach der Krim.".
[50] Dirk Mahsarski: Herbert Jankuhn 1905 bis 1990. Ein deutscher Prähistoriker zwischen nationalsozialistischer Ideologie und wissenschaftlicher Objektivität, Rahden 2011, 267.
[51] Ebd.: 268.
[52] BArch R 56-V/33, fol. 32, 43; vgl. auch RW/59/284, fol. 223, 29.4.1942; vgl. weitere Vorschläge für das Ritterkreuz, in: MA-BA Freiburg Pers 6/228495, fol. 222, 346, 373.

XVIII. Kritische Gespräche in Potsdam: die Schlacht von Stalingrad, das Hitler-Attentat und die Rückkehr des prekären Intellektuellen 1943-1945

Mit der von September 1942 bis Anfang Februar 1943 ausgetragenen Schlacht von Stalingrad änderte sich Beumelburgs Haltung zu diesem Krieg erstmals grundlegend. Im Anschluss an die in Spanien geübte Kritik hatte die 1941 von Hitler getroffene Entscheidung, die Sowjetunion zu überfallen, Beumelburg bestürzt. Gerd Elgo Lampel, eine Ordonanz im Umfeld Beumelburgs, berichtete, der Schriftsteller habe in seiner Neu-Fahrländer Schreibstube – dem „Chefzimmer"[1] – 1941 eine großen Karte der Ostfront hängen gehabt. Vor dieser habe er unter „Tränen" die „Fehlentscheidungen Hitlers" im Osten ausgeführt. Dies hinderte ihn allerdings nicht an einer Zusammenarbeit mit dem SS-Ahnenerbe, und es ist diese Haltung der äußeren Kollaboration und der inneren Kritik desjenigen, der es schon immer besser gewusst hatte, die für seine Einstellung zu den Unternehmungen des NS-Regimes 1943 bis 1945 die kennzeichnende blieb.

Im Stabe Milchs reiste Beumelburg nun – im November 1942 – nach Stalingrad, hatte Hitler Milch infolge der russischen Einkesselung der sechsten Armee General Friedrich Paulus' zum Sonderbevollmächtigten ernannt, um Versorgung und Logistik des Kessels mithilfe einer gigantischen Luftbrücke aufrechtzuerhalten. Göring beauftrage Beumelburg, vom ‚glorreichen' Kämpfen und Sterben deutscher Soldaten an der unteren Wolga zu berichten, um auch diese Literarisierung in einen Propagandafilm münden zu lassen.[2] Die endgültige Einkesselung der sechsten Armee im Februar 1943 machte eine heroische Sinnstiftung im Zeichen des Sieges jedoch unmöglich. Immer heftiger überzog Hitler die Luftwaffe mit Vorwürfen, versagt zu haben.[3] Beumelburg habe, laut eigener Aussage, ein solches Drehbuchvorhaben indes abgelehnt, da Göring es ihm verboten habe, „die Wahrheit zu sagen." (Ebd.) Vielmehr versuchte er, in

---

[1] Aussage des Zeitzeugen Gerd Elgo Lampel, in: Olaf Simons: Werner Beumelburg, in: http:// www.polunbi.de/pers/beumelburg-01.html, letzter Zugriff am 10.5.2015.
[2] PrAdK I/125 fol. 31, Werner Beumelburg an Heinrich Ammersdorffer, 11.12.1945.
[3] Vgl. Horst Boog: Die deutsche Luftwaffenführung 1935-1945. Führungsprobleme. Spitzengliederung. Generalstabsausbildung, Stuttgart 1982, 520-522.

einer an Hitlers Heerführung gerichteten exkulpierenden Denkschrift die Ehre
der Luftwaffe zu retten, die den inneren Sperrzirkel des uneinsichtigen, engstir-
nigen ‚Feldherrngenies' wohl nie passiert haben dürfte.

Die militärische Gretchenfrage Stalingrads – die Durchführbarkeit der Kessel-
versorgung – erachtete Beumelburg in dieser im Juni 1943 eingereichten Denkschrift[4] von vornherein als unmöglich durchzuführende Aufgabe. Zu stark sei
die Heeresgruppe von Beginn an überlastet, die verheerenden militärischen
Konsequenzen absehbar gewesen. Sei die militärische Führung zunächst zuver-
sichtlich gewesen, hätten der Mangel an panzerbrechenden Waffen, die erfolg-
lose Umstellung auf die Einkesselungstaktik sowie russische Panzer neuen Typs
einen Ausbruchsversuch frühzeitig im Keim erstickt. Auch ‚General Frost' –
Eisregen, Schlechtwettersicht und Schneestürme – habe sich zugungsten der
Sowjets entschieden (5) und jedes Landungsunternehmen zum lebensgefährli-
chen Abenteuer werden lassen. (7) Dennoch hätten Rettungs- und anschließende
Einkesselungsversuche russischer Truppen durch die achte italienische Armee
am 21. November noch Anlass zur Hoffnung gegeben. (8f.) Der Luftwaffe sei
es hingegen unmöglich gewesen, die für eine letztendlich erfolgreiche Einkesselung des Feindes notwendigen Panzerverbände zu versorgen: „Am 23. November morgens war der Ring um Stalingrad und die sechste Armee lückenlos geschlossen." (10) Der Mangel an Betriebsstoff, Verpflegungsvorräten und Munition habe „vom ersten Tage der Einschließung an, das Problem der Luftversor-
gung" (11) gekennzeichnet. Die nicht zu bewältigende Versorgungsleistung von
täglich 1000 Tonnen des ‚Danaidenfasses Stalingrad' – man schaffte ‚lediglich'
200 – habe die Aufgabe der Festung operativ klüger erscheinen lassen, um eine
Kehrtwende zu Don und Tschir zu vollziehen, von wo aus Truppenteile erfolgreich hätte ausbrechen können. (14) Ein solches Vorgehen sei jedoch an jenen
Haltebefehlen gescheitert, die die Fliegerstaffeln an Versorgungs- und Kampf-
aufgaben gebunden hätten. (16) Die Luftwaffe träfe an all dem keine Schuld,
denn „[n]iemand hat – auch in den bittersten Stunden der Festung – die Behauptung aufgestellt, die fliegenden Besatzungen und das sonstige mit dem Luft-
transport betreute Personal hätten ihre Pflicht nicht getan. (…). Im Ganzen ge-

---

[4] Institut für Zeitgeschichte, ED 100-39-3, Stalingrad - Bericht nach den Akten und
nach Einzelaussagen von Werner Beumelburg, 8.6.1943.

nommen haben die Verbände der Luftwaffe, durchdrungen von der schicksal-
haften Bedeutung ihrer Aufgabe, ihre Pflicht nicht weniger erfüllt, als die kämpfenden und leidenden Kameraden auf der Erde. Sie haben oft mehr getan als
ihre Pflicht. Sie haben Leistungen gezeigt, die vorher nicht für möglich gehalten
wurden" (42) und Leistungen erbracht, die in „das Buch der Kriegsgeschichte"
(3f.) Eingang finden würden.

Die Akte war von der Hoffnung getragen, über die Befehlskette Milch-Göring-
Hitler im Kommandostab des Diktators auf dem Obersalzberg Gehör zu finden.
Solche selbst von hochrangigen Fliegergeneralen vorgelegten Appelle hatten in
der Umgebung Hitlers indes kaum eine Chance, scheiterten sie bereits an der
um das Vertrauen des ‚Führers' besorgten Abfangtaktik des hitlerhörigen und
um die militärische Halsstarrigkeit des Diktators wissenden Hermann Göring.[5]
Nicht zuletzt gehörte der Reichsluftfahrtminister zu jenen Militär-Politikern, die
derartige Denkschriften nicht nur militärisch, sondern insbesondere politisch am
stärksten in Bedrängnis brachten. Denn Beumelburgs Schrift hatte die Versorgung des Kessels *a priori* als logistische Unmöglichkeit bezeichnet, ein Eingeständnis, das Hitler Göring als Fehler hätte ankreiden können.

Laut Beumelburg sei sein Verhältnis zu Göring fortan „getrübt"[6] gewesen, und
ob der Schriftsteller, wie etwa Jürgen Eggebrecht meint – Beumelburg hatte die
Patenschaft seines Sohnes übernommen – für eine „Reihe von Reden für Göring"[7] verantwortlich zeichnete, ist aufgrund Quellenmangels nur schwer zu
belegen. Die Abfassung der im Januar 1943 von Göring vor Wehrmachtsangehörigen gehaltenen Thermophylen-Rede, in welcher der Luftfahrtminister die
deutsche Verteidigung Stalingrads gegen eine russische Übermacht mit jener
der Spartiaten gegen das persische Heer 480 v. Chr. verglich, liegt beispielsweise weiter im Dunkeln.[8] Als gesichert kann dagegen gelten, dass das in Staling-

---

[5] MA-BA Freiburg, N 179/68 fol. 359, Besprechung Erhard Milchs mit Hermann Göring, ca. 1943.
[6] Literaturarchiv Marbach, A: Hans Grimm, Werner Beumelburg an Hans Grimm,
14.9.1950.
[7] Münchner Stadtbibliothek/Literaturarchiv Monacensia, Nachlass Jürgen Eggebrecht,
JE B 333, Jürgen Eggebrecht an Leonharda Gescher, 24.5.1955.
[8] „Wer von den nationalsozialistischen Politikern diese Idee hatte, Stalingrad mit der
Schlacht an den Thermopylen zu vergleichen, lässt sich nicht mehr nachvollziehen.", in:

rad abzeichnende militärische Versagen Beumelburgs Hoffnungen auf eine deutsche Hegemonie vollends zerstörte. Mit dieser Perspektive einher war die Unterstützung des Schriftstellers für dieses Regime gegangen, dessen ‚Führer' er als militärisch begabten Feldherrn gelobpreist hatte. Gerade in der Schlacht von Stalingrad hatte sich jedoch die militärische Inkompetenz Hitlers offenbart, der als halsstarriger Symbol- und Ideologiepolitiker militärischen Erwägungen in nichts nachgab. Damit begrub Hitler in den Augen Beumelburgs eine Vorstellung von Reich und Nation, für deren Grundlagen der Schriftsteller zeitlebens gekämpft hatte und die Hitler nun, so die Sicht Beumelburgs, am militärischen Kartentisch zu verspielen begann.

Laut Beumelburg arbeitete er fortan „unter Gefährdung seiner eigenen Person bei maßgeblichen Persönlichkeiten auf einen Abbruch des ausweglosen Krieges unter Aufgabe Hitlers und der Partei"[9] hin. Dass Beumelburg in dieser Hinsicht an Widerstandsaktivitäten partizipiert hätte, welche, wie jene vom 20. Juli 1944, die physische Beseitigung des Diktators zum Ziel hatten, kann gleichwohl ausgeschlossen werden. Viel zu sehr war Beumelburg nationalen Leitvorstellungen und soldatischem Pflichtgefühl verbunden, als dass er sich an einem solchem Manöver beteiligt hätte, das ihm wie ein ‚zweiter Dolchstoß' hätte erscheinen müssen. Als er allerdings die verheerenden Konsequenzen des von Hitler für Deutschland entworfenen Weltkrieges zu realisieren begann, machte sich Beumelburg vielmehr daran, eine bis 1918 reichende Linie zu schließen und in die Rolle des prekären Intellektuellen und soldatischen Nationalisten zurückzukehren. Dies bedeutete, wie schon im Oktober 1918, die militärische Schuldzuweisung an die Politik, die Exkulpation des Militärs, zuvörderst der Luftwaffe sowie der ‚guten', ‚anständigen' und ‚pflichtbewussten' Nation. Beumelburg folgte damit einem bereits nach 1918 eingeübten Muster, demgemäß es angesichts der abermals absehbaren Kriegsniederlage von Militär und Nation zu retten galt, was noch zu retten war – eine Haltung, die Beumelburgs weiteren biographischen Werdegang auch nach 1945 wesentlich bestimmte.

Anuschka Albertz: Exemplarisches Heldentum. Rezeptionsgeschichte der Schlacht an den Thermopylen von der Antike bis zur Gegenwart, München 2004, 303.
[9] PrAdK I/125 fol. 31, Werner Beumelburg an Heinrich Ammersdorffer, 11.12.1945.
[9] Institut für Zeitgeschichte, ED 100-39-3, Stalingrad – Bericht nach den Akten und nach Einzelaussagen von Werner Beumelburg, 8.6.1943.

Wichtige Aufschlüsse hinsichtlich dieser Haltung liefert ein im Juli 1944 einsetzendes Tagebuch[10], das die nahezu einzig erhaltene Quellengrundlage der Jahre 1943 bis 1945 bildet. Es enthält Einblicke in jene prekäre Haltung, im Zuge derer sich Beumelburg in der Erkenntnis einer sich abzeichnenden Kriegsniederlage mit regimekritischen Militärs zu umgeben begann, Kontakte, die ihn infolge des Hitler-Attentats am 20. Juli 1944 durchaus in Lebensgefahr hätten bringen können.

So verzeichnete das am 18. Juli zwei Tage vor dem Attentat einsetzende Tagebuch etwa den Panzergeneral Hans Cramer (1896-1960) als Gast in Beumelburgs neu entstandenem Potsdamer Salon. Cramer stand dem Krieg seit seinen Erfahrungen im Afrikafeldzug kritisch gegenüber. Unter Rommel hatte er das deutsche Afrika-Korps kommandiert, war im Mai 1943 ein Jahr lang in englische Kriegsgefangenschaft geraten, aus der er allerdings hatte fliehen können.[11] Anschließend hatte er vergeblich versucht, Rommel, Ribbentrop und Keitel auf den unbedingten Kriegswillen Englands sowie der USA hinzuweisen. Aber auch Cramer war dem diktatortreuen Optimismus begegnet, der kritische Einwände als Defätismus abtat.[12] Auf ‚Führer'-Befehl war er aus der Wehrmacht entlassen worden. Der Panzergeneral, im OKW fortan *persona non grata*, besuchte Beumelburg am 24. Juli 1944 und ließ seinem Unmut freien Lauf. Deutschland sah er nur noch mit der „Peitsche des Terrors vorwärtsgetrieben" (20), die gespaltene Armeeführung habe ihre traditionellen Werte über Bord geworfen. Cramer, dessen unfreiwilliger Englandaufenthalt ihn als potentiellen Mitattentäter auswies, wurde kurz darauf verhaftet. Ihm wurde zur Last gelegt, der britische Secret Service habe ihn während seiner Haft damit beauftragt, die Bombe nach Deutschland zu bringen. (78) Als sich die Vorwürfe jedoch als unhaltbar erwiesen, wurde Cramer am 23. Dezember wieder entlassen. (Ebd.)

Der Meinung Cramers schloss sich der Luftwaffenoberst im Stabe Milchs Joachim von Winterfeldt an. Winterfeldt, Jahrgang 1915, war 1937 als Flakhelfer in die Luftwaffe eingetreten. Er hatte am Russlandfeldzug teilgenommen, das

---

[10] Rheinische Landesbibliothek Koblenz, H Beu 16/1, Werner Beumelburg: Der bittere Weg. Ein Tagebuch aus dem Kriege (Juli 1944 bis August 1945), Potsdam 1944.
[11] MA-BA Freiburg, MSG 109/10844, Personalakte Hans Cramer.
[12] Beumelburg: Tagebuch, 18f.

Eiserne Kreuz erster und zweiter Klasse erhalten und war während der Schlacht von Stalingrad verwundet worden.[13] Auf Befehl Milchs verhaftete die Gestapo Winterfeldt sechs Tage nach dem Attentat, war der Luftwaffenoffizier wohl zudem aufgrund einer Anspielung auf Robert Leys öffentlich bekanntes Alkoholproblem denunziert worden. (22f.) Beumelburg machte sich laut eigenem Bekunden „sofort daran, im Hause alles zu sammeln, was bei einer bevorstehenden Haussuchung, die ihn oder mich belasten könnte" und vollzog „ein großes Autodafé." (22f.) Eine bei Milch zugunsten Winterfeldts unternommene Intervention Beumelburgs scheiterte allerdings: „Nach der Vernehmung (von Winterfeldts, d. A.) begab ich mich ins [Luftfahrt-]Ministerium und versuchte, den Feldmarschall zu sprechen. Sein Adjutant lehnte dieses Ersuchen mit der Bemerkung ab, der Feldmarschall habe gewiß nicht die Absicht, mich zu empfangen. Im übrigen betreffe die Angelegenheit auch mich persönlich. Er wisse es zwar nicht, aber könne sich vorstellen, daß mein Haus seit längerem überwacht sei, und einmal habe ja die Bombe zum Platzen kommen müssen. Der Feldmarschall selbst habe sich gelegentlich in diesem Sinne geäußert." (24) Am 30. August stufte ein Militärgericht von Winterfeldt als „staatsfeindlich" (32) ein, enthob ihn des Dienstes, entließ ihn aber nach dreimonatigem Gefängnisaufenthalt.

In jene Julitage datierte schließlich auch ein letztes Gespräch mit dem älteren Bruder. Walther war nach seinem kometenhaften Aufstieg im Rundfunk im April 1937 über einen ideologischen Stolperstein gefallen, der wohl im Rahmen einer größeren ‚Säuberung' des von konservativen Funktionseliten geführten Rundfunks zu sehen ist.[14] Nicht nur hatte Walther eine Liaison zu einer jüdischen Sekretärin unterhalten; ebenso hatte er seine schützende Hand über die aus Alzey stammende halbjüdische Schriftstellerin Elisabeth Langgässer gehalten, auf die enormer Druck ausgeübt worden war.[15] Goebbels hatte den älteren Beumelburg entlassen, empfand er ihn „als SS-Führer ungeeignet", da er die „erforderliche kompromißlose Einstellung zur Judenfrage nicht" (ebd.) besäße.

---

[13] MA-BA, Pers 6/179700 Joachim von Winterfeldt.
[14] Ansgar Diller: Rundfunpolitik im Dritten Reich, Bd. 2, München 1980, 198.
[15] BArch R 55/777, ohne Blattangabe, Parteistatistische Erhebung; Entlassung in: BArch R 55/1027 fol. 24-38, hier 24.

Anschließend hatte Walther die Geschäftsleitung der Berliner Stalling-Filiale übernommen – dies im Übrigen mit einem anderen Liebhaber jüdischer Frauen, nämlich Hans Zehrer, dessen Ehe mit Margot Susmann-Mosse[16] Zehrer Berufsverbot eingebracht hatte. 1940 war Walther in eine Panzereinheit in Richtung Frankreich abkommandiert worden, wo er im Dezember 1941 als Verbindungsoffizier dem Stab des im Februar 1942 zum Militärbefehlshaber in Frankreich ernannten Otto von Stülpnagel zugeteilt wurde. Stülpnagels Kommandantur war vor allem über die von der Partei in Frankreich angeordneten Vergeltungsmaßnahmen in Gegensatz zum Regime geraten, im Zuge derer hunderte Geiseln als Reaktion auf Anschläge und Widerstandsaktivitäten erschossen worden waren.[17] Nachdem Otto von Stülpnagel über diese Auseinandersetzungen sein Amt niedergelegt hatte, sorgte mit Carl Heinrich von Stülpnagel ein weiterer Vertreter dieser Blutslinie im Anschluss an den Stauffenbergschen Bombenanschlag vom 20. Juli für die Verhaftung des nationalsozialistischen Führungskaders von SS und Gestapo in Paris. Er bezahlte den Misserfolg des Attentats im August mit dem Leben. Walther Beumelburg starb mit nur 50 Jahren am 26. Juli überraschend noch vor ihm.

Den älteren Bruder als eine Figur des konservativen Widerstands auszumachen, bedürfte einer quellentechnisch fundierten Rekonstruktion, die an dieser Stelle kaum zu leisten ist. Dennoch scheint eine auf das gescheiterte Attentat zurückzuführende Todesursache ausgeschlossen. Am 21. Juli befand sich Walther in einer Kavallerieschule in der Nähe des jüngeren Bruders in Potsdam, wo sich das Geschwisterpaar ein letztes Mal austauschte: „Ich war froh", notierte Werner Beumelburg in sein Tagebuch, „als er am späten Abend noch zu uns kam, denn ich wußte, daß er über mancherlei Beziehungen und Verbindungen verfügte, die dem regierenden System nicht freundlich gesinnt waren. Er war ziemlich bleich, aber sehr ruhig. Er wisse nicht, wo die Urheber des Attentats zu suchen seien, aber es schien, als ob die Verfolgung, die nun einsetzen würde, alles umfasse, was die Regierung zu fürchten habe, und dies sei nicht mehr und nicht

---

[16] BArch, Bestände des ehemaligen Berlin Document Center, Ordner Nr. 10258, AZ 16229, Schreiben des Präsidenten der Schrifttumskammer an die NSDAP, Gau SH, 3.1.1941.
[17] Sven Olaf Berggötz: Ernst Jünger und die Geiseln, in: VfZ 51 (2003), Nr. 3, 405-472, hier 419.

weniger als die gesamte Armee mit allen ihr nahestehenden Kreisen. In der Kavallerieschule seien bereits die ersten Verhaftungen erfolgt. Es sei gut, wenn wir alle uns auf Haussuchungen und Vernehmungen gefaßt machten. Er glaube, daß Himmler die Gelegenheit benutzen werde, um alle Macht an sich zu reißen, und daß Hitler von nun an nur noch der Gefangene Himmlers und Bormanns sein werde. Dem Reichsmarschall (Göring, d. A.) traue er nichts zu, der Generalität ebenso wenig. Das System werde mit einer unerhörten Brutalität gegenüber allen seinen Gegnern verfahren, aber die Katastrophe werde dadurch nur beschleunigt. Irgendeine Möglichkeit der Rettung vermöge er nicht mehr zu erkennen, denn nun werde Hitler ohne Zweifel sagen, der Herrgott habe ihn durch ein Wunder gerettet, damit er seinen Weg bis zum Ende gehen könne." (33f.)

In diesem letzten Zwiegespräch war die Rückkehr des jüngeren Bruders zu einem prekären Intellektuellen offensichtlich bereits vollzogen, zeichnete sich in diese Zeilen eine Selbstschutzhaltung ab, in der sich der Schriftsteller, wie zahlreiche NS-Kollaborateure, als Missbrauchsopfer des totgeweihten Regimes verstanden wissen wollte. So waren die Brüder, die so tatkräftig am NS-System partizipiert hatten, nach der Erkenntnis einer unausweichlich bevorstehenden militärischen Katastrophe nun der Ansicht, Verführte eines verbrecherischen Systems geworden zu sein, das sich ihres ‚idealistischen Patriotismus' bemächtigt hätte. Sie wussten sich gleichwohl mit dem eitlen Gedanken zu beruhigen, angeblich moralisch integer geblieben zu sein: „‚Glaube nicht, daß ich mich fürchte,' fuhr er (Walther, d. A.) fort, ‚obwohl ich vielleicht Grund dazu hätte. Aber unser Herz folgt nicht immer unseren Überlegungen. Vielleicht wird man eines Tages von uns feststellen, daß wir zu viel gedacht haben und darum von denen überlistet wurden, die weniger dachten. Wir haben unser Vaterland geliebt von Anfang an und ihm alle Wünsche untergeordnet, obwohl es bisweilen hart war. Aber jetzt, wo wir erkennen, daß wir das Vaterland vertauscht haben mit Menschen, die sich seiner nur bemächtigen, um ihr Spiel mit ihm zu treiben, ist uns der Rückweg verschlossen. Der anständige (H. i. O) Rückweg, mußt du begreifen. Ja, es scheint, daß wir an unserer Anständigkeit zu Grund gehen müssen." (34)

Am Nachmittag des darauffolgenden Tages wurde Walther in der Nähe Neu-Fahrlands tot neben seinem Pferd aufgefunden. Dem Glauben, Walther habe sich als Widerstandskämpfer des 20. Juli mit Zyankali vergiftet, um einer eventuellen Folterung mit anschließender Hinrichtung zuvorzukommen, widersprach eine Autopsie, die eine restlose Verkalkung seiner Herzkranzgefäße als Todesursache angab. Damit hatte Walther jenen ‚klassischen' Beumelburg-Tod erlitten, der 1925 bereits den Vater ereilt hatte und der, durch übermäßigen Kaffee-, Wein-, Cognac- und Tabakkonsum begünstigt, auch Werner Beumelburg 1963 in Würzburg hinwegraffen würde: „Ich fand ihn, wie er aus dem Sattel geglitten war. Die weiße Leinenjacke zeigte kleine Spuren von Staub. Die Arme hatte er gekreuzt, der Kopf lag auf ihnen, seitwärts gewendet, als schlafe er. Niemals sah ich sein Gesicht so entspannt und beruhigt wie an diesem Morgen. Ich mochte kaum glauben, daß er tot war. Am Nachmittag wurde eine Sezierung vorgenommen. Die Ärzte fanden ein stark verkalktes Herz und führten die Äußerungen von Müdigkeit, die mir in der letzten Zeit aufgefallen waren, darauf zurück." (37)

Den wohl wichtigsten Hausgast in Neufahrland aber hatte der Schriftsteller während seines Literarisierungsauftrages der Legion Condor mit Fliegergeneral Werner Kreipe bereits 1937 im Reichsluftfahrtministerium kennengelernt. Kreipe hatte seine militärische Ausbildung in München genossen und 1923 an Hitlers Marsch auf die Feldherrnhalle teilgenommen. 1928 hatte sein Weg in die im Geheimen entstehende Luftwaffe begonnen, deren Generalstab er 1934 beitrat. Seit 1936 war er im Staatssekretariat Erhard Milchs im Reichsluftfahrtministerium tätig, partizipierte am Frankreich- und Russlandfeldzug und übernahm Ausbildungs- und Rekrutierungsfunktionen der Luftwaffe. Als Leiter des Berliner Ausbildungszentrums war er seit November 1942 in permanente Nähe zu Beumelburg in Potsdam gerückt, der sich im schwelenden Konflikt von Heer und Luftwaffe zu einem wichtigen Ansprechpartner entwickelte. Seit ihrem Kennenlernen verbrachte Kreipe, sei es in dessen Potsdamer Villa oder in gemischtem Kreis im Berliner Aero-Klub, „runde Abende"[18] bei Beumelburg.

---

[18] Kreipes leider nur schlagwortartig geführtes Kriegstagebuch verzeichnete zwischen 1941 und 1944 zahlreiche Treffen: MA-BA Freiburg, N 141/3, am 30.8.1937 („abends bei Werner Beumelburg mit Walter Beumelburg, Gritzbach, Hüther"); 4/1938, am 26.2. („Staatssekretär 20.30 Uhr mit Beumelburg und Milatz als Gäste" (Berlin)); 7/1941, am 12.2. („Runder Abend bei Beumelburg" [Berlin]); 9/1943, am 23.9. („mittags Frühstück

Hier trafen sich Walther Beumelburg, Hans Friedrich Blunck, der Staatsbeamte, SS-Führer und Göring-Vertraute Erich Gritzbach, der expressionistische Maler Julius Hüther, der Botaniker Rudi Milatz, der Reichstagsabgeordnete und ‚alte Kämpfer' Hans von Helms, der Fliegermajor Kurt Kleinrath sowie Robert Ritter von Greim, der Göring als letzter Oberbefehlshaber der Luftwaffe ablösen sollte.[19]

Insbesondere nach dem Attentat auf Hitler blieben Kreipe und Beumelburg beständig in Kontakt. Am 10. August 1944 besuchte Kreipe Beumelburg auf Neu-Fahrland[20], wo er dem Schriftsteller seine Ernennung zum Generalstabschef der Luftwaffe kund tat. Kreipe trat damit die Nachfolge des verstorbenen Günther Kortens an, den Stauffenbergs Kofferbombe mit voller Wucht getroffen hatte. Der Kriegsdichter und der General trafen sich dabei in der beiderseitigen Erkenntnis, dass der ‚Endsieg' seit der Niederlage von Stalingrad nicht mehr zu erreichen war. Sie trafen sich in der beiderseitigen Hoffnung, die politische Führung werde mit einer der beiden Fronten zu einem Friedensschluss gelangen, um so den gesamten Krieg abzuwickeln. Kreipe erachtete es gegenüber Beumelburg als aussichtslos, die Lufthoheit selbst an den von Deutschen an Rhein und Weichsel noch gehaltenen Linien zurückzuerlangen: „‚Entweder'", so Kreipe, „‚hängen wir im Dezember, oder wir haben eine Lage geschaffen, die dann von schweren politischen Entschlüssen abgelöst werden muß.'" (25) In diesen Erwägungen wertete das Gespann den Bombenanschlag *unisono* als „verheerend". (26) In Göring setzten beide nur noch wenige Hoffnungen, sahen sie dem Luftwaffenchef mit Bormann, Goebbels und Himmler mächtige politische Gegner erwachsen, sodass Kreipes Einfluss auf die militärische Führung wesentlich von seiner Beziehung zu Hitler abhängig seien werde. Der Luftwaffengeneral war „fest entschlossen, mit aller gebotenen Offenheit vorzugehen und ohne Rücksicht auf persönliche Folgen" (27) seine Sicht der Lage zu schildern. Beumelburg meinte jedoch vorausschauend, Kreipe werde bei „Hitler nicht auf einen grünen Zweig kommen" (ebd.) sondern „an der ganzen nebel-

---

im Club (Aeroklub Berlin, d. A.) mit Beumelburg, Linnartz, Helms usw.", am 22.12., „abends kurz bei Beumelburg".

[19] Ebd., 4/1938, am 26.2. und 20.6.; 6/1940, am 3.4.; 9/1943 am 23.9. und 22.12.; 10/1944 am 17.3., 8.10. und 30.10.

[20] Beumelburg: Tagebuch, 25-27, 10.8.1944.

haften, unwirklichen und in Wunschbildern befangenen Atmosphäre im Führer-hauptquartier scheitern." Entweder, so Beumelburg, werde Kreipe dem ‚Führer' das Wort reden müssen oder „verschwinden". (Ebd.)

„Wir saßen noch lange nach Mitternacht und unsere Stimmung war sehr ernst. Wir prüften den moralischen Zustand des Volkes und den Geist der Truppe. Wir fanden, daß die Ursachen des Übels weder im einen noch im anderen zu suchen seien, sondern allein den verhängnisvollen Fehlern der Führung." (28) Mit die-sen Worten artikulierte sich Beumelburgs Rückkehr zum soldatischen Nationa-listen prekärer Provenienz, gemäß dessen Militär und Nation keinerlei Schuld am militärischen Versagen zuzuweisen waren, da der deutsche Soldat auch im Zweiten Weltkrieg sein Leistungspotential über das Menschenmögliche hinaus abgerufen hätte und ‚anständig' geblieben sei. Während Hitler der Luftwaffe beständig Versagen vorwarf, erblickten Kreipe und Beumelburg vielmehr in der militärischen Inkompetenz, der dogmatischen Haltetaktik und der Weigerung des Diktators, Friedensverhandlungen aufzunehmen, die zentralen Ursachen der sich abzeichnenden Katastrophe. Die Schuld traf in den Augen Beumelburgs damit, wie schon 1918, einmal mehr die Politik, nicht aber das sie tragende Volk und das ihre Entscheidungen ausführende Militär. Diese waren weiterhin integer, anständig, ja unantastbar, und Beumelburg schloss damit einen biogra-phischen Kreis, den er im Juli 1916 begonnen hatte und den er nun ein weiteres Mal wiederaufnahm.

Kreipe verabschiedete sich von Beumelburg in der Hoffnung, der Dichter werde ihm weiterhin als Vertrauensperson zur Verfügung stehen. Was für Kreipe folg-te, waren die notorischen Wutanfälle und Hasstiraden Hitlers während der im ostpreußischen Hauptquartier Gadop (Deckname „Robinson") stattfindenden ‚Führerlagen'. Die von den Alliierten am D-Day vom 6. Juni 1944 im Westen errungene Lufthoheit hatte die Luftwaffe weiter unter Druck gesetzt. In den von deutschen Rückzugsgefechten und ausfallenden Verbündeten geprägten Mona-ten August und September 1944 musste sich Kreipe die Vorwürfe Hitlers gefal-len lassen, die gar in der Forderung gipfelten, die seiner Ansicht nach inkompe-tente Luftwaffe komplett aufzulösen. (66) Hitler machte hauptsächlich die missglückte Abwehr der Operation *Market Garden* toben, infolge derer die

Alliierten im September mithilfe einer Luftlandeoperation Bodentruppen in den Niederlanden abgesetzt hatten.[21]

Der Konflikt um die Luftwaffe war als Ergebnis der politischen und militärischen Feldverschränkung nicht zuletzt auch eine Folge machtinterner Rivalitäten der ‚Höflinge' Hitlers. Göring rang hier einerseits um den Macht- und Gunsterhalt des ‚Führers', dies allerdings meist fernab, sicher verschanzt im eigens für ihn gebauten Domizil Karinhall im brandenburgischen Groß Dölln. Ihm gegenüber stand Himmler, der eine eigene Luftwaffe für die SS beanspruchte.[22] Verwundern konnte es da nicht, dass es mit Hermann Fegelein ein Angehöriger der SS war, der Kreipe am 6. Oktober darüber in Kenntnis setzte, dass er bei den Lagevorträgen des Diktators fortan nicht mehr erwünscht sei und obendrein das Führerhauptquartier nicht einmal mehr betreten dürfe![23] Kreipes stabsinterner Konkurrent, Generalmajor Erhard Christian, vertrat ihn fortan auf Lagebesprechungen.[24] Auf die Intervention der SS in der Person Fegeleins, die für Kreipe den Tiefpunkt militärinterner Ränkespiele bedeutete, reagierte Göring mit dem verzweifelten, zunächst allerdings gescheiterten Versuch mit dem Kreipe im Amt bald nachfolgenden Robert Ritter von Greim einen Strohmann als Mittler zwischenzuschalten, was jedoch an überzogenen Kompetenzforderungen Greims scheiterte.[25]

Als Kreipe dennoch am 12. Oktober eine weitere ungeschminkte, als *Luftkriegführung 1945* betitelte Denkschrift bei Göring einreichte, zerpflückte dieser jene und nahm am 2. November Kreipes Abschiedsgesuch willig entgegen.[26] Ein letztes Gespräch mit Göring, der seinen Weggang militärisch zwar bedauerte,

[21] Karel Margry: Operation Market Garden. Then and Now, 2 Bde., London 2002; MA-BA Freiburg, N 141 Nachlaß Kreipe, Stimmungsbild zur Zusammenarbeit zwischen Hitler und der Luftwaffenführung aus der Sicht Kreipes fol. 14-15 (30.8.1944, 31.8.1944, 3.9.1944, 5.9.1944). Hier findet auch das Treffen mit Beumelburg Erwähnung (8.10.1944).

[22] Beumelburg: Tagebuch, 68.

[23] Ebd.: 66.

[24] Axel Polnik: Die Bayreuther Feuerwehren im Dritten Reich, Norderstedt 2013, 371.

[25] Beumelburg: Tagebuch, 67, Eintrag vom 22.11.1944.

[26] MA-BA Freiburg, N 141, Nachlass Kreipe, fol. 31-37, Einträge vom 9.10., 12.10. und 2.11.

diesen aber als politische Notwendigkeit erachtete, schilderte Kreipe wie folgend: „Dann kam er noch einmal auf die von mir eingereichte Lagebeurteilung zurück und machte die Bemerkung, daß ihm die darin enthaltenen Tatsachen mehr oder weniger bekannt seien. Er müsse mich aber noch einmal warnen, derartiges schriftlich niederzulegen, es könne meinen Kopf kosten, da man doch herauslesen könnte, daß ich an den Endsieg nicht mehr glaube. Ich erwiderte, daß ich nur nüchterne Tatsachen niedergelegt hätte und daß die daraus gezogenen Schlussfolgerungen meine Ansicht seien. Darauf sagte der Reichsmarschall: gewiss, es kommt zum Nibelungen-Kampf, aber wir werden uns an der Weichsel, an der Oder und an der Weser schlagen. Er hoffe auf die Uneinigkeit unserer Feinde. Ich bestritt, daß ein 80-Millionen-Volk einen Nibelungen-Kampf führen könne und bat ihn, da er der einzige sei, der das könne, beim Führer durchzusetzen, daß die Politik nun wieder zum Handeln käme. Göring schwieg lange, dann sagte er, das könne er nicht, damit würde er dem Führer den Glauben an sich selbst nehmen." (36f.)

Am 22. November 1944 klagte Kreipe Beumelburg sein Leid, der eigens für ihn ins ostpreußische Gadop fuhr. Während seiner Fahrt gelangte der Schriftsteller angesichts der Zerstörungen, der Leiden der Menschen sowie der Rückkehr in seine kritizistische Schutzhaltung wieder zu einer realistischeren Sicht des Krieges, wenn er mit Schrecken jene Verwüstungen registrierte, die der alliierte Bombenhagel in den Städten hinterlassen hatte.[27] In Gadop angekommen, empfing ihn ein „erstaunt[er]" (65) Generalstab, den der Schriftsteller laut eigenem Bekunden das letzte Mal im Januar 1940 im nordfranzösischen Beauvais frequentiert hatte. Sich vom völkischen Stress im Führerhauptquartier erholend, tat der abgesetzte Kreipe dem Schriftsteller während eines zweistündigen Waldspaziergangs seine unvorteilhafte Lage kund. Kreipe sei Hitler „zu jung und passe ihm nicht." (66) Sein Verhältnis zum ‚Führer' sei „vom ersten Tage an schlecht. Als ich ihm meine Gedanken über die Kriegführung entwickelte, unterbrach er mich sofort und überhäufte die Luftwaffe mit einer Flut von Vorwürfen, die aus dem Munde des Obersten Befehlshabers geradezu erschreckend wirkten. Ich kann Ihnen gar nicht alles wiederholen. Die Luftwaffe sei an dem Zusammenbruch in Frankreich schuld, sie sei auf den Lorbeeren der ersten

---

[27] Beumelburg: Tagebuch, 61-63.

Kriegsjahre eingeschlafen, sie habe bei Stalingrad versagt, sie habe keine Pla-
nung gehabt, das beste sei, man schaffe sie ganz ab, denn sie sei doch zu nichts
nütze. Sie habe nicht einmal die Heimat schützen können, so daß jetzt die gesamte Kriegsproduktion in die ärgste Notlage geraten sei." (Ebd.)

Im Januar 1945 wurde Kreipe mit weiteren Dissidenten – darunter Beumelburg
– in eine Kriegsschule der Luftwaffe im thüringischen Bad Blankenburg abge-
schoben. Mit ihrer Versetzung wickelten die Gefährten den Krieg und die mit
ihm verbundenen Hoffnungen innerlich endgültig ab. Dem Regime erschien der
Schriftsteller in seiner Legitimität spendenden Funktion als Kriegsdichter allerdings immer noch so wichtig, dass es – etwa im Gegensatz zu August Winnig
oder Ernst Jünger – seine noch im September 1944 gestellten Papieranträge
nahtlos durchwinkte.[28] Einer letzten im Oktober an ihn herangetragenen Aufforderung zur Unterzeichnung eines Treuegelöbnisses an Hitler war
Beumelburg dennoch nicht mehr nachgekommen.[29] Am 24. Februar 1945 räumte Beumelburg angesichts der herannahenden Russen sein Neu-Fahrländer Domizil, im Zuge dessen er den Großteil heute leider nicht mehr auffindbarer Dokumente vernichtet oder zurückgelassen haben dürfte. Seine letzte Verwendung
vor Kriegsende fand er im selben Monat in der von Kreipe kommandierten
Kriegsschule der Luftwaffe im thüringischen Bad Blankenburg. (87) Der
Schriftsteller lehrte hier Kriegsgeschichte, und vor 30 Offizieren manifestierte
sich seine nunmehr vollends abgeschlossene Rückkehr zur Position eines soldatischen Nationalisten und prekären Intellektuellen, der nach einem weiteren
verlorenen Weltkrieg die abermalige Wiederaufrichtung der Nation postulierte,
einer Nation, die, wie 1918, in ihrem sittlichen Kern von den Verderbtheiten der
Politik unbefleckt geblieben sei: „Ich sage, daß es nicht damit geschehen kann,
daß wir nun von einem Extrem zum anderen flüchten (d.h. von unbedingter
Vaterlandsliebe zu keiner, d. A.), sondern daß wir auf die Stimmen hören müssen, die von einem neuen Europa und einer neuen Gerechtigkeit sprechen, wenn
auch die Tatsachen dagegen zu sein scheinen. Ich entwerfe ein Bild der Zukunft, wie ich sie mir vorstelle, und ich spüre die Erschütterung meiner Zuhörer,

---

[28] Mittenzwei: Mentalität, 467.
[29] Beumelburg: Tagebuch, 55.

indem sie nun alles, was sie sich insgeheim gedacht haben, so deutlich und klar von einem anderen ausgesprochen vernehmen." (89)

Im April 1945 wurde die Kriegsschule aufgelöst. Beumelburg und Kreipe traten über Böhmen und Bayern die Flucht nach Tirol an. Nachdem die Amerikaner die letzten deutschen Fluchttore nach Süden geschlossen hatten, strandeten Beumelburg und Kreipe bei Bauern auf der bayerischen Geisalm. Im Radio erfuhren sie vom Freitod Hitlers, der sich in seinem selbstgewählten letzten ‚Schützengraben' eines Berliner Bunkersystems mit Zyankalikapsel und Blei-kugel wenig frontsoldatisch aus der Verantwortung gezogen hatte. Am 8. Mai hatte Kreipe seinen ersten, Beumelburg seinen zweiten Weltkrieg verloren. Am Tage darauf folgte für beide der Marsch in die amerikanischen Kriegsgefange-nenlager im bayerischen Rottach und Bad Kreuth.

Als Schlussbilanz seiner NS-Partizipation stand für Beumelburg eine system-konforme Literaturgenese, öffentliches Engagement in Akademie und Kriegs-propaganda, Anerkennung in Form von Literaturpreisen und staatlich erteilter Literarisierungsaufträge, der Eintritt in die Filmwelt, die zuvörderst dem Re-gime zu verdankende Neuauflegung und Förderung zahlreicher Werke mit wei-teren 874 206 verkauften Exemplaren und einem Reingewinn von über einer Million Reichsmark.[30] Am 19. Februar 1939, dem 40. Geburtstag des Schrift-stellers, hatten seine Bücher eine Gesamtauflage von über zwei Millionen Exemplaren überschritten. Im Reich waren die Schüler zum Morgenappell an-getreten, um den Dichter zu ehren.[31] Beumelburg war zur Eröffnungsfeier der Olympischen Spiele 1936 genauso eingeladen worden wie zu Geburtstagen

---

[30] Staatsarchiv Oldenburg: Werner Beumelburg an Erwin Planck. Der Brief enthält folgende Auflagen und Rechnungsstellungen bis 1945: *Kampf um Spanien* 70.000 ver-kaufte Exemplare (72 000 RM); *Der König und die Kaiserin* 114 000 verkaufte Exemp-lare (124 000 RM); *Reich und Rom* 73 000 verkaufte Exemplare (83 000 RM); *Kaiser und Herzog* 90 000 verkaufte Exemplare (110.000 RM); *Mont Royal* 28 000 verkaufte Exemplare (41 1000 RM); *Sperrfeuer um Deutschland* 215 000 verkaufte Exemplare (100 000 RM); *Die Stählernen Jahre* 87 000 verkaufte Exemplare (22 000 RM); *Grup-pe Bosemüller* 180 000 verkaufte Exemplare (83 000 RM); *Deutschland in Ketten* 55 000 verkaufte Exemplare (24 000 RM).
[31] Unbekannt: Wer kommt zum Kriegsdichtertreffen, in: Völkischer Beobach-ter/Süddeutsche Ausgabe 11 (1936), 20.9., 264.

Hermann Görings.[32] Zudem hatte er Vorträge in den politisch systemkonformen Metropolen Rom und Madrid gehalten. Seine Heimatstadt Traben-Trarbach hatte ihm 1937 das Ehrenbürgerrecht verliehen; feierlich hatte sie eine Gasse nach dem berühmten Dichter benannt, deren Schild Traben-Trarbacher Schülern entworfen hatten. Dieses Schauspiel wiederholte sich im ebenfalls an der Mosel gelegenen Winningen. Gegen eine solche Vielzahl von Respektsbekundungen hätte sich – nicht zuletzt aufgrund der ideologischen Nähe – selbst vom größten Idealisten, der der opportunistische Beumelburg beileibe nicht war, nur schwer Widerstand leisten lassen. Zudem war seiner spätestens nach Stalingrad vollzogenen innerlichen Kehre keineswegs, wie er selbst behauptet hatte, eine aktive Hinarbeit an maßgeblichen Stellen auf eine Beendigung des Krieges gefolgt; seine Haltung, die sich aus seinem Insiderwissen um einen in absehbarer Zeit verlorenen Krieg speiste, war eine im Vergleich zu anderen Widerstandsaktivitäten ziemlich passive, das unvermeidliche Ende abwartende. Als Beumelburg die verheerenden Konsequenzen des von Hitler für Deutschland entworfenen Untergangsszenarios in ihrem vollen Ausmaß erkannten, begab sich der Schriftsteller erneut in die vorteilhafte Rolle des prekären Intellektuellen. Dies bedeutete die Schuldzuweisung an die Politik, die Exkulpation des Militärs, insbesondere der Luftwaffe sowie der Nation. Aktiven Widerstand leistete er gleichwohl keinen, galt ihm dieser – wie Kreipe[33] – über Gebühr als Verrat und hinsichtlich eines noch lange für möglich gehaltenen Abschlusses eines leidlichen Friedens als abträglich. In einem 1950 an Hans Grimm verfassten Brief betonte Beumelburg diese passive Haltung im impliziten Verweis auf nicht getätigte Widerstandsaktivitäten: „Auch mein Verhältnis zu Göring war schließlich ziemlich getrübt, ohne daß ich darum Kreisen angehört hätte, die ihre Opposition auf fragwürdige Art betrieben und sich dessen heute rühmen.“[34] So stand für ihn am Ende eines ‚neuen‘ Nationalismus der nächste, der sich auf dieselben Positionen zu stellen hatte, wie schon jener von 1918, nämlich auf die Wahrung der ‚Integ-

---

[32] Beumelburg: Fragment, 125f.

[33] MA-BA Freiburg, N 141, Nachlaß Kreipe, 9/1939: Kreipe stimmt hier der nationalsozialistischen Rassenideologie zu und verurteilt das Attentat auf Hilter durch Georg Elser als „Sauerei".

[34] Literaturarchiv Marbach, A: Hans Grimm, Werner Beumelburg an Hans Hans Grimm, 14.9.1950.

rität' von Volk und Militär. Mit dem Ende des Zweiten Weltkrieges war der prekäre Intellektuelle zurückgekehrt.

XIX. Prekäre Seilschaften: Rechtskonservative Netzwerke, literarische Exkulpationsstrategien und Ende im Vergessen 1945-1963

Den zwei Epochen des Erfolgs versuchte Beumelburg im Anschluss an die politischen, gesellschaftlichen und kulturellen Metamorphosen der Nachkriegszeit eine weitere folgen zu lassen. Und die Zeichen waren günstig, denn gerade derartige Phasen der Liminalität hatten prekären Intellektuellen wie Beumelburg im Kulturellen doch immer wieder ein ideales Feuchtbiotop zur Entfaltung staatsformender Entwicklungskräfte geboten. Weiterer poetischer Lorbeer hing jedoch davon ab, ob es Beumelburg auch künftig gelingen sollte, seine charismatische Fähigkeit auszuspielen, nämlich sich in jenen deutungsrelevanten Feldern von Macht und Kultur einzunisten, die seit jeher die produktionsästhetischen Grundlagen seines literarischen Erfolgs gebildet hatten.

Und so nahm Beumelburg unter den veränderten Vorzeichen der Zeit jene Arbeit wieder auf, die ihm bereits 1918 seinen feldverschränkten Weg in Politik, Militär und Kultur zu ebnen geholfen hatte. Während seiner amerikanischen Kriegsgefangenschaft engagierte er sich wie schon in seiner Redakteurszeit bei der *Soldatenzeitung* für die Resozialisierung der heimkehrenden Truppe. In Rottach agierte er als Herausgeber von Lagerzeitungen, bereitete Inhaftierte mithilfe von Schulungen, Berufsausbildungen und Beratungsgesprächen auf die Wiedereingliederung ins Berufsleben vor und veranstaltete Theateraufführungen, Gottesdienste und Fußballspiele.[1]

Aller Orten verbreitete er dort die Botschaft vom nationalsozialistisch missbrauchten, sittlich indes integer gebliebenen deutschen Soldaten, zu dessen „Anwalt"[2] er sich aufzumanteln begann. Vom amerikanischen Bataillonskommandeur Rottachs danach befragt, warum die Deutschen den Krieg trotz des offenkundigen Potentials der amerikanischen Rüstung fortgeführt hätten, wusste Beumelburg von den Fehlern der Politik zu berichten: „Wir hatten nicht die Macht", behauptete er, „über den Anfang oder das Ende des Krieges zu entscheiden. Es blieb uns nichts anderes übrig denn als Soldaten unsere Pflicht zu

---

[1] Beumelburg: Tagebuch, 157-161, Ende Mai bis Juni 1945.
[2] Ebd., 129-131, 11.5.1945.

tun." (Ebd.) Auf die Kenntnis des Holocaust angesprochen, log Beumelburg, der im inneren Machtzirkel des NS ein- und ausgegangen war, die deutschen Soldaten seien „sechs Jahre im Felde mit dem Kriege beschäftigt" (ebd.) gewesen, als dass sie von solchen Gräueltaten hätten Kenntnis nehmen können. Der Frage, warum sich die Deutschen nicht gegen das NS-Regime gewehrt hätten, entgegnete er, dieses habe „viele hundert Menschen deshalb zum Tode verurteilt und hingerichtet."

Der Schriftsteller, der in seiner Publizistik nach 1933 für die Gleichschaltung der Länder, für den Tag von Potsdam, für die Vereinigung der Ämter des Reichskanzlers und des Reichspräsidenten in den Händen Hitlers und überhaupt für die Austragung eines erneuten Krieges unter des Diktators Führung eingetreten war, maßte es sich aus seiner moralisch vermeintlich überlegenen Warte sogar an, die amerikanischen Befreier in Sachen demokratischer Weltanschauung belehren zu müssen. Auf die Definition des Bataillonskommandeurs, Demokratie sei „die Anwendung der praktischen Vernunft auf die Politik, gewissermaßen die Summe aller Methoden, die sich im Laufe der Zeit als gerecht, vernünftig und erfolgreich herausgestellt hätten", erwiderte Beumelburg in einer *reductio ad absurdum* „der Kommunismus" (ebd.) behaupte dasselbe. Durch Demokratie, so Beumelburg, hätten die Menschen in der Welt keine „größere[n] Fortschritte gemacht", sei sie in ihren „theoretischen Grundsätzen vielleicht unantastbar und von lückenloser Logik." Dennoch hielt er sie zugleich für leicht pervertierbar, „bis sie schließlich Bestandteile enthalte, die gewissen Erscheinungen bei den autoritären Staatsformen ähnlich seien." (Ebd.)

Auch den Künstler und ehemaligen Akademiekollegen Heinrich Amersdorffer, der sich 1945 in der Absicht einer Akademieneugründung mit der Frage nach dem Grad ihrer NS-Partizipation an die ehemaligen Mitglieder wandte, ließ der Schriftsteller am 1. Dezember 1945[3] wissen, er habe bis auf die Reichsschrifttumskammer niemals der NSDAP oder einer ihrer Gliederungen angehört. Er sei 1940 von Göring „wegen verschiedener Meinungsverschiedenheiten aus seinem Stab entlassen" und „kaltgestellt" worden. Er habe sich auf Lazarettbesuche beschränkt und 1942 einen Auftrag des OKW, ein Buch über

---

[3] PrAdK I/125 fol. 31, Werner Beumelburg an Heinrich Ammersdorffer, 11.12.1945.

Stalingrad zu schreiben, abgelehnt, da es ihm nicht gestattet worden sei, „die volle Wahrheit zu sagen." Ferner habe er im Jahre 1943 „die Schaffung eines Filmes ab[gelehnt], der die Herkunft der Partei aus dem Geiste des Soldatentums von 1918 beweisen sollte" genauso wie die Unterzeichnung jener, bereits erwähnten Vertrauenserklärung gegenüber Hitler im Herbst 1944. In diesem Schreiben begann er, wo es ihm opportun erschien, die Mär vom aktiven Widerstand gegen das Regime zu verbreiten, wenn er, wie dargetan, behauptete, er habe „seit 1943 unter Gefährdung meiner Person bei maßgebenden Persönlichkeiten auf einen Abbruch des aussichtslosen Krieges unter Aufgabe Hitlers und der Partei" hingearbeitet. In diesem exkulpierenden Sinne äußerte er sich ebenfalls in jenem, der Entnazifizierung dienenden Fragebogen der Alliierten, den in Traben-Trarbach Schwester Gertrud für ihn ausfüllte.

Wo Amersdorffer allerdings genau wusste, mit wem er es zu tun hatte und eine Neugründung der Akademie nicht der Gefahr aussetzen wollte, sie in das nationalistische Fahrwasser von einst zu manövrieren – hier verschloss sich das Literaturfeld Beumelburg erstmals –, blickten die Amerikaner pragmatisch über solche Heucheleien hinweg, da sie im sich anbahnenden Ost-West-Konflikt akuten Informationsbedarf zum Agieren russischer Militärs nachzukommen hatten. Im Sommer bot sich dem Autor mit seiner Verlegung ins amerikanische Kriegsgefangenenlager im bayerischen Faistenhaar die nach 1945 wohl günstigste Gelegenheit, erneut Zugang zu deutungs- und entscheidungsrelevanten Kreisen zu erhalten und, wie schon zu Zeiten des Reichsarchivs, mithilfe einer Militärbürokratie nationale Geschichtspolitik zu betreiben. Denn Beumelburg galt dem US-amerikanischen, militärischen Nachrichtendienst der Luftwaffe, dem Intelligence Services of the American Army Air Force, als wichtiger Insider der deutschen militärischen Führung, dessen persönlicher Zugang zum Generalstab wichtige Innenansichten in Taktik und Operationsplanung der Sowjets infolge des sich anbahnenden Kalten Krieges bereit hielt.

Am 12. Juli 1945 gab Intelligence Stabschef Hubert Cowan Beumelburg Befehl, den Geheimen sein Tagebuch sowie sein Stalingrad-Manuskript zur Verfügung zu stellen. Zur Vertiefung der in diesem Schriftgut akkumulierten Wissensbestände erhielt Beumelburg – wie schon so oft in seinem Leben – ein

„spezial identification paper for German and American authorities"[4], das ihm –
„as proof for the essential work I was in charge with" – den Zugang zu erbeute-
tem Archivmaterial gestattete und es ihm erlaubte, Zivilisten und Generalstabs-
angehörige zu konsultieren. Ferner hatte er auf Anweisung der Amerikaner eine
Arbeitsgruppe zusammenzustellen, an deren Teilnehmer er, ihrer militärischen
Expertise entsprechend, Arbeitsaufträge zu delegieren hatte, um den Kenntnis-
stand über den Krieg im Osten zu ergänzen und zu erweitern. Für seine Arbeit
erhielt Beumelburg „all aid necessary" (ebd.) – ein Dienstfahrzeug, Verpflegung etc. – und befand sich damit – bis auf den Tatsachbestand seiner Gefan-
genschaft – in einer ähnlich komfortablen Situation wie zu Zeiten seiner Zusammenarbeit mit dem Reichsarchiv.

Der um Beumelburg gruppierte Arbeitskreis rekonstruierte die Nachschubwege
in Stalingrad, die russische Kriegführung, vorzugsweise jene der Partisanen.
Dabei erweiterte sich mit dem Autorenensemble auch die bearbeitete Thematik:
Der Luftfahrtforscher Adolf Baeumker, dem der Chefsekretär der Wissenschaftlichen Gesellschaft für Flugtechnik (WGF) Hans Stromeyer assistierte, beschäftigte sich mit *Atomenergie und Luftfahrt.* Luftwaffenattaché Fritz Eckerle verfasste ein Aide-mémoire über die *Deutschen Erfahrungen während der Besetzung Frankreichs, deutsche Politik in Frankreich und zum Verhalten des französischen Widerstands.* Der österreichische Justizminister a. D. und Schwager
Görings, Franz Hueber, verfasste ein Aide-mémoire über *Deutsch-
österreichische Probleme, den Anschluss sowie biographische Kurzporträts
österreichischer Politiker.* General der Flieger Kuno Heribert Fütterer, als
Luftwaffenattaché 1938 in der deutschen Gesandtschaft in Budapest eingesetzt,
schrieb über *Ungarische Probleme und Fragen bezüglich Südosteuropa.* Mit
Joachim von Winterfeldt bearbeitete ein alter Bekannter Beumelburgs *Die Außenpolitik Yugoslawiens* (sic!) *und Bulgariens* sowie *allgemeine Fragen der
deutschen auswärtigen Politik.* Die Forschungsergebnisse, die die bis August
1946 von Beumelburg geführte Expertengruppe erarbeitete, wanderten nach
London und Washington. (Ebd.)

---

[4] Institut für Zeitgeschichte, ED-100-40-5. Werner Beumelburg: Tätigkeitsbereich im
alliierten Kriegsgefangenlager 1946, 16.1.1946.

Dieser Forschungsauftrag schien Beumelburg handfeste Zukunftsperspektiven zu eröffnen, gab ihm der amerikanische Nachrichtendienst zu verstehen, „that my cooperation might perhaps be desirable in a mixed anglo-american committee that would have to study and describe the history of World War II." (Ebd.) Die Aussicht mit der Partizipation an einem unter alliierter Führung zusammengestellten Untersuchungsausschuss einmal mehr einen Platz in jenen vordersten Reihen einzunehmen, in denen die Deutungskämpfe um den vergangenen Krieg ausgefochten wurden, hätte ihm langfristig jenen Einfluss gesichert, der in der Vergangenheit für den Erfolg seiner Werke so entscheidend gewesen war.

Ausschlaggebend für eine solche Zusammenarbeit war jedoch die Möglichkeit, sein Tagebuch in Übersee zu publizieren. Anfang Oktober 1945 lud ihn der technische Luftwaffenberater Alfred Verville nach München ein. Verville war bekannt mit dem Former Chief-of-Staff, General George C. Marshall, und pflegte als einer der obersten Luftwaffeningenieure gute Beziehungen nach Washington.[5] Verville signalisierte Beumelburg großes Interesse an der Publikation seines Tagebuches: „He asked me to send my diary, after it's completions to his address in Washington, D. C., and asked whether I would agree to it's being printed in an American periodical to many of which he was in close connections." (Ebd.) Hier aber verliert sich die Spur eventueller Publikationsbemühungen, die Amerikaner schienen das Interesse an Beumelburg zu verlieren. Aus heutiger Sicht scheint die Realisierung eines solchen Vorhabens, den besiegten Gegner an der Aufarbeitung des militärischen Konflikts, an dessen mentaler Vorbereitung und Durchführung Beumelburg tatkräftig mitgewirkt hatte, teilhaben zu lassen, naiv und angesichts der im November 1945 in Nürnberg einsetzenden Kriegsverbrecherprozesse inopportun. Damit blieb Beumelburg das Tor zum Macht-Feld an dieser Stelle verschlossen.

Was folgte, war eine achtmonatige Odyssee durch die alliierten Lager und Gefängnisse Bayerns. Am 12. Dezember 1945 wiesen die Amerikaner Beumelburg an, sich im Münchner United States Army Criminal Investigation Command (CIC) zu melden, das ihn in der zum Internierungslager umfunktionierten

---

[5] Kurzbiographie zu Verville in: Howard Wolko: „In the Cause of Flight". Technologists of Aeronautics and Astronautics, Washington 1981, 84.

Münchner Strafvollzugsanstalt Stadelheim inhaftierte. (Ebd.) Nach nur drei
Wochen erfolgte am 10. Januar 1946 die Verlegung nach Stephanskirchen, einem ehemaligen Außenlager des KZ Dachau, das bis April 1946 etwa 1500
Flüchtlinge, Kriegsgefangene und Heimatvertriebene einquartierte. Beumelburg
wandte sich wie zahlreiche andere Verstrickte mit der Bitte um Rehabilitierung
an Michael Kardinal von Faulhaber.[6] Der Erzbischof von München und Freising
setzte sich während der amerikanischen Besetzung für die Freilassung inhaftier-
ter Kriegsgefangener ein.[7] Beumelburgs Bestrebungen fruchteten zunächst jedoch nichts, weshalb er im April 1946 ins ehemalige KZ Dachau verlegt wurde.
Hier gaben die Amerikaner den deutschen Inhaftierten in einem ‚sozialen Experiment' – sie wurden schikaniert, tyrannisiert und ausgehungert (Abb. 15) – in
Ansätzen zu verstehen, was jenen jüdischen Häftlingen widerfahren war, die
amerikanische Truppen im April 1945 in Dachau befreit hatten. Hier kam es
nach über 20 Jahren ferner zu einem letzten Treffen mit dem im Verlauf dieser
‚Erziehungsmaßnahme' stark abgemagerten Franz Seldte, für den Beumelburg,
im Modus erneut eingeübter Heuchelei, nur noch Verachtung übrig hatte, weil
Seldte seines Erachtens der 1935 erfolgten Usurpation des Stahlhelms durch die
NSDAP nichts entgegengesetzt hatte.[8] Im August 1946 erfolgte Beumelburgs
Entnazifizierung durch eine Spruchkammer, die ihn amnestierte und aus der
Haft entließ.[9]

Wieder auf freien Fuß gesetzt lebte Beumelburg zunächst bei Bauern in der
Nähe Münchens, absolvierte geliebte Waldspaziergänge und schmiedete Zu-
kunftspläne, um in den Kulturbetrieb zurückzukehren. Einen ersten Schritt stellte die abermalige Kontaktaufnahme zum Stalling Verlag 1946 dar. Heinrich
Stalling hatte den Zweiten Weltkrieg nicht überlebt. Die Geschäfte führte der
neue Verlagsleiter, Borwin Venzky-Stalling, ein Schwiegersohn der Familie,
der – diplomatisch gewandt – einige Vorbehalte gegen Beumelburgs Vergangenheit und die damit verbundene Gefährdung seines Verlagshauses geltend

---

[6] Archiv der Erzdiözese München und Freising, FLA 6815, Werner Beumelburg an
Michael Faulhaber, 14.9.1946.
[7] Ernst Klee: Das Personenlexikon zum Dritten Reich. Wer war was vor und nach 1945,
Frankfurt a. M. 2005[2], 144.
[8] Beumelburg: Fragment, 106.
[9] Privatnachlass Schlarb: Michael Altenburg an Borwin Venzky-Stalling, 29. 7.1947.

machte. Die Nachfrage nach älteren Werken sei zwar nach wie vor rege, doch hätte die britische Militärregierung dem Verlag noch keine neue Drucklizenz erteilt.[10]

Sah sich Beumelburg so in der Publikation unablässig weiter produzierter historischer Romane zunächst ausgebremst, unternahm er es, alter Seilschaften wiederzubeleben. Hans Grimm, mit dem er erneut in amikalen Briefverkehr trat, verdankte er im Februar 1948 die Fühlungnahme zu Eberhard Fritsch. Der ehemalige HJ-Führer war über ‚Rattenlinien' nach Argentinien, dem Exodusland des NS, geflohen. Dort hatte er die Buchgemeinschaft Editorial El Buen Libro[11] gegründet, die emigrierten Nationalsozialisten ein Sprachrohr gab. Fritsch brachte 1949 den *Mont Royal* unter dem Titel *Um Heimat und Reich* genauso erneut heraus wie den *Bismarck*. Das Autorenhonorar beglich Fritsch mit Schokolade, Kaffee und Lebensmittelkarten.[12]

Ferner war er bemüht, Beumelburg für eine Zusammenarbeit mit seinem 1949 bis 1952 erscheinendem neonazistischen Blatt *Der Weg* zu gewinnen, von dem Fritsch hoffte, es auch in Brasilien und Chile, schließlich auch in der Bundesrepublik zu vertreiben. In diesen *Monatsheften zur Kulturpflege und zum Aufbau* bediente die alte Garde – Heinz Steguweit, Richard Euringer, Herbert Böhme, Hans Friedrich Blunck, Wilhelm Pleyer, Sigmund Graff, August Winnig, Agnes Miegel, Josef M. Wehner, Paul Alverdes, Wilhelm Stapel u.v.a.m. – die ebenso alten Ideologeme von Soldaten- und Preußenkult, Antisemitismus, Blut- und Bodenromantik sowie der Generation als politischer Kampfparole.

Beumelburg stand zwar in regem Briefkontakt mit Fritsch, da ihm Argentinien als wichtiger Verbündeter gegen die USA galt, „die uns geistig immer fremd bleiben werden."[13] Wie in den 20er Jahren hielt er sich indes mit eigenen Beiträgen zurück. Beumelburg wusste durchaus um die Verstricktheit seiner Person, wollte sich gleichwohl weiterhin als Missbrauchsopfer fremdbestimmender

---

[10] Rheinische Landesbibliothek Koblenz, H Beu 19/1, Borwin Venzky-Stalling an Werner Beumelburg, 3.6.1948.

[11] Ebd., H Beu 19/1, Eberhard Fritsch an Werner Beumelburg, 8.9.1948.

[12] Ebd., H Beu 23/1, (Ohne Vornamen, Verleger Editorial El Buen Libro) Dr. Schmidt an Werner Beumelburg, 21.8.1948.

[13] Ebd, H Beu 20/1, Werner Beumelburg an Eberhard Fritsch, 16.5.1948.

Mächte verstanden wissen. Schwester Elisabeth schrieb er 1949, wolle er in den Literaturbetrieb zurückkehren, müsse er höchste Vorsicht walten lassen, „denn ich möchte nicht noch einmal, daß ein Verlag mich erst mit den Juden (mutmaßlich ist hier die *Sperrfeuer*-Episode um Koch-Weser im *Fredericus* gemeint, d. A.), dann mit Ebert (womöglich seine Betätigung in der Niederschlagung des Spartakus-Bundes 1918/19, d. A.), dann mit Hindenburg und schließlich Hals über Kopf mit Hitler zu verheiraten versucht. In Zukunft will ich nur noch ich selbst sein."[14]

Daher beschränkten sich Beumelburgs Beiträge zum *Weg* auf zwei Auszüge aus einem historisch unverfänglichen Romanmanuskript namens *Alwin Rübensaft* in der August-Ausgabe 1948[15] sowie des von Fritsch neu aufgelegten *Bismarck* in der Juni-Ausgabe 1949.[16] Tatsächlich übte Beumelburg im Februar 1949 auch einmal allgemeine Kritik an der politischen Ausrichtung, der Qualität der Artikel sowie der Auswahl an Beitragslieferanten des Heftes; Fritsch lasse sich in eine Richtung lenken, die Beumelburg schon in früheren Briefen[17] als bedauerlich empfunden habe; begangene Fehler müssten erkannt und dürften nicht wiederholt werden: „Wir wollen keine wie auch immer geartete Diktatur mehr. Nichts soll uns als kriegslüsterne Militaristen erscheinen lassen; in Zukunft bedarf es anderer Waffen, wir haben es nicht nötig, auf Schlachtfeldern Lorbeeren zu sammeln."[18] Sei Fritsch anderer Meinung, müsse Beumelburg ihn bitten, seinen Namen im *Weg* nicht mehr zu erwähnen.

Doch schon in der Folgeausgabe im März 1949 fand Beumelburg für Fritsch erneut nur lobende Worte[19], wobei eine Durchsicht der Februar- und März-Erscheinungen mitnichten eine ideologisch-inhaltliche Neuorientierung erkennen lässt. Und allein die Nähe zu einem Blatt, das eifrig und konsequent die alten Themen einer jüdischen Weltverschwörung, des Jugendkults, des Antipar-

---

[14] Privatnachlass Schlarb: Werner Beumelburg an Elisabeth Beumelburg, 3.11.1949.
[15] Werner Beumelburg: Alwin Rübensaft, in: Der Weg. Monatsheften zur Kulturpflege und zum Aufbau 2 (1948), Nr. 8, 543-547.
[16] Werner Beumelburg: Bismarck, in: Ebd. 3 (1949), Nr. 6, 13-14.
[17] Rheinische Landesbibliothek Koblenz, H Beu 20/6 und 20/15, Werner Beumelburg an Eberhard Fritsch, 13.6.1948 und 31.8.1948.
[18] Ebd., H Beu 20/26, Werner Beumelburg an Eberhard Fritsch, 16.2.1949.
[19] Ebd. H beu 20/28, Werner Beumelburg an Eberhard Fritsch, 10.3.1949.

lamentarismus, rassistisch überformter Erblehretheorien, bäuerlicher Lebensordnung und huldvoller Besprechungen der Gobineauschen Rasselehre fortsetzte, dürfte der von Beumelburg erhofften politischen Dekontamination seiner Person wenig zuträglich gewesen sein. Am 6. Juni 1949 wurde *Der Weg* in der amerikanischen Besatzungszone verboten.

Ein politisch noch vertrackteres wie gleichermaßen von wenig Erfolg gekröntes Intermezzo stellte die ebenfalls über Hans Grimm im Januar 1950 vermittelte Kontaktaufnahme Beumelburgs zu Leonhard Schlüter dar. Schlüter war Mitglied der noch im selben Jahr aufgelösten rechtsradikalen DKP-DRP (Deutsche Konservative Partei-Deutsche Rechtspartei) und anschließend Mitglied der FDP, die bis in die 1950er Jahre stark rechtskonservativ unterwandert war.[20] Schlüter spielte als Mitbegründer des nationalistischen Plesse Verlages sowie als Betreiber der ebenfalls nationalistisch ausgerichteten Göttinger Verlagsanstalt für Wissenschaft und Politik eine gewichtige Rolle in der Aufrechterhaltung alter Seilschaften. Hans Grimm, Franz von Papen und mit Rudolf Diels der erste Chef der Gestapo zählten zu Schlüters Herausgeberportfolio. Seine 1955 durch die FDP erfolgte Berufung zum Kultusminister Niedersachsens sollte zu erheblichen Protesten in akademischen und linkspolitischen Kreisen führen.[21]

Wie Fritsch zeigte sich auch Schlüter 1950 überaus interessiert an der Herausgabe neu entstehender Manuskripte Beumelburgs. Und wie Fritsch agierte Schlüter ebenfalls als Herausgeber einer nationalistischen Zeitschrift, nämlich des *Deutschen Echos,* das sich ebenfalls den nationalen Wiederaufstieg Deutschlands aufs Panier geschrieben hatte. Beumelburg erkundigte sich im Februar 1950 zunächst nach der politischen Ausrichtung der Zeitschrift, woraufhin Schlüter zu verstehen gab, er wolle ausschließlich solche „Autoren bringen, die keine Konzession an den Zeitgeist gemacht"[22] hätten. Damit sahen sich solche Autoren bezeichnet, die sich der absehbaren Westausrichtung und

---

[20] Herbert: Generationen, 101.
[21] Unbekannt: Schlüter. Ein Feuer soll lodern, in: Der Spiegel 9 (1955), Nr. 25, 12-24; Heinz-Georg Marten: Der niedersächsische Ministersturz. Proteste und Widerstand der Georg-August-Universität Göttingen gegen den Kultusminister Schlüter im Jahre 1955, Göttingen 1987.
[22] Rheinische Landesbibliothek Koblenz, H Beu 24/05, Leonhard Schlüter an Werner Beumelburg, 28.3.1950.

Demokratisierung der im Mai 1949 gegründeten Bundesrepublik verweigerten. Aufgrund des Verbots des *Echos* im selben Jahr verlief jedoch auch diese Verbindung letztendlich im Sande.

Was blieb, war einmal mehr die Kontaktaufnahme mit Borwin Venzky-Stalling, der im Mai 1950 die notwendige Lizenz zum Druck neuer Bücher erhielt. Beumelburg hoffte auf eine erfolgreiche Metamorphose seiner Autorschaft, wollte er fortan, wie er Venzky-Stalling wissen ließ, weder „auf amerikanischen, französischen, russischen, behördlichen Krücken wandeln, auch nicht auf d[en] Krücken meiner alten Bücher, sondern ich will meinen Lesern beweisen, daß ich älter und hoffentlich auch reifer geworden bin."[23] Auf diese Weise schilderte Beumelburg durchaus euphemisierend sein bisher gescheitertes Unternehmen, ins Macht-Feld zurückzukehren.

Im Frühjahr 1950 einigten sich Venzky-Stalling und Beumelburg auf die Herausgabe der Romane *100 Jahre sind wie ein Tag* sowie *Nur Gast auf dunkler Erde*. Mit diesen Titeln hielt Beumelburg an der Gattung des historischen Romans fest, verzichtete allerdings auf eine ideologisch verfängliche Aufladung. Seine neue Werkslinie zeichnete sich durch eine metaphysische Linie aus, im Verlauf derer er die Einzelschicksale seiner Figuren auf ihren moralischen Gehalt sowie ihren sittlichen und ethischen Verfall hin untersuchte. Was man als Beumelburgs Ankunft in der literarischen Moderne deuten könnte – der Auslotung menschlicher Abgründe angesichts undurchschaubarer, anonymer Machtstrukturen und veränderter sozialer und wirtschaftlicher Dynamiken – präsentierte sich in der erzählerisch zwar geübten, inhaltlich gleichwohl reizlosen Form trivial anmutender Entwicklungsromane. Verfolgte *Nur Gast auf dunkler Erde* von 1951 das intrigenreiche Machtspiel im großbürgerlichen Industriellenmilieu zum *Fin de siècle*, hatte das bereits 1950 erschienene *100 Jahre sind wie ein Tag* im Stile einer Familienchronik die bildungsbürgerliche Geschichte der Familie Haberland geschildert, die sich in weiten Teilen als jene des Beumelburg-Klans lesen lässt.

Eine Schilderung der nationalsozialistischen Jahre aber hatte Beumelburg in *100 Jahre* konsequent ausgespart. Fritsch, der zunächst ebenfalls an der Her-

---

[23] Privatnachlass Schlarb: Werner Beumelburg an Borwin Venzky-Stalling, 23.10.1949.

ausgabe interessiert war, hatte Beumelburg diesbezüglich wissen lassen: „Die Johanna Haberland (wie der Arbeitstitel von *100 Jahre* zunächst lautete, d. A) ist nun noch einmal auf das genaueste überprüft und druckfertig gemacht worden. Ich habe jede unmittelbare Bezugnahme auf den Nationalsozialismus als solchen und auf die Ereignisse seit 33 herausgenommen, weil ich jeglichem Missverständnis zuvorkommen möchte, als stimme ich dem Chor derjenigen zu, die ihn in Bausch und Bogen verurteilen. Ich habe umso klarer den Gedanken herausgestellt, daß ich Missverständnisse und Fehlentwicklungen in ihren Ursprüngen dort suche, und der Mensch, unabhängig von Grenzen und Ländern, die Grundlagen seines geistigen und sittlichen Lebens verlassen hat und nun, unfähig, das neue und notwendige zu erkennen, mit einst ehrwürdigen und wesentlichen Dingen ein heuchlerisches Spiel getrieben hat. Ich habe auch den Versuch verdeutlicht, zu zeigen, warum der abendländische Mensch in einen so tragischen Zwiespalt geraten ist."[24]

Stefan Busch ist hier zuzustimmen, wenn er in solchen Aussparungen eine Flucht in die Fiktionalität des historischen Romans erkennt, die persönliche Schuld und Sühne der nationalsozialistischen Vergangenheit nicht als deutsche Spezifik identifizierbar, sondern als gesamteuropäisches Phänomen exkulpierbar machte.[25] Das rezeptionsästhetische Echo war dementsprechend gespalten: Die *Frankfurter Allgemeine Zeitung* kommentierte „ohne Geschmack und Urteil."[26] Die konservative *Welt und Wort* meinte dagegen 1958, Beumelburg habe sich wieder „als ein großartiger Erzähler"[27] etabliert. Mit einer Auflage von 25 000 bis 1953 verkauften Exemplaren war der Erfolg auch durchaus vorhanden.

---

[24] Rheinische Landesbibliothek Koblenz, H Beu 20/21, Werner Beumelburg an Eberhard Fritsch, 11.1.1949.
[25] Institut für Zeitgeschichte, NS 2000-027, 2000.105, Hans Sarkowicz/Stefan Busch: Totgesagte schreiben länger. NS -Literatur in der Bundesrepublik, Hessischer Rundfunk 2000.
[26] Rheinische Landesbibliothek Koblenz, H Beu 19/74, Werner Beumelburg an Borwin-Venzky Stalling, 19. 7.1951.
[27] Franz Lennartz: Deutsche Schriftsteller des 20. Jahrhunderts im Spiegel der Kritik, Bd. 1, Stuttgart 1984, 154.

Tatsächlich aber gingen Beumelburg die Leser aus. *Nur Gast auf dunkler Erde*
„krebst[e]"[28], wie Beumelburg meinte, im Absatzdunst von 10 000 bestellten
Editionen. Seine Stammleserschaft der 1920er und 30er Jahre erwartete anderes
von ihm und hielt *Nur Gast auf dunkler Erde*, wie der Schriftsteller selbstkritisch feststellte, „für einen Fehltritt." (Ebd.)

Daher versuchte sich Beumelburg mit einer literarischen Weltkriegschronik im
Stile *Sperrfeuers* abermals in einem letzten großen Wurf in Sachen Kriegsliteratur. Das Werk *Jahre ohne Gnade*, 1952 bei Stalling erschienen, behandelte den
Zeitraum vom Münchner Abkommen 1938 bis zur Kapitulation am 8. Mai
1945. Auf diese Weise vermochte sich das Werk in erster Linie auf die großen
politischen und militärischen Ereignisse des Zweiten Weltkrieges zu beschränken, um die Errichtung der nationalsozialistischen Herrschaft mitsamt all ihren
verheerenden Auswirkungen auf Dissidenten der 1930er Jahre weitestgehend
auszuklammern.

Vielmehr widmete sich das Werk wesentlich jenem Konflikt, der zwischen Generalstab und Hitler hinsichtlich der Kriegführung geschwelt habe. In diesem
Kontext kontrastierte Beumelburg in generalstabsaffiner Schwarzweißzeich-
nung die Überlegenheit des akademisch ausgebildeten Generalstabs mit dem
intuitiven Laientum des Feldherrn-Frontsoldaten Hitler, dessen militärische
Inkompetenz zahlreiche Fehlentscheidungen gezeitigt hätte. (47) Hatte
Beumelburg in den Schlachtendarstellungen selbst zu den ersten Dichtern gehört, die den Primat des erfahrenen ‚Frontpraktikers' über jenen des schulmeisterlich nach Tabellen und Handbüchern kalkulierenden Generalstabsangehörigen der Etappe gestellt hatten, rückte Beumelburg nun von diesem von ihm
ureigenst mitinitiierten Professionalisierungsdiskurs zugunsten einer dezidierten
Exkulpation der Wehrmacht ab. Dem Militär, nicht der vermeintlichen Ver-
schreibung an die reine Intuition des ‚Gröfaz', als den Beumelburg Hitler in
Anlehnung an General Keitels Diktum vom „Größten Feldherrn aller Zeiten"
durchgehend in ironisierende Anführungszeichen setzte, seien die militärischen
Siege der von Beumelburg ausführlich gefeierten ‚Blitzkriege' geschuldet. (34)
Die idealtypische Schlacht im Kontext einer solchen Argumentation bildete der

---

[28] Sarkowicz/Stefan Busch: Totgesagte, 8.

Frankreichfeldzug, dessen siegreichen Ausgang Beumelburg einzig und allein Panzergeneral Heinz Guderian zuschrieb. Dieser habe entgegen einem von Hitler aus Angst vor Aushungerung erteilten Haltebefehl den Vormarsch durchgeführt und auf diese Weise den entscheidenden Anteil am siegreichen Westfeldzug gehabt. (70-80)

Ferner betonte Beumelburg die Widerstandsaktivitäten des ‚anständigen‛ Generalstabes. Dabei diente ihm insbesondere Generale Fedor von Bock als Idealtyp eines militärische und ethische Kompetenzen verbindenden Soldaten. (47) Denn dieser hatte einerseits seine militärische Expertise im Frankreichfeldzug unter Beweis gestellt, andererseits aber auch gegen die ‚Säuberungen‛ in Polen und Russland protestiert, all dies jedoch ohne am Attentat vom 20. Juli 1944 partizipiert zu haben.[29]

Dass Beumelburg im Kontext des konservativen Widerstandes durchaus opportunistisch seiner eigenen Haltung entgegenschrieb, in der er den Geschehnissen vom 20. Juli eher distanziert gegenüberstand, zeigte seine Bewertung des im Sommer 1944 in die Tat umgesetzten Attentats. Die hier geübte „Lauterkeit und Opferbereitschaft" (354), kommentierte er durchaus überraschend, habe seinen Angehörigen „im Herzen ihres Volkes für immer einen Platz" gesichert. Eine solche Argumentation fügte sich hier opportunistisch in das Narrativ einer integeren, gegen Hitler agierenden Generalität.

Die von Beumelburg in den 30er Jahren in den Büchern zur Reichsidee mitgetragene ‚Lebensraum‛-Politik Hitlers behandelte und verurteilte Beumelburg im luftleeren Raum einer falschen, allein Hitler zuzuschreibenden geopolitischen Stoßrichtung und enthielt sich dabei jeder Stellungnahme der diese Politik tragenden rassistischen Ideologie. (31) Auch in diesen Schilderungen des in Osteuropa durchgeführten Eroberungs- und Vernichtungskrieges hielt sich die Wehrmacht moralisch schadlos. Beumelburg bediente hier den Mythos von der ‚sauberen Wehrmacht‛, die isoliert von den Verbrechen der Sonderkommandos militärische Glanzleistungen vollbracht habe. Die dort durchgeführten ‚Säuberungen‛ seien einmal mehr einzig und alleiniges Machwerk nationalsozialisti-

---

[29] Rudolf Christoph von Gersdorff: Soldat im Untergang, Frankfurt a. M. 1977, 87 ff.

scher Schergen gewesen, wenngleich, wie Busch konstatiert[30], es für den Zeitraum   kurz   nach   1945   entstehender,   rechtskonservativer
Zweiterweltkriegmonographien längst keine Norm darstellte, überhaupt auf die
im Osten begangenen Verbrechen einzugehen, wie es Beumelburg wie folgend
explizit tat: „Hinter der kämpfenden Truppe und neben der neu eingerichteten
Zivilverwaltung der besetzten Ostgebiete übernehmen besondere Einsatzkommandos der Sicherheitspolizei und des SD eine Anzahl von Sicherheitsaufga-
ben, zu denen die Durchführung eines geheimen Führerbefehls gehört. Im Süden der Ostfront, in der Ukraine, beiderseits des Dnjepr und bis in die Krim
hinein verdichten sich die Gerüchte über das, was hier geschieht. Die Juden
werden von den Einsatzkommandos aus der übrigen Bevölkerung in einem
summarischen Verfahren ausgesondert, ohne Rücksicht auf Alter und Geschlecht in langen Marschkolonnen aus den Städten hinausgeführt und umge-
bracht." (188) Zugunsten von Ablenkung und Reinerhaltung des militärischen
Gedankens brachte *Jahre ohne Gnade* damit nur sieben Jahre nach Kriegsende
einiges zur Sprache, was echte Nationalisten bei Beumelburg wohl so nicht
vermutet hätten.

In die Beweisführung einer die Schuld der Politik verfolgenden, Militär und
Volk indes reinerhaltenden Erzählung fiel ebenfalls die in dem Werk anzutreffende Mystifizierung des namenlosen Landsers, dem Beumelburg hier, mit
Blick auf die Flut an Landser-Romanen Ende der 50er Jahre, wesentlich Vorschub leistete.[31] Dieser galt als Typus des ‚wahrhaften Europäers und Verteidi-
gers des Abendlandes', der sich dem sowjetischen Kommunismus zwar entge-
gengestemmt habe, von den im Osten von Deutschen verübten Schreckenstaten
gleichwohl unbefleckt geblieben sei: „[M]it diesem Bild des ‚anständigen Landsers'", konstatiert Historiker Habbo Knoch, konnte „(...) der militärisch verlorene Krieg zumindest moralisch gewonnen werden" (872) – eine Argumentation
des sittlich überlegenen Frontsoldaten, wie sie Beumelburg bereits in den
1920er Jahren verfolgt hatte.

---

[30] Busch: NS-Autoren, 96.
[31] Habbo Knoch: Die Tat als Bild. Fotografien des Holocaust in der deutschen Erinnerungskultur, Hamburg 2001, 586.

Trotz einer in den 50er Jahren der Bundesrepublik erneut einsetzenden Konjunktur an Kriegsliteratur von ‚Konsaliks', Landserheften oder im *Stern* abge-
druckter Fortsetzungsromane, fand Beumelburgs Schrift kaum Absatz. Depri-
miert stellte er 1960 gegenüber dem befreundeten Schriftstellerkollegen Bernt
von Heiseler fest, dass *Jahre ohne Gnade* „nach der ersten Auflage nicht wieder
herausgebracht [werde], weil, wie man sagte, keine Nachfrage danach bestünde."[32] Der *Spiegel* konstatierte in einer Besprechung: „Was im (sic!) ‚Sperrfeuer' packende Erzählung war, wurde in ‚Jahre ohne Gnade' nur farblose Papier-
girlande. Beumelburg bleibt im Reportage-Ton stecken, den journalistisch
klevere Serien-Fabrikanten von ‚Tatsachen-Berichten' heute besser beherrschen."[33]

Dieser Misserfolg ermöglichte es Venzky-Stalling, die 30-jährige Zusammenarbeit mit Beumelburg aufzukündigen. Der nach 1945 problematisch gewordene
Autor gefährdete in den Augen des neuen Eigentümers die Verlagszukunft.
Stalling hatte bereits mehrere von Beumelburg eingereichte Manuskripte mit
dem diplomatisch gehaltenen Verweis auf dessen Paria-Rolle auf eine Zukunft
vertröstet, die Beumelburg in diesem Verlag nicht mehr erlebte.[34] Der Schriftsteller tat, was jeder abgelehnte Schriftsteller tut und wandte sich anderen potentiellen Interessenten zu. Mit großer Vorsicht, nämlich unter Verwendung
eines Pseudonyms und mithilfe der tatkräftigen Unterstützung eines vertrauten
Mittelsmanns, begann er, seine Manuskripte bei anderen Verlagen einzurei-
chen.[35] Bekundeten die Lektoren renommierter Häuser wie des List, Rohwolt
oder Athäneum Verlags zunächst großes Interesse, folgte der letzthin unver-
meidlichen Enthüllung des Pseudonyms eine Serie von Absagen stehenden Fu-
ßes, die sich bis ins Todesjahr 1963 durchhielt.

---

[32] Privatnachlass Schlarb: Werner Beumelburg an Bernt von Heiseler, 25.10.1960.
[33] Unbekannt: Sargbreite.
[34] Rheinische Landesbibliothek Koblenz, H Be 22/1, Werner Doench (Verlagsleiter im
Auftrage Beumelburgs) an Dr. Rudolf K. Goldschmidt-Jentner, Januar 1950. Doench
schrieb folgende Verlage an: Karl-Pfeffer-Verlag, Hansa Verlag, J. P.-Toth-Verlag,
Christian-Wegener-Verlag, Wolfgang-Krüger-Verlag, Deutsche Verlagsgesellschaft,
Kurt-Desch-Verlag, Carl-Hanser-Verlag, Rowohlt Verlag.
[35] Busch: NS-Autoren, 128, Fn. 226.

Allein der Hamburger Hans Dulk Verlag war 1957 – ein Jahrfünft nach *Jahre ohne Gnade* – abermals bemüht, den unermüdlich weiter schreibenden Autor in sein Verlagsprogramm aufzunehmen. Dulk gab auch Bindings nach 1945 erscheinende, ideologisch unverfänglichere Unterhaltungsliteratur heraus und hatte 1956 unter englischen Buchhändlern mit antisemitischen Tendenzen für Aufregung gesorgt.[36] 1957 folgte Beumelburgs historischer Roman *Das Kamel und das Nadelöhr*, der das Schicksal eines Bäckermeisters verfolgte, dessen politischer Opportunismus ihn im Handlungsrahmen der Französischen Revolution unter die Guillotine brachte. Der letzte, 1958 verlegte Roman *…und einer blieb am Leben* beschrieb eine 21-tägige Todesfahrt sieben Schiffbrüchiger im Zweiten Weltkrieg. In diesem letzten veröffentlichten Buch, das durchaus eine maritime Version der *Gruppe Bosemüller* hätte werden können, flüchtete sich der Autor dagegen einmal mehr in die Schilderungen persönlicher Einzelschicksale. Beumelburg verzichtete in einer letzten Geste der Unsicherheit darauf, eine militaristisch-pädagogische Botschaft in den Roman einzubauen, unterließ die schablonenhafte Charakterisierung von möglichen Reflektorfiguren als Transportmittel bellizistischer Botschaften und beschränkte sich auf die unterhaltsame Abenteuerschilderung in Lebensgefahr geratener Seemänner.

Beide Romane erwiesen sich als Kassengift. Dem erfolgsverwöhnten Autor waren keine Neuauflagen beschieden, in der Echokammer der Rezeption verhallten die Werke ungehört. 1959 folgte ein Jahr später das endgültige Karriereende Beumelburgs, als Dulk mit dem Rütten und Loening Verlag fusionierte. Das während der NS-Zeit von ‚Arisierung' und antisemitischer Diffamierung geprägte Verlagshaus gedachte den kontaminierten Autor auf keinen Fall zu übernehmen.[37]

Seinen zunehmenden Geltungsverlust erlebte Beumelburg im letzten Jahrzehnt seines Lebens in Würzburg. (Abb. 16) Hier hatte er 1951 im Intellektuellen- und Künstlerviertel Neue Welt in einer von Traben-Trarbacher Gönnern gestellten Mansardenwohnung sein letztes Quartier gefunden und an einem Generalschreibtisch seine literarische Produktion erneut aufgenommen. Die Neue Welt,

---

[36] Unbekannt: Diskussion über Dulk, in: Der Spiegel 10 (1956), Nr. 18, 53-54.
[37] Carsten Wurm: 150 Jahre Rütten & Loening. …mehr als eine Verlagsgeschichte, Berlin 1994, 152.

die sich bereits in den 1920er Jahren um den Kreis der Malerin Gertraud Rostosky zu einem Intellektuellenviertel und einer Durchgangsstation für Politiker und Künstler wie Theodor Heuss, Alfred Kubin, Alfred Richard Meyer u.a.m. entwickelt hatte[38], hätte an sich vorzügliche Möglichkeiten geboten, erneut einen deutungskulturell relevanten Salon aufzubauen. Allein, es fehlte Beumelburg am hochkarätigen Personal vergangener Tage. Mit Studenten und Schülern – Beumelburg sah sich aufgrund finanzieller Schwierigkeiten wie schon in seiner Kindheit dazu genötigt, sein Salär mit Nachhilfe in Altgriechisch und Latein aufzubessern – diskutierte der Autor im altgewohnten Kontakt zur Jugend die Tagespolitik der entstehenden Bundesrepublik im sich ausprägenden Ost-West-Geflecht.[39] Mit Entsetzen, so Zeitzeugen[40], habe er die sich 1948 anbahnende deutsch-deutsche Teilung verfolgt, die Beumelburg allein durch einen sofort nach 1945 eingeleiteten amerikanisch-sowjetischen Waffengang verhindert gesehen hätte; Adenauer galt ihm als Separatist, der den Westen des sich teilenden Deutschlands willfährig aufseiten   der Alliierten steuerte.

Wie sehr Beumelburg unter Geltungsverlust und Isolation der Bundesrepublik litt, bezeugen schmerzliche Familienbriefe. Aus schierer Verzweiflung griff er gar zu der von ihm selbst verachteten Methode, Texte in illustrierten Publikumszeitschriften zu platzieren.[41] Er müsse nur den „richtigen Verleger"[42] finden, war er noch 1962 überzeugt: „Irgendwo wird er schon stecken."

An seinem Lebensabend rang Beumelburg zunehmend mit seiner Verstrickung in die NS-Zeit und übte sich, wie so zahlreiche konservative Kollaborateure, in schriftlich niedergelegten Exkulpationen und Schutzbehauptungen. In einem vermutlich Ende der 50er Jahre verfassten autobiografischen Fragment, das die

---

[38] Walter Roßdeutscher: Würzburgs „Neue Welt". Ein Hort der Künste, Würzburg 2002;
Unbekannt: Die ‚Neue Welt' – eine Heimstätte der Musen, in: Main-Post 8 (1955), 7.2.
[39] Diese Informationen verdankt der Autor einem am 19.10.2009 geführten Interviewtelefonat mit dem damaligen, im Hause Beumelburgs als Student verkehrenden Klaus Helbig sowie einem am 7.10.2009 mit dem im Hause Beumelburgs als Nachhilfeschüler verkehrenden Paul Tavan (München).
[40] Beleg
[41] Privatnachlass Schlarb: Werner Beumelburg an Kläre Schlarb, 17.10.1957.
[42] Ebd.: Werner Beumelburg an Kläre Schlarb, 25.2.1962.

eigene Verwicklung bis zum Spanischen Bürgerkrieg 1939 reflektierte[43], war
Beumelburg, wie bereits in seinem Tagebuch, sichtlich darum bemüht, die Deutungshoheit über das eigene Leben im besagten Modus des missbrauchten, ja
sogar Widerstand leistenden prekären Intellektuellen zurückzugewinnen. Hier
stilisierte er sich zu einem zunächst durch das Zähmungskonzept verblendeten
Konservativen (122), der dem NS indes gleich nach der Machtübergabe in
preußisch-protestantischer Haltung kritisch gegenübergestanden hätte. Damit
rückte er sich mithilfe von Blomberg und Fritsch, die seiner im Januar 1933 vor
der Königsberger Studentenschaft gehaltenen Bismarck-Rede als Gasthörer
beigewohnt hätten, in die Nähe des militärischen Widerstandes gegen Hitler.
(121) Eben diese Rede, in der Beumelburg nur wenige Wochen vor der ‚Machtergreifung' einen politischen Handlungsnotstand beschworen hatte, der als Aufruf, Hitler die Reichskanzlerschaft zu übertragen, hatte gedeutet werden können,
stellte der um Rehabilitierung in der Nachwelt bemühte Schriftsteller in die
Tradition der Marburger Rede Franz von Papens. (Ebd.) In dieser von Edgar
Julius Jung für Papen entworfenen Rede hatte der Vizekanzler 1934 an der
Marburger Alma Mater dezidierte, öffentlichkeitswirksame Kritik am totalitären
Machtanspruch des NS geübt. Die anlässlich des Reichstagsbrandes erlassene
Notverordnung vom 28. Februar 1933 sowie das im März folgende Ermächti-
gungsgesetz habe Beumelburg „unmittelbar aus persönlicher Anschauung"
(123) erlebt und sich, in dieser in den 50er Jahren rückwirkend angefertigten
Deutung, schockiert gezeigt ob der Zustimmung der bürgerlichen Parteien und
des „Zusammenbruch[es] des liberalen und konservativen Gedankens." (Ebd.)
Seine Ernennung zum Akademiemitglied im Mai 1933 stilisierte der in Geschichtsklitterung überaus begabte Autor ebenfalls in einen ersten Akt des Widerstandes um, sei die Akademie ein letztes, gegen den NS zu verteidigendes
Bollwerk preußisch-protestantischer Werte und obendrein Ort regimekritischer,
konspirativer Treffen gewesen: „Zu diesem Entschluß bewog mich vor allen
Dingen die Liste der Mitglieder, unter denen sich viele Namen befanden, deren
Träger ich aufrichtig verehrte. (...) Aber noch ein zweites Moment beeinflußte
meine Zustimmung. Was geschehen war, war geschehen (d. h. die ‚Machtergreifung, d. A.). Sich jetzt in den Hintergrund zurückzuziehen erschien eine

---

[43] Beumelburg: Fragment, 126.

Flucht vor der Verantwortung. Schon damals stand fest, daß Goebbels ein Propagandaministerium einrichten und den Versuch unternehmen würde, auch die Akademie in seinen Einflußbereich einzubeziehen. Gegen diesen Versuch konnte nur Widerstand geleistet werden, wenn man sich der preußischen Tradition bediente. In Preußen regierte Hermann Göring. Wir wußten, daß er mit Goebbels nicht besonders gut stand. Sein Kultusminister (Rust, d. A.) mußte wohl oder übel am gleichen Strang ziehen. Ob wir mit dem Versuch, das preußische Element gegen den Nationalsozialismus auszuspielen, Erfolg haben würden, war zweifelhaft. Jedenfalls waren wir entschlossen, das Wagnis auf uns zu nehmen, eine kulturelle und künstlerische Überlieferung aufrecht zu erhalten, die sich deutlich gegenüber der Ideologie der Partei abgrenzte." (123f.)

Im Verbund mit Wilhelm Schäfer habe er sich gegen die nationalsozialistischen Dichtervorstellungen Rusts gewandt, gegen Goebbels Vereinnahmungen gekämpft und mit Dichterkollegen wie Paul Fechter, Binding und Benn während Bootquerungen der märkischen See sorgenvolle Gespräche über die politischen Zustände geführt. Hier sei man zu dem Schluss gekommen, „daß es besser sei, in der Tätigkeit zu verharren und das [preußische] Geistesgut, als dessen Sachwalter wir uns fühlten, nach Möglichkeit zu verteidigen." (127) In dieser Deutung seien folglich auch die Akademiemitglieder ‚anständig‘ geblieben und hätten mit ihren Lesungen an Reichsführerschulen das von Beumelburg nicht näher definierte preußische Gedankengut hauptsächlich unter Jugendlichen verbreitet: „Auch Binding gewann ich für einen solchen Besuch, und er war mir dafür dankbar: ‚Ich hätte nicht geglaubt, so aufgeschlossene und kritische junge Menschen dort zu finden‘, sagte er. ‚Ich bin ganz überrascht, und ich vermute fast, sie tragen ihre Abzeichen nur äußerlich wie junge Männer, die eingesehen haben, daß man eine Strecke lang mit den alten Männern zusammengehen muß, um ihre Mängel und Fehler zu erkennen. Vielleicht machen sie es nachher besser.‘" (127f.)

Auch Beumelburgs Potsdamer Salon mutierte im Fantasiapark dieser Erzählung bereits in den 1930er Jahren zu einem Treffpunkt für Regimegegner: „In der Tat herrschte in Potsdam ein sehr freier Ton und an Kritik über die ‚alten Kämpfer‘ wurde nicht gespart. Es war durchaus nicht nötig, ein Blatt vor den Mund zu nehmen. Die Auswahl der Vortragenden war deutlich genug, die Prominenz der

Partei mußte sich Mühe geben, überhaupt an die Reihe zu kommen. Gelegentlich traf ich dort auch einen sehr jugendlichen und frischen Oberstleutnant von
der Heeresoffiziersschule in Potsdam, der ebenso regelmäßig kam wie ich und
genauso freimütige Ansichten entwickelte. Es war der Oberstleutnant Erwin
Rommel, von dem damals niemand ahnte, welche Höhen er noch erreichen und
wie tragisch er enden würde." (128)

Bis auf Rommel nannte diese Räuberpistole weder Namen noch Diskussionsge-
genstände. Vielmehr erschöpfte sich Beumelburg selbstschützend in dem für ihn
untypischen wortkargen Passus: „Die Menschen aufzuzählen und zu charakterisieren, die in meiner Wohnung in der Brückenallee verkehrten, ist kaum möglich. Die wenigsten davon gehörten der Partei an, und wenn sie doch bei ihr
eingeschrieben waren, dann hatte dieser Umstand einen rein äußeren Grund.
Berühmte Schauspieler, Professoren, Beamte, die in entscheidenden Stellen
saßen, bildeten das größte Kontingent. Alle diejenigen, die nur kamen, um sich
daheim Notizen zu machen und denen man an der Nasenspitze ansehen konnte,
daß sie diese Notizen später einmal mißbrauchen würden, schloß ich nach Möglichkeit aus. Wer aber mit einer ehrlichen Bitte um Hilfe kam, wurde niemals
abgewiesen, mochte er zu einer rassischen Minderheit zu einer bedrängten
christlichen Kirche, zur Sozialdemokratie oder zur sogenannten ‚Schwarzen
Front' gehören. Wie gering die Möglichkeiten waren, ihnen wirklich Hilfe zu
leisten, steht auf einem anderen Blatt. Oft war es schwer, die Bittenden darüber
aufzuklären. So wurden solche Besuche immer seltener, und schließlich hörten
sie ganz auf." (127f.) Ganz unerheblich sei es dabei gewesen „wie oft und bei
welchen Gelegenheiten ich Hitler oder Göring oder sonst jemanden" (ebd.)
gesehen hätte, und es bleibt fraglich, ob Beumelburg selbst dem Glauben
schenkte, ws er hier als ‚Hinterlassenschaft' für seinen Biographen niederlegte.

Wie sehr sich eine solche opportunistische und von der Gebrochenheit seines
Lebenslaufes nach 1945 zeugende ‚Vergangenheitsbewältigung' zum Lebens-
ende einem Eingeständnis der eigenen nationalsozialistischen Teilhabe verweigerte, zeigen die vielen konträren Urteile, die der Schriftsteller nach 1945 über
den NS gefällt hatte. Noch einen Monat nach Kriegsende hatte Beumelburg am
28. Juni 1945 Bedauern ob des Scheiterns des verheerenden nationalsozialistischen Gemeinschaftsprojekts geäußert. In der amerikanischen Kriegsgefangen-

schaft in Faistenhaar hatte Beumelburg noch immer mit großer Bewunderung für den NS festgestellt, wie, „alle diese Menschen (die deutschen Kriegsgefangenen, d. A.) sechs Jahre lang funktionierende Glieder dieser riesenhaften Kriegsmaschine gewesen waren, die der ganzen Welt ihren Stempel aufgedrückt [hatte]. Fast alle hatten im Frieden durch Jahre hindurch dem regierenden System ihre ganze Kraft geopfert und waren jeder an seinem Teil Träger seiner welterregenden Anschauungen, seiner Pläne, seiner Leistungen gewesen. Alle waren einem einzigen Willen untergeordnet, der sie in unmittelbarer, schier zauberhafter Einwirkung gelenkt und der sie erst befähigt hatte, wie die exakt funktionierenden Teile einer Maschine in ihrer Gesamtheit die Wirkungen hervorzurufen, die eine Welt zum Einsturz brachten, nicht nur in physischer, sondern auch in metaphysischer Hinsicht." (188f.)

Zur Gemeinschaft von ‚Führer' und Gefolgschaft hieß es an selber Stelle: „Für mich bestand kein Zweifel, daß das Führungsphänomen eines Hitler in diesen Menschen etwas geweckt hatte, was in ihnen schon seit langem geruht, und daß die Beziehungen zwischen Führer und Geführten eine durchaus echte und wahrhaftige gewesen war. Es bestand auch kein Zweifel, daß das gewaltige Experiment der Führung, das nun zusammengebrochen war, zu ganz anderen Ergebnissen hätte gelangen können, wenn ihm neben der Urkraft der Dynamik das Gesetz der Statik innegewohnt hätte." (Ebd.)

Ungeachtet dieser Faszination, sinnierte der jahrzehntelange Verklärer von Pflicht und Opfertod im selben Passus, sei ein System letztendlich unbrauchbar, das seine Untertanen der eigenen Idee opfere: „Da noch keine diktatorische, politische Führung, durch einen Einzelnen oder durch eine Gesellschaft ausgeübt, das Gesetz ihrer eigenen Tragik zu begreifen, sei es auf dem verhängnisvollem Wege anzuhalten, sei es eine andere Richtung einzuschlagen, vermocht hat, so muß man wohl in Erkenntnis der Unzulänglichkeit menschlicher Kraft den Schluß ziehen, daß jedes solche System unbrauchbar und schädlich ist (…)." (188f.)

Gleichzeitig notierte er an selber Stelle voller Argwohn solche Anflüge von Heuchelei ihn umgebender deutscher Kriegsgefangener, die den NS nach der Katastrophe nun in Bausch und Bogen verurteilten: „Es war geradezu eine Wohltat, wenn man einmal einen Leutnant oder einen Oberfähnrich traf, der

keinen Hehl daraus machte, daß er in der Hitlerjugend seinen Mann gestanden
habe und daß er auch heute noch nicht begriff, wieso die Hitlerjugend an dem
Zusammenbruch des Systems Schuld sein sollte." (186f.) All jene widerten ihn
nun sichtlich an, die sich vom NS abwandten, um rehabilitiert zu werden. Das
in dieser Zeit an Amersdorffer gerichtete Schreiben, in dem es Beumelburg um
willen der Wiederaufnahme in die Akademie unternommen hatte, sich selbst
einen ‚Persilschein' auszustellen sowie sein ein Jahr später an Bischof Faulhaber gerichtetes Bittgesuch bezeugen das Ausmaß an Lebenslügen, die der opportunistische Schriftsteller im Schutzreflex seiner gescheiterten Vita in Kauf
zu nehmen bereit war.

Wo der Nationalismus alter Schule indes noch opportun erschien, war
Beumelburg nicht vor national(sozialist)ischen Lobpreisungen zurückgeschreckt: Fritsch hatte der Schriftsteller am 13. Juni 1948 wissen lassen, Alfred
Jodl, der Chef des Wehrmachtführungsstabes im OKW und 1946 in Nürnberg
wegen zahlreicher Kriegsverbrechen, darunter der Deportation der europäischen
Juden in die Vernichtungslager angeklagt und für schuldig gesprochen, sei ein
untadeliger Mann gewesen, dessen Tragik allein auf dem Gebiet der Kriegführung bestanden habe.[44] Noch vor seinem positiven Kommentar zum 20. Juli
1944 in *Jahre ohne Gnade* 1952 hatte er Fritsch 1948 ebenfalls versichert,
„niemals werden die Leute dieses Attentats in Deutschland verstanden oder
gefeiert werden, mögen sie sich heute auch unter die ‚politisch Verfolgten' ein-
reihen." (Ebd.) Zum ewiggestrigen Hans Grimm, der in Lippoldsberg weiterhin
nationalsozialistische Saturnalien feierte, pflegte Beumelburg, wie dargetan,
weiterhin freundschaftliche Kontakte. Zudem sei hier nochmals an
Beumelburgs im September 1950 Grimm gegenüber getätigte Aussage erinnert,
er habe während der NS-Zeit keinerlei Kreisen angehört, „die ihre Opposition
auf fragwürdige Art betrieben [hätten] und sich dessen heute rühmen."[45] Darü-

---

[44] Rheinische Landesbibliothek Koblenz, H beu 20/28, Eberhard Fritsch an Werner
Beumelburg, 13.6.1948.
[45] Literaturarchiv Marbach, A: Hans Grimm, Werner Beumelburg an Hans Hans
Grimm, 14.9.1950.

ber hinaus warb Beumelburg bei Venzky-Stalling für Grimm, konnte dieser, so Beumelburg, doch auf gar keinen Fall ein Nazi sein.[46]

Freunden gegenüber distanzierte er sich wiederum vom vergangen System. Dem Vertrauten Elgo Lampel ließ er im Oktober 1949 wissen: „Ich mag keinen Hitler und keinen Hugenberg, keinen [Alfred] Loritz und keinen Adenauer. Die Leute haben alle nacheinander bewiesen, daß sie einfach zu dumm sind, um das Wesentliche zu erfassen. Wilhelm II., Hindenburg, Hitler, General [Lucius D.] Clay und den Oberbürgermeister Adenauer hintereinander als Landesfürsten zu haben, ist schon eine stattliche Leistung, die einem Kabarett entspräche, wenn die Sache nicht mit soviel Blut und Tränen verbunden wäre.“[47] Sodann ließ er sich mit Fritsch und Schlüter ein, deren Zeitschriften er mal lobte, mal kritisierte, ohne dass diesen ein erkennbarer thematischer Wandel in ihrer nationalistischen und antisemitischen Stoßrichtung anzumerken gewesen wäre. All dies kulminierte im testamentsgleichen Narrativ vom preußisch-protestantischen Widerstandskämpfer seines Ende der 50er Jahre kurz vor seinem Tod 1963 abgefassten autobiografischen Fragments.

In dieser uneindeutigen, nicht zu einem klaren Ergebnis findenden, von beruflicher Unsicherheit und charaktereigenem Opportunismus gekennzeichneten, schließlich gar im Glauben gipfelnden inneren Auseinandersetzung, geistigen Widerstand geleistet zu haben, ist neben der Abkehr des Macht-Feldes wohl einer der wesentlichen Gründe zu erblicken, weshalb seine Autorschaft in der Nachkriegszeit scheiterte. Sein Abrücken vom lebensprägenden Schreibsujet des Krieges und der damit einhergehende Verlust an Lesern war im Verbund mit dem Versiegen des produktionsästhetisch für seine Werke so signifikanten Informationsstromes aus dem Macht-Feld zuviel der autortechnischen Metamorphose, als dass Beumelburg diese Defizite allein durch – ihm oft fehlende – literarische und intellektuelle Qualität hätte ausgleichen können. Dieser innere Konflikt verhinderte die Anschlussfähigkeit des Autors an die in den 1950er

---

[46] Rheinische Landesbibliothek Koblenz H Beu 19/24, Werner Beumelburg an Borwin-Venzky Stalling, 9.2.1950,
[47] Werner Beumelburg an Gerd Elgo Lampel, 30.10.1949, in: Busch: NS-Autoren, 134, dort nach „Privatbesitz Lampel“ zitiert, der dem Autor der vorliegenden Studien nicht zugänglich gemacht wurde.

Jahren einsetzende „konservative Modernisierung"[48], im Verlauf derer Konservative obsolet gewordene Positionen deutschen Großmachtstrebens und der Modernekritik abstießen und sich in die Tradition westlicher Demokratie und aufgeklärt-humanitären Denkens zu stellen begannen. Beumelburg dagegen bildete nach 1945 eine Marke, die der alten Zeit verhaftet blieb; Angehörige der jungen Frontgeneration sahen sich in der Bundesrepublik der beginnenden 60er Jahre „als Ausläufer einer vergangenen Epoche" schon „bald in den Hintergrund gedrängt."[49]

Am 9. März 1963 fand die Verlags- und Identitätssuche des prekären Werner Beumelburg ihr Ende. Hatten zwei Weltkriege, vorzugsweise die Kriegsgefangenschaft in Dachau das in der Familie verbreitete Herzleiden des Autors bereits 1945 merklich verstärkt, taten die Flut an Verlagsabsagen sowie die Abkehr alter Freunde wie jene Jürgen Eggebrechts ihr Übriges, um Beumelburgs Gesundheitszustand weiter zu verschlechtern. Der Ausgestoßene und Verfemte verfiel in Depressionen, die er mit seinem ohnehin nicht moderaten Konsum von Alkohol und Zigaretten kompensierte und der nach des Vaters wie des Bruders auch seiner Herzkranzgefäße Verkalkung besiegelte. Anfang März 1963 fand ein Freund den Schriftsteller tot in seinem Bett, die Cognac-Flasche halb geleert.[50] Und wie schon Bruder Walther um willen der Legendenbildung keines natürlichen Todes hatte sterben dürfen, entspann sich auch um den Tod des jüngeren die Vermutung, er habe in der Retrospektive auf seine NS-Vergangenheit, in Anbetracht seiner gescheiterten Vita und nationalsozialistischer Wegverfehlungen mithilfe von Schlaftabletten und übermäßigem Cognackonsum Resümeeselbstmord verübt. Gegen eine solche Bilanzierung als Lebensbankrotteur spricht allerdings sowohl das in der Familie verbreitete Herzleiden als auch der Mangel an Beweisen, war und ist in solchen Fällen, da der Leichnam alleine aufgefunden wird, eine Autopsie durchzuführen, um eine Todesursache durch Dritte auszuschließen. Eine solche Autopsieakte war je-

---

[48] Heinrich August Winkler: Der lange Weg nach Westen, Bd. 2: Deutsche Geschichte vom Dritten Reich bis zur Wiedervereinigung. München 2001, 222.
[49] Marcus M. Payk: Der Geist der Demokratie. Intellektuelle Orientierungsversuche im Feuilleton der frühen Bundesrepublik. Karl Korn und Peter de Mendelssohn, München u. a. 2008, 367.
[50] Telefoninterview Klaus Helbig.

doch auf Anfrage beim Würzburger Stadtarchiv in der Überlieferung der dortigen Staatsanwaltschaft, in der sich ein solcher Autopsiebericht hätte befinden können, nicht nachweisbar. Schließlich wäre wohl auch anzunehmen, dass ein Vielschreiber und für Deutungshoheit so sensibler Autor wie Beumelburg, der keinen Sonntag kannte und es in einem Jahr mit 42 Reisetagen auf stattliche 1000 Druckseiten schaffte, doch sicherlich einen Abschiedsbrief hinterlassen hätte. Werner Beumelburgs Grab befindet sich in Traben-Trarbach, beigesetzt im Reigen seiner Familie.

Dass die Gründe seines biographischen wie literarischen Scheiterns vielfältig und unterschiedlicher Natur, dagegen keineswegs zwangsläufig gewesen waren, zeigt eine tragisch anmutende, posthume Anekdote. Der *Stern* hatte 1962 einen Erzählpreis für einen modernen Roman ausgeschrieben, den der zum Zeitpunkt der Verleihung bereits verstorbene Beumelburg mit seinem letzten Roman *König Nobels letzte Reise* gewann. Obgleich dieses letzte Werk des Schriftstellers, in dem mancher Zeitzeuge ein literarisch gearbeitetes Resümee der eigenen NS-Partizipation vermutet, zwar unveröffentlicht blieb und weiterhin verschollen ist, reichten es Freunde Beumelburgs nach seinem Tod unter Pseudonym zur Begutachtung ein. Eine durchaus hochkarätig besetzte Jury des *Stern*, zu der Benno von Wiese, Erich Kästner, Ludwig Marcuse, Rudolf Walter Leonhardt, Joachim Kaiser und Marcel Reich-Ranicki zählten, schätzten die literarische Qualität des Werkes so hoch ein, um den verstorbenen Autor 1963 posthum mit dem Erzählpreis auszuzeichnen.[51]

Das Ende im Vergessen eines der einflussreichsten deutschen Schriftsteller 1923 bis 1945 war damit jenem Kontaminationsprozess geschuldet, in dem die literatur- und geschichtswissenschaftliche Typologisierung dieses Schriftstellers nach 1945 als der eines ‚Nazi-Autors' – nicht zu Unrecht – einsetzte. Diese Paria-Rolle verdichtete sich im Urteil der Zeitgenossen, die den Stab über Beumelburg gebrochen hatten. Als etwa 1947 in der Schweizer Presse erneut positive Rezensionen zu Schriftstellern erschienen, die dem NS-Staat schreibend gedient hatten, sorgte der pazifistische Kriegsdichter Alexander M. Frey (*Die Pflasterkästen. Ein Feldsanitätsroman*, 1929) – er hatte im Ersten Welt-

---

[51] Sarkowicz/Stefan Busch: Totgesagte, 9.

krieg mit Hitler im selben Regiment gekämpft und war 1933 emigriert – für die erneute Veröffentlichung des *Gelöbnisses treuester Gefolgschaft* vom 26. Oktober 1933, um nochmals die Namen all jener Schriftsteller zu nennen, die mit dem Regime kollaboriert hatten. Denn leider, so Frey im September 1947 an den befreundeten Thomas Mann, sei bereits deutlich geworden, „wie schnell die Namen dieser ganz unentschuldbaren – unentschuldbar, weil sie wissen mussten und wußten, was sie taten – vergessen werden."[52] Schriftsteller wie Beumelburg seien „Verräter am Geist, an sauberer Gesinnung und ehrenhafter Haltung, von denen jeder sich ganz klar darüber war, welcher Banditen-Regierung er öffentlich seine Stimme gab." Sie seien „eindeutig als Förderer eines Verbrechersystems bekannt, mit dessen Liquidierung sie selber aus dem deutschen Schrifttum für alle Zeiten zu verschwinden haben." Auch Mann kommentierte das Ensemble – in ungewohnter Lakonik – als „[d]ummes, mittelmäßiges Gesindel." (Ebd.)

Hans Carossa, Kriegsdichter des *Rumänischen Tagebuches* (1924) und 1933 innerer Emmigrant, entgegnete auf ihm vom österreichischen Philologen und Schriftsteller Jonas Lesser im Juni 1953 zugesandte, leider nicht näher genannte Schriften ehemaliger Dichterkollaborateure: „Manche ihrer Mitteilungen, auch die angeführten Stellen aus Kolbenheyer, Grimm und Beumelburg kannte ich gar nicht und hoffe im Stillen, daß auch nur sehr wenig andere sie kennen. Man müsse nur immer wieder den Kopf schütteln über dieses Maß von Urteilslosigkeit, Leichtgläubigkeit und Mangel an Verantwortungsgefühl."[53]

Fürsprecher Beumelburgs fanden sich allein in den Reihen jener, die sich in der Bundesrepublik selbst mit Problemen der Vergangenheitsbewältigung konfrontiert sahen. Gottfried Benn, der im Frühjahr 1933 wesentlich an der Gleichschaltung der Akademie beteiligt gewesen war, sich indes im weiteren Verlauf der NS-Zeit – allen voran von seinem Dichterkollegen Börries von Münchhausen – antisemitischen Vorwürfen ausgesetzt gesehen hatte[54], erwies Beumelburg

[52] Peter de Mendelssohn (Hg.) Thomas Mann. Tagebücher, Bd. 7: 28.5.1946-31.12.1948, Frankfurt a. M. 1989, 157, 14.9.1947.
[53] Eva Kampmann-Carossa (Hg.): Hans Carossa. Briefe, Bd. 3, Frankfurt a. M. 1981, 758.
[54] Holger Hof: Gottfried Benn. Der Mann ohne Gedächtnis. Eine Biographie, Stuttgart 2011, 282ff.

1956 in seiner ebenfalls exkulpierend angelegten Autobiografie *Doppelleben* seine Sympathien: „Auch ganz üble Subjekte spielten sich (in der Akademie, d. A.) hoch. Ich will nicht persönlich werden. Wenn ich heute an diese Dinge denke, sage ich mir, es gehört ein ungeheurer Charakter, ein ungeheures inneres Band dazu, in sich verschlossen zu bleiben, über sich zu wachen, wenn sich die äußere Möglichkeit bietet, expansiv, geltungsreich und materiell gewinnfähig zu werden – dem einen ist es gegeben, dem anderen nicht. Ich will sogar bemerken, daß ein oder zwei der meistgenannten die ganzen Jahre über sich nicht ohne Fairness verhielten. Ihre literarische Art, ihre Gefühlswelt stand dem noch erträglichen Teil des nationalsozialistischen Wesens so nahe, daß man ihre persönliche Lauterkeit nicht bezweifeln konnte. Ich nenne zum Beispiel Werner Beumelburg. Er trat mir nicht näher, er konnte mir auch nicht helfen, als es bei mir dann kritisch wurde, aber er war eine sympathische Erscheinung unter reichlich unsympathischen."[55]

Josef Magnus Wehner, der nach 1945 mit ähnlichen Schicksalsschlägen literarischer Obsoleszenz zu ringen hatte, verfasste 1963 einen vermutlich unveröffentlichten publizistischen Nekrolog auf den Verstorbenen. Wehner habe in Paul Fechters *Geschichte der deutschen Literatur* (1960) geblättert, um zu erfahren, was der einstmalige *DAZ*- und Juni-Klub-Gefährte „über Werner Beumelburg geschrieben habe."[56] Ganze zehn Buchstaben habe Fechter Beumelburg gewidmet, „den nackten Namen Beumelburg in dem anderen. Kein Wort sonst, kein Text, kein Hinweis." Der Autor sei der Vergessenheit anheim gefallen, da seine Gegner, „die Macht [gehabt hätten], ihn tot zu schweigen." Beumelburgs Name werde zukünftigen Generationen „ebenso unverständlich werden (…) wie der Name eines unbedeutenden Rennpferdes, daß in irgendeinem Sportbericht unter der Rubrik ‚ferner liefen…' auftaucht, um in der nächsten Sekunde vergessen zu sein?"

Tatsächlich aber verebbte die Wirkung der Werke Beumelburgs unterschiedlich. Während die Sowjets in der SBZ eine rigorose Giftschrankpolitik nationalsozia-

---

[55] Dieter Wellershoff (Hg.): Gottfried Benn. Gesammelte Werke, Bd. 4: Autobiografische und vermischte Schriften, Stuttgart 1992, 92f.
[56] Literaturarchiv Monacensia, Nachlass Josef Magnus Wehner, JMW M 751, Nekrolog Josef Magnus Wehners auf Werner Beumelburg, (ohne Datum) 1963.

listischen Schrifttums durchführten, die nahezu sämtliche Werke Beumelburgs
in die Liste auszusondernder Literatur verwies[57], spielte die bellizistische
Kriegsliteratur eines Beumelburg oder Dwinger in Bundeswehrbibliotheken
noch bis in die späten 60er Jahre eine gewichtige Rolle, um jungen Soldaten
Eindrücke des Krieges zu vermitteln. Erst 1967 machte *Der Spiegel* in einem als
Helden im Spind betitelten Artikel auf den Tatsachbestand aufmerksam, dass in
den wichtigsten Ausbildungsstätten zu Lande, zu Wasser und in der Luft
bellizistische Kriegswerke der 20er Jahre noch immer über ein Drittel der Trup-
penliteratur ausmachten.[58] Einschlägige nationalistische Organisationen wie die
Scharnhorst-Buchkameradschaft belieferten Bundeswehrbibliotheken mit bis zu
2000 Buchtiteln, die sie einem *Wegweiser für Soldaten und ihre Büchereien*
wärmstens anempfahlen: Mit der hier aufgeführten „Stammriege der ehemaligen Reichsschrifttumskammer" sei „soldatische Haltung garantiert", kommentierte bissig auch die *FAZ*. (52) Daraufhin sahen sich die Werke auch in diesen
Reihen aussortiert wie im Übrigen auch aus jenen der Schule. Bereits in den
1970er Jahren sahen sich Germanistik- und Geschichtsstudenten außer Stande,
sich über diese Schriften kundig zu machen.

Ein Werk entfaltete allerdings bis weit in die 1970er Jahre der Bundesrepublik
besondere rezeptionsästhetische Strahlkraft. Noch 1956 diente Beumelburgs
Spanienepos *Legion Condor* militärwissenschaftlichen Arbeitsgruppen der
Bundeswehr, hier zuvörderst der für die Neukonzeption der Luftwaffe
mitverantworlich zeichnenden Studiengruppe Geschichte des Luftkrieges, als
empirischer Referenzpunkt. So nutzte etwa der Träger des Spanienkreuzes in
Gold mit Schwertern, Luftwaffengeneral Walter Grabmann, Beumelburgs Propagandaschrift für seine Studie *Auswirkungen der Erfahrungen beim Einsatz
deutscher Fliegerverbände beim Feldzug in Spanien auf die deutsche Luftwaffe*.[59] Wie bereits ein militärisches Fachpublikum die Schlachtendarstellungen in

---

[57] Beleg
[58] Unbekannt: Helden im Spind, in: Der Spiegel 21 (1967), Nr. 50, 50-54.
[59] MA-BA Freiburg, ZA 3/71 fol. 2-4, General a. D. Grabmann, Ausarbeitung „Auswirkung der Erfahrungen beim Einsatz deutscher Fliegerverbaende beim Feldzug in Spani-
en auf die deutsche Luftwaffe" vom 20.7.1956; er stützt sich auf folgende Passagen in
Legion Condor: 257, 267-284, 292; diese Ausarbeitung Grabmanns diente wiederum

den 20er Jahren nicht nur als bloße Literatur, sondern als militärwissenschaftlich ertragreiche Erlebnisberichte gelesen hatte, nutzte auch Grabmann
Beumelburgs ideologisch überwölbte Schrift in diesem Sinne, nicht zuletzt auch
deswegen, da alliierte Brandbomben zahlreiche Aktenbestände der Legion Condor vernichtet hatten. Beumelburg hatte wohl schon während des Spanischen
Bürgerkrieges auf den vollständigen archivarischen Aktenbestand des Luft-
fahrtministeriums zurückgegriffen[60], hatte der Klappentext des Werkes zudem
daraufhin hingewiesen, „im Auftrage des Reichsluftfahrtministeriums" entstanden zu sein. Dieser Verweis enthielt etwa für Grabmann die notwendige Authentizität, um das Werk nicht bloß als fiktionale Kriegserzählung abzutun,
sondern als authentischen Erlebnisbericht eines Dabeigewesenen Ernst zu nehmen und sich hier über die quantitative Kämpfstärke der Legion (257) und vor
allem ihre Strategien der Luftraumeroberung (267-284) zu informieren.[61]

Hatte das Buch ferner den letzten von Deutschen siegreich bestrittenen militärischen Konflikt seit 1871 dargestellt, überrascht es kaum, dass sich das Werk
auch nach 1945 im Kreise altgedienter Nationalsozialisten hoher Beliebtheit
erfreute. Sie machten das Werk für den Abwehrkampf gegen die in der Bundesrepublik einsetzende außenpolitische Westausrichtung und ihre innenpolitische
Demokratisierung erneut gebrauchsfähig. Ein typisches Beispiel hierfür stellt
die Schrift Wilfred von Ovens *Hitler und der Spanische Bürgerkrieg. Mission
und Schicksal der Legion Condor* von 1978 dar. Oven, Jahrgang 1912, war seit
1931 NSDAP- und SA-Mitglied gewesen, hatte 1936 die dem Goebbels-
Ministerium eingegliederte Reichspresseschule durchlaufen und als Kriegsberichterstatter und Mitglied der Legion am Spanischen Bürgerkrieg teilgenommen. Oven, der 1990 in einem Interview die Zustände im NS einmal als „para-
diesisch"[62] schildern sollte, entwickelte in der Bundesrepublik eine umfangrei-

---

der Studiengruppe „Geschichte des Luftkrieges" als Grundlage wissenschaftlichen Arbeitens.

[60] Detailliert aufgelistet in Schüler-Springorum: Krieg, 328, Fn. 185. Ein Abgleich mit
S. 290 in *Legion Condor* zeigt etwa den Zugriff Beumelburgs auf folgende Kriegstagebücher: Stab Richthofen, 27., 29. und 30.1.1939, in: BA-MA Freiburg, RL 35/7 fol. 2,
26, 37.

[61] MA-BA Freiburg: Grabmann. Er bezieht sich hier auf die Seiten 257 und 267-284 in
Beumelburgs Werk.

[62] Laurence Rees: Auschwitz – Geschichte eines Verbrechens, Berlin 2005, 8.

che publizistische Tätigkeit, die auf eine Verklärung des NS hinauslief. Sein Spanien-Werk, im einschlägigen Grabert Verlag ediert, lobpreiste die von deutschen Flugzeugen in Spanien gerissenen Schneisen der Verwüstung, feierte die Legion im Vorwort als „Instrument[e] späterer Blitzkriege" (9) und als „Elite im besten Sinne des Wortes" (ebd.) – all dies im durchgehenden Rekurs auf das Werk Beumelburgs. Hierdurch holte Hoven, nach Beumelburg, zu einem zweiten geschichtspolitischen Schlag gegen das 1975 vom Francismus befreite Land sowie die innenpolitische Verfasstheit der Bundesrepublik aus: „Denn was sich heute im Spanien des Königs Juan Carlos tut, ist wie der aktuelle Reflex des historischen Geschehens, das der Leser auf den vorstehenden Seiten miterleben sollte. 40 Jahre danach steht Spanien auf seinem Weg in den Abgrund wieder dort (am Rande eines Bürgerkrieges, d. A.), wo es dank Hitlers einsamer Entscheidung vom 25. Juli 1936 im letzten Augenblick aufgehalten wurde. Die gleichen Parteien, die die spanische Republik ruinierten, sind nicht nur wieder auf der politischen Bühne, sondern am Ruder (…).[63]

In Frankreich, wo der Erste Weltkrieg seit jeher eine Schlüsselrolle in der nationalen Erinnerung einnimmt und in das Beumelburg bereits 1930 die Rechte am *Douaumont* sowie an *Sperrfeuer* verkauft hatte, herrscht bis heute reges Interesse an seinen Kriegserzählungen. *Sperrfeuer* erschien beispielsweise 1999 abermals in einer unveränderten Neuauflage, ohne dass ein kritisches Vorwort den Leser auf die prekäre Rolle des Autors hingewiesen hätte.[64]

Dass einem Ende im Vergessen immer auch die Möglichkeit eines Neubeginns innewohnt, zeigen schließlich die regionalen Profilierungsstrategien seiner Heimatstadt Traben-Trarbach. Erfolgte 1978 zwar die erneute Umbenennung der Beumelburg- in die Kirchgasse, erhielt die Stadt, etwa im Gegensatz zur Ortsgemeinde Winningen, die Ehrenbürgerwürde des Schriftstellers aufrecht. In den 1980er Jahren entwickelte sich zudem ein Lesekreis um Heimathistoriker Richard Ochs, der sich den ideologisch unverfänglicheren Werken des Autors anzunähern und den ‚verlorenen' Sohn der Stadt auf schmaler bis nicht vorhan-

---

[63] Wilfred von Oven: Hitler und der Spanische Bürgerkrieg. Mission und Schicksal der Legion Condor, Tübingen 1978, 263, Zitat 525.
[64] Nicolas Beaupré: La guerre raconté par un allemand, in: 14-18 Today-Aujourd'hui-Heute 3 (2000), Nr. 3, 187.

dener Quellenbasis als nationalsozialistisches Missbrauchsopfer, Bruder Walther gar als Widerstandskämpfer[65] des 20. Juli zu rehabilitieren versuchte. Symbolisch-repräsentative Verdichtung erfuhren diese geschichtswissenschaftlich fragwürdigen Strategien regionaler Vergangenheitsbewältigung und kultureller Profilierung in der Moselregion, indem Sympathisanten dem Schriftsteller an der Rückwand der Traben-Trarbacher Casino-Gesellschaft eine bronzene Ehrentafel widmeten. Auf diese Weise gedenkt die Doppelstadt des Dichters noch heute, wobei es in der regionalen Presse im Zuge weiterer Beumelburg-Lesungen in regelmäßigen Abständen zu fortgesetzten Auseinandersetzungen um die Person des Schriftstellers kommt.[66] Die vorliegende Studie ist hier schließlich bestrebt, Orientierungswerte zu schaffen, um dem prekären Erinnern an einen prekären Schriftsteller gleichsam eine Grundlage an die Hand zu geben.

---

[65] Richard Ochs: Walther und Werner Beumelburg. Leben zweier Brüder im Nationalsozialismus, Jahrbuch für den Kreis Bernkastel-Wittlich 2000, 367-370; ders.: Neues von Werner Beumelburg, in: Arbeitskreis für Heimatkunde. Mittelmosel und moselnahe Hunsrück- und Eifelgebiete 10 (1992), 24-35. Über diese etwas zu sehr um die Exkulpation der Gebrüder Beumelburg bemühten Aufsätze hinaus hat sich Herr Ochs mit einer Dokumentation um Werner Beumelburg sehr verdient gemacht, die in der Stadtbücherei Traben-Trarbachs zu akquirieren ist.

[66] Vgl. exemplarisch unter einer Vielzahl von Artikeln: Unbekannt: Beumelburg, die Juden und die Erinnerung: http://
www.volksfreund.de/nachrichten/dossiers/zweiter_weltkrieg/region/Zweiter-Weltkrieg-in-der-Region-Beumelburg-die-Juden-und-die-Erinnerung;art527171,1273957, letzter Zugriff 21.5.2015; ders.:
Fabel für Erwachsene http://
www.volksfreund.de/nachrichten/region/mosel/aktuell/Heute-in-der-Mosel-Zeitung-Fabel-fuer-Erwachsene;art671,271855, letzter Zugriff 21.5.2015.

Anhang

Zusammenfassung

Die vorliegende Biographie des Weltkriegsdichters Werner Beumelburg beschäftigt sich mit Leben und Werk dieses in der Zeit der Weimarer Republik und des Nationalsozialismus 1918 bis 1945 überaus auflagenstarken Autors von historischen Kriegsromanen zum Ersten Weltkrieg. Dem literaturinteressierten Historiker erschließt sich über den Kriegsroman der 20er Jahre eine weiträumige soziopolitische Bandbreite an Lesern sowie ein vielschichtiges Wirkungsfeld dieser Textsorte im bi-dimensionalen Feld von Kultur und Politik. Daher nähert sich eine solche Lebensbeschreibung exemplarisch der Frage an, in welchem Maße die von Beumelburg zahlreich vorgelegten literarischen Kriegstexte vergemeinschaftende Ordnungsvorstellungen einer nach dem Vorbild der ,Frontgemeinschaft' des Ersten Weltkrieges aufzubauenden ,Volksgemeinschaft' evozierten. In diesem Kontext werden solche autoritären, protofaschistischen Ordnungsvorstellungen und Leitfiguren sowie die sich daran anknüpfenden herrschaftspolitischen Verschiebungen innerhalb der Republik erörtert, die 1930 die Zerstörung des Parlamentarismus in Deutschland mit einleiten halfen.

Um dieses Beziehungsgeflecht adäquat zu vermessen, bedient sich die vorliegende Arbeit der Methoden der Leserforschung, der Rezeptionsästhetik, der Generationsforschung sowie allgemein jenes Ansatzes einer neueren Kulturgeschichte, der politische Sinnstiftungsakte und Genese handlungsanleitender kollektiver Identitäten im Raum des Literarischen nachzeichnet. Um solche Transformationsverläufe in ihrer Dynamik sichtbar zu machen, nimmt die Studie eine politische Lager und Milieu übergreifende Analyse der Distributions- und Rezeptionsmechanismen der in der Literatur transportierten Kriegserfahrung, hier vornehmlich von ,Volksgemeinschafts'- und Kameradschaftstopoi, vor.

In ihrem Unternehmen kommt die Arbeit zu dem Ergebnis, dass ein bellizistisches, d. h. die ,Frontgemeinschaft' als gesellschaftliches Leitmodell mit dem Frontsoldaten als politisch privilegierten ,Führer' favorisierendes Narrativ 1928 nicht als bloße Reaktion auf pazifistisch intendierte Titel wie etwa Erich Maria Remarques *Im Westen nichts Neues* zu verstehen ist. Ein solches setzte bereits 1920 im Reichsarchiv ein, entstanden hier die Richtlinien einer vornehmlich literarisch zu vermittelnden, massentauglichen, nationalistischen

Kriegsdeutung auf der rangniederen Ebene der Mannschaftsgrade. Seine Initiatoren und Angehörigen bereiteten mithilfe eines neuen Darstellungsverfahrens jene rezeptionsästhetischen Geschmacksurteile und Distributionsmechanismen vor, die den deutschen Erinnerungshaushalt an den ‚Großen Krieg' bereits acht Jahre vor der Kriegsliteraturflut 1928 bestellen halfen.

Die Arbeit kommt ferner zu dem Ergebnis, dass Kriegsliteratur der 20er Jahre auf mehreren Ebenen zu wirken vermochte: 1. ermöglichte sie auf intellektueller Ebene Kommunikationsprozesse über rivalisierende Ideen und Ordnungsvorstellungen. 2. schuf sie in Krisenzeiten und mit Blick auf das politische Schaltjahr 1933 virulente Orientierungswerte, die im Raum der Rezeption in politisches Handeln umschlugen. Hier hat die Studie vor allem das Generationenkonzept nicht nur als Übertragungsmittel in der Kriegsliteratur angeblich enthaltener Erlebniswelten an die nachwachsenden Alterskohorten, sondern insbesondere als politisches Hierarchisierungskonzept identifiziert, mithilfe derer kleine Intellektuellenzirkel wie jener der *Standarte* ihren Anspruch auf politische Herrschaft der gesamten Gesellschaft – hier zuvörderst der bündischen Jugend – aufzwangen. Damit schuf sie 3. vor allem solchen Politikern, die über eigenes Fronterleben verfügten, eine kulturelle Grundlage, auf der sie ihre Herrschaft symbolisch zu legitimieren und ihre angebliche politische Kompetenz aus dem Reservoir in bellizistischer Kriegsliteratur ventilierter Topoi und Motive abzuleiten verstanden.

Der in den Feldern von Literatur und Politik ausgetragene ‚Kampf um die Wahrheit' wurde dabei vornehmlich im Raum der Rezeption bestritten, in dem die historischen Akteure im Rekurs auf die Bewertung von Kriegsliteratur ihre politischen Lehren des ‚Großen Krieges' bestätigt sahen bzw. – im Falle eines Verrisses – bestätigt sehen wollten. Gerade Kriegsliteratur schafft dem Historiker in diesem Geflecht an Deutungskämpfen mit ihrer themenimmanenten Signifikanz ein heuristisch ertragreiches Feld, um Phänomenen wie innerintellektueller Fluktuation, *generation* und *nation building*, der Verhandlung und Instrumentalisierung politisch-ideologischer Terminologie, propagandistischer Indoktrination und Lenkung, öffentlich zelebrierter Symbolpolitik, handlungsanleitenden Geschmacks- und Werturteilen, zeitgenössischen, innerweltlichen Empfindungen und der vornehmlich emotional geprägten Logik der 20er Jahre auf den Grund zu gehen, ohne die ‚1933' missverständlich bleiben muss. In diesem Kontext zeigt die Arbeit – in ihrem vermutlich wichtigsten Ergebnis – wie sehr äußere und textimmanente Faktoren, ambivalente Lektüre- und Interpretationsakte von Kriegsliteratur hervorriefen, die Kriegsromane ganz unterschiedlicher Provenienz in rivalisierenden Lagern nach Belieben deutbar machten. Im Ergebnis steht hier eine breite rezeptionsästhetische Anschlussfähigkeit des historischen Kriegsromans an nahezu jegliche Disposition verschiedener politischer Milieukulturen, divergierender Alters- und Geschlechtskohorten sowie nahezu der gesamten Parteienlandschaft.

Zu diesem Forschungsergebnis gelangt die vorliegende Arbeit nicht allein, indem sie ambivalente Deutungsmöglichkeiten erzeugende literarische Kongruenzen sowie im Verlauf der Studie strukturell entfaltete Dispositionsaffinitäten der verschiedenen Milieukulturen, Intellektuellenzirkel und Parteiungen zu einem soldatisch-nationalistisch gedeuteten Kriegserlebnis rekonstruiert; ihre Hypothesen hat die hier präsentierte, biographisch gerahmte Arbeit aus der Vita des Dichters selbst heraus entwickelt und zu bewahrheiten versucht. Die Untersuchung dieses Lebensverlaufs konzentrierte sich auf die Ausprägung eines politischen und militäraffinen Habitus, der das biographierte Individuum dazu veranlasste, die im Krieg gewonnenen Erfahrungen als normative Grundlagen auf die deutsche Nachkriegsgesellschaft übertragen zu wollen. Die Ausformung dieser Lebenswelt speiste sich wesentlich aus der in seiner Heimat erfahrenen Sozialisation, hier der geografischen Nähe der Heimatstadt Traben-Trarbach zur Westfront sowie der politisch-religiösen zum Hause der Hohenzollern, den kriegsverherrlichenden Predigten des protestantischen Vaters, der beruflichen Aussicht, im Generalstab Karriere zu machen sowie einer vornehmlich in der Schule erfahrenen nationalkonservativen Prägung. Zudem bildeten militärische Grundausbildung in Koblenz und der Kriegseinsatz an der Westfront 1916 bis 1918 erfüllende Lebensinhalte, die in dem angehenden Schriftsteller langfristige Orientierungswerte schufen.

All diese Faktoren trafen auf ein musisch begabtes Individuum, das seine im Krieg gemachten Erfahrungen feldpostalisch zu ästhetisieren begann. Die an der Front entstandene Korrespondenz wies bereits zahlreiche Merkmale und Motive seiner späteren Kriegstexte auf. Als wichtigstes Ergebnis steht hier eine realis-

tisch-gewaltverherrlichende Erzählweise, die in den 20er Jahren paradigmatisch
für linke wie rechte Kriegsromane werden sollte. Auch rechtskonservative Autoren scheuten sich nicht mehr, die Grauen des Kriegsalltags zu benennen und
verwendeten diese dazu, die heldenhafte Bewährung der Protagonisten angesichts der Widrigkeiten der Umstände in umso glänzenderem Lichte darzustellen. Wertungen und Urteile, politische Ursachen und gesellschaftliche Hintergründe blendeten sie in einer solchen Schilderung des ‚Kampfes als inneres
Erlebnis' konsequent aus. Dies ermöglichte es, Kriegstexte sowohl bellizistisch
als auch pazifistisch zu deuten – ein entscheidendes literarisches Kriterium, das
dazu führte, dass sich Kriegsromane der 20er Jahres des Lobes der Rezensenten
verschiedener politischer Lager sicher sein konnten.

Diese individuelle Erlebniswelt Beumelburgs, dessen Ästhetisierungskompe-
tenz, Wertesystem und Erwartungshaltung die Arbeit als konstitutive Merkmale
des Autortyps des rechtskonservativen Kriegsdichters der 20er Jahre identifiziert hat, trafen mit der erfahrungsgeschichtlichen Zäsur der Kriegsniederlage
und des politischen Umwälzungsprozesses von 1918/19 auf einen Staat, mit
dem Beumelburg ab 1919 nicht mehr konform ging. Die vorliegende Arbeit hat
Beumelburg in Anlehnung an den DFG-Sonderforschungsbereich 485 Norm
und Symbol als prekären Intellektuellen typologisiert, der auf das vorherrschen-
de politische System mit Fundamentalopposition reagierte. Als Journalist, der
seine geistige Heimat im deutschen Militarismus und Nationalismus gefunden
hatte, stellte er in führenden Tageszeitungen Demokratie und Parlamentarismus
die deutschnationalen und soldatisch-nationalistischen Postulate eines autoritär
organisierten Staates entgegen. Hier bezog er jene Positionen, die ihn als gegen
Versailles gerichteten, für Nationalismus, Remilitarisierung, Reannexion verlorener Gebiete und deutsches Großmachtstreben eintretenden Deutschnationalen
auswiesen. Die Mittel, diese Ziele zu erreichen, erblickte er in autoritären, antidemokratischen und militärischen Ordnungsvorstellungen, die, gemäß des ‚Führer'- und Gefolgschaftsprinzips organisiert, in ein nationalkonservativ
überformtes ‚Volksgemeinschafts'-Modell einzumünden hatten. Diese Ideen
führten ihn ins ‚Dritte Reich', an dem er tatkräftig partizipierte.

Zudem zeichnet die Arbeit die Signifikanz der Positionswechsel Beumelburgs
in Militär, Politik und Kultur zwischen Bourdieuscher Feld- und

Kapitalssortentheorie einerseits sowie traditioneller Biographik andererseits nach. Dieser Ansatz hat sich hinsichtlich Beumelburgs mehr als bewährt, da der Autor überaus willig war, seine Entscheidungen und Vorstellungen im Verbund mit dem Macht-Feld umzusetzen. Der Journalismus gewährte ihm erstmals Zugang zum Macht-Feld, in dem er als politischer Akteur auftrat und das er für die Bewerbung seines ersten Buches zu nutzen verstand. In der *Soldatenzeitung* schlug er die entscheidenden Querverbindungen zum Reichsarchiv, das seine ersten Kriegstexte herausgab. Mit seiner literarischen Weltkriegsmonographie *Sperrfeuer um Deutschland* von 1930 akkumulierte Beumelburg im Kultur-Feld genügend symbolisches Kapital, um 1932 als kultureller Beauftragter der Regierung Franz von Papen erstmals für politische Werbedienste autoritärer Staatskonzepte akquiriert zu werden. Dieses Mandat führte ihn erstmals aus seiner prekären Haltung heraus, agierte er fortan als staatsaffirmativer und öffentlicher Intellektueller eines autoritären Staatsumbaus. Eine solche Haltung sollte er als Verfasser weiterer Kriegsbücher, etwa zum Spanischen Bürgerkrieg und vornehmlich von historischen Romanen zur Reichsidee, bis 1943 im Dienste des NS-Staates beibehalten, bevor ihn die abermalige Niederlage eines weiteren Weltkrieges erneut in die 1918 eingeübten Verhaltensmuster eines prekären Intellektuellen zurückkehren hieß. Der Abstieg des Autors in die literarische und politische Bedeutungslosigkeit, so zeigt die Arbeit, speiste sich wesentlich aus dem sodann erlittenen Ausschluss vom Macht-Feld, dem damit einhergehenden, jedoch erfolglosen literarischen Wechsel zu unpolitischeren Themen sowie seinem inneren Unvermögen, sich mit der eigenen Verstrickung in das NS-Regime auseinanderzusetzen.

Abstract

This biography of World War poet Werner Beumelburg deals with the life and work of one of the most popular authors of historical war novels on the First World War under the Weimar Republic and National Socialism from 1918 to 1945. For historians interested in literature, the war novel of the 1920s covers a wide-ranging socio-political spectrum of readers, as well as a complex field of action of this type of text in the bi-dimensional field of culture and politics. Therefore, this biography perfectly addresses the question of the extent to which the numerous literary war texts submitted by Beumelburg evoked comunitising ideas of public order of a 'People's Community' ('Volksgemeinschaft') built along the lines of the 'Front Community' ('Frontgemeinschaft) of the First World War. In this context, the work discusses such authoritarian, proto-fascist ideas of public order and leading protagonists, as well as the shifts of political power connected thereto within the Republic, which favoured the destruction of German parliamentarianism in 1930.

In order to measure these relationships adequately, this work relies on the methods of reader research, reception aesthetics, generation research and, generally, on any approach of a new cultural history which retraces the political sense-making acts and genesis of politically-driven collective identity in the literary space. To bring to light the dynamics of such transformation processes, the study performs an analysis encompassing all political positions and environments of the distribution and reception mechanisms of the war experience conveyed by literature, which in this case mainly relates to 'People Communities' and 'Comradeship Topoi'.

In its proposition, the work comes to the conclusion that the war-oriented narrative of 1928, which describes a 'front community' as a social guiding model with front-line soldiers as politically privileged leaders, shall not be understood as a mere response to pacifist titles such as Erich Maria Remarque's *All Quiet on the Western Front*. Already in 1920, the Reich Archive contained guidelines for a predominantly literary, mass-market, nationalist war interpretation, which was to be delivered to the lower-ranking levels of the military. Its initiators and members were preparing, by means of a new representation method, those reception-aesthetic taste judgements and distribution mechanisms, which helped cultivate the German remembrance of the Great War eight years before the war literature explosion of 1928.

The work also comes to the conclusion that war literature of the 1920s operated on several levels: 1. On an intellectual level, it favoured communication processes among rival ideas and public order notions. 2. In times of crisis and with a view to the political shift year 1933, it created violent reference values, which transformed into political action during the reception. Here, the study has identified the generation concept not only as a transfer agent of experiences allegedly contained in war literature to further generations, but especially as a political hierarchisation concept which, by means of its small intellectual circles, e.g. the *Standarte*, imposed its claim to political control of the whole of society – here first and foremost of the German youth movement. 3. With war literature, politicians with direct war front experience created a cultural foundation whereby they could legitimise their rule symbolically, and understood their alleged political competence as derived from the topoi and motifs exposed by war literature in the reserve.

The 'Fight for the Truth' conveyed in the fields of literature and politics was thereby disputed primarily in the area of reception, in which historical actors saw their political lessons of the 'Great War' confirmed via the assessment of war literature. To historians, it is precisely war literature, with the significance inherent to its genre and themes, which creates a heuristically profitable field to dive into phenomena such as intra intellectual fluctuation, generation and nation-building, negotiation and instrumentalisation of political and ideological terminology, propagandistic indoctrination and steering, publicly celebrated symbolic politics, guiding taste and value judgments, contemporary, worldly feelings and especially into the emotionally charged logic of the 20's, without making that of 1933 ambiguous. In this context, the work shows – in its probably most important result – how largely external and text immanent factors, as well as ambivalent readings and interpretations of war literature, allowed the open interpretation of war novels of very different origins in rival camps. As a result, we find here a broad capability of the historical war novel to tie in with almost any disposition of different political milieu cultures, divergent age and gender groups, and virtually the entire political landscape.

For this research result, the present work relies not only on literary congruences which generate ambivalent interpretations, but also on the reconstruction throughout the study of structurally unfolded disposition affinities of different milieu cultures, intellectual circles and factions, as war experiences interpreted from a military-nationalist perspective. This biographically-framed work seeks to develop and materialize its hypotheses from the life of the poet himself. The investigation of his life focuses on the expression of a political and military affinity habit, which prompted the described individual to transfer the experience gained in the war as a normative basis for Germany's post-war society. His living environment was largely shaped by the socialisation experienced in his home country: the geographical proximity of his hometown Traben-Trarbach to the Western Front and the political and religious views of the Hohenzollern house, the war-glorifying sermons of his Protestant father, the professional prospect of a career in General Staff, and the mainly national conservative character experienced at school. In addition, the basic military training in Koblenz and the war effort on the Western Front during 1916-1918 had a major influence on his life, creating at the same time long-term references and values for the budding writer.

All of these factors left their mark on a artistically gifted individual, who began to aestheticize his war experiences in his military field post. In fact, his correspondence at the war front bears numerous traces and motifs of his later war texts. In this respect, the most important result is a realistic narrative style glorifying violence, which should be paradigmatic of left and right-wing war novels in the 1920s. Even right-wing authors dared to convey the horrors of everyday war. Indeed, they used them to illustrate the heroic resistance of the protagonist in the face of utterly adverse circumstances, under a glistening light. Accordingly, values and judgments, political motivations and social backgrounds are combined and blurred in a representation of 'Kampf als inneres Erlebnis' ('fight as an inner experience'). This made it possible to interpret war texts – for and against the war – with crucial literary criteria, which saw war novels of the 1920s being praised simultaneously by reviewers from different political camps.

This individual experience world of Beumelburg whose aestheticizing skills, system of values and expectations have been identified hereby as constitutive traits of right-wing war poets of the 1920s, collided with the historical caesura of the war defeat and the political upheaval process of 1918/19, in a country where Beumelburg did no longer fit from 1919 onwards. Based on the DFG Collaborative Research Centre 485 Norm and Symbol, this work characterises Beumelburg as a precarious intellectual, who responded to the dominant political system with fundamental opposition. As a journalist who found his intellectual reference in German militarism and nationalism, he wrote in leading newspapers to oppose democracy and parliamentarism to the German national and military-nationalist postulates of an authoritarian state. Here he related to those positions which appeared to be directed against Versailles or which favoured nationalism, remilitarization, reannexion of lost territories and German nationalism fuelled by Germany's great power aspirations. In his view, such goals were to be attained via authoritarian, anti-democratic and military notions of order, which, organized according to the 'Führer' and allegiance principle, led to a national conservative 'People community'-model. These ideas drove him to the 'Third Reich', in which he participated actively.

What is more, the work stresses the significance of Beumelburg's shifts within the fields of military, politics and culture by means of Bourdieu's field and capital theory on the one hand, and the traditional biographical on the other hand. There is ample evidence of such an approach to Beumelburg, as the author was very willing to implement his decisions and performances in conjunction with the power field. Journalism granted him a first-time access to the power field, where he operated as a political actor, and which he put to good use for the promotion of his first book. In the *Soldatenzeitung* (soldiers' journal), he established decisive cross-connections with the Reich Archive, which published his early war texts. In 1932, thanks to his literary World War monograph *Sperrfeuer um Deutschland* from 1930, Beumelburg had accumulated sufficient symbolic capital in the cultural field to introduce, as cultural representative of the government of Franz von Papen, authoritarian state concepts for political advertising services for the first time. With this mandate, he pushed aside his precarious attitude and started acting as a state-affirmative, public intellectual demanding the reconstruction of an authoritarian state. He maintained his stance as writer of other war books – on the Spanish Civil War and historical novels on the idea of the Reich – up to 1943 under the service of the Nazi state, before the repeated defeat in another World War drew back a precarious intelligentsia with the well-rehearsed 1918 behaviour patterns. The descent of the author into literary and political oblivion, as the work shows, arises largely from the exclusion from the power field he had to endure afterwards, the concomitant yet unsuccessful literary move to non-political issues, and his inner inability to deal with his own involvement in the Nazi regime.

Abkürzungsverzeichnis

BArch	Bundesarchiv
BayHsta	Bayerisches Hauptstaatsarchiv
BVP	Bayerische Volkspartei
CIC	United States Army Criminal Investigation Command
D	*Douaumont*
DAF	Deutsche Arbeitsfront
DAZ	*Deutsche Allgemeine Zeitung*
DDP	Deutsche Demokratische Partei
DFG	Deutsche Forschungsgemeinschaft
DKP-DRP	Deutsche Konservative Partei-Deutsche Rechtspartei
DNVP	Deutschnationale Volkspartei
DVP	Deutsche Volkspartei
EK	Eisernes Kreuz
F	*Flandern 1917*
FAD	Freiwilliger Arbeitsdienst
FDP	Freie Demokratische Partei
FVP	Fortschrittliche Volkspartei
HJ	Hitler-Jugend
Jungdo	Jungdeutscher Orden
KJMV	Katholischer Jungmännerverband
KPD	Kommunistische Partei Deutschlands
KPÖ	Kommunistische Partei Österreichs
KZ	Konzentrationslager
L	*Loretto*
MSPD	Mehrheitssozialdemokratische Partei Deutschlands

NLP	Nationalliberale Partei
NSDAP	Nationalsozialistische Partei Deutschlands
OHL	Oberste Heeresleitung
OKW	Oberkommando der Wehrmacht
Orgesch	Organisation Escherich
PrAdK	Preußische Akademie der Künste
RAD	Reichsarbeitsdienst
RFB	Roter Frontkämpferbund
SA	Sturmabteilung
SBZ	Sowjetische Besatzungszone
SPD	Sozialdemokratische Partei Deutschlands
SS	Schutzstaffel
StGB	Strafgesetzbuch
USPD	Unabhängige Sozialdemokratische Partei Deutschlands
WGF	Wissenschaftliche Gesellschaft für Flugtechnik
Y	*Ypern 1914*
Z	Zentrumspartei

Quellensammlungen, zeitgenössische Publizistik, Selbstzeugnisse

Aristoteles: Poetik, Übersetzt von Manfred Fuhrmann, Stuttgart 2012.

Badinski, Curt: Aus großer Zeit. Erinnerungsblätter des Jäger-Feld-Bataillons Nr. 9. Weltkrieg 1914-1918, Bd. 1, Ratzeburg 1932.

Beer, Rüdiger: Heinrich Brüning, Berlin 1931.

Bergghotz, Sven Olaf (Hg.): Ernst Jünger. Politische Publizistik 1919 bis 1933, Stuttgart 2001.

Böll, Heinrich: „Zwischen allen Feuern." Über Josef W. Janker „Zwischen zwei Feuern" (1961), in: Bernáth, Árpád (Hg.): Heinrich Böll. Werke. Kölner Ausgabe, Bd. 12, 271-274.

Ders.: Zelluloid wieder kriegswichtig. Über den Film mit Alternativtiteln „Todeskommando" bzw. „Du warst unser Kamerad" (1952), in: Bernáth, Árpád (Hg.): Heinrich Böll. Werke. Kölner Ausgabe, Bd. 6, Köln 2010, 136-138.

Bontiz, Antje/Huonker, Gustav (Hg.): Kurt Tucholsky. Gesamtausgabe, Bd. 20: Briefe 1933 bis 1934, Hamburg 1996.

Bröger, Karl: Sturz und Erhebung. Gesamtausgabe der Gedichte, Weimar 1943.

Brüning, Heinrich: Memoiren. 1918-1934, Stuttgart 1970.

Büchner, Fritz (Hg.): Was ist das Reich? Eine Aussprache unter Deutschen, Oldenburg 1932.

de Mendelssohn, Peter (Hg.) Thomas Mann. Tagebücher, Bd. 7: 28.5.1946-31.12.1948, Frankfurt a. M. 1989.

Diels, Hermann/Kranz, Walther (Hg.): Die Fragmente der Vorsokratiker. Griechisch und deutsch, Berlin 1951.

Dietrich, Felix/Dietrich, Reinhard (Hg.): Bibliographie der Rezensionen, 32 Bde., Leipzig 1911-1943.

Dinse, Robert: Das Freizeitleben der Großstadtjugend. 5000 Jungen und Mädchen berichten, Eberswalde-Berlin 1932.

Escherich, Georg: Der alte Jäger. Erinnerungen aus meinem Leben, Berlin 1934.

Falter, Jürgen/Lindenberger, Thomas/Schumann, Siegfried: Wahlen und Abstimmungen in der Weimarer Republik. Materialien zum Wahlverhalten 1919-1933, München 1986.

Fröhlich, Elke (Hg.): Die Tagebücher von Joseph Goebbels, Bd. 6, München 2001/2004.

Dies. (Hg.): Die Tagebücher von Jospeh Goebbels, Bde. 2.2, München 2001/2004.

Goebbels, Joseph: Die Wahrheit über Spanien, München 1937.

Gründel, Ernst Günther: Die Sendung der jungen Generation. Versuch einer umfassenden revolutionären Sinndeutung der Krise, München 1932.

Heidegger, Martin (Hg.): Bekenntnis der Professoren an den deutschen Universitäten und Hochschulen zu Adolf Hitler und dem nationalsozialistischen Staat, Dresden 1933.

Hitler, Adolf: Mein Kampf, Bd. 1., München 1933[25].

Hoven, Herbert: Die Hoffnung ist wie ein wildes Tier. Der Briefwechsel zwischen Heinrich

Böll und Ernst-Adolf Kunz 1942 bis 1953, Köln 1994.

Kampmann-Carossa, Eva (Hg.): Hans Carossa. Briefe, Bd. 3, Frankfurt a. M. 1981.

Kläber, Kurt (Hg.): Der Krieg. Das erste Volksbuch vom großen Krieg, Berlin 1929.

Klepper, Hildegard (Hg.): Jochen Klepper. Unter dem Schatten deiner Flügel. Aus den Tagebüchern der Jahre 1932 bis 1942, Stuttgart 1983.

Königliches Gymnasium zu Trarbach (Hg.): Jahresbericht über das Königliche Gymnasium zu Trarbach Trarbach 1893/94-1903/04.

Kuermann, Alfred. Beumelburg, Werner. Mitglied der Preußischen Dichterakademie. Ein Blick in seine Werke, Friedrichstanneck i. Th. 1934.

Langenbucher, Hellmuth: Leben und Werk. Selbstzeugnisse deutscher Dichter der Gegenwart, Berlin 1935.

Lepper, Herbert (Hg.): Volk, Kirche, Vaterland. Wahlaufrufe, Aufrufe, Satzungen und Statuten des Zentrums 1870-1933, Düsseldorf 1998.

Lesser, Jonas: Von deutscher Jugend, Berlin 1932.

Linden, Walther: Deutsche Dichtung am Rhein, Ratingen 1944.

Mahraun, Artur: Das jungdeutsche Manifest, Berlin 1927.

Mann, Thomas: Gedanken im Kriege, in: Detering, Heinrich/Heftrich, Eckhard/Kurzke, Hermann/Reed, Terence James /Thomas Sprecher/ Vaget, Hans Rudolf/Wimmer, Ruprecht (Hg.): Thomas Mann. Große kommentierte Frankfurter Ausgabe. Werke - Briefe - Tagebücher, Bd. 15.1: Essays II 1914-1926, Frankfurt a. M. 2002, 27-46.

Michaelis, Herbert/Schraepler, Ernst (Hg.): Ursachen und Folgen. Vom deutschen Zusammenbruch 1918 und 1945 bis zur staatlichen Neuordnung Deutschlands in der Gegenwart. Eine Urkunden- und Dokumentensammlung zur Zeitgeschichte, Bd. 8: Die Weimarer Republik. Das Ende des parlamentarischen Systems. Brüning – Papen – Schleicher, 1930 bis 1933, Berlin 1963.

Dies. (Hg.): Ursachen und Folgen. Vom deutschen Zusammenbruch 1918 und 1945 bis zur staatlichen Neuordnung Deutschlands in der Gegenwart. Eine Urkunden- und Dokumentensammlung zur Zeitgeschichte, Bd. 15: Das Dritte Reich. Die Kriegführung gegen die Westmächte 1940. Das Norwegenunternehmen. Der Frankreichfeldzug. Der Luftkrieg gegen England, Berlin 1970.

Moelle van den Bruck, Arthur: Das dritte Reich, Berlin 1923.

Neumann, Robert: Unter falscher Flagge, Berlin 1932.

Nobel, Alphons: Brüning, Leipzig, 1932.

Pfeilschifter, [Vorname unbekannt]: Mit Gott für Kaiser und Vaterland. Erlebnisse deutscher Proletarier während der „Großen Zeit" 1914-1918, Berlin 1924.

Salomon, Erst: Der Fragebogen, Hamburg 1951.

Schmidt, Heiner: Quellenlexikon zur deutschen Literaturgeschichte, Bd. 2, Bau-Böl, Duisburg 1995.

Schmidt, Ina/Breuer, Stefan (Hg.): Ernst Jünger-Friedrich Hielscher. Briefe 1927-1985, Stuttgart 2005.

Schotte, Walther: Der neue Staat, Berlin 1932.

Schubert, Jochen (Hg.): Heinrich Böll. Briefe aus dem Krieg 1939 bis 1945, 2 Bde., Köln 2001.

Smith, Bradley F./Peterson, Agnes F. (Hg.): Heinrich Himmler. Geheimreden 1933-1945, Frankfurt a. M. u. a. 1974.

Soldan, George: Der Mensch und die Schlacht der Zukunft, Oldenburg 1925.

Spengler, Oswald: Der Untergang des Abendlandes. Gestalt und Wirklichkeit, 2 Bde., Wien/München (1918/1922).

Stephan, Werner: Acht Jahrzehnte erlebtes Deutschland. Ein Liberaler in vier Epochen, Düsseldorf 1983.

Thier, Erich: Gestaltwandel des Arbeiters im Spiegel seiner Lektüre, Leipzig 1932.

Ullstein, Hermann: „Wirb und werde!" Ein Lehrbuch der Reklame, Berlin 1935.

Ulrich, Bernd/Ziemann, Benjamin (Hg.): Krieg im Frieden. Die umkämpfte Erinnerung an den Ersten Weltkrieg. Quellen und Dokumente, Frankfurt a.M. 1997.

Kriegsbriefsammlungen des Reichsarchivs, Dokumente 9b und 9c.

- von Unruh, Friedrich Franz: Nationalistische Jugend, in: Neue Rundschau 43 (1932), Nr. 5, 577-592, Dokument 26 d.
- Vortrag Ernst Müsebecks vom April 1926, Dokument 9a.
- Wirths, Werner: Das Erlebnis des Krieges, in: Die neue Front 1922, Dokument 22 b.

van de Waarsenburg, Hans/Böll, Heinrich: Interview. IK was 28 (1985), in: Bernáth, Árpád/Conrad, Robert C. (Hg.): Heinrich Böll. Werke. Kölner Ausgabe, Bd. 26.

Verhandlungen des Reichstags, Dreizehnte Legislaturperiode, Zweite Session 1914, Eröffnungssitzung am 4.8.1914, in: Reichtagsprotokolle, 1914/18, 1, in: http:// www.reichstagsprotokolle.de/Blatt_k13_bsb00003402_00012.html, letzter Zugriff 18.5.2015.

von Massow, Wilhelm: Fürst Bülows Reden, Bd. 1: 1897-1901, Leipzig 1917.

von Oven, Wilfred: Hitler und der Spanische Bürgerkrieg. Mission und Schicksal der Legion Condor, Tübingen 1978.

von Rabenau, Friedrich: Seeckt. Aus seinem Leben 1918-1936, Leipzig 1940.

Walther Karl August: Das Langemarckbuch der deutschen Studentenschaft, Leipzig 1933.

Wellershoff, Dieter (Hg.): Gottfried Benn. Gesammelte Werke, Bd. 4: Autobiografische und vermischte Schriften, Stuttgart 1992.

Wheeler-Benett, John: Der hölzerne Titan, Tübingen 1969 (1936).

Wintzen, René/Böll, Heinrich: Interview. Eine deutsche Erinnerung (1978), in: Bernáth, Árpád/Conrad, Robert C. (Hg.): Heinrich Böll. Werke. Kölner Ausgabe, Bd. 25, Köln 2010, 292-465.

Zöberlein, Hans: Der Glaube an Deutschland, München 1931.

Publizistik Beumelburgs

Alwin Rübensaft, in: Der Weg. Monatsheften zur Kulturpflege und zum Aufbau 2 (1948), Nr. 8, 543-547.

Am Tore, in: Der Stahlhelm/Standarte (Beilage) 6 (1925), Nr. 8, 25.10.

Aufbruch der Kultur, in: Berliner Lokalanzeiger 51 (1933), 8.11.

Aus einer kleinen Stadt, in: Deutsche Allgemeine Zeitung 62 (1923), 1.5.

Bismarck, in: Der Weg. Monatsheften zur Kulturpflege und zum Aufbau 3 (1949), Nr. 6, 13-14

Die preußische Idee im Reichsaufbau, Berliner Lokalanzeiger 53 (1935), 1.1.

Die Toten bleiben jung. Zum Heldengedenktag 1937, in: Berliner Lokalanzeiger 55 (1937), Nr. 45, 21.2.

Die Ypernschlacht, in: Die Tat 21 (1929), Nr. 11, 582.

Deutsch Ostern 1933, in: Berliner Börsenzeitung 79 (1933), Nr. 179, 16.4.

Douaumont 1916, in: Deutsche Soldatenzeitung 5 (1923), Nr. 20, 12.11.

Douaumont, in: Deutsche Allgemeine Zeitung 63 (1924), 29.2.

Durch Arbeit zur Nation, in: Süddeutsche Monatshefte 30 (1932/33), Nr. 7, 385-403.

Gasangriff vor Verdun, in: Völkischer Beobachter/Reichsausgabe 7 (1932), Nr. 271, 27.9.

Gespräch im Dunkeln, in: Arminius 7 (1926), 23.5.

Gilt das Kriegserlebnis noch heute?, in: Völkischer Beobachter/Berliner Ausgabe 8 (1933), Nr. 253, 9.9.

Jubiläum, in: Berliner Lokalanzeiger 56 (1938), 28.1.

Kampftag vor Verdun, in: Wilhelm Kleinau (Hg.): Stahlhelm-Jahrbuch 3 (1926), 107-115.

Kriegsvermächtnis, in: Deutsche Soldatenzeitung 4 (1922), Nr. 19, 1.7.

Reichspräsident Ebert gestorben, in: Düsseldorfer Nachrichten 50 (1925), Nr. 59 (Abendausgabe), 28.2.

Sieg des Glaubens, in: Deutsche Allgemeine Zeitung 72 (1933), Nr. 502.

Staat und Einzelpersönlichkeit, in: Deutsche Soldatenzeitung 3 (1921), Nr. 54, 8.10.

Staat und junge Generation. Rundfunkrede gehalten am 25.10.1932, Berlin 1932.

Tagesspiegel, in: Düsseldorfer Nachrichten 50 (1925), Nr. 220 (Abendausgabe), 9.5.25.

Treue, in: Deutsche Soldatenzeitung 3 (1921), Nr. 36, 2.8.

Vergangenheit, in: Die Neue Literatur 5 (1935), 249-252.

Verpflichtung, in: Berliner Nachtausgabe 9 (1934), 13.8.

Volksgemeinschaft, in: Deutsche Allgemeine Zeitung 63 (1924), 27.4.

Vom deutschen Menschen der Gegenwart, in: Deutsche Allgemeine Zeitung 73 (1933), 1.7.

Was wir brauchen, in: Deutsche Soldatenzeitung 3 (1921), Nr. 8, 23.4.

Was wir sind, in: Deutsche Soldatenzeitung 3 (1921), Nr. 6, 16.4.

Wohin? Finanznot – Kredithilfe – Versailles, in: Deutsche Soldatenzeitung 3 (1921), Nr. 63, 12.11.

Wunderwerk deutscher Wissenschaft, in: Düsseldorfer Nachrichten 49 (1924), 15.10.

Zwischen Garmisch-Patenkirchen und Mittenwald, in: Arminius 8 (1927), Nr. 8, 11.

Werksverzeichnis (chronologisch)

McGorgo (Pseudonym): Die gestohlene Lüge. Ein abenteuerliches Zukunftsbild, Berlin 1921.

Douaumont (= Schlachten des Weltkrieges, Bd. 8), Oldenburg 1923.

Ypern 1914 (= Schlachten des Weltkrieges, Bd. 10), Oldenburg 1925.

Der Strom. Rheinische Bilder aus zwei Jahrtausenden, Oldenburg 1925.

Loretto (= Schlachten des Weltkrieges, Bd. 16) Oldenburg 1927.

Flandern 1917 (= Schlachten des Weltkrieges, Bd. 27), Oldenburg 1928.

Sperrfeuer um Deutschland, Oldenburg 1929.

Die stählernen Jahre. Das deutsche Buch vom Weltkrieg, Oldenburg 1930.

Die Gruppe Bosemüller. Der Roman des Frontsoldaten, Oldenburg 1930

Deutschland in Ketten. Von Versailles bis zum Youngplan, Oldenburg 1931.

Der Kuckuck und die zwölf Apostel, Oldenburg 1931.

Mit 17 Jahren vor Verdun, Frankfurt a.M. 1931.

Die Gruppe Bosemüller erstürmt das Fort Souville, Wiesbaden 1931.

Der Soldat von 1917 (= Schriften an die Nation, Bd. 34), Oldenburg 1932.

Bismarck gründet das Reich, Oldenburg 1932.

Bismarck greift zum Steuer (= Schriften an die Nation, Bd. 15) Oldenburg 1932.

Wilhelm II. und Bülow (Schriften an die Nation, Bd. 7), Oldenburg 1932.

Arbeit ist Zukunft. Ziele des deutschen Arbeitsdienstes (= Schriften an die Nation, Bd. 20), Oldenburg 1933.

Wen die Götter lieben, Leipzig 1933.

Das jugendliche Reich. Reden und Aufsätze zur Zeitenwende (= Schriften an die Nation, Bd. 49), Oldenburg 1933.

Das eherne Gesetz. Ein Buch für die Kommenden, Oldenburg 1934.

Friedrich II. von Hohenstaufen (= Schriften an die Nation, 61/62), Oldenburg 1934.

Zusammen mit Karl Rau (Hg.): Politische Jugend. Eine Aussprache unter Studenten, Oldenburg 1934.

Der Feigling. Die Belagerung von Neuß, [o.O.] 1935.

Erlebnis am Meer, Oldenburg 1935.

Preußische Novelle. Eine Episode aus dem Siebenjährigen Kriege, Oldenburg 1935.

Kaiser und Herzog. Kampf zweier Geschlechter um Deutschland, Oldenburg 1936.

Mont Royal. Ein Buch vom himmlischen und vom irdischen Reich, Oldenburg 1936.

Der Frontsoldat. Erzählungen, Leipzig 1936.

Langemarck, Berlin 1938.

Reich und Rom. Aus dem Zeitalter der Reformation, Oldenburg 1937.

Die Hengstwiese. Novelle, Oldenburg 1937.

Der König und die Kaiserin. Friedrich der Große und Maria Theresia, Oldenburg 1938.

Österreich und das Reich der Deutschen. Kurze Geschichte des Großdeutschen Reiches, Berlin 1938.

Sieg im Osten. So schlugen wir die Russen 1914/17, München 1939.

Kampf um Spanien. Die Geschichte der Legion Condor, Oldenburg 1939.

An einen jungen Deutschen. Das Vermächtnis des Frontkämpfers, Ebenhausen 1939.

Von 1914 bis 1939. Sinn und Erfüllung des Weltkrieges, Leipzig 1940.

Soldaten – Kameraden in der Hölle von Verdun. Aus Beumelburgs Roman des Frontsoldaten „Die Gruppe Bosemüller", Bielefeld/Leipzig 1941.

Geschichten vom Reich, Leipzig 1941.

Pflicht und Schicksal. Novellen, Stuttgart 1942.

Um Heimat und Reich, Buenos Aires 1949.

Hundert Jahre sind wie ein Tag, Oldenburg 1950.

Nur Gast auf dunkler Erde, Oldenburg 1951.

Jahre ohne Gnade. Chronik des Zweiten Weltkrieges, Oldenburg 1952.

Das Kamel und das Nadelöhr, Hamburg nach 1957.

…und einer blieb am Leben, Hamburg 1958.

Zeitungs- und Zeitschriftenartikel

Alwens, Ludwig: Nationalismus in der Literatur, in: Frankfurter Zeitung 62 (1929), Nr. 23, 9.6.

Becher, Johannes R.: Die Kriegsgefahr und die Aufgaben der revolutionären Schriftsteller, in: Johannes-R.-Becher-Archiv der Akademie der Künste der DDR (Hg.): Johannes R. Becher. Gesammelte Werke, Bd. 15: Publizistik I 1912-1938, Berlin u. a. 1977.

Benary, Albert: „Ypern", in: Deutsches Offiziersblatt 6 (1925), Nr. 29, 199.

Benn, Gottfried: Das deutsche Pfarrhaus. Eine „erbbiologische" Studie (1934), in: Schuster,

Gerhard/Hof, Holger (Hg.): Gottfried Benn. Sämtliche Werke, Bd. 4, Prosa 2, 1933 bis 1945, Stuttgart 1989,113-116.

Berond, Alice: Zwei Frauenkriegsbücher, in: Vossische Zeitung 73 (1930), Nr. 553, 23.11.

Bloem, Walter: Offener Brief an Heinrich Mann, in: Deutsche Allgemeine Zeitung 71 (1932), 27.9.; zitiert nach Anton Kaes: Weimarer Republik. Manifeste und Dokumente zur deutschen Literatur 1918 bis 1933, Stuttgart 1983, 528.

Breitbach, Josef: Kennen die Franzosen die zeitgenössische deutsche Literatur?, in: La Revue Hebdomadaire 29 (1934), 4.6.

Celsus, (Carl von Ossietzky): Germanisches Café, in: Die Weltbühne 26 (1930), Nr. 30, 22.7.

Dworschak, Hanns: Über Bücher vom Kriege, in: Freie Welt 9 (1929), Nr. 221, 24.9., 166.

Forsthoff, Ernst: Staatsrechtswissenschaft und Weltkrieg, in: Blätter für deutsche Philosophie 5 (1931/1932), 294.

Franke, Helmut: Die Tragödie der Frontsoldaten, in: Arminius 7 (1926), Nr. 40, 3.

Friedemann, Hermann: Drama der Reichsgründung. Zu einem neuen Bismarck-buch, in: Berliner Börsen-Courier 65 (1932), 24.8.

Friedländer, Paul: Der Streit um Grischa, in: Die Rote Fahne 10 (1927), Nr. 276, 24.11.

Haus, Rudolf: Krieg und Proletariat, in: Die Rote Fahne 9 (1926), Nr. 178, 3.8.

Hegemann, Werner: Der „rassenmässige" Bismarck. Zu dem Buch von W. Beumelburg über Bismarck, in: Das Tagebuch 13 (1932), 1159-1160.

Heller, Hermann: Sozialismus und Nation (1925), in: Ders.: Gesammelte Schriften, Bd. 1, Leiden 1971, 437-526.

Hesse, Kurt: Das Kriegserlebnis, in: Der Stahlhelm 6 (1924), Nr. 5, 28.2.

Hobohm: Leserbrief, in: Vossische Zeitung 10 (1928), Nr. 300, 16.12..

Huch, Rudolf: Gruppe Bosemüller, in: Die schöne Literatur 31 (1930), Nr. 10, 486.

Jünger, Ernst: Deutsche Bücher. Ja und nein, in: Blätter für deutsches Schrift-tum 1 (1929), Nr. 9, 40-43.

Ders.: Die totale Mobilmachung, in: Ders (Hg.): Krieg und Krieger, Berlin 1930, 29.

Kanner, Heinrich: Das Reichsarchiv und sein Werk, in: Die Weltbühne 22 (1926), Nr. 10, 361.

Kantorowicz, Alfred: Krieg und Krieger, in: Die literarische Welt 3 (1927), Nr. 9, 5.

Ders.: Zwischen Weiß und Rot, in: Vossische Zeitung 73 (1930), Nr. 565, 30. 11.

Kersten, Kurt: Die Mainlinie, in: Die Weltbühne 29 (1933), Nr. 4, 274f.

Kleinau, Wilhelm: Unser Recht auf den Staat, in: Der Stahlhelm 7 (1925), Nr. 32, 9.8.

Krukenber, G.: Bismarck, in: Berliner Börsenzeitung 78 (1932), 1.4. evtl Krukenberg??

Leschnitzer, Franz: Die neuen Kriegsliteraten, in: Unsere Zeit 6 (1933), Nr. 2, 20.1.

Levi, Paul: Drei Kriegsbücher, in: Das Tagebuch 11 (1930), 11.1., Nr. 2.

Lobbes, Hermann: Gruppe Bosemüller, in: Hamburger Fremdenblatt 102 (1930), Nr. 191, 12.7.

Mann, Heinrich: Der Schriftsteller und der Krieg, in: Berliner Tageblatt/Die Brücke (Beiblatt) 32 (1932), Nr. 37, 11.9., zitiert nach Kaes, Anton: Weimarer Republik. Manifeste und Dokumente zur deutschen Literatur 1918 bis 1933, Stuttgart 1983, 523-527.

Mayr, Karl: Reichsarchiv, in: Das Reichsbanner 4 (1927), Nr. 12, 15.6.

Neukrantz, Kraus: Schriftsteller ziehen in den Krieg, in: Die Linkskurve 2 (1930), Nr. 8, 1-3.

Neumann, Robert: Sperrfeuer um Deutschland. Nach Werner Beumelburg, in: Die Weltbühne 28 (1932), 661-664.

Rabe, Curt: Kriegsliteratur, in: Staat und Wehrmacht 1 (1922), Nr. 3.

Renn, Ludwig: So wird's gemacht, in: Die Linkskurve 2 (1930), Nr. 4, 8.

Riedl, F.: Sperrfeuer um Deutschland, in: Stimmen der Jugend 3 (1931), Nr. 2, 83.

Robbe, Uwe Lars: Der Schützengraben, in: Der Stahlhelm 14 (1932), Nr. 16, 24.4.1932.

Rohwolt, Ernst: Der Start, in: Das Tagebuch 10 (1929), Nr. 12, 22.3., 479-480.

Roth, Jospeh: Antwort an Josef Breitbach, in: La Revue Hebdomadaire 29 (1934), 4.8., in: Ders.: Das journalistische Werk 1929-1939, Köln 1991, 518-520.

Scharp, W.: Deux entretiens avec Remarque, in: Revue d'Allemagne 2 (1929), 26.

Schauwecker, Franz: Kriegserlebnis – Volk – Nation, in: Der Stahlhelm 9 (1927), Nr. 18, 1.5.

Schneller, Ernst: Der neue Weltkrieg, in: Die Rote Fahne 10 (1927) Nr. 170, 16.8.

Siemens, Anna: Zur Mode der Kriegsliteratur, in: Reichsbund 13 (1930), Nr. 8, 25.4.

Sochaczewer, Hans: Drei Bücher um den Krieg, in: Die literarische Welt 3 (1927), Nr. 45.

Soldan, George: Sperrfeuer um Deutschland, in: Der Stahlhelm 11 (1929), Nr. 41, 13.10.

Spahn, Martin: Die deutsche Kriegsliteratur, in: Hochland 18 (April 1921), 101-117.

Ders.: Martin: Die deutsche Kriegsliteratur, in: Hochland 18 (Februar 1921), 616-625.

Stalling, Heinrich: Werbeanzeige zu Sperrfeuer um Deutschland in: Vossische Zeitung 11 (1929), Nr. 544, 17.11.

Stephan, Werner: Ein Kriegsbuch, in: Frankfurter Zeitung 73 (1929), Nr. 580, 13.12.

Sterntal, Friedrich: Ein neuartiges Kriegsbuch, in: Die literarische Welt 6 (1930), Nr. 3, 5.

Suhrkampf, Peter: Söhne ohne Väter und Lehrer. Die Situation der bürgerlichen Jugend, in: Neue Rundschau 43 (1932), 681-696.

Unbekannt: Adolf Hitler als Führer, in: Völkischer Beobachter/Reichsausgabe 7 (1932), Nr. 72, 12.3.

Unbekannt: Adolf Hitler, der Frontsoldat, in: Völkischer Beobachter/Reichsausgabe 7 (1932), Nr. 91, 31.3.

Unbekannt: An der Front gab es keine Klassen, nur Kameraden, in: Völkischen Beobachter/Münchner Beobachter (Beiblatt) 4 (1929), Nr. 87, 16.4.

Unbekannt: Arnolt Bronnen, in: Völkischer Beobachter/Bayernausgabe 4 (1929), Nr. 233, 8.10.

Unbekannt: Auch ein Soldatenroman, in: Die Rote Fahne 9 (1926), Nr. 194, 3.9.

Unbekannt: Aufmärsche gegen den imperialistischen Krieg, in: Die Rote Fahne 9 (1926), Nr. 179, 4.8.1926.

Unbekannt: Bismarck gründet das Reich, in: Deutsches Adelsblatt 50 (1932), 448.

Unbekannt: Bismarck gründet das Reich, in: Kreuz-Zeitung 186 (1932), Nr. 140, 21.5.

Unbekannt: Bücher vom Weltkriege, in: Völkischer Beobachter/Berliner Ausgabe 5 (1930), Nr. 291, 8.12.

Unbekannt: Bücherschau, in: Der Stahlhelm 14 (1932), Nr. 37, 18.9.

Unbekannt: Das „Kriegstagebuch" der Pazifisten, in: Arminius 9 (1929), Nr. 37, 14.9., 878.

Unbekannt: Das Dritte Reich, in: Der Stahlhelm 8 (1926), Nr. 13, 28.3.

Unbekannt: Das eherne Gesetz, in: Die neue Literatur 35 (1934), Nr. 7, 442.

Unbekannt: Das Erlebnis des großen Krieges. Deutsche Bücher vom Krieg, in: Stahlhelm 13 (1931), Nr. 21, 31.5.

Unbekannt: Das ist der imperialistische Krieg!/Die proletarische Revolution beendete den Weltkrieg, in: Die Rote Fahne 9 (1926), Nr. 178, 3.8.

Unbekannt: Das ist der imperialistische Krieg, in: Die Rote Fahne 9 (1926), Nr. 178, 3.8.

Unbekannt: Das Kabinett der Frontsoldaten in: Völkischer Beobachter/Berliner Ausgabe/Der deutsche Frontsoldat (Beilage) 5 (1930), Nr. 4, 17.4.

Unbekannt: Das Kriegserlebnis im Unterricht, in: Die Weltbühne 25 (1929), Nr. 18, 30.4., 725.

Unbekannt: Das Reichsarchiv in Potsdam. Republikanische Dolchstoß-Propaganda, in: Berliner Volks-Zeitung 70 (1922), Nr. 86.

Unbekannt: Das Weltbild des Kriegers, in: Völkischer Beobachter/Berliner Ausgabe 5 (1930), Nr. 298, 16.12.

Unbekannt: Der Douaumont-Film, in: Stahlhelm 13 (1931), Nr. 36, 6.9.

Unbekannt: Der Douaumont-Film, in: Völkischer Beobachter/Reichsausgabe 6 (1931), Nr. 248 und 249 vom 6.9. und 7.9.

Unbekannt: Der Mensch in der modernen Materialschlacht, in: Völkischer Beobachter/Bayernausgabe/Der deutsche Frontsoldat (Beilage) 2 (1927), Nr. 9, 11.6.

Unbekannt: Der neue Nationalismus, in: Völkischer Beobachter/Bayernausgabe 3 (1927), Nr. 25, 25.1.

Unbekannt: Der Protest des Frontsoldaten gegen verantwortungslose „Patrioten"politik, in: Völkischer Beobachter/Bayernausgabe 3 (1927), Nr. 105, 15.4.

Unbekannt: Der Stahlhelmtag in Berlin, in: Ebd. Völkischer Beobachter/Bayernausgabe 3 (1927), Nr. 128, 8.5.

Unbekannt: Der Streit um Grischa, in: Die Rote Fahne 10 (1927), Nr. 276, 24.11.

Unbekannt: Der Weg zur Volksgemeinschaft, in: Der Stahlhelm 7 (1925), Nr. 33, 16.8.

Unbekannt: Der Weltkrieg in der Literatur, in: Deutscher Soldaten-Kalender 6 (1933), Nr. 5, 64.

Unbekannt: Dichterfahrt, in: Völkischer Beobachter/Berliner Ausgabe 15 (1940), Nr. 313, 31.7.

Unbekannt: Die ‚Neue Welt' – eine Heimstätte der Musen, in: Main-Post 8 (1955), 7.2.

Unbekannt: Die Aufgabe des Buches, in: Völkischer Beobachter/Berliner Ausgabe 15 (1940), Nr. 113, 22.4.

Unbekannt: Die Frontkameraden Hitlers sagen's uns, in: Völkischer Beobachter/Reichsausgabe 7 (1932), Nr. 90, 31.3.

Unbekannt: Die Frontkämpfer gegen Hitlers Redeverbot, in: Völkischer Beobachter/Bayernausgabe 1 (1925), Nr. 159, 6.10.1925.

Unbekannt: Die Kundgebung der Ungezählten, in: Die Wacht. Zeitschrift für katholische Jünglinge 28 (1932), Nr. 9, 264f.

Unbekannt: Die neuen Nationalisten, in: Die Weltbühne 23 (1927), Nr. 37, 13.9., 436.

Unbekannt: Diskussion über Dulk, in: Der Spiegel 10 (1956), Nr. 18, 53-54.

Unbekannt: Dringender Appell für die Einheit, zweimal veröffentlicht in: Der Funke 1/2 (1932/33), Nr. 147/321, 25.6.1932/12.2.1933.

Unbekannt: Dwinger: Zwischen Weiß und Rot, in: Ebd., Nr. 120, 18.4.

Unbekannt: Ein erster Waffengang, Trarbach-Trabener Zeitung 48 (1914), Nr. 93, 5.8.1914.

Unbekannt: Ein Kriegsbuch, in: Frankfurter Zeitung 76 (1931), Nr. 10, 8.3.

Unbekannt: Ein Stück Dichtung, in: Die Weltbühne 27 (1931), Nr. 16, 31.4.

Unbekannt: Eine Sargbreite Leben. Kriegsgeschichte, in: Der Spiegel 7 (1953), Nr. 6, 31-33.

Unbekannt: Englische Kriegserklärung, in: Trarbach-Trabener Zeitung 48 (1914), Nr. 94, 7.8.1914.

Unbekannt: Erben der Frontgeneration, in: Stahlhelm 13 (1931), Nr. 21, 31.5.

Unbekannt: Erich Maria Remarque, in: Völkischer Beobachter/Bayernausgabe 4 (1929), 16.3., Nr. 3.

Unbekannt: Ernst Glaeser. Jahrgang 1902, in: Die literarische Welt 3 (1927), Nr. 42, 19.10.

Unbekannt: Feierstunden der NSDAP. Zum 230. Geburtstag Friedrichs des Großen, in: Völkischer Beobachter/Norddeutsche Ausgabe 17 (1942), Nr. 26, 26.1.

Unbekannt: Fememörder und Frontsoldaten, in: Völkischer Beobachter/Bayernausgabe/Der deutsche Frontsoldat (Beilage) 3 (1928), Nr. 3, 18.2.

Unbekannt: Frauen schreiben vom Krieg, in: Völkischer Beobachter/Süddeutsche Ausgabe 11 (1936), Nr. 64, 4.3.

Unbekannt: Frontkämpfergeist gegen Literatenpazifismus, in: Völkischer Beobachter/Bayernausgabe 4 (1928), Nr. 135, 13.6.

Unbekannt: Giftgaskrieg und Reichsarchiv, in: Das Reichsbanner 6 (1929), Nr. 48, 30.11.

Unbekannt: Giftgaskrieg und Reichsarchiv, in: Das Reichsbanner 6 (1929), Nr. 48, 30.11.

Unbekannt: Glaeser. „Jahrgang 1902", in: Die Rote Fahne 11 (1928), Nr. 200, 13.10.

Unbekannt: Gruppe Bosemüller, in: Augsburger Postzeitung 25 (1930), 22.7.

Unbekannt: Gruppe Bosemüller, in: Daheim 66 (1930), Nr. 49.

Unbekannt: Gruppe Bosemüller, in: Die höhere Schule im Freistaat Sachsen 8 (1930), Nr. 14, 270.

Unbekannt: Gruppe Bosemüller, in: Die Schildgenossen 11 (1931), 90-92.

Unbekannt: Gruppe Bosemüller, in: Die schöne Literatur 30 (1929), 584.

Unbekannt: Heimatliches und Provinzielles, in: Trarbach-Trabener Zeitung 48 (1914), Nr. 90, 29.7.1914.

Unbekannt: Helden im Spind, in: Der Spiegel 21 (1967), Nr. 50, 50-54.

Unbekannt: Hitler, der unbekannte Soldat Deutschlands, in: Völkischer Beobachter/Reichsausgabe 7 (1932), Nr. **71**, 11.3.

Unbekannt: Im Westen nichts Neues, in: Die Rote Fahne 13 (1930), Nr. 274, 7.12.

Unbekannt: Im Westen nichts Neues, in: Die Rote Fahne 14 (1931), Nr. 281, 14.7.

Unbekannt: Im Westen nichts Neues, in: Völkischer Beobachter/Bayernausgabe/Der deutsche Frontsoldat (Beilage) 4 (1929), Nr. 1, 16.2.

Unbekannt: Kabinett der Frontsoldaten, in: Völkischer Beobachter/Berliner Ausgabe 5 (1930), Nr. 90, 17.4.

Unbekannt: Kaiser und Herzog in: Völkischer Beobachter/Berliner Ausgabe 11 (1936), 28.10.

Unbekannt: Kaiser und Herzog, in: Rheinische Landeszeitung 3 (1937), Nr. 24, 24.1.

Unbekannt: Kampfkultur des Proletariats, in: Die Rote Fahne 12 (1929), Nr. 280, 5.12.

Unbekannt: König und Kaiserin, in: Klingsor 15 (1938), 416.

Unbekannt: König und Kaiserin, in: Leipziger Neueste Nachrichten und Handelszeitung 39 (1938), 3.7.

Unbekannt: Krieg ohne Dichter, in: Völkischer Beobachter/Berliner Ausgabe 15 (1940), Nr. 143, 22.5.

Unbekannt: Krieg und Krieger, in: Die Rote Fahne 13 (1930), Nr. 170, 20.7.

Unbekannt: Krieg und Krieger, in: Die Rote Fahne 13 (1930), Nr. 150, 20.7.

Unbekannt: Krieg, in: Schweizerische Monatshefte für Politik und Kultur 10 (1930), Nr. 31, 274.

Unbekannt: Kriegsausstellung/Antikriegsmuseum, in: Die Rote Fahne 10 (1927), Nr. 130, 9.6.

Unbekannt: Kriegsbücher und Pazifismus, in Arminius 9 (1929), Nr. 7, 16.2., 162.

Unbekannt: Kriegsbücher und Pazifismus, in: Arminius 9 (1929), Nr. 7, 16.2., 162.

Unbekannt: Kriegsbücher, in: Die höhere Schule im Freistaat Sachsen 8 (1930), Nr. 6/7, 112.

Unbekannt: Kriegskrüppel gegen Filmkrieger, in: Die Rote Fahne 13 (1930), Nr. 279, 12.12.

Unbekannt: Kulturpreis der Westmark für Werner Beumelburgs Mont Royal, in: Völkischer Beobachter/Norddeutsche Ausgabe 13 (1937), Nr. 313, 9.11.

Unbekannt: Kulturwaffen im Kriege, in: Völkischer Beobachter/Berliner Ausgabe 15 (1940), Nr. 23, 23.1.

Unbekannt: Lenin über den Krieg, in: Die Rote Fahne 9 (1926), Nr. 176, 31.7.

Unbekannt: Literarischer „Hochverrat"!, in: Die Rote Fahne 10 (1927), Nr. 255, 29.10.

Unbekannt: Loretto, in: Frankfurter Zeitung 71 (1927), 9.10.

Unbekannt: Neudeutsche Kriegsliteratur, in: Völkischer Beobachter/Der deutsche Frontsoldat (Beilage) 4 (1929), Nr. 1, 16.2.

Unbekannt: Pazifistentheorie und Kriegswirklichkeit, in: Arminius 9 (1929), Nr. 5, 2.2., 111.

Unbekannt: Pazifistentheorie und Kriegswirklichkeit, in: Arminius 9 (1929), Nr. 5, 111.

Unbekannt: Ringelnatz. „Als Mariner im Kriege", in: Die Rote Fahne 11 (1928), Nr. 230, 24.11.

Unbekannt: Rote Matrosen begrüßen ihren Roman, in: Die Rote Fahne 12 (1929), Nr. 233 27.11.

Unbekannt: Samuel von Pufendorf, in: Der Stahlhelm 14 (1932), Nr. 1, 10.1.

Unbekannt: Schlachten des Weltkrieges, in: Völkischer Beobachter/Bayernausgabe 1 (1925), Nr. 201, 22.11.1925.

Unbekannt: Schluß mit den Kriegsbüchern, in: Arminius 10 (1930), Nr. 27, 5.7., 622.

Unbekannt: Schlüter. Ein Feuer soll lodern, in: Der Spiegel 9 (1955), Nr. 25, 12-24.

Unbekannt: Sieben vor Verdun, in: Völkischer Beobachter/Reichsausgabe 7 (1932), Nr. 63, 16.3.

Unbekannt: Siebzehn gegen den Krieg, in: Die Literatur. Monatsschrift für Literaturfreunde 32 (1929), 338-339.

Unbekannt: Sperrfeuer um Deutschland, in: Blut und Boden 2 (1930), Nr. 3, 156.

Unbekannt: Sperrfeuer um Deutschland, in: Chemnitzer Tageblatt und Anzeiger 82 (1929), Nr. 290, 20.10.

Unbekannt: Sperrfeuer um Deutschland, in: Das Reichsbanner 6 (1929), Nr. 42, 19.10, 348.

Unbekannt: Sperrfeuer um Deutschland, in: Der Ring 2 (1929), Nr. 49, 959.

Unbekannt: Sperrfeuer um Deutschland, in: Der Türmer 9 (1930), Nr. 5, 459.

Unbekannt: Sperrfeuer um Deutschland, in: Deutsches Adelsblatt 47 (1929), 730.

Unbekannt: Sperrfeuer um Deutschland, in: Die Kommenden 4 (1929), Nr. 9, 28. Hornungs (Februar), 107.

Unbekannt: Sperrfeuer um Deutschland, in: Die Reichswehr-Fachschule 5 (1929), 309.

Unbekannt: Sperrfeuer um Deutschland, in: Dresdner Nachrichten 72 (1929), 13.10.

Unbekannt: Sperrfeuer um Deutschland, in: Hochschule und Ausland 9 (1930), Nr. 3, 46.

Unbekannt: Sperrfeuer um Deutschland, in: Militärwissenschaftliche und technische Mitteilungen 61 (1930), 355.

Unbekannt: Sperrfeuer um Deutschland, in: Militär-Wochenblatt. Unabhängige Zeitschrift für die deutsche Wehrmacht 114 (1929), Nr. 17, 667.

Unbekannt: Sperrfeuer um Deutschland, in: Völkischer Beobachter/Bayernausgabe 4 (1929), Nr. 274, 26.11.

Unbekannt: Sperrfeuer um Deutschland, in: Wirtschaftliche Nachrichten aus dem Ruhrbezirk 12 (1931), Nr. 32, 692.

Unbekannt: Sperrfeuer um Deutschland, in: Zentralblatt der Christlichen Gewerkschaften Deutschlands 29 (1929), Nr. 21, 296.

Unbekannt: Sperrfeuer, in: Die höhere Schule im Freistaat Sachsen 7 (1929), Nr. 19/20, 327.

Unbekannt: Unser neuer Roman. „Vaterlandslose Gesellen", in: Die Rote Fahne 13 (1930), Nr. 70, 7.3.

Unbekannt: Von der Frontgemeinschaft zur Volksgemeinschaft, in: Der Stahlhelm 7 (1925), Nr. 3, 18.1.

Unbekannt: Von der Vring. Soldat Suhren, in: Die Rote Fahne 11 (1928), Nr. 77, 30.3.

Unbekannt: Von Deutschlands Größe und Schmach, In: Arminius 8 (1927), Nr. 14.

Unbekannt: Was war im Krieg?, in: Frankfurter Zeitung 73 (1928), Nr. 75, 29.1.

Unbekannt: Weiße Mäuse. Der ewige Skandal, in: Völkischer Beobachter/Berliner Ausgabe 5 (1930), Nr. 295, 12.12.

Unbekannt: Weltkrieg und Dichtung, in: Völkischer Beobachter/Bayernausgabe 3 (1927), Nr. 184, 4.6.

Unbekannt: Wer ist Frontsoldat?, in: Völkischer Beobachter/Bayernausgabe/Der deutsche Frontsoldat (Beilage) 2 (1927), Nr. 13, 17.9.

Unbekannt: Wer kommt zum Kriegsdichtertreffen, in: Völkischer Beobachter/Süddeutsche Ausgabe 11 (1936), 20.9., 264.

Unbekannt: Werner Beumelburg erzählt von seinen Frontkameraden. „Gruppe Bosemüller" plauderte am Kamin. Wie sie sich wieder sahen – sie haben wirklich gelebt, Dichtung und Wahrheit, in: Berliner Illustrierte Nachtausgabe 8 (1935), 3.7.

Unbekannt: Werner Beumelburg liest…, in: Traben-Trarbacher Zeitung 30 (1932), 30.01.

Unbekannt: Werner Beumelburg. Mont Royal, in: Unser Wille und Weg 6 (1936), Nr. 5, 179.

Unbekannt: Werner Beumelburg. Schaffensweg, in: Deutsche Bücherzeitung 2 (1934), Nr. 2.

Unbekannt: Wir Frauen und der Krieg, in: Die Rote Fahne 9 (1926), Nr. 179, 4.8.

Unbekannt: Zieten aus dem Busch, in: Der Stahlhelm 14 (1932), Nr. 3, 24.1.

von Grote, Hans Henning: Das Fronterlebnis in der jüngsten deutschen Literatur, in: Der Jungdeutsche Meister. Monatshefte 4 (1929), 299-309.

von Moser, Generalleutnant: Über die Kriegsgeschichtsschreibung der Gegenwart, in: Staat und Wehrmacht 1 (1922), Nr. 3.

von Ossietzky, Carl: Einer von der Infanterie, in: Die Weltbühne 26 (1930), 3.6., zitiert nach Boldt, Werner (Hg.) Carl von Ossietzky. Sämtliche Schriften, Bd. 5: 1929-1930. Texte 830-968, Text 928.

von Unruh, Friedrich Franz: Zwei Kriegsbücher, in: Frankfurter Zeitung 76 (1931), Nr. 3, 16.8.

Wirths, Werner: Krieg in Büchern, in: Arminius 9 (1929), Nr. 4, 26.1., 81.

Wirths, Werner: Krieg in Büchern, in: Arminius 9 (1929),Nr. 4, 26.1., 81.

Wittfogel, Karl August: Romane über den imperialistischen Krieg, in: Die Rote Fahne 13 (1930), Nr. 160, 26.7.

Wrobel, Ignaz (Kurt Tucholsky): Wat Grotmudder vertellt, in: Die Weltbühne 18 (1922), Nr. 35, 219-223.

Zehrer, Hans: Anzeige, in: Börsenblatt für den Deutschen Buchhandel 96 (1929), Nr. 225, 27.9.

Nachlässe, Archive, Zeitzeugen

Archiv der Evangelischen Kirche Boppard (AEKR)

Bestand 4KG 059B, Kriegschronik für die Kirchengemeinde Wolf/Mosel, Nr. A 14.

Bestand 7NL 122B, Predigten Eduard Beumelburgs, Nr. 592, 608, 620, 643, 910, 920.

Archiv der Erzdiözese München und Freising

FLA 6815, Werner Beumelburg an Michael Faulhaber, 14.9.1946.

Bundesarchiv Berlin (BArch)

Bestände des ehemaligen Berlin Document Center, Ordner Nr. 10258, AZ 16229, Schreiben des Präsidenten der Schrifttumskammer (Hans Friedrich Blunck) an die NSDAP, Gau SH, 3.1.1941.

N 2190/15, Nachlass Ritter Mertz von Quirnheim, fol. 2, Oberquartiermeister für Kriegsgeschichte Mertz von Quirnheim, 18.5.1919; fol. 13-54, Denkschrift George Soldan, „Die deutsche Geschichtsschreibung des Weltkrieges. Eine nationale Aufgabe"; fol. 63, Denkschrift Hans von Seeckts an das Reichsarchiv, 12.7.1919; fol. 67-79, Denkschrift Hans von Seeckts „Über die Zukunft der

Archive und kriegsgeschichtlichen Abteilung des großen Generalstabes",
12.7.1919; fol. 136-141, Hans von Seeckt: Etats-Begründung für die Sichtungsabteilung des Reichsarchivs vom Oktober/November 1919.

N 2357/1 fol. 5-9, Nachlass Ernst Müsebeck, Denkschrift Ernst Müsebecks vom
31.5.1922.

NS-5-VI/17530 fol. 140 und 162, Unbekannt: Koch-Löwenstein als Zensor, in:
Fridericus 13 (1930), Nr. 42 und 44.

NS 19/1265 F fol. 102-103, Ludolf von Alvensleben an Heinrich Himmler,
30.11.1942.

NS 19/2212 K, Werner Beumelburg: Die Goten auf der Krim, (ohne Datum).

NS 19/3457 E fol. 15-25, Alfred E. Frauenfeld: „Denkschrift über die Möglichkeit der geschlossenen Umsiedlung der Südtiroler nach der Krim.", (ohne Datum) 1942.

R 55/777, ohne Blattangabe, Parteistatistische Erhebung (zur Entlassung Walther Beumelburgs aus dem Rundfunk); vgl. hier auch: R 55/1027 fol. 24-38.

R 56-V/33, fol. 32, 43, Verleihung des Kriegsverdienstkreuzes Zweiter Klasse
an Werner Beumelburg, September 1942; vgl. hier auch RW/59/284, fol. 223,
29.4.1942.

R 55/321 fol. 20., Schriftsteller, insbesondere für die Beendigung von Buchpro-
jekten.

R 55/1394 fol. 191, Bd. 24, Einsatz deutscher Dichter und Schriftsteller in der
Propaganda, (ohne Datum) März 1945.

R 56 I/102 fol. 59-60, Korrespondenz von und an Werner Beumelburg zur Entstehung des Treuegelöbnisses, 28.10.1933,

R 56-V/12 fol. 140, Urheberrechte von Wehrmachtsangehörigen 1942.

R 56-V/35, fol. 126, Werner Beumelburg in der Reichsfachschaft für Erzähler.

R 56-V/77 fol. 46-54, Dichterische Gemeinschaften, Kreise und Veranstaltungen, Protokolle des SD zu Dichtertreffen.

R 56-V/104, fol. 202-220, Angelegenheiten einzelner Verlage.

R 58/1100 fol. 50-51 K, Lektüre- und Buchspendeempfehlungen für das Deutsche Winterhilfswerk durch Heinrich Himmler, (ohne Datum) 1940.

R 72/1002, Titel: Kriegsfreiwillige 1914, Laufzeit: Juli 1934 - Apr. 1935. Der Bestand enthält Zeitungsausschnitte zu Kriegsfreiwilligenmeldungen.

R 601/46, Korrespondenz Heinrich Stallings mit Otto Meissner August 1929 bis April 1930; Mertz von Quirnheim an Doktor [Otto Meissner], 24.11.1934; Heinrich Doehle an Mertz von Quirnheim, 27.11.1934.

R 1501/126080, fol. 97-187, Sammlung von Presseausschnitten zur allgemeinen Protestwelle zu *Im Westen nichts Neues*.

R 8034-III/34 Reichslandbund-Pressearchiv, Walther Beumelburg.

R 55/1027, Personalabteilung des Rundfunks, Walther Beumelburg.

Bundesarchiv Hoppegarten

BA-ZDH, ZA VI, 3365 II fol. 51-57, Wolfram von Richthofen an Karl-Friedrich Schweickhard, (ohne Datum) 1939.

Bundesarchiv Koblenz (BArch)

N 1005/172, fol. 7, Nachlass Hermann Pünder, Hermann Pünder an den Propyläen-Verlag, 9.2.1929.

N 1015/413, Nachlass Bernhard Schwertfeger, Vortrag „Die Behandlung des Weltkrieges und seiner Vorgeschichte in der Schule", 26.9.1929.

N 1015/465, Nachlass Bernhard Schwertfeger, Bernhard Schwertfeger an Heinrich Stalling, Korrespondenzen vom 16.10.1929, 24.1.1930, 21.3.1939; [Unbekannt] Hoppenstedt an Bernhard Schwertfeger, 20.3.1930.

N 1015/568, Nachlass Bernhard Schwertfeger, Bernhard Schwertfeger an Heinrich Stalling 23.1. und 25.1.1930; Heinrich Stalling an Bernhard Schwertfeger, 7.1.1931; Richard Euringer an Bernhard Schwertfeger, 2.11.1929; Heinrich Stalling an Bernhard Schwertfeger, 17.5.1933.

N 1031, fol. 15f., Walther Beumelburg an Freiherrn von Gayl, 29.12.1932.

Bundesarchiv-Militärarchiv Freiburg

N 141, Kriegstagebuch Werner Kreipe: N 141/3, 30.8.1937; N 141/4 26.2. und 20.6.1938; N 141/6 3.4.1940; N 141/7 12.2.1941; N 141 9/1943 23.9. und 22.12.1943; N 141/10 17.3., 8.10. und 30.10.1944; Stimmungsbild zur Zusammenarbeit zwischen Hitler und der Luftwaffenführung aus Sicht Kreipes fol. 14-15 (30.8.1944, 31.8.1944, 3.9.1944, 5.9.1944). Hier findet auch das Treffen mit Beumelburg Erwähnung (8.10.1944); zur Entlassung Kreipes: fol. 31-37, Einträge vom 9.10., 12.10. und 2.11.

N 179/42 fol. 43-44, Fahrt an die Westfront 20.8.1940; stichpunktartige Notiz im Kriegstagebuch Erhard Milchs zur Friedrich Rede, 28.1.1942.

N 179/68 fol. 359, Besprechung Erhard Milchs mit Hermann Göring, ca. 1943.

MSG1/2798, Tagebuch Walther Cetto, 16.8.1937; vgl. auch den Eintrag von Richthofens, in: Ebd., N 671/2, Kriegstagebuch Wolfram von Richthofen, 2.8.1937.

MSG 109/10844 Hans Cramer.

Pers 6/179700 Joachim von Winterfeldt.

RL 2-IV/81 fol. 47, Handakte Major Walter Bloem, Auftrag zr Literarisierung der Kriegsgeschichtlichen Abteilung der Luftwaffe, 24.3.1944.

RL 35/2, Kriegstagebuch Hauptmanns i.G. Christ, 17.10.1938.

RL 35/7 fol. 74, Kriegstagebuch Richthofen, 2.2.1939, zur Überlastung der Truppe.

MSG2/12358, 12359, 12360, Feldpost Werner und Walther Beumelburgs.

ZA 3/71 fol. 2-4, General a. D. Grabmann, Ausarbeitung „Auswirkung der Erfahrungen beim Einsatz deutscher Fliegerverbaende beim Feldzug in Spanien auf die deutsche Luftwaffe" vom 20.7.1956.

George-Archiv Stuttgart

Kommerell II/1011, Nachlass Max Kommerell, Max Kommerell an Hans Anton, (ohne Datum).

Hauptstaatsarchiv Stuttgart

M34 Bü 12, Erich von Ludendorff an die Heeresgruppen, 7.11.1917.

Institut für Zeitgeschichte München

ED 93, Nachlass Hans Schäffer.

ED 100-39-3, Stalingrad - Bericht nach den Akten und nach Einzelaussagen von Werner Beumelburg, 8.6.1943.

ED-100-40-5. Werner Beumelburg: Tätigkeitsbereicht im alliierten Kriegsgefangenlager 1946, 16.1.1946.

NS 2000-027, 2000.105, Hans Sarkowicz/Stefan Busch: Totgesagte schreiben länger. NS-Literatur in der Bundesrepublik, Hessischer Rundfunk 2000.

Literaturarchiv Marbach

A: Beumelburg, Werner Beumelburg an Cotta'sche Buchhandlung, 14.4.1926.

A: Hans Grimm, Werner Beumelburg an Hans Grimm, 1.7.1933; Börries von Münchhausen an Hans Grimm, 4.9.1933; Werner Beumelburg an Hans Grimm, 14.9.1950; Börries von Münchhausen an Wilhelm Schäfer, Hans Grimm, Edwin Kolbenheyer, Emil Strauß, 22.9.1934.

A: Ernst Jünger, Ernst Jünger an Ludwig Alwens, 30.5. und 4.6.1929; Ludwig Alwens an Ernst Jünger, 3.1.1929; [ohne Vornamen] Haubold an Ernst Jünger, [ohne Datum] 1931; Edmund Schulz an Ernst Jünger, 19.4.1929.

A: Langen-Müller/Wehner, Thea von Harbou-Lang an Josef Magnus Wehner, 3.4.1930.

A: Will Vesper, Börries von Münchhausen an Hans Grimm, ohne Datum, ca. September 1934; Werner Beumelburg an Will Vesper, 25.1.1935.

Mediendokumentation, Signatur Z: Beumelburg, Werner, 1 Pressemappe.

Mediendokumentation Hein/Cotta Z: Alfred Hein, Hein-Cotta Prospekt.

Mediendokumentation, Z: Erich Maria Remarque, Mappe 7a.

Mediendokumentation Z: Ludwig Renn, 1 Mappe.

Literaturarchiv Monacensia München

Nachlass Josef Magnus Wehner, JMW M 751, Nekrolog Josef Magnus Wehners auf Werner Beumelburg, (ohne Datum) 1963.

Nachlass Jürgen Eggebrecht, JE B 333, Jürgen Eggebrecht an Leonharda Gescher, 24.5.1955.

Nachlass Oskar Maria Graf, OMG 178, Oskar Maria Graf an Thomas Mann, 27.9.1941.

Preußische Akademie der Künste Berlin (PrAdK)

I/125 fol. 31, Werner Beumelburg an Heinrich Ammersdorffer, 11.12.1945.

I/301, fol. 1-11, Rundschreiben des Vorstandes an die Mitglieder der Akademie der Dichtung zu Einzelheiten der weiteren Arbeit; Werner Beumelburg an Hanns Johst, 20.3.1936.

807, fol. 135, Korrespondenz Emil Strauß.

820, fol. 134-138, Privatdienstlicher Schriftverkehr Werner Beumelburg, Kaufhausvolontär an Werner Beumelburg, 7.8.1933.

0824 fol. 103, Werner Beumelburg an Rudolf Binding, 1.2.1934; fol. 153a, Intervention Beumelburgs beim Auswärtigen Amt zur Verhinderung der Verleihung des Nobelpreises an einen Emigranten, (ohne genaues Datum) 1933;

PrAdK 0831 fol. 76, Hans Grimm an Werner Beumelburg, 13.2.1935.

1101, Pressespiegel zum Umbau der Akademie 1933.

1112 fol. 19, Protokoll zur konstituierenden Sitzung, 7.6.1933.

1113, fol. 10, Enrica Handel-Mazetti an Werner Beumelburg, 24.10.1933.

fol. 28 und 32, Ernst Jünger an Werner Beumelburg, 16.11.1933 und 18.11.1933; fol. 46, Neuordnung der Abteilung für Dichtung.

1114 Will Vesper an Werner Beumelburg, 20.9.1935; fol. 25, Rudolf Binding an Hans Grimm, (ohne genaues Datum) 1935; fol. 197, Hanns Johst an Werner

Beumelburg, 17.2.1934; fol. 200, Werner Beumelburg an Rudolf Binding, 24.1.1934; fol. 241, Emil Strauß an Börries von Münchhausen, 7.12.1933; fol. 247, Hans Grimm an Werner Beumelburg, 6.12.1933; fol. 249, Hans Grimm an Erwin Guido Kolbenheyer, 6.12.1933; fol. 253-255, Wilhelm Schäfer an Erwin Guido Kolbenheyer, 4.12.1933.

1252, Sitzungsprotokoll vom 26.10.1933.

1257 Werner Beumelburg an Hanns Johst für Bröger, 11.8.1933; fol. 25, Hans Grimm an Werner Beumelburg, 14.3.1934; fol. 39, Hans Friedrich Blunck an Werner Beumelburg, 3.3.1934; fol. 107, Schriftwechsel von Werner Beumelburg, Hans Grimm an Werner Beumelburg, 9.1.1934; fol. 159, Hanns Johst an Werner Beumelburg, 17.2.1934.

Privatnachlass Dr. Kläre Schlarb Meisenheim

Familienbriefe im Zeitraum 1900-1963.

Privatnachlass Erdmute Stolte Meisenheim

Traben-Trarbach, Briefe Werner Beumelburgs und Ernst Spies.

Rheinische Landesbibliothek Koblenz

Nachlass Werner Beumelburg, Signatur H Beu

16/1, Werner Beumelburg: Der bittere Weg. Ein Tagebuch aus dem Kriege (Juli 1944 bis August 1945), Potsdam 1944.

16/2 Autobiographisches Fragment, H Beu 16/2, 95-145.

19/1, Borwin Venzky-Stalling an Werner Beumelburg, 3.6.1948.

19/1, Eberhard Fritsch an Werner Beumelburg, 8.9.1948.

19/24, Werner Beumelburg an Borwin-Venzky Stalling, 9.2.1950; Werner Beumelburg an Borwin Venzky-Stalling, 13.12.1950.

19/74, Werner Beumelburg an Borwin-Venzky Stalling, 19. 7.1951.

20/1, Werner Beumelburg an Eberhard Fritsch, 16.5.1948.

20/6 und 20/15, Werner Beumelburg an Eberhard Fritsch, 13.6.1948 und 31.8.1948.

20/21, Werner Beumelburg an Eberhard Fritsch, 11.1.1949.

20/26, Werner Beumelburg an Eberhard Fritsch, 16.2.1949.

20/28, Eberhard Fritsch an Werner Beumelburg, 13.6.1948; Werner Beumelburg an Eberhard Fritsch, 10.3.1949.

22/1, Werner Doench (Verlagsleiter im Auftrage Beumelburgs) an Dr. Rudolf K.

Goldschmidt-Jentner, Januar 1950.

23/1, (Ohne Vornamen, Verleger Editorial El Buen Libro) Dr. Schmidt an Werner Beumelburg, 21.8.1948.

24/05, Leonhard Schlüter an Werner Beumelburg, 28.3.1950.

Rundfunkarchiv Frankfurt

Werner Beumelburg: Rundfunkansprache zur Volksabstimmung am 19.8.1934, Bestandssignatur K000735248 (B004891804), Dauer 2'57, 11.8.1934.

Schleswig-Holsteinische Landesbibliothek Kiel

Nachlass Gustav Frenssen

CB 21.56:91 3,17, Thor Goote an Gustav Frenssen, 6.10.1930.

Nachlass Hans Friedrich Blunck

Cb 92,16, „Dichterfahrt" Nr. 4, Heinz Steguweit an Hans Friedrich Blunck, 30.7.1940; vgl. hier auch Nr. 47 vom 1.8.1940.

Cb 92.51:5, Hans Friedrich Blunck an Werner Beumelburg, 18.7.1933.

Cb 92,64.1.1:15,77, Hans Friedrich Blunck an Werner Beumelburg, 12.4.1934.

Cb 92:64.1.2.58, Werner Beumelburg an Hans Friedrich Blunck, 27.2.1935.

Cb 92, 64,1.2:15,42, Werner Beumelburg an Rudolf Binding, 27.2.1934.

Staatsbibliothek zu Berlin, Handschriftenabteilung

Nachlass Börries von Münchhausen, Sig. III b 788, 1: Literarisches Tagebuch 1918-1945 mit Briefen und Urkunden von 1930-1940.

Staatsarchiv Oldenburg

Bestand 273-41, Nr. 163, Werner Beumelburg an Erwin Planck, 6.10.1933.

Thüringer Universitäts- und Landesbibliothek Jena

Archiv-Nr. MÜ N 92 Börries Freiherr von Münchhausen an Hans Grimm, 10.5.1933; fol. 552, Rundschreiben der Preußischen Akademie der Künste, vom 15.7.1937; Werner Beumelburg an Börries von Münchhausen, 26.8.1937;

Zeitzeugen

Kläre Schlarb (Meisenheim), Klaus Helbig, Paul Tavan (München).

Sekundärliteratur

Albertz, Anuschka: Exemplarisches Heldentum. Rezeptionsgeschichte der Schlacht an den Thermopylen von der Antike bis zur Gegenwart, München 2004.

Arbeitsgemeinschaft für ökumenisches Liedgut (Hg.): Gemeinsame Kirchenlieder. Gesänge der deutschsprachige Christenheit, Berlin u. a. 1973, EG 321.

Aspetsberger, Friedbert: Arnolt Bronnen. Biographie, Wien u.a. 1995.

Aust, Hugo: Der historische Roman, Stuttgart 1994.

Baird, Jay Warren: Hitler's war poets. Literature and politics in the Third Reich, Cambridge 2008.

Barth, Reinhard: Jugend in Bewegung. Die Revolte von Jung gegen Alt in Deutschland im 20. Jahrhundert, Berlin 2006.

Bartz, Thorsten: ‚Allgegenwärtige Fronten' – Sozialistische und linke Kriegsromane in der Weimarer Republik 1918-1933. Motive, Funktionen und Positionen im Vergleich mit nationalistischen Romanen und Aufzeichnungen im Kontext einer kriegsliterarischen Debatte, Frankfurt a. M. 1997.

Baumgartner, Alois: Sehnsucht nach Gemeinschaft. Ideen und Strömungen im Sozialkatholizismus der Weimarer Republik, München 1977.

Beaupré, Nicolas: La guerre raconté par un allemand, in: 14-18 Today-Aujourd'hui-Heute 3 (2000), Nr. 3, 187.

Ders.: Schreiben im Krieg: Die „Frontliteratur" – eine hybride literarische Gattung?, in: Pyta/Lehmann: Krieg erzählen, 129-142.

Becker, Sascha: Spiel, Technik und Krieg. Das „Maschinenspielkind" Felix Wankel und der Nationalsozialismus 1918-1950, Mannheim 2012.

Bender, Klaus: Die Vossische Zeitung, in: Fischer: Zeitungen, 25-40.

Bens, Wolfgang: Vom freiwilligen Arbeitsdienst zur Arbeitsdienstpflicht, in: VfZ 16 (1968), Nr. 4, 317-346.

Bentin, Lutz-Arwed: Johannes Popitz und Carl Schmitt. Zur wirtschaftlichen Theorie des totalen Staates in Deutschland, München 1972.

Berggötz, Sven Olaf: Ernst Jünger und die Geiseln, in: VfZ 51 (2003), Nr. 3, 405-472.

Berghahn, Volker R.: Der Stahlhelm. Bund der Frontsoldaten 1918 – 1935, Düsseldorf 1966.

Bergien, Rüdiger: Die bellizistische Republik, Oldenburg 2012.

Binder, Hans-Otto: Zum Opfern bereit. Kriegsliteratur von Frauen, in: Hirschfeld, Gerhard/

Langewiesche, Dieter/Ullmann, Hans-Peter (Hg.): Kriegserfahrungen. Studien zur Sozial- und Mentalitätsgeschichte des Ersten Weltkrieges, Essen 1997, 107-128.

Böll, Viktor/Schubert, Jochen: Heinrich Böll, München 2002.

Boog, Horst: Die deutsche Luftwaffenführung 1935-1945. Führungsprobleme. Spitzengliederung. Generalstabsausbildung, Stuttgart 1982.

Bourdieu, Pierre: Die feinen Unterschiede. Kritik der gesellschaftlichen Urteilskraft, Frankfurt a. M. 1987 (1979).

Ders.: Die Intellektuellen und die Macht, Hamburg 1991.

Ders.: Die Regeln der Kunst. Genese und Struktur des literarischen Feldes, Frankfurt a. M. 1999 (1992).

Brakelmann, Günter: Die Evangelische Kirche in Bochum 1933. Zustimmung und Widerstand, Norderstedt 2014.

Brecht, Christoph: „Jamais l'histoire ne sera fixée". Zur Topik historischen Erzählens im Historismus (Flaubert), in: Fulda/Tschopp: Literatur, 411-436.

Bresslein, Erwin: Völkisch-faschistoides und nationalsozialistisches Drama. Kontinuitäten und Differenzen, Frankfurt a.M. 1980.

Breuer, Stefan: Anatomie der konservativen Revolution, Darmstadt 2005[2].

Broich, Ulrich: „Hier spricht zum ersten Male der gemeine Mann." Die Fiktion vom Kriegserlebnis des einfachen Soldaten in Ludwig Renn: *Krieg* (1928), in: Schneider: Richthofen bis Remarque, 207-216.

Broszat, Martin: Soziale Motivation und Führer-Bindung des Nationalsozialismus, in: VfZ 18 (1970), Nr. 4, 392-409.

Brückner, Florian: Cultural turn und Erster Weltkrieg – Das Reichsarchiv und die literarische Politisierung des Kriegserlebnisses, in: Becker, Sabina (Hg.): Jahrbuch zur Kultur und Literatur der Weimarer Republik, München 2013, 95-114.

Ders.: Dichtung und Wahrheit – Authentifizierungsstrategien, Verschleierung von Fiktionalität und politisierender Wahrheitsanspruch im Kriegsroman der Weimarer Republik, in: Düsterberg, Rolf/Glunz, Claudia/Schneider, Thomas F./Westphalen, Tilman (Hg.): Krieg und Literatur/War and Literature 21 (2015). (In Vorbereitung)

Ders.: Politische Sinnvermittlungsprozesse in der Literatur. Zur rezeptionsästhetischen Bedeutung des literarischen Kriegsrealismus der 1920er Jahre, in: Pyta/Lehmann (Hg.): Krieg erzählen, 153-166.

Brühl, Reinhard: Militärgeschichte und Kriegspolitik. Zur Militärgeschichtsschreibung des preußisch-deutschen Generalstabes 1816-1945, Ostberlin 1973.

Bründel, Steffen: Volksgemeinschaft oder Volksstaat. Die „Ideen von 1914" und die Neuordnung Deutschlands im Ersten Weltkrieg, Berlin 2003.

Bühler, Hans-Eugen/Bühler Edelgard: Der Frontbuchhandel 1939-1945. Organisationen, Kompetenzen, Verlage, Bücher. Eine Dokumentation, Frankfurt a. M. 2002.

Busch, Stefan: „Und gestern, da hörte uns Deutschland". NS-Autoren in der Bundesrepublik. Kontinuität und Diskontinuität bei Friedrich Griese, Werner Beumelburg, Eberhard Wolfgang Möller und Kurt Ziesel, Würzburg 1998, 96-98f.

Buschmann, Nikolaus/Carl, Horst (Hg.): Die Erfahrung des Krieges. Erfahrungsgeschichtliche Perspektiven von der Französischen Revolution bis zum Zweiten Weltkrieg, Paderborn 2001.

Conze, Vanessa: Das Europa der Deutschen. Ideen von Europa in Deutschland zwischen Reichstradition und Westorientierung (1920-1970), München 2005.

Daniel, Ute/Marszolek, Inge/Pyta, Wolfram/Welskopp, Thomas (Hg.): Politische Kultur und Medienwirklichkeiten in den 1920er Jahren, München 2010.

Dederke, Karlheinz: Reich und Republik. Deutschland 1917-1933, Stuttgart 1996[5].

Demant, Ebbo: Von Schleicher zu Springer. Hans Zehrer als politischer Publizist, Mainz 1971.

Depkat, Volker: Lebenswenden und Zeitenwenden. Deutsche Politiker und die Erfahrungen des 20. Jahrhunderts, München u. a. 2007.

Diller, Ansgar: Rundfunkpolitik im Dritten Reich, Bd. 2, München 1980, 198.

Dithmar, Reinhard: Kriegsliteratur im Dienst nationalsozialistischer Erziehung, in: Diskussion Deutsch 16 (1985), Nr. 86, 638-650.

Ders.: Wirkung wider Willen? Remarques Erfolgsroman „Im Westen nichts Neues" und die zeitgenössische Rezeption, in: Blätter für den Deutschlehrer 28 (1984), 34-48.

Brühl Reinhard: Militärgeschichte und Kriegsgeschichtsschreibung. Der Erste Weltkrieg. Die amtliche deutsche Militärgeschichtsschreibung 1914-1956, Paderborn u. a. 2002.

Dorpalen, Andreas: Hindenburg in der Geschichte der Weimarer Republik, Berlin u. a. 1966.

Düsterberg, Rolf: Hanns Johst. „Der Barde der SS". Karrieren eines deutschen Dichters, Paderborn u. a. 2004.

Dwars, Jens-Fietje: Abgrund des Widerspruchs. Das Leben des Johannes R. Becher, Berlin 1998.

Ebert jun, Friedrich. (Hg.): Friedrich Ebert. Schriften, Aufzeichnungen, Reden, Bd. 2, Dresden 1926.

Ehrke-Rotermund, Heidrun: ‚Durch die Erkenntnis des Schrecklichen zu seiner Überwindung'? Werner Beumelburg: Gruppe Bosemüller (1930), in: Schneider: Richthofen bis Remarque, 299-318.

Erll, Astrid: Gedächtnisromane: Literatur über den Ersten Weltkrieg als Medium englischer und deutscher Erinnerungskulturen in den 1920er Jahren, Trier 2003.

Fauser, Markus: Einführung in die Kulturwissenschaft, Darmstadt 2003.

Fenske, Hans: Deutsche Parteiengeschichte. Von den Anfängen bis zur Gegenwart, Paderborn 1994.

Fischer, Heinz-Dietrich (Hg.): Deutsche Zeitungen des 17. bis 20. Jahrhunderts, Pullach 1972.

Flach, Dietmar/Böse, Günter: Traben-Trarbach. Geschichte einer Doppelstadt, Traben-Trarbach 1984.

Fluck, Winfried: Das kulturelle Imaginäre. Eine Funktionsgeschichte des amerikanischen Romans 1790-1900, Frankfurt a. M. 1997.

Föllmer, Moritz/Meissner, Andrea: Ideen als Weichensteller? Polyvalenz, Aneignung und Homogenitätsstreben im deutschen Nationalismus 1890-1933, in: Raphael, Lutz/ Tenorth, Heinz-Elmar (Hg.): Ideen als gesellschaftliche Gestaltungskraft im Europa der Neuzeit, München 2006, 313-335

Fritzsche, Peter: Wie aus Deutschen Nazis wurden, Zürich 1999.

Fulda, Daniel/Tschopp, Silvia S. (Hg.): Literatur und Geschichte. Ein Kompendium zu ihrem Verhältnis von der Aufklärung bis zur Gegenwart, Berlin 2002.

Geppert, Dominik/Bösch, Frank: Journalists as Political Actors. Transfers and Interactions between Britain and Germany since the late 19th Century, Augsburg 2008.

Geyer, Michael: Aggressiver Individualismus und Gemeinschaftsideologie, in: Zeithistorische Forschungen 1 (2004), 87-91.

Giesen, Bernhard: Generation und Trauma, in: Reulecke: Generationalität, 59-72.

Gillessen, Günther: Auf verlorenem Posten. Die Frankfurter Zeitung im Dritten Reich, Berlin 1986.

Götz, Norbert: Ungleiche Geschwister. Die Konstruktion von nationalsozialistischer Volksgemeinschaft und schwedischem Volksheim, Baden-Baden 2001.

Hachmeister, Lutz: Schleyer. Eine deutsche Geschichte, München 2004.

Hammer, Klaus: „Einmal die Wahrheit über den Krieg schreiben". Ludwig Renns „Krieg" im Urteil der Zeitgenossen, in: Schneider: Kriegserlebnis, 283-290.

Heiden, Konrad: Adolf Hitler. Das Zeitalter der Verantwortungslosigkeit. Eine Biographie, Zürich 1936.

Helwig, Werner: Capri. Magische Insel, Frankfurt a. M. 1979.

Herbert, Ulrich: Best. Biographische Studien über Radikalismus, Weltanschauung und Vernunft. 1903-1989, Bonn 1996.

Ders.: Drei politische Generationen im 20. Jahrhundert, in: Reulecke: Generationalität, 95-114.

Ders.: Echoes of the Volksgemeinschaft, in: Steber, Martina/Gotto, Bernhard: Visions of Community in Nazi Germany, Oxford 2014, 60-69.

Herrmann, Ulrich: Wandervogel und Jugendbewegung im geistes- und kulturgeschichtlichen Kontext vor dem Ersten Weltkrieg, in: Ders. (Hg.): „Mit uns zieht die neue Zeit...". Der Wandervogel in der deutschen Jugendbewegung, München 2006, 30-80.

Heuer, Renate: Neumann, Samuel http:// www.deutsche-biographie.de/pnd118587331.html, letzter Zugriff 12.5.2015.

Hillesheim, Jürgen/Michael, Elisabeth (Hg.): Lexikon nationalsozialistischer Dichter. Biographien, Analysen, Bibliographien, Würzburg 1993.

Hirschfeld, Gerhard: Der Führer spricht vom Krieg. Der Erste Weltkrieg in den Reden Adolf Hitlers, in: Hoffstadt, Anke/Weinrich, Arndt (Hg.): Nationalsozialismus und Erster Weltkrieg, Essen 2010, 35-51.

Hirschmüller, Tobias: Funktion und Bedeutung von Friedrich dem Großen und Otto von Bismarck in der nationalsozialistischen Geschichtspolitik. Von der Anfangszeit der „Bewegung" bis zum Zusammenbruch des „Dritten Reiches", in: Raasch, Markus (Hg.): Die deutsche Gesellschaft und der konservative Heroe. Der Bismarckmythos im Wandel der Zeit, Aachen 2010, 135-176.

Ders.: Geschichte gegen Demokratie – Bedeutung und Funktion von Friedrich dem Großen und Otto von Bismarck in den politischen Reden Hitlers zur Zeit der Weimarer Republik, in: Jahrbuch der Hambach-Gesellschaft 18 (2010), 189-216.

Hof, Holger: Benn, Gottfried. Der Mann ohne Gedächtnis. Eine Biographie, Stuttgart 2011.

Hohmann, Joachim S.: Erster Weltkrieg und nationalsozialistische „Bewegung" im deutschen Lesebuch 1933-1945, Frankfurt a. M. 1988.

Hölscher, Lucian: Die Entdeckung der Zukunft, Frankfurt a. M. 1999.

Hömig, Herbert: Brüning. Kanzler in der Krise der Republik, Paderborn 2000.

Hönl, Johann: Die Geschichte von Traben-Trarbach, Traben-Trarbach 1980

Hornung, Klaus: Der Jungdeutsche Orden, Düsseldorf 1958.

Hüppauf, Bernd: Schlachtenmythen und die Konstruktion des „Neuen Menschen", Essen 1993.

Hürter, Johannes: Wilhelm Groener. Reichswehrminister am Ende der Weimarer Republik (1928-1932), München 2009.

Irving, David: Die Tragödie der deutschen Luftwaffe. Aus den Akten und Erinnerungen von Feldmarschall Milch, Frankfurt 1970.

Iser, Wolfgang: Akte des Fingierens, in: Heinrich, Dieter/Iser, Wolfgang (Hg.): Funktionen des Fiktiven, München 1983, 121-151

Julien, Elise/König, Mareike (Hg.): Rivalität, Revanche und die Selbstzerstörung des Alten Europa 1870 bis 1918, Bd. 7, Darmstadt 2015. (in Vorbereitung)

Jureit, Ulrike: Generationenforschung, Göttingen 2006.

Jurt, Joseph: Das literarische Feld. Das Konzept Pierre Bourdieus in Theorie und Praxis, Darmstadt 1995.

Kabermann Friedrich: Widerstand und Entscheidung eines deutschen Revolutionärs. Leben und Denken von Ernst Niekisch, Köln 1973.

Kater, Michael: Das „Ahnenerbe" der SS 1935-1945. Ein Beitrag zur Kulturpolitik des Dritten Reiches, Stuttgart 1974.

Kerker, A.: Ernst Jünger – Klaus Mann. Gemeinsamkeit und Gegensatz in Literatur und Politik, Bonn 1974.

Kerker, Armin: Gemischtes Doppel – Im Westen nichts Neues und so weiter. Eine verfehlte Remarque-Biographie, in: Die Zeit 31 (1977), Nr. 47, 18.11.

Kesel, Humbert: Capri. Biographie einer Insel, München 1971.

Kiesel, Helmuth: Ernst Jünger und der Erste Weltkrieg, in: http://www.literaturkritik.de/public/rezension.php?rez_id=18872, letzter Zugriff am 4.4.2015.

Ders.: Ernst Jünger. Die Biographie, München 2007[1].

Klee, Ernst: Das Personenlexikon zum Dritten Reich. Wer war was vor und nach 1945, Frankfurt a. M. 2005[2].

Knoch, Habbo: Die Tat als Bild. Fotografien des Holocaust in der deutschen Erinnerungskultur, Hamburg 2001.

Koschorke, Albrecht: Liminalität und Prekariat. Vortrag auf der Abschlusstagung „Prekäre Figuren – Politische Umbrüche" des Kulturwissenschaftliches Forschungskolleg/SFB 485 „Norm und Symbol" am 26.11.2009 in Konstanz, online abrufbar unter http:// www.uni-konstanz.de/kulturtheorie/Texte/AK-Liminalitaet_und_Prekariat.pdf, letzter Zugriff am 3.5.2015.

Krassnitzer, Patrick: Die Geburt des Nationalsozialismus im Schützengraben. Formen der Brutalisierung in den Autobiographien von nationalsozialistischen Frontsoldaten, in: Dülffer, Jost (Hg.): Der verlorene Frieden. Politik und Kriegskultur nach 1918, Essen 2002, 119-148.

Kreimeier, Klaus: The Ufa Story. A History of Germany's Greatest Film Company, 1918-1945, New York 1999.

Kretschmann, Carsten: Generation und politische Kultur in der Weimarer Republik, in: Becht, Hans-Peter/Kretschmann, Carsten/Pyta, Wolfram (Hg.): Kultur, Kommunikation und Öffentlichkeit in der Weimarer Republik, Heidelberg u. a. 2009, 11-30.

Krumeich, Gerd: Zwischen soldatischem Nationalismus und NS-Ideologie. Werner Beumelburg und die Erzählung des Ersten Weltkriegs, in: Pyta, Wolfram/Kretschmann, Carsten (Hg.): Burgfrieden und Union sacrée. Literarische Kriegsdeutungen und politische Ordnungsvorstellungen in Deutschland und Frankreich 1914-1933, München 2010, 293-312.

Kühne, Thomas: Kameradschaft. Die Soldaten des nationalsozialistischen Krieges und das 20. Jahrhundert, Göttingen 2006.

Kunicki, Wojciech: Erich Maria Remarque und Ernst Jünger. Ein unüberbrückbarer Gegensatz?, in: Schneider: Kriegserlebnis, 291-307.

Lämmert, Eberhard: Zum Wandel der Geschichtserfahrung im Reflex der Romantheorie, in:

Koselleck, Reinhart/Stempel, Wolf-Dieter (Hg.). Geschichte – Ereignis und Erzählung, München 1973, 503-515.

Lampel, Gerd Elgo: Zum Abituraufsatz von Werner Beumelburg. Ein erläuterndes Vorwort, in: Arbeitskreis für Heimatkunde. Mittelmosel und moselnahe Hunsrück- und Eifelgebiete. Jahresschrift 11 (1993), 18-23.

Langewiesche, Dieter: Liberalismus in Deutschland, Frankfurt a. M. 1988.

Laqueur, Walter: Die deutsche Jugendbewegung, Köln 1978.

Lätzel, Martin: Die Katholische Kirche im Ersten Weltkrieg. Zwischen Nationalismus und Friedenswillen, Regensburg 2014:

Lauer, Gerhard (Hg.): Literaturwissenschaftliche Beiträge zur Generationsforschung, Göttingen 2010.

Lennartz, Franz: Deutsche Schriftsteller des 20. Jahrhunderts im Spiegel der Kritik, Bd. 1, Stuttgart 1984.

Lindr, Ann P.: Princes of the Trenches. Narrating the German Experience of the First World War, Columbia 1996.

Lindner, Martin: Leben in der Krise. Zeitromane der Neuen Sachlichkeit und die intellektuelle Mentalität der klassischen Moderne. Mit einer exemplarischen Analyse des Romanwerks von Arnolt Bronnen, Ernst Glaeser, Ernst von Salomon und Ernst Erich Noth, Stuttgart 1994.

Luther, Hans/Salin, Edgar: Vor dem Abgrund 1930-1933. Reichsbankpräsident in Krisenzeiten, Berlin 1964.

Lützeler, Paul Michael: Klio oder Kalliope? Literatur und Geschichte. Sondierung, Analyse,

Interpretation, Berlin 1997

Mahsarski, Dirk: Herbert Jankuhn 1905 bis 1990. Ein deutscher Prähistoriker zwischen nationalsozialistischer Ideologie und wissenschaftlicher Objektivität, Rahden 2011.

Malinowski, Stephan: Vom König zum Führer, Berlin 2003.

Mann, Golo: Deutsche Geschichte des 19. und 20. Jahrhunderts, Frankfurt 1958[12].

Mannheim, Karl, Das Problem der Generationen, in: Kölner Vierteljahreshefte für Soziologie 7 (1928), Nr. 2, 157-185, 309-330, zitiert nach: http://www.1000dokumente.de/pdf/dok_0100_gen_de.pdf, letzter Zugriff 6.4.2015.

Margry, Karel: Operation Market Garden. Then and Now, 2 Bde., London 2002.

Marten, Heinz-Georg: Der niedersächsische Ministersturz. Proteste und Widerstand der Georg-August-Universität Göttingen gegen den Kultusminister Schlüter im Jahre 1955, Göttingen 1987.

May, Georg: Interkonfessionalismus in der deutschen Militärseelsorge von 1933 bis 1945, Amsterdam 1978

Meier-Stein, Hans-Georg: Die Reichsidee 1918-1945. Das mittelalterliche Reich als Idee nationaler Erneuerung, Aschau 1998.

Mergel, Thomas: Führer, Volksgemeinschaft und Maschine. Politische Erwartungsstrukturen in der Weimarer Republik und dem Nationalsozialismus 1918-1936, in: Hardtwig, Wolfgang (Hg.): Politische Kulturgeschichte der Zwischenkriegszeit 1918-1939, Göttingen 2005, 91-127.

Mergenthaler, Volker: „Versuch, ein Dekameron des Unterstandes zu schreiben." Zum Problem narrativer Kriegsbegegnung in den frühen Texten Ernst Jüngers, Heidelberg 2001.

Milatz, Alfred: Johann Viktor Bredt in Neue Deutsche Biographie (NDB). Bd. 2, 567 f.

Militärgeschichtliches Forschungsamt (Hg.): Das Deutsche Reich und der Zweite Weltkrieg, Bd. 6: Der globale Krieg, Stuttgart 1990.

Militärgeschichtliches Forschungsamt (Hg.): Die deutsche Kriegsgesellschaft 1939 bis 1945, Bd. 1: Politisierung, Vernichtung, Überleben, München 2004.

Mittenzwei, Werner: Die Mentalität des ewigen Deutschen. Nationalkonservative Dichter 1918 bis 1947 und der Untergang einer Akademie, Leipzig 2003[2].

Mohler, Armin/Weissmann, Karlheinz: Die Konservative Revolution in Deutschland 1918-1932. Ein Handbuch, Graz 2005[6].

Momber, Eckhardt: ´s ist Krieg! ´s ist Krieg! Versuch zur Literatur über den Krieg 1914-1933, Berlin 1981.

Mommsen, Hans: Generationenkonflikt und politische Entwicklung in der Weimarer Republik, in: Reulecke: Generationalität, 115-126.

Mommsen, Wolfgang: Die Urkatastrophe Deutschlands. Der Erste Weltkrieg 1914-1918, Stuttgart 2004[10].

Monteath, Peter: The Nazi Literature of the Spanish Civil War, in Costa, Luis/Critchfield, Richard (Hg.): German and International Perspectives on the Spanish Civil War. The Aesthetics of Partisanship, Columbia 1992, 129-148.

Müller, Gerhard: Für Vaterland und Republik. Monographie des Nürnberger Schriftstellers Karl Bröger, Pfaffenweiler 1986.

Müller, Hans-Harald: Der Krieg und die Schriftsteller. Der Kriegsroman der Weimarer Republik, Stuttgart 1986.

Müller, Sven Oliver: Die umkämpfte Nation. Legitimationsprobleme im krieg-führenden Kaiserreich, in: Echternkamp, Jörg/Müller, Sven Oliver (Hg.): Die Politik der Nation. Deutscher Nationalismus in Krieg und Krisen 1760-1960, München 2002, 149-172.

Münch, Matti: Verdun. Mythos und Alltag einer Schlacht, München 2006.

Nagel, Anne C.: Johannes Popitz (1884-1945). Görings Finanzminister und Verschwörer gegen Hitler, Köln u.a. 2015.

Neuloh, Otto/Zilius, Wilhelm: Die Wandervögel, Göttingen 1982.

Nipperdey, Thomas: Deutsche Geschichte 1866-1918, Bd. 1: Arbeitswelt und Bürgergeist, München 1998.

Nowojski, Walter (Hg.): Victor Klemperer. Ich will Zeugnis ablegen bis zum letzten. Tagebücher 1933-1945, Berlin 1995.

Nünning, Ansgar: Von der fiktionalisierten Historie zur metahistoriographi-schen Fiktion. Bausteine für eine narratologische und funktionsgeschichtliche Theorie, Typologie und Geschichte des postmodernen historischen Romans, in: Fulda/Tschopp (Hg.): Literatur, 541-569.

Ders.: Von historischer Fiktion zu historiographischer Metafiktion, Trier 1995.

Ochs, Richard: Neues von Werner Beumelburg, in: Arbeitskreis für Heimat-kunde. Mittelmosel und moselnahe Hunsrück- und Eifelgebiete 10 (1992), 24-35.

Ders.: Walther und Werner Beumelburg. Leben zweier Brüder im Nationalsozi-alismus, Jahrbuch für den Kreis Bernkastel-Wittlich 2000, 367-370.

Otto, Viktor: „Der geistige Niederschlag der nationalen Wiedergeburt." Der Verleger Heinrich Stalling auf dem Weg ins Dritte Reich, in: Oldenburger Stachel 6 (1999), Nr. 3, 4f., online abrufbar auf http://stachel.ffis.de/99.03/3STALLIN.html, letzter Zugriff am 8.4.2015.

Paetel, Karl O.: Ernst Jünger. Die Wandlung eines deutschen Dichters und Patrioten, Koblenz 1995 (1946).

Papke, Gerhard: Der liberale Politiker Erich Koch-Weser in der Weimarer Republik, Baden-Baden 1989.

Parnes, Ohad/Vedder, Ulrike/Willer, Stefan: Das Konzept der Generation. Eine Wissenschafts- und Kulturgeschichte, Frankfurt a. M. 2008.

Paupié, Kurt: Die Frankfurter Zeitung, in: Fischer, Heinz-Dietrich (Hg.): Deutsche Zeitungen des 17. bis 20. Jahrhunderts, Pullach 1972, 241-256.

Payk, Marcus M.: Der Geist der Demokratie. Intellektuelle Orientierungsversuche im Feuilleton der frühen Bundesrepublik. Karl Korn und Peter de Mendelssohn, München u. a. 2008.

Peukert, Detlev: Die Weimarer Republik. Krisenjahre der klassischen Moderne, Frankfurt a. M. 1987.

Pfeiffer, Karl Ludwig: Das Mediale und das Imaginäre. Dimensionen kulturanthropologischer Medientheorie, Frankfurt a. M. 1999.

Plöckinger, Othmar: Geschichte eines Buches. Adolf Hitlers „Mein Kampf". 1922-1945, München 2006.

Pöhlmann, Markus: „Das große Erlebnis da draußen". Die Reihe Schlachten des Weltkrieges (1921-1930), in: Schneider/Wagener: Richthofen bis Remarque, 113-132.

Polnik, Axel: Die Bayreuther Feuerwehren im Dritten Reich, Norderstedt 2013.

Potthast, Barbara: Die Ganzheit der Geschichte. Historische Romane im 19. Jahrhundert, Göttingen 2007.

Pressel, Wilhelm: Die Kriegspredigt 1914-1918 in der evangelischen Kirche Deutschlands, Göttingen 1967.

Prümm, Karl: Die Literatur des soldatischen Nationalismus der 20er Jahre. Gruppenideologie und Epochenproblematik, 2 Bde., Kronberg 1974.

Pyta, Wolfram/Lehmann, Jörg (Hg.): Krieg erzählen – Raconter la guerre. Darstellungsverfahren in Literatur und Historiographie nach den Kriegen von 1870/71 und 1914/18, Berlin 2014.

Ders.: Die expressive Kraft von Literatur. Der Beitrag der Weltkriegsliteratur zur Imagination politisch-kultureller Leitvorstellungen in der Weimarer Republik, in: Angermion. Jahrbuch für britisch-deutsche Kulturbeziehungen 2 (2009), 57-76.

Ders.: Die Privilegien des Frontkämpfers gegenüber dem Feldmarschall. Zur Politikmächtigkeit literarischer Imagination des Ersten Weltkrieges in Deutschland, in: Daniel, Ute/Marszolek, Inge/Pyta, Wolfram/Welskopp, Thomas (Hg.): Politische Kultur und Medienwirklichkeiten in den 1920er Jahren, München 2010.

Ders.: Die Weimarer Republik, Opladen 2004.

Ders.: Hindenburg. Herrschaft zwischen Hohenzollern und Hitler, München 2007.

Ders.: Verfassungsumbau, Staatsnotstand und Querfront. Schleichers Versuche zur Fernhaltung Hitlers von der Reichskanzlerschaft August 1932-Januar 1933, in: Ders./ Richter, Ludwig: Gestaltungskraft des Politischen, Berlin 1998, 173-197.

Rauscher, Walter: Hindenburg. Feldmarschall und Reichspräsident. Wien 1997.

Rees, Laurence: Auschwitz – Geschichte eines Verbrechens, Berlin 2005.

Reulecke, Jürgen (Hg.): Generationalität und Lebensgeschichte im 20. Jahrhundert, München 2003.

Reuveni, Gideon: Reading Germany. Literature and Consumer Culture in Germany before 1933, New York 2006.

Richter, Dieter: Friedrich Alfred Krupp auf Capri. Ein Skandal und seine Geschichte, in: Epkenhans, Michael/Stremmel, Ralf (Hg.): Ein Unternehmer im Kaiserreich, München 2010, 157-178.

Richter, Ludwig: Die Deutsche Volkspartei 1918–1933, Düsseldorf 2002.

Richter, Reinhard: Nationales Denken im Katholizismus der Weimarer Republik, Münster 2000.

Riggs, Bryan M.: Hitlers jüdische Soldaten, Paderborn 2003.

Ritter, Gerhard: Staatskunst und Kriegshandwerk. Das Problem des „Militarismus" in Deutschland, Bd. 3: Die Tragödie der Staatskunst. Bethmann Hollweg als Kriegskanzler (1914-1917), München 1964.

Rohe, Karl: Das Reichsbanner Schwarz Rot Gold. Ein Beitrag zur Geschichte und Struktur der politischen Kampfverbände zur Zeit der Weimarer Republik, Düsseldorf 1966.

Roßdeutscher, Walter: Würzburgs „Neue Welt". Ein Hort der Künste, Würzburg 2002.

Roth, Eugen: Hundertfünfzig Jahre Verlag Gerhard Stalling 1789-1939. Zum Gedenktage des hundertfünfzigjährigen Bestehens am 23. Oktober 1939, Oldenburg 1939.

Rubner, Heinrich: Hundert bedeutende Forstleute Bayerns (1875-1970), München 1994.

Rülcker, Christoph: Proletarische Dichtung ohne Klassenbewußtsein. Zu Anspruch und Struktur sozialdemokratischer Arbeiterliteratur 1918-1933, in: Rothe, Wolfgang (Hg.): Die deutsche Literatur in der Weimarer Republik, Stuttgart 1974, 411-433.

Ruppert, Karsten: Im Dienst am Staat von Weimar. Das Zentrum als regierende Partei in der Weimarer Demokratie 1923-1930, Düsseldorf 1992.

Rusinek, Bernd: Krieg als Sehnsucht. Militärischer Stil und „junge Generation" in der Weimarer Republik, in: Reulecke: Generationalität, 127-144.

Ryback, Timothy W.: Hitlers Bücher. Seine Bibliothek – sein Denken, Köln 2010.

Sauer, Bernhard: Schwarze Reichswehr und Fememorde. Eine Milieustudie zum Rechtsradikalismus in der Weimarer Republik, Berlin 2004.

Simon, Gerd/Guhr, Dagny/Schermaul, Ulrich/Shturkhetska, Ksenia: Chronologie Werner Beumelburg, in: http://homepages.uni-tuebingen.de/gerd.simon/ChrBeumelburg.pdfTübingen 2015, letzter Zugriff 29.5.2015. (in Vorbereitung)

Schlüter, André: Arthur Moeller van den Bruck. Leben und Werk, Köln u. a. 2010.

Schneider, Thomas/Wagener, Hans (Hg.): Von Richthofen bis Remarque. Deutschsprachige Prosa zum Ersten Weltkrieg, Amsterdam 2003.

Ders.: Die Autoren und Bücher der deutschsprachigen Literatur zum Ersten Weltkrieg 1914-1939. Ein bio-bibliographisches Handbuch, Göttingen 2008.

Ders.: Einleitung, in: Ders./Wagener: Von Richthofen bis Remarque, 1-13.

Ders. (Hg.): Kriegserlebnis und Legendenbildung. Das Bild des „modernen" Krieges in Literatur, Theater, Photographie und Film, Bd. 1, Osnabrück 1999, 249-270.

Schoeps, Karl-Heinz Joachim: Literatur im Dritten Reich (sic!), Bern 1992.

Schreiner, Klaus: „Wann kommt der Retter Deutschlands?". Formen und Funktionen von politischem Messianismus in der Weimarer Republik, in: Saeculum 48 (1997), 107-160

Schüler-Springorum, Stefanie: Krieg und Fliegen. Die Legion Condor im Spanischen Bürgerkrieg, Paderborn 2010.

Dies.: War as Adventure. The Experience of the Condor Legion in Spain, in: Baumeister, Martin /Dies. (Hg.): „If you tolerate this …". The Spanish Civil War in the Age of Total War. Frankfurt a. M. u.a., 208-233.

Schulz, Andreas/Grebner, Gundula (Hg.): Generationswechsel und historischer Wandel, München 2003.

Schulz, Gerhard: Zwischen Demokratie und Diktatur, Bd. 3: Von Brüning zu Hitler. Der Wandel des politischen Systems in Deutschland 1930-1933, Berlin 1992.

Schulze, Hagen: Weimar. Deutschland 1917-1933, Berlin 1982.

Schütz, Alfred/Luckmann, Thomas: Strukturen der Lebenswelt, 2 Bde., Frankfurt a. M. 1979/84.

Schwilk, Heimo: Ernst Jünger. Ein Jahrhundertleben. München 2014.

Simons, Olaf: Walther Beumelburg, in: www.polunbi.de/pers/beumelburg-02.html, letzter Zugriff am 8.4.2015.

Sontheimer, Kurt. Die Idee des Reiches im politischen Denken der Weimarer Republik, in: Geschichte in Wissenschaft und Unterricht 13 (1962), 205-221.

Ders.: Antidemokratisches Denken in der Weimarer Republik. Die politischen Ideen des deutschen Nationalismus zwischen 1918 und 1933, München 1962.

Spargo, Tamsin (Hg.): Reading the Past: Literature and History, Basingstoke u. a. 2000.

Stekl, Hannes/Hämmerle, Christa/Bruckmüller, Ernst (Hg.): Kindheit und Schule im Ersten Weltkrieg, Wien 2015.

Strenge, Irene: Kurt von Schleicher. Politik im Reichwehrministerium am Ende der Weimarer Republik, Berlin 2006.

Stübig, Heinz: Bildung, Militär und Gesellschaft in Deutschland. Studien zur Entwicklung im 19. Jahrhundert, Köln 1994.

Sywottek, Jutta: Mobilmachung für den totalen Krieg. Die propagandistische Vorbereitung der Deutschen für Bevölkerung auf den Zweiten Weltkrieg, Opladen 1976.

Thamer, Hans Ulrich: Volksgemeinschaft. Mensch und Masse, in von Dülmen, Richard (Hg.): Erfindung des Menschen. Schöpfungsträume und Körperbilder 1500-2000, Wien 1998, 367-388.

Treue, Wilhelm: Hitlers Denkschrift zum Vierjahresplan 1936, in: VfZ 2 (1955), 184-210.

Unbekannt: Die Schlacht im Schulheft, in: Die Zeit 68 (2014), Nr. 17, online abrufbar: http:// www.zeit.de/2014/17/aufsaetze-abitur-erster-weltkrieg, letzter Zugriff 16.5.2015.

Unbekannt: Organisation Escherich, Orgesch, in: http:// www.polunbi.de/inst/orgesch.html, letzter Zugriff am 3.4.2015.

Vallery, Helmut: Führer, Volk und Charisma. Der nationalsozialistische historische Roman, Köln 1980.

Detering, Nicolas/Fischer, Michael/Gerdes, Aibe-Marlene (Hg.): Populäre Kriegslyrik im Ersten Weltkrieg, Münster 2013.

Voß, Stefan: Nationaler Sozialismus und Soziale Demokratie. Die sozialdemokratische Junge Recht 1918-1945, Bonn 2006.

Vogelsang, Thilo: Reichswehr, Staat und NSDAP. Beiträge zur deutschen Geschichte 1930-1932, Stuttgart 1962.

Volkmann, Peer Oliver: Heinrich Brüning (1885-1970). Nationalist ohne Heimat, Düsseldorf 2007.

Vollmer, Jörg: Imaginäre Schlachtfelder. Kriegsliteratur in der Weimarer Republik. Eine literatursoziologische Untersuchung, Bonn 2003.

von Gersdorff, Rudolf Christoph: Soldat im Untergang, Frankfurt a. M. 1977.

von Reeken, Dietmar /Thießen, Malte (Hg.): ‚Volksgemeinschaft' als soziale Praxis. Neue Forschungen zur NS-Gesellschaft vor Ort, Paderborn 2013.

von Sternburg, Wilhelm: „Als wäre alles das letzte Mal". Erich Maria Remarque. Eine Biographie, Köln 1998.

Vondung, Klaus: Propaganda oder Sinndeutung, in: Ders. (Hg.): Kriegserlebnis. Der Erste Weltkrieg in der literarischen Gestaltung und symbolischen Deutung der Nationen, Göttingen 1980, 11-40.

Vorwald, Ulrike: Kriegsliteratur im Unterricht zwischen 1929 und 1939 und Werner Beumelburgs Roman „Die Gruppe Bosemüller", Ludwigsfelde 2005.

Walter, Franz: Nationale Romantik und revolutionärer Mythos. Politik und Lebensweisen im frühen Weimarer Jungsozialismus, Berlin 1986.

Weber, Thomas: Hitlers erster Krieg. Der Gefreite im Ersten Weltkrieg. Mythos und Wahrheit, Berlin 2011.

Wehler, Hans Ulrich: Deutsche Gesellschaftsgeschichte, Bd. 4: Vom Beginn des Ersten Weltkriegs bis zur Gründung der beiden deutschen Staaten 1914-1949, München 2003.

Weigel, Sigrid (Hg.): Generation. Zur Genealogie des Konzepts – Konzepte von Genealogie, München 2005.

Weinrich, Arndt: Der Weltkrieg als Erzieher. Jugend zwischen Weimarer Republik und Nationalsozialismus, Essen 2013, 99.

Weisbrod, Bernd (Hg.): Historische Beiträge zur Generationsforschung, Göttingen 2009.

Ders.: Ernst Jünger. In Stahlgewittern, in: Barner, Wilfried (Hg.): Querlektüren. Weltliteratur zwischen den Disziplinen, Göttingen 1997, 168-186.

Weiß, Otto: Kulturkatholizismus. Katholiken auf dem Weg in die deutsche Kultur 1900-1933, Regensburg 2014.

Weiß, Volker: Moderne Antimoderne. Arthur Moeller van den Bruck und der Wandel des Konservatismus, Paderborn u. a. 2012.

Westenfelder, Frank: Genese, Problematik und Wirkung nationalsozialistischer Literatur am Beispiel des historischen Romans zwischen 1890 und 1945, Frankfurt a.M. 1989.

Wießner, Wolfgang: Karl Bröger, in: Otto Graf zu Stolberg-Wernigerode (Hg.): Neue Deutsche Biographie, Bd. 2, Berlin 1955, 629.

Wildt, Michael: Die Ungleichheit des Volkes. ‚Volksgemeinschaft' in der politischen Kommunikation der Weimarer Republik, in: Bajohr, Frank /Ders.: Volksgemeinschaft. Neue Forschungen zur Gesellschaft des Nationalsozialismus, Frankfurt a. M. 2009, 24-40.

Winkler, Heinrich August: Der lange Weg nach Westen, Bd. 2: Deutsche Geschichte vom Dritten Reich bis zur Wiedervereinigung. München 2001.

Ders.: ‚Volksgemeinschaft'. Eine Zwischenbilanz, in: Dietmar von Reeken/Malte Thießen: „Volksgemeinschaft" als soziale Praxis. Neue Forschungen zur NS-Gesellschaft vor Ort, Paderborn 2013, 355-370.

Wolko, Howard: „In the Cause of Flight". Technologists of Aeronautics and Astronautics, Washington 1981.

Wurm, Carsten: 150 Jahre Rütten & Loening. …mehr als eine Verlagsgeschichte, Berlin 1994.

Ziemann, Benjamin/Ulrich, Bern: Das soldatische Kriegserlebnis, in: Kruse, Wolfgang/Cornelißen, Christoph (Hg.): Eine Welt von Feinden. Der Große Krieg 1914-1918, Frankfurt a. M. 2000[2], 127-159.

Ders.: Benjamin: Das „Fronterlebnis" des Ersten Weltkrieges – eine sozialhistorische Zäsur?, in: Mommsen, Hans (Hg.): Der Erste Weltkrieg und die europäische Nachkriegsordnung. Sozialer Wandel und Formveränderung der Politik, Köln/Wien 2000.

Ders.: Die Erinnerung an den Ersten Weltkrieg in den Milieukulturen der Weimarer Republik, in: Schneider: Kriegserlebnis, 249-270.

Abbildungsverzeichnis

Abb. 1: August 1914. Ausrufung des Kriegszustandes in Traben-Trarbach, Hans Schneiß (Traben-Trarbach).

Abb. 2: August 1914. Ausrufung des Kriegszustandes in Traben-Trarbach, Hans Schneiß (Traben-Trarbach).

Abb. 3: Stehend v.l.n.r. Walther, Elisabeth, Otto, Gertrud, Werner Beumelburg.
Sitzend Eduard und Marie Beumelburg, ebd.

. 4: Lazarettort Traben-Trarbach, Hans Schneiß (Traben-Trarbach).

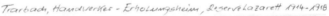

Abb. 5: Werner Beumelburg 1916, Privatnachlass Kläre Schlarb (Meisenheim).

Abb. 6: Das Reichsarchiv in Potsdam 1930/39, BArch 145 Bild-P012380/Unbekannt.

Abb. 7: Werner Beumelburg in seinem Arbeitszimmer 1933, BArch, Bild 183-2011-0913-500/Unbekannt.

Abb. 8: Dandy auf Capri. Werner Beumelburg im sportlichen Mercedeskabrio-lett, Privatnachlass Kläre Schlarb (Meisenheim).

Abb. 9: Werbeplakat zum Roman *Gruppe Bosemüller*, BAyHsta Abteilung V
Plakatsammlung Nr. 20483.

Abb. 10: Ludwig Dettmann: Die Gruppe Steinmüller (ca. 1918), in: Wilhelm
Westecker: Krieg und Kunst. Das Weltkriegserlebnis in der deutschen Kunst,
Leipzig 1940, 71.

Abb. 11: Werner Beumelburg liest 1932 im Plenarsaal des Rechtswirtschaftsrats Berlin vor der Sportvereinigung Deutscher Offiziers Bund aus eigenen Werken, BArch, Bild 183-H27259/Unbekannt.

Abb. 12: Wahltag in Berlin. Werner Beumelburg vor dem Wahllokal. Mann mit Wahlplakat, Hitlerjungen, BArch, Bild 183-2011-0913-505/Unbekannt.

Abb. 13: Herbsttagung der Dichterakademie 1933. Sitzend v.l.n.r. Werner Beumerlburg, Hans Friedrich Blunck, Agnes Miegel, Hanns Johst, Emil Strauß, Rudolf Binding. Stehend v.l.n.r. Will Vesper, Börries von Münchhausen, Hans Grimm, Erwin Guido Kolbenheyer, Wilhelm Schäfer, BArch, Bild 183-2011-0913-510/Unbekannt.

Abb. 14: Aufnahme der Herbsttagung 1933. V.l.n.r. Binding, Beumelburg, Johst, Blunck, Miegel, Münchhausen, Kolbenheyer, Vesper, BArch, Bild 183-R97448/Unbekannt.

Abb. 15: Beumelburg ca. 1946 in amerikanischer Kriegsgefangenschaft, Privatnachlass Kläre Schlarb (Meisenheim).

Abb. 16: Beumelburg ca. 1960 in Würzburg, ebd.

Personenregister

Adenauer , Konrad 439, 445

Alverdes, Paul 148, 279, 351, 359, 429

Alwens, Ludolf-Hermann 139, 192, 222, 226f., 479, 495

Amersdorffer, Heinrich 424f., 444

Anacker, Heinrich 392

Arenhövel, Friedrich 352

Baeumker, Adolf 426

Bahr, Hermann 346

Balzac, Honoré de 190

Barbusse, Henri 209, 291

Bartsch, Joachim 392

Bäumer, Paul 257, 258

Becher, Johannes R. 10, 210f., 223, 225, 233f., 255, 260f., 290, 479, 503

Behm, Martin 109

Benary, Albert 144, 479

Benedikt XV. 196

Benn, Gottfried 35, 340, 342, 352, 441, 448f., 475, 479, 505

Best, Werner 27, 144, 220, 504

Beumelburg, Eduard 36f., 109

Beumelburg, Walther 53, 60, 63, 76, 81, 169, 298, 319, 323, 411, 414, 493, 515

Binding, Rudolf 325, 347, 349, 351f., 357, 359f., 362, 396, 441, 496-498, 525

Bloem, Walter 190, 204, 239, 285, 392, 479, 494

Blomberg,Werner von 319, 440

Blunck, Hans Friedrich 195, 281, 319, 325, 341, 344, 345, 347, 356-362, 391f., 414, 429, 491, 497f., 525

Bock, Fedor von 435

Böll, Heinrich 393-399, 471-475, 500

Bonsels, Waldemar 170

Bormann, Martin 27, 144, 412, 414

Bourdieu, Pierre 26, 29f., 162f., 466, 500

Braun, Otto 82f.

Brecht, Christoph 13, 121, 228, 255, 501

Bredt, Viktor 269, 509

Brehm, Bruno 359

Breitbach, Joseph 351, 479, 481

Bröger, Karl 155, 208, 286, 347f., 471, 497, 510, 517